교정직 승진 시험대비

박문각
공무원

승진전용

KB196927

이준
마법교정학
승진 필독서

이준 편저

형집행 관련 법령 / 교정학 핵심이론

교정학 승진 기출문제 / 한눈에 보는 교정학

교정학 승진 단권화! 법령＋이론＋기출

핵심강의 전인 www.pmg.co.kr

이 책의 머리말
PREFACE

마법 교정학에 끊임없는 관심과 사랑을 주신
수험생님께 감사합니다.

새롭게 부활된 교정승진 시험제도에 맞게 제1편에 형집행법+동시행령+동시행규칙
으로 법령을 재구성하였으며, 교정학 주요 이론을 제2편에 구성하여 빠르게 법령과
이론을 학습할 수 있도록 구성하였습니다. 제3편에는 최신 승진문제를 편재하여
법령과 이론 학습이 완성된 후 직급별 문제를 통해 반복되는 지문을 익히도록 구성
하였습니다.

승진 시험은 공채와 달리 형집행법 시행규칙 중심으로 세부 내용의 문제가 출제되
기에, 법령 중심으로 시행령, 시행규칙을 한눈에 볼 수 있도록 구성하였으며, 각 장별로
주요 판례를 수록하여 빠른 학습이 이뤄지도록 구성하였습니다.

법령, 이론, 문제가 단권화로 최적화된 마법교정학 승진전용 교재를 통해 빠른
회독과 효율적인 학습이 이루어지길 바랍니다.

언제나 응원과 격려를 해주시는 이언담 박사님, 그리고 항상 곁에서 함께 해주는
윤희선, 이기욱님께 감사 인사드립니다.

2025년 2월

이준 드림

이 책의 구성과 특징
GUIDE

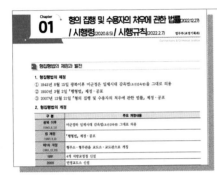

❶ 교정관계법령집으로 법령과 판례를 숙지

형집행법＋동시행령＋동시행규칙으로 법령을 재구성하였습니다.

❷ 핵심 요약으로 반복 학습

방대한 양의 내용을 핵심만을 뽑아 정리하였으며, 법령을 문장 형태로 구성하여 빠른 회독이 가능하도록 설계하였습니다.

❸ 승진 기출문제를 통한 실전 대비

승진 시험을 위해 최신 승진 문제를 모두 수록하였습니다. 아울러 최근 개정된 법령을 문제와 해설에 수정·보완하였으며, 기출 문제를 풀어보며 개념 이해도를 높일 수 있도록 하였습니다.

이 책의 차례
CONTENTS

Part 3 교정학 승진 기출문제

문제편

해설편

부록   한눈에 보는 교정학

이준 마법교정학

승진 필독서

Part

01

형집행 관련 법령

Chapter

01

형의 집행 및 수용자의 처우에 관한 법률(2022.12.27) / 시행령(2020.8.5) / 시행규칙(2024.2.8)

법무부(교정기획과)

Corrections & Criminal Justice

✦ 형집행법의 제정과 발전

1. 형집행법의 제정

① 1945년 8월 15일 광복이후 미군정은 일제시대 감옥법(조선감옥령)을 그대로 의용
② 1950년 3월 2일 「행형법」 제정·공포
③ 2007년 12월 21일 「형의 집행 및 수용자의 처우에 관한 법률」 제정·공포

2. 형집행법의 개정

구 분	주요 개정내용
광복 이후 (1945.8.15)	미군정하 일제시대 감옥법(조선감옥령) 그대로 의용
법 제정 (1950.3.2)	「행형법」 제정·공포
제1차 개정 (1961.12.23)	형무소·형무관을 교도소·교도관으로 개칭
1991	4개 지방교정청 신설
2000	민영교도소 신설
2007	교정국에서 교정본부로 조직 확대
제10차 개정 (2007.12.21)	「형의 집행 및 수용자의 처우에 관한 법률」 전면개정
제23차 개정 (2022.12.27)	• 교정시설에서의 과도한 작업으로부터 수형자의 건강을 보호하기 위하여 수형자의 작업시간과 연장시간을 명시함. • 수형자에게 공휴일·토요일 등에 작업을 부과할 수 있는 사유를 명시함. • 위로금을 지급 사유가 발생하면 언제든지 지급할 수 있도록 함. • 수용자의 재판청구권 등을 실질적으로 보장하기 위하여 대통령령으로 정하는 경우로서 교정시설의 안전 또는 질서를 해칠 우려가 없는 경우 수용자가 접촉차단시설이 설치되지 아니한 장소에서 접견하게 함.

01 총칙

제1조 목적

이 법은 수형자의 교정교화와 건전한 사회복귀를 도모하고, 수용자의 처우와 권리 및 교정시설의 운영에 관하여 필요한 사항을 규정함을 목적으로 한다.

제2조 정의

이 법에서 사용하는 용어의 뜻은 다음과 같다.

1. 수용자	수형자·미결수용자·사형확정자 등 법률과 적법한 절차에 따라 교도소·구치소 및 그 지소(이하 "교정시설"이라 한다)에 수용된 사람을 말한다.
2. 수형자	징역형·금고형 또는 구류형의 선고를 받아 그 형이 확정되어 교정시설에 수용된 사람과 벌금 또는 과료를 완납하지 아니하여 노역장 유치명령을 받아 교정시설에 수용된 사람을 말한다.
3. 미결수용자	형사피의자 또는 형사피고인으로서 체포되거나 구속영장의 집행을 받아 교정시설에 수용된 사람을 말한다.
4. 사형확정자	사형의 선고를 받아 그 형이 확정되어 교정시설에 수용된 사람을 말한다.

✦ **법률과 적법한 절차에 따라 교정시설에 수용된 사람**

1. 보호관찰대상자의 유치: 보호관찰 준수사항을 위반하여 수용시설에 유치된 자(보호관찰 등에 관한 법률 제42조)
2. 감치명령을 받은 자: 법정질서 문란자에게 "법원은 20일 이내의 감치에 처하거나 100만원 이하의 과태료를 부과. 이 경우 병과할 수 있다"는 규정에 따라 감치된 자(법원조직법 제61조)
3. 일시수용자: 피석방자가 질병 등의 이유로 귀가하기 곤란하여 신청에 의해 일시적으로 교정시설에 수용된 자
4. 피보호감호자: 사회보호법 폐지 경과규정에 의해 형기종료 후 보호감호를 받고 있는 자

시행규칙

제2조 정의

이 규칙에서 사용하는 용어의 뜻은 다음과 같다.

1. 자비구매물품	수용자가 교도소·구치소 및 그 지소(이하 "교정시설"이라 한다)의 장의 허가를 받아 자신의 비용으로 구매할 수 있는 물품을 말한다.
2. 교정시설의 보관범위	수용자 1명이 교정시설에 보관할 수 있는 물품의 수량으로서 법무부장관이 정하는 범위를 말한다.
3. 수용자가 지닐 수 있는 범위	수용자 1명이 교정시설 안에서 지닌 채 사용할 수 있는 물품의 수량으로서 법무부장관이 정하는 범위를 말한다.
4. 전달금품	수용자 외의 사람이 교정시설의 장(이하 "소장"이라 한다)의 허가를 받아 수용자에게 건넬 수 있는 금품을 말한다.
5. 처우등급	수형자의 처우 및 관리와 관련하여 수형자를 수용할 시설, 수형자에 대한 계호의 정도, 처우의 수준 및 처우의 내용을 구별하는 기준을 말한다.
6. 외부통근자	건전한 사회복귀와 기술습득을 촉진하기 위하여 외부기업체 또는 교정시설 안에 설치된 외부기업체의 작업장에 통근하며 작업하는 수형자를 말한다.
7. 교정장비	교정시설 안(교도관이 교정시설 밖에서 수용자를 계호하고 있는 경우 그 장소를 포함한다)에서 사람의 생명과 신체의 보호, 도주의 방지 및 교정시설의 안전과 질서유지를 위하여 교도관이 사용하는 장비와 기구 및 그 부속품을 말한다.

제3조 범죄횟수

① 수용자의 범죄횟수는 징역 또는 금고 이상의 형을 선고받아 확정된 횟수로 한다. 다만, 집행유예의 선고를 받은 사람이 유예기간 중 고의로 범한 죄로 금고 이상의 실형이 확정되지 아니하고 그 기간이 지난 경우에는 집행이 유예된 형은 범죄횟수에 포함하지 아니한다.

② 형의 집행을 종료하거나 그 집행이 면제된 날부터 다음 각 호의 기간이 지난 경우에는 범죄횟수에 포함하지 아니한다. 다만, 그 기간 중 자격정지 이상의 형을 선고받아 확정된 경우는 제외한다.

  1. 3년을 초과하는 징역 또는 금고: 10년
  2. 3년 이하의 징역 또는 금고: 5년

③ 수용기록부 등 수용자의 범죄횟수를 기록하는 문서에는 필요한 경우 수용횟수(징역 또는 금고 이상의 형을 선고받고 그 집행을 위하여 교정시설에 수용된 횟수를 말한다)를 함께 기록하여 해당 수용자의 처우에 참고할 수 있도록 한다.

제3조 적용범위

이 법은 교정시설의 구내와 교도관이 수용자를 계호하고 있는 그 밖의 장소로서 교도관의 통제가 요구되는 공간에 대하여 적용한다.

제4조 인권의 존중

이 법을 집행하는 때에 수용자의 인권은 최대한으로 존중되어야 한다.

제5조 차별금지

수용자는 합리적인 이유 없이 성별, 종교, 장애, 나이, 사회적 신분, 출신지역, 출신국가, 출신민족, 용모 등 신체조건, 병력, 혼인 여부, 정치적 의견 및 성적 지향 등을 이유로 차별받지 아니한다.

제5조의2 기본계획의 수립

① 법무부장관은 이 법의 목적을 효율적으로 달성하기 위하여 5년마다 형의 집행 및 수용자 처우에 관한 기본계획(이하 "기본계획"이라 한다)을 수립하고 추진하여야 한다.
② 기본계획에는 다음 각 호의 사항이 포함되어야 한다.
   1. 형의 집행 및 수용자 처우에 관한 기본 방향
   2. 인구·범죄의 증감 및 수사 또는 형 집행의 동향 등 교정시설의 수요 증감에 관한 사항
   3. 교정시설의 수용 실태 및 적정한 규모의 교정시설 유지 방안
   4. 수용자에 대한 처우 및 교정시설의 유지·관리를 위한 적정한 교도관 인력 확충 방안
   5. 교도작업과 직업훈련의 현황, 수형자의 건전한 사회복귀를 위한 작업설비 및 프로그램의 확충 방안
   6. 수형자의 교육·교화 및 사회적응에 필요한 프로그램의 추진방향
   7. 수용자 인권보호 실태와 인권 증진 방안
   8. 교정사고의 발생 유형 및 방지에 필요한 사항
   9. 형의 집행 및 수용자 처우와 관련하여 관계 기관과의 협력에 관한 사항
   10. 그 밖에 법무부장관이 필요하다고 인정하는 사항
③ 법무부장관은 기본계획을 수립 또는 변경하려는 때에는 법원, 검찰 및 경찰 등 관계 기관과 협의하여야 한다.
④ 법무부장관은 기본계획을 수립하기 위하여 실태조사와 수요예측 조사를 실시할 수 있다.
⑤ 법무부장관은 기본계획을 수립하기 위하여 필요하다고 인정하는 경우에는 관계 기관의 장에게 필요한 자료를 요청할 수 있다. 이 경우 자료를 요청받은 관계 기관의 장은 특별한 사정이 없으면 요청에 따라야 한다.

제5조의3 협의체의 설치 및 운영

① 법무부장관은 형의 집행 및 수용자 처우에 관한 사항을 협의하기 위하여 법원, 검찰 및 경찰 등 관계 기관과 협의체를 설치하여 운영할 수 있다.
② 제1항에 따른 협의체의 설치 및 운영 등에 필요한 사항은 대통령령으로 정한다.

시행령

제1조의2 협의체의 구성 및 운영 등

① 「형의 집행 및 수용자의 처우에 관한 법률」(이하 "법"이라 한다) 제5조의3에 따른 협의체(이하 "협의체"라 한다)는 위원장을 포함하여 12명의 위원으로 구성한다.
② 협의체의 위원장은 법무부차관이 되고, 협의체의 위원은 다음 각 호의 사람이 된다.
  1. 기획재정부, 교육부, 법무부, 국방부, 행정안전부, 보건복지부, 고용노동부, 경찰청 및 해양경찰청 소속 고위공무원단에 속하는 공무원(국방부의 경우에는 고위공무원단에 속하는 공무원 또는 이에 상당하는 장성급 장교를, 경찰청 및 해양경찰청의 경우에는 경무관 이상의 경찰공무원을 말한다) 중에서 해당 소속 기관의 장이 지명하는 사람 각 1명
  2. 법원행정처 소속 판사 또는 3급 이상의 법원일반직공무원 중에서 법원행정처장이 지명하는 사람 1명
  3. 대검찰청 소속 검사 또는 고위공무원단에 속하는 공무원 중에서 검찰총장이 지명하는 사람 1명
③ 협의체의 위원장은 협의체 회의를 소집하며, 회의 개최 7일 전까지 회의의 일시·장소 및 안건 등을 각 위원에게 알려야 한다.
④ 협의체의 위원장은 협의체의 회의 결과를 위원이 소속된 기관의 장에게 통보해야 한다.

제6조 교정시설의 규모 및 설비

① 신설하는 교정시설은 수용인원이 500명 이내의 규모가 되도록 하여야 한다. 다만, 교정시설의 기능·위치나 그 밖의 사정을 고려하여 그 규모를 늘릴 수 있다.
② 교정시설의 거실·작업장·접견실이나 그 밖의 수용생활을 위한 설비는 그 목적과 기능에 맞도록 설치되어야 한다. 특히, 거실은 수용자가 건강하게 생활할 수 있도록 적정한 수준의 공간과 채광·통풍·난방을 위한 시설이 갖추어져야 한다.
③ 법무부장관은 수용자에 대한 처우 및 교정시설의 유지·관리를 위한 적정한 인력을 확보하여야 한다.

제7조 교정시설 설치·운영의 민간위탁

① 법무부장관은 교정시설의 설치 및 운영에 관한 업무의 일부를 법인 또는 개인에게 위탁할 수 있다.
② 제1항에 따라 위탁을 받을 수 있는 법인 또는 개인의 자격요건, 교정시설의 시설기준, 수용대상자의 선정기준, 수용자 처우의 기준, 위탁절차, 국가의 감독, 그 밖에 필요한 사항은 따로 법률로 정한다.

제8조 교정시설의 순회점검

법무부장관은 교정시설의 운영, 교도관의 복무, 수용자의 처우 및 인권실태 등을 파악하기 위하여 매년 1회 이상 교정시설을 순회점검하거나 소속 공무원으로 하여금 순회점검하게 하여야 한다.

제9조 교정시설의 시찰 및 참관

① 판사와 검사는 직무상 필요하면 교정시설을 시찰할 수 있다.
② 제1항의 판사와 검사 외의 사람은 교정시설을 참관하려면 학술연구 등 정당한 이유를 명시하여 교정시설의 장(이하 "소장"이라 한다)의 허가를 받아야 한다.

시행령

제2조 판사 등의 시찰
① 판사 또는 검사가 법 제9조 제1항에 따라 교도소·구치소 및 그 지소(이하 "교정시설"이라 한다)를 시찰할 경우에는 미리 그 신분을 나타내는 증표를 교정시설의 장(이하 "소장"이라 한다)에게 제시해야 한다.
② 소장은 제1항의 경우에 교도관에게 시찰을 요구받은 장소를 안내하게 해야 한다.

제3조 참관
① 소장은 법 제9조 제2항에 따라 판사와 검사 외의 사람이 교정시설의 참관을 신청하는 경우에는 그 성명·직업·주소·나이·성별 및 참관 목적을 확인한 후 허가 여부를 결정하여야 한다.
② 소장은 외국인에게 참관을 허가할 경우에는 미리 관할 지방교정청장의 승인을 받아야 한다.
③ 소장은 제1항 및 제2항에 따라 허가를 받은 사람에게 참관할 때의 주의사항을 알려주어야 한다.

제10조 교도관의 직무

이 법에 규정된 사항 외에 교도관의 직무에 관하여는 따로 법률로 정한다.

[1] 일석점호시에 甲이 번호를 잘못 불렀기 때문에 단체기합을 받은 것이 사실이라면 그들이 혹시 그 분풀이로 甲에 대하여 폭행 등 위해를 가할지도 모를 것이 예상된다 할 것이고, 이와 같은 경우에는 교도소 직원으로서는 통례적인 방법에 의한 감시에 그칠 것이 아니라 특별히 세심한 주의를 다하여 경계함으로써 그와 같은 사고의 발생을 미연에 방지할 직무상의 의무가 있으므로 이를 태만히 한 경우에는 교도소 직원에게 직무상 과실이 있다(대법원 1979.7.10. 79다521).

[2] 교정공무원은 범죄자를 상대로 하기 때문에 근무중 법령을 준수하여야 할 의무가 보다 강하게 요구되는데 교정공무원인 원고가 야간근무중 법령에 위배하여 재소자에게 3회에 걸쳐 담배 등을 그것도 1회는 양담배까지 제공하였다면 원고가 8년간 성실하게 근무하였고 또한 생활이 곤란하여 딱한 처지에 있다는 사유만으로 원고에 대한 파면처분이 재량권을 남용하였거나 그 한계를 일탈하였다고 볼 수 없다(대법원 1984.10.10. 84누464).

[3] 교도소 수용자에게 반입이 금지된 일용품 등을 전달하여 주고 그 가족 등으로부터 금품 및 향응을 제공받은 교도관에 대한 해임처분이 적법하다(대법원 1998.11.10. 98두12017).

[4] 형집행법 및 교도관직무규칙의 규정과 구치소라는 수용시설의 특성에 비추어 보면, 공휴일 또는 야간에는 소장을 대리하는 당직간부에게는 구치소에 수용된 수용자들의 생명·신체에 대한 위험을 방지할 법령상 내지 조리상의 의무가 있다고 할 것이고, 이와 같은 의무를 직무로서 수행하는 교도관들의 업무는 업무상과실치사죄에서 말하는 업무에 해당한다(대법원 2007.5.31. 2006도3493).

[5] 교도소 내에서 수용자가 자살한 사안에서, 담당 교도관은 급성정신착란증의 증세가 있는 망인의 자살사고의 발생위험에 대비하여 보호장비의 사용을 그대로 유지하거나 또는 보호장비의 사용을 일시 해제하는 경우에는 CCTV상으로 보다 면밀히 관찰하여야 하는 등의 직무상 주의의무가 있음에도 이를 위반하였다(대법원 2010.1.28. 2008다75768). [2024. 6급 승진]

[6] 교도관이 수형자에게 '취침시 출입구 쪽으로 머리를 두면 취침하는 동안 CCTV나 출입문에 부착된 시찰구를 통해서도 얼굴부위를 확인할 수 없으므로, 출입구 반대방향인 화장실 방향으로 머리를 두라'고 한 교정시설내 특정취침자세 강요행위는 교도관들의 우월적 지위에서 일방적으로 청구인에게 특정한 취침자세를 강제한 것이 아니므로, 헌법소원심판의 대상인 공권력의 행사라고 보기 어렵다(헌재 2012.10.26. 2012헌마750). [2019. 8급 승진]

[7] 사동에서 인원점검을 하면서 청구인을 비롯한 수형자들을 정렬시킨 후 차례로 번호를 외치도록 한 행위는 교정시설의 안전과 질서를 유지하기 위한 것으로, 그 목적이 정당하고 그 목적을 달성하기 위한 적절한 수단이 된다(헌재 2012.7.26. 2011헌마332). [2018. 8급 승진]

[8] 이 사건 교정시설에서는 라디에이터 등 간접 난방시설이 설치되어 운용되고 있음이 인정되는바, 헌법의 규정상 또는 헌법의 해석상 특별히 교도소장에게 직접 난방시설 등을 설치해야 할 작위의무가 부여되어 있다고 볼 수 없고, 형집행법 및 관계 법령을 모두 살펴보아도 교도소장에게 위와 같은 작위의무가 있다는 점을 발견할 수 없다(헌재 2012.5.8. 2012헌마328). [2018. 5급 승진]

[9] 구치소 내 기동순찰팀이 이름표와 계급장을 달지 않는 사정 자체만을 두고 그로 인하여 수용자인 청구인의 권리·의무에 직접적인 법률효과가 발생하거나 법적 지위가 불리하게 변경된다고 볼 수 없다. 청구인도 '기동순찰팀이 옆 거실에 있던 수용자를 때린 사실을 목격하고도 기동순찰팀의 이름과 직급을 몰라 고발할 수가 없었다'거나 '기동순찰팀이 이름과 직급이 드러나지 않으니 함부로 하거나 과도하게 진압하는 경우가 있다'는 취지로 주장하고 있을 뿐, 이로 인하여 청구인 자신의 기본권이 현실적으로 침해되었다거나 또는 침해될 가능성이 있다는 것을 인정할 만한 구체적 사정을 주장하고 있지 아니하다. 따라서 교도소 내 기동순찰팀 이름표 등 미부착 위헌 심판청구는 기본권침해가능성 또는 자기관련성을 인정할 수 없어 부적법하다(헌재 2020.3.10. 2020헌마247). [2024. 6급 승진]

[10] 수형자나 피보호감호자를 교도소나 보호감호소에 수용함에 있어서 신체의 자유를 제한하는 외에 교화목적의 달성과 교정질서의 유지를 위하여 피구금자의 신체활동과 관련된 그 밖의 자유에 대하여 제한을 가하는 것도 수용조치에 부수되는 제한으로서 허용된다고 할 것이나, 그 제한은 위 목적 달성을 위하여 꼭 필요한 경우에 합리적인 범위 내에서만 허용되는 것이고, 그 제한이 필요하고 합리적인가의 여부는 제한의 필요성의 정도와 제한되는 권리 내지 자유의 내용, 이에 가해진 구체적 제한의 형태와의 비교교량에 의하여 결정된다고 할 것이며, 법률의 구체적 위임에 의하지 아니한 행형법시행령이나 계호근무준칙 등의 규정은 위와 같은 위법성 판단을 함에 있어서 참고자료가 될 수는 있겠으나 그 자체로써 수형자 또는 피보호감호자의 권리 내지 자유를 제한하는 근거가 되거나 그 제한조치의 위법 여부를 판단하는 법적 기준이 될 수는 없다(대법원 2003.7.25. 2001다60392). [2024. 6급 승진]

02 수용자의 처우

제1장 수용

제11조 구분수용

① 수용자는 다음 각 호에 따라 구분하여 수용한다.
  1. 19세 이상 수형자: 교도소
  2. 19세 미만 수형자: 소년교도소
  3. 미결수용자: 구치소
  4. 사형확정자: 교도소 또는 구치소. 이 경우 구체적인 구분 기준은 법무부령으로 정한다.
② 교도소 및 구치소의 각 지소에는 교도소 또는 구치소에 준하여 수용자를 수용한다.

시행규칙 ✎

제150조 구분수용 등

① 사형확정자는 사형집행시설이 설치되어 있는 교정시설에 수용하되, 다음 각 호와 같이 구분하여 수용한다. 다만, 수용관리 또는 처우상 필요한 경우에는 사형집행시설이 설치되지 않은 교정시설에 수용할 수 있다

1. 교도소	교도소 수용 중 사형이 확정된 사람, 교도소에서 교육·교화프로그램 또는 신청에 따른 작업을 실시할 필요가 있다고 인정되는 사람
2. 구치소	구치소 수용 중 사형이 확정된 사람, 교도소에서 교육·교화프로그램 또는 신청에 따른 작업을 실시할 필요가 없다고 인정되는 사람

② 사형확정자의 심리적 안정 도모 또는 교정시설의 안전과 질서유지를 위하여 특히 필요하다고 인정하는 경우에는 제1항 각 호에도 불구하고 교도소에 수용할 사형확정자를 구치소에 수용할 수 있고, 구치소에 수용할 사형확정자를 교도소에 수용할 수 있다.
③ 사형확정자와 소년수용자를 같은 교정시설에 수용하는 경우에는 서로 분리하여 수용한다.
④ 소장은 사형확정자의 자살·도주 등의 사고를 방지하기 위하여 필요한 경우에는 사형확정자와 미결수용자를 혼거수용할 수 있고, 사형확정자의 교육·교화프로그램, 작업 등의 적절한 처우를 위하여 필요한 경우에는 사형확정자와 수형자를 혼거수용할 수 있다.
⑤ 사형확정자의 번호표 및 거실표의 색상은 붉은색으로 한다.

제12조 구분수용의 예외

① 다음 각 호의 어느 하나에 해당하는 사유가 있으면 교도소에 미결수용자를 수용할 수 있다.
 1. 관할 법원 및 검찰청 소재지에 구치소가 없는 때
 2. 구치소의 수용인원이 정원을 훨씬 초과하여 정상적인 운영이 곤란한 때
 3. 범죄의 증거인멸을 방지하기 위하여 필요하거나 그 밖에 특별한 사정이 있는 때
② 취사 등의 작업을 위하여 필요하거나 그 밖에 특별한 사정이 있으면 구치소에 수형자를 수용할 수 있다.
③ 수형자가 소년교도소에 수용 중에 19세가 된 경우에도 교육·교화프로그램, 작업, 직업훈련 등을 실시하기 위하여 특히 필요하다고 인정되면 23세가 되기 전까지는 계속하여 수용할 수 있다.
④ 소장은 특별한 사정이 있으면 제11조의 구분수용 기준에 따라 다른 교정시설로 이송하여야 할 수형자를 6개월을 초과하지 아니하는 기간 동안 계속하여 수용할 수 있다.

제13조 분리수용

① 남성과 여성은 분리하여 수용한다.
② 제12조에 따라 수형자와 미결수용자, 19세 이상의 수형자와 19세 미만의 수형자를 같은 교정시설에 수용하는 경우에는 서로 분리하여 수용한다.

관련판례 ★

행형업무를 담당하는 교도관으로서는 미결수들을 수용함에 있어서는 그 죄질을 감안하여 구별 수용하여야 하고, 수용시설의 사정에 의하여 부득이 죄의 구분 없이 혼거수용하는 경우에는 그에 따라 발생할 수 있는 미결수들 사이의 폭력에 의한 사적 제재 등 제반 사고를 예상하여 감시와 시찰을 더욱 철저히 하여야 할 주의의무가 있음에도 불구하고, 소년 미결수들을 수용함에 있어 그 죄질이 현저히 다른 강도상해범과 과실범을 같은 방에 수용하고도 철저한 감시의무를 다하지 못함으로써 수감자 상호 간의 폭행치사사고가 일어나도록 한 과실이 인정된다(대법원 1994.10.11. 94다22569).

제14조 독거수용

수용자는 독거수용한다. 다만, 다음 각 호의 어느 하나에 해당하는 사유가 있으면 혼거수용할 수 있다.
1. 독거실 부족 등 시설여건이 충분하지 아니한 때
2. 수용자의 생명 또는 신체의 보호, 정서적 안정을 위하여 필요한 때
3. 수형자의 교화 또는 건전한 사회복귀를 위하여 필요한 때

제4조 독거실의 비율
교정시설을 새로 설치하는 경우에는 법 제14조에 따른 수용자의 거실수용을 위하여 독거실과 혼거실의 비율이 적정한 수준이 되도록 한다.

제5조 독거수용의 구분
독거수용은 다음 각 호와 같이 구분한다.

1. 처우상 독거수용	주간에는 교육·작업 등의 처우를 위하여 일과에 따른 공동생활을 하게 하고 휴업일과 야간에만 독거수용하는 것을 말한다.
2. 계호상 독거수용	사람의 생명·신체의 보호 또는 교정시설의 안전과 질서유지를 위하여 항상 독거수용하고 다른 수용자와의 접촉을 금지하는 것을 말한다. 다만, 수사·재판·실외운동·목욕·접견·진료 등을 위하여 필요한 경우에는 그러하지 아니하다.

제6조 계호상 독거수용자의 시찰
① 교도관은 제5조 제2호에 따라 독거수용된 사람(이하 "계호상 독거수용자"라 한다)을 수시로 시찰하여 건강상 또는 교화상 이상이 없는지 살펴야 한다.
② 교도관은 제1항의 시찰 결과, 계호상 독거수용자가 건강상 이상이 있는 것으로 보이는 경우에는 교정시설에 근무하는 의사(공중보건의사를 포함한다. 이하 "의무관"이라 한다)에게 즉시 알려야 하고, 교화상 문제가 있다고 인정하는 경우에는 소장에게 지체 없이 보고하여야 한다.
③ 의무관은 제2항의 통보를 받은 즉시 해당 수용자를 상담·진찰하는 등 적절한 의료조치를 하여야 하며, 계호상 독거수용자를 계속하여 독거수용하는 것이 건강상 해롭다고 인정하는 경우에는 그 의견을 소장에게 즉시 보고하여야 한다.
④ 소장은 계호상 독거수용자를 계속하여 독거수용하는 것이 건강상 또는 교화상 해롭다고 인정하는 경우에는 이를 즉시 중단하여야 한다.

제7조 여성수용자에 대한 시찰
소장은 특히 필요하다고 인정하는 경우가 아니면 남성교도관이 야간에 수용자거실에 있는 여성수용자를 시찰하게 하여서는 아니 된다.

제8조 혼거수용 인원의 기준
혼거수용 인원은 3명 이상으로 한다. 다만, 요양이나 그 밖의 부득이한 사정이 있는 경우에는 예외로 한다.

제9조 혼거수용의 제한
소장은 노역장 유치명령을 받은 수형자와 징역형·금고형 또는 구류형을 선고받아 형이 확정된 수형자를 혼거수용해서는 아니 된다. 다만, 징역형·금고형 또는 구류형의 집행을 마친 다음에 계속해서 노역장 유치명령을 집행하거나 그 밖에 부득이한 사정이 있는 경우에는 그러하지 아니하다.

관련판례 🔨

[1] 독거수용실에만 텔레비전시청시설을 설치하지 않음으로써 독거수용중인 청구인이 TV시청을 할 수 없도록 한 교도소장의 행위가 TV시청시설을 갖춰 텔레비전시청을 허용하고 있는 혼거실 수용자와 차별대우하여 청구인의 평등권을 침해하였는지 여부(소극)

독거수용자들에 대해서는 교도소내의 범죄를 방지하고, 안전을 도모하며 본래적인 교도행정의 목적을 효과적으로 달성하기 위하여 행정적 제재 및 교정의 필요상 TV시청을 규제할 필요성이 있다. 다른 수용자와 싸움의 우려가 있고, 성격·습관 등이 공동생활에 적합하지 못하다고 인정되어 교도소장이 혼거수용에 적합하지 않다고 판단하여 독거수용된 청구인의 경우, 교도행정의 효율성 및 교정·교화교육의 적절한 실현을 위하여 청구인에게 TV시청을 규제한 조치는 납득할 수 있다. 더구나 청구인은 혼거실의 수용을 스스로 기피하고 TV시설이 설치되지 아니한 독거실의 수용을 자청하였다. 이러한 이유로 독거수용중인 청구인이 TV시청을 제한받게 되어 혼거실 수용자 등 다른 수용자들과 차별적 처우가 이루어지는 결과가 되었다고 하더라도 이러한 행위가 곧 합리적인 이유가 없는 자의적 차별이라고는 할 수 없어 헌법상의 평등원칙에 위배된다고 볼 수 없다(헌재 2005.5.26. 2004헌마571). [2024. 6급 승진]

[2] 형집행법은 독거수용을 원칙으로 하고 있지만, 필요한 경우 혼거수용을 할 수 있도록 하고 그 밖에 수용자의 거실을 지정하는 경우 수용자의 여러 특성을 고려하도록 하고 있는바, 그렇다면 교정시설의 장에게 모든 수용자를 독거수용하여야 할 의무가 있다고 볼 수 없으며, 수용자를 교정시설 내의 어떤 수용거실에 수용할 지 여부는 수용자의 교정교화와 건전한 사회복귀를 도모할 수 있도록 구체적인 사항을 참작하여 교정시설의 장이 결정할 수 있다 할 것이다. 나아가 헌법이나 형집행법 등에 수용자가 독거수용 신청을 할 수 있다는 규정이나, 그와 같은 신청이 있는 경우 이를 어떻게 처리할 것인지에 대한 규정도 존재하지 아니한다. 이러한 점을 고려하면 청구인과 같은 수용자에게 독거수용을 신청할 권리가 있다고 할 수 없다(헌재 2013.6.4. 2013헌마287). [2019. 8급 승진]

제15조 수용거실 지정

소장은 수용자의 거실을 지정하는 경우에는 죄명·형기·죄질·성격·범죄전력·나이·경력 및 수용생활 태도, 그 밖에 수용자의 개인적 특성을 고려하여야 한다.

시행령

제10조 수용자의 자리 지정
소장은 수용자의 생명·신체의 보호, 증거인멸의 방지 및 교정시설의 안전과 질서유지를 위하여 필요하다고 인정하면 혼거실·교육실·강당·작업장, 그 밖에 수용자들이 서로 접촉할 수 있는 장소에서 수용자의 자리를 지정할 수 있다.

제11조 거실의 대용금지
소장은 수용자거실을 작업장으로 사용해서는 아니 된다. 다만, 수용자의 심리적 안정, 교정교화 또는 사회적응능력 함양을 위하여 특히 필요하다고 인정하면 그러하지 아니하다.

제12조 현황표 등의 부착 등
① 소장은 수용자거실에 면적, 정원 및 현재인원을 적은 현황표를 붙여야 한다.
② 소장은 수용자거실 앞에 이름표를 붙이되, 이름표 윗부분에는 수용자의 성명·출생연도·죄명·형명 및 형기를 적고, 그 아랫부분에는 수용자번호 및 입소일을 적되, 윗부분의 내용이 보이지 않도록 해야 한다.
③ 소장은 수용자가 법령에 따라 지켜야 할 사항과 수용자의 권리구제 절차에 관한 사항을 수용자거실의 보기 쉬운 장소에 붙이는 등의 방법으로 비치하여야 한다.

관련판례

[1] 구치소 내 과밀수용행위가 수형자인 청구인의 인간의 존엄과 가치를 침해하는지 여부(적극)

수형자가 인간 생존의 기본조건이 박탈된 교정시설에 수용되어 인간의 존엄과 가치를 침해당하였는지 여부를 판단함에 있어서는 1인당 수용면적뿐만 아니라 수형자 수와 수용거실 현황 등 수용시설 전반의 운영 실태와 수용기간, 국가 예산의 문제 등 제반 사정을 종합적으로 고려할 필요가 있다. 그러나 교정시설의 1인당 수용면적이 수형자의 인간으로서의 기본 욕구에 따른 생활조차 어렵게 할 만큼 지나치게 협소하다면, 이는 그 자체로 국가형벌권 행사의 한계를 넘어 수형자의 인간의 존엄과 가치를 침해하는 것이다(헌법재판소 2016.12.29. 2013헌마142). [2017. 7급] 총 2회 기출

[2] 교도소장이 청구인을 비롯한 ○○교도소 수용자의 동절기 취침시간을 21:00로 정한 행위가 청구인의 일반적 행동자유권을 침해하는지 여부(소극)

교도소는 수용자가 공동생활을 영위하는 장소이므로 질서유지를 위하여 취침시간의 일괄처우가 불가피한 바, 교도소장은 취침시간을 21:00로 정하되 기상시간을 06:20으로 정함으로써 동절기 일조시간의 특성을 수면시간에 반영하였고, 이에 따른 수면시간은 9시간 20분으로 성인의 적정 수면시간 이상을 보장하고 있다. 나아가 21:00 취침은 전국 교도소의 보편적 기준에도 부합하고, 특별한 사정이 있거나 수용자가 부상·질병으로 적절한 치료를 받아야 할 경우에는 관련규정에 따라 21:00 취침의 예외가 인정될 수 있으므로, 이 사건 취침시간은 청구인의 일반적 행동자유권을 침해하지 아니한다(헌재 2016.6.30. 2015헌마36). [2023. 5급 승진] 총 2회 기출

[3] 구치소가 청구인의 수용 거실 변경 요구와 관련하여 각서를 요구하였다는 자료는 없고, 구치소가 청구인의 요구사항을 받아들여 수용 거실을 변경하였고 그 과정에서 청구인이 '추후 어떤 거실이더라도 지정되면 불편함이 있더라도 참고 성실히 수용생활을 잘 하겠다.'는 내용의 자술서를 제출한 사실을 인정할 수 있다. 설사 구치소 직원이 청구인의 수용 거실을 변경하여 주는 과정에서 청구인에게 위와 같은 자술서의 작성을 요구하였다 하더라도, 구치소장은 수용자의 거실을 지정함에 있어서 광범위한 재량을 가지고 있다는 점(형집행법 제15조)과 위 자술서의 내용을 더하여 보면 위와 같은 내용의 자술서 작성 요구가 청구인에 대한 법률관계의 변동을 가져온다거나 청구인의 헌법상 기본권을 침해한다고 볼 수 없다(헌재 2013.6.25. 2013헌마383).

[4] 수용거실의 지정은 교도소장이 죄명·형기·죄질·성격·범죄전력·나이·경력 및 수용생활 태도, 그 밖에 수용자의 개인적 특성을 고려하여 결정하는 것으로(형집행법 제15조) 소장의 재량적 판단사항이며, 수용자에게 수용거실의 변경을 신청할 권리 내지 특정 수용거실에 대한 신청권이 있다고 볼 수 없다(헌재 2013.8.29. 2012헌마886). [2023. 5급 승진] 총 3회 기출

제16조 신입자의 수용 등

① 소장은 법원·검찰청·경찰관서 등으로부터 처음으로 교정시설에 수용되는 사람(이하 "신입자"라 한다)에 대하여는 집행지휘서, 재판서, 그 밖에 수용에 필요한 서류를 조사한 후 수용한다.
② 소장은 신입자에 대하여는 지체 없이 신체·의류 및 휴대품을 검사하고 건강진단을 하여야 한다.
③ 신입자는 제2항에 따라 소장이 실시하는 검사 및 건강진단을 받아야 한다.

제16조의2 간이입소절차

다음 각 호의 어느 하나에 해당하는 신입자의 경우에는 법무부장관이 정하는 바에 따라 간이입소절차를 실시한다.
1. 「형사소송법」 제200조의2(영장에 의한 체포), 제200조의3(긴급체포) 또는 제212조(현행범인의 체포)에 따라 체포되어 교정시설에 유치된 피의자
2. 「형사소송법」 제201조의2(구속영장 청구와 피의자 심문) 제10항 및 제71조의2(구인 후의 유치)에 따른 구속영장 청구에 따라 피의자 심문을 위하여 교정시설에 유치된 피의자

시행령

제13조 신입자의 인수

① 소장은 법원·검찰청·경찰관서 등으로부터 처음으로 교정시설에 수용되는 사람(이하 "신입자"라 한다)을 인수한 경우에는 호송인에게 인수서를 써 주어야 한다. 이 경우 신입자에게 부상·질병, 그 밖에 건강에 이상(이하 이 조에서 "부상 등"이라 한다)이 있을 때에는 호송인으로부터 그 사실에 대한 확인서를 받아야 한다.
② 신입자를 인수한 교도관은 제1항의 인수서에 신입자의 성명, 나이 및 인수일시를 적고 서명 또는 날인하여야 한다.
③ 소장은 제1항 후단에 따라 확인서를 받는 경우에는 호송인에게 신입자의 성명, 나이, 인계일시 및 부상 등의 사실을 적고 서명 또는 날인하도록 하여야 한다.

제14조 신입자의 신체 등 검사

소장은 신입자를 인수한 경우에는 교도관에게 신입자의 신체·의류 및 휴대품을 지체 없이 검사하게 하여야 한다.

제15조 신입자의 건강진단

법 제16조 제2항에 따른 신입자의 건강진단은 수용된 날부터 3일 이내에 하여야 한다. 다만, 휴무일이 연속되는 등 부득이한 사정이 있는 경우에는 예외로 한다.

제16조 신입자의 목욕

소장은 신입자에게 질병이나 그 밖의 부득이한 사정이 있는 경우가 아니면 지체 없이 목욕을 하게 하여야 한다.

제17조 고지사항

신입자 및 다른 교정시설로부터 이송되어 온 사람에게는 말이나 서면으로 다음 각 호의 사항을 알려주어야 한다.
1. 형기의 기산일 및 종료일
2. 접견·편지, 그 밖의 수용자의 권리에 관한 사항
3. 청원, 「국가인권위원회법」에 따른 진정, 그 밖의 권리구제에 관한 사항
4. 징벌·규율, 그 밖의 수용자의 의무에 관한 사항
5. 일과 그 밖의 수용생활에 필요한 기본적인 사항

제18조 수용의 거절

① 소장은 다른 사람의 건강에 위해를 끼칠 우려가 있는 감염병에 걸린 사람의 수용을 거절할 수 있다.
② 소장은 제1항에 따라 수용을 거절하였으면 그 사유를 지체 없이 수용지휘기관과 관할 보건소장에게 통보하고 법무부장관에게 보고하여야 한다.

참고자료

교정법인은 민영교도소 등에 수용되는 자에게 특별한 사유가 있다는 이유로 수용을 거절할 수 없다. 다만, 수용·작업·교화, 그 밖의 처우를 위하여 특별히 필요하다고 인정되는 경우에는 법무부장관에게 수용자의 이송을 신청할 수 있다(민영교도소 등의 설치·운영에 관한 법률 제25조 제2항).

제19조 사진촬영 등

① 소장은 신입자 및 다른 교정시설로부터 이송되어 온 사람에 대하여 다른 사람과의 식별을 위하여 필요한 한도에서 사진촬영, 지문채취, 수용자 번호지정, 그 밖에 대통령령으로 정하는 조치를 하여야 한다.
② 소장은 수용목적상 필요하면 수용 중인 사람에 대하여도 제1항의 조치를 할 수 있다.

시행령

제17조 신입자의 신체 특징 기록 등
① 소장은 신입자의 키·용모·문신·흉터 등 신체 특징과 가족 등 보호자의 연락처를 수용기록부에 기록하여야 하며, 교도관이 업무상 필요한 경우가 아니면 이를 열람하지 못하도록 하여야 한다.
② 소장은 신입자 및 다른 교정시설로부터 이송되어 온 사람(이하 "이입자"라 한다)에 대하여 수용자번호를 지정하고 수용 중 번호표를 상의의 왼쪽 가슴에 붙이게 하여야 한다. 다만, 수용자의 교화 또는 건전한 사회복귀를 위하여 특히 필요하다고 인정하면 번호표를 붙이지 아니할 수 있다.

제18조 신입자거실 수용 등
① 소장은 신입자가 환자이거나 부득이한 사정이 있는 경우가 아니면 수용된 날부터 3일 동안 신입자거실에 수용하여야 한다.
② 소장은 제1항에 따라 신입자거실에 수용된 사람에게는 작업을 부과해서는 아니 된다.
③ 소장은 19세 미만의 신입자 그 밖에 특히 필요하다고 인정하는 수용자에 대하여는 제1항의 기간을 30일까지 연장할 수 있다.

제19조 수용기록부 등의 작성
소장은 신입자 또는 이입자를 수용한 날부터 3일 이내에 수용기록부, 수용자명부 및 형기종료부를 작성·정비하고 필요한 사항을 기록하여야 한다.

제20조 신입자의 신원조사
① 소장은 신입자의 신원에 관한 사항을 조사하여 수용기록부에 기록하여야 한다.
② 소장은 신입자의 본인 확인 및 수용자의 처우 등을 위하여 불가피한 경우 「개인정보 보호법」 제23조에 따른 정보, 같은 법 시행령 제18조 제2호에 따른 범죄경력자료에 해당하는 정보, 같은 영 제19조에 따른 주민등록번호, 여권번호, 운전면허의 면허번호 또는 외국인등록번호가 포함된 자료를 처리할 수 있다.

참고자료

- 법 제12조 제3항: 계속 수용 - 본인 신청(×)
- 계호상 독거수용의 예외사유: 수사·재판·실외운동·목욕·접견·진료 등을 위하여 필요한 경우(시행령 제5조 제2호).
- 법 제16조: 수용에 필요한 서류(○) ➡ 적법한 서류(×)
- 법 제16조 제2항은 소장의 신입자에 대한 신체 등의 필요적 검사 및 건강진단 실시 규정이고, 제3항은 검사 및 건강진단을 받을 신입자의 의무규정이다.
- 간이입소절차를 실시하지 않는 경우: 구속적부심사를 위하여 교정시설에 유치된 피의자, 판사의 피의자 심문 후 구속영장이 발부되어 교정시설에 유치된 피의자, 구속영장이 집행되어 교정시설에 유치된 피의자
- 시행령 제17조 제2항: 시설의 안전 또는 질서를 위하여 특히 필요하다고 인정하면 번호표를 붙이지 아니할 수 있다.(×)
- 시행령 제18조: ~ 작업을 부과해서는 아니 된다.(○) ➡ 작업을 부과하지 않을 수 있다.(×)
- 시행령 제20조 제2항: 「개인정보 보호법」 제23조에 따른 정보 ➡ 민감정보: 사상·신념, 노동조합·정당의 가입·탈퇴, 정치적 견해, 건강, 성생활 등에 관한 정보, 그 밖에 정보주체의 사생활을 현저히 침해할 우려가 있는 개인정보

제20조 수용자의 이송

① 소장은 수용자의 수용·작업·교화·의료, 그 밖의 처우를 위하여 필요하거나 시설의 안전과 질서 유지를 위하여 필요하다고 인정하면 법무부장관의 승인을 받아 수용자를 다른 교정시설로 이송할 수 있다.
② 법무부장관은 제1항의 이송승인에 관한 권한을 대통령령으로 정하는 바에 따라 지방교정청장에게 위임할 수 있다.

시행령

제22조 지방교정청장의 이송승인권
① 지방교정청장은 법 제20조 제2항에 따라 다음 각 호의 어느 하나에 해당하는 경우에는 수용자의 이송을 승인할 수 있다.
  1. 수용시설의 공사 등으로 수용거실이 일시적으로 부족한 때
  2. 교정시설 간 수용인원의 뚜렷한 불균형을 조정하기 위하여 특히 필요하다고 인정되는 때
  3. 교정시설의 안전과 질서유지를 위하여 긴급하게 이송할 필요가 있다고 인정되는 때
② 제1항에 따른 지방교정청장의 이송승인은 관할 내 이송으로 한정한다.

제23조 이송 중지
소장은 수용자를 다른 교정시설에 이송하는 경우에 의무관으로부터 수용자가 건강상 감당하기 어렵다는 보고를 받으면 이송을 중지하고 그 사실을 이송받을 소장에게 알려야 한다.

제24조 호송 시 분리
수용자를 이송이나 출정, 그 밖의 사유로 호송하는 경우에는 수형자는 미결수용자와, 여성수용자는 남성수용자와, 19세 미만의 수용자는 19세 이상의 수용자와 각각 호송 차량의 좌석을 분리하는 등의 방법으로 서로 접촉하지 못하게 하여야 한다.

이준 마법교정학 승진 필독서

> **참고자료**
>
> • 법 제20조 제1항의 법무부장관의 이송 승인 사유(수용자의 수용·작업·교화·의료, 그 밖의 처우를 위하여 필요, 시설의 안전과 질서유지를 위하여 필요)와 시행령 제22조 제1항의 지방교정청장의 이송 승인 사유는 구분해서 암기 要.
> • 시행령 제23조: ~ 그 사실을 이송받을 소장에게 알려야 한다.(○) ➡ 법무부장관에게 보고(×)
> • 시행령 제24조: 호송차량의 좌석을 분리(○) ➡ 호송차량을 분리(×)

> **참고자료 지방교정청장**
>
> ① 소장은 외국인에게 참관을 허가할 경우에는 미리 관할 지방교정청장의 승인을 받아야 한다(시행령 제3조).
> ② 지방교정청장의 관할 내 이송 승인권(시행령 제22조).
> ③ 집체직업훈련 대상자는 집체직업훈련을 실시하는 교정시설의 관할 지방교정청장이 선정한다(시행규칙 제124조 제2항).
> ④ 지방교정청장은 소속 교정시설의 보호장비 사용 실태를 정기적으로 점검하여야 한다(시행령 제124조 제2항).
> ⑤ 수용자는 그 처우에 관하여 불복하는 경우 관할 지방교정청장에게 청원할 수 있다(법 제117조 제1항).
> ⑥ 수용자는 지방교정청장에게 정보의 공개를 청구할 수 있다(법 제117조의2 제1항).
> ⑦ 소장은 교도작업을 중지하려면 지방교정청장의 승인을 받아야 한다(교도작업법 시행규칙 제6조 제2항).
> ⑧ 교정시설의 장은 민간기업이 참여할 교도작업의 내용을 해당 기업체와의 계약으로 정하고 이에 대하여 법무부 장관의 승인(재계약의 경우에는 지방교정청장의 승인)을 받아야 한다(교도작업법 제6조).
> ⑨ 법무부장관은 권한의 일부를 관할 지방교정청장에게 위임할 수 있다(민영교도소법 제39조).

관련판례 ★

[1] 피고인이 교도소장의 타교도소로의 이송처분에 대하여 한 관할이전 신청 또는 이의신청의 당부(소극)

항소심에서 유죄판결을 선고받고 이에 불복하여 상고를 제기한 피고인을 교도소 소장이 검사의 이송지휘도 없이 다른 교도소로 이송처분한 경우 피고인은 이에 대하여 관할이전신청이나 이의신청을 할 수 없다.

미결수용자의 구금장소 변경이 법률상 명문의 규정이 있는 경우에만 허용되거나 법원의 사전허가를 받아야 하는 것은 아니지만 이러한 이송처분이 행정소송의 대상이 되는 행정처분임에는 틀림없고, 나아가 이송처분으로 인하여 미결수용자의 방어권이나 접견권의 행사에 중대한 장애가 생기는 경우에는 그 이송처분은 재량의 한계를 넘은 위법한 처분으로서 법원의 판결에 의하여 취소될 수 있음은 물론이다. 수용능력이 부족하다는 점이나 이러한 사유가 존재한다는 것만으로 위 이송처분이 적법한 것이라고 단정할 수는 없고 이 사건 기록에 나타난 사정만으로는 위 이송처분의 취소를 구하는 본안소송에서 그것이 신청인의 방어권이나 접견권의 행사를 침해하는 위법한 처분으로 판단되어 취소될 가능성을 배제할 수는 없다(대법원 1983.7.5. 83초20).

☞ 대법원은 "상소한 미결수용자를 상소심법원으로부터 멀리 떨어진 구치소로 이송한 사안에 대해서 부적법하다고 판단하면서 미결수용자에 대해서는 작업이나 교화, 수용능력 부족 등을 이유로 이송할 수 없다."고 판시하였다 (대법원 1992.8.7. 92두30).

[2] 법무부장관의 수형자 이송지휘처분의 공권력행사 해당 여부(소극)

법무부장관의 수형자에 대한 이송지휘처분은 형집행법 제20조의 규정에 따른 교도소장의 수형자 이송승인신청에 대하여 이를 승인하는 의사표시에 불과하여 이것이 곧 기본권침해의 원인이 된 '공권력의 행사'에 해당한다고 할 수 없다(헌재 2013.8.20. 2013헌마543).

[3] 교도소장의 출정비용 징수행위(상계행위)는 수용자로 인해 소요된 비용을 반환받는 것으로, 사경제 주체로서 행하는 사법상의 법률행위에 불과하므로 헌법소원심판 청구대상으로서의 '공권력의 행사'에는 해당된다고 볼 수 없다(헌재 2010.8.10. 2010헌마470). [2022. 5급 승진]

[4] 교도소장이 출정비용납부거부 또는 상계동의거부를 이유로 수형자의 행정소송 변론기일에 청구인의 출정을 제한한 행위가 청구인의 재판청구권을 침해하는지 여부(적극)

교도소장은 수형자가 출정비용을 예납하지 않았거나 영치금과의 상계에 동의하지 않았다고 하더라도, 우선 수형자를 출정시키고 사후에 출정비용을 받거나 영치금과의 상계를 통하여 출정비용을 회수하여야 하는 것이지, 이러한 이유로 수형자의 출정을 제한할 수 있는 것은 형벌의 집행을 위하여 필요한 한도를 벗어나서 청구인의 재판청구권을 과도하게 침해하였다고 할 것이다(헌재 2012.3.29. 2010헌마475). [2018. 7급 승진]

[5] 소장은 법무부장관의 승인을 받아 수용자를 다른 교정시설로 이송할 수 있는데, 이는 교도소장의 재량행위이고 따라서 수용자에게 자신이 원하는 교도소에서의 수용생활을 요구할 권리가 있다고 할 수 없다(헌재 2013.7.2. 2013헌마388).

제21조 수용사실의 알림

소장은 신입자 또는 다른 교정시설로부터 이송되어 온 사람이 있으면 그 사실을 수용자의 가족(배우자, 직계 존속·비속 또는 형제자매를 말한다. 이하 같다)에게 지체 없이 알려야 한다. 다만, 수용자가 알리는 것을 원하지 아니하면 그러하지 아니하다.

시행령

제21조 형 또는 구속의 집행정지 사유의 통보

소장은 수용자에 대하여 건강상의 사유로 형의 집행정지 또는 구속의 집행정지를 할 필요가 있다고 인정하는 경우에는 의무관의 진단서와 인수인에 대한 확인서류를 첨부하여 그 사실을 검사에게, 기소된 상태인 경우에는 법원에도 지체 없이 통보하여야 한다.

제2장 물품지급

제22조 의류 및 침구 등의 지급

① 소장은 수용자에게 건강유지에 적합한 의류·침구, 그 밖의 생활용품을 지급한다.
② 의류·침구, 그 밖의 생활용품의 지급기준 등에 관하여 필요한 사항은 법무부령으로 정한다.

시행령

제25조 생활용품 지급 시의 유의사항

① 소장은 법 제22조 제1항에 따라 의류·침구, 그 밖의 생활용품(이하 "의류 등"이라 한다)을 지급하는 경우에는 수용자의 건강, 계절 등을 고려하여야 한다.
② 소장은 수용자에게 특히 청결하게 관리할 수 있는 재질의 식기를 지급하여야 하며, 다른 사람이 사용한 의류 등을 지급하는 경우에는 세탁하거나 소독하여 지급하여야 한다.

제26조 생활기구의 비치

① 소장은 거실·작업장, 그 밖에 수용자가 생활하는 장소(이하 이 조에서 "거실 등"이라 한다)에 수용생활에 필요한 기구를 갖춰 둬야 한다.

② 거실 등에는 갖춰 둔 기구의 품목·수량을 기록한 품목표를 붙여야 한다.

시행규칙

의류의 품목 (제4조)	평상복	(겨울옷·봄가을옷·여름옷×수형자용(用), 미결수용자용 및 피보호감호자용)×남녀용 = 18종 [2022. 7급 승진]	
	특수복 [2022. 7급 승진]	모범수형자복·외부통근자복	겨울옷·봄가을옷·여름옷×남녀용 = 6종
		임산부복	봄가을옷·여름옷×수형자용과 미결수용자용 = 4종
		환자복	겨울옷·여름옷×남녀용 = 4종
		운동복	1종
		반바지	1종
	보조복	위생복·조끼 및 비옷 = 3종 [2022. 7급 승진] 총 2회 기출	
	의복부속물	러닝셔츠·팬티·겨울내의·장갑·양말 = 5종 [2018. 8급 승진]	
	모자	모범수형자모·외부통근자모·방한모 및 위생모 = 4종	
	신발	고무신·운동화 및 방한화 = 3종	
의류의 품목별 착용시기 및 대상 (제5조)	평상복	실내생활 수용자, 교도작업·직업능력개발훈련(직업훈련) 수용자, 각종 교육을 받는 수용자 및 다른 교정시설로 이송되는 수용자가 착용	
	모범수형자복	개방처우급에 해당하는 수형자가 작업·교육 등 일상생활을 하는 때, 가석방예정자가 실외생활을 하는 때 및 수형자가 사회봉사활동 등 대내외 행사 참석 시 소장이 필요하다고 인정하는 때 착용	
	외부통근자복	외부통근자로서 실외생활을 하는 때에 착용	
	임산부복	임신하거나 출산한 수용자가 착용	
	환자복	의료거실 수용자가 착용	
	운동복	소년수용자로서 운동을 하는 때에 착용	
	반바지	수용자가 여름철에 실내생활 또는 운동을 하는 때에 착용	
	위생복	수용자가 운영지원작업(이발·취사·간병, 그 밖에 교정시설의 시설운영과 관리에 필요한 작업)을 하는 때에 착용	
	조끼	수용자가 겨울철에 겉옷 안에 착용 ➡ 겉옷 밖에 착용 ×	
	비옷	수용자가 우천 시 실외작업을 하는 때에 착용	
	러닝셔츠·팬티·겨울내의 및 양말	모든 수형자 및 소장이 지급할 필요가 있다고 인정하는 미결수용자가 착용	
	장갑	작업을 하는 수용자 중 소장이 지급할 필요가 있다고 인정하는 자가 착용 ➡ 작업을 하는 수용자가 착용 ×	
	모자	모범수형자모	모범수형자복 착용자가 착용
		외부통근자모	외부통근자복 착용자가 착용
		방한모	외부작업 수용자가 겨울철에 착용
		위생모	취사장에서 작업하는 수용자가 착용

	신발 (슬리퍼×) [2022. 7급 승진]	고무신	수용자가 선택하여 착용
		운동화	
		방한화	작업을 하는 수용자 중 소장이 지급할 필요가 있다고 인정하는 사람이 착용
침구의 품목 (제6조)	이불 2종(솜이불·겹이불), 매트리스 2종(일반매트리스·환자매트리스), 담요 및 베개		
침구의 품목별 사용시기 및 대상 (제7조)	이불	솜이불	환자·노인·장애인·임산부 등의 수용자 중 소장이 지급할 필요가 있다고 인정하는 자가 겨울철에 사용
		겹이불	수용자가 봄·여름·가을철에 사용
	매트리스	일반매트리스	수용자가 겨울철에 사용
		환자매트리스	의료거실에 수용된 수용자 중 의무관이 지급할 필요가 있다고 인정하는 사람이 사용
	담요 및 베개		모든 수용자가 사용
의류·침구 등 생활용품의 지급기준 (제8조)	① 수용자에게 지급하는 의류 및 침구는 1명당 1매로 하되, 작업 여부 또는 난방 여건을 고려하여 2매를 지급할 수 있다. ② 의류·침구 외에 수용자에게 지급하는 생활용품의 품목, 지급수량, 사용기간, 지급횟수 등에 대한 기준은 별표 1과 같다. ③ 생활용품 지급일 이후에 수용된 수용자에 대하여는 다음 지급일까지 쓸 적절한 양을 지급하여야 한다. ④ 신입수용자에게는 수용되는 날에 칫솔, 치약 및 수건 등 수용생활에 필요한 최소한의 생활용품을 지급하여야 한다.		
의류·침구의 색채·규격 (제9조)	수용자 의류·침구의 품목별 색채 및 규격은 법무부장관이 정한다.		

시행규칙

제84조 물품지급
① 소장은 수형자의 경비처우급에 따라 물품에 차이를 두어 지급할 수 있다. 다만, 주·부식, 음료, 그 밖에 건강유지에 필요한 물품은 그러하지 아니하다.
② 제1항에 따라 의류를 지급하는 경우 수형자가 개방처우급인 경우에는 색상, 디자인 등을 다르게 할 수 있다.

관련판례

구치소 측은 수용자들이 희망하는 경우에 한하여 그의 비용부담으로 외부업체에서 플라스틱 컵을 구매하여 당해 수용자에게 지급하였고, 수용자가 희망하지 않는 경우에는 세라믹 재질로 된 밥그릇에 식수를 제공하고 있는 사실을 확인할 수 있는바, 이러한 사정을 고려하면 플라스틱 컵 제공행위를 헌법소원의 대상이 되는 권력적 사실행위로 볼 수는 없다 할 것이다(헌재 2012.11.6. 2012헌마828).

제23조 음식물의 지급

① 소장은 수용자에게 건강상태, 나이, 부과된 작업의 종류, 그 밖의 개인적 특성을 고려하여 건강 및 체력을 유지하는 데에 필요한 음식물을 지급한다.
② 음식물의 지급기준 등에 관하여 필요한 사항은 법무부령으로 정한다.

시행령

제27조 음식물의 지급
법 제23조에 따라 수용자에게 지급하는 음식물은 주식·부식·음료, 그 밖의 영양물로 한다.

제28조 주식의 지급
① 수용자에게 지급하는 주식은 쌀로 한다.
② 소장은 쌀 수급이 곤란하거나 그 밖에 필요하다고 인정하면 주식을 쌀과 보리 등 잡곡의 혼합곡으로 하거나 대용식을 지급할 수 있다.

시행규칙

제10조 주식의 지급
소장이 「형의 집행 및 수용자의 처우에 관한 법률 시행령」 제28조 제2항에 따라 주식을 쌀과 보리 등 잡곡의 혼합곡으로 하거나 대용식을 지급하는 경우에는 법무부장관이 정하는 바에 따른다.

제11조 주식의 지급
① 수용자에게 지급하는 주식은 1명당 1일 390 그램을 기준으로 한다.
② 소장은 수용자의 나이, 건강, 작업 여부 및 작업의 종류 등을 고려하여 필요한 경우에는 제1항의 지급 기준량을 변경할 수 있다.
③ 소장은 수용자의 기호 등을 고려하여 주식으로 빵이나 국수 등을 지급할 수 있다.

제12조 주식의 확보
소장은 수용자에 대한 원활한 급식을 위하여 해당 교정시설의 직전 분기 평균 급식 인원을 기준으로 1개월분의 주식을 항상 확보하고 있어야 한다.

제13조 부식
① 부식은 주식과 함께 지급하며, 1명당 1일의 영양섭취기준량은 별표 2와 같다.
② 소장은 작업의 장려나 적절한 처우를 위하여 필요하다고 인정하는 경우 특별한 부식을 지급할 수 있다.

제14조 주·부식의 지급횟수 등
① 주·부식의 지급횟수는 1일 3회로 한다.
② 수용자에게 지급하는 음식물의 총열량은 1명당 1일 2천500 킬로칼로리를 기준으로 한다.

시행령

제29조 특식의 지급

소장은 국경일이나 그 밖에 이에 준하는 날에는 특별한 음식물을 지급할 수 있다.

제30조 환자의 음식물

소장은 의무관의 의견을 고려하여 환자에게 지급하는 음식물의 종류 또는 정도를 달리 정할 수 있다.

시행규칙

제15조 특식 등 지급

① 영 제29조에 따른 특식은 예산의 범위에서 지급한다.

② 소장은 작업시간을 3시간 이상 연장하는 경우에는 수용자에게 주·부식 또는 대용식 1회분을 간식으로 지급할 수 있다.

제24조 물품의 자비구매

① 수용자는 소장의 허가를 받아 자신의 비용으로 음식물·의류·침구, 그 밖에 수용생활에 필요한 물품을 구매할 수 있다.

② 물품의 자비구매 허가범위 등에 관하여 필요한 사항은 법무부령으로 정한다.

시행령

제31조 자비 구매 물품의 기준

수용자가 자비로 구매하는 물품은 교화 또는 건전한 사회복귀에 적합하고 교정시설의 안전과 질서를 해칠 우려가 없는 것이어야 한다.

제32조 자비 구매 의류 등의 사용

소장은 수용자가 자비로 구매한 의류 등을 보관한 후 그 수용자가 사용하게 할 수 있다.

제33조 의류 등의 세탁 등

① 소장은 수용자가 사용하는 의류 등을 적당한 시기에 세탁·수선 또는 교체(이하 이 조에서 "세탁 등"이라 한다)하도록 하여야 한다.

② 자비로 구매한 의류 등을 세탁 등을 하는 경우 드는 비용은 수용자가 부담한다.

시행규칙

제16조 자비구매물품의 종류 등

① 자비구매물품의 종류는 다음 각 호와 같다.

   1. 음식물

   2. 의약품 및 의료용품

   3. 의류·침구류 및 신발류

   4. 신문·잡지·도서 및 문구류

   5. 수형자 교육 등 교정교화에 필요한 물품

   6. 그 밖에 수용생활에 필요하다고 인정되는 물품

② 제1항 각 호에 해당하는 자비구매물품의 품목·유형 및 규격 등은 영 제31조에 어긋나지 아니하는 범위에서 소장이 정하되, 수용생활에 필요한 정도, 가격과 품질, 다른 교정시설과의 균형, 공급하기 쉬운 정도 및 수용자의 선호도 등을 고려하여야 한다.

③ 법무부장관은 자비구매물품 공급의 교정시설 간 균형 및 교정시설의 안전과 질서유지를 위하여 공급물품의 품목 및 규격 등에 대한 통일된 기준을 제시할 수 있다.

제17조 구매허가 및 신청제한

① 소장은 수용자가 자비구매물품의 구매를 신청하는 경우에는 법무부장관이 교정성적 또는 제74조에 따른 경비처우급을 고려하여 정하는 보관금의 사용한도, 교정시설의 보관범위 및 수용자가 지닐 수 있는 범위에서 허가한다.

② 소장은 감염병(「감염병의 예방 및 관리에 관한 법률」에 따른 감염병을 말한다)의 유행 또는 수용자의 징벌집행 등으로 자비구매물품의 사용이 중지된 경우에는 구매신청을 제한할 수 있다.

제18조 우선 공급

소장은 교도작업제품(교정시설 안에서 수용자에게 부과된 작업에 의하여 생산된 물품을 말한다)으로서 자비구매물품으로 적합한 것은 제21조에 따라 지정받은 자비구매물품 공급자를 거쳐 우선하여 공급할 수 있다.

제19조 제품 검수

① 소장은 물품공급업무 담당공무원을 검수관으로 지정하여 제21조(공급업무를 담당하는 법인 또는 개인의 지정)에 따라 지정받은 자비구매물품 공급자로부터 납품받은 제품의 수량·상태 및 소비기한 등을 검사하도록 해야 한다.

② 검수관은 공급제품이 부패, 파손, 규격미달, 그 밖의 사유로 수용자에게 공급하기에 부적당하다고 인정하는 경우에는 소장에게 이를 보고하고 필요한 조치를 하여야 한다.

제20조 주요사항 고지 등

① 소장은 수용자에게 자비구매물품의 품목·가격, 그 밖에 구매에 관한 주요사항을 미리 알려주어야 한다.

② 소장은 제품의 변질, 파손, 그 밖의 정당한 사유로 수용자가 교환, 반품 또는 수선을 원하는 경우에는 신속히 적절한 조치를 하여야 한다.

제21조 공급업무의 담당자 지정

① 법무부장관은 자비구매물품의 품목·규격·가격 등의 교정시설 간 균형을 유지하고 공급과정의 효율성·공정성을 높이기 위하여 그 공급업무를 담당하는 법인 또는 개인을 지정할 수 있다.

② 제1항에 따라 지정받은 법인 또는 개인은 그 업무를 처리하는 경우 교정시설의 안전과 질서유지를 위하여 선량한 관리자로서의 의무를 다하여야 한다.

③ 자비구매물품 공급업무의 담당자 지정 등에 관한 세부사항은 법무부장관이 정한다.

제3장 금품관리

제25조 휴대금품의 보관 등

① 소장은 수용자의 휴대금품을 교정시설에 보관한다. 다만, 휴대품이 다음 각 호의 어느 하나에 해당하는 것이면 수용자로 하여금 자신이 지정하는 사람에게 보내게 하거나 그 밖에 적당한 방법으로 처분하게 할 수 있다.
  1. 썩거나 없어질 우려가 있는 것
  2. 물품의 종류·크기 등을 고려할 때 보관하기에 적당하지 아니한 것
  3. 사람의 생명 또는 신체에 위험을 초래할 우려가 있는 것
  4. 시설의 안전 또는 질서를 해칠 우려가 있는 것
  5. 그 밖에 보관할 가치가 없는 것
② 소장은 수용자가 제1항 단서에 따라 처분하여야 할 휴대품을 상당한 기간 내에 처분하지 아니하면 폐기할 수 있다.

시행령

제34조 휴대금품의 정의 등

① 법 제25조에서 "휴대금품"이란 신입자가 교정시설에 수용될 때에 지니고 있는 현금(자기앞수표를 포함한다. 이하 같다)과 휴대품을 말한다.
② 법 제25조 제1항 각 호의 어느 하나에 해당하지 아니한 신입자의 휴대품은 보관한 후 사용하게 할 수 있다.
③ 법 제25조 제1항 단서에 따라 신입자의 휴대품을 팔 경우에는 그 비용을 제외한 나머지 대금을 보관할 수 있다.
④ 소장은 신입자가 법 제25조 제1항 각 호의 어느 하나에 해당하는 휴대품을 법무부장관이 정한 기간에 처분하지 않은 경우에는 본인에게 그 사실을 고지한 후 폐기한다.

제35조 금품의 보관

수용자의 현금을 보관하는 경우에는 그 금액을 보관금대장에 기록하고 수용자의 물품을 보관하는 경우에는 그 품목·수량 및 규격을 보관품대장에 기록해야 한다.

제36조 귀중품의 보관

소장은 보관품이 금·은·보석·유가증권·인장, 그 밖에 특별히 보관할 필요가 있는 귀중품인 경우에는 잠금장치가 되어 있는 견고한 용기에 넣어 보관해야 한다.

제37조 보관품 매각대금의 보관

소장은 수용자의 신청에 따라 보관품을 팔 경우에는 그 비용을 제외한 나머지 대금을 보관할 수 있다.

제38조 보관금의 사용 등

① 소장은 수용자가 그의 가족(배우자, 직계존비속 또는 형제자매를 말한다. 이하 같다) 또는 배우자의 직계존속에게 도움을 주거나 그 밖에 정당한 용도로 사용하기 위하여 보관금의 사용을 신청한 경우에는 그 사정을 고려하여 허가할 수 있다.
② 제1항에 따라 보관금을 사용하는 경우 발생하는 비용은 수용자가 부담한다.
③ 보관금의 출납·예탁, 보관금품의 보관 등에 관하여 필요한 사항은 법무부장관이 정한다.

제44조 보관의 예외

음식물은 보관의 대상이 되지 않는다.

관련판례 👊

[1] 형집행법상 교도소 등의 장이 수용자의 영치금품 사용을 허용한 이후에 이를 지출하는 행위 자체는 공법상의 행정처분이 아니라 사경제의 주체로서 행하는 사법상의 법률행위 또는 사실행위에 불과하므로 헌법소원의 대상이 되는 공권력의 행사로 볼 수 없다. 따라서 피청구인이 청구인의 영치금품 사용신청을 받고 동 신청에 따라 이를 지출한 등기우편발송료 과다지출행위는 헌법소원심판의 청구대상으로서의 공권력에는 해당된다고 볼 수 없다(헌재 2004.8.31. 2004헌마674).

[2] 청구인에게 소포로 송부되어 온 단추 달린 남방형 티셔츠에 대하여 이를 청구인에게 교부하지 아니한 채 영치, 즉 휴대를 불허한데 대하여 불허행위는 이른바 권력적 사실행위로서 행정청이 행하는 구체적 사실에 대한 법집행으로서의 공권력의 행사에 해당한다(헌재 2003.5.27. 2003헌마329).

[3] 원고의 긴 팔 티셔츠 2개(영치품)에 대한 사용신청 불허처분 이후 이루어진 원고의 다른 교도소로의 이송이라는 사정에 의하여 원고의 권리와 이익의 침해 등이 해소되지 아니한 점, 원고의 형기가 만료되기까지는 아직 상당한 기간이 남아 있을 뿐만 아니라, ○○교도소가 전국 교정시설의 결핵 및 정신질환 수형자들을 수용·관리하는 의료교도소인 사정을 감안할 때 원고의 ○○교도소로의 재이송 가능성이 소멸하였다고 단정하기 어려운 점 등을 종합하면, 원고로서는 영치품 사용신청 불허처분의 취소를 구할 이익이 있다고 봄이 상당하다(대법원 2008.2.14. 2007두13203). [2017. 7급]

제26조 수용자가 지니는 물품 등

① 수용자는 편지·도서, 그 밖에 수용생활에 필요한 물품을 법무부장관이 정하는 범위에서 지닐 수 있다.
② 소장은 제1항에 따라 법무부장관이 정하는 범위를 벗어난 물품으로서 교정시설에 특히 보관할 필요가 있다고 인정하지 아니하는 물품은 수용자로 하여금 자신이 지정하는 사람에게 보내게 하거나 그 밖에 적당한 방법으로 처분하게 할 수 있다.
③ 소장은 수용자가 제2항에 따라 처분하여야 할 물품을 상당한 기간 내에 처분하지 아니하면 폐기할 수 있다.

시행령 ✏️

제39조 지닐 수 없는 물품의 처리
법 제26조 제2항 및 제3항에 따라 지닐 수 있는 범위를 벗어난 수용자의 물품을 처분하거나 폐기하는 경우에는 제34조 제3항(신입자의 휴대품을 팔 경우에는 그 비용을 제외한 나머지 대금을 보관) 및 제4항(신입자가 보관불허 휴대품을 법무부장관이 정한 기간에 처분하지 않은 경우에는 본인에게 그 사실을 고지한 후 폐기)을 준용한다.

제40조 물품의 폐기
수용자의 물품을 폐기하는 경우에는 그 품목·수량·이유 및 일시를 관계 장부에 기록하여야 한다.

제27조 수용자에 대한 금품 전달

① 수용자 외의 사람이 수용자에게 금품을 건네줄 것을 신청하는 때에는 소장은 다음 각 호의 어느 하나에 해당하지 아니하면 허가하여야 한다.
  1. 수형자의 교화 또는 건전한 사회복귀를 해칠 우려가 있는 때
  2. 시설의 안전 또는 질서를 해칠 우려가 있는 때
② 소장은 수용자 외의 사람이 수용자에게 주려는 금품이 제1항 각 호의 어느 하나에 해당하거나 수용자가 금품을 받지 아니하려는 경우에는 해당 금품을 보낸 사람에게 되돌려 보내야 한다.
③ 소장은 제2항의 경우에 금품을 보낸 사람을 알 수 없거나 보낸 사람의 주소가 불분명한 경우에는 금품을 다시 가지고 갈 것을 공고하여야 하며, 공고한 후 6개월이 지나도 금품을 돌려달라고 청구하는 사람이 없으면 그 금품은 국고에 귀속된다.
④ 소장은 제2항 또는 제3항에 따른 조치를 하였으면 그 사실을 수용자에게 알려 주어야 한다.

시행령

제41조 금품전달 신청자의 확인
소장은 수용자가 아닌 사람이 법 제27조 제1항에 따라 수용자에게 금품을 건네줄 것을 신청하는 경우에는 그의 성명·주소 및 수용자와의 관계를 확인해야 한다.

제42조 전달 허가금품의 사용 등
① 소장은 법 제27조 제1항에 따라 수용자에 대한 금품의 전달을 허가한 경우에는 그 금품을 보관한 후 해당 수용자가 사용하게 할 수 있다.
② 법 제27조 제1항에 따라 수용자에게 건네주려고 하는 금품의 허가범위 등에 관하여 필요한 사항은 법무부령으로 정한다.

제43조 전달 허가물품의 검사
소장은 법 제27조 제1항에 따라 (수용자 외의 사람의 신청에 따라 수용자에게)건네줄 것을 허가한 물품은 검사할 필요가 없다고 인정되는 경우가 아니면 교도관으로 하여금 검사하게 해야 한다. 이 경우 그 물품이 의약품인 경우에는 의무관으로 하여금 검사하게 해야 한다.

시행규칙

제22조 전달금품의 허가
① 소장은 수용자 외의 사람이 수용자에게 금원을 건네줄 것을 신청하는 경우에는 현금·수표 및 우편환의 범위에서 허가한다. 다만, 수용자 외의 사람이 온라인으로 수용자의 예금계좌에 입금한 경우에는 금원을 건네줄 것을 허가한 것으로 본다.
② 소장은 수용자 외의 사람이 수용자에게 음식물을 건네줄 것을 신청하는 경우에는 법무부장관이 정하는 바에 따라 교정시설 안에서 판매되는 음식물 중에서 허가한다. 다만, 제30조 각 호에 해당하는 종교행사 및 제114조 각 호에 해당하는 교화프로그램의 시행을 위하여 특히 필요하다고 인정하는 경우에는 교정시설 안에서 판매되는 음식물이 아니더라도 건네줄 것을 허가할 수 있다.

> ### 참고자료
>
> • **시행규칙 제30조**: 종교집회, 종교의식, 교리 교육 및 상담, 그 밖에 법무부장관이 정하는 종교행사
> • **시행규칙 제114조**: 문화프로그램, 문제행동예방프로그램, 가족관계회복프로그램, 교화상담, 그 밖에 법무부장관이 정하는 교화프로그램

③ 소장은 수용자 외의 사람이 수용자에게 음식물 외의 물품을 건네줄 것을 신청하는 경우에는 다음 각 호의 어느 하나에 해당하지 아니하면 법무부장관이 정하는 교정시설의 보관범위 및 수용자가 지닐 수 있는 범위에서 허가한다.
1. 오감 또는 통상적인 검사장비로는 내부검색이 어려운 물품
2. 음란하거나 현란한 그림·무늬가 포함된 물품
3. 사행심을 조장하거나 심리적인 안정을 해칠 우려가 있는 물품
4. 도주·자살·자해 등에 이용될 수 있는 금속류, 끈 또는 가죽 등이 포함된 물품
5. 위화감을 조성할 우려가 있는 높은 가격의 물품
6. 그 밖에 수형자의 교화 또는 건전한 사회복귀를 해칠 우려가 있거나 교정시설의 안전 또는 질서를 해칠 우려가 있는 물품

참고자료

• 법 제27조 제2항: ~ 해당 금품을 보낸 사람에게 되돌려 보내야 한다.(○) ➡ ~ 해당 금품을 교정시설에 보관한다.(×)
• 시행규칙 제30조 각 호에 해당하는 종교행사: 종교집회, 종교의식, 교리 교육 및 상담, 그 밖에 법무부장관이 정하는 종교행사
• 시행규칙 제114조 각 호에 해당하는 교화프로그램: 문화프로그램, 문제행동예방프로그램, 가족관계회복프로그램, 교화상담, 그 밖에 법무부장관이 정하는 교화프로그램

제28조 유류금품의 처리

① 소장은 사망자 또는 도주자가 남겨두고 간 금품이 있으면 사망자의 경우에는 그 상속인에게, 도주자의 경우에는 그 가족에게 그 내용 및 청구절차 등을 알려 주어야 한다. 다만, 썩거나 없어질 우려가 있는 것은 폐기할 수 있다.
② 소장은 상속인 또는 가족이 제1항의 금품을 내어달라고 청구하면 지체 없이 내어주어야 한다. 다만, 제1항에 따른 알림을 받은 날(알려줄 수가 없는 경우에는 청구사유가 발생한 날)부터 1년이 지나도 청구하지 아니하면 그 금품은 국고에 귀속된다.

시행령

제45조 유류금품의 처리
① 소장은 사망자의 유류품을 건네받을 사람이 원거리에 있는 등 특별한 사정이 있는 경우에는 유류품을 받을 사람의 청구에 따라 유류품을 팔아 그 대금을 보낼 수 있다.
② 법 제28조에 따라 사망자의 유류금품을 보내거나 제1항에 따라 유류품을 팔아 대금을 보내는 경우에 드는 비용은 유류금품의 청구인이 부담한다.

제29조 보관금품의 반환 등

① 소장은 수용자가 석방될 때 제25조에 따라 보관하고 있던 수용자의 휴대금품을 본인에게 돌려주어야 한다. 다만, 보관품을 한꺼번에 가져가기 어려운 경우 등 특별한 사정이 있어 수용자가 석방 시 소장에게 일정 기간 동안(1개월 이내의 범위로 한정한다) 보관품을 보관하여 줄 것을 신청하는 경우에는 그러하지 아니하다.

② 제1항 단서에 따른 보관 기간이 지난 보관품에 관하여는 제28조를 준용한다. 이 경우 "사망자" 및 "도주자"는 "피석방자"로, "금품"은 "보관품"으로, "상속인" 및 "가족"은 "피석방자 본인 또는 가족"으로 본다.

보관 기간이 지난 보관품의 처리(제28조 준용)

① 소장은 피석방자가 보관하여 줄 것을 신청한 보관품의 보관 기간이 지난 경우에는 피석방자 본인 또는 가족에게 그 내용 및 청구절차 등을 알려 주어야 한다. 다만, 썩거나 없어질 우려가 있는 것은 폐기할 수 있다.

② 소장은 피석방자 본인 또는 가족이 제1항의 보관품을 내어달라고 청구하면 지체 없이 내어주어야 한다. 다만, 제1항에 따른 알림을 받은 날(알려줄 수가 없는 경우에는 청구사유가 발생한 날)부터 1년이 지나도 청구하지 아니하면 그 금품은 국고에 귀속된다.

제4장 위생과 의료

제30조 위생·의료 조치의무

소장은 수용자가 건강한 생활을 하는 데에 필요한 위생 및 의료상의 적절한 조치를 하여야 한다.

제31조 청결유지

소장은 수용자가 사용하는 모든 설비와 기구가 항상 청결하게 유지되도록 하여야 한다.

시행령

제46조 보건·위생관리계획의 수립 등
소장은 수용자의 건강, 계절 및 시설여건 등을 고려하여 보건·위생관리계획을 정기적으로 수립하여 시행하여야 한다.

제47조 시설의 청소·소독
① 소장은 거실·작업장·목욕탕, 그 밖에 수용자가 공동으로 사용하는 시설과 취사장, 주식·부식 저장고, 그 밖에 음식물 공급과 관련된 시설을 수시로 청소·소독하여야 한다.

② 소장은 저수조 등 급수시설을 6개월에 1회 이상 청소·소독하여야 한다.

제32조 청결의무

① 수용자는 자신의 신체 및 의류를 청결히 하여야 하며, 자신이 사용하는 거실·작업장, 그 밖의 수용
시설의 청결유지에 협력하여야 한다.
② 수용자는 위생을 위하여 머리카락과 수염을 단정하게 유지하여야 한다.

시행령

제48조 청결의무
수용자는 교도관이 법 제32조 제1항에 따라 자신이 사용하는 거실, 작업장, 그 밖의 수용시설의 청결을 유지하기 위하여
필요한 지시를 한 경우에는 이에 따라야 한다.

참고자료

미결수용자의 머리카락과 수염은 특히 필요한 경우가 아니면 본인의 의사에 반하여 짧게 깎지 못한다(형집행법 제83조).

관련판례

교도소장이 수형자에 대하여 지속적이고 조직적으로 실시한 생활지도 명목의 이발 지도행위 및 앞머리는 눈썹이 보이도
록, 옆머리는 귀를 가리지 않도록, 뒷머리는 목을 가리지 않도록 실시한 이발행위는 공권력의 행사라고 보기 어렵다(헌재
2012.4.24. 2010헌마751).

제33조 운동 및 목욕

① 소장은 수용자가 건강유지에 필요한 운동 및 목욕을 정기적으로 할 수 있도록 하여야 한다.
② 운동시간·목욕횟수 등에 관하여 필요한 사항은 대통령령으로 정한다.

시행령

제49조 실외운동
소장은 수용자가 매일(공휴일 및 법무부장관이 정하는 날은 제외한다)「국가공무원 복무규정」제9조에 따른 근무시간 내에서
1시간 이내의 실외운동을 할 수 있도록 하여야 한다. 다만, 다음 각 호의 어느 하나에 해당하면 실외운동을 실시하지
아니할 수 있다.
1. 작업의 특성상 실외운동이 필요 없다고 인정되는 때
2. 질병 등으로 실외운동이 수용자의 건강에 해롭다고 인정되는 때
3. 우천, 수사, 재판, 그 밖의 부득이한 사정으로 실외운동을 하기 어려운 때

제50조 목욕횟수
소장은 작업의 특성, 계절, 그 밖의 사정을 고려하여 수용자의 목욕횟수를 정하되 부득이한 사정이 없으면 매주 1회 이상
이 되도록 한다.

제34조 건강검진

① 소장은 수용자에 대하여 건강검진을 정기적으로 하여야 한다.
② 건강검진의 횟수 등에 관하여 필요한 사항은 대통령령으로 정한다.

시행령

제51조 건강검진횟수

① 소장은 수용자에 대하여 1년에 1회 이상 건강검진을 하여야 한다. 다만, 19세 미만의 수용자와 계호상 독거수용자에 대하여는 6개월에 1회 이상 하여야 한다.
② 제1항의 건강검진은 「건강검진기본법」 제14조에 따라 지정된 건강검진기관에 의뢰하여 할 수 있다.

제35조 감염병 등에 관한 조치

소장은 감염병이나 그 밖에 감염의 우려가 있는 질병의 발생과 확산을 방지하기 위하여 필요한 경우 수용자에 대하여 예방접종·격리수용·이송, 그 밖에 필요한 조치를 하여야 한다.

시행령

제52조 감염병의 정의

법 제18조 제1항(수용의 거절), 법 제53조 제1항 제3호(감염병으로 인한 유아양육 불허사유) 및 법 제128조 제2항(감염병 예방을 위한 화장)에서 "감염병"이란 「감염병의 예방 및 관리에 관한 법률」에 따른 감염병을 말한다.

제53조 감염병에 관한 조치

① 소장은 수용자가 감염병에 걸렸다고 의심되는 경우에는 1주 이상 격리수용하고 그 수용자의 휴대품을 소독하여야 한다.
② 소장은 감염병이 유행하는 경우에는 수용자가 자비로 구매하는 음식물의 공급을 중지할 수 있다.
③ 소장은 수용자가 감염병에 걸린 경우에는 즉시 격리수용하고 그 수용자가 사용한 물품과 설비를 철저히 소독하여야 한다.
④ 소장은 제3항의 사실을 지체 없이 법무부장관에게 보고하고 관할 보건기관의 장에게 알려야 한다.

제36조 부상자 등 치료

① 소장은 수용자가 부상을 당하거나 질병에 걸리면 적절한 치료를 받도록 하여야 한다.
② 제1항의 치료를 위하여 교정시설에 근무하는 간호사는 야간 또는 공휴일 등에 「의료법」 제27조(무면허 의료행위 등 금지)에도 불구하고 대통령령으로 정하는 경미한 의료행위를 할 수 있다.

시행령

제54조 의료거실 수용 등

소장은 수용자가 부상을 당하거나 질병에 걸린 경우에는 그 수용자를 의료거실에 수용하거나, 다른 수용자에게 그 수용자를 간병하게 할 수 있다.

제54조의2 간호사의 의료행위

법 제36조 제2항에서 "대통령령으로 정하는 경미한 의료행위"란 다음 각 호의 의료행위를 말한다.

1. 외상 등 흔히 볼 수 있는 상처의 치료
2. 응급을 요하는 수용자에 대한 응급처치
3. 부상과 질병의 악화방지를 위한 처치
4. 환자의 요양지도 및 관리
5. 제1호부터 제4호까지의 의료행위에 따르는 의약품의 투여

관련판례 🔍

수용자에 대한 구체적인 치료방법이나 의약품의 선택은 의학적인 소견과 형의 집행 및 수용자의 처우와 관련된 판단에 따르는 것이므로, 반드시 환자가 요구하는 특정한 치료방법에 따른 치료를 행하거나 특정한 의약품을 지급하여야 하는 것은 아니다(헌재 2016.11.24. 2015헌마11). [2024. 6급 승진]

제37조 외부의료시설 진료 등

① 소장은 수용자에 대한 적절한 치료를 위하여 필요하다고 인정하면 교정시설 밖에 있는 의료시설(이하 "외부의료시설"이라 한다)에서 진료를 받게 할 수 있다.
② 소장은 수용자의 정신질환 치료를 위하여 필요하다고 인정하면 법무부장관의 승인을 받아 치료감호시설로 이송할 수 있다.
③ 제2항에 따라 이송된 사람은 수용자에 준하여 처우한다.
④ 소장은 제1항 또는 제2항에 따라 수용자가 외부의료시설에서 진료받거나 치료감호시설로 이송되면 그 사실을 그 가족(가족이 없는 경우에는 수용자가 지정하는 사람)에게 지체 없이 알려야 한다. 다만, 수용자가 알리는 것을 원하지 아니하면 그러하지 아니하다.
⑤ 소장은 수용자가 자신의 고의 또는 중대한 과실로 부상 등이 발생하여 외부의료시설에서 진료를 받은 경우에는 그 진료비의 전부 또는 일부를 그 수용자에게 부담하게 할 수 있다.

시행령 ✎

제55조 외부의사의 치료

소장은 특히 필요하다고 인정하면 외부 의료시설에서 근무하는 의사(이하 "외부의사"라 한다)에게 수용자를 치료하게 할 수 있다.

제56조 위독 사실의 알림

소장은 수용자가 위독한 경우에는 그 사실을 가족에게 지체 없이 알려야 한다.

제57조 외부 의료시설 입원 등 보고

소장은 법 제37조 제1항(외부의료시설 진료)에 따라 수용자를 외부 의료시설에 입원시키거나 입원 중인 수용자를 교정시설로 데려온 경우에는 그 사실을 법무부장관에게 지체 없이 보고하여야 한다.

관련판례 🔍

외부의료시설 진료 후 환소차를 기다리는 과정에서 병원 밖 주차장 의자에 앉아 있을 것을 지시한 행위는 외부의료시설 진료에 이미 예정되어 있던 부수적 행위로서 강제성의 정도가 미약한 단순한 비권력적 사실행위에 불과하다(헌재 2012.10.25. 2011헌마429).

제38조 자비치료

소장은 수용자가 자신의 비용으로 외부의료시설에서 근무하는 의사(이하 "외부의사"라 한다)에게 치료받기를 원하면 교정시설에 근무하는 의사(공중보건의사를 포함하며, 이하 "의무관"이라 한다)의 의견을 고려하여 이를 허가할 수 있다.

관련판례 ✦

청구인에게는 교도소장에게 자비로 외부의료시설의 치료를 요구할 법상 혹은 조리상의 신청권이 인정된다 할 것이고 이를 거부한 교도소장의 거부행위는 행정심판 및 행정소송의 대상이 되고 따라서 구제절차를 거치지 아니한 채 곧바로 제기한 이 사건 심판청구는 보충성 요건을 흠결하여 부적법하다(헌재 2013.7.30. 2013헌마477).

제39조 진료환경 등

① 교정시설에는 수용자의 진료를 위하여 필요한 의료 인력과 설비를 갖추어야 한다.
② 소장은 정신질환이 있다고 의심되는 수용자가 있으면 정신건강의학과 의사의 진료를 받을 수 있도록 하여야 한다.
③ 외부의사는 수용자를 진료하는 경우에는 법무부장관이 정하는 사항을 준수하여야 한다.
④ 교정시설에 갖추어야 할 의료설비의 기준에 관하여 필요한 사항은 법무부령으로 정한다.

시행규칙 ✎

제23조 의료설비의 기준
① 교정시설에는 「의료법」 제3조(의료기관)에 따른 의료기관 중 의원이 갖추어야 하는 시설 수준 이상의 의료시설(진료실 등의 의료용 건축물을 말한다. 이하 같다)을 갖추어야 한다.
② 교정시설에 갖추어야 하는 의료장비(혈압측정기 등의 의료기기를 말한다)의 기준은 별표 3과 같다.
③ 의료시설의 세부종류 및 설치기준은 법무부장관이 정한다.

제24조 비상의료용품 기준
① 소장은 수용정원과 시설여건 등을 고려하여 적정한 양의 비상의료용품을 갖추어 둔다.
② 교정시설에 갖추어야 하는 비상의료용품의 기준은 별표 4와 같다.

제40조 수용자의 의사에 반하는 의료조치

① 소장은 수용자가 진료 또는 음식물의 섭취를 거부하면 의무관으로 하여금 관찰·조언 또는 설득을 하도록 하여야 한다.
② 소장은 제1항의 조치에도 불구하고 수용자가 진료 또는 음식물의 섭취를 계속 거부하여 그 생명에 위험을 가져올 급박한 우려가 있으면 의무관으로 하여금 적당한 진료 또는 영양보급 등의 조치를 하게 할 수 있다.

> **참고자료** **수용자의 의사에 반하는 의료조치**(교도관직무규칙 제79조)
>
> ① 의무관은 법 제40조 제2항의 조치(수용자의 의사에 반하는 의료조치)를 위하여 필요하다고 인정하는 경우에는 의료과에 근무하는 교정직교도관(의료과에 근무하는 교정직교도관이 없거나 부족한 경우에는 당직간부)에게 법 제100조(강제력의 행사)에 따른 조치를 하도록 요청할 수 있다.
> ② 제1항의 요청을 받은 교정직교도관 또는 당직간부는 특별한 사정이 없으면 요청에 응하여 적절한 조치를 하여야 한다.

관련판례

[1] 강제적 의료조치에 대한 위헌 확인(소극)

교도소장으로 하여금 수용자의 의사에 반하는 의료조치를 취할 수 있도록 규정한 형집행법 제40조 제2항은 소장에게 재량의 여지를 부여하고 있으므로, 위 조항으로 인한 기본권 침해는 소장의 개별·구체적인 의료조치에 의하여 비로소 현실화되는 것일 뿐 위 조항 자체에 의하여 직접 기본권이 침해되는 것으로 볼 수 없다(헌재 2011.8.30. 2011헌마432).

[2] 교정시설의 의무관은 수용자에 대한 진찰·진료 등의 의료행위를 하는 경우 수용자의 생명·신체·건강을 관리하는 업무의 성질에 비추어 환자의 구체적인 증상이나 상황에 따라 위험을 방지하기 위하여 요구되는 최선의 조치를 행하여야 할 주의의무가 있을 뿐, 그 구체적인 치료 방법에 있어서는 의학적인 소견과 형의 집행 및 수용자의 처우와 관련된 판단에 따르는 것이므로, 헌법상 구치소장에게 수용자가 원하는 특정한 치료방법에 따른 치료행위를 하여야 할 작위의무가 있다고 보기는 어렵다(헌재 2013.7.16. 2013헌마446).

제5장 접견·편지수수 및 전화통화

제41조 접견

① 수용자는 교정시설의 외부에 있는 사람과 접견할 수 있다. 다만, 다음 각 호의 어느 하나에 해당하는 사유가 있으면 그러하지 아니하다.
  1. 형사 법령에 저촉되는 행위를 할 우려가 있는 때
  2. 「형사소송법」이나 그 밖의 법률에 따른 접견금지의 결정이 있는 때
  3. 수형자의 교화 또는 건전한 사회복귀를 해칠 우려가 있는 때
  4. 시설의 안전 또는 질서를 해칠 우려가 있는 때
② 수용자의 접견은 접촉차단시설이 설치된 장소에서 하게 한다. 다만, 다음 각 호의 어느 하나에 해당하는 경우에는 접촉차단시설이 설치되지 아니한 장소에서 접견하게 한다.
  1. 미결수용자(형사사건으로 수사 또는 재판을 받고 있는 수형자와 사형확정자를 포함한다)가 변호인(변호인이 되려는 사람을 포함한다. 이하 같다)과 접견하는 경우
  2. 수용자가 소송사건의 대리인인 변호사와 접견하는 경우 등 수용자의 재판청구권 등을 실질적으로 보장하기 위하여 대통령령으로 정하는 경우로서 교정시설의 안전 또는 질서를 해칠 우려가 없는 경우

③ 제2항에도 불구하고 다음 각 호의 어느 하나에 해당하는 경우에는 접촉차단시설이 설치되지 아니한 장소에서 접견하게 할 수 있다.
　1. 수용자가 미성년자인 자녀와 접견하는 경우
　2. 그 밖에 대통령령으로 정하는 경우

> **[그 밖에 대통령령으로 정하는 경우**(시행령 제59조 제3항)]
> 　1. 수형자의 교정성적이 우수한 경우
> 　2. 수형자의 교화 또는 건전한 사회복귀를 위하여 특히 필요하다고 인정되는 경우
> 　3. 미결수용자의 처우를 위하여 소장이 특별히 필요하다고 인정하는 경우
> 　4. 사형확정자의 교화나 심리적 안정을 위하여 소장이 특별히 필요하다고 인정하는 경우

④ 소장은 다음 각 호의 어느 하나에 해당하는 사유가 있으면 교도관으로 하여금 수용자의 접견내용을 청취·기록·녹음 또는 녹화하게 할 수 있다.
　1. 범죄의 증거를 인멸하거나 형사 법령에 저촉되는 행위를 할 우려가 있는 때
　2. 수형자의 교화 또는 건전한 사회복귀를 위하여 필요한 때
　3. 시설의 안전과 질서유지를 위하여 필요한 때
⑤ 제4항에 따라 녹음·녹화하는 경우에는 사전에 수용자 및 그 상대방에게 그 사실을 알려 주어야 한다.
⑥ 접견의 횟수·시간·장소·방법 및 접견내용의 청취·기록·녹음·녹화 등에 관하여 필요한 사항은 대통령령으로 정한다.

시행령

제58조 접견
① 수용자의 접견은 매일(공휴일 및 법무부장관이 정한 날은 제외한다)「국가공무원 복무규정」제9조에 따른 근무시간 내에서 한다.
② 변호인(변호인이 되려고 하는 사람을 포함한다. 이하 같다)과 접견하는 미결수용자를 제외한 수용자의 접견시간은 회당 30분 이내로 한다.
③ 수형자의 접견 횟수는 매월 4회로 한다.
④ 삭제 〈2019.10.22.〉
⑤ 법 및 이 영에 규정된 사항 외에 수형자, 사형확정자 및 미결수용자를 제외한 수용자의 접견 횟수·시간·장소 등에 관하여 필요한 사항은 법무부장관이 정한다.
⑥ 소장은 교정시설의 외부에 있는 사람의 수용자 접견에 관한 사무를 수행하기 위하여 불가피한 경우「개인정보 보호법」시행령 제19조에 따른 주민등록번호, 여권번호, 운전면허의 면허번호 또는 외국인등록번호가 포함된 자료를 처리할 수 있다.

관련판례

[1] 형의 집행 및 수용자의 처우에 관한 법률 시행령 제58조 제4항 위헌확인(적극)

형집행법 시행령 제58조 제4항에 따르면 수용자가 형사사건이 아닌 민사, 행정, 헌법소송 등 법률적 분쟁과 관련하여 변호사의 도움을 받는 경우에는 원칙적으로 접촉차단시설이 설치된 장소에서 접견을 해야 한다. 그 결과 수용자는 효율적인 재판준비를 하는 것이 곤란하게 되고, 특히 교정시설 내에서의 처우에 대하여 국가 등을 상대로 소송을 하는 경우에는 소송의 상대방에게 소송자료를 그대로 노출하게 되어 무기대등의 원칙을 훼손할 수 있다. 변호사 직무의 공공성, 윤리성 및 사회적 책임성은 변호사 접견권을 이용한 증거인멸, 도주 및 마약 등 금지물품 반입 시도 등의 우려를 최소화시킬 수 있으며, 변호사접견이라 하더라도 교정시설의 질서 등을 해할 우려가 있는 특별한 사정이 있는 경우에는 예외를 두도록 한다면 악용될 가능성도 방지할 수 있다. 따라서 형집행법 시행령 제58조 제4항은 과잉금지원칙에 위반하여 청구인의 재판청구권을 지나치게 제한하고 있으므로, 헌법에 위반된다(헌재 2013.8.29. 2011헌마122). [2022. 7급 승진] 총 3회 기출

◉ 이 판례로 인해 시행령 제58조 제4항이 개정(2014.6.25.)되었고, 현재는 법 개정(2019.4.23.)으로 법 제41조 제2항에 규정되어있다.

[2] 수형자인 청구인이 헌법소원 사건의 국선대리인인 변호사를 접견함에 있어서 그 접견내용을 녹음, 기록한 피청구인의 행위가 청구인의 재판을 받을 권리를 침해하는지 여부(적극) [2022. 7급]

수형자와 변호사와의 접견내용을 녹음, 녹화하게 되면 그로 인해 제3자인 교도소 측에 접견내용이 그대로 노출되므로 수형자와 변호사는 상담과정에서 상당히 위축될 수밖에 없고, 특히 소송의 상대방이 국가나 교도소 등의 구금시설로서 그 내용이 구금시설 등의 부당처우를 다투는 내용일 경우에 접견내용에 대한 녹음, 녹화는 실질적으로 당사자대등의 원칙에 따른 무기평등을 무력화시킬 수 있다.

변호사는 다른 전문직에 비하여도 더욱 엄격한 직무의 공공성 등이 강조되고 있는 지위에 있으므로, 소송사건의 변호사가 접견을 통하여 수형자와 모의하는 등으로 법령에 저촉되는 행위를 하거나 이에 가담하는 등의 행위를 할 우려는 거의 없다. 또한, 접견의 내용이 소송준비를 위한 상담내용일 수밖에 없는 변호사와의 접견에 있어서 수형자의 교화나 건전한 사회복귀를 위해 접견내용을 녹음, 녹화할 필요성을 생각하는 것도 어렵다.

이 사건에 있어서 청구인과 헌법소원 사건의 국선대리인인 변호사의 접견내용에 대해서는 접견의 목적이나 접견의 상대방 등을 고려할 때 녹음, 기록이 허용되어서는 아니 될 것임에도, 이를 녹음, 기록한 행위는 청구인의 재판을 받을 권리를 침해한다(헌재 2013.9.26. 2011헌마398).

[3] 접견내용을 녹음·녹화하는 경우 수용자 및 그 상대방에게 그 사실을 말이나 서면 등으로 알려주어야 하고 취득된 접견기록물은 법령에 의해 보호·관리되고 있으므로 사생활의 비밀과 자유에 대한 침해를 최소화하는 수단이 마련되어 있다는 점, 청구인이 나눈 접견내용에 대한 사생활의 비밀로서의 보호가치에 비해 증거인멸의 위험을 방지하고 교정시설 내의 안전과 질서유지에 기여하려는 공익이 크고 중요하다는 점에 비추어 볼 때, 징벌혐의의 조사를 받고 있는 수용자가 변호인이 아닌 자와 접견할 당시 교도관이 참여하여 대화내용을 기록하게 한 행위는 수용자의 사생활의 비밀과 자유를 침해하였다고 볼 수 없다(헌재 2014.9.25. 2012헌마523). [2018. 7급 승진]

[4] 형집행법 제41조 제4항 제1호, 제3호 중 미결수용자의 접견내용의 녹음·녹화에 관한 조항은 직접적으로 물리적 강제력을 수반하는 강제처분이 아니므로 영장주의가 적용되지 않아 영장주의에 위배하였다고 할 수 없고, 수용자의 증거인멸의 가능성 및 추가범죄의 발생 가능성을 차단하고, 교정시설 내의 안전과 질서유지를 위한 것으로 목적의 정당성이 인정된다(헌재 2016.11.24. 2014헌바401).

[5] 원칙적으로 미결수용자와 변호인 아닌 자와의 접견 내용을 녹음·녹화할 수 없으나, 범죄의 증거를 인멸하거나 형사법령에 저촉되는 행위를 할 우려가 있는 때 등의 사유가 있을 때에 한하여 예외적으로 녹음 또는 녹화하게 할 수 있다는 규정은 미결수용자의 사생활의 비밀과 자유 및 통신의 비밀을 침해하지 아니한다(헌재 2016.11.24. 2014헌바401). [2023. 5급 승진]

제59조 접견의 예외

① 소장은 제58조 제1항(근무시간 내 접견) 및 제2항(30분 이내의 접견시간)에도 불구하고 수형자의 교화 또는 건전한 사회복귀를 위하여 특히 필요하다고 인정하면 접견 시간대 외에도 접견을 하게 할 수 있고 접견시간을 연장할 수 있다.

② 소장은 제58조 제3항(수형자의 접견횟수 매월 4회)에도 불구하고 수형자가 다음 각 호의 어느 하나에 해당하면 접견 횟수를 늘릴 수 있다.

　　1. 19세 미만인 때
　　2. 교정성적이 우수한 때
　　3. 교화 또는 건전한 사회복귀를 위하여 특히 필요하다고 인정되는 때

③ 법 제41조 제3항(접촉차단시설이 설치되지 아니한 장소에서 접견) 제2호에서 "대통령령으로 정하는 경우"란 다음 각 호의 어느 하나에 해당하는 경우를 말한다.

　　1. 수형자가 제2항 제2호 또는 제3호에 해당하는 경우
　　2. 미결수용자의 처우를 위하여 소장이 특별히 필요하다고 인정하는 경우
　　3. 사형확정자의 교화나 심리적 안정을 위하여 소장이 특별히 필요하다고 인정하는 경우

시행규칙

제87조 접견

① 수형자의 경비처우급별 접견의 허용횟수는 다음 각 호와 같다.

　　1. 개방처우급: 1일 1회
　　2. 완화경비처우급: 월 6회
　　3. 일반경비처우급: 월 5회
　　4. 중경비처우급: 월 4회

② 제1항 제2호부터 제4호까지의 경우 접견은 1일 1회만 허용한다. 다만, 처우상 특히 필요한 경우에는 그러하지 아니하다.

③ 소장은 교화 및 처우상 특히 필요한 경우에는 수용자가 다른 교정시설의 수용자와 통신망을 이용하여 화상으로 접견하는 것(이하 "화상접견"이라 한다)을 허가할 수 있다. 이 경우 화상접견은 제1항의 접견 허용횟수에 포함한다.

제88조 접견 장소

소장은 개방처우급 수형자에 대하여는 법무부장관이 정하는 바에 따라 접촉차단시설이 설치된 장소 외의 적당한 곳에서 접견을 실시할 수 있다. 다만, 처우상 특히 필요하다고 인정하는 경우에는 그 밖의 수형자에 대하여도 이를 허용할 수 있다.

시행령

제59조의2 변호사와의 접견

① 제58조 제2항(30분 이내의 접견시간)에도 불구하고 수용자가 다음 각 호의 어느 하나에 해당하는 변호사와 접견하는 시간은 회당 60분으로 한다.

　　1. 소송사건의 대리인인 변호사
　　2. 「형사소송법」에 따른 상소권회복 또는 재심 청구사건의 대리인이 되려는 변호사

② 수용자가 제1항 각 호의 변호사와 접견하는 횟수는 다음 각 호의 구분에 따르되, 이를 제58조 제3항(수형자의 접견횟수 매월 4회), 제101조(미결수용자의 접견횟수 매일 1회) 및 제109조(사형확정자의 접견횟수 매월 4회)의 접견 횟수에 포함시키지 아니한다.

　　1. 소송사건의 대리인인 변호사: 월 4회
　　2. 「형사소송법」에 따른 상소권회복 또는 재심 청구사건의 대리인이 되려는 변호사: 사건 당 2회

③ 소장은 제58조 제1항(근무시간 내 접견)과 이 조 제1항(변호사와 접견하는 시간 회당 60분) 및 제2항(변호사와 접견 횟수)에도 불구하고 소송사건의 수 또는 소송내용의 복잡성 등을 고려하여 소송의 준비를 위하여 특히 필요하다고 인정하면 접견 시간대 외에도 접견을 하게 할 수 있고, 접견 시간 및 횟수를 늘릴 수 있다.

④ 소장은 제1항 및 제2항에도 불구하고 접견 수요 또는 접견실 사정 등을 고려하여 원활한 접견 사무 진행에 현저한 장애가 발생한다고 판단하면 접견 시간 및 횟수를 줄일 수 있다. 이 경우 줄어든 시간과 횟수는 다음 접견 시에 추가하도록 노력하여야 한다.

⑤ 수용자가 「형사소송법」에 따른 상소권회복 또는 재심 청구사건의 대리인이 되려는 변호사와 접견하는 경우에는 교정시설의 안전 또는 질서를 해칠 우려가 없는 한 접촉차단시설이 설치되지 않은 장소에서 접견하게 한다.

⑥ 제1항부터 제5항까지에서 규정한 사항 외에 수용자와 제1항 각 호의 변호사의 접견에 관하여 필요한 사항은 법무부령으로 정한다.

시행규칙

제29조의3 소송사건의 대리인인 변호사 등의 접견 등 신청

① 영 제59조의2 제1항 각 호의 변호사(소송사건의 대리인인 변호사, 상소권회복 또는 재심 청구사건의 대리인이 되려는 변호사)가 수용자를 접견하고자 하는 경우에는 별지 제32호 서식의 신청서(변호사 접견신청서)를 소장에게 제출해야 한다. 다만, 영 제59조의2 제1항 제1호의 변호사(소송사건의 대리인인 변호사)는 소송위임장 사본 등 소송사건의 대리인임을 소명할 수 있는 자료를 첨부해야 한다.

② 영 제59조의2 제1항 각 호의 변호사(소송사건의 대리인인 변호사, 상소권회복 또는 재심 청구사건의 대리인이 되려는 변호사)가 같은 조 제3항에 따라 접견 시간을 연장하거나 접견 횟수를 추가하고자 하는 경우에는 별지 제33호 서식의 신청서[변호사(접견시간연장, 접견횟수추가) 신청서]에 해당 사유를 소명할 수 있는 자료를 첨부하여 소장에게 제출해야 한다.

관련판례 ✦

수형자와 소송대리인인 변호사의 접견을 일반 접견에 포함시켜 시간은 30분 이내로, 횟수는 월 4회로 제한한 구 형집행법 시행령 제58조 제2항 및 형집행법 시행령 제58조 제2항 중 각 '수형자'에 관한 부분, 제58조 제3항이 청구인의 재판청구권을 침해하는지 여부(적극)

수형자의 재판청구권을 실효적으로 보장하기 위해서는 소송대리인인 변호사와의 접견 시간 및 횟수를 적절하게 보장하는 것이 필수적이다.

변호사 접견 시 접견 시간의 최소한을 정하지 않으면 접견실 사정 등 현실적 문제로 실제 접견 시간이 줄어들 가능성이 있고, 변호사와의 접견 횟수와 가족 등과의 접견 횟수를 합산함으로 인하여 수형자가 필요한 시기에 변호사의 조력을 받지 못할 가능성도 높아진다. 접견의 최소시간을 보장하되 이를 보장하기 어려운 특별한 사정이 있는 경우에는 예외적으로 일정한 범위 내에서 이를 단축할 수 있도록 하고, 횟수 또한 별도로 정하면서 이를 적절히 제한한다면, 교정시설 내의 수용질서 및 규율의 유지를 도모하면서도 수형자의 재판청구권을 실효적으로 보장할 수 있을 것이다.

이와 같이 심판대상조항들은 법률전문가인 변호사와의 소송상담의 특수성을 고려하지 않고 소송대리인인 변호사와의 접견을 그 성격이 전혀 다른 일반 접견에 포함시켜 접견 시간 및 횟수를 제한함으로써 청구인의 재판청구권을 침해하여 헌법에 위반된다(헌재 2015.11.26. 2012헌마858).

● 이 판례로 인해 시행령 제59조의2가 신설(2016.6.28)되었다.

이번 결정은 수형자의 재판청구권을 침해한다는 것으로 수형자가 소송대리인과의 접견 교통권을 행사하는데 일반 접견과 동일하게 제한되어서는 안 된다는 것이다.

헌법재판소는 형사절차가 종료되어 교정시설에 수용중인 수형자는 원칙적으로 변호인의 조력을 받을 권리의 주체가 될 수 없다고 하고 있다(헌재 1998.8.27. 96헌마398). 그러나 수형자라 하더라도 민사사건에서는 재판청구권을 통하여 변호사의 도움을 받을 권리를 향유할 수 있고, 수형자가 민사사건과 관련하여 소송대리인인 변호사를 접견하는 것을 일반 접견에 포함하여 제한하는 것은 수형자의 재판청구권을 침해한다는 것이다.

이번 결정은 헌법재판소가 2013.9.26. 2011헌마398 사건에서 교정시설의 장이 수형자와 헌법소원 사건의 국선대리인인 변호사와의 접견내용을 녹음, 기록한 행위가 위헌임을 확인한 결정과 더불어 수형자의 재판청구권을 보장하는데 중요한 역할을 할 수 있는 결정으로 보인다.

시행령

제60조 접견 시 외국어 사용

① 수용자와 교정시설 외부의 사람이 접견하는 경우에 법 제41조 제4항(접견내용의 청취ㆍ기록ㆍ녹음 또는 녹화)에 따라 접견내용이 청취ㆍ녹음 또는 녹화될 때에는 외국어를 사용해서는 아니 된다. 다만, 국어로 의사소통하기 곤란한 사정이 있는 경우에는 외국어를 사용할 수 있다.
② 소장은 제1항 단서의 경우에 필요하다고 인정하면 교도관 또는 통역인으로 하여금 통역하게 할 수 있다.

제61조 접견 시 유의사항 고지

소장은 법 제41조에 따라 접견을 하게 하는 경우에는 수용자와 그 상대방에게 접견 시 유의사항을 방송이나 게시물 부착 등 적절한 방법으로 알려줘야 한다.

제62조 접견내용의 청취ㆍ기록ㆍ녹음ㆍ녹화

① 소장은 법 제41조 제4항(접견내용의 청취ㆍ기록ㆍ녹음 또는 녹화)의 청취ㆍ기록을 위하여 다음 각 호의 사람을 제외한 수용자의 접견에 교도관을 참여하게 할 수 있다.
  1. 변호인과 접견하는 미결수용자
  2. 소송사건의 대리인인 변호사와 접견하는 수용자
② 소장은 특별한 사정이 없으면 교도관으로 하여금 법 제41조 제5항(녹음ㆍ녹화하는 경우 사전에 알림)에 따라 수용자와 그 상대방에게 접견내용의 녹음ㆍ녹화 사실을 수용자와 그 상대방이 접견실에 들어가기 전에 미리 말이나 서면 등 적절한 방법으로 알려 주게 하여야 한다.
③ 소장은 법 제41조 제4항(접견내용의 청취ㆍ기록ㆍ녹음 또는 녹화)에 따라 청취ㆍ녹음ㆍ녹화한 경우의 접견기록물에 대한 보호ㆍ관리를 위하여 접견정보 취급자를 지정하여야 하고, 접견정보 취급자는 직무상 알게 된 접견정보를 누설하거나 권한 없이 처리하거나 다른 사람이 이용하도록 제공하는 등 부당한 목적을 위하여 사용해서는 아니 된다.
④ 소장은 관계기관으로부터 다음 각 호의 어느 하나에 해당하는 사유로 제3항의 접견기록물의 제출을 요청받은 경우에는 기록물을 제공할 수 있다.
  1. 법원의 재판업무 수행을 위하여 필요한 때
  2. 범죄의 수사와 공소의 제기 및 유지에 필요한 때
⑤ 소장은 제4항에 따라 녹음ㆍ녹화 기록물을 제공할 경우에는 제3항의 접견정보 취급자로 하여금 녹음ㆍ녹화기록물을 요청한 기관의 명칭, 제공받는 목적, 제공 근거, 제공을 요청한 범위, 그 밖에 필요한 사항을 녹음ㆍ녹화기록물 관리 프로그램에 입력하게 하고, 따로 이동식 저장매체에 옮겨 담아 제공한다.

제42조 접견의 중지 등

교도관은 접견 중인 수용자 또는 그 상대방이 다음 각 호의 어느 하나에 해당하면 접견을 중지할 수 있다.
  1. 범죄의 증거를 인멸하거나 인멸하려고 하는 때
  2. 제92조의 금지물품을 주고받거나 주고받으려고 하는 때
  3. 형사 법령에 저촉되는 행위를 하거나 하려고 하는 때
  4. 수용자의 처우 또는 교정시설의 운영에 관하여 거짓사실을 유포하는 때
  5. 수형자의 교화 또는 건전한 사회복귀를 해칠 우려가 있는 행위를 하거나 하려고 하는 때
  6. 시설의 안전 또는 질서를 해하는 행위를 하거나 하려고 하는 때

시행령

제63조 접견중지 사유의 고지

교도관이 법 제42조에 따라 수용자의 접견을 중지한 경우에는 그 사유를 즉시 알려주어야 한다.

제88조 준용규정

형사사건으로 수사 또는 재판을 받고 있는 수형자에 대하여는 제82조(미결수용자의 사복착용), 제84조(미결수용자의 변호인과의 접견 및 편지수수) 및 법 제85조(미결수용자의 조사·징벌 중의 권리행사 보장 특칙)를 준용한다.

참고자료 **형사사건으로 수사 또는 재판을 받고 있는 수형자에 대한 준용규정**(법 제88조)

1. **사복착용**

   형사사건으로 수사 또는 재판을 받고 있는 수형자는 수사·재판·국정감사 또는 법률로 정하는 조사에 참석할 때에는 사복을 착용할 수 있다. 다만, 소장은 도주우려가 크거나 특히 부적당한 사유가 있다고 인정하면 교정시설에서 지급하는 의류를 입게 할 수 있다.

2. **변호인과의 접견 및 편지수수**

   ① 형사사건으로 수사 또는 재판을 받고 있는 수형자와 변호인과의 접견에는 교도관이 참여하지 못하며 그 내용을 청취 또는 녹취하지 못한다. 다만, 보이는 거리에서 수형자를 관찰할 수 있다.

   ② 형사사건으로 수사 또는 재판을 받고 있는 수형자와 변호인 간의 접견은 시간과 횟수를 제한하지 아니한다.

   ③ 형사사건으로 수사 또는 재판을 받고 있는 수형자와 변호인 간의 편지는 교정시설에서 상대방이 변호인임을 확인할 수 없는 경우를 제외하고는 검열할 수 없다.

3. **조사 등에서의 특칙**

   소장은 형사사건으로 수사 또는 재판을 받고 있는 수형자가 징벌대상자로서 조사받고 있거나 징벌집행 중인 경우에도 소송서류의 작성, 변호인과의 접견·편지수수, 그 밖의 수사 및 재판 과정에서의 권리행사를 보장하여야 한다.

관련판례

[1] 피청구인 대전교도소장이 7회에 걸쳐 수형자인 청구인에게 화상접견시간을 각 10분 내외로 부여한 행위가 행정재량을 벗어나 과잉금지원칙에 위반하여 청구인의 헌법상 기본권을 침해한 것인지 여부(소극)

피청구인 대전교도소장이 7회에 걸쳐 청구인에게 화상접견시간을 각 10분 내외로 부여한 것은 당시 대전교도소의 인적, 물적 접견설비의 범위 내에서 다른 수형자와 미결수용자의 접견교통권도 골고루 적절하게 보장하기 위한 행정목적에 따른 합리적인 필요최소한의 제한이었다 할 것이고, 청구인의 접견교통권을 과도하게 제한한 것으로는 보이지 아니한다. 따라서, 피청구인의 이 사건 각 화상접견시간 부여행위가 행정재량을 벗어나 과잉금지원칙에 위반하여 청구인의 헌법상 기본권을 침해한 것이라고는 볼 수 없다(헌재 2009.9.24. 2007헌마738).

[2] 부산구치소장이 청구인과 배우자의 접견을 녹음하여 부산지방검찰청 검사장에게 그 접견녹음파일을 제공한 행위가 청구인의 기본권을 침해한 것인지 여부(소극)

녹음행위는 교정시설 내의 안전과 질서유지에 기여하기 위한 것으로서 그 목적이 정당할 뿐 아니라 수단이 적절하고, 제공행위는 형사사법의 실체적 진실을 발견하고 이를 통해 형사사법의 적정한 수행을 도모하기 위한 것으로 그 목적이 정당하고, 수단 역시 적합하다. 그러므로 부산구치소장이 청구인과 배우자의 접견을 녹음하여 부산지방검찰청 검사장에게 그 접견녹음파일을 제공한 행위는 청구인의 기본권을 침해하지 않는다(헌재 2012.12.27. 2010헌마153).

[3] 형집행법 제88조가 형사재판의 피고인으로 출석하는 수형자에 대하여, 사복착용을 허용하는 형집행법 제82조를 준용하지 아니한 것이 공정한 재판을 받을 권리, 인격권, 행복추구권을 침해하는지 여부(적극)

수형자라 하더라도 확정되지 않은 별도의 형사재판에서만큼은 미결수용자와 같은 지위에 있으므로, 이러한 수형자로 하여금 형사재판 출석 시 아무런 예외 없이 사복착용을 금지하고 재소자용 의류를 입도록 하여 인격적인 모욕감과 수치심 속에서 재판을 받도록 하는 것은 재판부나 검사 등 소송관계자들에게 유죄의 선입견을 줄 수 있고, 이미 수형자의 지위로 인해 크게 위축된 피고인의 방어권을 필요 이상으로 제약하는 것이다. 또한 형사재판에 피고인으로 출석하는 수형자의 사복착용을 추가로 허용함으로써 통상의 미결수용자와 구별되는 별도의 계호상 문제점이 발생된다고 보기 어렵다. 따라서 심판대상조항이 형사재판의 피고인으로 출석하는 수형자에 대하여 사복착용을 허용하지 아니한 것은 청구인의 공정한 재판을 받을 권리, 인격권, 행복추구권을 침해한다(헌재 2015.12.23. 2013헌마712).

◉ 이 판례로 인해 형집행법 제88조가 개정(2016.12.2.)되었다.

[4] 형집행법 제88조가 민사재판의 당사자로 출석하는 수형자에 대하여, 사복착용을 허용하는 형집행법 제82조를 준용하지 아니한 것이 공정한 재판을 받을 권리, 인격권, 행복추구권을 침해하는지 여부(소극)

민사재판에서 법관이 당사자의 복장에 따라 불리한 심증을 갖거나 불공정한 재판진행을 하게 될 우려가 있다고 볼 수는 없으므로, 심판대상조항이 민사재판에 당사자로 출석하는 수형자의 사복착용을 불허하는 것은 공정한 재판을 받을 권리 및 청구인의 인격권과 행복추구권을 침해하지 아니한다(헌재 2015. 12.23. 2013헌마712).

[5] 미결수용자의 접견신청에 대한 교도소장의 불허처분에 대하여는 「행정심판법」, 「행정소송법」에 의하여 행정심판과 행정소송이 가능할 것이므로 이러한 구제절차를 거치지 아니하고 제기한 헌법소원은 부적법하다(헌재 1998.2.27. 96헌마179). [2018. 7급 승진]

[6] 수용자에 대한 접견신청이 있는 경우 이는 수용자의 처우에 관한 사항이므로 그 장소가 교도관의 수용자 계호 및 통제가 요구되는 공간이라면 교도소장·구치소장 또는 그 위임을 받은 교도관이 그 허가 여부를 결정하는 것이 원칙이나, 형사소송법 제243조의2 제1항은 피의자신문 중에 변호인 접견신청이 있는 경우에는 검사 또는 사법경찰관으로 하여금 그 허가 여부를 결정하도록 하고 있고, 형사소송법 제34조는 변호인의 접견교통권과 변호인이 되려는 자의 접견교통권에 차이를 두지 않고 함께 규정하고 있으므로, 변호인이 되려는 자가 피의자신문 중에 형사소송법 제34조에 따라 접견신청을 한 경우에도 그 허가 여부를 결정할 주체는 검사 또는 사법경찰관이라고 보아야 할 것이므로 피의자신문 중 변호인 등의 접견신청이 있는 경우 피의자를 수사기관으로 호송한 교도관에게 이를 허가하거나 제한할 권한은 인정되지 않는다고 할 것이다(헌재 2019.2.28. 2015헌마1204). [2023. 6급 승진] 총 2회 기출

[7] 피의자신문 중에 교도관이 변호인이 되려는 자의 접견 신청을 허용할 수 없다고 통보하면서 그 근거로 형집행법 시행령 제58조 제1항을 제시한 경우, 동 조항에 대하여 기본권 침해의 자기관련성을 인정할 수 있는지 여부(소극)

이 사건 접견시간 조항은 수용자의 접견을 국가공무원 복무규정에 따른 근무시간 내로 한정함으로써 피의자와 변호인 등(변호인과 변호인이 되려는 자)의 접견교통을 제한하고 있는데, 위 조항은 교도소장·구치소장이 그 허가 여부를 결정하는 변호인 등의 접견신청의 경우에 적용되는 조항으로서, 형사소송법 제243조의2 제1항에 따라 검사 또는 사법경찰관이 그 허가 여부를 결정하는 피의자신문 중 변호인 등의 접견신청의 경우에는 적용된다고 볼 수 없으므로, 위 조항을 근거로 피의자신문 중 변호인 등의 접견신청을 불허하거나 제한할 수도 없다. 따라서 피의자신문 중에 교도관이 변호인이 되려는 자의 접견 신청을 허용할 수 없다고 통보하면서 그 근거로 이 사건 접견시간 조항을 제시한 경우, 동 조항에 대하여 기본권 침해의 자기관련성을 인정할 수 없다(헌재 2019.2.28. 2015헌마1204).

제43조 편지수수

① 수용자는 다른 사람과 편지를 주고받을 수 있다. 다만, 다음 각 호의 어느 하나에 해당하는 사유가 있으면 그러하지 아니하다.

1. 「형사소송법」이나 그 밖의 법률에 따른 편지의 수수금지 및 압수의 결정이 있는 때
2. 수형자의 교화 또는 건전한 사회복귀를 해칠 우려가 있는 때
3. 시설의 안전 또는 질서를 해칠 우려가 있는 때

② 제1항 각 호 외의 부분 본문에도 불구하고 같은 교정시설의 수용자 간에 편지를 주고받으려면 소장의 허가를 받아야 한다.

③ 소장은 수용자가 주고받는 편지에 법령에 따라 금지된 물품이 들어 있는지 확인할 수 있다.

④ 수용자가 주고받는 편지의 내용은 검열받지 아니한다. 다만, 다음 각 호의 어느 하나에 해당하는 사유가 있으면 그러하지 아니하다.

1. 편지의 상대방이 누구인지 확인할 수 없는 때
2. 「형사소송법」이나 그 밖의 법률에 따른 편지검열의 결정이 있는 때
3. 제1항 제2호 또는 제3호에 해당하는 내용이나 형사 법령에 저촉되는 내용이 기재되어 있다고 의심할 만한 상당한 이유가 있는 때

> • 수형자의 교화 또는 건전한 사회복귀를 해칠 우려가 있는 내용이 기재되어 있다고 의심할 만한 상당한 이유가 있는 때
> • 시설의 안전 또는 질서를 해칠 우려가 있는 내용이 기재되어 있다고 의심할 만한 상당한 이유가 있는 때
> • 형사 법령에 저촉되는 내용이 기재되어 있다고 의심할 만한 상당한 이유가 있는 때

4. 대통령령으로 정하는 수용자 간의 편지인 때

> **[대통령령으로 정하는 수용자 간의 편지인 때**(시행령 제66조 제1항)**]**
> 1. 법 제104조 제1항에 따른 마약류사범·조직폭력사범 등 법무부령으로 정하는 수용자인 때
> 2. 편지를 주고받으려는 수용자와 같은 교정시설에 수용 중인 때
> 3. 규율위반으로 조사 중이거나 징벌집행 중인 때
> 4. 범죄의 증거를 인멸할 우려가 있는 때

⑤ 소장은 제3항(금지물품의 확인) 또는 제4항 단서(편지내용의 검열사유)에 따라 확인 또는 검열한 결과 수용자의 편지에 법령으로 금지된 물품이 들어 있거나 편지의 내용이 다음 각 호의 어느 하나에 해당하면 발신 또는 수신을 금지할 수 있다.

1. 암호·기호 등 이해할 수 없는 특수문자로 작성되어 있는 때
2. 범죄의 증거를 인멸할 우려가 있는 때
3. 형사 법령에 저촉되는 내용이 기재되어 있는 때
4. 수용자의 처우 또는 교정시설의 운영에 관하여 명백한 거짓사실을 포함하고 있는 때
5. 사생활의 비밀 또는 자유를 침해할 우려가 있는 때
6. 수형자의 교화 또는 건전한 사회복귀를 해칠 우려가 있는 때
7. 시설의 안전 또는 질서를 해칠 우려가 있는 때

⑥ 소장이 편지를 발송하거나 내어주는 경우에는 신속히 하여야 한다.

⑦ 소장은 제1항 단서 또는 제5항에 따라 발신 또는 수신이 금지된 편지는 그 구체적인 사유를 서면으로 작성해 관리하고, 수용자에게 그 사유를 알린 후 교정시설에 보관한다. 다만, 수용자가 동의하면 폐기할 수 있다.

⑧ 편지발송의 횟수, 편지 내용물의 확인방법 및 편지 내용의 검열절차 등에 관하여 필요한 사항은 대통령령으로 정한다.

시행령

제64조 편지수수의 횟수

수용자가 보내거나 받는 편지는 법령에 어긋나지 않으면 횟수를 제한하지 않는다.

제65조 편지 내용물의 확인

① 수용자는 편지를 보내려는 경우 해당 편지를 봉함하여 교정시설에 제출한다. 다만, 소장은 다음 각 호의 어느 하나에 해당하는 경우로서 법 제43조 제3항(금지물품의 확인)에 따른 금지물품의 확인을 위하여 필요한 경우에는 편지를 봉함하지 않은 상태로 제출하게 할 수 있다.

  1. 다음 각 목의 어느 하나에 해당하는 수용자가 변호인 외의 자에게 편지를 보내려는 경우

    가. 법 제104조 제1항에 따른 마약류사범·조직폭력사범 등 법무부령으로 정하는 수용자

    나. 제84조 제2항(처우등급의 부여)에 따른 처우등급이 법 제57조 제2항 제4호의 중경비시설 수용대상인 수형자

  2. 수용자가 같은 교정시설에 수용 중인 다른 수용자에게 편지를 보내려는 경우

  3. 규율위반으로 조사 중이거나 징벌집행 중인 수용자가 다른 수용자에게 편지를 보내려는 경우

② 소장은 수용자에게 온 편지에 금지물품이 들어 있는지를 개봉하여 확인할 수 있다.

제66조 편지 내용의 검열

① 소장은 법 제43조 제4항 제4호(대통령령으로 정하는 수용자 간의 편지인 때)에 따라 다음 각 호의 어느 하나에 해당하는 수용자가 다른 수용자와 편지를 주고받는 때에는 그 내용을 검열할 수 있다.

  1. 법 제104조 제1항에 따른 마약류사범·조직폭력사범 등 법무부령으로 정하는 수용자인 때

  2. 편지를 주고받으려는 수용자와 같은 교정시설에 수용 중인 때

  3. 규율위반으로 조사 중이거나 징벌집행 중인 때

  4. 범죄의 증거를 인멸할 우려가 있는 때

② 수용자 간에 오가는 편지에 대한 제1항의 검열은 편지를 보내는 교정시설에서 한다. 다만, 특히 필요하다고 인정되는 경우에는 편지를 받는 교정시설에서도 할 수 있다.

③ 소장은 수용자가 주고받는 편지가 법 제43조 제4항(편지내용의 검열사유) 각 호의 어느 하나에 해당하면 이를 개봉한 후 검열할 수 있다.

④ 소장은 제3항에 따라 검열한 결과 편지의 내용이 법 제43조 제5항의 발신 또는 수신 금지사유에 해당하지 아니하면 발신편지는 봉함한 후 발송하고, 수신편지는 수용자에게 건네준다.

⑤ 소장은 편지의 내용을 검열했을 때에는 그 사실을 해당 수용자에게 지체 없이 알려주어야 한다.

제67조 관계기관 송부문서

소장은 법원·경찰관서, 그 밖의 관계기관에서 수용자에게 보내온 문서는 다른 법령에 특별한 규정이 없으면 열람한 후 본인에게 전달하여야 한다.

제68조 편지 등의 대서

소장은 수용자가 편지, 소송서류, 그 밖의 문서를 스스로 작성할 수 없어 대신 써 달라고 요청하는 경우에는 교도관이 대신 쓰게 할 수 있다.

제69조 편지 등 발송비용의 부담

수용자의 편지·소송서류, 그 밖의 문서를 보내는 경우에 드는 비용은 수용자가 부담한다. 다만, 소장은 수용자가 그 비용을 부담할 수 없는 경우에는 예산의 범위에서 해당 비용을 부담할 수 있다.

> **참고자료**
>
> - 같은 교정시설에 수용 중인 수용자 간의 편지는 허가(법 제43조 제2항)와 검열(시행령 제66조 제1항 제2호) 및 편지를 봉함하지 않은 상태로 제출하게 할 수 있는 사유(시행령 제65조 제1항 제2호)가 되고, 다른 교정시설에 수용되어 있는 수용자와 주고받는 편지는 일정한 경우 검열(시행령 제66조 제1항 제1호·제3호·제4호)과 편지를 봉함하지 않은 상태로 제출하게 할 수 있는 사유(시행령 제65조 제1항 제1호·제3호)가 된다.
> - 법 제43조 제4항 관련: 제43조 제4항 단서(편지 검열사유)에도 불구하고 미결수용자와 변호인 간, 형사사건으로 수사 또는 재판을 받고 있는 수형자·사형확정자와 변호인 간의 편지는 교정시설에서 상대방이 변호인임을 확인할 수 없는 경우를 제외하고는 검열할 수 없다.
> - 법 제43조 제1항 제1호: 「형사소송법」이나 그 밖의 법률에 따른 편지의 수수금지 및 압수의 결정이 있는 때(○) ➡ 편지 검열의 결정이 있는 때(×)
> - 법 제43조 제7항: 법 제25조 제1항 및 법 제93조 제5항과 비교·구분할 것
> - 시행령 제67조 관련: 구금·보호시설에 소속된 공무원 또는 직원은 위원회명의의 서신을 개봉한 결과 당해 서신이 위원회가 진정인인 시설수용자에게 발송한 서신임이 확인된 때에는 당해 서신 중 위원회가 열람금지를 요청한 특정서면은 이를 열람하여서는 아니 된다(국가인권위원회법 시행령 제8조).
> - 시행령 제69조: ~예산의 범위에서 해당 비용을 부담할 수 있다.(○) ➡ ~우표를 필요한 만큼 지급할 수 있다.(×)

관련판례

[1] 교도소장으로 하여금 수용자가 주고받는 서신에 금지 물품이 들어 있는지를 확인할 수 있도록 규정하고 있는 형집행법 제43조 제3항이 청구인의 기본권을 직접 침해하는지 여부(소극)

이 사건 법률조항은 수용자의 서신에 금지물품이 들어 있는지 여부에 대한 확인을 교도소장의 재량에 맡기고 있으므로 교도소장의 금지물품 확인이라는 구체적인 집행행위를 매개로 하여 수용자인 청구인의 권리에 영향을 미치게 되는바, 위 법률조항이 청구인의 기본권을 직접 침해한다고 할 수 없다(헌재 2012.2.23. 2009헌마333).

[2] 수용자가 밖으로 내보내는 모든 서신을 봉함하지 않은 상태로 교정시설에 제출하도록 규정하고 있는 형집행법 시행령 제65조 제1항이 청구인의 통신 비밀의 자유를 침해하는지 여부(적극) [2022. 7급]

이 사건 시행령조항은 교정시설의 안전과 질서유지, 수용자의 교화 및 사회복귀를 원활하게 하기 위해 수용자가 밖으로 내보내는 서신을 봉함하지 않은 상태로 제출하도록 한 것이나, 이와 같은 목적은 ㉠ 교도관이 수용자의 면전에서 서신에 금지물품이 들어 있는지를 확인하고 수용자로 하여금 서신을 봉함하게 하는 방법, ㉡ 봉함된 상태로 제출된 서신을 X-ray 검색기 등으로 확인한 후 의심이 있는 경우에만 개봉하여 확인하는 방법, ㉢ 서신에 대한 검열이 허용되는 경우에만 무봉함 상태로 제출하도록 하는 방법 등으로도 얼마든지 달성할 수 있다고 할 것인바, 위 시행령 조항이 수용자가 보내려는 모든 서신에 대해 무봉함 상태의 제출을 강제함으로써 수용자의 발송 서신 모두를 사실상 검열 가능한 상태에 놓이도록 하는 것은 기본권 제한의 최소 침해성 요건을 위반하여 수용자인 청구인의 통신비밀의 자유를 침해하는 것이다(헌재 2012.2.23. 2009헌마333).

[3] 미결수용자와 변호인이 아닌 자 사이의 서신을 검열한 행위가 헌법에 위반되는지 여부(소극)

질서유지 또는 공공복리를 위하여 구속제도가 헌법 및 법률상 이미 용인되어 있는 이상, 미결수용자는 구속제도 자체가 가지고 있는 일면의 작용인 사회적 격리의 점에 있어 외부와의 자유로운 교통과는 상반되는 성질을 가지고 있으므로, 증거인멸이나 도망을 예방하고 교도소 내의 질서를 유지하여 미결구금제도를 실효성 있게 운영하고 일반 사회의 불안을 방지하기 위하여 미결수용자의 서신에 대한 검열은 그 필요성이 인정된다(헌재 1995.7.21. 92헌마144).

[4] 미결수용자와 변호인 사이의 서신을 검열한 행위가 헌법에 위반되는지 여부

신체구속을 당한 사람에게 변호인과 사이의 충분한 접견교통을 허용함은 물론 교통내용에 대하여 비밀이 보장되고 부당한 간섭이 없어야 하는 것이며, 이러한 취지는 접견의 경우뿐만 아니라 변호인과 미결수용자 사이의 서신에도 적용되어 그 비밀이 보장되어야 할 것이다. 다만 미결수용자와 변호인 사이의 서신으로서 그 비밀을 보장받기 위하여는, 첫째, 교도소측에서 상대방이 변호인이라는 사실을 확인할 수 있어야 하고, 둘째, 서신을 통하여 마약 등 소지금지품의 반입을 도모한다든가 그 내용에 도주·증거인멸·수용시설의 규율과 질서의 파괴·기타 형벌법령에 저촉되는 내용이 기재되어 있다고 의심할 만한 합리적인 이유가 있는 경우가 아니어야 한다(헌재 1995.7.21. 92헌마144).

[5] 수형자의 서신을 검열하는 것이 수형자의 통신의 자유 등 기본권을 침해하는 것인지 여부(소극)

구금시설은 다수의 수형자를 집단으로 관리하는 시설로서 규율과 질서유지가 필요하므로 수형자의 서신수발의 자유에는 내재적 한계가 있고, 구금의 목적을 달성하기 위하여 수형자의 서신에 대한 검열은 불가피하다. 현행법령과 제도 하에서 수형자가 수발하는 서신에 대한 검열로 인하여 수형자의 통신의 비밀이 일부 제한되는 것은 국가안전보장·질서유지 또는 공공복리라는 정당한 목적을 위하여 부득이할 뿐만 아니라 유효적절한 방법에 의한 최소한의 제한이며 통신의 자유의 본질적 내용을 침해하는 것이 아니다(헌재 1998.8.27. 96헌마398).

제44조 전화통화

① 수용자는 소장의 허가를 받아 교정시설의 외부에 있는 사람과 전화통화를 할 수 있다.
② 제1항에 따른 허가에는 통화내용의 청취 또는 녹음을 조건으로 붙일 수 있다.
③ 제42조(접견의 중지)는 수용자의 전화통화에 관하여 준용한다.

> **[전화통화 중지사유]**
> 1. 범죄의 증거를 인멸하거나 인멸하려고 하는 때
> 3. 형사 법령에 저촉되는 행위를 하거나 하려고 하는 때
> 4. 수용자의 처우 또는 교정시설의 운영에 관하여 거짓사실을 유포하는 때
> 5. 수형자의 교화 또는 건전한 사회복귀를 해칠 우려가 있는 행위를 하거나 하려고 하는 때
> 6. 시설의 안전 또는 질서를 해하는 행위를 하거나 하려고 하는 때
>
> ※ 형집행법 제44조 제3항은 동법 제42조를 준용하고 있는데, 제42조 제2호(금지물품을 주고받거나 주고받으려고 하는 때)는 그 성질상 전화통화에 준용된다고 보기 어렵다.

④ 제2항에 따라 통화내용을 청취 또는 녹음하려면 사전에 수용자 및 상대방에게 그 사실을 알려 주어야 한다.
⑤ 전화통화의 허가범위, 통화내용의 청취·녹음 등에 관하여 필요한 사항은 법무부령으로 정한다.

시행령

제70조 전화통화
수용자의 전화통화에 관하여는 제60조 제1항(접견 시 외국어 사용) 및 제63조(접견중지사유의 알림)를 준용한다.

제71조 참고사항의 기록
교도관은 수용자의 접견, 편지수수, 전화통화 등의 과정에서 수용자의 처우에 특히 참고할 사항을 알게 된 경우에는 그 요지를 수용기록부에 기록해야 한다.

시행규칙

제25조 전화통화의 허가

① 소장은 전화통화(발신하는 것만을 말한다. 이하 같다)를 신청한 수용자에 대하여 다음 각 호의 어느 하나에 해당하는 사유가 없으면 전화통화를 허가할 수 있다. 다만, 미결수용자에게 전화통화를 허가할 경우 그 허용횟수는 월 2회 이내로 한다.

1. 범죄의 증거를 인멸할 우려가 있을 때
2. 형사법령에 저촉되는 행위를 할 우려가 있을 때
3. 「형사소송법」 제91조(비변호인과의 접견, 교통의 접견) 및 같은 법 제209조(피의자 구속에 관하여 제91조 준용)에 따라 접견·편지수수 금지결정을 하였을 때
4. 교정시설의 안전 또는 질서를 해칠 우려가 있을 때
5. 수형자의 교화 또는 건전한 사회복귀를 해칠 우려가 있을 때

② 소장은 제1항에 따른 허가를 하기 전에 전화번호와 수신자(수용자와 통화할 상대방을 말한다. 이하 같다)를 확인하여야 한다. 이 경우 수신자에게 제1항 각 호에 해당하는 사유가 있으면 제1항의 허가를 아니할 수 있다.

③ 전화통화의 통화시간은 특별한 사정이 없으면 5분 이내로 한다.

제26조 전화이용시간

① 수용자의 전화통화는 매일(공휴일 및 법무부장관이 정한 날은 제외한다) 「국가공무원 복무규정」 제9조에 따른 근무시간 내에서 실시한다.

② 소장은 제1항에도 불구하고 평일에 전화를 이용하기 곤란한 특별한 사유가 있는 수용자에 대해서는 전화이용시간을 따로 정할 수 있다.

제27조 통화허가의 취소

소장은 다음 각 호의 어느 하나에 해당할 때에는 전화통화의 허가를 취소할 수 있다.

1. 수용자 또는 수신자가 전화통화 내용의 청취·녹음에 동의하지 아니할 때
2. 수신자가 수용자와의 관계 등에 대한 확인 요청에 따르지 아니하거나 거짓으로 대답할 때
3. 전화통화 허가 후 제25조 제1항 각 호의 어느 하나에 해당되는 사유가 발견되거나 발생하였을 때

제28조 통화내용의 청취·녹음

① 소장은 제25조 제1항(전화통화 불허사유) 각 호의 어느 하나에 해당하지 아니한다고 명백히 인정되는 경우가 아니면 통화내용을 청취하거나 녹음한다.

② 제1항의 녹음기록물은 「공공기록물 관리에 관한 법률」에 따라 관리하고, 특히 녹음기록물이 손상되지 아니하도록 유의해서 보존하여야 한다.

③ 소장은 제1항의 녹음기록물에 대한 보호·관리를 위해 전화통화정보 취급자를 지정해야 하고, 전화통화정보 취급자는 직무상 알게 된 전화통화정보를 누설 또는 권한 없이 처리하거나 다른 사람이 이용하도록 제공하는 등 부당한 목적으로 사용해서는 안 된다.

④ 제1항의 녹음기록물을 관계기관에 제공하는 경우에는 영 제62조 제4항(접견기록물의 제공: 법원의 재판업무 수행, 범죄의 수사와 공소제기 및 유지에 필요한 때) 및 제5항(접견기록물을 제공할 경우: 녹음·녹화기록물 관리프로그램에 입력하고, 이동식 저장매체에 옮겨 제공)을 준용한다.

제29조 통화요금의 부담

① 수용자의 전화통화 요금은 수용자가 부담한다.

② 소장은 교정성적이 양호한 수형자 또는 보관금이 없는 수용자 등에 대하여는 제1항에도 불구하고 예산의 범위에서 요금을 부담할 수 있다.

제29조의2 세부사항

이 규칙에서 정한 사항 외에 전화통화의 허가범위, 통화내용의 청취·녹음 등에 필요한 세부사항은 법무부장관이 정한다.

제90조 전화통화의 허용횟수

① 수형자의 경비처우급별 전화통화의 허용횟수는 다음 각 호와 같다.
  1. 개방처우급: 월 20회 이내
  2. 완화경비처우급: 월 10회 이내
  3. 일반경비처우급: 월 5회 이내
  4. 중경비처우급: 처우상 특히 필요한 경우 월 2회 이내
② 소장은 제1항에도 불구하고 처우상 특히 필요한 경우에는 개방처우급·완화경비처우급·일반경비처우급 수형자의 전화통화 허용횟수를 늘릴 수 있다.
③ 제1항 각 호의 경우 전화통화는 1일 1회만 허용한다. 다만, 처우상 특히 필요한 경우에는 그러하지 아니하다.

제156조 전화통화

소장은 사형확정자의 심리적 안정과 원만한 수용생활을 위하여 필요하다고 인정하는 경우에는 월 3회 이내의 범위에서 전화통화를 허가할 수 있다.

제6장 종교와 문화

제45조 종교행사의 참석 등

① 수용자는 교정시설의 안에서 실시하는 종교의식 또는 행사에 참석할 수 있으며, 개별적인 종교상담을 받을 수 있다.
② 수용자는 자신의 신앙생활에 필요한 책이나 물품을 지닐 수 있다.
③ 소장은 다음 각 호의 어느 하나에 해당하는 사유가 있으면 제1항 및 제2항에서 규정하고 있는 사항을 제한할 수 있다.
  1. 수형자의 교화 또는 건전한 사회복귀를 위하여 필요한 때
  2. 시설의 안전과 질서유지를 위하여 필요한 때
④ 종교행사의 종류·참석대상·방법, 종교상담의 대상·방법 및 종교도서·물품을 지닐 수 있는 범위 등에 관하여 필요한 사항은 법무부령으로 정한다.

시행규칙

제30조 종교행사의 종류

「형의 집행 및 수용자의 처우에 관한 법률」 제45조에 따른 종교행사의 종류는 다음 각 호와 같다.
1. 종교집회: 예배·법회·미사 등
2. 종교의식: 세례·수계·영세 등
3. 교리 교육 및 상담
4. 그 밖에 법무부장관이 정하는 종교행사

제31조 종교행사의 방법

① 소장은 교정시설의 안전과 질서를 해치지 아니하는 범위에서 종교단체 또는 종교인이 주재하는 종교행사를 실시한다.
② 소장은 종교행사를 위하여 각 종교별 성상·성물·성화·성구가 구비된 종교상담실·교리교육실 등을 설치할 수 있으며, 특정 종교행사를 위하여 임시행사장을 설치하는 경우에는 성상 등을 임시로 둘 수 있다.

제32조 종교행사의 참석대상

수용자는 자신이 신봉하는 종교행사에 참석할 수 있다. 다만, 소장은 다음 각 호의 어느 하나에 해당할 때에는 수용자의 종교행사 참석을 제한할 수 있다.

1. 종교행사용 시설의 부족 등 여건이 충분하지 아니할 때
2. 수용자가 종교행사 장소를 허가 없이 벗어나거나 다른 사람과 연락을 할 때
3. 수용자가 계속 큰 소리를 내거나 시끄럽게 하여 종교행사를 방해할 때
4. 수용자가 전도를 핑계삼아 다른 수용자의 평온한 신앙생활을 방해할 때
5. 그 밖에 다른 법령에 따라 공동행사의 참석이 제한될 때

제33조 종교상담

소장은 수용자가 종교상담을 신청하거나 수용자에게 종교상담이 필요한 경우에는 해당 종교를 신봉하는 교도관 또는 교정참여인사(법 제130조의 교정위원, 그 밖에 교정행정에 참여하는 사회 각 분야의 사람 중 학식과 경험이 풍부한 사람을 말한다)로 하여금 상담하게 할 수 있다.

제34조 종교물품 등을 지닐 수 있는 범위

① 소장은 수용자의 신앙생활에 필요하다고 인정하는 경우에는 외부에서 제작된 휴대용 종교도서 및 성물을 수용자가 지니게 할 수 있다.

② 소장이 수용자에게 제1항의 종교도서 및 성물을 지니는 것을 허가하는 경우에는 그 재질·수량·규격·형태 등을 고려해야 하며, 다른 수용자의 수용생활을 방해하지 않도록 해야 한다.

관련판례 ★

[1] 종교집회행사참여금지 위헌확인(소극)

청구인은 천주교를 신봉하는 자로서 피청구인은 청구인의 천주교집회에는 참석을 모두 허용하였으나 청구인이 평소 신봉하지 않던 불교집회에 참석하겠다고 신청을 하여 이를 거부하였는바, 이는 수형자가 그가 신봉하는 종파의 교의에 의한 특별교회를 청원할 때에는 당해 소장은 그 종파에 위촉하여 교회할 수 있다고 규정하고 있는 형집행법 규정에 따른 것이다. 뿐만 아니라, 수형자가 원한다고 하여 종교집회의 참석을 무제한 허용한다면, 효율적인 수형관리와 계호상의 어려움이 발생하고, 진정으로 그 종파를 신봉하는 다른 수형자가 종교집회에 참석하지 못하게 되는 결과를 초래하므로, 피청구인의 위와 같은 조치는 청구인의 기본권을 본질적으로 침해하는 것이 아니다(헌재 2005.2.15. 2004헌마911).

[2] 구치소장이 구치소 내 미결수용자를 대상으로 한 개신교 종교행사를 4주에 1회, 일요일이 아닌 요일에 실시한 행위가 청구인의 종교의 자유를 침해하는지 여부(소극) [2023. 5급 승진] 총 2회 기출

구치소에 종교행사 공간이 1개뿐이고, 종교행사는 종교, 수형자와 미결수용자, 성별, 수용동 별로 진행되며, 미결수용자는 공범이나 동일사건 관련자가 있는 경우 이를 분리하여 참석하게 해야 하는 점을 고려하면 구치소장이 미결수용자 대상 종교행사를 4주에 1회 실시했더라도 종교의 자유를 과도하게 제한하였다고 보기 어렵고, 구치소의 인적·물적 여건상 하루에 여러 종교행사를 동시에 하기 어려우며, 개신교의 경우에만 그 교리에 따라 일요일에 종교행사를 허용할 경우 다른 종교와의 형평에 맞지 않고, 공휴일인 일요일에 종교행사를 할 행정적 여건도 마련되어 있지 않다는 점을 고려하면, 이 사건 종교행사 처우는 청구인의 종교의 자유를 침해하지 않는다(헌재 2015.4.30. 2013헌마190).

[3] 구치소장이 구치소 내에서 실시하는 종교의식 또는 행사에 미결수용자인 청구인의 참석을 금지한 행위가 청구인의 종교의 자유를 침해하였는지 여부(적극)

형집행법 제45조는 종교행사 등에의 참석 대상을 수용자로 규정하고 있어 수형자와 미결수용자를 구분하고 있지도 아니하고, 무죄추정의 원칙이 적용되는 미결수용자들에 대한 기본권 제한은 징역형 등의 선고를 받아 그 형이 확정된 수형자의 경우보다는 더 완화되어야 할 것임에도, 구치소장이 수용자 중 미결수용자에 대하여만 일률적으로 종교행사 등에의 참석을 불허한 것은 미결수용자의 종교의 자유를 나머지 수용자의 종교의 자유보다 더욱 엄격하게 제한한 것이다. 나아가 공범 등이 없는 경우 내지 공범 등이 있는 경우라도 공범이나 동일사건 관련자를 분리하여 종교행사 등에의 참석을 허용하는 등의 방법으로 미결수용자의 기본권을 덜 침해하는 수단이 존재함에도 불구하고 이를 전혀 고려하지 아니하였으므로 이 사건 종교행사 등 참석불허 처우는 침해의 최소성 요건 및 과잉금지원칙을 위반하여 청구인의 종교의 자유를 침해하였다(헌재 2011.12.29. 2009헌마527). [2023. 5급 승진] 총 2회 기출

[4] 미결수용자 및 미지정 수형자 종교집회 참석 제한 위헌확인(적극)

교정시설의 종교집회도 교정교화를 목적으로 실시되는 한 구치소장이 원칙적으로 수형자를 대상으로 종교집회를 실시하는 것에는 합리적 이유가 있다. 그러나 구치소장은 미결수용자와 미지정 수형자 인원의 1/8에 불과한 출력수에게 매월 3~4회의 종교집회 참석 기회를 보장하는 반면, 미결수용자와 미지정 수형자에 대해서는 원칙적으로 매월 1회, 그것도 공간의 협소함과 관리 인력의 부족을 이유로 수용동별로 돌아가며 종교집회를 실시하여 실제 연간 1회 정도의 종교집회 참석 기회를 부여하고 있다. 이는 미결수용자 및 미지정 수형자의 구금기간을 고려하면 사실상 종교집회 참석 기회가 거의 보장되지 않는 결과를 초래할 수도 있어, 구치소의 열악한 시설을 감안하더라도 종교의 자유를 과도하게 제한하는 것이다(헌재 2014.6.26. 2012헌마782).

> ※ 미결수용자에게 원칙적으로 종교행사에 참석하는 것을 금하는 것은 종교의 자유를 침해한다(헌재 2011.12.29. 2009헌마527)는 것에 이어 원칙적으로는 허용하되 지나치게 제한하는 것 역시 위헌(헌재 2014.6.26. 2012헌마782)이라는 헌법재판소의 판단이다.

제46조 도서비치 및 이용

소장은 수용자의 지식함양 및 교양습득에 필요한 도서를 비치하고 수용자가 이용할 수 있도록 하여야 한다.

시행령

제72조 비치도서의 이용
① 소장은 수용자가 쉽게 이용할 수 있도록 비치도서의 목록을 정기적으로 공개하여야 한다.
② 비치도서의 열람방법, 열람기간 등에 관하여 필요한 사항은 법무부장관이 정한다.

제47조 신문 등의 구독

① 수용자는 자신의 비용으로 신문·잡지 또는 도서(이하 "신문 등" 이라 한다)의 구독을 신청할 수 있다.
② 소장은 제1항에 따라 구독을 신청한 신문 등이 「출판문화산업 진흥법」에 따른 유해간행물인 경우를 제외하고는 구독을 허가하여야 한다.
③ 제1항에 따라 구독을 신청할 수 있는 신문 등의 범위 및 수량은 법무부령으로 정한다.

시행규칙

제35조 구독신청 수량
법 제47조에 따라 수용자가 구독을 신청할 수 있는 신문·잡지 또는 도서(이하 이 절에서 "신문 등"이라 한다)는 교정시설의 보관범위 및 수용자가 지닐 수 있는 범위를 벗어나지 않는 범위에서 신문은 월 3종 이내로, 도서(잡지를 포함한다)는 월 10권 이내로 한다. 다만, 소장은 수용자의 지식함양 및 교양습득에 특히 필요하다고 인정하는 경우에는 신문 등의 신청 수량을 늘릴 수 있다.

제36조 구독허가의 취소 등
① 소장은 신문 등을 구독하는 수용자가 다음 각 호의 어느 하나에 해당하는 사유가 있으면 구독의 허가를 취소할 수 있다.
 1. 허가 없이 다른 거실 수용자와 신문 등을 주고받을 때
 2. 그 밖에 법무부장관이 정하는 신문 등과 관련된 지켜야 할 사항을 위반하였을 때
② 소장은 소유자가 분명하지 아니한 도서를 회수하여 비치도서로 전환하거나 폐기할 수 있다.

관련판례

교화상 또는 구금목적에 특히 부적당하다고 인정되는 기사, 조직범죄 등 수용자 관련 범죄기사에 대해 신문을 삭제한 후 수용자에게 구독하게 한 행위의 위헌 여부(소극)

교화상 또는 구금목적에 특히 부적당하다고 인정되는 기사, 조직범죄 등 수용자 관련 범죄기사에 대한 신문기사 삭제행위는 구치소내 질서유지와 보안을 위한 것으로, 신문기사 중 탈주에 관한 사항이나 집단단식, 선동 등 구치소내 단체생활의 질서를 교란하는 내용이 미결수용자에게 전달될 때 과거의 예와 같이 동조단식이나 선동 등 수용의 내부질서와 규율을 해하는 상황이 전개될 수 있고, 이는 수용자가 과밀하게 수용되어 있는 현 구치소의 실정과 과소한 교도인력을 볼 때 구치소 내의 질서유지와 보안을 어렵게 할 우려가 있다. 이 사건 신문기사의 삭제 내용은 그러한 범위내에 그치고 있을 뿐 신문기사 중 주요기사 대부분이 삭제된 바 없음이 인정되므로, 구치소의 질서유지와 보안에 대한 공익을 비교할 때 청구인의 알 권리를 과도하게 침해한 것은 아니다(헌재 1998.10.29. 98헌마4). [2014. 7급] 총 2회 기출

제48조 라디오 청취와 텔레비전 시청

① 수용자는 정서안정 및 교양습득을 위하여 라디오 청취와 텔레비전 시청을 할 수 있다.
② 소장은 다음 각 호의 어느 하나에 해당하는 사유가 있으면 수용자에 대한 라디오 및 텔레비전의 방송을 일시 중단하거나 개별 수용자에 대하여 라디오 및 텔레비전의 청취 또는 시청을 금지할 수 있다.
　1. 수형자의 교화 또는 건전한 사회복귀를 해칠 우려가 있는 때
　2. 시설의 안전과 질서유지를 위하여 필요한 때
③ 방송설비 · 방송프로그램 · 방송시간 등에 관하여 필요한 사항은 법무부령으로 정한다.

시행령

제73조 라디오 청취 등의 방법
법 제48조 제1항에 따른 수용자의 라디오 청취와 텔레비전 시청은 교정시설에 설치된 방송설비를 통하여 할 수 있다.

시행규칙

제37조 방송의 기본원칙
① 수용자를 대상으로 하는 방송은 무상으로 한다.
② 법무부장관은 방송의 전문성을 강화하기 위하여 외부전문가의 협력을 구할 수 있고, 모든 교정시설의 수용자를 대상으로 통합방송을 할 수 있다.
③ 소장은 방송에 대한 의견수렴을 위하여 설문조사 등의 방법으로 수용자의 반응도 및 만족도를 측정할 수 있다.

제38조 방송설비
① 소장은 방송을 위하여 텔레비전, 라디오, 스피커 등의 장비와 방송선로 등의 시설을 갖추어야 한다.
② 소장은 물품관리법령에 따라 제1항의 장비와 시설을 정상적으로 유지 · 관리하여야 한다.

제39조 방송편성시간
소장은 수용자의 건강과 일과시간 등을 고려하여 1일 6시간 이내에서 방송편성시간을 정한다. 다만, 토요일 · 공휴일, 작업 · 교육실태 및 수용자의 특성을 고려하여 방송편성시간을 조정할 수 있다.

제40조 방송프로그램
① 소장은 「방송법」 제2조의 텔레비전방송 또는 라디오방송을 녹음 · 녹화하여 방송하거나 생방송할 수 있으며, 비디오테이프에 의한 영상물 또는 자체 제작한 영상물을 방송할 수 있다.
② 방송프로그램은 그 내용에 따라 다음 각 호와 같이 구분한다.
　1. 교육콘텐츠: 한글 · 한자 · 외국어 교육, 보건위생 향상, 성(性)의식 개선, 약물남용 예방 등
　2. 교화콘텐츠: 인간성 회복, 근로의식 함양, 가족관계 회복, 질서의식 제고, 국가관 고취 등
　3. 교양콘텐츠: 다큐멘터리, 생활정보, 뉴스, 직업정보, 일반상식 등
　4. 오락콘텐츠: 음악, 연예, 드라마, 스포츠 중계 등
　5. 그 밖에 수용자의 정서안정에 필요한 콘텐츠
③ 소장은 방송프로그램을 자체 편성하는 경우에는 다음 각 호의 어느 하나에 해당하는 내용이 포함되지 아니하도록 특히 유의하여야 한다.
　1. 폭력조장, 음란 등 미풍양속에 반하는 내용
　2. 특정 종교의 행사나 교리를 찬양하거나 비방하는 내용
　3. 그 밖에 수용자의 정서안정 및 수용질서 확립에 유해하다고 판단되는 내용

제41조 수용자가 지켜야 할 사항 등

① 수용자는 소장이 지정한 장소에서 지정된 채널을 통하여 텔레비전을 시청하거나 라디오를 청취하여야 한다. 다만, 제86조(자치생활)에 따른 자치생활 수형자는 법무부장관이 정하는 방법에 따라 텔레비전을 시청할 수 있다.

② 수용자는 방송설비 또는 채널을 임의 조작·변경하거나 임의수신 장비를 지녀서는 안 된다.

③ 수용자가 방송시설과 장비를 손상하거나 그 밖의 방법으로 그 효용을 해친 경우에는 배상을 하여야 한다.

제49조 집필

① 수용자는 문서 또는 도화를 작성하거나 문예·학술, 그 밖의 사항에 관하여 집필할 수 있다. 다만, 소장이 시설의 안전 또는 질서를 해칠 명백한 위험이 있다고 인정하는 경우는 예외로 한다.

② 제1항에 따라 작성 또는 집필한 문서나 도화를 지니거나 처리하는 것에 관하여는 제26조(수용자가 지니는 물품 등)를 준용한다.

> [작성 또는 집필한 문서나 도화를 지니거나 처리(법 제49조 제2항)]
> ① 수용자는 작성 또는 집필한 문서나 도화를 법무부장관이 정하는 범위에서 지닐 수 있다.
> ② 소장은 제1항에 따라 법무부장관이 정하는 범위를 벗어난 문서나 도화로서 교정시설에 특히 보관할 필요가 있다고 인정하지 아니하는 문서나 도화는 수용자로 하여금 자신이 지정하는 사람에게 보내게 하거나 그 밖에 적당한 방법으로 처분하게 할 수 있다.
> ③ 소장은 수용자가 제2항에 따라 처분하여야 할 문서나 도화를 상당한 기간 내에 처분하지 아니하면 폐기할 수 있다.

③ 제1항에 따라 작성 또는 집필한 문서나 도화가 제43조 제5항(편지의 발신·수신 금지사유) 각 호의 어느 하나에 해당하면 제43조 제7항(발신·수신이 금지된 편지의 보관 및 폐기)을 준용한다.

> [외부 발송이 금지된 문서나 도화의 보관 및 폐기(법 제49조 제3항)]
> ① 보관 및 폐기사유
>   ㉠ 암호·기호 등 이해할 수 없는 특수문자로 작성되어 있는 때
>   ㉡ 범죄의 증거를 인멸할 우려가 있는 때
>   ㉢ 형사 법령에 저촉되는 내용이 기재되어 있는 때
>   ㉣ 수용자의 처우 또는 교정시설의 운영에 관하여 명백한 거짓사실을 포함하고 있는 때
>   ㉤ 사생활의 비밀 또는 자유를 침해할 우려가 있는 때
>   ㉥ 수형자의 교화 또는 건전한 사회복귀를 해칠 우려가 있는 때
>   ㉦ 시설의 안전 또는 질서를 해칠 우려가 있는 때
> ② 소장은 외부 발송이 금지된 문서나 도화는 그 구체적인 사유를 서면으로 작성해 관리하고, 수용자에게 그 사유를 알린 후 교정시설에 보관한다. 다만, 수용자가 동의하면 폐기할 수 있다.

④ 집필용구의 관리, 집필의 시간·장소, 집필한 문서 또는 도화의 외부반출 등에 관하여 필요한 사항은 대통령령으로 정한다.

시행령 ✒

제74조 집필용구의 구입비용

집필용구의 구입비용은 수용자가 부담한다. 다만, 소장은 수용자가 그 비용을 부담할 수 없는 경우에는 필요한 집필용구를 지급할 수 있다.

제75조 집필의 시간대 · 시간 및 장소

① 수용자는 휴업일 및 휴게시간 내에 시간의 제한 없이 집필할 수 있다. 다만, 부득이한 사정이 있는 경우에는 그러하지 아니하다.
② 수용자는 거실·작업장, 그 밖에 지정된 장소에서 집필할 수 있다.

제76조 문서 · 도화의 외부 발송 등

① 소장은 수용자 본인이 작성 또는 집필한 문서나 도화를 외부에 보내거나 내가려고 할 때에는 그 내용을 확인하여 법 제43조 제5항(편지수수·발신 금지사유) 각 호의 어느 하나에 해당하지 않으면 허가해야 한다.
② 제1항에 따라 문서나 도화를 외부로 보내거나 내갈 때 드는 비용은 수용자가 부담한다.
③ 법 및 이 영에 규정된 사항 외에 수용자의 집필에 필요한 사항은 법무부장관이 정한다.

제7장 특별한 보호

제50조 여성수용자의 처우

① 소장은 여성수용자에 대하여 여성의 신체적·심리적 특성을 고려하여 처우하여야 한다.
② 소장은 여성수용자에 대하여 건강검진을 실시하는 경우에는 나이·건강 등을 고려하여 부인과질환에 관한 검사를 포함시켜야 한다.
③ 소장은 생리 중인 여성수용자에 대하여는 위생에 필요한 물품을 지급하여야 한다.

제51조 여성수용자 처우 시의 유의사항

① 소장은 여성수용자에 대하여 상담·교육·작업 등(이하 이 조에서 "상담 등"이라 한다)을 실시하는 때에는 여성교도관이 담당하도록 하여야 한다. 다만, 여성교도관이 부족하거나 그 밖의 부득이한 사정이 있으면 그러하지 아니하다.
② 제1항 단서에 따라 남성교도관이 1인의 여성수용자에 대하여 실내에서 상담 등을 하려면 투명한 창문이 설치된 장소에서 다른 여성을 입회시킨 후 실시하여야 한다.

시행령

제7조 여성수용자에 대한 시찰

소장은 특히 필요하다고 인정하는 경우가 아니면 남성교도관이 야간에 수용자거실에 있는 여성수용자를 시찰하게 하여서는 아니 된다.

제77조 여성수용자의 목욕

① 소장은 제50조(목욕횟수 매주 1회 이상)에 따라 여성수용자의 목욕횟수를 정하는 경우에는 그 신체적 특성을 특히 고려하여야 한다.
② 소장은 여성수용자가 목욕을 하는 경우에 계호가 필요하다고 인정하면 여성교도관이 하도록 하여야 한다.

참고자료

- 여성의 신체·의류 및 휴대품에 대한 검사는 여성교도관이 하여야 한다(법 제93조 제4항).
- 자살 등의 우려가 큰 때에는 전자영상장비로 거실에 있는 여성수용자를 계호할 수 있으며(법 제94조 제1항 단서), 이 경우 여성교도관이 계호하여야 한다(법 제94조 제2항 후단).

제52조 임산부인 수용자의 처우

① 소장은 수용자가 임신 중이거나 출산(유산·사산을 포함한다)한 경우에는 모성보호 및 건강유지를 위하여 정기적인 검진 등 적절한 조치를 하여야 한다.
② 소장은 수용자가 출산하려고 하는 경우에는 외부의료시설에서 진료를 받게 하는 등 적절한 조치를 하여야 한다.

시행령

제78조 출산의 범위

법 제52조 제1항에서 "출산(유산·사산을 포함한다)한 경우"란 출산(유산·사산한 경우를 포함한다) 후 60일이 지나지 아니한 경우를 말한다.

제53조 유아의 양육

① 여성수용자는 자신이 출산한 유아를 교정시설에서 양육할 것을 신청할 수 있다. 이 경우 소장은 다음 각 호의 어느 하나에 해당하는 사유가 없으면, 생후 18개월에 이르기까지 허가하여야 한다.
  1. 유아가 질병·부상, 그 밖의 사유로 교정시설에서 생활하는 것이 특히 부적당하다고 인정되는 때
  2. 수용자가 질병·부상, 그 밖의 사유로 유아를 양육할 능력이 없다고 인정되는 때
  3. 교정시설에 감염병이 유행하거나 그 밖의 사정으로 유아양육이 특히 부적당한 때
② 소장은 제1항에 따라 유아의 양육을 허가한 경우에는 필요한 설비와 물품의 제공, 그 밖에 양육을 위하여 필요한 조치를 하여야 한다.

시행령

제79조 유아의 양육

소장은 법 제53조 제1항에 따라 유아의 양육을 허가한 경우에는 교정시설에 육아거실을 지정·운영하여야 한다.

시행규칙

제42조 임산부수용자 등에 대한 특칙

소장은 임산부인 수용자 및 법 제53조에 따라 유아의 양육을 허가받은 수용자에 대하여 필요하다고 인정하는 경우에는 교정시설에 근무하는 의사(공중보건의사를 포함한다. 이하 "의무관"이라 한다)의 의견을 들어 필요한 양의 죽 등의 주식과 별도로 마련된 부식을 지급할 수 있으며, 양육유아에 대하여는 분유 등의 대체식품을 지급할 수 있다.

시행령

제80조 유아의 인도

① 소장은 유아의 양육을 허가하지 아니하는 경우에는 수용자의 의사를 고려하여 유아보호에 적당하다고 인정하는 법인 또는 개인에게 그 유아를 보낼 수 있다. 다만, 적당한 법인 또는 개인이 없는 경우에는 그 유아를 해당 교정시설의 소재지를 관할하는 시장·군수 또는 구청장에게 보내서 보호하게 하여야 한다.
② 법 제53조 제1항에 따라 양육이 허가된 유아가 출생 후 18개월이 지나거나, 유아양육의 허가를 받은 수용자가 허가의 취소를 요청하는 때 또는 법 제53조 제1항(유아 양육 불허사유) 각 호의 어느 하나에 해당되는 때에도 제1항과 같다.

> **참고자료**
>
> • 법 제51조 제2항: 다른 여성을 입회시킨 후(○) ➡ 다른 여성교도관, 다른 교도관, 다른 남성을 입회시킨 후(×)
> • 법 제53조 제1항: 생후 18개월에 이르기까지(○) ➡ 허가 후 18개월에 이르기까지(×)
> • 법 제53조 제1항: 양육불허사유에 해당하지 않는 한 필요적 허가
> • 시행령 제80조 제1항: 수용자의 의사를 고려(○), 교정시설의 소재지를 관할하는(○) ➡ 교도관회의의 결정에 의해(×), 유아가 태어난 곳의 소재지를 관할하는(×)
> • 비교·구분: 법 제50조 제1항, 법 제50조 제2항, 시행령 제77조 제1항 및 법 제54조
> • 유아의 양육: 여성수용자가 친모(母)이면서 법적모(母)가 아닌 경우에는 양육신청이 가능하지만, 친모가 아니면서 법적모인 여성수용자는 양육신청을 할 수 없다.
> • 신청자는 해당 여성수용자에 한하므로 남편 등 가족에게는 유아양육 신청이 인정되지 않는다.
> • 유아의 양육은 해당 수용자의 신청에 의하므로 유아를 양육할 적당한 보호자가 없는 경우라도 소장이 직권으로 유아양육을 결정할 수 없다.
> • 소장은 불허사유 요건에 해당하지 않는 한, 유아의 양육을 허가한 후에는 그 처분을 임의로 취소할 수 없다.

제53조의2 수용자의 미성년 자녀 보호에 대한 지원

① 소장은 신입자에게 「아동복지법」 제15조(보호대상아동에 대한 보호조치)에 따른 보호조치를 의뢰할 수 있음을 알려주어야 한다.
② 소장은 수용자가 「아동복지법」 제15조에 따른 보호조치를 의뢰하려는 경우 보호조치 의뢰가 원활하게 이루어질 수 있도록 지원하여야 한다.
③ 제1항에 따른 안내 및 제2항에 따른 보호조치 의뢰 지원의 방법·절차, 그 밖에 필요한 사항은 법무부장관이 정한다.

제54조 수용자에 대한 특별한 처우

① 소장은 노인수용자에 대하여 나이·건강상태 등을 고려하여 그 처우에 있어 적정한 배려를 하여야 한다.
② 소장은 장애인수용자에 대하여 장애의 정도를 고려하여 그 처우에 있어 적정한 배려를 하여야 한다.
③ 소장은 외국인수용자에 대하여 언어·생활문화 등을 고려하여 적정한 처우를 하여야 한다.
④ 소장은 소년수용자에 대하여 나이·적성 등을 고려하여 적정한 처우를 하여야 한다.
⑤ 노인수용자·장애인수용자·외국인수용자 및 소년수용자에 대한 적정한 배려 또는 처우에 관하여 필요한 사항은 법무부령으로 정한다.

노인수용자

시행령

제81조 노인수용자의 정의

① 법 제54조 제1항에서 "노인수용자"란 65세 이상인 수용자를 말한다.

시행규칙

제43조 전담교정시설

① 법 제57조 제6항(전담교정시설 수용)에 따라 법무부장관이 노인수형자의 처우를 전담하도록 정하는 시설(이하 "노인수형자 전담교정시설"이라 한다)에는 「장애인·노인·임산부 등의 편의증진보장에 관한 법률 시행령」 별표 2의 교도소·구치소 편의시설의 종류 및 설치기준에 따른 편의시설을 갖추어야 한다.

② 노인수형자 전담교정시설에는 별도의 공동휴게실을 마련하고 노인이 선호하는 오락용품 등을 갖춰두어야 한다.

제44조 수용거실

① 노인수형자 전담교정시설이 아닌 교정시설에서는 노인수용자를 수용하기 위하여 별도의 거실을 지정하여 운용할 수 있다.

② 노인수용자의 거실은 시설부족 또는 그 밖의 부득이한 사정이 없으면 건물의 1층에 설치하고, 특히 겨울철 난방을 위하여 필요한 시설을 갖추어야 한다.

제45조 주·부식 등 지급

소장은 노인(장애인·소년)수용자의 나이·건강상태 등을 고려하여 필요하다고 인정하면 제4조부터 제8조까지의 규정, 제10조, 제11조, 제13조 및 제14조에 따른 수용자의 지급기준을 초과하여 주·부식, 의류·침구, 그 밖의 생활용품을 지급할 수 있다.

제46조 운동·목욕

① 소장은 노인(장애인·소년)수용자의 나이·건강상태 등을 고려하여 필요하다고 인정하면 영 제49조에 따른 운동시간을 연장하거나 영 제50조에 따른 목욕횟수를 늘릴 수 있다.

② 소장은 노인(장애인·소년)수용자가 거동이 불편하여 혼자서 목욕하기 어려운 경우에는 교도관, 자원봉사자 또는 다른 수용자로 하여금 목욕을 보조하게 할 수 있다.

제47조 전문의료진 등

① 노인(소년)수형자 전담교정시설의 장은 노인성 질환에 관한 전문적인 지식을 가진 의료진과 장비를 갖추고, 외부의료시설과 협력체계를 강화하여 노인수형자가 신속하고 적절한 치료를 받을 수 있도록 노력하여야 한다.

② 소장은 노인(소년)수용자에 대하여 6개월에 1회 이상 건강검진을 하여야 한다.

제48조 교육·교화프로그램 및 작업

① 노인(장애인·소년)수형자 전담교정시설의 장은 노인문제에 관한 지식과 경험이 풍부한 외부전문가를 초빙하여 교육하게 하는 등 노인수형자의 교육 받을 기회를 확대하고, 노인전문오락, 그 밖에 노인의 특성에 알맞은 교화프로그램을 개발·시행하여야 한다.

② 소장은 노인(장애인·소년)수용자가 작업을 원하는 경우에는 나이·건강상태 등을 고려하여 해당 수용자가 감당할 수 있는 정도의 작업을 부과한다. 이 경우 의무관의 의견을 들어야 한다.

> **참고자료**
>
> - 시행규칙 제47조 제2항: 6개월에 1회 이상 건강검진 대상자 - 노인수용자, 19세 미만의 수용자, 소년수용자, 계호상 독거수용자
> - 시행규칙 제48조 제2항: 노인수용자가 작업을 원하는 경우 - 의무관의 의견(○) ➡ 담당교도관의 의견(×)
> - 시행령 제93조: 신청에 따른 작업 취소시 - 교도관의 의견(○) ➡ 의무관의 의견(×)

장애인수용자

제81조 장애인수용자의 정의

② 법 제54조 제2항에서 "장애인수용자"란 시각·청각·언어·지체 등의 장애로 통상적인 수용생활이 특히 곤란하다고 인정되는 사람으로서 법무부령으로 정하는 수용자를 말한다.

제49조 정의

"장애인수용자"란 「장애인복지법 시행령」 별표 1의 제1호부터 제15호까지의 규정에 해당하는 사람으로서 시각·청각·언어·지체 등의 장애로 통상적인 수용생활이 특히 곤란하다고 인정되는 수용자를 말한다.

제50조 전담교정시설

① 법 제57조 제6항(전담교정시설 수용)에 따라 법무부장관이 장애인수형자의 처우를 전담하도록 정하는 시설(이하 "장애인수형자 전담교정시설"이라 한다)의 장은 장애종류별 특성에 알맞은 재활치료프로그램을 개발하여 시행하여야 한다.
② 장애인수형자 전담교정시설 편의시설의 종류 및 설치기준에 관하여는 제43조 제1항(편의시설 완비)을 준용한다.

제51조 수용거실

① 장애인수형자 전담교정시설이 아닌 교정시설에서는 장애인수용자를 수용하기 위하여 별도의 거실을 지정하여 운용할 수 있다.
② 장애인수용자의 거실은 시설부족 또는 그 밖의 부득이한 사정이 없으면 건물의 1층에 설치하고, 특히 장애인이 이용할 수 있는 변기 등의 시설을 갖추도록 하여야 한다.

제52조 전문의료진 등

장애인수형자 전담교정시설의 장은 장애인의 재활에 관한 전문적인 지식을 가진 의료진과 장비를 갖추도록 노력하여야 한다.

제53조 직업훈련

장애인수형자 전담교정시설의 장은 장애인수형자에 대한 직업훈련이 석방 후의 취업과 연계될 수 있도록 그 프로그램의 편성 및 운영에 특히 유의하여야 한다.

제54조 준용규정

장애인수용자의 장애정도, 건강 등을 고려하여 필요하다고 인정하는 경우 주·부식 등의 지급, 운동·목욕 및 교육·교화프로그램·작업에 관하여 제45조(주·부식 등 지급)·제46조(운동·목욕) 및 제48조(교육·교화프로그램)를 준용한다.

외국인수용자

제81조 외국인수용자의 정의

③ 법 제54조 제3항에서 "외국인수용자"란 대한민국의 국적을 가지지 아니한 수용자를 말한다.

제55조 전담교정시설

법 제57조 제6항(전담교정시설 수용)에 따라 법무부장관이 외국인수형자의 처우를 전담하도록 정하는 시설의 장은 외국인의 특성에 알맞은 교화프로그램 등을 개발하여 시행하여야 한다.

제56조 전담요원 지정

① 외국인수용자를 수용하는 소장은 외국어에 능통한 소속 교도관을 전담요원으로 지정하여 일상적인 개별면담, 고충해소, 통역·번역 및 외교공관 또는 영사관 등 관계기관과의 연락 등의 업무를 수행하게 하여야 한다.

② 제1항의 전담요원은 외국인 미결수용자에게 소송 진행에 필요한 법률지식을 제공하는 등의 조력을 하여야 한다.

제57조 수용거실 지정

① 소장은 외국인수용자의 수용거실을 지정하는 경우에는 종교 또는 생활관습이 다르거나 민족감정 등으로 인하여 분쟁의 소지가 있는 외국인수용자는 거실을 분리하여 수용하여야 한다.

② 소장은 외국인수용자에 대하여는 그 생활양식을 고려하여 필요한 수용설비를 제공하도록 노력하여야 한다.

제58조 주·부식 지급

① 외국인수용자에게 지급하는 음식물의 총열량은 제14조 제2항(1명당 1일 2천500 킬로칼로리)에도 불구하고 소속 국가의 음식문화, 체격 등을 고려하여 조정할 수 있다.

② 외국인수용자에 대하여는 쌀, 빵 또는 그 밖의 식품을 주식으로 지급하되, 소속 국가의 음식문화를 고려하여야 한다.

③ 외국인수용자에게 지급하는 부식의 지급기준은 법무부장관이 정한다.

제59조 위독 또는 사망 시의 조치

소장은 외국인수용자가 질병 등으로 위독하거나 사망한 경우에는 그의 국적이나 시민권이 속하는 나라의 외교공관 또는 영사관의 장이나 그 관원 또는 가족에게 이를 즉시 알려야 한다.

소년수용자

시행령

제81조 소년수용자의 정의

④ 법 제54조 제4항에서 "소년수용자"란 다음 각 호의 사람을 말한다.
  1. 19세 미만의 수형자
  2. 법 제12조 제3항(계속 수용)에 따라 소년교도소에 수용 중인 수형자
  3. 19세 미만의 미결수용자

시행규칙

제59조의2 전담교정시설

① 법 제57조 제6항(전담교정시설 수용)에 따라 법무부장관이 19세 미만의 수형자(이하 "소년수형자"라 한다)의 처우를 전담하도록 정하는 시설(이하 "소년수형자 전담교정시설"이라 한다)의 장은 소년의 나이·적성 등 특성에 알맞은 교육·교화프로그램을 개발하여 시행하여야 한다.

② 소년수형자 전담교정시설에는 별도의 공동학습공간을 마련하고 학용품 및 소년의 정서 함양에 필요한 도서, 잡지 등을 갖춰 두어야 한다.

제59조의3 수용거실

① 소년수형자 전담교정시설이 아닌 교정시설에서는 소년수용자(영 제81조 제4항에 따른 소년수용자를 말한다. 이하 같다)를 수용하기 위하여 별도의 거실을 지정하여 운용할 수 있다.

② 소년수형자 전담교정시설이 아닌 교정시설에서 소년수용자를 수용한 경우 교육·교화프로그램에 관하여는 제59조의2 제1항을 준용한다.

제59조의4 의류

법무부장관은 제4조 및 제5조에도 불구하고 소년수용자의 나이·적성 등을 고려하여 필요하다고 인정하는 경우 의류의 품목과 품목별 착용 시기 및 대상을 달리 정할 수 있다.

제59조의5 접견·전화

소장은 소년수형자 등의 나이·적성 등을 고려하여 필요하다고 인정하면 제87조(경비처우급별 접견의 허용횟수) 및 제90조(경비처우급별 전화통화의 허용횟수)에 따른 접견 및 전화통화 횟수를 늘릴 수 있다.

제59조의6 사회적 처우

제92조 제1항(경비처우급별 사회적 처우)에도 불구하고 소장은 소년수형자 등의 나이·적성 등을 고려하여 필요하다고 인정하면 소년수형자 등에게 같은 항 각 호(사회견학, 사회봉사, 자신이 신봉하는 종교행사 참석, 연극·영화·그 밖의 문화공연 관람)에 해당하는 활동을 허가할 수 있다. 이 경우 소장이 허가할 수 있는 활동에는 발표회 및 공연 등 참가 활동을 포함한다.

제59조의7 준용규정

소년수용자의 나이·건강상태 등을 고려하여 필요하다고 인정하는 경우 주·부식의 등의 지급, 운동·목욕, 전문의료진 등 및 작업에 관하여 제45조부터 제48조까지의 규정을 준용한다.

참고자료

- 시행규칙 제59조의5와 제59조의6에서 '소년수형자 등'은 시행령 제81조 제4항 제1호(19세 미만의 수형자)와 제2호(계속 수용에 따라 소년교도소에 수용 중인 수형자)의 수형자를 의미하는 것으로 보이며, 법령에 '소년수형자 등'의 정의가 없는 것은 입법불비로 보인다.
- **소년수용자에 대한 준용규정**(시행규칙 제59조의7)
  1. 주·부식 등 지급
     소장은 소년수용자의 나이·건강상태 등을 고려하여 필요하다고 인정하면 수용자의 지급기준을 초과하여 주·부식, 의류·침구, 그 밖의 생활용품을 지급할 수 있다.
  2. 운동·목욕
     ① 소장은 소년수용자의 나이·건강상태 등을 고려하여 필요하다고 인정하면 운동시간을 연장하거나 목욕횟수를 늘릴 수 있다.
     ② 소장은 소년수용자가 거동이 불편하여 혼자서 목욕하기 어려운 경우에는 교도관, 자원봉사자 또는 다른 수용자로 하여금 목욕을 보조하게 할 수 있다.
  3. 전문의료진 등
     ① 소년수형자 전담교정시설의 장은 소년에 관한 전문적인 지식을 가진 의료진과 장비를 갖추고, 외부의료시설과 협력체계를 강화하여 소년수형자가 신속하고 적절한 치료를 받을 수 있도록 노력하여야 한다.
     ② 소장은 소년수용자에 대하여 6개월에 1회 이상 건강검진을 하여야 한다.
  4. 작 업
     소장은 소년수용자가 작업을 원하는 경우에는 나이·건강상태 등을 고려하여 해당 수용자가 감당할 수 있는 정도의 작업을 부과한다. 이 경우 의무관의 의견을 들어야 한다.

제8장 수형자의 처우

제1절 통칙

제55조 수형자 처우의 원칙

수형자에 대하여는 교육·교화프로그램, 작업, 직업훈련 등을 통하여 교정교화를 도모하고 사회생활에 적응하는 능력을 함양하도록 처우하여야 한다.

제56조 개별처우계획의 수립 등

① 소장은 제62조의 분류처우위원회의 의결에 따라 수형자의 개별적 특성에 알맞은 교육·교화프로그램, 작업, 직업훈련 등의 처우에 관한 계획(이하 "개별처우계획"이라 한다)을 수립하여 시행한다.
② 소장은 수형자가 스스로 개선하여 사회에 복귀하려는 의욕이 고취되도록 개별처우계획을 정기적으로 또는 수시로 점검하여야 한다.

시행령

제82조 수형자로서의 처우 개시

① 소장은 미결수용자로서 자유형이 확정된 사람에 대하여는 검사의 집행 지휘서가 도달된 때부터 수형자로 처우할 수 있다.
② 제1항의 경우 검사는 집행 지휘를 한 날부터 10일 이내에 재판서나 그 밖에 적법한 서류를 소장에게 보내야 한다.

제57조 처우

① 수형자는 제59조의 분류심사의 결과에 따라 그에 적합한 교정시설에 수용되며, 개별처우계획에 따라 그 특성에 알맞은 처우를 받는다.
② 교정시설은 도주방지 등을 위한 수용설비 및 계호의 정도(이하 "경비등급"이라 한다)에 따라 다음 각 호로 구분한다. 다만, 동일한 교정시설이라도 구획을 정하여 경비등급을 달리할 수 있다.

1. 개방시설	도주방지를 위한 통상적인 설비의 전부 또는 일부를 갖추지 아니하고 수형자의 자율적 활동이 가능하도록 통상적인 관리·감시의 전부 또는 일부를 하지 아니하는 교정시설
2. 완화경비시설	도주방지를 위한 통상적인 설비 및 수형자에 대한 관리·감시를 일반경비시설보다 완화한 교정시설
3. 일반경비시설	도주방지를 위한 통상적인 설비를 갖추고 수형자에 대하여 통상적인 관리·감시를 하는 교정시설
4. 중경비시설	도주방지 및 수형자 상호 간의 접촉을 차단하는 설비를 강화하고 수형자에 대한 관리·감시를 엄중히 하는 교정시설

③ 수형자에 대한 처우는 교화 또는 건전한 사회복귀를 위하여 교정성적에 따라 상향 조정될 수 있으며, 특히 그 성적이 우수한 수형자는 개방시설에 수용되어 사회생활에 필요한 적정한 처우를 받을 수 있다.

④ 소장은 가석방 또는 형기 종료를 앞둔 수형자 중에서 법무부령으로 정하는 일정한 요건을 갖춘 사람에 대해서는 가석방 또는 형기 종료 전 일정 기간 동안 지역사회 또는 교정시설에 설치된 개방시설에 수용하여 사회적응에 필요한 교육, 취업지원 등의 적정한 처우를 할 수 있다.

⑤ 수형자는 교화 또는 건전한 사회복귀를 위하여 교정시설 밖의 적당한 장소에서 봉사활동·견학, 그 밖에 사회적응에 필요한 처우를 받을 수 있다.

⑥ 학과교육생·직업훈련생·외국인·여성·장애인·노인·환자·소년(19세 미만인 자를 말한다), 제4항에 따른 처우(이하 "중간처우"라 한다)의 대상자, 그 밖에 별도의 처우가 필요한 수형자는 법무부장관이 특히 그 처우를 전담하도록 정하는 시설(이하 "전담교정시설"이라 한다)에 수용되며, 그 특성에 알맞은 처우를 받는다. 다만, 전담교정시설의 부족이나 그 밖의 부득이한 사정이 있는 경우에는 예외로 할 수 있다.

⑦ 제2항 각 호의 시설의 설비 및 계호의 정도에 관하여 필요한 사항은 대통령령으로 정한다.

시행령

제83조 경비등급별 설비 및 계호

법 제57조 제2항(경비등급에 따른 교정시설) 각 호의 수용설비 및 계호의 정도는 다음 각 호의 규정에 어긋나지 않는 범위에서 법무부장관이 정한다.
1. 수형자의 생명이나 신체, 그 밖의 인권 보호에 적합할 것
2. 교정시설의 안전과 질서유지를 위하여 필요한 최소한의 범위일 것
3. 법 제56조 제1항의 개별처우계획의 시행에 적합할 것

제84조 수형자의 처우등급 부여 등

① 법 제57조 제3항(교정성적에 따른 단계별 처우)에서 "교정성적"이란 수형자의 수용생활 태도, 상벌 유무, 교육 및 작업의 성과 등을 종합적으로 평가한 결과를 말한다.

② 소장은 수형자의 처우수준을 개별처우계획의 시행에 적합하게 정하거나 조정하기 위하여 교정성적에 따라 처우등급을 부여할 수 있다.

③ 수형자에게 부여하는 처우등급에 관하여 필요한 사항은 법무부령으로 정한다.

제58조 외부전문가의 상담 등

소장은 수형자의 교화 또는 건전한 사회복귀를 위하여 필요하면 교육학·교정학·범죄학·사회학·심리학·의학 등에 관한 학식 또는 교정에 관한 경험이 풍부한 외부전문가로 하여금 수형자에 대한 상담·심리치료 또는 생활지도 등을 하게 할 수 있다.

제2절 분류심사

제59조 분류심사

① 소장은 수형자에 대한 개별처우계획을 합리적으로 수립하고 조정하기 위하여 수형자의 인성, 행동 특성 및 자질 등을 과학적으로 조사·측정·평가(이하 "분류심사"라 한다)하여야 한다. 다만, 집행할 형 기가 짧거나 그 밖의 특별한 사정이 있는 경우에는 예외로 할 수 있다.

② 수형자의 분류심사는 형이 확정된 경우에 개별처우계획을 수립하기 위하여 하는 심사와 일정한 형 기가 지나거나 상벌 또는 그 밖의 사유가 발생한 경우에 개별처우계획을 조정하기 위하여 하는 심사 로 구분한다.

③ 소장은 분류심사를 위하여 수형자를 대상으로 상담 등을 통한 신상에 관한 개별사안의 조사, 심리· 지능·적성 검사, 그 밖에 필요한 검사를 할 수 있다.

④ 소장은 분류심사를 위하여 외부전문가로부터 필요한 의견을 듣거나 외부전문가에게 조사를 의뢰할 수 있다.

⑤ 이 법에 규정된 사항 외에 분류심사에 관하여 필요한 사항은 법무부령으로 정한다.

관련판례

수용자에 대한 분류심사는 수용자의 개별적인 요청이나 희망에 따라 행하여지는 것이 아니라 행형기관의 교정정책 또는 형사정책적 판단에 따라 이루어지는 재량적 조치로서, 청구인이 분류심사에서 어떠한 처우등급을 받을 것인지 여부는 행형기관의 재량적 판단에 달려 있고, 청구인에게 등급의 상향조정을 청구할 권리가 있는 것이 아니다. 따라서 행형기관 이 청구인에 대한 분류심사를 함에 있어 청구인의 과거 범죄전력을 반영하여 낮은 처우등급으로 결정하였다고 하더라도 이러한 분류심사행위는 행형기관이 여러 고려 사항들을 반영하여 결정하는 재량적 조치로서, 청구인의 법률관계나 법적 지위를 직접적이고 구체적으로 불리하게 변경시키는 것이라고 할 수 없으므로 헌법소원심판의 대상이 되는 공권력의 행사에 해당한다고 할 수 없다(헌재 2018.5.29. 2018헌마458). [2019. 8급 승진]

제60조 관계기관 등에 대한 사실조회 등

① 소장은 분류심사와 그 밖에 수용목적의 달성을 위하여 필요하면 수용자의 가족 등을 면담하거나 법 원·경찰관서, 그 밖의 관계 기관 또는 단체(이하 "관계기관 등"이라 한다)에 대하여 필요한 사실을 조회 할 수 있다.

② 제1항의 조회를 요청받은 관계기관 등의 장은 특별한 사정이 없으면 지체 없이 그에 관하여 답하여 야 한다.

제61조 분류전담시설

법무부장관은 수형자를 과학적으로 분류하기 위하여 분류심사를 전담하는 교정시설을 지정·운영할 수 있다.

시행령

제86조 분류전담시설
법무부장관은 법 제61조(분류전담시설)의 분류심사를 전담하는 교정시설을 지정·운영하는 경우에는 지방교정청별로 1개 소 이상이 되도록 하여야 한다.

시행규칙 🖋

제60조 이송·재수용 수형자의 개별처우계획 등

① 소장은 해당 교정시설의 특성 등을 고려하여 필요한 경우에는 다른 교정시설로부터 이송되어 온 수형자의 개별처우계획(법 제56조 제1항에 따른 개별처우계획을 말한다. 이하 같다)을 변경할 수 있다.

② 소장은 형집행정지 중에 있는 사람이 기간만료 또는 그 밖의 정지사유가 없어져 재수용된 경우에는 석방 당시와 동일한 처우등급을 부여할 수 있다.

③ 소장은 형집행정지 중에 있는 사람이 「자유형 등에 관한 검찰집행사무규칙」 제33조제2항(형집행정지자가 주거지를 이탈하여 소재불명인 경우 검사는 그 소재불명이 명백한 형집행정지의 취소 사유로 인정되는 때에 한하여 형집행정지를 취소하여야 한다.)에 따른 형집행정지의 취소로 재수용된 경우에는 석방 당시보다 한 단계 낮은 처우등급(제74조의 경비처우급에만 해당한다)을 부여할 수 있다.

④ 소장은 제260조(가석방의 취소사유)에 따른 가석방의 취소로 재수용되어 남은 형기가 집행되는 경우에는 석방 당시보다 한 단계 낮은 처우등급(제74조의 경비처우급에만 해당한다)을 부여한다. 다만, 「가석방자관리규정」 제5조 단서(천재지변, 질병, 부득이한 사유로 출석의무를 위반시)를 위반하여 가석방이 취소되는 등 가석방 취소사유에 특히 고려할 만한 사정이 있는 때에는 석방 당시와 동일한 처우등급을 부여할 수 있다.

⑤ 소장은 형집행정지 중이거나 가석방기간 중에 있는 사람이 형사사건으로 재수용되어 형이 확정된 경우에는 개별처우계획을 새로 수립하여야 한다.

> 🔖 **참고자료** **가석방자의 출석의무**
>
> 가석방자는 가석방증에 적힌 기한 내에 관할경찰서에 출석하여 가석방증에 출석확인을 받아야 한다. 다만, 천재지변, 질병, 그 밖의 부득이한 사유로 기한 내에 출석할 수 없거나 출석하지 아니하였을 때에는 지체 없이 그 사유를 가장 가까운 경찰서의 장에게 신고하고 확인서를 받아 관할경찰서의 장에게 제출하여야 한다(가석방자관리규정 제5조).

제61조 국제수형자 및 군수형자의 개별처우계획

① 소장은 「국제수형자이송법」에 따라 외국으로부터 이송되어 온 수형자에 대하여는 개별처우계획을 새로 수립하여 시행한다. 이 경우 해당 국가의 교정기관으로부터 접수된 그 수형자의 수형생활 또는 처우 등에 관한 내용을 고려할 수 있다.

② 소장은 군사법원에서 징역형 또는 금고형이 확정되거나 그 형의 집행 중에 있는 사람이 이송되어 온 경우에는 개별처우계획을 새로 수립하여 시행한다. 이 경우 해당 군교도소로부터 접수된 그 수형자의 수형생활 또는 처우 등에 관한 내용을 고려할 수 있다.

제62조 분류심사 제외 및 유예

① 다음 각 호의 사람에 대해서는 분류심사를 하지 아니한다.
  1. 징역형·금고형이 확정된 사람으로서 집행할 형기가 형집행지휘서 접수일부터 3개월 미만인 사람
  2. 구류형이 확정된 사람

② 소장은 수형자가 다음 각 호의 어느 하나에 해당하는 사유가 있으면 분류심사를 유예한다.
  1. 질병 등으로 분류심사가 곤란한 때
  2. 법 제107조 제1호부터 제5호까지의 규정에 해당하는 행위 및 이 규칙 제214조 각 호에 해당하는 행위(이하 "징벌대상행위"라 한다)의 혐의가 있어 조사 중이거나 징벌집행 중인 때
  3. 그 밖의 사유로 분류심사가 특히 곤란하다고 인정하는 때

③ 소장은 제2항 각 호에 해당하는 사유가 소멸한 경우에는 지체 없이 분류심사를 하여야 한다. 다만, 집행할 형기가 사유 소멸일부터 3개월 미만인 경우에는 분류심사를 하지 아니한다.

PART 01

제63조 분류심사 사항

분류심사 사항은 다음 각 호와 같다.

1. 처우등급에 관한 사항
2. 작업, 직업훈련, 교육 및 교화프로그램 등의 처우방침에 관한 사항
3. 보안상의 위험도 측정 및 거실 지정 등에 관한 사항
4. 보건 및 위생관리에 관한 사항
5. 이송에 관한 사항
6. 가석방 및 귀휴심사에 관한 사항
7. 석방 후의 생활계획에 관한 사항
8. 그 밖에 수형자의 처우 및 관리에 관한 사항

제64조 신입심사 시기

개별처우계획을 수립하기 위한 분류심사(이하 "신입심사"라 한다)는 매월 초일부터 말일까지 형집행지휘서가 접수된 수형자를 대상으로 하며, 그 다음 달까지 완료하여야 한다. 다만, 특별한 사유가 있는 경우에는 그 기간을 연장할 수 있다.

제65조 재심사의 구분

개별처우계획을 조정할 것인지를 결정하기 위한 분류심사(이하 "재심사"라 한다)는 다음 각 호와 같이 구분한다.

1. 정기재심사: 일정한 형기가 도달한 때 하는 재심사
2. 부정기재심사: 상벌 또는 그 밖의 사유가 발생한 경우에 하는 재심사

제66조 정기재심사

① 정기재심사는 다음 각 호의 어느 하나에 해당하는 경우에 한다. 다만, 형집행지휘서가 접수된 날부터 6개월이 지나지 아니한 경우에는 그러하지 아니하다.
   1. 형기의 3분의 1에 도달한 때
   2. 형기의 2분의 1에 도달한 때
   3. 형기의 3분의 2에 도달한 때
   4. 형기의 6분의 5에 도달한 때
② 부정기형의 재심사 시기는 단기형을 기준으로 한다.
③ 무기형과 20년을 초과하는 징역형·금고형의 재심사 시기를 산정하는 경우에는 그 형기를 20년으로 본다.
④ 2개 이상의 징역형 또는 금고형을 집행하는 수형자의 재심사 시기를 산정하는 경우에는 그 형기를 합산한다. 다만, 합산한 형기가 20년을 초과하는 경우에는 그 형기를 20년으로 본다.

제67조 부정기재심사

부정기재심사는 다음 각 호의 어느 하나에 해당하는 경우에 할 수 있다.

1. 분류심사에 오류가 있음이 발견된 때
2. 수형자가 교정사고(교정시설에서 발생하는 화재, 수용자의 자살·도주·폭행·소란, 그 밖에 사람의 생명·신체를 해하거나 교정시설의 안전과 질서를 위태롭게 하는 사고를 말한다. 이하 같다)의 예방에 뚜렷한 공로가 있는 때
3. 수형자를 징벌하기로 의결한 때
4. 수형자가 집행유예의 실효 또는 추가사건(현재 수용의 근거가 된 사건 외의 형사사건을 말한다. 이하 같다)으로 금고 이상의 형이 확정된 때
5. 수형자가 「숙련기술장려법」 제20조 제2항에 따른 전국기능경기대회 입상, 기사 이상의 자격취득, 학사 이상의 학위를 취득한 때
6. 삭제 〈2014.11.17. 가석방 심사와 관련하여 필요한 때〉
7. 그 밖에 수형자의 수용 또는 처우의 조정이 필요한 때

제68조 재심사 시기 등

① 소장은 재심사를 할 때에는 그 사유가 발생한 달의 다음 달까지 완료하여야 한다.
② 재심사에 따라 제74조의 경비처우급을 조정할 필요가 있는 경우에는 한 단계의 범위에서 조정한다. 다만, 수용 및 처우를 위하여 특히 필요한 경우에는 두 단계의 범위에서 조정할 수 있다.

제69조 분류조사 사항

① 신입심사를 할 때에는 다음 각 호의 사항을 조사한다.
1. 성장과정
2. 학력 및 직업경력
3. 생활환경
4. 건강상태 및 병력사항
5. 심리적 특성
6. 마약·알코올 등 약물중독 경력
7. 가족 관계 및 보호자 관계
8. 범죄경력 및 범행내용
9. 폭력조직 가담여부 및 정도
10. 교정시설 총 수용기간
11. 교정시설 수용(과거에 수용된 경우를 포함한다) 중에 받은 징벌 관련 사항
12. 도주(음모, 예비 또는 미수에 그친 경우를 포함한다) 또는 자살기도 유무와 횟수
13. 상담관찰 사항
14. 수용생활태도
15. 범죄피해의 회복 노력 및 정도
16. 석방 후의 생활계획
17. 재범의 위험성
18. 처우계획 수립에 관한 사항
19. 그 밖에 수형자의 처우 및 관리에 필요한 사항

② 재심사를 할 때에는 제1항 각 호의 사항 중 변동된 사항과 다음 각 호의 사항을 조사한다.
1. 교정사고 유발 및 징벌 관련 사항
2. 제77조의 소득점수를 포함한 교정처우의 성과
3. 교정사고 예방 등 공적 사항
4. 추가사건 유무
5. 재범의 위험성
6. 처우계획 변경에 관한 사항
7. 그 밖에 재심사를 위하여 필요한 사항

제70조 분류조사 방법

분류조사의 방법은 다음 각 호와 같다.
1. 수용기록 확인 및 수형자와의 상담
2. 수형자의 가족 등과의 면담
3. 검찰청, 경찰서, 그 밖의 관계기관에 대한 사실조회
4. 외부전문가에 대한 의견조회
5. 그 밖에 효율적인 분류심사를 위하여 필요하다고 인정되는 방법

제71조 분류검사

① 소장은 분류심사를 위하여 수형자의 인성, 지능, 적성 등의 특성을 측정·진단하기 위한 검사를 할 수 있다.
② 인성검사는 신입심사 대상자 및 그 밖에 처우상 필요한 수형자를 대상으로 한다. 다만, 수형자가 다음 각 호의 어느 하나에 해당하면 인성검사를 하지 아니할 수 있다.
1. 제62조 제2항에 따라 분류심사가 유예된 때
2. 그 밖에 인성검사가 곤란하거나 불필요하다고 인정되는 사유가 있는 때
③ 이해력의 현저한 부족 등으로 인하여 인성검사를 하지 아니한 경우에는 상담 내용과 관련 서류를 토대로 인성을 판정하여 경비처우급 분류지표를 결정할 수 있다.
④ 지능 및 적성 검사는 제2항 각 호의 어느 하나에 해당하지 아니하는 신입심사 대상자로서 집행할 형기가 형집행지휘서 접수일부터 1년 이상이고 나이가 35세 이하인 경우에 한다. 다만, 직업훈련 또는 그 밖의 처우를 위하여 특히 필요한 경우에는 예외로 할 수 있다.

제72조 처우등급

수형자의 처우등급은 다음 각 호와 같이 구분한다.

1. 기본수용급: 성별·국적·나이·형기 등에 따라 수용할 시설 및 구획 등을 구별하는 기준
2. 경비처우급: 도주 등의 위험성에 따라 수용시설과 계호의 정도를 구별하고, 범죄성향의 진전과 개선정도, 교정성적에 따라 처우수준을 구별하는 기준
3. 개별처우급: 수형자의 개별적인 특성에 따라 중점처우의 내용을 구별하는 기준

제73조 기본수용급

기본수용급은 다음 각 호와 같이 구분한다.

1. 여성수형자
2. 외국인수형자
3. 금고형수형자
4. 19세 미만의 소년수형자
5. 23세 미만의 청년수형자
6. 65세 이상의 노인수형자
7. 형기가 10년 이상인 장기수형자
8. 정신질환 또는 장애가 있는 수형자
9. 신체질환 또는 장애가 있는 수형자

제74조 경비처우급

① 경비처우급은 다음 각 호와 같이 구분한다.
   1. 개방처우급: 법 제57조 제2항 제1호의 개방시설에 수용되어 가장 높은 수준의 처우가 필요한 수형자
   2. 완화경비처우급: 법 제57조 제2항 제2호의 완화경비시설에 수용되어 통상적인 수준보다 높은 수준의 처우가 필요한 수형자
   3. 일반경비처우급: 법 제57조 제2항 제3호의 일반경비시설에 수용되어 통상적인 수준의 처우가 필요한 수형자
   4. 중경비처우급: 법 제57조 제2항 제4호의 중(重)경비시설(이하 "중경비시설"이라 한다)에 수용되어 기본적인 처우가 필요한 수형자
② 경비처우급에 따른 작업기준은 다음 각 호와 같다.
   1. 개방처우급: 외부통근작업 및 개방지역작업 가능
   2. 완화경비처우급: 개방지역작업 및 필요시 외부통근작업 가능
   3. 일반경비처우급: 구내작업 및 필요시 개방지역작업 가능
   4. 중경비처우급: 필요시 구내작업 가능

제76조 개별처우급

개별처우급은 다음 각 호와 같이 구분한다.

1. 직업훈련
2. 학과교육
3. 생활지도
4. 작업지도
5. 운영지원작업
6. 의료처우
7. 자치처우
8. 개방처우
9. 집중처우

제77조 소득점수

소득점수는 다음 각 호의 범위에서 산정한다.

1. 수형생활 태도: 5점 이내
2. 작업 또는 교육 성적: 5점 이내

제78조 소득점수 평가 기간 및 방법

① 소장은 수형자(제62조에 따라 분류심사에서 제외되거나 유예되는 사람은 제외한다)의 소득점수를 별지 제1호 서식의 소득점수 평가 및 통지서에 따라 매월 평가하여야 한다. 이 경우 대상기간은 매월 초일부터 말일까지로 한다.

② 수형자의 소득점수 평가 방법은 다음 각 호로 구분한다.

    1. 수형생활 태도: 품행·책임감 및 협동심의 정도에 따라 매우양호(수, 5점)·양호(우, 4점)·보통(미, 3점)·개선요망 (양, 2점)·불량(가, 1점)으로 구분하여 채점한다.

    2. 작업 또는 교육 성적: 법 제63조·제65조에 따라 부과된 작업·교육의 실적 정도와 근면성 등에 따라 매우우수(수, 5점)·우수(우, 4점)·보통(미, 3점)·노력요망(양, 2점)·불량(가, 1점)으로 구분하여 채점한다.

③ 제2항에 따라 수형자의 작업 또는 교육 성적을 평가하는 경우에는 작업 숙련도, 기술력, 작업기간, 교육태도, 시험성적 등을 고려할 수 있다.

④ 보안·작업 담당교도관 및 수용관리팀(교정시설의 효율적인 운영과 수용자의 적정한 관리 및 처우를 위하여 수용동별 또는 작업장별로 나누어진 교정시설 안의 일정한 구역을 관리하는 단위조직을 말한다. 이하 같다)의 팀장은 서로 협의하여 소득점수 평가 및 통지서에 해당 수형자에 대한 매월 초일부터 말일까지의 소득점수를 채점한다.

제79조 소득점수 평가기준

① 수형생활 태도 점수와 작업 또는 교육성적 점수는 제78조 제2항의 방법에 따라 채점하되, 수는 소속 작업장 또는 교육장 전체 인원의 10퍼센트를 초과할 수 없고, 우는 30퍼센트를 초과할 수 없다. 다만, 작업장 또는 교육장 전체인원이 4명 이하인 경우에는 수·우를 각각 1명으로 채점할 수 있다.

② 소장이 작업장 중 작업의 특성이나 난이도 등을 고려하여 필수 작업장으로 지정하는 경우 소득점수의 수는 5퍼센트 이내, 우는 10퍼센트 이내의 범위에서 각각 확대할 수 있다.

③ 소장은 수형자가 부상이나 질병, 그 밖의 부득이한 사유로 작업 또는 교육을 받지 못한 경우에는 3점 이내의 범위에서 작업 또는 교육 성적을 부여할 수 있다.

제80조 소득점수 평정 등

① 소장은 제66조(정기재심사) 및 제67조(부정기재심사)에 따라 재심사를 하는 경우에는 그 때마다 제78조에 따라 평가한 수형자의 소득점수를 평정하여 경비처우급을 조정할 것인지를 고려하여야 한다. 다만, 부정기재심사의 소득점수 평정 대상기간은 사유가 발생한 달까지로 한다.

② 제1항에 따라 소득점수를 평정하는 경우에는 평정 대상기간 동안 매월 평가된 소득점수를 합산하여 평정 대상기간의 개월 수로 나누어 얻은 점수(이하 "평정소득점수"라 한다)로 한다.

제81조 경비처우급 조정

경비처우급을 상향 또는 하향 조정하기 위하여 고려할 수 있는 평정소득점수의 기준은 다음 각 호와 같다. 다만, 수용 및 처우를 위하여 특히 필요한 경우 법무부장관이 달리 정할 수 있다.

1. 상향 조정: 8점 이상[제66조 제1항 제4호(형기의 6분의 5에 도달한 때)에 따른 재심사의 경우에는 7점 이상]

2. 하향 조정: 5점 이하

제82조 조정된 처우등급의 처우 등

① 조정된 처우등급에 따른 처우는 그 조정이 확정된 다음 날부터 한다. 이 경우 조정된 처우등급은 그 달 초일부터 적용된 것으로 본다.

② 소장은 수형자의 경비처우급을 조정한 경우에는 지체 없이 해당 수형자에게 그 사항을 알려야 한다.

제83조 처우등급별 수용 등

① 소장은 수형자를 기본수용급별·경비처우급별로 구분하여 수용하여야 한다. 다만 처우상 특히 필요하거나 시설의 여건상 부득이한 경우에는 기본수용급·경비처우급이 다른 수형자를 함께 수용하여 처우할 수 있다.

② 소장은 제1항에 따라 수형자를 수용하는 경우 개별처우의 효과를 증진하기 위하여 경비처우급·개별처우급이 같은 수형자 집단으로 수용하여 처우할 수 있다.

제84조 물품지급

① 소장은 수형자의 경비처우급에 따라 물품에 차이를 두어 지급할 수 있다. 다만, 주·부식, 음료, 그 밖에 건강유지에 필요한 물품은 그러하지 아니하다.

② 제1항에 따라 의류를 지급하는 경우 수형자가 개방처우급인 경우에는 색상, 디자인 등을 다르게 할 수 있다.

제85조 봉사원 선정

① 소장은 개방처우급·완화경비처우급·일반경비처우급 수형자로서 교정성적, 나이, 인성 등을 고려하여 다른 수형자의 모범이 된다고 인정되는 경우에는 봉사원으로 선정하여 담당교도관의 사무처리와 그 밖의 업무를 보조하게 할 수 있다.

② 소장은 봉사원의 활동기간을 1년 이하로 정하되, 필요한 경우에는 그 기간을 연장할 수 있다.

③ 소장은 봉사원의 활동과 역할 수행이 부적당하다고 인정하는 경우에는 그 선정을 취소할 수 있다.

④ 제1항부터 제3항까지에서 규정한 사항 외에 봉사원 선정, 기간연장 및 선정취소 등에 필요한 사항은 법무부장관이 정한다.

제86조 자치생활

① 소장은 개방처우급·완화경비처우급 수형자에게 자치생활을 허가할 수 있다.

② 수형자 자치생활의 범위는 인원점검, 취미활동, 일정한 구역 안에서의 생활 등으로 한다.

③ 소장은 자치생활 수형자들이 교육실, 강당 등 적당한 장소에서 월 1회 이상 토론회를 할 수 있도록 하여야 한다.

④ 소장은 자치생활 수형자가 법무부장관 또는 소장이 정하는 자치생활 중 지켜야 할 사항을 위반한 경우에는 자치생활 허가를 취소할 수 있다.

제87조 접견

① 수형자의 경비처우급별 접견의 허용횟수는 다음 각 호와 같다.

　1. 개방처우급: 1일 1회
　2. 완화경비처우급: 월 6회
　3. 일반경비처우급: 월 5회
　4. 중경비처우급: 월 4회

② 제1항 제2호부터 제4호까지의 경우 접견은 1일 1회만 허용한다. 다만, 처우상 특히 필요한 경우에는 그러하지 아니하다.

③ 소장은 교화 및 처우상 특히 필요한 경우에는 수용자가 다른 교정시설의 수용자와 통신망을 이용하여 화상으로 접견하는 것(이하 "화상접견"이라 한다)을 허가할 수 있다. 이 경우 화상접견은 제1항의 접견 허용횟수에 포함한다.

제88조 접견 장소

소장은 개방처우급 수형자에 대하여는 법무부장관이 정하는 바에 따라 접촉차단시설이 설치된 장소 외의 적당한 곳에서 접견을 실시할 수 있다. 다만, 처우상 특히 필요하다고 인정하는 경우에는 그 밖의 수형자에 대하여도 이를 허용할 수 있다.

제89조 가족 만남의 날 행사 등

① 소장은 개방처우급·완화경비처우급 수형자에 대하여 가족 만남의 날 행사에 참여하게 하거나 가족 만남의 집을 이용하게 할 수 있다. 이 경우 제87조의 접견 허용횟수에는 포함되지 아니한다.

② 제1항의 경우 소장은 가족이 없는 수형자에 대하여는 결연을 맺었거나 그 밖에 가족에 준하는 사람으로 하여금 그 가족을 대신하게 할 수 있다.

③ 소장은 제1항에도 불구하고 교화를 위하여 특히 필요한 경우에는 일반경비처우급 수형자에 대하여도 가족 만남의 날 행사 참여 또는 가족 만남의 집 이용을 허가할 수 있다.

④ 제1항 및 제3항에서 "가족 만남의 날 행사"란 수형자와 그 가족이 교정시설의 일정한 장소에서 다과와 음식을 함께 나누면서 대화의 시간을 갖는 행사를 말하며, "가족 만남의 집"이란 수형자와 그 가족이 숙식을 함께 할 수 있도록 교정시설에 수용동과 별도로 설치된 일반주택 형태의 건축물을 말한다.

제90조 전화통화의 허용횟수

① 수형자의 경비처우급별 전화통화의 허용횟수는 다음 각 호와 같다.

　1. 개방처우급: 월 20회 이내
　2. 완화경비처우급: 월 10회 이내
　3. 일반경비처우급: 월 5회 이내
　4. 중경비처우급: 처우상 특히 필요한 경우 월 2회 이내

② 소장은 제1항에도 불구하고 처우상 특히 필요한 경우에는 개방처우급·완화경비처우급·일반경비처우급 수형자의 전화통화 허용횟수를 늘릴 수 있다.

③ 제1항 각 호의 경우 전화통화는 1일 1회만 허용한다. 다만, 처우상 특히 필요한 경우에는 그러하지 아니하다.

제91조 경기 또는 오락회 개최 등

① 소장은 개방처우급·완화경비처우급 또는 자치생활 수형자에 대하여 월 2회 이내에서 경기 또는 오락회를 개최하게 할 수 있다. 다만, 소년수형자에 대하여는 그 횟수를 늘릴 수 있다.

② 제1항에 따라 경기 또는 오락회가 개최되는 경우 소장은 해당 시설의 사정을 고려하여 참석인원, 방법 등을 정할 수 있다.

③ 제1항에 따라 경기 또는 오락회가 개최되는 경우 소장은 관련 분야의 전문지식과 자격을 가지고 있는 외부강사를 초빙할 수 있다.

제92조 사회적 처우

① 소장은 개방처우급·완화경비처우급 수형자에 대하여 교정시설 밖에서 이루어지는 다음 각 호에 해당하는 활동을 허가할 수 있다. 다만, 처우상 특히 필요한 경우에는 일반경비처우급 수형자에게도 이를 허가할 수 있다.

  1. 사회견학
  2. 사회봉사
  3. 자신이 신봉하는 종교행사 참석
  4. 연극, 영화 그 밖의 문화공연 관람

② 제1항 각 호의 활동을 허가하는 경우 소장은 별도의 수형자 의류를 지정하여 입게 한다. 다만, 처우상 필요한 경우에는 자비구매의류를 입게 할 수 있다.

③ 제1항 제4호의 활동에 필요한 비용은 수형자가 부담한다. 다만, 처우상 필요한 경우에는 예산의 범위에서 그 비용을 지원할 수 있다.

제93조 중간처우

① 소장은 개방처우급 혹은 완화경비처우급 수형자가 다음 각 호의 사유에 모두 해당하는 경우에는 교정시설에 설치된 개방시설에 수용하여 사회 적응에 필요한 교육, 취업지원 등 적정한 처우를 할 수 있다.

  1. 형기가 2년 이상인 사람
  2. 범죄 횟수가 3회 이하인 사람
  3. 중간처우를 받는 날부터 가석방 또는 형기 종료 예정일까지 기간이 3개월 이상 2년 6개월 미만인 사람

② 소장은 제1항에 따른 처우의 대상자 중 다음 각 호의 사유에 모두 해당하는 수형자에 대해서는 지역사회에 설치된 개방시설에 수용하여 제1항에 따른 처우를 할 수 있다.

  1. 범죄 횟수가 1회인 사람
  2. 중간처우를 받는 날부터 가석방 또는 형기 종료 예정일까지의 기간이 1년 6개월 미만인 사람

③ 제1항 및 제2항에 따른 중간처우 대상자의 선발절차, 교정시설 또는 지역사회에 설치하는 개방시설의 종류 및 기준, 그 밖에 필요한 사항은 법무부장관이 정한다.

> **참고자료**
>
> 시행규칙 제93조 제2항 제2호에서 '1년 6개월 미만인 사람'이라고 '기간의 상한'만 규정되어 있는데, '기간의 하한'은 없나?
> 제93조 제1항 제3호의 '교정시설에 설치된 개방시설'의 수용 요건은 중간처우 대상자의 전제 조건이다. 제2항의 '지역사회에 설치된 개방시설'의 수용 요건은 제1항의 범위에서 정하여야 한다. 제1항에서 '3개월 이상 2년 6개월 미만인 사람'이라 규정되어 있으므로, 제2항은 '3개월 이상 1년 6개월 미만인 사람'이라고 보아야 하며, 이론적·실무적으로도 이와 같이 보고 있다.

제94조 작업·교육 등의 지도보조

소장은 수형자가 개방처우급 또는 완화경비처우급으로서 작업·교육 등의 성적이 우수하고 관련 기술이 있는 경우에는 교도관의 작업지도를 보조하게 할 수 있다.

제95조 개인작업

① 소장은 수형자가 개방처우급 또는 완화경비처우급으로서 작업기술이 탁월하고 작업성적이 우수한 경우에는 수형자 자신을 위한 개인작업을 하게 할 수 있다. 이 경우 개인작업 시간은 교도작업에 지장을 주지 아니하는 범위에서 1일 2시간 이내로 한다.

② 소장은 제1항에 따라 개인작업을 하는 수형자에게 개인작업 용구를 사용하게 할 수 있다. 이 경우 작업용구는 특정한 용기에 보관하도록 하여야 한다.
③ 제1항의 개인작업에 필요한 작업재료 등의 구입비용은 수형자가 부담한다. 다만, 처우상 필요한 경우에는 예산의 범위에서 그 비용을 지원할 수 있다.

제96조 외부 직업훈련
① 소장은 수형자가 개방처우급 또는 완화경비처우급으로서 직업능력 향상을 위하여 특히 필요한 경우에는 교정시설 외부의 공공기관 또는 기업체 등에서 운영하는 직업훈련을 받게 할 수 있다.
② 제1항에 따른 직업훈련의 비용은 수형자가 부담한다. 다만, 처우상 특히 필요한 경우에는 예산의 범위에서 그 비용을 지원할 수 있다.

제62조 분류처우위원회

① 수형자의 개별처우계획, 가석방심사신청 대상자 선정, 그 밖에 수형자의 분류처우에 관한 중요 사항을 심의·의결하기 위하여 교정시설에 분류처우위원회(이하 이 조에서 "위원회"라 한다)를 둔다.
② 위원회는 위원장을 포함한 5명 이상 7명 이하의 위원으로 구성하고, 위원장은 소장이 되며, 위원은 위원장이 소속 기관의 부소장 및 과장(지소의 경우에는 7급 이상의 교도관) 중에서 임명한다.
③ 위원회는 그 심의·의결을 위하여 외부전문가로부터 의견을 들을 수 있다.
④ 이 법에 규정된 사항 외에 위원회에 관하여 필요한 사항은 법무부령으로 정한다.

시행규칙 🖉

제96조의2 분류전담시설
① 법 제61조 및 영 제86조에 따른 분류심사를 전담하는 교정시설(이하 이 절에서 "분류전담시설"이라 한다)의 장은 범죄의 피해가 중대하고 재범의 위험성이 높은 수형자(이하 이 절에서 "고위험군 수형자"라 한다)의 개별처우계획을 수립·조정하기 위해 고위험군 수형자의 개별적 특성과 재범의 위험성 등을 면밀히 분석·평가하기 위한 분류심사(이하 이 절에서 "정밀분류심사"라 한다)를 실시할 수 있다.
② 분류전담시설의 장은 정밀분류심사를 실시한 고위험군 수형자의 개별처우계획 이행 여부를 지속적으로 평가해야 한다.

제97조 심의·의결 대상
법 제62조의 분류처우위원회(이하 이 절에서 "위원회"라 한다)는 다음 각 호의 사항을 심의·의결한다.
1. 처우등급 판단 등 분류심사에 관한 사항
2. 소득점수 등의 평가 및 평정에 관한 사항
3. 수형자 처우와 관련하여 소장이 심의를 요구한 사항
4. 가석방 적격심사 신청 대상자 선정 등에 관한 사항
5. 그 밖에 수형자의 수용 및 처우에 관한 사항

제98조 위원장의 직무
① 위원장은 위원회를 소집하고 위원회의 사무를 총괄한다.
② 위원장이 부득이한 사유로 그 직무를 수행할 수 없을 때에는 위원장이 미리 지정한 위원이 그 직무를 대행할 수 있다.

제99조 회의
① 위원회의 회의는 매월 10일에 개최한다. 다만, 위원회의 회의를 개최하는 날이 토요일, 공휴일, 그 밖에 법무부장관이 정한 휴무일일 때에는 그 다음 날에 개최한다.
② 위원장은 수형자의 처우와 관련하여 필요한 경우에는 임시회의를 개최할 수 있다.
③ 위원회의 회의는 재적위원 3분의 2이상의 출석으로 개의하고, 출석위원 과반수의 찬성으로 의결한다.

제100조 간사
① 위원회의 사무를 처리하기 위하여 분류심사 업무를 담당하는 교도관 중에서 간사 1명을 둔다.
② 간사는 위원회의 회의록을 작성하여 유지하여야 한다.

제100조의2 분류전담시설에 두는 위원회
제97조(분류처우위원회의 심의·의결 대상), 제98조(분류처우위원회 위원장의 직무), 제99조(분류처우위원회의 회의), 제100조(분류처우위원회의 간사)의 규정에도 불구하고 법무부장관은 분류전담시설에 두는 위원회의 심의·의결 대상 및 개최시기 등을 달리 정할 수 있다.

참고자료

- 비교·구분: 법 제59조 제1항(분류심사)과 제3항(분류검사)을 확실히 구분하여 숙지
- 법 제59조 제4항: 분류심사시 외부전문가 활용에 관한 법적 근거
- 시행규칙 제60조 제1항: 개별처우계획의 변경은 원칙적으로 할 수 없으나, 교정시설의 여건이 수형자의 개별처우에 상응할 수 없는 경우에는 예외적으로 탄력적 운영이 가능하도록 함
- 시행규칙 제60조 제1항: 해당 교정시설의 특성 등을 고려하여(○) ➡ 해당 수형자의 개별특성을 고려하여(×)
- 시행규칙 제60조 제2항: ~ 처우등급을 부여할 수 있다(○) ➡ 분류급을 부여할 수 있다(×), 경비등급을 부여할 수 있다(×)
- 형집행정지 중에 있는 사람이 주거지 이탈로 소재불명되어 검사의 형집행정지의 취소로 재수용된 경우: ~ 처우등급을 부여할 수 있다(○) ➡ 부여하여야 한다.(×)
- 시행규칙 제60조 제4항: 가석방 이전의 개별처우계획 중 기본수용급 및 개별처우급은 그대로 반영된다.
- 시행규칙 제60조 제5항: 재수용되었더라도 형이 확정되기 전까지는 개별처우계획을 새로 수립하지 않는다.
- 개별처우계획을 새로 수립해야 하는 경우: 시행규칙 제60조 제5항, 동 규칙 제61조 제1항·제2항
- 시행규칙 제62조 제3항 단서: 분류심사 유예 ➡ 유예사유 소멸 ➡ 집행할 형기가 유예사유 소멸일부터 3개월 미만인 경우 ➡ 분류심사를 아니한다.
- 시행규칙 제63조 – 분류심사 사항이 아닌 것: 가족관계에 관한 사항, 부정기 재심사에 관한 사항, 피해의 회복 및 정도
- 귀휴심사에 관한 사항은 분류심사 사항(규칙 제63조)에는 포함되나, 부정기재심사 사유(규칙 제67조)에는 포함되지 않는다.
- 시행규칙 제67조 제3호: 수형자를 징벌하기로 의결한 때(○) ➡ 조사하기로 의결한 때(×), 징벌위원회에 회부하기로 의결한 때(×)
- 시행규칙 제78조 제4항: 보안·작업담당교도관은 소득점수의 채점에는 반드시 수용관리팀 팀장은 서로 협의하여야 한다.
- 시행규칙 제83조 본문: 수형자 구분수용의 기준이 되는 처우등급 – 기본수용급 및 경비처우급
- 자치생활: 개방처우급·완화경비처우급(규칙 제86조)
- 자치활동: 외부통근자(외부통근작업 대상자)(규칙 제123조)
- 시행규칙 제92조 제1항: 현행 법령상 사회적 처우의 종류
- 시행규칙 제92조 제1항: 제1호~제3호 – 필요한 비용은 예산의 범위 내에서, 제4호 – 필요한 비용은 수형자가 부담
- 법 제62조 제1항: 가석방 심사신청 대상자 선정(○) ➡ 가석방대상자 결정(×)

제3절 교육과 교화프로그램

제63조 교육

① 소장은 수형자가 건전한 사회복귀에 필요한 지식과 소양을 습득하도록 교육할 수 있다.

② 소장은 「교육기본법」 제8조의 의무교육을 받지 못한 수형자에 대하여는 본인의 의사·나이·지식 정도, 그 밖의 사정을 고려하여 그에 알맞게 교육하여야 한다.

③ 소장은 제1항 및 제2항에 따른 교육을 위하여 필요하면 수형자를 중간처우를 위한 전담교정시설에 수용하여 다음 각 호의 조치를 할 수 있다.

　　1. 외부 교육기관에의 통학

　　2. 외부 교육기관에서의 위탁교육

④ 교육과정·외부통학·위탁교육 등에 관하여 필요한 사항은 법무부령으로 정한다.

시행령

제87조 교육

① 소장은 법 제63조에 따른 교육을 효과적으로 시행하기 위하여 교육실을 설치하는 등 교육에 적합한 환경을 조성하여야 한다.

② 소장은 교육 대상자, 시설 여건 등을 고려하여 교육계획을 수립하여 시행하여야 한다.

시행규칙

제101조 교육관리 기본원칙

① 소장은 교육대상자를 소속기관(소장이 관할하고 있는 교정시설을 말한다. 이하 같다)에서 선발하여 교육한다. 다만, 소속기관에서 교육대상자를 선발하기 어려운 경우에는 다른 기관에서 추천한 사람을 모집하여 교육할 수 있다.

② 소장은 교육대상자의 성적불량, 학업태만 등으로 인하여 교육의 목적을 달성하기 어려운 경우에는 그 선발을 취소할 수 있다.

③ 소장은 교육대상자 및 시험응시 희망자의 학습능력을 평가하기 위하여 자체 평가시험을 실시할 수 있다.

④ 소장은 교육의 효과를 거두지 못하였다고 인정하는 교육대상자에 대하여 다시 교육을 할 수 있다.

⑤ 소장은 기관의 교육전문인력, 교육시설, 교육대상인원 등의 사정을 고려하여 단계별 교육과 자격취득 목표를 설정할 수 있으며, 자격취득·대회입상 등을 하면 처우에 반영할 수 있다.

제102조 교육대상자가 지켜야 할 기본원칙

① 교육대상자는 교육의 시행에 관한 관계법령, 학칙 및 교육관리지침을 성실히 지켜야 한다.

② 제110조부터 제113조까지의 규정(독학에 의한 학위 취득과정, 방송통신대학과정, 전문대학 위탁교육과정, 정보화 및 외국어 교육과정)에 따른 교육을 실시하는 경우 소요되는 비용은 특별한 사정이 없으면 교육대상자의 부담으로 한다.

③ 교육대상자로 선발된 수형자는 소장에게 다음의 선서를 하고 서약서를 제출해야 한다.

　　"나는 교육대상자로서 긍지를 가지고 제반규정을 지키며, 교정시설 내 교육을 성실히 이수할 것을 선서합니다."

제103조 교육대상자 선발 등

① 소장은 각 교육과정의 선정 요건과 수형자의 나이, 학력, 교정성적, 자체 평가시험 성적, 정신자세, 성실성, 교육계획과 시설의 규모, 교육대상인원 등을 고려하여 교육대상자를 선발하거나 추천하여야 한다.

② 소장은 정당한 이유 없이 교육을 기피한 사실이 있거나 자퇴(제적을 포함한다)한 사실이 있는 수형자는 교육대상자로 선발하거나 추천하지 아니할 수 있다.

제104조 교육대상자 관리 등

① 학과교육대상자의 과정수료 단위는 학년으로 하되, 학기의 구분은 국공립학교의 학기에 준한다. 다만, 독학에 의한 교육은 수업 일수의 제한을 받지 아니한다.

② 소장은 교육을 위하여 필요한 경우에는 외부강사를 초빙할 수 있으며, 카세트 또는 재생전용기기의 사용을 허용할 수 있다.

③ 소장은 교육의 실효성을 확보하기 위하여 교육실을 설치·관리하여야 하며, 교육목적을 위하여 필요한 경우 신체장애를 보완하는 교육용 물품의 사용을 허가하거나 예산의 범위에서 학용품과 응시료를 지원할 수 있다.

제105조 교육 취소 등

① 소장은 교육대상자가 다음 각 호의 어느 하나에 해당하는 경우에는 교육대상자 선발을 취소할 수 있다.

　　1. 각 교육과정의 관계법령, 학칙, 교육관리지침 등을 위반한 때

　　2. 학습의욕이 부족하여 구두경고를 하였는데도 개선될 여지가 없거나 수학능력이 현저히 부족하다고 판단되는 때

　　3. 징벌을 받고 교육 부적격자로 판단되는 때

　　4. 중대한 질병, 부상, 그 밖의 부득이한 사정으로 교육을 받을 수 없다고 판단되는 때

② 교육과정의 변경은 교육대상자의 선발로 보아 제103조를 준용한다.

③ 소장은 교육대상자에게 질병, 부상, 그 밖의 부득이한 사정이 있는 경우에는 교육과정을 일시 중지할 수 있다.

제106조 이송 등

① 소장은 특별한 사유가 없으면 교육기간 동안에 교육대상자를 다른 기관으로 이송할 수 없다.

② 교육대상자의 선발이 취소되거나 교육대상자가 교육을 수료하였을 때에는 선발 당시 소속기관으로 이송한다. 다만, 다음 각 호의 어느 하나에 해당하는 경우에는 소속기관으로 이송하지 아니하거나 다른 기관으로 이송할 수 있다.

　　1. 집행할 형기가 이송 사유가 발생한 날부터 3개월 이내인 때

　　2. 제105조 제1항 제3호(징벌을 받고 교육 부적격자로 판단되는 때)의 사유로 인하여 교육대상자 선발이 취소된 때

　　3. 소속기관으로의 이송이 부적당하다고 인정되는 특별한 사유가 있는 때

제107조 작업 등

① 교육대상자에게는 작업·직업훈련 등을 면제한다.

② 작업·직업훈련 수형자 등도 독학으로 검정고시·학사고시 등에 응시하게 할 수 있다. 이 경우 자체 평가시험 성적 등을 고려해야 한다.

제108조 검정고시반 설치 및 운영

① 소장은 매년 초 다음 각 호의 시험을 준비하는 수형자를 대상으로 검정고시반을 설치·운영할 수 있다.

　　1. 초등학교 졸업학력 검정고시

　　2. 중학교 졸업학력 검정고시

　　3. 고등학교 졸업학력 검정고시

② 소장은 교육기간 중에 검정고시에 합격한 교육대상자에 대하여는 해당 교육과정을 조기 수료시키거나 상위 교육과정에 임시 편성시킬 수 있다.

③ 소장은 고등학교 졸업 또는 이와 동등한 수준 이상의 학력이 인정되는 수형자를 대상으로 대학입학시험 준비반을 편성·운영할 수 있다.

제109조 방송통신고등학교과정 설치 및 운영

① 소장은 수형자에게 고등학교 과정의 교육기회를 부여하기 위하여 「초·중등교육법」 제51조에 따른 방송통신고등학교 교육과정을 설치·운영할 수 있다.

② 소장은 중학교 졸업 또는 이와 동등한 수준 이상의 학력이 인정되는 수형자가 제1항의 방송통신고등학교 교육과정을 지원하여 합격한 경우에는 교육대상자로 선발할 수 있다.

③ 소장은 제1항의 방송통신고등학교 교육과정의 입학금, 수업료, 교과용 도서 구입비 등 교육에 필요한 비용을 예산의 범위에서 지원할 수 있다.

제110조 독학에 의한 학위 취득과정 설치 및 운영

① 소장은 수형자에게 학위취득 기회를 부여하기 위하여 독학에 의한 학사학위 취득과정(이하 "학사고시반 교육"이라 한다)을 설치·운영할 수 있다.

② 소장은 다음 각 호의 요건을 갖춘 수형자가 제1항의 학사고시반 교육을 신청하는 경우에는 교육대상자로 선발할 수 있다.

1. 고등학교 졸업 또는 이와 동등한 수준 이상의 학력이 인정될 것
2. 교육개시일을 기준으로 형기의 3분의 1(21년 이상의 유기형 또는 무기형의 경우에는 7년)이 지났을 것
3. 집행할 형기가 2년 이상일 것

제111조 방송통신대학과정 설치 및 운영

① 소장은 대학 과정의 교육기회를 부여하기 위하여 「고등교육법」 제2조에 따른 방송통신대학 교육과정을 설치·운영할 수 있다.

② 소장은 제110조 제2항 각 호의 요건을 갖춘 개방처우급·완화경비처우급·일반경비처우급 수형자가 제1항의 방송통신대학 교육과정에 지원하여 합격한 경우에는 교육대상자로 선발할 수 있다.

제112조 전문대학 위탁교육과정 설치 및 운영

① 소장은 전문대학과정의 교육기회를 부여하기 위하여 「고등교육법」 제2조에 따른 전문대학 위탁교육과정을 설치·운영할 수 있다.

② 소장은 제110조 제2항 각 호의 요건을 갖춘 개방처우급·완화경비처우급·일반경비처우급 수형자가 제1항의 전문대학 위탁교육과정에 지원하여 합격한 경우에는 교육대상자로 선발할 수 있다.

③ 제1항의 전문대학 위탁교육과정의 교과과정, 시험응시 및 학위취득에 관한 세부사항은 위탁자와 수탁자 간의 협약에 따른다.

④ 소장은 제1항부터 제3항까지의 규정에 따른 교육을 위하여 필요한 경우 수형자를 중간처우를 위한 전담교정시설에 수용할 수 있다.

제113조 정보화 및 외국어 교육과정 설치 및 운영 등

① 소장은 수형자에게 지식정보사회에 적응할 수 있는 교육기회를 부여하기 위하여 정보화 교육과정을 설치·운영할 수 있다.

② 소장은 개방처우급·완화경비처우급·일반경비처우급 수형자에게 다문화 시대에 대처할 수 있는 교육기회를 부여하기 위하여 외국어 교육과정을 설치·운영할 수 있다.

③ 소장은 외국어 교육대상자가 교육실 외에서의 어학학습장비를 이용한 외국어학습을 원하는 경우에는 계호 수준, 독거 여부, 교육 정도 등에 대한 교도관회의(「교도관직무규칙」 제21조에 따른 교도관회의를 말한다. 이하 같다)의 심의를 거쳐 허가할 수 있다.

④ 소장은 이 규칙에서 정한 교육과정 외에도 법무부장관이 수형자로 하여금 건전한 사회복귀에 필요한 지식과 소양을 습득하게 하기 위하여 정하는 교육과정을 설치·운영할 수 있다.

- 법 제63조: 일반교육 – 임의적, 의무교육 – 필요적
- 법 제63조: 미결수용자에 준용(법 제86조 제2항)
- 법 제63조 제1항: 건전한 사회복귀에 필요한 지식과 소양을 습득(○) ➡ 건전한 인격형성 촉진과 심신단련에 필요한 지식과 기술을 습득(×)
- 법 제63조 제1항: 교육은 임의적, 교화프로그램은 필요적 규정(법 제64조 제1항)
- 법 제63조 제3항: 외부통학제도 – 법에 규정
- 시행령 제87조 제2항: 교육계획은 소장이 수립·시행한다.
- 교육 취소 사유: 시행규칙 제101조 제2항, 동 규칙 제105조 제1항
- 수형자에 대한 현행 교육과정: 검정고시반, 방송통신고등학교과정, 독학에 의한 학위취득과정, 방송통신대학과정, 전문대학위탁교육과정, 정보화 및 외국어 교육과정
- 시행규칙 제110조 제2항의 선발요건은 독학에 의한 학위취득과정, 방송통신대학과정, 전문대학위탁교육과정에 공통된다.
- 검정고시반, 방송통신고, 독학에 의한 학위취득과정, 정보화 교육과정 – 모든 경비처우급(즉 경비처우급에 따른 차등이 없다)
- 방송통신대학과정, 전문대학위탁교육과정, 외국어 교육과정 – 개방처우급·완화경비처우급·일반경비처우급 수형자
- 교육·교화프로그램·작업

구 분	교 육	교화프로그램	작 업
징역수형자	○	○	○
노역장유치자	×	×	○
금고·구류수형자	○	○	신청
사형확정자	○	○	신청
미결수용자	신청	신청	신청

제64조 교화프로그램

① 소장은 수형자의 교정교화를 위하여 상담·심리치료, 그 밖의 교화프로그램을 실시하여야 한다.
② 소장은 제1항에 따른 교화프로그램의 효과를 높이기 위하여 범죄원인별로 적절한 교화프로그램의 내용, 교육장소 및 전문인력의 확보 등 적합한 환경을 갖추도록 노력하여야 한다.
③ 교화프로그램의 종류·내용 등에 관하여 필요한 사항은 법무부령으로 정한다.

시행령

제88조 정서교육

소장은 수형자의 정서 함양을 위하여 필요하다고 인정하면 연극·영화관람, 체육행사, 그 밖의 문화예술활동을 하게 할 수 있다.

시행규칙 ✎

제114조 교화프로그램의 종류

교화프로그램의 종류는 다음 각 호와 같다.

1. 문화프로그램
2. 문제행동예방프로그램
3. 가족관계회복프로그램
4. 교화상담
5. 그 밖에 법무부장관이 정하는 교화프로그램

제115조 문화프로그램

소장은 수형자의 인성 함양, 자아존중감 회복 등을 위하여 음악, 미술, 독서 등 문화예술과 관련된 다양한 프로그램을 도입하거나 개발하여 운영할 수 있다.

제116조 문제행동예방프로그램

소장은 수형자의 죄명, 죄질 등을 구분하여 그에 따른 심리측정·평가·진단·치료 등의 문제행동예방프로그램을 도입하거나 개발하여 실시할 수 있다.

제117조 가족관계회복프로그램

① 소장은 수형자와 그 가족의 관계를 유지·회복하기 위하여 수형자의 가족이 참여하는 각종 프로그램을 운영할 수 있다. 다만, 가족이 없는 수형자의 경우 교화를 위하여 필요하면 결연을 맺었거나 그 밖에 가족에 준하는 사람의 참여를 허가할 수 있다.
② 제1항의 경우 대상 수형자는 교도관회의의 심의를 거쳐 선발하고, 참여인원은 5명 이내의 가족으로 한다. 다만, 특히 필요하다고 인정하는 경우에는 참여인원을 늘릴 수 있다.

제118조 교화상담

① 소장은 수형자의 건전한 가치관 형성, 정서안정, 고충해소 등을 위하여 교화상담을 실시할 수 있다.
② 소장은 제1항의 교화상담을 위하여 교도관이나 제33조의 교정참여인사를 교화상담자로 지정할 수 있으며, 수형자의 안정을 위하여 결연을 주선할 수 있다.

제119조 교화프로그램 운영 방법

① 소장은 교화프로그램을 운영하는 경우 약물중독·정신질환·신체장애·건강·성별·나이 등 수형자의 개별 특성을 고려하여야 하며, 프로그램의 성격 및 시설 규모와 인원을 고려하여 이송 등의 적절한 조치를 할 수 있다.
② 소장은 교화프로그램을 운영하기 위하여 수형자의 정서적인 안정이 보장될 수 있는 장소를 따로 정하거나 방송설비 및 방송기기를 이용할 수 있다.
③ 소장은 교정정보시스템(교정시설에서 통합적으로 정보를 관리하는 시스템을 말한다)에 교화프로그램의 주요 진행내용을 기록하여 수형자 처우에 활용하여야 하며, 상담내용 등 개인정보가 유출되지 아니하도록 하여야 한다.
④ 교화프로그램 운영에 관하여는 제101조부터 제107조까지의 규정을 준용한다.

제119조의2 전문인력

① 법무부장관은 교화프로그램의 효과를 높이기 위해 소속 공무원 중에서 법 제64조 제2항(교화프로그램)에 따른 전문인력을 선발 및 양성할 수 있다.
② 제1항에 따른 전문인력 선발 및 양성의 요건, 방법, 그 밖에 필요한 사항은 법무부장관이 정한다.

제4절 작업과 직업훈련

제65조 작업의 부과

① 수형자에게 부과하는 작업은 건전한 사회복귀를 위하여 기술을 습득하고 근로의욕을 고취하는 데에 적합한 것이어야 한다.
② 소장은 수형자에게 작업을 부과하려면 나이·형기·건강상태·기술·성격·취미·경력·장래생계, 그 밖의 수형자의 사정을 고려하여야 한다.

제66조 작업의무

수형자는 자신에게 부과된 작업과 그 밖의 노역을 수행하여야 할 의무가 있다.

시행령

제89조 작업의 종류
소장은 법무부장관의 승인을 받아 수형자에게 부과하는 작업의 종류를 정한다.

제90조 소년수형자의 작업 등
소장은 19세 미만의 수형자에게 작업을 부과하는 경우에는 정신적·신체적 성숙 정도, 교육적 효과 등을 고려하여야 한다.

제91조 작업의 고지 등
① 소장은 수형자에게 작업을 부과하는 경우에는 작업의 종류 및 작업과정을 정하여 고지하여야 한다.
② 제1항의 작업과정은 작업성적, 작업시간, 작업의 난이도 및 숙련도를 고려하여 정한다. 작업과정을 정하기 어려운 경우에는 작업시간을 작업과정으로 본다.

제92조 작업실적의 확인
소장은 교도관에게 매일 수형자의 작업실적을 확인하게 하여야 한다.

시행규칙

제94조 작업·교육 등의 지도보조
소장은 수형자가 개방처우급 또는 완화경비처우급으로서 작업·교육 등의 성적이 우수하고 관련 기술이 있는 경우에는 교도관의 작업지도를 보조하게 할 수 있다.

제95조 개인작업
① 소장은 수형자가 개방처우급 또는 완화경비처우급으로서 작업기술이 탁월하고 작업성적이 우수한 경우에는 수형자 자신을 위한 개인작업을 하게 할 수 있다. 이 경우 개인작업 시간은 교도작업에 지장을 주지 아니하는 범위에서 1일 2시간 이내로 한다.
② 소장은 제1항에 따라 개인작업을 하는 수형자에게 개인작업 용구를 사용하게 할 수 있다. 이 경우 작업용구는 특정한 용기에 보관하도록 하여야 한다.
③ 제1항의 개인작업에 필요한 작업재료 등의 구입비용은 수형자가 부담한다. 다만, 처우상 필요한 경우에는 예산의 범위에서 그 비용을 지원할 수 있다.

형의 집행 및 수용자의 처우에 관한 법률 제66조 위헌확인

수형자의 교정교화와 건전한 사회복귀를 도모하고, 노동의 강제를 통하여 범죄에 대한 응보 및 일반예방에 기여하기 위한 것으로서 그 목적이 정당하고, 수단의 적합성도 인정된다. 나아가 이 사건 법률조항으로 말미암아 작업이 강제됨으로써 제한되는 수형자의 개인적 이익에 비하여 징역형 수형자 개개인에 대한 재사회화와 이를 통한 사회질서 유지 및 공공복리라는 공익이 더 크므로 법익의 균형성도 인정되므로, 이 사건 법률조항은 신체의 자유를 침해하지 아니한다. 이 사건 법률조항은 징역형의 집행방법으로 구금과 의무적인 작업을 규정하고 있을 뿐, 징역형 수형자를 금고형 수형자에 비하여 차별하려는 의도로 만들어진 것이 아니고, 결과적으로 징역형 수형자에게만 작업의무를 부과한다는 점에서 차별이 있다 하더라도 이는 책임에 따른 형벌의 개별화를 실현하려는 입법자의 의사가 반영된 것으로 그 차별에 합리적 이유도 인정되므로, 청구인의 평등권을 침해하지 아니한다(헌재 2012.11.29. 2011헌마318).

제67조 신청에 따른 작업

소장은 금고형 또는 구류형의 집행 중에 있는 사람에 대하여는 신청에 따라 작업을 부과할 수 있다.

시행령

제93조 신청 작업의 취소

소장은 법 제67조에 따라 작업이 부과된 수형자가 작업의 취소를 요청하는 경우에는 그 수형자의 의사, 건강 및 교도관의 의견 등을 고려하여 작업을 취소할 수 있다.

제68조 외부 통근 작업 등

① 소장은 수형자의 건전한 사회복귀와 기술습득을 촉진하기 위하여 필요하면 외부기업체 등에 통근 작업하게 하거나 교정시설의 안에 설치된 외부기업체의 작업장에서 작업하게 할 수 있다.
② 외부 통근 작업 대상자의 선정기준 등에 관하여 필요한 사항은 법무부령으로 정한다.

시행규칙

제120조 선정기준

① 외부기업체에 통근하며 작업하는 수형자는 다음 각 호의 요건을 갖춘 수형자 중에서 선정한다.
　1. 18세 이상 65세 미만일 것
　2. 해당 작업 수행에 건강상 장애가 없을 것
　3. 개방처우급・완화경비처우급에 해당할 것
　4. 가족・친지 또는 법 제130조의 교정위원(이하 "교정위원"이라 한다) 등과 접견・편지수수・전화통화 등으로 연락하고 있을 것
　5. 집행할 형기가 7년 미만이고 가석방이 제한되지 아니할 것
② 교정시설 안에 설치된 외부기업체의 작업장에 통근하며 작업하는 수형자는 제1항 제1호부터 제4호까지의 요건(같은 항 제3호의 요건의 경우에는 일반경비처우급에 해당하는 수형자도 포함한다)을 갖춘 수형자로서 집행할 형기가 10년 미만이거나 형기기산일부터 10년 이상이 지난 수형자 중에서 선정한다.
③ 소장은 제1항 및 제2항에도 불구하고 작업 부과 또는 교화를 위하여 특히 필요하다고 인정하는 경우에는 제1항 및 제2항의 수형자 외의 수형자에 대하여도 외부통근자로 선정할 수 있다.

제121조 선정 취소

소장은 외부통근자가 법령에 위반되는 행위를 하거나 법무부장관 또는 소장이 정하는 지켜야 할 사항을 위반한 경우에는 외부통근자 선정을 취소할 수 있다.

제122조 외부통근자 교육

소장은 외부통근자로 선정된 수형자에 대하여는 자치활동·행동수칙·안전수칙·작업기술 및 현장적응훈련에 대한 교육을 하여야 한다.

제123조 자치활동

소장은 외부통근자의 사회적응능력을 기르고 원활한 사회복귀를 촉진하기 위하여 필요하다고 인정하는 경우에는 수형자 자치에 의한 활동을 허가할 수 있다.

> **참고자료**
>
> - 법 제65조 제2항: 필요적 규정
> - 법무부장관의 승인 ○, 소장: 작업의 종류(시행령 제89조), 직업훈련 직종 선정 및 훈련과정별 인원(시행규칙 제124조 제1항)
> - 법무부장관의 승인 ×, 소장 권한: 직업훈련 대상자 선정(시행규칙 제124조 제2항)
> - 시행령 제91조 제2항: 작업시간을 작업과정으로 본다(○) ➡ 작업성적을 작업과정으로 본다(×)
> - 시행령 제92조: 작업실적 확인(○) ➡ 작업시간 확인(×), 작업성적 확인(×)
> - 시행령 제93조: 신청에 따른 작업 취소시 - 교도관의 의견(○) ➡ 의무관의 의견(×)
> - 시행규칙 제48조 제2항: 노인수용자가 작업을 원하는 경우 - 의무관의 의견(○) ➡ 담당교도관의 의견(×)
> - 법 제67조: 금고형·구류형 ➡ 신청 ➡ 작업을 부과할 수 있다. 교육·교화프로그램은 당연히 실시(수형자의 개념에 들어가므로)

제69조 직업능력개발훈련

① 소장은 수형자의 건전한 사회복귀를 위하여 기술 습득 및 향상을 위한 직업능력개발훈련(이하 "직업훈련"이라 한다)을 실시할 수 있다.
② 소장은 수형자의 직업훈련을 위하여 필요하면 외부의 기관 또는 단체에서 훈련을 받게 할 수 있다.
③ 직업훈련 대상자의 선정기준 등에 관하여 필요한 사항은 법무부령으로 정한다.

시행령

제94조 직업능력개발훈련 설비 등의 구비

소장은 법 제69조에 따른 직업능력개발훈련을 하는 경우에는 그에 필요한 설비 및 실습 자재를 갖추어야 한다.

시행규칙

제96조 외부 직업훈련

① 소장은 수형자가 개방처우급 또는 완화경비처우급으로서 직업능력 향상을 위하여 특히 필요한 경우에는 교정시설 외부의 공공기관 또는 기업체 등에서 운영하는 직업훈련을 받게 할 수 있다.
② 제1항에 따른 직업훈련의 비용은 수형자가 부담한다. 다만, 처우상 특히 필요한 경우에는 예산의 범위에서 그 비용을 지원할 수 있다.

제124조 직업훈련 직종 선정 등

① 직업훈련 직종 선정 및 훈련과정별 인원은 법무부장관의 승인을 받아 소장이 정한다.

② 직업훈련 대상자는 소속기관의 수형자 중에서 소장이 선정한다. 다만, 집체직업훈련(직업훈련 전담 교정시설이나 그 밖에 직업훈련을 실시하기에 적합한 교정시설에 수용하여 실시하는 훈련을 말한다) 대상자는 집체직업훈련을 실시하는 교정시설의 관할 지방교정청장이 선정한다.

제125조 직업훈련 대상자 선정기준

① 소장은 수형자가 다음 각 호의 요건을 갖춘 경우에는 수형자의 의사, 적성, 나이, 학력 등을 고려하여 직업훈련 대상자로 선정할 수 있다.
   1. 집행할 형기 중에 해당 훈련과정을 이수할 수 있을 것(기술숙련과정 집체직업훈련 대상자는 제외한다)
   2. 직업훈련에 필요한 기본소양을 갖추었다고 인정될 것
   3. 해당 과정의 기술이 없거나 재훈련을 희망할 것
   4. 석방 후 관련 직종에 취업할 의사가 있을 것

② 소장은 소년수형자의 선도를 위하여 필요한 경우에는 제1항의 요건을 갖추지 못한 경우에도 직업훈련 대상자로 선정하여 교육할 수 있다.

제126조 직업훈련 대상자 선정의 제한

소장은 제125조에도 불구하고 수형자가 다음 각 호의 어느 하나에 해당하는 경우에는 직업훈련 대상자로 선정해서는 아니 된다.

1. 15세 미만인 경우
2. 교육과정을 수행할 문자해독능력 및 강의 이해능력이 부족한 경우
3. 징벌대상행위의 혐의가 있어 조사 중이거나 징벌집행 중인 경우
4. 작업, 교육·교화프로그램 시행으로 인하여 직업훈련의 실시가 곤란하다고 인정되는 경우
5. 질병·신체조건 등으로 인하여 직업훈련을 감당할 수 없다고 인정되는 경우

제127조 직업훈련 대상자 이송

① 법무부장관은 직업훈련을 위하여 필요한 경우에는 수형자를 다른 교정시설로 이송할 수 있다.

② 소장은 제1항에 따라 이송된 수형자나 직업훈련 중인 수형자를 다른 교정시설로 이송해서는 아니 된다. 다만, 훈련취소 등 특별한 사유가 있는 경우에는 그러하지 아니하다.

제128조 직업훈련의 보류 및 취소 등

① 소장은 직업훈련 대상자가 다음 각 호의 어느 하나에 해당하는 경우에는 직업훈련을 보류할 수 있다.
   1. 징벌대상행위의 혐의가 있어 조사를 받게 된 경우
   2. 심신이 허약하거나 질병 등으로 훈련을 감당할 수 없는 경우
   3. 소질·적성·훈련성적 등을 종합적으로 고려한 결과 직업훈련을 계속할 수 없다고 인정되는 경우
   4. 그 밖에 직업훈련을 계속할 수 없다고 인정되는 경우

② 소장은 제1항에 따라 직업훈련이 보류된 수형자가 그 사유가 소멸되면 본래의 과정에 복귀시켜 훈련하여야 한다. 다만, 본래 과정으로 복귀하는 것이 부적당하다고 인정하는 경우에는 해당 훈련을 취소할 수 있다.

관련판례 🔨

성폭력방지교육 미이수자 집체훈련대상제외 위헌확인

교도소장은 엄중관리대상자로 지정되어 있었고, 개방작업장에 취업하여 교육활동에 제한이 있으며, 성폭력사범 기본교육과정을 이수하지 아니한 청구인을 직업훈련대상에서 제외하였는바, 이는 교도소장이 적절하게 재량권을 행사한 것으로 보이고 달리 청구인을 집체직업훈련대상에 포함시켜야 할 법적 의무가 존재한다고 볼 만한 사정이 없다(헌재 2013.2.5. 2013헌마6).

제85조 수형자 취업알선 등 협의기구

① 수형자의 건전한 사회복귀를 지원하기 위하여 교정시설에 취업알선 및 창업지원에 관한 협의기구를 둘 수 있다.
② 제1항의 협의기구의 조직·운영, 그 밖에 활동에 필요한 사항은 법무부령으로 정한다.

취업지원협의회

제144조 기능

영 제85조 제1항에 따른 수형자 취업지원협의회(이하 이 장에서 "협의회"라 한다)의 기능은 다음 각 호와 같다.
1. 수형자 사회복귀 지원 업무에 관한 자문에 대한 조언
2. 수형자 취업·창업 교육
3. 수형자 사회복귀 지원을 위한 지역사회 네트워크 추진
4. 취업 및 창업 지원을 위한 자료제공 및 기술지원
5. 직업적성 및 성격검사 등 각종 검사 및 상담
6. 불우수형자 및 그 가족에 대한 지원 활동
7. 그 밖에 수형자 취업알선 및 창업지원을 위하여 필요한 활동

제145조 구성

① 협의회는 회장 1명을 포함하여 3명 이상 5명 이하의 내부위원과 10명 이상의 외부위원으로 구성한다.
② 협의회의 회장은 소장이 되고, 부회장은 2명을 두되 1명은 소장이 내부위원 중에서 지명하고 1명은 외부위원 중에서 호선한다.
③ 내부위원은 소장이 지명하는 소속기관의 부소장·과장(지소의 경우에는 7급 이상의 교도관)으로 구성한다.
④ 회장·부회장 외에 협의회 운영을 위하여 기관실정에 적합한 수의 임원을 둘 수 있다.

제146조 외부위원

① 법무부장관은 협의회의 외부위원을 다음 각 호의 사람 중에서 소장의 추천을 받아 위촉한다.
　　1. 고용노동부 고용센터 등 지역 취업·창업 유관 공공기관의 장 또는 기관 추천자
　　2. 취업컨설턴트, 창업컨설턴트, 기업체 대표, 시민단체 및 기업연합체의 임직원
　　3. 변호사, 「고등교육법」에 따른 대학(이하 "대학"이라 한다)에서 법률학을 가르치는 강사 이상의 직에 있는 사람
　　4. 그 밖에 교정에 관한 학식과 경험이 풍부하고 수형자 사회복귀 지원에 관심이 있는 외부인사
② 외부위원의 임기는 3년으로 하며, 연임할 수 있다.
③ 법무부장관은 외부위원이 다음 각 호의 어느 하나에 해당하는 경우에는 소장의 건의를 받아 해당 위원을 해촉할 수 있다.
　　1. 심신장애로 직무수행이 불가능하거나 현저히 곤란하다고 인정되는 경우
　　2. 직무와 관련된 비위사실이 있는 경우
　　3. 직무태만, 품위손상, 그 밖의 사유로 인하여 위원으로 적합하지 아니하다고 인정되는 경우
　　4. 위원 스스로 직무를 수행하는 것이 곤란하다고 의사를 밝히는 경우

제147조 회장의 직무

① 회장은 협의회를 소집하고 협의회 업무를 총괄한다.
② 회장이 부득이한 사유로 직무를 수행할 수 없을 때에는 소장이 지정한 부회장이 그 직무를 대행한다.

제148조 회의

① 협의회의 회의는 반기마다 개최한다. 다만, 다음 각 호의 어느 하나에 해당하는 경우에는 임시회의를 개최할 수 있다.
　　1. 수형자의 사회복귀 지원을 위하여 협의가 필요할 때
　　2. 회장이 필요하다고 인정하는 때
　　3. 위원 3분의 1 이상의 요구가 있는 때

② 협의회의 회의는 회장이 소집하고 그 의장이 된다.
③ 협의회의 회의는 재적위원 과반수의 출석으로 개의하고, 출석위원 과반수의 찬성으로 의결한다.

제149조 간사
① 협의회의 사무를 처리하기 위하여 수형자 취업알선 및 창업지원 업무를 전담하는 직원 중에서 간사 1명을 둔다.
② 간사는 별지 제8호 서식에 따른 협의회의 회의록을 작성하여 유지하여야 한다.

제70조 집중근로에 따른 처우

① 소장은 수형자의 신청에 따라 제68조의 작업(외부통근작업), 제69조 제2항의 훈련(외부직업훈련), 그 밖에 집중적인 근로가 필요한 작업을 부과하는 경우에는 접견·전화통화·교육·공동행사 참가 등의 처우를 제한할 수 있다. 다만, 접견 또는 전화통화를 제한한 때에는 휴일이나 그 밖에 해당 수용자의 작업이 없는 날에 접견 또는 전화통화를 할 수 있게 하여야 한다.
② 소장은 제1항에 따라 작업을 부과하거나 훈련을 받게 하기 전에 수형자에게 제한되는 처우의 내용을 충분히 설명하여야 한다.

시행령 📌

제95조 집중근로
법 제70조 제1항에서 "집중적인 근로가 필요한 작업"이란 수형자의 신청에 따라 1일 작업시간 중 접견·전화통화·교육 및 공동행사 참가 등을 하지 아니하고 휴게시간을 제외한 작업시간 내내 하는 작업을 말한다.

제71조 작업시간 등

① 1일의 작업시간(휴식·운동·식사·접견 등 실제 작업을 실시하지 않는 시간을 제외한다. 이하 같다)은 8시간을 초과할 수 없다.
② 제1항에도 불구하고 취사·청소·간병 등 교정시설의 운영과 관리에 필요한 작업의 1일 작업시간은 12시간 이내로 한다.
③ 1주의 작업시간은 52시간을 초과할 수 없다. 다만, 수형자가 신청하는 경우에는 1주의 작업시간을 8시간 이내의 범위에서 연장할 수 있다.
④ 제2항 및 제3항에도 불구하고 19세 미만 수형자의 작업시간은 1일에 8시간을, 1주에 40시간을 초과할 수 없다.
⑤ 공휴일·토요일과 대통령령으로 정하는 휴일에는 작업을 부과하지 아니한다. 다만, 다음 각 호의 어느 하나에 해당하는 경우에는 작업을 부과할 수 있다.
  1. 제2항에 따른 교정시설의 운영과 관리에 필요한 작업을 하는 경우
  2. 작업장의 운영을 위하여 불가피한 경우
  3. 공공의 안전이나 공공의 이익을 위하여 긴급히 필요한 경우
  4. 수형자가 신청하는 경우

시행령 📌

제96조 휴업일
법 제71조에서 "그 밖의 휴일"이란 「각종 기념일 등에 관한 규정」에 따른 교정의 날 및 소장이 특히 지정하는 날을 말한다.

제72조 작업의 면제

① 소장은 수형자의 가족 또는 배우자의 직계존속이 사망하면 2일간, 부모 또는 배우자의 제삿날에는 1일간 해당 수형자의 작업을 면제한다. 다만, 수형자가 작업을 계속하기를 원하는 경우는 예외로 한다.
② 소장은 수형자에게 부상·질병, 그 밖에 작업을 계속하기 어려운 특별한 사정이 있으면 그 사유가 해소될 때까지 작업을 면제할 수 있다.

제73조 작업수입 등

① 작업수입은 국고수입으로 한다.
② 소장은 수형자의 근로의욕을 고취하고 건전한 사회복귀를 지원하기 위하여 법무부장관이 정하는 바에 따라 작업의 종류, 작업성적, 교정성적, 그 밖의 사정을 고려하여 수형자에게 작업장려금을 지급할 수 있다.
③ 제2항의 작업장려금은 석방할 때에 본인에게 지급한다. 다만, 본인의 가족생활 부조, 교화 또는 건전한 사회복귀를 위하여 특히 필요하면 석방 전이라도 그 전부 또는 일부를 지급할 수 있다.

참고자료

• 법 제70조(집중근로에 따른 처우)는 작업이 부과된 미결수용자에 준용되지만, 작업이 부과된 사형확정자에는 준용되지 않는다(법 제86조 제2항).
• 법 제71조 ~ 제76조(작업시간 등, 작업의 면제, 작업수입 등, 위로금·조위금, 다른 보상·배상과의 관계, 위로금·조위금을 지급받을 권리의 보호)는 작업이 부과된 미결수용자·사형확정자에 준용된다(시행규칙 제153조 제4항).
• 법 제72조 제1항: 가족 – 배우자, 직계 존속·비속 또는 형제자매(법 제21조)
• 법 제73조 제2항: 작업장려금의 목적 – 수형자의 근로의욕을 고취하고 건전한 사회복귀를 지원하기 위하여
• 법 제73조 제3항: ~ 특히 필요하면 석방 전이라도 그 전부 또는 일부를 지급할 수 있다. ➡ 경비처우급에 따른 차별이 없다.
• 작업장려금(임의적 지급) ➡ 법무부장관이 정함. 청구권×, 작업종류·작업성적·교정성적 고려○
• 위로금, 조위금(필요적 지급) ➡ 법무부장관이 정함. 청구권○, 비과세○, 양도·담보·압류×
• 위로금 지급 사유: 법 제74조 제1항 제1호
• 조위금 지급 사유: 법 제74조 제1항 제2호

제74조 위로금·조위금

① 소장은 수형자가 다음 각 호의 어느 하나에 해당하면 법무부장관이 정하는 바에 따라 위로금 또는 조위금을 지급한다.
  1. 작업 또는 직업훈련으로 인한 부상 또는 질병으로 신체에 장해가 발생한 때
  2. 작업 또는 직업훈련 중에 사망하거나 그로 인하여 사망한 때
② 위로금은 본인에게 지급하고, 조위금은 그 상속인에게 지급한다.

제75조 다른 보상·배상과의 관계

위로금 또는 조위금을 지급받을 사람이 국가로부터 동일한 사유로 「민법」이나 그 밖의 법령에 따라 제74조의 위로금 또는 조위금에 상당하는 금액을 지급받은 경우에는 그 금액을 위로금 또는 조위금으로 지급하지 아니한다.

제76조 위로금·조위금을 지급받을 권리의 보호

① 제74조의 위로금 또는 조위금을 지급받을 권리는 다른 사람 또는 법인에게 양도하거나 담보로 제공할 수 없으며, 다른 사람 또는 법인은 이를 압류할 수 없다.
② 제74조에 따라 지급받은 금전을 표준으로 하여 조세와 그 밖의 공과금을 부과하여서는 아니 된다.

관련판례 🔨

작업수입, 위로금·조위금 규정의 합헌성

수형자들에게 부과되는 교도작업은 경제적 이윤추구보다는 교화차원에서 이루어지는 기술습득에 목표가 있고 경제성을 따지지 아니하고 실시하는 것이므로 작업상여금은 급료가 될 수 없는 은혜적 금전인데다 석방시 본인에게 또는 석방전 가족에게 지급되는 것으로서 헌법에 위반되지 아니하고, 작업중 재해에 대하여도 수용자는 사법상의 계약관계를 맺고 작업하는 것이 아니라 형집행의 일부로서 정역에 복무하는 것이므로 각종 산재보험 등에 상당한 보험료를 지불하는 대가로 받는 사회일반인의 재해보상과 동일한 보상을 할 수 없는 이치로서 정상을 참작하여 위로금이나 조위금을 지급한다고 하여도 이는 헌법에 위반되지 아니한다(헌재 1998.7.16. 96헌마268).

제5절 귀휴

제77조 귀휴

① 소장은 6개월 이상 형을 집행받은 수형자로서 그 형기의 3분의 1(21년 이상의 유기형 또는 무기형의 경우에는 7년)이 지나고 교정성적이 우수한 사람이 다음 각 호의 어느 하나에 해당하면 1년 중 20일 이내의 귀휴를 허가할 수 있다.
  1. 가족 또는 배우자의 직계존속이 위독한 때
  2. 질병이나 사고로 외부의료시설에의 입원이 필요한 때
  3. 천재지변이나 그 밖의 재해로 가족, 배우자의 직계존속 또는 수형자 본인에게 회복할 수 없는 중대한 재산상의 손해가 발생하였거나 발생할 우려가 있는 때
  4. 그 밖에 교화 또는 건전한 사회복귀를 위하여 법무부령으로 정하는 사유가 있는 때
② 소장은 다음 각 호의 어느 하나에 해당하는 사유가 있는 수형자에 대하여는 제1항에도 불구하고 5일 이내의 특별귀휴를 허가할 수 있다.
  1. 가족 또는 배우자의 직계존속이 사망한 때
  2. 직계비속의 혼례가 있는 때
③ 소장은 귀휴를 허가하는 경우에 법무부령으로 정하는 바에 따라 거소의 제한이나 그 밖에 필요한 조건을 붙일 수 있다.
④ 제1항 및 제2항의 귀휴기간은 형 집행기간에 포함한다.

시행령

제97조 귀휴자에 대한 조치
① 소장은 법 제77조에 따라 2일 이상의 귀휴를 허가한 경우에는 귀휴를 허가받은 사람(이하 "귀휴자"라 한다)의 귀휴지를 관할하는 경찰관서의 장에게 그 사실을 통보하여야 한다.
② 귀휴자는 귀휴 중 천재지변이나 그 밖의 사유로 자신의 신상에 중대한 사고가 발생한 경우에는 가까운 교정시설이나 경찰관서에 신고하여야 하고 필요한 보호를 요청할 수 있다.
③ 제2항의 보호 요청을 받은 교정시설이나 경찰관서의 장은 귀휴를 허가한 소장에게 그 사실을 지체 없이 통보하고 적절한 보호조치를 하여야 한다.

시행규칙

제129조 귀휴 허가
① 소장은 법 제77조에 따른 귀휴(일반귀휴 · 특별귀휴)를 허가하는 경우에는 제131조의 귀휴심사위원회의 심사를 거쳐야 한다.
② 소장은 개방처우급 · 완화경비처우급 수형자에게 법 제77조 제1항에 따른 귀휴(일반귀휴)를 허가할 수 있다. 다만, 교화 또는 사회복귀 준비 등을 위하여 특히 필요한 경우에는 일반경비처우급 수형자에게도 이를 허가할 수 있다.
③ 법 제77조 제1항 제4호에 해당하는 귀휴사유(법무부령으로 정하는 사유)는 다음 각 호와 같다.
  1. 직계존속, 배우자, 배우자의 직계존속 또는 본인의 회갑일이나 고희일인 때
  2. 본인 또는 형제자매의 혼례가 있는 때
  3. 직계비속이 입대하거나 해외유학을 위하여 출국하게 된 때
  4. 직업훈련을 위하여 필요한 때
  5. 「숙련기술장려법」 제20조 제2항에 따른 국내기능경기대회의 준비 및 참가를 위하여 필요한 때
  6. 출소 전 취업 또는 창업 등 사회복귀 준비를 위하여 필요한 때

7. 입학식·졸업식 또는 시상식에 참석하기 위하여 필요한 때
8. 출석수업을 위하여 필요한 때
9. 각종 시험에 응시하기 위하여 필요한 때
10. 그 밖에 가족과의 유대강화 또는 사회적응능력 향상을 위하여 특히 필요한 때

제130조 형기기준 등

① 법 제77조 제1항의 형기를 계산할 때 부정기형은 단기를 기준으로 하고, 2개 이상의 징역 또는 금고의 형을 선고받은 수형자의 경우에는 그 형기를 합산한다.
② 법 제77조 제1항의 "1년 중 20일 이내의 귀휴" 중 "1년"이란 매년 1월 1일부터 12월 31일까지를 말한다.

귀휴심사위원회

제131조 설치 및 구성

① 법 제77조(일반귀휴·특별귀휴)에 따른 수형자의 귀휴허가에 관한 심사를 하기 위하여 교정시설에 귀휴심사위원회(이하 이 절에서 "위원회"라 한다)를 둔다.
② 위원회는 위원장을 포함한 6명 이상 8명 이하의 위원으로 구성한다.
③ 위원장은 소장이 되며, 위원은 소장이 소속기관의 부소장·과장(지소의 경우에는 7급 이상의 교도관) 및 교정에 관한 학식과 경험이 풍부한 외부인사 중에서 임명 또는 위촉한다. 이 경우 외부위원은 2명 이상으로 한다.

제132조 위원장의 직무

① 위원장은 위원회를 소집하고 위원회의 업무를 총괄한다.
② 위원장이 부득이한 사유로 직무를 수행할 수 없을 때에는 부소장인 위원이 그 직무를 대행하고, 부소장이 없거나 부소장인 위원이 사고가 있는 경우에는 위원장이 미리 지정한 위원이 그 직무를 대행한다.

제133조 회 의

① 위원회의 회의는 위원장이 수형자에게 법 제77조 제1항 및 제2항에 따른 귀휴사유(일반귀휴 사유·특별귀휴 사유)가 발생하여 귀휴심사가 필요하다고 인정하는 때에 개최한다.
② 위원회의 회의는 재적위원 과반수의 출석으로 개의하고, 출석위원 과반수의 찬성으로 의결한다.

제134조 심사의 특례

① 소장은 토요일, 공휴일, 그 밖에 위원회의 소집이 매우 곤란한 때에 법 제77조 제2항 제1호(가족 또는 배우자의 직계존속이 사망한 때)의 사유가 발생한 경우에는 제129조 제1항(귀휴허가시 귀휴심사위원회의 심사)에도 불구하고 위원회의 심사를 거치지 아니하고 귀휴를 허가할 수 있다. 다만, 이 경우 다음 각 호에 해당하는 부서의 장의 의견을 들어야 한다.
1. 수용관리를 담당하고 있는 부서
2. 귀휴업무를 담당하고 있는 부서
② 제1항 각 호에 해당하는 부서의 장은 제137조 제3항의 서류(귀휴심사부, 수용기록부, 그 밖에 귀휴심사에 필요하다고 인정되는 서류)를 검토하여 그 의견을 지체 없이 소장에게 보고하여야 한다.

제135조 심사사항

위원회는 귀휴심사대상자(이하 이 절에서 "심사대상자"라 한다)에 대하여 다음 각 호의 사항을 심사해야 한다.

1. 수용관계	2. 범죄관계	3. 환경관계
가. 건강상태	가. 범행 시의 나이	가. 가족 또는 보호자
나. 징벌유무 등 수용생활 태도	나. 범죄의 성질 및 동기	나. 가족과의 결속 정도
다. 작업·교육의 근면·성실 정도	다. 공범관계	다. 보호자의 생활상태
라. 작업장려금 및 보관금	라. 피해의 회복 여부 및 피해자의 감정	라. 접견·전화통화의 내용 및 횟수
마. 사회적 처우의 시행 현황	마. 피해자에 대한 보복범죄의 가능성	마. 귀휴예정지 및 교통·통신 관계
바. 공범·동종범죄자 또는 심사대상자가 속한 범죄단체 구성원과의 교류 정도	바. 범죄에 대한 사회의 감정	바. 공범·동종범죄자 또는 심사대상자가 속한 범죄단체의 활동상태 및 이와 연계한 재범 가능성

제136조 외부위원
① 외부위원의 임기는 2년으로 하며, 연임할 수 있다.
② 소장은 외부위원이 다음 각 호의 어느 하나에 해당하는 경우에는 해당 위원을 해촉할 수 있다.
    1. 심신장애로 직무수행이 불가능하거나 현저히 곤란하다고 인정되는 경우
    2. 직무와 관련된 비위사실이 있는 경우
    3. 직무태만, 품위손상, 그 밖의 사유로 인하여 위원으로 적합하지 아니하다고 인정되는 경우
    4. 위원 스스로 직무를 수행하는 것이 곤란하다고 의사를 밝히는 경우
③ 외부위원에게는 예산의 범위에서 수당과 여비를 지급할 수 있다.

제137조 간사
① 위원회의 사무를 처리하기 위하여 귀휴업무를 담당하는 교도관 중에서 간사 1명을 둔다.
② 간사는 위원장의 명을 받아 위원회의 사무를 처리한다.
③ 간사는 다음 각 호의 서류를 위원회에 제출하여야 한다.
    1. 별지 제2호 서식의 귀휴심사부
    2. 수용기록부
    3. 그 밖에 귀휴심사에 필요하다고 인정되는 서류
④ 간사는 별지 제3호 서식에 따른 위원회 회의록을 작성하여 유지하여야 한다.

제138조 사실조회 등
① 소장은 수형자의 귀휴심사에 필요한 경우에는 법 제60조 제1항에 따라 사실조회를 할 수 있다.
② 소장은 심사대상자의 보호관계 등을 알아보기 위하여 필요하다고 인정하는 경우에는 그의 가족 또는 보호관계에 있는 사람에게 위원회 회의의 참석을 요청할 수 있다.

귀휴허가 후 조치

제139조 귀휴허가증 발급 등
소장은 귀휴를 허가한 때에는 별지 제4호 서식의 귀휴허가부에 기록하고 귀휴허가를 받은 수형자(이하 "귀휴자"라 한다)에게 별지 제5호 서식의 귀휴허가증을 발급하여야 한다.

제140조 귀휴조건
귀휴를 허가하는 경우 법 제77조 제3항에 따라 붙일 수 있는 조건(이하 "귀휴조건"이라 한다)은 다음 각 호와 같다.
1. 귀휴지 외의 지역 여행 금지
2. 유흥업소, 도박장, 성매매업소 등 건전한 풍속을 해치거나 재범 우려가 있는 장소 출입 금지
3. 피해자 또는 공범·동종범죄자 등과의 접촉금지
4. 귀휴지에서 매일 1회 이상 소장에게 전화보고(제141조 제1항에 따른 귀휴는 제외한다)
5. 그 밖에 귀휴 중 탈선 방지 또는 귀휴 목적 달성을 위하여 필요한 사항

제141조 동행귀휴 등
① 소장은 수형자에게 귀휴를 허가한 경우 필요하다고 인정하면 교도관을 동행시킬 수 있다.
② 소장은 귀휴자의 가족 또는 보호관계에 있는 사람으로부터 별지 제6호 서식의 보호서약서를 제출받아야 한다.
③ 영 제97조 제1항에 따라 경찰관서의 장에게 귀휴사실을 통보하는 경우에는 별지 제7호 서식에 따른다.

제142조 귀휴비용 등
① 귀휴자의 여비와 귀휴 중 착용할 복장은 본인이 부담한다.
② 소장은 귀휴자가 신청할 경우 작업장려금의 전부 또는 일부를 귀휴비용으로 사용하게 할 수 있다.

제78조 귀휴의 취소

소장은 귀휴 중인 수형자가 다음 각 호의 어느 하나에 해당하면 그 귀휴를 취소할 수 있다.
1. 귀휴의 허가사유가 존재하지 아니함이 밝혀진 때
2. 거소의 제한이나 그 밖에 귀휴허가에 붙인 조건을 위반한 때

시행규칙

제143조 귀휴조건 위반에 대한 조치
소장은 귀휴자가 귀휴조건을 위반한 경우에는 법 제78조에 따라 귀휴를 취소하거나 이의 시정을 위하여 필요한 조치를 하여야 한다.

제9장 미결수용자의 처우

제79조 미결수용자 처우의 원칙

미결수용자는 무죄의 추정을 받으며 그에 합당한 처우를 받는다.

시행령

제82조 수형자로서의 처우 개시
① 소장은 미결수용자로서 자유형이 확정된 사람에 대하여는 검사의 집행 지휘서가 도달된 때부터 수형자로 처우할 수 있다.
② 제1항의 경우 검사는 집행 지휘를 한 날부터 10일 이내에 재판서나 그 밖에 적법한 서류를 소장에게 보내야 한다.

제98조 미결수용시설의 설비 및 계호의 정도
미결수용자를 수용하는 시설의 설비 및 계호의 정도는 법 제57조 제2항 제3호의 일반경비시설에 준한다.

제99조 법률구조 지원
소장은 미결수용자가 빈곤하거나 무지하여 수사 및 재판 과정에서 권리를 충분히 행사하지 못한다고 인정하는 경우에는 법률구조에 필요한 지원을 할 수 있다.

관련판례

형집행법에 의한 교도소·구치소에 수용 중인 자는 당해 법률에 의하여 생계유지의 보호를 받고 있으므로 이러한 생계유지의 보호를 받고 있는 교도소·구치소에 수용 중인 자에 대하여 국민기초생활 보장법에 의한 중복적인 보장을 피하기 위하여 개별가구에서 제외키로 한 입법자의 판단이 헌법상 용인될 수 있는 재량의 범위를 일탈하여 인간다운 생활을 할 권리를 침해한다고 볼 수 없다(헌재 2011.3.31. 2009헌마617).

제80조 참관금지

[미결수용자가 수용된 거실은 참관할 수 없다.

제81조 분리수용

[소장은 미결수용자로서 사건에 서로 관련이 있는 사람은 분리수용하고 서로 간의 접촉을 금지하여야 한다.

시행령

제100조 공범 분리
소장은 이송이나 출정, 그 밖의 사유로 미결수용자를 교정시설 밖으로 호송하는 경우에는 해당 사건에 관련된 사람과 호송 차량의 좌석을 분리하는 등의 방법으로 서로 접촉하지 못하게 하여야 한다.

제82조 사복착용

[미결수용자는 수사·재판·국정감사 또는 법률로 정하는 조사에 참석할 때에는 사복을 착용할 수 있다. 다만, 소장은 도주우려가 크거나 특히 부적당한 사유가 있다고 인정하면 교정시설에서 지급하는 의류를 입게 할 수 있다.

관련판례

[1] 미결수용자가 수감되어 있는 동안 구치소 등 수용시설 안에서 사복을 입지 못하게 하고 재소자용 의류를 입게 한 행위로 인하여 기본권침해가 있는지 여부(소극)

구치소 등 수용시설 안에서는 재소자용 의류를 입더라도 일반인의 눈에 띄지 않고, 수사 또는 재판에서 변해·방어권을 행사하는데 지장을 주는 것도 아닌 반면에, 미결수용자에게 사복을 입도록 하면 의복의 수선이나 세탁 및 계절에 따라 의복을 바꾸는 과정에서 증거인멸 또는 도주를 기도하거나 흉기, 담배, 약품 등 소지금지품이 반입될 염려 등이 있으므로 미결수용자에게 시설 안에서 재소자용 의류를 입게 하는 것은 구금 목적의 달성, 시설의 규율과 안전 유지를 위한 필요최소한의 제한으로서 정당성·합리성을 갖춘 재량의 범위 내의 조치이다(헌재 1999.5.27. 97헌마137). [2013. 7급]

[2] 미결수용자가 수감되어 있는 동안 수사 또는 재판을 받을 때에도 사복을 입지 못하게 하고 재소자용 의류를 입게 한 행위로 인하여 기본권침해가 있는지 여부(적극)

수사 및 재판단계에서 유죄가 확정되지 아니한 미결수용자에게 재소자용 의류를 입게 하는 것은 미결수용자로 하여금 모욕감이나 수치심을 느끼게 하고, 심리적인 위축으로 방어권을 제대로 행사할 수 없게 하여 실체적 진실의 발견을 저해할 우려가 있으므로, 도주 방지 등 어떠한 이유를 내세우더라도 그 제한은 정당화될 수 없어 헌법 제37조 제2항의 기본권 제한에서의 비례원칙에 위반되는 것으로서, 무죄추정의 원칙에 반하고 인간으로서의 존엄과 가치에서 유래하는 인격권과 행복추구권, 공정한 재판을 받을 권리를 침해하는 것이다(헌재 1999.5.27. 97헌마137).

[3] 외부 재판에 출정할 때 운동화를 착용하게 해달라는 청구인의 신청에 대한 교도소장의 불허행위가 청구인의 인격권과 행복추구권을 침해한 것인지 여부(소극)

이 사건 운동화착용불허행위는 시설 바깥으로의 외출이라는 기회를 이용한 도주를 예방하기 위한 것으로서 그 목적이 정당하고, 위와 같은 목적을 달성하기 위한 적합한 수단이라 할 것이다. 또한 신발의 종류를 제한하는 것에 불과하여 법익침해의 최소성과 균형성도 갖추었다 할 것이므로, 이 사건 운동화착용불허행위가 기본권제한에 있어서의 과잉금지원칙에 반하여 청구인의 인격권과 행복추구권을 침해하였다고 볼 수 없다(헌재 2011.2.24. 2009헌마209).

제83조 이발

미결수용자의 머리카락과 수염은 특히 필요한 경우가 아니면 본인의 의사에 반하여 짧게 깎지 못한다.

제84조 변호인과의 접견 및 편지수수

① 제41조 제4항(접견내용의 청취·기록·녹음 또는 녹화)에도 불구하고 미결수용자와 변호인과의 접견에는 교도관이 참여하지 못하며 그 내용을 청취 또는 녹취하지 못한다. 다만, 보이는 거리에서 미결수용자를 관찰할 수 있다.
② 미결수용자와 변호인 간의 접견은 시간과 횟수를 제한하지 아니한다.
③ 제43조 제4항 단서(편지 검열사유)에도 불구하고 미결수용자와 변호인 간의 편지는 교정시설에서 상대방이 변호인임을 확인할 수 없는 경우를 제외하고는 검열할 수 없다.

시행령 ✏️

제101조 접견 횟수
미결수용자의 접견 횟수는 매일 1회로 하되, 변호인과의 접견은 그 횟수에 포함시키지 않는다.

제102조 접견의 예외
소장은 미결수용자의 처우를 위하여 특히 필요하다고 인정하면 제58조 제1항(근무시간 내 접견)에도 불구하고 접견 시간대 외에도 접견하게 할 수 있고, 변호인이 아닌 사람과 접견하는 경우에도 제58조 제2항(30분 이내의 접견) 및 제101조(매일 1회의 접견횟수)에도 불구하고 접견시간을 연장하거나 접견 횟수를 늘릴 수 있다.

제85조 조사 등에서의 특칙

소장은 미결수용자가 징벌대상자로서 조사받고 있거나 징벌집행 중인 경우에도 소송서류의 작성, 변호인과의 접견·편지수수, 그 밖의 수사 및 재판 과정에서의 권리행사를 보장하여야 한다.

제86조 작업과 교화

① 소장은 미결수용자에 대하여는 신청에 따라 교육 또는 교화프로그램을 실시하거나 작업을 부과할 수 있다.
② 제1항에 따라 미결수용자에게 교육 또는 교화프로그램을 실시하거나 작업을 부과하는 경우에는 제63조부터 제65조까지(교육, 교화프로그램, 작업의 부과) 및 제70조부터 제76조까지(집중근로에 따른 처우, 작업시간 등, 작업의 면제, 작업수입 등, 위로금·조위금, 다른 보상·배상과의 관계, 위로금·조위금을 지급받을 권리의 보호)의 규정을 준용한다.

시행령 ✏️

제103조 교육·교화와 작업
① 법 제86조 제1항(신청에 의한 교육·교화프로그램 또는 작업의 부과)의 미결수용자에 대한 교육·교화프로그램 또는 작업은 교정시설 밖에서 행하는 것은 포함하지 아니한다.
② 소장은 법 제86조 제1항에 따라 작업이 부과된 미결수용자가 작업의 취소를 요청하는 경우에는 그 미결수용자의 의사, 건강 및 교도관의 의견 등을 고려하여 작업을 취소할 수 있다.

제87조 유치장

경찰관서에 설치된 유치장은 교정시설의 미결수용실로 보아 이 법을 준용한다.

시행령

제107조 유치장 수용기간
경찰관서에 설치된 유치장에는 수형자를 30일 이상 수용할 수 없다.

제88조 준용규정

형사사건으로 수사 또는 재판을 받고 있는 수형자와 사형확정자에 대하여는 제82조(미결수용자의 사복착용), 제84조(미결수용자의 변호인과의 접견 및 편지수수) 및 제85조(미결수용자의 조사·징벌 중의 권리행사보장 특칙)를 준용한다.

시행령

제104조 도주 등 통보
소장은 미결수용자가 도주하거나 도주한 미결수용자를 체포한 경우에는 그 사실을 검사에게 통보하고, 기소된 상태인 경우에는 법원에도 지체 없이 통보하여야 한다.

제105조 사망 등 통보
소장은 미결수용자가 위독하거나 사망한 경우에는 그 사실을 검사에게 통보하고, 기소된 상태인 경우에는 법원에도 지체 없이 통보하여야 한다.

제106조 외부의사의 진찰 등
미결수용자가 「형사소송법」 제34조, 제89조 및 제209조에 따라 외부의사의 진료를 받는 경우에는 교도관이 참여하고 그 경과를 수용기록부에 기록하여야 한다.

참고자료

- **무죄추정의 원칙**: 헌법 제27조 제4항, 형사소송법 제275조의2, 형집행법 제79조
- **비교·구분**: 시행령 제99조와 시행규칙 제56조 제2항(전담요원은 외국인 미결수용자에게 소송 진행에 필요한 법률지식을 제공하는 등의 조력을 하여야 한다)
- **시행령 제100조**: 좌석을 분리(○) ➡ 공범부호 부착(×)
- 미결수용자의 사복착용은 권리이지 허가사항이 아니다.
- **변호인과의 접견교통권을 제한하는 법령규정**: 법 제84조 제3항, 시행령 제58조 제1항, 시행령 제106조
- **법 제84조 제1항 단서**: 보이는 거리에서 미결수용자를 관찰할 수 있다(○) ➡ 보이는 거리에서 변호인과 미결수용자를 관찰할 수 있다(×), 감시할 수 있다(×)
- **시행령 제103조 제2항**: 교도관의 의견(○) ➡ 의무관의 의견(×)
- **시행령 제104조**: 법무부장관에게 보고(○) - 수용자 개념에 포함되므로.
- **시행령 제105조**: 법무부장관에게 보고(×)
- **시행령 제106조**: 그 경과를 수용기록부에 기록(○) ➡ 그 경과를 검사에게 보고(×)

관련판례

[1] 변호인이 되려는 자의 피의자 접견교통권이 헌법상 기본권인지 여부(적극)

변호인 선임을 위하여 피의자·피고인(피의자 등)이 가지는 변호인이 되려는 자와의 접견교통권은 헌법상 기본권으로 보호되어야 하고, 변호인이 되려는 자의 접견교통권은 피의자 등이 변호인을 선임하여 그로부터 조력을 받을 권리를 공고히 하기 위한 것으로서, 그것이 보장되지 않으면 피의자 등이 변호인 선임을 통하여 변호인으로부터 충분한 조력을 받는다는 것이 유명무실하게 될 수밖에 없다. 이와 같이 변호인이 되려는 자의 접견교통권은 피의자 등을 조력하기 위한 핵심적인 부분으로서, 피의자 등이 가지는 헌법상의 기본권인 변호인이 되려는 자와의 접견교통권과 표리의 관계에 있다. 따라서 피의자 등이 가지는 변호인이 되려는 자의 조력을 받을 권리가 실질적으로 확보되기 위해서는 변호인이 되려는 자의 접견교통권 역시 헌법상 기본권으로서 보장되어야 한다. 그러므로 청구인이 변호인이 되려는 자의 자격으로 피의자 접견 신청을 하였음에도 이를 허용하기 위한 조치를 취하지 않은 검사의 행위는 헌법상 기본권인 청구인의 접견교통권을 침해하였다(헌재 2019.2.28. 2015헌마1204).

> ※ 이 판례로 인해 헌법상 변호인과의 접견교통권은 피의자·피고인에게만 한정되는 신체의 자유에 관한 기본권이고, 변호인 자신의 피의자·피고인과의 접견교통권은 헌법상의 권리라고 볼 수 없으며, 단지 형사소송법 제34조에 의하여 비로소 보장되는 권리에 불과하다는 판례는(헌재 1991.7.8. 89헌마181) 폐기될 것으로 예상된다.
> ※ 헌재가 변경 또는 폐기 결정을 하지 않았기 때문에 두 개(89헌마181와 2015헌마1204)의 판례가 공존하고 있는 상태임.

[2] 미결수용자의 가족이 미결수용자와 접견하는 것 역시 헌법 제10조가 보장하고 있는 인간으로서의 존엄과 가치 및 행복추구권 가운데 포함되는 헌법상의 기본권이라고 보아야 할 것이다(헌재 2003.11.27. 2002헌마193).

[3] 임의동행된 피의자 또는 피내사자에게도 변호인과의 접견교통권이 인정되는지의 여부(적극)

임의동행의 형식으로 수사기관에 연행된 피의자에게도 변호인 또는 변호인이 되려는 자와의 접견교통권은 당연히 인정된다고 보아야 하고 임의동행의 형식으로 연행된 피내사자의 경우에도 이는 마찬가지이다(대법원 1996.6.3. 96모18).

[4] 형집행중에 있는 수형자에 대하여도 변호인과의 접견교통권이 인정되는지의 여부

형사절차가 종료되어 교정시설에 수용중인 수형자는 원칙적으로 변호인의 조력을 받을 권리의 주체가 될 수 없다(헌재 1998.8.27. 96헌마398).

[5] (피고인의)변호인과의 자유로운 접견은 신체구속을 당한 사람에게 보장된 변호인의 조력을 받을 권리의 가장 중요한 내용이어서 (법령에 근거가 없는 한)국가안전보장, 질서유지, 공공복리 등 어떠한 명분으로도 제한될 수 있는 성질의 것이 아니다(헌재 1992.1.28. 91헌마111).

[6] 변호인 접견시 교도관 참여의 위헌 여부(적극)

미결수용자의 변호인 접견 시 교도관이 참여할 수 있도록 한 것은 신체구속을 당한 미결수용자에게 보장된 변호인의 조력을 받을 권리를 침해하는 것이어서 헌법에 위반된다(헌재 1992.1.28. 91헌마111). [2010. 9급] 총 2회 기출

[7] 미결수용자의 변호인 접견권에 대한 제한가능성

헌법재판소가 91헌마111 결정에서 미결수용자와 변호인과의 접견에 대해 어떠한 명분으로도 제한할 수 없다고 한 것은 구속된 자와 변호인 간의 접견이 실제로 이루어지는 경우에 있어서의 자유로운 접견, 즉 대화내용에 대하여 비밀이 완전히 보장되고 어떠한 제한, 영향, 압력 또는 부당한 간섭 없이 자유롭게 대화할 수 있는 접견을 제한할 수 없다는 것이지, 변호인과의 접견 자체에 대해 아무런 제한도 가할 수 없다는 것을 의미하는 것이 아니므로 미결수용자의 변호인 접견권 역시 국가안전보장·질서유지 또는 공공복리를 위해 필요한 경우에는 법률로써 제한될 수 있음은 당연하다(헌재 2011.5.26. 2009헌마341). [2017. 9급]

[8] 형집행법 제41조 제4항에서 접견의 횟수·시간·장소·방법 및 접견내용의 청취·기록·녹음·녹화 등에 관하여 필요한 사항은 대통령령으로 정한다고 하여 수용자의 접견 시간 등에 관하여 필요한 사항을 대통령령에 위임하면서도 제84조 제2항에서 미결수용자와 변호인 간의 접견은 시간과 횟수를 제한하지 아니한다고 규정한 것의 의미

형집행법 제84조 제2항에 의해 금지되는 접견시간 제한의 의미는 접견에 관한 일체의 시간적 제한이 금지된다는 것으로 볼 수는 없고, 수용자와 변호인의 접견이 현실적으로 실시되는 경우, 그 접견이 미결수용자와 변호인의 접견인 때에는 미결수용자의 방어권 행사로서의 중요성을 감안하여 자유롭고 충분한 변호인의 조력을 보장하기 위해 접견 시간을 양적으로 제한하지 못한다는 의미로 이해하는 것이 타당하므로, 수용자의 접견이 이루어지는 일반적인 시간대를 대통령령으로 규정하는 것은 가능하다(헌재 2011.5.26. 2009헌마341).

[9] 신체구속을 당한 피고인 또는 피의자가 범하였다고 의심받는 범죄행위에 자신의 변호인이 관련되었다는 사정만으로 그 변호인과의 접견교통을 금지할 수 있는지 여부(소극)

변호인의 접견교통의 상대방인 신체구속을 당한 사람이 그 변호인을 자신의 범죄행위에 공범으로 가담시키려고 하였다는 등의 사정만으로 그 변호인의 신체구속을 당한 사람과의 접견교통을 금지하는 것이 정당화될 수는 없다. 이러한 법리는 신체구속을 당한 사람의 변호인이 1명이 아니라 여러 명이라고 하여 달라질 수 없고, 어느 변호인의 접견교통권의 행사가 그 한계를 일탈한 것인지의 여부는 해당 변호인을 기준으로 하여 개별적으로 판단하여야 할 것이다(대법원 2007.1.31. 2006모656).

[10] 공휴일이라는 이유로 변호인과의 접견이 불허되었으나 그 후 충분히 접견이 이루어진 경우, 변호인의 조력을 받을 권리가 침해된 것인지의 여부(소극)

불구속 상태에서 재판을 받은 후 선고기일에 출석하지 않아 구속된 피고인을, 국선변호인이 접견하고자 하였으나 공휴일이라는 이유로 접견이 불허되었으나 그로부터 이틀 후 접견이 이루어지고, 다시 그로부터 열흘 넘게 지난 후 공판이 이루어진 경우 피고인의 변호인의 조력을 받을 권리를 침해했다고 할 수 없다(헌재 2011.5.26. 2009헌마341).

[11] 법정 옆 피고인 대기실에서 재판대기중인 피고인이 공판을 앞두고 호송교도관에게 변호인 접견을 신청하였으나, 교도관이 이를 허용하지 아니한 것이 피고인의 변호인의 조력을 받을 권리를 침해한 것인지 여부(소극)

구속피고인 변호인 면접·교섭권은 독자적으로 존재하는 것이 아니라 국가형벌권의 적정한 행사와 피고인의 인권 보호라는 형사소송절차의 전체적인 체계 안에서 의미를 갖고 있는 것이다. 따라서 구속피고인의 변호인 면접·교섭권은 최대한 보장되어야 하지만, 형사소송절차의 위와 같은 목적을 구현하기 위하여 제한될 수 있다. 다만, 이 경우에도 그 제한은 엄격한 비례의 원칙에 따라야 하고, 시간·장소·방법 등 일반적 기준에 따라 중립적이어야 한다.

청구인의 면담 요구는 구속피고인의 변호인과의 면접·교섭권으로서 현실적으로 보장할 수 있는 한계 범위 밖이라고 아니할 수 없다. 따라서 청구인의 변호인 면담 요구를 받아들이지 아니한 교도관의 접견불허행위는 청구인의 기본권을 침해하는 위헌적인 공권력의 행사라고 보기 어렵다(헌재 2009.10.29. 2007헌마992). [2018. 8급 승진]

[12] 구치소장이 변호인접견실에 CCTV를 설치하여 미결수용자와 변호인 간의 접견을 관찰한 행위(CCTV 관찰행위)가 변호인의 조력을 받을 권리를 침해하는지 여부(소극)

변호인접견실에 설치된 CCTV는 교도관이 CCTV를 통해 미결수용자와 변호인 간의 접견을 관찰하더라도 접견내용의 비밀이 침해되거나 접견교통에 방해가 되지 않도록 조치를 취하고 있는 점, 금지물품의 수수를 적발하거나 교정사고를 효과적으로 방지하고 교정사고가 발생하였을 때 신속하게 대응하기 위하여는 CCTV를 통해 관찰하는 방법 외에 더 효과적인 다른 방법을 찾기 어려운 점 등에 비추어 보면, CCTV 관찰행위는 그 목적을 달성하기 위하여 필요한 범위 내의 제한으로 침해의 최소성을 갖추었다. 따라서 CCTV 관찰행위가 청구인의 변호인의 조력을 받을 권리를 침해한다고 할 수 없다(헌재 2016.4.28. 2015헌마243). [2018. 5급 승진] 총 2회 기출

[13] 교도관이 미결수용자와 변호인 간에 주고받는 서류를 확인하고, 소송관계서류처리부에 그 제목을 기재하여 등재한 행위(서류 확인 및 등재행위)가 변호인의 조력을 받을 권리를 침해하는지 여부(소극)

서류확인 및 등재는 변호인 접견이 종료된 뒤 이루어지고, 교도관은 변호인과 미결수용자가 지켜보는 가운데 서류를 확인하여 그 제목 등을 소송관계처리부에 기재하여 등재하므로 내용에 대한 검열이 이루어질 수도 없는 점에 비추어 보면 침해의 최소성 요건을 갖추었다. 따라서 서류 확인 및 등재행위는 청구인의 변호인의 조력을 받을 권리를 침해한다고 할 수 없다(헌재 2016.4.28. 2015헌마243).

관련판례 ✦

[1] 미결수용자를 다른 수용시설로 이송하기 위한 요건

미결수용자를 수용하고 있는 교도소장 등은 형집행법에 근거하여 미결수용자의 수용이나 처우상 특히 필요하다고 인정할 때에는 법무부장관의 승인을 얻어 미결수용자를 다른 수용시설로 이송할 수 있다고 보아야 할 것이며, 다만 미결수용자의 특성상 작업이나 교화 등의 필요를 이유로 미결수용자를 다른 수용시설로 이송할 수는 없으며, 또 교도소의 수용능력이 부족하다는 사유만으로 이송처분이 적법한 것이라고 단정할 수는 없다(대법원 1992.8.7. 92두30).

[2] 사법경찰관이 경찰서 유치장에 수용된 피의자에 대한 변호인의 수진권행사에 의무관의 참여를 요구한 것이 변호인의 수진권을 침해하는 위법한 처분인지 여부(소극)

경찰서 유치장은 미결수용실에 준하는 것이어서 그 곳에 수용된 피의자에 대하여는 형집행법 및 그 시행령이 적용된다. 국가정보원 사법경찰관이 경찰서 유치장에 구금되어 있던 피의자에 대하여 의사의 진료를 받게 할 것을 신청한 변호인에게 국가정보원이 추천하는 의사의 참여를 요구한 것은 형집행법 시행령에 근거한 것으로서 적법하고, 이를 가리켜 변호인의 수진권을 침해하는 위법한 처분이라고 할 수는 없다(대법원 2002.5.6. 2000모112).

[3] 경찰서 대용감방에 배치된 경찰관 등으로서는 감방 내의 상황을 잘 살펴 수감자들 사이에서 폭력행위 등이 일어나지 않도록 예방하고 나아가 폭력행위 등이 일어난 경우에는 이를 제지하여야 할 의무가 있음에도 불구하고 이러한 주의의무를 게을리 하였다면 국가는 감방 내의 폭력행위로 인한 손해를 배상할 책임이 있다(대법원 1993.9.28. 93다17546).

[4] 밀폐시설이 불충분하여 사용과정에서 신체부위가 다른 유치인들 및 경찰관들에게 관찰될 수 있고 냄새가 유출되는 유치실 내 화장실을 사용하도록 강제한 것은 인간의 존엄과 가치로부터 유래하는 인격권을 침해하는 정도에 이르렀다고 판단된다(헌재 2001.7.19. 2000헌마546).

[5] 구치소장이 구치소 내에서 실시하는 종교의식 또는 행사에 미결수용자인 청구인의 참석을 금지한 행위는 과잉금지원칙을 위반하여 청구인의 종교의 자유를 침해하였다(헌재 2011.12.29. 2009헌마527).

[6] 원칙적으로 미결수용자에게 종교집회 참석 기회를 보장하더라도 실제 참석 기회가 지나치게 적은 것 역시 종교의 자유를 침해하는 것이다(헌재 2014.6.26. 2012헌마782).

[7] 형법 제57조 제1항의 일부에 대한 헌법재판소의 위헌결정에 따라 판결에서 별도로 '판결선고 전 미결구금일수 산입에 관한 사항'을 판단할 필요가 없어졌는지 여부(적극)

형법 제57조 제1항 중 "또는 일부" 부분은 헌법재판소 2009.6.25. 2007헌바25 사건의 위헌결정으로 효력이 상실되었다. 그리하여 판결선고 전 미결구금일수는 그 전부가 법률상 당연히 본형에 산입하게 되었으므로, 판결에서 별도로 미결구금일수 산입에 관한 사항을 판단할 필요가 없다고 할 것이다(대법원 2009.12.10. 2009도11448). [2017. 9급]
총 2회 기출

제10장 사형확정자

제89조 사형확정자의 수용

① 사형확정자는 독거수용한다. 다만, 자살방지, 교육·교화프로그램, 작업, 그 밖의 적절한 처우를 위하여 필요한 경우에는 법무부령으로 정하는 바에 따라 혼거수용할 수 있다.
② 사형확정자가 수용된 거실은 참관할 수 없다.

시행령

제108조 사형확정자 수용시설의 설비 및 계호의 정도
사형확정자를 수용하는 시설의 설비 및 계호의 정도는 법 제57조 제2항 제3호의 일반경비시설 또는 같은 항 제4호의 중경비시설에 준한다.

제109조 접견 횟수
사형확정자의 접견 횟수는 매월 4회로 한다.

제110조 접견의 예외
소장은 제58조 제1항(근무시간 내 접견)·제2항(30분 이내의 접견) 및 제109조(매월 4회의 접견횟수)에도 불구하고 사형확정자의 교화나 심리적 안정을 도모하기 위하여 특히 필요하다고 인정하면 접견 시간대 외에도 접견을 하게 할 수 있고 접견시간을 연장하거나 접견 횟수를 늘릴 수 있다.

시행규칙

제150조 구분수용 등
① 사형확정자는 사형집행시설이 설치되어 있는 교정시설에 수용하되, 다음 각 호와 같이 구분하여 수용한다. 다만, 수용관리 또는 처우상 필요한 경우에는 사형집행시설이 설치되지 않은 교정시설에 수용할 수 있다.

1. 교도소	교도소 수용 중 사형이 확정된 사람, 교도소에서 교육·교화프로그램 또는 신청에 따른 작업을 실시할 필요가 있다고 인정되는 사람
2. 구치소	구치소 수용 중 사형이 확정된 사람, 교도소에서 교육·교화프로그램 또는 신청에 따른 작업을 실시할 필요가 없다고 인정되는 사람

② 사형확정자의 심리적 안정 도모 또는 교정시설의 안전과 질서유지를 위하여 특히 필요하다고 인정하는 경우에는 제1항 각 호에도 불구하고 교도소에 수용할 사형확정자를 구치소에 수용할 수 있고, 구치소에 수용할 사형확정자를 교도소에 수용할 수 있다.
③ 사형확정자와 소년수용자를 같은 교정시설에 수용하는 경우에는 서로 분리하여 수용한다.
④ 소장은 사형확정자의 자살·도주 등의 사고를 방지하기 위하여 필요한 경우에는 사형확정자와 미결수용자를 혼거수용할 수 있고, 사형확정자의 교육·교화프로그램, 작업 등의 적절한 처우를 위하여 필요한 경우에는 사형확정자와 수형자를 혼거수용할 수 있다.
⑤ 사형확정자의 번호표 및 거실표의 색상은 붉은색으로 한다.

제151조 이송
소장은 사형확정자의 교육·교화프로그램, 작업 등을 위하여 필요하거나 교정시설의 안전과 질서유지를 위하여 특히 필요하다고 인정하는 경우에는 법무부장관의 승인을 받아 사형확정자를 다른 교정시설로 이송할 수 있다.

제90조 개인상담 등

① 소장은 사형확정자의 심리적 안정 및 원만한 수용생활을 위하여 교육 또는 교화프로그램을 실시하거나 신청에 따라 작업을 부과할 수 있다.
② 사형확정자에 대한 교육·교화프로그램, 작업, 그 밖의 처우에 필요한 사항은 법무부령으로 정한다.

시행규칙

제152조 상담

① 소장은 사형확정자의 심리적 안정 및 원만한 수용생활을 위하여 소속 교도관으로 하여금 지속적인 상담을 하게 하여야 한다.
② 제1항의 사형확정자에 대한 상담시기, 상담책임자 지정, 상담결과 처리절차 등에 관하여는 제196조(엄중관리대상자의 지속적인 상담)를 준용한다.

제153조 작업

① 소장은 사형확정자가 작업을 신청하면 교도관회의의 심의를 거쳐 교정시설 안에서 실시하는 작업을 부과할 수 있다. 이 경우 부과하는 작업은 심리적 안정과 원만한 수용생활을 도모하는 데 적합한 것이어야 한다.
② 소장은 작업이 부과된 사형확정자에 대하여 교도관회의의 심의를 거쳐 제150조 제4항(번호표 및 거실표의 색상 붉은색)을 적용하지 아니할 수 있다.
③ 소장은 작업이 부과된 사형확정자가 작업의 취소를 요청하면 사형확정자의 의사·건강, 담당교도관의 의견 등을 고려하여 작업을 취소할 수 있다.
④ 사형확정자에게 작업을 부과하는 경우에는 법 제71조부터 제76조까지(작업시간 등, 작업의 면제, 작업수입 등, 위로금·조위금, 다른 보상·배상과의 관계, 위로금·조위금을 지급받을 권리의 보호)의 규정 및 이 규칙 제200조(수용자를 대표하는 직책 부여 금지)를 준용한다.

제154조 교화프로그램

소장은 사형확정자에 대하여 심리상담, 종교상담, 심리치료 등의 교화프로그램을 실시하는 경우에는 전문가에 의하여 집중적이고 지속적으로 이루어질 수 있도록 계획을 수립·시행하여야 한다.

제155조 전담교정시설 수용

사형확정자에 대한 교육·교화프로그램, 작업 등의 처우를 위하여 법무부장관이 정하는 전담교정시설에 수용할 수 있다.

제156조 전화통화

소장은 사형확정자의 심리적 안정과 원만한 수용생활을 위하여 필요하다고 인정하는 경우에는 월 3회 이내의 범위에서 전화통화를 허가할 수 있다.

제91조 사형의 집행

① 사형은 교정시설의 사형장에서 집행한다.
② 공휴일과 토요일에는 사형을 집행하지 아니한다.

시행령

제111조 사형집행 후의 검시

소장은 사형을 집행하였을 경우에는 시신을 검사한 후 5분이 지나지 아니하면 교수형에 사용한 줄을 풀지 못한다.

제88조 준용규정

형사사건으로 수사 또는 재판을 받고 있는 사형확정자에 대하여는 제82조(미결수용자의 사복착용), 제84조 (미결수용자의 변호인과의 접견 및 편지수수) 및 법 제85조(미결수용자의 조사·징벌 중의 권리행사 보장 특칙)를 준용한다.

🔖 참고자료 형사사건으로 수사 또는 재판을 받고 있는 사형확정자에 대한 준용규정(법 제88조)

1. **사복착용**
   형사사건으로 수사 또는 재판을 받고 있는 사형확정자는 수사·재판·국정감사 또는 법률로 정하는 조사에 참석할 때에는 사복을 착용할 수 있다. 다만, 소장은 도주우려가 크거나 특히 부적당한 사유가 있다고 인정하면 교정시설에서 지급하는 의류를 입게 할 수 있다.

2. **변호인과의 접견 및 편지수수**
   ① 형사사건으로 수사 또는 재판을 받고 있는 사형확정자와 변호인과의 접견에는 교도관이 참여하지 못하며 그 내용을 청취 또는 녹취하지 못한다. 다만, 보이는 거리에서 사형확정자를 관찰할 수 있다.
   ② 형사사건으로 수사 또는 재판을 받고 있는 사형확정자와 변호인 간의 접견은 시간과 횟수를 제한하지 아니한다.
   ③ 형사사건으로 수사 또는 재판을 받고 있는 사형확정자와 변호인 간의 편지는 교정시설에서 상대방이 변호인임을 확인할 수 없는 경우를 제외하고는 검열할 수 없다.

3. **조사 등에서의 특칙**
   소장은 형사사건으로 수사 또는 재판을 받고 있는 사형확정자가 징벌대상자로서 조사받고 있거나 징벌집행 중인 경우에도 소송서류의 작성, 변호인과의 접견·편지수수, 그 밖의 수사 및 재판 과정에서의 권리행사를 보장하여야 한다.

> **참고자료** **형사소송법상 사형 관련규정**

사형의 집행(제463조)

사형은 법무부장관의 명령에 의하여 집행한다.

사형판결확정과 소송기록의 제출(제464조)

사형을 선고한 판결이 확정한 때에는 검사는 지체 없이 소송기록을 법무부장관에게 제출하여야 한다.

사형집행명령의 시기(제465조)

① 사형집행의 명령은 판결이 확정된 날로부터 6월 이내에 하여야 한다.

② 상소권회복의 청구, 재심의 청구 또는 비상상고의 신청이 있는 때에는 그 절차가 종료할 때까지의 기간은 전항의 기간에 산입하지 아니한다.

사형집행의 기간(제466조)

법무부장관이 사형의 집행을 명한 때에는 5일 이내에 집행하여야 한다.

사형집행의 참여(제467조)

① 사형의 집행에는 검사와 검찰청서기관과 교도소장 또는 구치소장이나 그 대리자가 참여하여야 한다.

② 검사 또는 교도소장 또는 구치소장의 허가가 없으면 누구든지 형의 집행장소에 들어가지 못한다.

사형집행조서(제468조)

사형의 집행에 참여한 검찰청서기관은 집행조서를 작성하고 검사와 교도소장 또는 구치소장이나 그 대리자와 함께 기명날인 또는 서명하여야 한다.

사형집행의 정지(제469조)

① 사형선고를 받은 사람이 심신의 장애로 의사능력이 없는 상태이거나 임신 중인 여자인 때에는 법무부장관의 명령으로 집행을 정지한다.

② 제1항에 따라 형의 집행을 정지한 경우에는 심신장애의 회복 또는 출산 후에 법무부장관의 명령에 의하여 형을 집행한다.

사형판결 확정	사형 판결이 확정된 때에는 검사는 지체 없이 소송기록을 법무부장관에게 제출(형사소송법 제464조)

⇩

사형집행명령 시기	• 사형은 법무부장관의 명령에 의하여 집행(동법 제463조) • 사형집행의 명령은 판결이 확정된 날로부터 6월 이내(동법 제465조 제1항)

⇩

사형집행 기간	법무부장관이 사형의 집행을 명한 때에는 5일 이내에 집행(동법 제466조)

⇩

사형집행 참여	검사·검찰청서기관, 교도소장(구치소장)이나 그 대리자(동법 제467조)

⇩

사형집행조서·검시	• 사형의 집행에 참여한 검찰청서기관은 집행조서를 작성(동법 제468조) • 소장은 사형을 집행하였을 경우에는 시신을 검사한 후 5분이 지나지 아니하면 교수형에 사용한 줄을 풀지 못한다(형집행법 시행령 제111조).

관련판례 🔍

사형제도가 헌법 제37조 제2항에 위반하여 생명권을 침해하는지 여부(소극)

사형은 일반국민에 대한 심리적 위하를 통하여 범죄의 발생을 예방하며 극악한 범죄에 대한 정당한 응보를 통하여 정의를 실현하고, 당해 범죄인의 재범 가능성을 영구히 차단함으로써 사회를 방어하려는 것으로 그 입법목적은 정당하고, 가장 무거운 형벌인 사형은 입법목적의 달성을 위한 적합한 수단이다.

한편, 오판가능성은 사법제도의 숙명적 한계이지 사형이라는 형벌제도 자체의 문제로 볼 수 없으며 심급제도, 재심제도 등의 제도적 장치 및 그에 대한 개선을 통하여 해결할 문제이지, 오판가능성을 이유로 사형이라는 형벌의 부과 자체가 위헌이라고 할 수는 없다.

사형제도에 의하여 달성되는 범죄예방을 통한 무고한 일반국민의 생명 보호 등 중대한 공익의 보호와 정의의 실현 및 사회방위라는 공익은 사형제도로 발생하는 극악한 범죄를 저지른 자의 생명권이라는 사익보다 결코 작다고 볼 수 없을 뿐만 아니라, 다수의 인명을 잔혹하게 살해하는 등의 극악한 범죄에 대하여 한정적으로 부과되는 사형이 그 범죄의 잔혹함에 비하여 과도한 형벌이라고 볼 수 없으므로, 사형제도는 법익균형성원칙에 위배되지 아니한다(헌재 2010. 2. 25. 2008헌가23).

※ 합헌 결정: 헌재 2010. 2. 25. 2008헌가23 同旨 헌재 1996. 11. 28. 95헌바1 同旨 대법원 1991. 2. 26. 90도2906 同旨 대법원 1987. 9. 8. 87도1458

제11장 안전과 질서

제92조 금지물품

① 수용자는 다음 각 호의 물품을 지녀서는 아니 된다.
  1. 마약·총기·도검·폭발물·흉기·독극물, 그 밖에 범죄의 도구로 이용될 우려가 있는 물품
  2. 무인비행장치, 전자·통신기기, 그 밖에 도주나 다른 사람과의 연락에 이용될 우려가 있는 물품
  3. 주류·담배·화기·현금·수표, 그 밖에 시설의 안전 또는 질서를 해칠 우려가 있는 물품
  4. 음란물, 사행행위에 사용되는 물품, 그 밖에 수형자의 교화 또는 건전한 사회복귀를 해칠 우려가 있는 물품
② 제1항에도 불구하고 소장이 수용자의 처우를 위하여 허가하는 경우에는 제1항 제2호의 물품을 지닐 수 있다.

제93조 신체검사 등

① 교도관은 시설의 안전과 질서유지를 위하여 필요하면 수용자의 신체·의류·휴대품·거실 및 작업장 등을 검사할 수 있다.

② 수용자의 신체를 검사하는 경우에는 불필요한 고통이나 수치심을 느끼지 아니하도록 유의하여야 하며, 특히 신체를 면밀하게 검사할 필요가 있으면 다른 수용자가 볼 수 없는 차단된 장소에서 하여야 한다.

③ 교도관은 시설의 안전과 질서유지를 위하여 필요하면 교정시설을 출입하는 수용자 외의 사람에 대하여 의류와 휴대품을 검사할 수 있다. 이 경우 출입자가 제92조의 금지물품을 지니고 있으면 교정시설에 맡기도록 하여야 하며, 이에 따르지 아니하면 출입을 금지할 수 있다.

④ 여성의 신체·의류 및 휴대품에 대한 검사는 여성교도관이 하여야 한다.

⑤ 소장은 제1항에 따라 검사한 결과 제92조의 금지물품이 발견되면 형사 법령으로 정하는 절차에 따라 처리할 물품을 제외하고는 수용자에게 알린 후 폐기한다. 다만, 폐기하는 것이 부적당한 물품은 교정시설에 보관하거나 수용자로 하여금 자신이 지정하는 사람에게 보내게 할 수 있다.

시행령

제112조 거실 등에 대한 검사

소장은 교도관에게 수용자의 거실, 작업장, 그 밖에 수용자가 생활하는 장소(이하 이 조에서 "거실 등"이라 한다)를 정기적으로 검사하게 하여야 한다. 다만, 법 제92조의 금지물품을 숨기고 있다고 의심되는 수용자와 법 제104조 제1항의 마약류사범·조직폭력사범 등 법무부령으로 정하는 수용자의 거실 등은 수시로 검사하게 할 수 있다.

제113조 신체 등에 대한 검사

소장은 교도관에게 작업장이나 실외에서 수용자거실로 돌아오는 수용자의 신체·의류 및 휴대품을 검사하게 하여야 한다. 다만, 교정성적 등을 고려하여 그 검사가 필요하지 아니하다고 인정되는 경우에는 예외로 할 수 있다.

제114조 검사장비의 이용

교도관은 법 제93조에 따른 검사를 위하여 탐지견, 금속탐지기, 그 밖의 장비를 이용할 수 있다.

제115조 외부인의 출입

① 교도관 외의 사람은 「국가공무원 복무규정」 제9조에 따른 근무시간 외에는 소장의 허가 없이 교정시설에 출입하지 못한다.

② 소장은 외부인의 교정시설 출입에 관한 사무를 수행하기 위하여 불가피한 경우 「개인정보 보호법 시행령」 제19조에 따른 주민등록번호, 여권번호, 운전면허의 면허번호 또는 외국인등록번호가 포함된 자료를 처리할 수 있다.

제116조 외부와의 차단

① 교정시설의 바깥문, 출입구, 거실, 작업장, 그 밖에 수용자를 수용하고 있는 장소는 외부와 차단하여야 한다. 다만, 필요에 따라 일시 개방하는 경우에는 그 장소를 경비하여야 한다.

② 교도관은 접견·상담·진료, 그 밖에 수용자의 처우를 위하여 필요한 경우가 아니면 수용자와 외부인이 접촉하게 해서는 아니 된다.

제117조 거실 개문 등 제한

교도관은 수사·재판·운동·접견·진료 등 수용자의 처우 또는 자살방지, 화재진압 등 교정시설의 안전과 질서유지를 위하여 필요한 경우가 아니면 수용자거실의 문을 열거나 수용자를 거실 밖으로 나오게 해서는 아니 된다.

제118조 장애물 방치 금지

교정시설의 구내에는 시야를 가리거나 그 밖에 계호상 장애가 되는 물건을 두어서는 아니 된다.

관련판례 ★

[1] 교도소장이 수용자가 없는 상태에서 실시한 거실 및 작업장 검사행위가 수용자의 사생활의 비밀 및 자유를 침해하는 지 여부(소극) **및 적법절차원칙에 위배되는지 여부**(소극)

이 사건 검사행위는 교도소의 안전과 질서를 유지하고, 수형자의 교화·개선에 지장을 초래할 수 있는 물품을 차단 하기 위한 것으로서 그 목적이 정당하고, 수단도 적절하며, 검사의 실효성을 확보하기 위한 최소한의 조치로 보이 고, 달리 덜 제한적인 대체수단을 찾기 어려운 점 등에 비추어 보면 이 사건 검사행위가 과잉금지원칙에 위배하여 사생활의 비밀 및 자유를 침해하였다고 할 수 없고, 이 사건 검사행위가 추구하는 목적의 중대성, 검사행위의 불가피 성과 은밀성이 요구되는 특성, 이에 비하여 수형자의 부담이 크지 아니하는 점, 수형자의 이의나 불복이 있을 경우 그 구제를 위해 일정한 절차적 장치를 두고 있는 점 등을 종합해 볼 때 이 사건 검사행위는 적법절차원칙에 위배되지 아니한다(헌재 2011.10.25. 2009헌마691). [2018. 8급 승진] 총 2회 기출

[2] 피청구인이 청구인들로 하여금 경찰관에게 등을 보인 채 상의를 속옷과 함께 겨드랑이까지 올리고 하의를 속옷과 함께 무릎까지 내린 상태에서 3회에 걸쳐 앉았다 일어서게 하는 방법으로 실시한 정밀신체수색은 인간의 존엄과 가치로부터 유래하는 인격권 및 신체의 자유를 침해하는 정도에 이르렀다고 판단된다(헌재 2002.7.18. 2000헌마327).

[3] 수용자들이 공직선거 및 선거부정방지법상 배포가 금지된 인쇄물을 배포한 혐의로 현행범으로 체포된 여자들로서, 체포될 당시 신체의 은밀한 부위에 흉기 등 반입 또는 소지가 금지되어 있는 물품을 은닉하고 있었을 가능성은 극히 낮았다고 할 것이고, 그 후 변호인 접견시 변호인이나 다른 피의자들로부터 흉기 등을 건네 받을 수도 있었다고 의심 할 만한 상황이 발생하였기는 하나, 변호인 접견절차 및 접견실의 구조 등에 비추어, 가사 수용자들이 흉기 등을 건네받았다고 하더라도 유치장에 다시 수감되기 전에 이를 신체의 은밀한 부위에 은닉할 수 있었을 가능성은 극히 낮다고 할 것이어서, 신체검사 당시 다른 방법으로는 은닉한 물품을 찾아내기 어렵다고 볼 만한 합리적인 이유가 있었다고 할 수 없으므로, 수용자들의 옷을 전부 벗긴 상태에서 앉았다 일어서기를 반복하게 한 신체검사는 그 한계 를 일탈한 위법한 것이다(대법원 2001.10.26. 2001다51466). [2017. 5급 승진]

[4] 수용자를 교정시설에 수용할 때마다 전자영상 검사기를 이용하여 수용자의 항문 부위에 대한 신체검사를 하는 것이 수용자의 인격권 등을 침해하는지 여부(소극)

이 사건 신체검사는 교정시설의 안전과 질서를 유지하기 위한 것으로 그 목적이 정당하고, 항문 부위에 대한 금지물 품의 은닉여부를 효과적으로 확인할 수 있는 적합한 검사방법으로 그 수단이 적절하다. 교정시설을 이감·수용할 때마다 전자영상 신체검사를 실시하는 것은, 수용자가 금지물품을 취득하여 소지·은닉하고 있을 가능성을 배제할 수 없고, 외부관찰 등의 방법으로는 쉽게 확인할 수 없기 때문이다. 이 사건 신체검사는 필요한 최소한도를 벗어나 과잉금지원칙에 위배되어 청구인의 인격권 내지 신체의 자유를 침해한다고 볼 수 없다(헌재 2011.5.26. 2010헌마775).
[2018. 8급 승진] 총 2회 기출

[5] 교도소장이 교도소 독거실 내 화장실 창문과 철격자 사이에 안전 철망을 설치한 행위가 청구인의 환경권, 인격권 등 기본권을 침해하는지 여부(소극)

교정시설 내 자살사고는 수용자 본인이 생명을 잃는 중대한 결과를 초래할 뿐만 아니라 다른 수용자들에게도 직접적 으로 부정적인 영향을 미치고 나아가 교정시설이나 교정정책 전반에 대한 불신을 야기할 수 있다는 점에서 이를 방지할 필요성이 매우 크고, 그에 비해 청구인에게 가해지는 불이익은 채광·통풍이 다소 제한되는 정도에 불과하다. 따라서 이 사건 설치행위는 청구인의 환경권 등 기본권을 침해하지 아니한다(헌재 2014.6.26. 2011헌마150). [2021. 5급 승진] 총 2회 기출

[6] 교정시설 소장에 의하여 허용된 범위를 넘어 사진 또는 그림 등을 부착한 수용자에 대해 교도관이 부착물의 제거를 지시한 행위가 적법한 직무집행에 해당하는지 여부(원칙적 적극)

수용자에게 부착물의 내용, 부착의 경위 등에 비추어 교정시설의 소장에 의하여 허용된 범위를 넘은 부착 행위를 하게 된 정당한 사유가 인정되는 등의 특별한 사정이 없는 한, 교정시설의 소장에 의하여 허용된 범위를 넘어 사진 또는 그림 등을 부착한 수용자에 대하여 교도관이 부착물의 제거를 지시한 행위는 수용자가 복종하여야 할 직무상 지시로서 적법한 직무집행이라고 보아야 한다(대법원 2014.9.25. 2013도1198). [2019. 6급 승진]

[7] 수형자가 호송관서에서 출발하여 법원에 도착한 후 행정법정 방청석에서 대기하고, 행정재판을 받는 전 과정에서의 계호업무는 그 성격상 형집행법에서 말하는 호송의 개념 범위 내에 있는 업무로 보아야 한다(헌재 2018.7.26. 2017헌마1238). [2019. 6급 승진]

[8] 행정소송사건의 원고인 수용자가 행정법정 방청석에서 자신의 변론 순서가 될 때까지 대기하는 동안 그 수용자에게 재판장의 허가 없이 수갑 1개를 착용하도록 한 행위는 과잉금지원칙을 위반하여 수용자의 신체의 자유와 인격권을 침해하지 않는다(헌재 2018.7.26. 2017헌마1238). [2019. 6급 승진]

시행규칙 ✏️

제157조 교정장비의 종류
교정장비의 종류는 다음 각 호와 같다.
1. 전자장비
2. 보호장비
3. 보안장비
4. 무기

제158조 교정장비의 관리
① 소장은 교정장비의 보관 및 관리를 위하여 관리책임자와 보조자를 지정한다.
② 제1항의 관리책임자와 보조자는 교정장비가 적정한 상태로 보관·관리될 수 있도록 수시로 점검하는 등 필요한 조치를 하여야 한다.
③ 특정 장소에 고정식으로 설치되는 장비 외의 교정장비는 별도의 장소에 보관·관리하여야 한다.

제159조 교정장비 보유기준 등
교정장비의 교정시설별 보유기준 및 관리방법 등에 관하여 필요한 사항은 법무부장관이 정한다.

제94조 전자장비를 이용한 계호

① 교도관은 자살·자해·도주·폭행·손괴, 그 밖에 수용자의 생명·신체를 해하거나 시설의 안전 또는 질서를 해하는 행위(이하 "자살 등"이라 한다)를 방지하기 위하여 필요한 범위에서 전자장비를 이용하여 수용자 또는 시설을 계호할 수 있다. 다만, 전자영상장비로 거실에 있는 수용자를 계호하는 것은 자살 등의 우려가 큰 때에만 할 수 있다.
② 제1항 단서에 따라 거실에 있는 수용자를 전자영상장비로 계호하는 경우에는 계호직원·계호시간 및 계호대상 등을 기록하여야 한다. 이 경우 수용자가 여성이면 여성교도관이 계호하여야 한다.
③ 제1항 및 제2항에 따라 계호하는 경우에는 피계호자의 인권이 침해되지 아니하도록 유의하여야 한다.
④ 전자장비의 종류·설치장소·사용방법 및 녹화기록물의 관리 등에 관하여 필요한 사항은 법무부령으로 정한다.

시행규칙

제160조 전자장비의 종류

교도관이 법 제94조에 따라 수용자 또는 시설을 계호하는 경우 사용할 수 있는 전자장비는 다음 각 호와 같다.

1. 영상정보처리기기: 일정한 공간에 지속적으로 설치되어 사람 또는 사물의 영상 및 이에 따르는 음성·음향 등을 수신하거나 이를 유·무선망을 통하여 전송하는 장치
2. 전자감지기: 일정한 공간에 지속적으로 설치되어 사람 또는 사물의 움직임을 빛·온도·소리·압력 등을 이용하여 감지하고 전송하는 장치
3. 전자경보기: 전자파를 발신하고 추적하는 원리를 이용하여 사람의 위치를 확인하거나 이동경로를 탐지하는 일련의 기계적 장치
4. 물품검색기(고정식 물품검색기와 휴대식 금속탐지기로 구분한다)
5. 증거수집장비: 디지털카메라, 녹음기, 비디오카메라, 음주측정기 등 증거수집에 필요한 장비
6. 그 밖에 법무부장관이 정하는 전자장비

제161조 중앙통제실의 운영

① 소장은 전자장비의 효율적인 운용을 위하여 각종 전자장비를 통합적으로 관리할 수 있는 시스템이 설치된 중앙통제실을 설치하여 운영한다.
② 소장은 중앙통제실에 대한 외부인의 출입을 제한하여야 한다. 다만, 시찰, 참관, 그 밖에 소장이 특별히 허가한 경우에는 그러하지 아니하다.
③ 전자장비의 통합관리시스템, 중앙통제실의 운영·관리 등에 관하여 필요한 사항은 법무부장관이 정한다.

제162조 영상정보처리기기 설치

① 영상정보처리기기 카메라는 교정시설의 주벽·감시대·울타리·운동장·거실·작업장·접견실·전화실·조사실·진료실·복도·중문, 그 밖에 법 제94조 제1항(전자장비 사용요건)에 따라 전자장비를 이용하여 계호하여야 할 필요가 있는 장소에 설치한다.
② 영상정보처리기기 모니터는 중앙통제실, 수용관리팀의 사무실, 그 밖에 교도관이 계호하기에 적정한 장소에 설치한다.
③ 거실에 영상정보처리기기 카메라를 설치하는 경우에는 용변을 보는 하반신의 모습이 촬영되지 아니하도록 카메라의 각도를 한정하거나 화장실 차폐시설을 설치하여야 한다.

제163조 거실수용자 계호

① 교도관이 법 제94조 제1항(전자장비 사용요건)에 따라 거실에 있는 수용자를 계호하는 경우에는 별지 제9호 서식의 거실수용자 영상계호부에 피계호자의 인적사항 및 주요 계호내용을 개별적으로 기록하여야 한다. 다만, 중경비시설의 거실에 있는 수용자를 전자장비를 이용하여 계호하는 경우에는 중앙통제실 등에 비치된 현황표에 피계호인원 등 전체 현황만을 기록할 수 있다.
② 교도관이 법 제94조 제1항에 따라 계호하는 과정에서 수용자의 처우 및 관리에 특히 참고할만한 사항을 알게 된 경우에는 그 요지를 수용기록부에 기록하여 소장에게 지체 없이 보고하여야 한다.

제164조 전자감지기의 설치

전자감지기는 교정시설의 주벽·울타리, 그 밖에 수용자의 도주 및 외부로부터의 침입을 방지하기 위하여 필요한 장소에 설치한다.

제165조 전자경보기의 사용

교도관은 외부의료시설 입원, 이송·출정, 그 밖의 사유로 교정시설 밖에서 수용자를 계호하는 경우 보호장비나 수용자의 팔목 등에 전자경보기를 부착하여 사용할 수 있다.

제166조 물품검색기 설치 및 사용

① 고정식 물품검색기는 정문, 수용동 입구, 작업장 입구, 그 밖에 수용자 또는 교정시설을 출입하는 수용자 외의 사람에 대한 신체·의류·휴대품의 검사가 필요한 장소에 설치한다.
② 교도관이 법 제93조 제1항(수용자의 신체검사 등)에 따라 수용자의 신체·의류·휴대품을 검사하는 경우에는 특별한 사정이 없으면 고정식 물품검색기를 통과하게 한 후 휴대식 금속탐지기 또는 손으로 이를 확인한다.

③ 교도관이 법 제93조 제3항(수용자 외의 사람에 대한 의류와 휴대품 검사)에 따라 교정시설을 출입하는 수용자 외의 사람의 의류와 휴대품을 검사하는 경우에는 고정식 물품검색기를 통과하게 하거나 휴대식 금속탐지기로 이를 확인한다.

제167조 증거수집장비의 사용
교도관은 수용자가 사후에 증명이 필요하다고 인정되는 행위를 하거나 사후 증명이 필요한 상태에 있는 경우 수용자에 대하여 증거수집장비를 사용할 수 있다.

제168조 녹음·녹화 기록물의 관리
소장은 전자장비로 녹음·녹화된 기록물을 「공공기록물 관리에 관한 법률」에 따라 관리하여야 한다.

관련판례 🔨

[1] 엄중격리대상자의 수용거실에 CCTV를 설치하여 24시간 감시하는 행위가 법률유보의 원칙에 위배되어 사생활의 자유·비밀을 침해하는 것인지의 여부(소극)

이 사건 CCTV 설치행위는 형집행법 및 교도관직무규칙 등에 규정된 교도관의 계호활동 중 육안에 의한 시선계호를 CCTV 장비에 의한 시선계호로 대체한 것에 불과하므로, 이 사건 CCTV 설치행위에 대한 특별한 법적 근거가 없더라도 일반적인 계호활동을 허용하는 법률규정에 의하여 허용된다고 보아야 한다. 한편 CCTV에 의하여 감시되는 엄중격리대상자에 대하여 지속적이고 부단한 감시가 필요하고 자살·자해나 흉기 제작 등의 위험성 등을 고려하면, 제반 사정을 종합하여 볼 때 기본권 제한의 최소성 요건이나 법익균형성의 요건도 충족하고 있다(헌재 2008.5.29. 2005헌마137). [2019. 8급 승진]

[2] 구치소장이 수용자의 거실에 폐쇄회로 텔레비전(CCTV)을 설치하여 계호한 행위가 과잉금지원칙에 위배하여 수용자의 사생활의 비밀 및 자유를 침해하는지 여부(소극)

이 사건 CCTV 계호행위는 청구인의 생명·신체의 안전을 보호하기 위한 것으로서 그 목적이 정당하고, 교도관의 시선에 의한 감시만으로는 자살·자해 등의 교정사고 발생을 막는 데 시간적·공간적 공백이 있으므로 이를 메우기 위하여 CCTV를 설치하여 수형자를 상시적으로 관찰하는 것은 과잉금지원칙을 위배하여 청구인의 사생활의 비밀 및 자유를 침해하였다고는 볼 수 없다(헌재 2011.9.29. 2010헌마413). [2017. 7급] 총 2회 기출

제95조 보호실 수용

① 소장은 수용자가 다음 각 호의 어느 하나에 해당하면 의무관의 의견을 고려하여 보호실(자살 및 자해 방지 등의 설비를 갖춘 거실을 말한다. 이하 같다)에 수용할 수 있다.
  1. 자살 또는 자해의 우려가 있는 때
  2. 신체적·정신적 질병으로 인하여 특별한 보호가 필요한 때
② 수용자의 보호실 수용기간은 15일 이내로 한다. 다만, 소장은 특히 계속하여 수용할 필요가 있으면 의무관의 의견을 고려하여 1회당 7일의 범위에서 기간을 연장할 수 있다.
③ 제2항에 따라 수용자를 보호실에 수용할 수 있는 기간은 계속하여 3개월을 초과할 수 없다.
④ 소장은 수용자를 보호실에 수용하거나 수용기간을 연장하는 경우에는 그 사유를 본인에게 알려 주어야 한다.
⑤ 의무관은 보호실 수용자의 건강상태를 수시로 확인하여야 한다.
⑥ 소장은 보호실 수용사유가 소멸한 경우에는 보호실 수용을 즉시 중단하여야 한다.

제96조 진정실 수용

① 소장은 수용자가 다음 각 호의 어느 하나에 해당하는 경우로서 강제력을 행사하거나 제98조의 보호장비를 사용하여도 그 목적을 달성할 수 없는 경우에만 진정실(일반 수용거실로부터 격리되어 있고 방음설비 등을 갖춘 거실을 말한다. 이하 같다)에 수용할 수 있다.
   1. 교정시설의 설비 또는 기구 등을 손괴하거나 손괴하려고 하는 때
   2. 교도관의 제지에도 불구하고 소란행위를 계속하여 다른 수용자의 평온한 수용생활을 방해하는 때
② 수용자의 진정실 수용기간은 24시간 이내로 한다. 다만, 소장은 특히 계속하여 수용할 필요가 있으면 의무관의 의견을 고려하여 1회당 12시간의 범위에서 기간을 연장할 수 있다.
③ 제2항에 따라 수용자를 진정실에 수용할 수 있는 기간은 계속하여 3일을 초과할 수 없다.
④ 진정실 수용자에 대하여는 제95조 제4항부터 제6항까지의 규정을 준용한다.

시행령

제119조 보호실 등 수용중지

① 법 제95조 제5항(보호실 수용자 건강상태 수시로 확인) 및 법 제96조 제4항(진정실 수용자 건강상태 수시로 확인)에 따라 의무관이 보호실이나 진정실 수용자의 건강을 확인한 결과 보호실 또는 진정실에 계속 수용하는 것이 부적당하다고 인정하는 경우에는 소장에게 즉시 보고하여야 한다. 이 경우 소장은 특별한 사유가 없으면 보호실 또는 진정실 수용을 즉시 중지하여야 한다.
② 소장은 의무관이 출장·휴가, 그 밖의 부득이한 사유로 법 제95조 제5항 및 법 제96조 제4항의 직무를 수행할 수 없을 때에는 그 교정시설에 근무하는 의료관계 직원에게 대행하게 할 수 있다.

참고자료

- 최초 수용시 의무관 의견 고려: 보호실(○), 진정실(×)
- 법 제95조 제6항, 법 제96 제4항: 소장 – 사유소멸 ➡ 보호실·진정실 수용 즉시 중단
- 시행령 제119조: 의무관 – 보호실, 진정실 수용자 – 수시건강상태 확인 ➡ 계속 수용 부적당 ➡ 소장 보고 ➡ 즉시 중지
- 시행령 제119조: 즉시 중지의 주체 – 소장 ➡ 의무관 재량으로(×)

제97조 보호장비의 사용

① 교도관은 수용자가 다음 각 호의 어느 하나에 해당하면 보호장비를 사용할 수 있다.
   1. 이송·출정, 그 밖에 교정시설 밖의 장소로 수용자를 호송하는 때
   2. 도주·자살·자해 또는 다른 사람에 대한 위해의 우려가 큰 때
   3. 위력으로 교도관의 정당한 직무집행을 방해하는 때
   4. 교정시설의 설비·기구 등을 손괴하거나 그 밖에 시설의 안전 또는 질서를 해칠 우려가 큰 때
② 보호장비를 사용하는 경우에는 수용자의 나이, 건강상태 및 수용생활 태도 등을 고려하여야 한다.
③ 교도관이 교정시설의 안에서 수용자에 대하여 보호장비를 사용한 경우 의무관은 그 수용자의 건강상태를 수시로 확인하여야 한다.

제98조 보호장비의 종류 및 사용요건

① 보호장비의 종류는 다음 각 호와 같다.
  1. 수갑
  2. 머리보호장비
  3. 발목보호장비
  4. 보호대
  5. 보호의자
  6. 보호침대
  7. 보호복
  8. 포승

② 보호장비의 종류별 사용요건은 다음 각 호와 같다.
  1. 수갑·포승: 제97조 제1항 제1호부터 제4호까지의 어느 하나에 해당하는 때
  2. 머리보호장비: 머리부분을 자해할 우려가 큰 때
  3. 발목보호장비·보호대·보호의자: 제97조 제1항 제2호부터 제4호까지의 어느 하나에 해당하는 때
  4. 보호침대·보호복: 자살·자해의 우려가 큰 때

구분	사용요건
수갑·포승	1. 이송·출정, 그 밖에 교정시설 밖의 장소로 수용자를 호송하는 때 2. 도주·자살·자해 또는 다른 사람에 대한 위해의 우려가 큰 때 3. 위력으로 교도관의 정당한 직무집행을 방해하는 때 4. 교정시설의 설비·기구 등을 손괴하거나 그 밖에 시설의 안전 또는 질서를 해칠 우려가 큰 때
머리보호장비	머리부분을 자해할 우려가 큰 때
발목보호장비·보호대·보호의자	2. 도주·자살·자해 또는 다른 사람에 대한 위해의 우려가 큰 때 3. 위력으로 교도관의 정당한 직무집행을 방해하는 때 4. 교정시설의 설비·기구 등을 손괴하거나 그 밖에 시설의 안전 또는 질서를 해칠 우려가 큰 때
보호침대·보호복	자살·자해의 우려가 큰 때

③ 보호장비의 사용절차 등에 관하여 필요한 사항은 대통령령으로 정한다.

Ⓒ 참고자료

- 수용자 外의 사람에게는 보호장비를 사용할 수 없다.
- 이송·출정, 그 밖에 교정시설 밖의 장소로 수용자를 호송하는 때(법 제97조 제1항 제1호)에는 수갑과 포승만 사용할 수 있고, 다른 보호장비는 사용할 수 없다.
- '자살·자해의 우려가 큰 때'에 사용할 수 있는 보호장비는 수갑, 포승, 발목보호장비, 보호대, 보호의자, 보호침대, 보호복이며, 보호침대·보호복은 '자살·자해의 우려가 큰 때'에만 사용할 수 있고 다른 경우에는 사용할 수 없다.
- 일시적 사용: 일회용 수갑
- 보호의자: 다른 보호장비로는 보호의자 사용요건(법 제97조 제1항 제2호부터 제4호)의 어느 하나에 해당하는 행위를 방지하기 어려운 특별한 사정이 있는 경우에만 사용하여야 한다.
- 보호침대: 다른 보호장비로는 자살·자해를 방지하기 어려운 특별한 사정이 있는 경우에만 사용하여야 한다.
- 보호의자 또는 보호침대를 사용하는 경우: 다른 보호장비와 같이 사용할 수 없다.
- 보호의자·보호침대·보호복: 그 사용을 일시 중지하거나 완화하는 경우를 포함하여 8시간을 초과하여 사용할 수 없으며, 사용 중지 후 4시간이 경과하지 아니하면 다시 사용할 수 없다.
- 보호장비의 종류: 법 제98조(8종류), 시행규칙 제169조(14종류)

시행령 ✎

제120조 보호장비의 사용

① 교도관은 소장의 명령 없이 수용자에게 보호장비를 사용하여서는 아니 된다. 다만, 소장의 명령을 받을 시간적 여유가 없는 경우에는 사용 후 소장에게 즉시 보고하여야 한다.

② 법 및 이 영에 규정된 사항 외에 보호장비의 규격과 사용방법 등에 관하여 필요한 사항은 법무부령으로 정한다.

제121조 보호장비 사용중지 등

① 의무관은 수용자에게 보호장비를 계속 사용하는 것이 건강상 부적당하다고 인정하는 경우에는 소장에게 즉시 보고하여야 한다. 이 경우 소장은 특별한 사유가 없으면 보호장비 사용을 즉시 중지하여야 한다.

② 의무관이 출장·휴가, 그 밖의 부득이한 사유로 법 제97조 제3항(건강상태 수시확인)의 직무를 수행할 수 없을 때에는 제119조 제2항(의료관계 직원에게 대행)을 준용한다.

제122조 보호장비 사용사유의 고지

보호장비를 사용하는 경우에는 수용자에게 그 사유를 알려주어야 한다.

제123조 보호장비 착용 수용자의 거실 지정

보호장비를 착용 중인 수용자는 특별한 사정이 없으면 계호상 독거수용한다.

시행규칙 ✎

제169조 보호장비의 종류

교도관이 법 제98조 제1항(보호장비의 종류)에 따라 사용할 수 있는 보호장비는 다음 각 호로 구분한다.

1. 수갑: 양손수갑, 일회용수갑, 한손수갑
2. 머리보호장비
3. 발목보호장비: 양발목보호장비, 한발목보호장비
4. 보호대: 금속보호대, 벨트보호대
5. 보호의자
6. 보호침대
7. 보호복
8. 포승: 일반포승, 벨트형포승, 조끼형포승

제170조 보호장비의 규격

① 보호장비의 규격은 별표 5와 같다.

② 교도관은 제1항에 따른 보호장비 규격에 맞지 아니한 보호장비를 수용자에게 사용해서는 아니 된다.

✦ 보호장비

양손수갑	일회용수갑	한손수갑	머리보호장비
양발목보호장비	한발목보호장비	금속보호대	벨트보호대
보호의자	보호침대	보호복	포승

제171조 보호장비 사용 명령

소장은 영 제120조 제1항(보호장비의 사용)에 따라 보호장비 사용을 명령하거나 승인하는 경우에는 보호장비의 종류 및 사용방법을 구체적으로 지정하여야 하며, 이 규칙에서 정하지 아니한 방법으로 보호장비를 사용하게 해서는 아니 된다.

제172조 수갑의 사용방법

① 수갑의 사용방법은 다음 각 호와 같다.

1. 법 제97조 제1항(보호장비의 사용요건) 각 호의 어느 하나에 해당하는 경우에는 별표 6의 방법(앞으로 사용)으로 할 것

2. 법 제97조 제1항 제2호부터 제4호까지의 규정의 어느 하나에 해당하는 경우 별표 6의 방법(앞으로 사용)으로는 사용목적을 달성할 수 없다고 인정되면 별표 7의 방법(뒤로 사용)으로 할 것

3. 진료를 받거나 입원 중인 수용자에 대하여 한손수갑을 사용하는 경우에는 별표 8의 방법(침대 철구조물에 열쇠로 부착)으로 할 것

② 제1항 제1호에 따라 수갑을 사용하는 경우에는 수갑보호기를 함께 사용할 수 있다.

③ 제1항 제2호에 따라 별표 7의 방법(뒤로 사용)으로 수갑을 사용하여 그 목적을 달성한 후에는 즉시 별표 6의 방법(앞으로 사용)으로 전환하거나 사용을 중지하여야 한다.

④ 수갑은 구체적 상황에 적합한 종류를 선택하여 사용할 수 있다. 다만, 일회용수갑은 일시적으로 사용하여야 하며, 사용목적을 달성한 후에는 즉시 사용을 중단하거나 다른 보호장비로 교체하여야 한다.

제173조 머리보호장비의 사용방법

머리보호장비는 별표 9의 방법(전·후면)으로 사용하며, 수용자가 머리보호장비를 임의로 해제하지 못하도록 다른 보호장비를 함께 사용할 수 있다.

제174조 발목보호장비의 사용방법

발목보호장비의 사용방법은 다음 각 호와 같다.

1. 양발목보호장비의 사용은 별표 10의 방법으로 할 것

2. 진료를 받거나 입원 중인 수용자에 대하여 한발목보호장비를 사용하는 경우에는 별표 11의 방법으로 할 것

제175조 보호대의 사용방법

보호대의 사용방법은 다음 각 호와 같다.

1. 금속보호대의 사용은 별표 12의 방법으로 할 것

2. 벨트보호대의 사용은 별표 13의 방법으로 할 것

제176조 보호의자의 사용방법

① 보호의자는 별표 14의 방법으로 사용하며, 다른 보호장비로는 법 제97조 제1항(보호장비 사용요건) 제2호부터 제4호까지의 규정의 어느 하나에 해당하는 행위를 방지하기 어려운 특별한 사정이 있는 경우에만 사용하여야 한다.

② 보호의자는 제184조 제2항(목욕, 식사, 용변, 치료 등을 위한 보호장비 사용의 일시 중지·완화)에 따라 그 사용을 일시 중지하거나 완화하는 경우를 포함하여 8시간을 초과하여 사용할 수 없으며, 사용 중지 후 4시간이 경과하지 아니하면 다시 사용할 수 없다.

제177조 보호침대의 사용방법

① 보호침대는 별표 15의 방법으로 사용하며, 다른 보호장비로는 자살·자해를 방지하기 어려운 특별한 사정이 있는 경우에만 사용하여야 한다.

② 보호침대의 사용에 관하여는 제176조 제2항(보호의자의 사용시간)을 준용한다.

제178조 보호복의 사용방법

① 보호복은 별표 16의 방법으로 사용한다.

② 보호복의 사용에 관하여는 제176조 제2항(보호의자의 사용시간)을 준용한다.

제179조 포승의 사용방법

① 포승의 사용방법은 다음 각 호와 같다.

1. 고령자·환자 등 도주의 위험성이 크지 아니하다고 판단되는 수용자를 개별 호송하는 경우에는 별표 17(간이승)의 방법으로 할 수 있다.

2. 제1호의 수용자 외의 수용자를 호송하는 경우 또는 법 제97조 제1항 제2호부터 제4호까지의 규정의 어느 하나에 해당하는 경우에는 별표 18(벨트형포승의 경우 별표 18의2, 조끼형 포승의 경우 별표 18의3)의 방법으로 한다.

3. 법 제97조 제1항(보호장비 사용요건) 제2호부터 제4호까지의 규정의 어느 하나에 해당하는 경우 제2호의 방법으로는 사용목적을 달성할 수 없다고 인정되면 별표 19(하체승)의 방법으로 한다. 이 경우 2개의 포승을 연결하여 사용할 수 있다.

② 제1항 제2호(상체승의 방법)에 따라 포승을 사용하여 2명 이상의 수용자를 호송하는 경우에는 수용자 간에 포승을 연결하여 사용할 수 있다.

1. 별표 18의 방법(상체승의 방법)으로 포승하는 경우: 일반포승 또는 별표 20에 따른 포승연결줄로 연결

2. 별표 18의2의 방법(벨트형포승의 방법)으로 포승하는 경우: 별표 20에 따른 포승연결줄로 연결

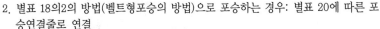

3. 별표 18의3의 방법(조끼형포승의 방법)으로 포승하는 경우: 별표 20에 따른 포승연결줄로 연결

제180조 둘 이상의 보호장비 사용

하나의 보호장비로 사용목적을 달성할 수 없는 경우에는 둘 이상의 보호장비를 사용할 수 있다. 다만, 다음 각 호의 어느 하나에 해당하는 경우에는 다른 보호장비와 같이 사용할 수 없다.

1. 보호의자를 사용하는 경우
2. 보호침대를 사용하는 경우

제181조 보호장비 사용의 기록

교도관은 법 제97조(보호장비 사용요건) 제1항에 따라 보호장비를 사용하는 경우에는 별지 제10호 서식의 보호장비 사용 심사부에 기록해야 한다. 다만, 법 제97조 제1항 제1호(이송·출정, 그 밖에 교정시설 밖의 장소로 수용자를 호송하는 때)에 따라 보호장비를 사용하거나 같은 항 제2호부터 제4호까지(도주·자살·자해 또는 다른 사람에 대한 위해의 우려가 큰 때, 위력으로 교도관의 정당한 직무집행을 방해하는 때, 교정시설의 설비·기구 등을 손괴하거나 그 밖에 시설의 안전 또는 질서를 해칠 우려가 큰 때)의 규정에 따라 양손수갑을 사용하는 경우에는 호송계획서나 수용기록부의 내용 등으로 그 기록을 갈음할 수 있다.

제182조 의무관의 건강확인

의무관은 법 제97조 제3항(건강상태 수시 확인)에 따라 보호장비 착용 수용자의 건강상태를 확인한 결과 특이사항을 발견한 경우에는 별지 제10호 서식의 보호장비 사용 심사부에 기록하여야 한다.

제183조 보호장비의 계속사용

① 소장은 보호장비를 착용 중인 수용자에 대하여 별지 제10호 서식의 보호장비 사용 심사부 및 별지 제11호 서식의 보호장비 착용자 관찰부 등의 기록과 관계직원의 의견 등을 토대로 보호장비의 계속사용 여부를 매일 심사하여야 한다.

② 소장은 영 제121조(보호장비 사용중지)에 따라 의무관 또는 의료관계 직원으로부터 보호장비의 사용 중지 의견을 보고 받았음에도 불구하고 해당 수용자에 대하여 보호장비를 계속하여 사용할 필요가 있는 경우에는 의무관 또는 의료관계 직원에게 건강유지에 필요한 조치를 취할 것을 명하고 보호장비를 사용할 수 있다. 이 경우 소장은 별지 제10호 서식의 보호장비 사용 심사부에 보호장비를 계속 사용할 필요가 있다고 판단하는 근거를 기록하여야 한다.

제184조 보호장비 사용의 중단

① 교도관은 법 제97조 제1항 각 호에 따른 보호장비 사용 사유가 소멸한 경우에는 소장의 허가를 받아 지체 없이 보호장비 사용을 중단하여야 한다. 다만, 소장의 허가를 받을 시간적 여유가 없을 때에는 보호장비 사용을 중단한 후 지체 없이 소장의 승인을 받아야 한다.

② 교도관은 보호장비 착용 수용자의 목욕, 식사, 용변, 치료 등을 위하여 필요한 경우에는 보호장비 사용을 일시 중지하거나 완화할 수 있다.

제185조 보호장비 착용 수용자의 관찰 등

소장은 제169조 제5호부터 제7호까지(보호의자, 보호침대, 보호복)의 규정에 따른 보호장비를 사용하거나 같은 조 제8호의 보호장비(포승)를 별표 19의 방법(하체승)으로 사용하게 하는 경우에는 교도관으로 하여금 수시로 해당 수용자의 상태를 확인하고 매 시간마다 별지 제11호 서식의 보호장비 착용자 관찰부에 기록하게 하여야 한다. 다만, 소장은 보호장비 착용자를 법 제94조(전자장비를 이용한 계호)에 따라 전자영상장비로 계호할 때에는 별지 제9호 서식의 거실수용자 영상계호부에 기록하게 할 수 있다.

제99조 보호장비 남용 금지

① 교도관은 필요한 최소한의 범위에서 보호장비를 사용하여야 하며, 그 사유가 없어지면 사용을 지체 없이 중단하여야 한다.
② 보호장비는 징벌의 수단으로 사용되어서는 아니 된다.

시행령

제124조 보호장비 사용의 감독

① 소장은 보호장비의 사용을 명령한 경우에는 수시로 그 사용 실태를 확인·점검하여야 한다.
② 지방교정청장은 소속 교정시설의 보호장비 사용 실태를 정기적으로 점검하여야 한다.

관련판례 ⚖

[1] 형집행법상 보호장비 사용의 적정성에 관한 판단기준 및 방법

보호장비 사용에 상당한 이유가 있었는지 여부를 판단할 때에는 교정시설의 특수성을 충분히 감안하여 보호장비 사용 당시를 전후한 수용자의 구체적 행태는 물론이고 수용자의 나이, 기질, 성행, 건강상태, 수용생활 태도, 교정사고의 전력, 교정사고 유발의 위험성 등까지 종합적으로 고려하여 보호장비 사용의 적정성을 객관적·합리적으로 평가하여야 한다(대법원 2012.6.28. 2011도15990).

[2] 피청구인이 청구인을 경북북부 제1교도소로 이송함에 있어 4시간 정도에 걸쳐 상체승의 포승과 앞으로 수갑 2개를 채운 행위는 장시간 호송하는 경우에 수형자가 수갑을 끊거나 푸는 것을 최대한 늦추거나 어렵게 하기 위하여 수갑 2개를 채운 행위가 과하다고 보기 어렵고, 청구인과 같이 강력범죄를 범하고 중한 형을 선고받았으며 선고형량에 비하여 형집행이 얼마 안 된 수형자의 경우에는 좀 더 엄중한 계호가 요구된다고 보이므로, 상체승의 포승과 앞으로 사용한 수갑 2개는 이송 도중 도주 등의 교정사고를 예방하기 위한 최소한의 보호장비라 할 것이어서 최소한의 범위 내에서 보호장비가 사용되었다고 할 수 있다(헌재 2012.7.26. 2011헌마426).

[3] 수감자에 대한 보호장비 사용 자체는 적법하나 그 기간이 필요한 범위를 넘어선 것이어서 위법하다고 본 사례

교도소장이 교도관의 멱살을 잡는 등 소란행위를 하고 있는 원고에 대하여 수갑과 포승 등 보호장비를 사용한 조치는 적법하나, 원고가 소란행위를 종료하고 독거실에 수용된 이후 별다른 소란행위 없이 단식하고 있는 상태에서는 원고에 대하여 더 이상 보호장비를 사용할 필요는 없는 것이고, 그럼에도 불구하고 원고에 대하여 9일 동안이나 계속하여 보호장비를 사용한 것은 위법한 행위이다(대법원 1998.1.20. 96다18922).

[4] 소년인 미결수용자가 단지 같은 방에 수감되어 있던 다른 재소자와 몸싸움을 하는 것이 적발되어 교도관으로부터 화해할 것을 종용받고도 이를 거절하였다는 이유로 교도관이 위 미결수용자를 양 손목에 수갑을 채우고 포승으로 양 손목과 어깨를 묶은 후 독거실에 격리수용하였고 그 다음날 위 미결수용자가 수갑과 포승을 풀고 포승을 이용하여 자살하였는바, 소년수인 위 미결수용자에 대하여 반드시 보호장비를 사용하였어야 할 필요성이 있었다고 보기 어렵다 할 것임에도 불구하고 교도관이 위 미결수용자를 포승으로 묶고 수갑을 채운 상태로 독거수감하였을 뿐 아니라, 그 이후 위 미결수용자가 별다른 소란행위 없이 싸운 경위의 조사에 응하고 식사를 하는 등의 상태에서는 더 이상 보호장비를 사용할 필요가 없다고 할 것임에도 그가 자살한 상태로 발견되기까지 무려 27시간 동안이나 계속하여 보호장비를 사용한 것은 그 목적 달성에 필요한 한도를 넘은 것으로서 위법한 조치에 해당한다(대법원 1998.11.27. 98다17374).

[5] 교도소장이 총 392일(가죽수갑 388일)**동안 교도소에 수용되어 있는 청구인에게 상시적으로 양팔을 사용할 수 없도록 금속수갑과 가죽수갑을 착용하게 한 것이 청구인의 신체의 자유 등 기본권을 침해하였다고 판시한 사례**

청구인에게 도주의 경력이나 정신적 불안과 갈등으로 인하여 자살, 자해의 위험이 있었다 하더라도 그러한 전력과 성향이 1년 이상의 교도소 수용기간동안 상시적으로 양팔을 몸통에 완전히 고정시켜둘 정도의 보호장비 사용을 정당화 할 만큼 분명하고 구체적인 사유가 된다고 할 수 없다. 따라서 이 사건 보호장비사용행위는 기본권제한의 한계를 넘어 필요 이상으로 장기간, 그리고 과도하게 청구인의 신체거동의 자유를 제한하고 최소한의 인간적인 생활을 불가능하도록 하여 청구인의 신체의 자유를 침해하고, 나아가 인간의 존엄성을 침해한 것으로 판단된다(헌재 2003.12.18. 2001헌마163).

[6] 청구인이 검사조사실에 소환되어 피의자신문을 받을 때 계호교도관이 포승으로 청구인의 팔과 상반신을 묶고 양손에 수갑을 채운 상태에서 피의자조사를 받도록 한 보호장비사용행위가 과잉금지원칙에 어긋나게 청구인의 신체의 자유를 침해하여 위헌인 공권력행사인지 여부(적극)

경찰조사 단계에서나 검찰조사 단계에서도 자해나 소란 등 특이한 행동을 보인 정황이 엿보이지 아니하고 혐의사실을 대부분 시인하였으며 다만 시위를 주도하거나 돌을 던지는 등 과격한 행위를 한 사실은 없다고 진술하였다. 그렇다면 당시 청구인은 도주·폭행·소요 또는 자해 등의 우려가 없었다고 판단되고, 수사검사도 이러한 사정 및 당시 검사조사실의 정황을 종합적으로 고려하여 청구인에 대한 보호장비의 해제를 요청하였던 것으로 보인다. 그럼에도 불구하고 피청구인 소속 계호교도관이 이를 거절하고 청구인으로 하여금 수갑 및 포승을 계속 사용한 채 피의자조사를 받도록 하였는바, 이로 말미암아 청구인은 신체의 자유를 과도하게 제한당하였고 이와 같은 보호장비의 사용은 무죄추정원칙 및 방어권행사 보장원칙의 근본취지에도 반한다고 할 것이다(헌재 2005.5.26. 2001헌마728).

[7] 검사조사실에서의 보호장비사용을 원칙으로 정한 계호근무준칙조항과, 도주, 폭행, 소요, 자해 등의 위험이 구체적으로 드러나거나 예견되지 않음에도 여러 날 장시간 피의자신문을 하면서 보호장비로 피의자를 속박한 행위가 신체의 자유를 침해하는지 여부(적극)

검사실에서의 보호장비사용을 원칙으로 하면서 심지어는 검사의 보호장비해제 요청이 있더라도 이를 거절하도록 규정한 계호근무준칙의 이 사건 준칙조항은 원칙과 예외를 전도한 것으로서 신체의 자유를 침해하므로 헌법에 위반된다.

청구인이 도주를 하거나 소요, 폭행 또는 자해를 할 위험이 있었다고 인정하기 어려움에도 불구하고 여러 날, 장시간에 걸쳐 피의자 신문을 하는 동안 계속 보호장비를 사용한 것은 막연한 도주나 자해의 위험 정도에 비해 과도한 대응으로서 신체의 자유를 제한함에 있어 준수되어야 할 피해의 최소성 요건을 충족하지 못하였고, 심리적 긴장과 위축으로 실질적으로 열등한 지위에서 신문에 응해야 하는 피의자의 방어권행사에도 지장을 주었다는 점에서 법익균형성도 갖추지 못하였다(헌재 2005.5.26. 2004헌마49). [2013. 7급]

[8] 상체승의 포승과 수갑을 채우고 별도의 포승으로 다른 수용자와 연승한 행위가 청구인의 인격권 내지 신체의 자유를 침해하는지 여부(소극)

이 사건 호송행위는 교정시설 안에서보다 높은 수준의 계호가 요구되는 호송과정에서 교정사고와 타인에 대한 위해를 예방하기 위한 것이다. 교도인력만으로 수형자를 호송한다면 많은 인력을 필요로 하고, 그것이 교정사고 예방에 효과적이라 단정할 수도 없으며, 이 사건에서 보호장비가 사용된 시간과 일반에 공개된 시간이 최소한도로 제한되었으며, 최근 그 동선이 일반에의 공개를 최소화하는 구조로 설계되는 추세에 있다. 교정사고의 예방 등을 통한 공익이 수형자가 입게 되는 자유 제한보다 훨씬 크므로, 이 사건 호송행위는 청구인의 인격권 내지 신체의 자유를 침해하지 아니한다(헌재 2014.5.29. 2013헌마280). [2019. 8급 승진]

[9] 검사가 조사실에서 피의자를 신문할 때 도주, 자해, 다른 사람에 대한 위해 등 형집행법 제97조 제1항 각호에 규정된 위험이 분명하고 구체적으로 드러나는 경우에만 예외적으로 보호장비를 사용하여야 하는지 여부(적극)

검사가 조사실에서 피의자를 신문할 때 피의자가 신체적으로나 심리적으로 위축되지 않은 상태에서 자기의 방어권을 충분히 행사할 수 있도록 피의자에게 보호장비를 사용하지 말아야 하는 것이 원칙이고, 다만 도주, 자해, 다른 사람에 대한 위해 등 형집행법 제97조 제1항 각호에 규정된 위험이 분명하고 구체적으로 드러나는 경우에만 예외적으로 보호장비를 사용하여야 한다(대법원 2020.3.17. 2015모2357).

[10] 구속 피의자에 대한 계구사용은 도주, 폭행, 소요 또는 자해나 자살의 위험이 분명하고 구체적으로 드러난 상태에서 이를 제거할 필요가 있을 때 이루어져야 하며, 필요한 만큼만 사용하여야 한다. 검사가 검사조사실에서 피의자 신문을 하는 절차에서는 피의자가 신체적으로나 심리적으로 위축되지 않은 상태에서 자기의 방어권을 충분히 행사할 수 있어야 하므로 계구를 사용하지 말아야 하는 것이 원칙이고 다만 도주, 폭행, 소요, 자해 등의 위험이 분명하고 구체적으로 드러나는 경우에만 예외적으로 계구를 사용하여야 할 것이다(헌재 2005.5.26. 2004헌마49). [2023. 6급 승진] [2022. 7급 승진]

[11] 검사가 조사실에서 피의자를 신문할 때 피의자에게 특별한 사정이 없는 이상 교도관에게 보호장비의 해제를 요청할 의무가 있고, 교도관은 이에 응하여야 하는지 여부(적극)

구금된 피의자는 형집행법 제97조 제1항 각호에 규정된 사유에 해당하지 않는 이상 보호장비 착용을 강제당하지 않을 권리를 가진다. 검사는 조사실에서 피의자를 신문할 때 해당 피의자에게 그러한 특별한 사정이 없는 이상 교도관에게 보호장비의 해제를 요청할 의무가 있고, 교도관은 이에 응하여야 한다(대법원 2020.3.17. 2015모2357).

[2020. 5급 승진]

제100조 강제력의 행사

① 교도관은 수용자가 다음 각 호의 어느 하나에 해당하면 강제력을 행사할 수 있다.
  1. 도주하거나 도주하려고 하는 때
  2. 자살하려고 하는 때
  3. 자해하거나 자해하려고 하는 때
  4. 다른 사람에게 위해를 끼치거나 끼치려고 하는 때
  5. 위력으로 교도관의 정당한 직무집행을 방해하는 때
  6. 교정시설의 설비·기구 등을 손괴하거나 손괴하려고 하는 때
  7. 그 밖에 시설의 안전 또는 질서를 크게 해치는 행위를 하거나 하려고 하는 때
② 교도관은 수용자 외의 사람이 다음 각 호의 어느 하나에 해당하면 강제력을 행사할 수 있다.
  1. 수용자를 도주하게 하려고 하는 때
  2. 교도관 또는 수용자에게 위해를 끼치거나 끼치려고 하는 때
  3. 위력으로 교도관의 정당한 직무집행을 방해하는 때
  4. 교정시설의 설비·기구 등을 손괴하거나 하려고 하는 때
  5. 교정시설에 침입하거나 하려고 하는 때
  6. 교정시설의 안(교도관이 교정시설의 밖에서 수용자를 계호하고 있는 경우 그 장소를 포함한다)에서 교도관의 퇴거요구를 받고도 이에 따르지 아니하는 때
③ 제1항 및 제2항에 따라 강제력을 행사하는 경우에는 보안장비를 사용할 수 있다.
④ 제3항에서 "보안장비"란 교도봉·가스분사기·가스총·최루탄 등 사람의 생명과 신체의 보호, 도주의 방지 및 시설의 안전과 질서유지를 위하여 교도관이 사용하는 장비와 기구를 말한다.
⑤ 제1항 및 제2항에 따라 강제력을 행사하려면 사전에 상대방에게 이를 경고하여야 한다. 다만, 상황이 급박하여 경고할 시간적인 여유가 없는 때에는 그러하지 아니하다.
⑥ 강제력의 행사는 필요한 최소한도에 그쳐야 한다.
⑦ 보안장비의 종류, 종류별 사용요건 및 사용절차 등에 관하여 필요한 사항은 법무부령으로 정한다.

시행령

제125조 강제력의 행사
교도관은 소장의 명령 없이 법 제100조에 따른 강제력을 행사해서는 아니 된다. 다만, 그 명령을 받을 시간적 여유가 없는 경우에는 강제력을 행사한 후 소장에게 즉시 보고하여야 한다.

시행규칙

제186조 보안장비의 종류

교도관이 법 제100조에 따라 강제력을 행사하는 경우 사용할 수 있는 보안장비는 다음 각 호와 같다.

1. 교도봉(접이식을 포함한다. 이하 같다)
2. 전기교도봉
3. 가스분사기
4. 가스총(고무탄 발사겸용을 포함한다. 이하 같다)
5. 최루탄: 투척용, 발사용(그 발사장치를 포함한다. 이하 같다)
6. 전자충격기
7. 그 밖에 법무부장관이 정하는 보안장비

제187조 보안장비의 종류별 사용요건

① 교도관이 수용자에 대하여 사용할 수 있는 보안장비의 종류별 사용요건은 다음 각 호와 같다.
　1. 교도봉·가스분사기·가스총·최루탄: 법 제100조 제1항 각 호의 어느 하나에 해당하는 경우
　2. 전기교도봉·전자충격기: 법 제100조 제1항 각 호의 어느 하나에 해당하는 경우로서 상황이 긴급하여 제1호의 장비만으로는 그 목적을 달성할 수 없는 때
② 교도관이 수용자 외의 사람에 대하여 사용할 수 있는 보안장비의 종류별 사용요건은 다음 각 호와 같다.
　1. 교도봉·가스분사기·가스총·최루탄: 법 제100조 제2항 각 호의 어느 하나에 해당하는 경우
　2. 전기교도봉·전자충격기: 법 제100조 제2항 각 호의 어느 하나에 해당하는 경우로서 상황이 긴급하여 제1호의 장비만으로는 그 목적을 달성할 수 없는 때
③ 제186조 제7호에 해당하는 보안장비의 사용은 법무부장관이 정하는 바에 따른다.

제188조 보안장비의 종류별 사용기준

보안장비의 종류별 사용기준은 다음 각 호와 같다.

1. 교도봉·전기교도봉: 얼굴이나 머리부분에 사용해서는 아니 되며, 전기교도봉은 타격 즉시 떼어야 함
2. 가스분사기·가스총: 1미터 이내의 거리에서는 상대방의 얼굴을 향하여 발사해서는 안 됨
3. 최루탄: 투척용 최루탄은 근거리용으로 사용하고, 발사용 최루탄은 50미터 이상의 원거리에서 사용하되, 30도 이상의 발사각을 유지하여야 함
4. 전자충격기: 전극침 발사장치가 있는 전자충격기를 사용할 경우 전극침을 상대방의 얼굴을 향해 발사해서는 안 됨

제101조 무기의 사용

① 교도관은 다음 각 호의 어느 하나에 해당하는 사유가 있으면 수용자에 대하여 무기를 사용할 수 있다.
　1. 수용자가 다른 사람에게 중대한 위해를 끼치거나 끼치려고 하여 그 사태가 위급한 때
　2. 수용자가 폭행 또는 협박에 사용할 위험물을 지니고 있어 교도관이 버릴 것을 명령하였음에도 이에 따르지 아니하는 때
　3. 수용자가 폭동을 일으키거나 일으키려고 하여 신속하게 제지하지 아니하면 그 확산을 방지하기 어렵다고 인정되는 때
　4. 도주하는 수용자에게 교도관이 정지할 것을 명령하였음에도 계속하여 도주하는 때
　5. 수용자가 교도관의 무기를 탈취하거나 탈취하려고 하는 때
　6. 그 밖에 사람의 생명·신체 및 설비에 대한 중대하고도 뚜렷한 위험을 방지하기 위하여 무기의 사용을 피할 수 없는 때

② 교도관은 교정시설의 안(교도관이 교정시설의 밖에서 수용자를 계호하고 있는 경우 그 장소를 포함한다)에서 자기
　또는 타인의 생명·신체를 보호하거나 수용자의 탈취를 저지하거나 건물 또는 그 밖의 시설과 무기
　에 대한 위험을 방지하기 위하여 급박하다고 인정되는 상당한 이유가 있으면 수용자 외의 사람에
　대하여도 무기를 사용할 수 있다.

③ 교도관은 소장 또는 그 직무를 대행하는 사람의 명령을 받아 무기를 사용한다. 다만, 그 명령을 받
　을 시간적 여유가 없으면 그러하지 아니하다.

④ 제1항 및 제2항에 따라 무기를 사용하려면 공포탄을 발사하거나 그 밖에 적당한 방법으로 사전에
　상대방에 대하여 이를 경고하여야 한다.

⑤ 무기의 사용은 필요한 최소한도에 그쳐야 하며, 최후의 수단이어야 한다.

⑥ 사용할 수 있는 무기의 종류, 무기의 종류별 사용요건 및 사용절차 등에 관하여 필요한 사항은 법무
　부령으로 정한다.

시행령

제126조 무기사용 보고
교도관은 법 제101조에 따라 무기를 사용한 경우에는 소장에게 즉시 보고하고, 보고를 받은 소장은 그 사실을 법무부장관
에게 즉시 보고하여야 한다.

시행규칙

제189조 무기의 종류
교도관이 법 제101조에 따라 사용할 수 있는 무기의 종류는 다음 각 호와 같다.
1. 권총
2. 소총
3. 기관총
4. 그 밖에 법무부장관이 정하는 무기

제190조 무기의 종류별 사용요건
① 교도관이 수용자에 대하여 사용할 수 있는 무기의 종류별 사용요건은 다음 각 호와 같다.
　1. 권총·소총: 법 제101조 제1항 각 호의 어느 하나에 해당하는 경우
　2. 기관총: 법 제101조 제1항 제3호에 해당하는 경우
② 교도관이 수용자 외의 사람에 대하여 사용할 수 있는 무기의 종류별 사용요건은 다음 각 호와 같다.
　1. 권총·소총: 법 제101조 제2항에 해당하는 경우
　2. 기관총: 법 제101조 제2항에 해당하는 경우로서 제1호의 무기만으로는 그 목적을 달성할 수 없다고 인정하는 경우
③ 제189조 제4호에 해당하는 무기의 사용은 법무부장관이 정하는 바에 따른다.

제191조 기관총의 설치
기관총은 대공초소 또는 집중사격이 가장 용이한 장소에 설치하고, 유사 시 즉시 사용할 수 있도록 충분한 인원의 사수·
부사수·탄약수를 미리 지정하여야 한다.

제192조 총기의 사용절차
교도관이 총기를 사용하는 경우에는 구두경고, 공포탄 발사, 위협사격, 조준사격의 순서에 따라야 한다. 다만, 상황이
긴급하여 시간적 여유가 없을 때에는 예외로 한다.

제193조 총기 교육 등

① 소장은 소속 교도관에 대하여 연 1회 이상 총기의 조작·정비·사용에 관한 교육을 한다.

② 제1항의 교육을 받지 아니하였거나 총기 조작이 미숙한 사람, 그 밖에 총기휴대가 부적당하다고 인정되는 사람에 대하여는 총기휴대를 금지하고 별지 제12호 서식의 총기휴대 금지자 명부에 그 명단을 기록한 후 총기를 지급할 때마다 대조·확인하여야 한다.

③ 제2항의 총기휴대 금지자에 대하여 금지사유가 소멸한 경우에는 그 사유를 제2항에 따른 총기휴대 금지자 명부에 기록하고 총기휴대금지를 해제하여야 한다.

제102조 재난 시의 조치

① 천재지변이나 그 밖의 재해가 발생하여 시설의 안전과 질서유지를 위하여 긴급한 조치가 필요하면 소장은 수용자로 하여금 피해의 복구나 그 밖의 응급용무를 보조하게 할 수 있다.

② 소장은 교정시설의 안에서 천재지변이나 그 밖의 사변에 대한 피난의 방법이 없는 경우에는 수용자를 다른 장소로 이송할 수 있다.

③ 소장은 제2항에 따른 이송(긴급이송)이 불가능하면 수용자를 일시 석방할 수 있다.

④ 제3항에 따라 석방된 사람(일시석방된 사람)은 석방 후 24시간 이내에 교정시설 또는 경찰관서에 출석하여야 한다.

시행령

제127조 재난 시의 조치

① 소장은 법 제102조 제1항(재난 시 응급용무 보조)에 따른 응급용무의 보조를 위하여 교정성적이 우수한 수형자를 선정하여 필요한 훈련을 시킬 수 있다.

② 소장은 법 제102조 제3항(일시석방)에 따라 수용자를 일시석방하는 경우에는 같은 조 제4항의 출석 시한과 장소를 알려주어야 한다.

제103조 수용을 위한 체포

① 교도관은 수용자가 도주 또는 제134조 각 호(출석의무 위반, 귀휴·외부통근·그 밖의 사유로 소장의 허가를 받아 교도관의 계호 없이 교정시설 밖으로 나간 후에 정당한 사유 없이 기한까지 돌아오지 아니하는 행위)의 어느 하나에 해당하는 행위(이하 "도주 등"이라 한다)를 한 경우에는 도주 후 또는 출석기한이 지난 후 72시간 이내에만 그를 체포할 수 있다.

② 교도관은 제1항에 따른 체포를 위하여 긴급히 필요하면 도주 등을 하였다고 의심할 만한 상당한 이유가 있는 사람 또는 도주 등을 한 사람의 이동경로나 소재를 안다고 인정되는 사람을 정지시켜 질문할 수 있다.

③ 교도관은 제2항에 따라 질문을 할 때에는 그 신분을 표시하는 증표를 제시하고 질문의 목적과 이유를 설명하여야 한다.

④ 교도관은 제1항에 따른 체포를 위하여 영업시간 내에 공연장·여관·음식점·역, 그 밖에 다수인이 출입하는 장소의 관리자 또는 관계인에게 그 장소의 출입이나 그 밖에 특히 필요한 사항에 관하여 협조를 요구할 수 있다.

⑤ 교도관은 제4항에 따라 필요한 장소에 출입하는 경우에는 그 신분을 표시하는 증표를 제시하여야 하며, 그 장소의 관리자 또는 관계인의 정당한 업무를 방해하여서는 아니 된다.

제128조 도주 등에 따른 조치

① 소장은 수용자가 도주하거나 법 제134조 각 호의 어느 하나에 해당하는 행위(이하 이 조에서 "도주 등"이라 한다)를 한 경우에는 교정시설의 소재지 및 인접지역 또는 도주 등을 한 사람(이하 이 조에서 "도주자"라 한다)이 숨을 만한 지역의 경찰관서에 도주자의 사진이나 인상착의를 기록한 서면을 첨부하여 그 사실을 지체 없이 통보하여야 한다.

② 소장은 수용자가 도주 등을 하거나 도주자를 체포한 경우에는 법무부장관에게 지체 없이 보고하여야 한다.

제128조의2 포상금 지급

① 법무부장관은 「형법」 제145조(도주, 집합명령위반)·제146조(특수도주) 또는 법 제134조(출석의무 위반 등) 각 호에 규정된 죄를 지은 수용자를 체포하거나 행정기관 또는 수사기관에 정보를 제공하여 체포하게 한 사람에게 예산의 범위에서 포상금을 지급할 수 있다.

② 포상금의 지급기준·지급방법, 그 밖에 필요한 사항은 법무부장관이 정한다.

제128조의3 포상금의 지급 신청

① 포상금을 받으려는 사람은 법무부장관이 정하는 바에 따라 포상금 지급 신청서를 지방교정청장에게 제출해야 한다.

② 제1항에 따른 신청서를 접수한 지방교정청장은 그 신청서에 법무부장관이 정하는 서류를 첨부하여 법무부장관에게 제출하여야 한다.

제128조의4 포상금의 환수

법무부장관은 제128조의2 제1항에 따라 포상금을 지급한 후 다음 각 호의 어느 하나에 해당하는 사실이 발견된 경우에는 해당 포상금을 환수할 수 있다.

1. 위법 또는 부당한 방법의 증거수집, 허위신고, 거짓진술, 증거위조 등 부정한 방법으로 포상금을 지급받은 경우
2. 동일한 원인으로 다른 법령에 따라 포상금 등을 지급받은 경우
3. 그 밖에 착오 등의 사유로 포상금이 잘못 지급된 경우

참고자료

도주, 집합명령위반(형법 제145조)

① 법률에 따라 체포되거나 구금된 자가 도주한 경우에는 1년 이하의 징역에 처한다.

② 제1항의 구금된 자가 천재지변이나 사변 그 밖에 법령에 따라 잠시 석방된 상황에서 정당한 이유 없이 집합명령에 위반한 경우에도 제1항의 형에 처한다.

특수도주(형법 제146조)

수용설비 또는 기구를 손괴하거나 사람에게 폭행 또는 협박을 가하거나 2인 이상이 합동하여 제145조 제1항의 죄를 범한 자는 7년 이하의 징역에 처한다.

출석의무 위반 등(형집행법 제134조)

다음 각 호의 어느 하나에 해당하는 행위를 한 수용자는 1년 이하의 징역에 처한다.

1. 정당한 사유 없이 제102조 제4항(일시석방된 사람의 석방 후 24시간 이내에 출석의무)을 위반하여 일시석방 후 24시간 이내에 교정시설 또는 경찰관서에 출석하지 아니하는 행위
2. 귀휴·외부통근, 그 밖의 사유로 소장의 허가를 받아 교도관의 계호 없이 교정시설 밖으로 나간 후에 정당한 사유 없이 기한까지 돌아오지 아니하는 행위

> ### 참고자료
>
> • 법 제102조: 천재지변 발생 ➡ 1차적으로 이송실시 ➡ 이송이 불가능한 경우 – 일시석방 ➡ 출석 시한과 장소 알림
> • 법 제102조 제2항의 긴급이송은 소장의 권한이다.
> • 법 제103조 제2항: 질문 外에 소지품 검사 및 신분증의 제시 요구 등을 하지 못함
> • 법 제103조 제4항의 협조 요구는 '영업시간 내'임을 주의할 것
> • 비교·구분: 시행령 제128조와 시행령 제104조(소장은 미결수용자가 도주하거나 도주한 미결수용자를 체포한 경우에는 그 사실을 검사에게 통보하고, 기소된 상태인 경우에는 법원에도 지체 없이 통보하여야 한다)

제104조 마약류사범 등의 관리

① 소장은 마약류사범·조직폭력사범 등 법무부령으로 정하는 수용자에 대하여는 시설의 안전과 질서 유지를 위하여 필요한 범위에서 다른 수용자와의 접촉을 차단하거나 계호를 엄중히 하는 등 법무부령으로 정하는 바에 따라 다른 수용자와 달리 관리할 수 있다.
② 소장은 제1항에 따라 관리하는 경우에도 기본적인 처우를 제한하여서는 아니 된다.

시행규칙

엄중관리대상자

제194조 엄중관리대상자의 구분

법 제104조에 따라 교정시설의 안전과 질서유지를 위하여 다른 수용자와의 접촉을 차단하거나 계호를 엄중히 하여야 하는 수용자(이하 이 장에서 "엄중관리대상자"라 한다)는 다음 각 호와 같이 구분한다.
1. 조직폭력수용자(제199조 제1항에 따라 지정된 수용자를 말한다. 이하 같다)
2. 마약류수용자(제205조 제1항에 따라 지정된 수용자를 말한다. 이하 같다)
3. 관심대상수용자(제211조 제1항에 따라 지정된 수용자를 말한다. 이하 같다)

제195조 번호표 등 표시

① 엄중관리대상자의 번호표 및 거실표의 색상은 다음 각 호와 같이 구분한다.
  1. 관심대상수용자: 노란색
  2. 조직폭력수용자: 노란색
  3. 마약류수용자: 파란색
② 제194조의 엄중관리대상자 구분이 중복되는 수용자의 경우 그 번호표 및 거실표의 색상은 제1항 각 호의 순서에 따른다.

제196조 상담

① 소장은 엄중관리대상자 중 지속적인 상담이 필요하다고 인정되는 사람에 대하여는 상담책임자를 지정한다.
② 제1항의 상담책임자는 감독교도관 또는 상담 관련 전문교육을 이수한 교도관을 우선하여 지정하여야 하며, 상담대상자는 상담책임자 1명당 10명 이내로 하여야 한다.
③ 상담책임자는 해당 엄중관리대상자에 대하여 수시로 개별상담을 함으로써 신속한 고충처리와 원만한 수용생활 지도를 위하여 노력하여야 한다.
④ 제3항에 따라 상담책임자가 상담을 하였을 때에는 그 요지와 처리결과 등을 제119조 제3항에 따른 교정정보시스템에 입력하여야 한다. 이 경우 엄중관리대상자의 처우를 위하여 필요하면 별지 제13호 서식의 엄중관리대상자 상담결과 보고서를 작성하여 소장에게 보고하여야 한다.

제197조 작업 부과

소장은 엄중관리대상자에게 작업을 부과할 때에는 법 제59조 제3항(분류심사를 위한 조사나 검사)에 따른 조사나 검사 등의 결과를 고려하여야 한다.

관련판례 ★

교도소 내 엄중격리대상자에 대하여 이동 시 보호장비를 사용하고 교도관이 동행계호하는 행위 및 1인 운동장을 사용하게 하는 처우가 신체의 자유를 과도하게 제한하는 것인지의 여부(소극)

청구인들은 상습적으로 교정질서를 문란하게 하는 등 교정사고의 위험성이 높은 엄중격리대상자들인바, 이들에 대한 보호장비사용행위, 동행계호행위 및 1인 운동장을 사용하게 하는 처우는 그 목적의 정당성 및 수단의 적정성이 인정되며, 필요한 경우에 한하여 부득이한 범위 내에서 실시되고 있다고 할 것이고, 이로 인하여 수형자가 입게 되는 자유제한에 비하여 교정사고를 예방하고 교도소 내의 안전과 질서를 확보하는 공익이 더 크다고 할 것이다(헌재 2008.5.29. 2005헌마137).

조직폭력수용자

제198조 지정대상
조직폭력수용자의 지정대상은 다음 각 호와 같다.
1. 체포영장, 구속영장, 공소장 또는 재판서에 조직폭력사범으로 명시된 수용자
2. 공소장 또는 재판서에 조직폭력사범으로 명시되어 있지는 아니하나「폭력행위 등 처벌에 관한 법률」제4조(단체 등의 구성・활동)・제5조(단체 등의 이용・지원), 또는「형법」제114조(범죄단체 등의 조직)가 적용된 수용자
3. 공범・피해자 등의 체포영장・구속영장・공소장 또는 재판서에 조직폭력사범으로 명시된 수용자

제199조 지정 및 해제
① 소장은 제198조 각 호의 어느 하나에 해당하는 수용자에 대하여는 조직폭력수용자로 지정한다. 현재의 수용생활 중 집행되었거나 집행할 형이 제198조 제1호 또는 제2호에 해당하는 경우에도 또한 같다.
② 소장은 제1항에 따라 조직폭력수용자로 지정된 사람에 대하여는 석방할 때까지 지정을 해제할 수 없다. 다만, 공소장 변경 또는 재판 확정에 따라 지정사유가 해소되었다고 인정되는 경우에는 교도관회의의 심의 또는 분류처우위원회의 의결을 거쳐 지정을 해제한다.

제200조 수용자를 대표하는 직책 부여 금지(작업이 부과된 사형확정자에 준용)
소장은 조직폭력수용자에게 거실 및 작업장 등의 봉사원, 반장, 조장, 분임장, 그 밖에 수용자를 대표하는 직책을 부여해서는 아니 된다.

제201조 수형자 간 연계활동 차단을 위한 이송
소장은 조직폭력수형자가 작업장 등에서 다른 수형자와 음성적으로 세력을 형성하는 등 집단화할 우려가 있다고 인정하는 경우에는 법무부장관에게 해당 조직폭력수형자의 이송을 지체 없이 신청하여야 한다.

제202조 처우상 유의사항
소장은 조직폭력수용자가 다른 사람과 접견할 때에는 외부 폭력조직과의 연계가능성이 높은 점 등을 고려하여 접촉차단시설이 있는 장소에서 하게 하여야 하며, 귀휴나 그 밖의 특별한 이익이 되는 처우를 결정하는 경우에는 해당 처우의 허용 요건에 관한 규정을 엄격히 적용하여야 한다.

제203조 특이사항의 통보
소장은 조직폭력수용자의 편지 및 접견의 내용 중 특이사항이 있는 경우에는 검찰청, 경찰서 등 관계기관에 통보할 수 있다.

마약류수용자

제204조 지정대상

마약류수용자의 지정대상은 다음 각 호와 같다.

1. 체포영장·구속영장·공소장 또는 재판서에 「마약류관리에 관한 법률」, 「마약류 불법거래방지에 관한 특례법」, 그 밖에 마약류에 관한 형사 법률이 적용된 수용자
2. 제1호에 해당하는 형사 법률을 적용받아 집행유예가 선고되어 그 집행유예 기간 중에 별건으로 수용된 수용자

제205조 지정 및 해제

① 소장은 제204조 각 호의 어느 하나에 해당하는 수용자에 대하여는 마약류수용자로 지정하여야 한다. 현재의 수용생활 중 집행되었거나 집행할 형이 제204조 제1호에 해당하는 경우에도 또한 같다.

② 소장은 제1항에 따라 마약류수용자로 지정된 사람에 대하여는 석방할 때까지 지정을 해제할 수 없다. 다만, 다음 각 호의 어느 하나에 해당하는 경우에는 교도관회의의 심의 또는 분류처우위원회의 의결을 거쳐 지정을 해제할 수 있다.
   1. 공소장 변경 또는 재판 확정에 따라 지정사유가 해소되었다고 인정되는 경우
   2. 지정 후 5년이 지난 마약류수용자로서 수용생활태도, 교정성적 등이 양호한 경우. 다만, 마약류에 관한 형사 법률 외의 법률이 같이 적용된 마약류수용자로 한정한다.

제206조 마약반응검사

① 마약류수용자에 대하여 다량 또는 장기간 복용할 경우 환각증세를 일으킬 수 있는 의약품을 투약할 때에는 특히 유의하여야 한다.

② 소장은 교정시설에 마약류를 반입하는 것을 방지하기 위하여 필요하면 강제에 의하지 아니하는 범위에서 수용자의 소변을 채취하여 마약반응검사를 할 수 있다.

③ 소장은 제2항의 검사 결과 양성반응이 나타난 수용자에 대하여는 관계기관에 혈청검사, 모발검사, 그 밖의 정밀검사를 의뢰하고 그 결과에 따라 적절한 조치를 하여야 한다.

제207조 물품전달 제한

소장은 수용자 외의 사람이 마약류수용자에게 물품을 건네줄 것을 신청하는 경우에는 마약류 반입 등을 차단하기 위하여 신청을 허가하지 않는다. 다만, 다음 각 호의 어느 하나에 해당하는 물품을 건네줄 것을 신청한 경우에는 예외로 할 수 있다.

1. 법무부장관이 정하는 바에 따라 교정시설 안에서 판매되는 물품
2. 그 밖에 마약류 반입을 위한 도구로 이용될 가능성이 없다고 인정되는 물품

제208조 보관품 등 수시점검

담당교도관은 마약류수용자의 보관품 및 지니는 물건의 변동 상황을 수시로 점검하고, 특이사항이 있는 경우에는 감독교도관에게 보고해야 한다.

제209조 재활교육

① 소장은 마약류수용자가 마약류 근절 의지를 갖고 이를 실천할 수 있도록 해당 교정시설의 여건에 적합한 마약류수용자 재활교육계획을 수립하여 시행하여야 한다.

② 소장은 마약류수용자의 마약류 근절 의지를 북돋울 수 있도록 마약 퇴치 전문강사, 성직자 등과 자매결연을 주선할 수 있다.

관련판례

[1] 마약류사범이 구치소에 수용되는 과정에서 반입금지물품의 소지·은닉 여부를 확인하기 위하여 실시한 구치소 수용자에 대한 정밀신체검사는 수용자에게 일방적으로 강제하는 성격을 가지는 권력적 사실행위로서 공권력의 행사에 해당한다(헌재 2006.6.29. 2004헌마826).

[2] 교도관이 마약류사범에게 검사의 취지와 방법을 설명하고 반입금지품을 제출하도록 안내한 후 외부와 차단된 검사실에서 같은 성별의 교도관 앞에 돌아서서 하의속옷을 내린 채 상체를 숙이고 양손으로 둔부를 벌려 항문을 보이는 방법으로 실시한 정밀신체검사는 마약류 사범인 청구인의 기본권을 침해하였다고 할 수 없다(헌재 2006.6.29. 2004헌마826).

[3] 마약류 관련 수형자에 대하여 마약류반응검사를 위하여 소변을 받아 제출하게 한 것은 권력적 사실행위로서 공권력의 행사에 해당한다(헌재 2006.7.27. 2005헌마277).

[4] 마약류사범인 청구인에게 마약류반응검사를 위하여 소변을 받아 제출하게 한 것은 교도소의 안전과 질서유지를 위한 것으로 수사에 필요한 처분이 아닐 뿐만 아니라 검사대상자들의 협력이 필수적이어서 강제처분이라고 할 수도 없어 영장주의의 원칙이 적용되지 않는다(헌재 2006.7.27. 2005헌마277).

[5] 마약류사범인 청구인에게 마약류반응검사를 위하여 소변을 받아 제출하게 한 것은 소변채취의 목적 및 검사방법 등에 비추어 과잉금지의 원칙에 반한다고 할 수 없다(헌재 2006.7.27. 2005헌마277).

[6] **형의 집행 및 수용자의 처우에 관한 법률 제104조 위헌소원**

마약류사범에 대한 다른 처우는 마약류에 대한 중독성 및 높은 재범률 등 마약류사범의 특성에 대한 전문적 이해를 필요로 하므로 하위 법령에 위임할 필요성이 인정되고, 그 요건으로서 '시설의 안전과 질서유지를 위하여 필요한 범위'라 함은 마약류사범에 의한 교정시설 내 마약류 반입 및 이로 인한 교정사고의 발생을 차단하기 위한 범위를 의미하며, 그 방법으로서 '다른 수용자와의 접촉을 차단하거나 계호를 엄중히 하는 등'이란 다른 수용자와의 대면 또는 서신수수의 제한, 물품교부의 원칙적 금지 등 강화된 기본권 제한 조치는 물론 마약류사범의 특성을 고려한 재활교육, 치료 등의 조치를 의미함을 충분히 예측할 수 있으므로, 이 사건 법률조항은 포괄위임금지원칙에 위반되지 아니한다.

이 사건 법률조항은 마약류사범인 수용자에 대하여서는 그가 미결수용자인지 또는 수형자인지 여부를 불문하고 마약류에 대한 중독성 및 높은 재범률 등 마약류사범의 특성을 고려한 처우를 할 수 있음을 규정한 것일 뿐, 마약류사범인 미결수용자에 대하여 범죄사실의 인정 또는 유죄판결을 전제로 불이익을 가하는 것이 아니므로 무죄추정원칙에 위반되지 아니하고, 이 사건 법률조항이 마약류사범을 다른 수용자와 달리 관리할 수 있도록 한 것은 마약류사범의 특성을 고려한 것으로서 합리적인 이유가 있으므로, 이 사건 법률조항은 평등원칙에도 위반되지 아니한다(헌재 2013.7.25. 2012헌바63).

관심대상수용자

제210조 지정대상

관심대상수용자의 지정대상은 다음 각 호와 같다.

1. 다른 수용자에게 상습적으로 폭력을 행사하는 수용자
2. 교도관을 폭행하거나 협박하여 징벌을 받은 전력이 있는 사람으로서 같은 종류의 징벌대상행위를 할 우려가 큰 수용자
3. 수용생활의 편의 등 자신의 요구를 관철할 목적으로 상습적으로 자해를 하거나 각종 이물질을 삼키는 수용자
4. 다른 수용자를 괴롭히거나 세력을 모으는 등 수용질서를 문란하게 하는 조직폭력수용자(조직폭력사범으로 행세하는 경우를 포함한다)
5. 조직폭력수용자로서 무죄 외의 사유로 출소한 후 5년 이내에 교정시설에 다시 수용된 사람
6. 상습적으로 교정시설의 설비·기구 등을 파손하거나 소란행위를 하여 공무집행을 방해하는 수용자
7. 도주(음모, 예비 또는 미수에 그친 경우를 포함한다)한 전력이 있는 사람으로서 도주의 우려가 있는 수용자
8. 중형선고 등에 따른 심적 불안으로 수용생활에 적응하기 곤란하다고 인정되는 수용자
9. 자살을 기도한 전력이 있는 사람으로서 자살할 우려가 있는 수용자
10. 사회적 물의를 일으킨 사람으로서 죄책감 등으로 인하여 자살 등 교정사고를 일으킬 우려가 큰 수용자
11. 징벌집행이 종료된 날부터 1년 이내에 다시 징벌을 받는 등 규율 위반의 상습성이 인정되는 수용자
12. 상습적으로 법령에 위반하여 연락을 하거나 금지물품을 반입하는 등의 방법으로 부조리를 기도하는 수용자
13. 그 밖에 교정시설의 안전과 질서유지를 위하여 엄중한 관리가 필요하다고 인정되는 수용자

제211조 지정 및 해제

① 소장은 제210조 각 호의 어느 하나에 해당하는 수용자에 대하여는 분류처우위원회의 의결을 거쳐 관심대상수용자로 지정한다. 다만, 미결수용자 등 분류처우위원회의 의결 대상자가 아닌 경우에도 관심대상수용자로 지정할 필요가 있다고 인정되는 수용자에 대하여는 교도관회의의 심의를 거쳐 관심대상수용자로 지정할 수 있다.

② 소장은 관심대상수용자의 수용생활태도 등이 양호하고 지정사유가 해소되었다고 인정하는 경우에는 제1항의 절차에 따라 그 지정을 해제한다.

③ 제1항 및 제2항에 따라 관심대상수용자로 지정하거나 지정을 해제하는 경우에는 담당교도관 또는 감독교도관의 의견을 고려하여야 한다.

제213조 수용동 및 작업장 계호 배치

소장은 다수의 관심대상수용자가 수용되어 있는 수용동 및 작업장에는 사명감이 투철한 교도관을 엄선하여 배치하여야 한다.

관련판례 ✎

[1] 청구인은 시행규칙 제210조 제2호의 사유(교도관을 폭행하거나 협박하여 징벌을 받은 전력이 있는 사람으로서 같은 종류의 징벌대상행위를 할 우려가 큰 수용자)로 인하여 관심대상수용자로 지정되었고, 위 시행규칙 제211조 제2항은 "소장은 관심대상수용자의 수용생활태도 등이 양호하여 지정사유가 해소되었다고 인정하는 경우에는 제1항 본문의 절차(現, 제1항의 절차)에 따라 그 지정을 해제한다."고 규정하고 있다.
시행규칙 제211조 제2항은 동 조항에 따른 요건이 갖추어지면 법률상 당연히 관심대상수용자 지정이 해제되도록 정하고 있는 것이 아니라, 수용생활태도 등 여러 가지의 사정을 참작하여 소장의 재량적인 행정처분으로써 관심대상수용자 지정해제를 할 수 있도록 하는 원칙을 정하고 있는 규정에 불과하다. 즉, 관심대상수용자 지정해제는 행정기관의 교정정책 혹은 형사정책적 판단에 따라 수형자에게 적합한 처우를 선택하는 조치일 뿐이므로, 수형자가 행형당국에 대하여 관심대상수용자 지정해제를 요구할 주관적 권리를 가지는 것도 아니다(헌재 2010.2.2. 2009헌마750).

[2] 수형자에 대한 기본권제한의 정도와 동행계호행위의 목적 등에 비추어 볼 때 청구인에 대한 동행계호행위는 법률에 따라 그 기본권제한의 범위 내에서 이루어진 것으로서 청구인의 신체의 자유 등을 침해하지 아니할 뿐만 아니라 관심대상수용자인 청구인에 대하여 특별히 계호를 엄중히 하는 것은 교도소 내의 안전과 질서유지를 위한 것으로서 그 차별에 합리적인 이유가 있으므로 청구인의 평등권을 침해한다고 볼 수 없다(헌재 2010.10.28. 2009헌마438).

제12장 규율과 상벌

제105조 규율 등

① 수용자는 교정시설의 안전과 질서유지를 위하여 법무부장관이 정하는 규율을 지켜야 한다.
② 수용자는 소장이 정하는 일과시간표를 지켜야 한다.
③ 수용자는 교도관의 직무상 지시에 따라야 한다.

관련판례 ⚖

[1] 다른 수용자들과 함께 있는 입·출소자 대기실에서 교정공무원으로부터 신분대조에 필요한 청구인의 개인 신상에 관한 질문을 받고, 다른 수용자들과 차단된 장소에서 답변하겠다고 요청하였으나, "수형자는 교도관의 지시에 복종하여야 한다."라는 규정에 따라 거부되자, 헌법소원심판을 청구하였다. 형집행법 제105조 제3항 등은 교도소에 수용 중인 자는 교도관의 직무상 지시에 복종하여야 한다거나, 당직간부는 교도소에 수용되거나 석방되는 자의 신상을 직접 확인해야 한다는 일반적인 준수사항을 규정한 조항들일 뿐이므로, 이 사건 심판대상 조항들이 직접·구체적으로 청구인으로 하여금 다른 수형자와 차단되지 아니한 장소에서 청구인의 개인 신상에 관한 답변을 강요함으로써 청구인의 기본권을 침해한다고 볼 수는 없다(헌재 2011.8.23. 2011헌마422).

[2] 청구인은 노역장유치명령의 집행으로 구치소에 수용되어 있던 중 교도관으로부터 '담요를 개어서 정리정돈하라'는 지시를 받게 되자 정리정돈을 수용자 준수사항으로 정한 관련 규정이 명확성원칙과 과잉금지원칙 등에 위배된다며 이 사건 헌법소원을 제기하였다. 교도관이 수용자에 대하여 정리정돈을 지시할 수 있는 근거규정이 되는 형집행법 제105조 제3항과 교도관직무규칙 제39조 등은 교도소에 수용 중인 자는 교도관의 직무상 지시에 복종하여야 한다는 일반적인 준수사항을 규정한 것이거나 지시감독을 위한 교정시설 내부의 규칙을 정한 데 불과하다. 청구인의 기본권 침해는 위 조항들에 의하여 직접 발생하는 것이 아니라 이에 근거한 교도관의 구체적인 집행행위에 의하여 비로소 발생하게 된다(헌재 2013.5.28. 2013헌마322).

제106조 포상

소장은 수용자가 다음 각 호의 어느 하나에 해당하면 법무부령으로 정하는 바에 따라 포상할 수 있다.
1. 사람의 생명을 구조하거나 도주를 방지한 때
2. 제102조 제1항에 따른(천재지변·재해 발생 시의 피해의 복구나 응급용무 보조에 따른) 응급용무에 공로가 있는 때
3. 시설의 안전과 질서유지에 뚜렷한 공이 인정되는 때
4. 수용생활에 모범을 보이거나 건설적이고 창의적인 제안을 하는 등 특히 포상할 필요가 있다고 인정되는 때

시행규칙 ✎

제214조의2 포상
법 제106조에 따른 포상기준은 다음 각 호와 같다.
1. 법 제106조 제1호 및 제2호에 해당하는 경우 소장표창 및 제89조에 따른 가족만남의 집 이용 대상자 선정
2. 법 제106조 제3호 및 제4호에 해당하는 경우 소장표창 및 제89조에 따른 가족만남의 날 행사 참여 대상자 선정

제107조 징벌

소장은 수용자가 다음 각 호의 어느 하나에 해당하는 행위를 하면 제111조의 징벌위원회의 의결에 따라 징벌을 부과할 수 있다.

1. 「형법」, 「폭력행위 등 처벌에 관한 법률」, 그 밖의 형사 법률에 저촉되는 행위
2. 수용생활의 편의 등 자신의 요구를 관철할 목적으로 자해하는 행위
3. 정당한 사유 없이 작업·교육·교화프로그램 등을 거부하거나 태만히 하는 행위
4. 제92조의 금지물품을 지니거나 반입·제작·사용·수수·교환·은닉하는 행위
5. 다른 사람을 처벌받게 하거나 교도관의 직무집행을 방해할 목적으로 거짓 사실을 신고하는 행위
6. 그 밖에 시설의 안전과 질서유지를 위하여 법무부령으로 정하는 규율을 위반하는 행위

시행규칙

제214조 규율

수용자는 다음 각 호에 해당하는 행위를 하여서는 아니 된다.

1. 교정시설의 안전 또는 질서를 해칠 목적으로 다중을 선동하는 행위
2. 허가되지 아니한 단체를 조직하거나 그에 가입하는 행위
3. 교정장비, 도주방지시설, 그 밖의 보안시설의 기능을 훼손하는 행위
4. 음란한 행위를 하거나 다른 사람에게 성적 언동 등으로 성적 수치심 또는 혐오감을 느끼게 하는 행위
5. 다른 사람에게 부당한 금품을 요구하는 행위
5의2. 허가 없이 다른 수용자에게 금품을 교부하거나 수용자 외의 사람을 통하여 다른 수용자에게 금품을 교부하는 행위
6. 작업·교육·접견·집필·전화통화·운동, 그 밖에 교도관의 직무 또는 다른 수용자의 정상적인 일과 진행을 방해하는 행위
7. 문신을 하거나 이물질을 신체에 삽입하는 등 의료 외의 목적으로 신체를 변형시키는 행위
8. 허가 없이 지정된 장소를 벗어나거나 금지구역에 출입하는 행위
9. 허가 없이 다른 사람과 만나거나 연락하는 행위
10. 수용생활의 편의 등 자신의 요구를 관철할 목적으로 이물질을 삼키는 행위
11. 인원점검을 회피하거나 방해하는 행위
12. 교정시설의 설비나 물품을 고의로 훼손하거나 낭비하는 행위
13. 고의로 수용자의 번호표, 거실표 등을 지정된 위치에 붙이지 아니하거나 그 밖의 방법으로 현황파악을 방해하는 행위
14. 큰 소리를 내거나 시끄럽게 하여 다른 수용자의 평온한 수용생활을 현저히 방해하는 행위
15. 허가 없이 물품을 지니거나 반입·제작·변조·교환 또는 주고받는 행위
16. 도박이나 그 밖에 사행심을 조장하는 놀이나 내기를 하는 행위
17. 지정된 거실에 입실하기를 거부하는 등 정당한 사유 없이 교도관의 직무상 지시나 명령을 따르지 아니하는 행위
18. 공연히 다른 사람을 해할 의사를 표시하는 행위

관련판례

[1] 교정시설은 수형자 등을 구금함으로써 그 형을 집행하고 이들의 교정교화와 건전한 사회복귀를 도모하는 것을 목적으로 하는 시설이고, 수용자는 이처럼 격리된 시설에서 강제적인 공동생활을 하게 되므로 헌법이 보장하는 신체의 자유 등 기본권에 대한 제한은 불가피하다. 그러나 수용자의 경우에도 모든 기본권의 제한이 정당화될 수 없으며 국가가 개인의 불가침의 기본적인 인권을 확인하고 보장할 의무(헌법 제10조 후문)로부터 자유로워질 수는 없다. 따라서 수용자의 지위에서 예정되어 있는 기본권 제한이라도 형의 집행과 도주 방지라는 구금의 목적과 관련되어야 하고 그 필요한 범위를 벗어날 수 없으며, 교도소의 안전 및 질서유지를 위하여 행해지는 규율과 징계로 인한 기본권의 제한도 다른 방법으로는 그 목적을 달성할 수 없는 경우에만 예외적으로 허용되어야 한다(헌재 2016.6.30. 2015헌마36). [2017. 7급]

[2] **법령에서 명한 금지행위의 위반과 위계에 의한 공무집행방해죄의 성립 여부**(소극)

법령에서 어떤 행위의 금지를 명하면서 이를 위반하는 행위에 대한 벌칙을 두는 한편, 공무원으로 하여금 그 금지규정의 위반 여부를 감시, 단속하게 하고 있는 경우 그 공무원에게는 금지규정 위반행위의 유무를 감시하여 확인하고 단속할 권한과 의무가 있으므로 단순히 공무원의 감시, 단속을 피하여 금지규정에 위반하는 행위를 한 것에 불과하다면 그에 대하여 벌칙을 적용하는 것은 별론으로 하고 그 행위가 위계에 의한 공무집행방해죄에 해당하는 것이라고는 할 수 없다(대법원 2003.11.13. 2001도7045).

[3] **교도관과 수용자가 상호 공모하여 수용자가 교도관으로부터 담배를 교부받아 이를 흡연한 행위 및 휴대폰을 교부받아 외부와 통화한 행위 등이 위계에 의한 공무집행방해죄에 해당하지 않는다고 한 사례**

구체적이고 현실적으로 감시·단속업무를 수행하는 교도관에 대하여 위계를 사용하여 그 업무 집행을 못하게 한다면 이에 대하여 위계에 의한 공무집행방해죄가 성립한다고 할 것이지만, 수용자가 교도관의 감시, 단속을 피하여 규율위반행위를 하는 것만으로는 단순히 금지규정에 위반되는 행위를 한 것에 지나지 아니할 뿐 이로써 위계에 의한 공무집행방해죄가 성립한다고는 할 수 없고, 수용자가 아닌 자가 교도관의 검사 또는 감시를 피하여 금지물품을 교도소 내로 반입되도록 하였다고 하더라도 교도관에게 교도소 등의 출입자와 반출·입 물품을 단속, 검사하거나 수용자의 거실 또는 신체 등을 검사하여 금지물품 등을 회수하여야 할 권한과 의무가 있는 이상, 그러한 수용자 아닌 자의 행위를 위계에 의한 공무집행방해죄에 해당하는 것으로는 볼 수 없으며, 교도관이 수용자의 규율위반행위를 알면서도 이를 방치하거나 도와주었더라도, 이를 다른 교도관에 대한 관계에서 위계에 의한 공무집행방해죄가 성립하는 것으로 볼 수는 없다(대법원 2003.11.13. 2001도7045). [2018. 8급 승진]

[4] **수용자 또는 수용자 아닌 자가 교도관의 감시·단속을 피하여 규율위반행위를 하는 경우, 위계에 의한 공무집행방해죄의 성립 여부**(한정 적극)(대법원 2005.8.25. 2005도1731)

① 수용자가 교도관의 감시·단속을 피하여 규율위반행위를 하는 것만으로는 단순히 금지규정에 위반되는 행위를 한 것에 지나지 아니할 뿐 위계에 의한 공무집행방해죄가 성립한다고 할 수 없고, 또 수용자가 아닌 자가 교도관의 검사 또는 감시를 피하여 금지물품을 반입하거나 허가없이 전화 등의 방법으로 다른 사람과 연락하도록 하였더라도 교도관에게 교도소 등의 출입자와 반출·입 물품을 단속·검사할 권한과 의무가 있는 이상, 수용자 아닌 자의 그러한 행위는 특별한 사정이 없는 한 위계에 의한 공무집행방해죄에 해당하는 것으로는 볼 수 없다.

② 구체적이고 현실적으로 감시·단속업무를 수행하는 교도관에 대하여 그가 충실히 직무를 수행한다고 하더라도 통상적인 업무처리과정 하에서는 사실상 적발이 어려운 위계를 적극적으로 사용하여 그 업무집행을 하지 못하게 하였다면 이에 대하여 위계에 의한 공무집행방해죄가 성립한다.

③ 피고인은 휴대전화와 증권거래용 단말기를 구치소 내로 몰래 반입하고, 교도관에게 적발되지 않기 위해 휴대전화의 핸즈프리를 상의 호주머니 속에 숨긴 다음 수용자인 공소외인 등과 머리를 맞대고 변호인과 수용자가 상담하는 것처럼 가장하였는바, 구체적이고 현실적으로 접견호실 통제 업무를 담당하는 교도관들에 대하여 그들의 통상적인 업무처리과정 하에서는 사실상 적발이 어려운 위계를 사용하여 그 직무집행에 지장을 주거나 곤란하게 하는 행위임이 명백하다.

제108조 징벌의 종류

징벌의 종류는 다음 각 호와 같다.
 1. 경고
 2. 50시간 이내의 근로봉사
 3. 3개월 이내의 작업장려금 삭감
 4. 30일 이내의 공동행사 참가 정지
 5. 30일 이내의 신문열람 제한
 6. 30일 이내의 텔레비전 시청 제한
 7. 30일 이내의 자비구매물품(의사가 치료를 위하여 처방한 의약품을 제외한다) 사용 제한
 8. 30일 이내의 작업 정지(신청에 따른 작업에 한정한다)
 9. 30일 이내의 전화통화 제한
 10. 30일 이내의 집필 제한
 11. 30일 이내의 편지수수 제한
 12. 30일 이내의 접견 제한
 13. 30일 이내의 실외운동 정지
 14. 30일 이내의 금치

제109조 징벌의 부과

① 제108조 제4호부터 제13호까지의 처분은 함께 부과할 수 있다.
② 수용자가 다음 각 호의 어느 하나에 해당하면 제108조 제2호부터 제14호까지의 규정에서 정한 징벌의 장기의 2분의 1까지 가중할 수 있다.
　 1. 2 이상의 징벌사유가 경합하는 때
　 2. 징벌이 집행 중에 있거나 징벌의 집행이 끝난 후 또는 집행이 면제된 후 6개월 내에 다시 징벌사유에 해당하는 행위를 한 때
③ 징벌은 동일한 행위에 관하여 거듭하여 부과할 수 없으며, 행위의 동기 및 경중, 행위 후의 정황, 그 밖의 사정을 고려하여 수용목적을 달성하는 데에 필요한 최소한도에 그쳐야 한다.
④ 징벌사유가 발생한 날부터 2년이 지나면 이를 이유로 징벌을 부과하지 못한다.

시행규칙 ✏️

제215조 징벌 부과기준
수용자가 징벌대상행위를 한 경우 부과하는 징벌의 기준은 다음 각 호의 구분에 따른다.
1. 법 제107조 제1호·제4호 및 이 규칙 제214조 제1호부터 제3호까지의 규정 중 어느 하나에 해당하는 행위는 21일 이상 30일 이하의 금치에 처할 것. 다만, 위반의 정도가 경미한 경우 그 기간의 2분의 1의 범위에서 감경할 수 있다.
2. 법 제107조 제5호, 이 규칙 제214조 제4호·제5호·제5호의2 및 제6호부터 제8호까지의 규정 중 어느 하나에 해당하는 행위는 다음 각 목의 어느 하나에 처할 것
　 가. 16일 이상 20일 이하의 금치. 다만, 위반의 정도가 경미한 경우 그 기간의 2분의 1의 범위에서 감경할 수 있다.
　 나. 3개월의 작업장려금 삭감
3. 법 제107조 제2호·제3호 및 이 규칙 제214조 제9호부터 제14호까지의 규정 중 어느 하나에 해당하는 행위는 다음 각 목의 어느 하나에 처할 것

　　가. 10일 이상 15일 이하의 금치
　　나. 2개월의 작업장려금 삭감
4. 제214조 제15호부터 제18호까지의 규정 중 어느 하나에 해당하는 행위는 다음 각 목의 어느 하나에 처할 것
　　가. 9일 이하의 금치
　　나. 30일 이내의 실외운동 및 공동행사참가 정지
　　다. 30일 이내의 접견·편지수수·집필 및 전화통화 제한
　　라. 30일 이내의 텔레비전시청 및 신문열람 제한
　　마. 1개월의 작업장려금 삭감
5. 징벌대상행위를 하였으나 그 위반 정도가 경미한 경우에는 제1호부터 제4호까지의 규정에도 불구하고 다음 각 목의 어느 하나에 처할 것
　　가. 30일 이내의 접견 제한
　　나. 30일 이내의 편지수수 제한
　　다. 30일 이내의 집필 제한
　　라. 30일 이내의 전화통화 제한
　　마. 30일 이내의 작업정지
　　바. 30일 이내의 자비구매물품 사용 제한
　　사. 30일 이내의 텔레비전 시청 제한
　　아. 30일 이내의 신문 열람 제한
　　자. 30일 이내의 공동행사 참가 정지
　　차. 50시간 이내의 근로봉사
　　카. 경고

제216조 징벌부과 시 고려사항

제215조의 기준에 따라 징벌을 부과하는 경우에는 다음 각 호의 사항을 고려하여야 한다.
1. 징벌대상행위를 하였다고 의심할 만한 상당한 이유가 있는 수용자(이하 "징벌대상자"라 한다)의 나이·성격·지능·성장환경·심리상태 및 건강
2. 징벌대상행위의 동기·수단 및 결과
3. 자수 등 징벌대상행위 후의 정황
4. 교정성적 또는 그 밖의 수용생활태도

제217조 교사와 방조

① 다른 수용자를 교사하여 징벌대상행위를 하게 한 수용자에게는 그 징벌대상행위를 한 수용자에게 부과되는 징벌과 같은 징벌을 부과한다.
② 다른 수용자의 징벌대상행위를 방조한 수용자에게는 그 징벌대상행위를 한 수용자에게 부과되는 징벌과 같은 징벌을 부과하되, 그 정황을 고려하여 2분의 1까지 감경할 수 있다.

제218조 징벌대상행위의 경합

① 둘 이상의 징벌대상행위가 경합하는 경우에는 각각의 행위에 해당하는 징벌 중 가장 중한 징벌의 2분의 1까지 가중할 수 있다.
② 제1항의 경우 징벌의 경중은 제215조 각 호의 순서에 따른다. 이 경우 같은 조 제2호부터 제5호까지의 경우에는 각 목의 순서에 따른다.

제110조 징벌대상자의 조사

① 소장은 징벌사유에 해당하는 행위를 하였다고 의심할 만한 상당한 이유가 있는 수용자(이하 "징벌대상자"라 한다)가 다음 각 호의 어느 하나에 해당하면 조사기간 중 분리하여 수용할 수 있다.
  1. 증거를 인멸할 우려가 있는 때
  2. 다른 사람에게 위해를 끼칠 우려가 있거나 다른 수용자의 위해로부터 보호할 필요가 있는 때
② 소장은 징벌대상자가 제1항 각 호의 어느 하나에 해당하면 접견·편지수수·전화통화·실외운동·작업·교육훈련, 공동행사 참가, 중간처우 등 다른 사람과의 접촉이 가능한 처우의 전부 또는 일부를 제한할 수 있다.

시행규칙

제219조 조사 시 지켜야 할 사항

징벌대상행위에 대하여 조사하는 교도관이 징벌대상자 또는 참고인 등을 조사할 때에는 다음 각 호의 사항을 지켜야 한다.
1. 인권침해가 발생하지 아니하도록 유의할 것
2. 조사의 이유를 설명하고, 충분한 진술의 기회를 제공할 것
3. 공정한 절차와 객관적 증거에 따라 조사하고, 선입견이나 추측에 따라 처리하지 아니할 것
4. 형사 법률에 저촉되는 행위에 대하여 징벌 부과 외에 형사입건조치가 요구되는 경우에는 형사소송절차에 따라 조사대상자에게 진술을 거부할 수 있다는 것과 변호인을 선임할 수 있다는 것을 알릴 것

제219조의2 징벌대상자에 대한 심리상담

소장은 특별한 사유가 없으면 교도관으로 하여금 징벌대상자에 대한 심리상담을 하도록 해야 한다.

제220조 조사기간

① 수용자의 징벌대상행위에 대한 조사기간(조사를 시작한 날부터 법 제111조 제1항의 징벌위원회의 의결이 있는 날까지를 말한다. 이하 같다)은 10일 이내로 한다. 다만, 특히 필요하다고 인정하는 경우에는 1회에 한하여 7일을 초과하지 아니하는 범위에서 그 기간을 연장할 수 있다.
② 소장은 제1항의 조사기간 중 조사결과에 따라 다음 각 호의 어느 하나에 해당하는 조치를 할 수 있다.
  1. 법 제111조 제1항의 징벌위원회(이하 "징벌위원회"라 한다)로의 회부
  2. 징벌대상자에 대한 무혐의 통고
  3. 징벌대상자에 대한 훈계
  4. 징벌위원회 회부 보류
  5. 조사 종결
③ 제1항의 조사기간 중 법 제110조 제2항(징벌대상자에 대한 처우의 제한)에 따라 징벌대상자에 대하여 처우를 제한하는 경우에는 징벌위원회의 의결을 거쳐 처우를 제한한 기간의 전부 또는 일부를 징벌기간에 포함할 수 있다.
④ 소장은 징벌대상행위가 징벌대상자의 정신병적인 원인에 따른 것으로 의심할 만한 충분한 사유가 있는 경우에는 징벌절차를 진행하기 전에 의사의 진료, 전문가 상담 등 필요한 조치를 하여야 한다.
⑤ 소장은 징벌대상행위에 대한 조사 결과 그 행위가 징벌대상자의 정신병적인 원인에 따른 것이라고 인정하는 경우에는 그 행위를 이유로 징벌위원회에 징벌을 요구할 수 없다.
⑥ 제1항의 조사기간 중 징벌대상자의 생활용품 등의 보관에 대해서는 제232조(금치집행 중 생활용품 등의 별도 보관)를 준용한다.

제221조 조사의 일시정지

① 소장은 징벌대상자의 질병이나 그 밖의 특별한 사정으로 인하여 조사를 계속하기 어려운 경우에는 조사를 일시 정지할 수 있다.
② 제1항에 따라 정지된 조사기간은 그 사유가 해소된 때부터 다시 진행한다. 이 경우 조사가 정지된 다음 날부터 정지사유가 소멸한 전날까지의 기간은 조사기간에 포함되지 아니한다.

제222조 징벌대상자 처우제한의 알림

소장은 법 제110조 제2항(징벌대상자에 대한 처우의 제한)에 따라 접견·편지수수 또는 전화통화를 제한하는 경우에는 징벌대상자의 가족 등에게 그 사실을 알려야 한다. 다만, 징벌대상자가 알리기를 원하지 않는 경우에는 그렇지 않다.

참고자료

- 시행규칙 제220조 제1항: 징벌대상행위에 대한 조사기간 – 조사를 시작한 날부터 징벌위원회의 의결이 있는 날까지(○) ➡ ~ 징벌위원회에 회부한 날까지(×)
- 조사의 일시정지: 정지된 조사기간은 그 사유가 해소된 때부터 다시 진행한다. 이 경우 조사가 정지된 다음 날부터 정지사유가 소멸한 전날까지의 기간은 조사기간에 포함되지 아니한다(시행규칙 제221조 제2항).
- 징벌기간의 계산: 징벌집행을 일시 정지한 경우 그 정지사유가 해소되었을 때에는 지체 없이 징벌집행을 재개하여야 한다. 이 경우 집행을 정지한 다음날부터 집행을 재개한 전날까지의 일수는 징벌기간으로 계산하지 아니한다(시행령 제135조).

관련판례

[1] 징벌사유에 해당하는 행위를 하였다고 의심할 만한 상당한 이유가 있는 수용자에 대하여 조사가 필요한 경우, 수용자를 조사거실에 분리 수용할 수 있는지 여부(한정 적극)

징벌사유에 해당하는 행위를 하였다고 의심할 만한 상당한 이유가 있는 수용자에 대하여 조사가 필요한 경우라 하더라도, 특히 그 수용자에 대한 조사거실에의 분리 수용은 형집행법에 따라 그 수용자가 증거를 인멸할 우려가 있는 때 또는 다른 사람에게 위해를 끼칠 우려가 있거나 다른 수용자의 위해로부터 보호할 필요가 있는 때에 한하여 인정된다(대법원 2014.9.25. 2013도1198). [2019. 6급 승진]

[2] 교도소장이 징벌혐의의 조사를 위하여 14일간 청구인을 조사실에 분리수용하고 공동행사참가 등 처우를 제한한 행위가 적법절차원칙에 위반되는지 여부(소극)

분리수용과 처우제한은 징벌제도의 일부로서 징벌 혐의의 입증을 위한 과정이고, 그 과정을 거쳐 징벌처분을 내리기 위해서는 징벌위원회의 의결이라는 사전 통제절차를 거쳐야 하며, 내려진 징벌처분에 대해서는 행정소송을 통해 불복할 수 있다는 점, 조사단계에서의 분리수용이나 처우제한에까지 일일이 법원에 의한 사전 또는 사후통제를 요구한다면 징벌제도 시행에 있어서 비효율을 초래할 수 있다는 점, 조사단계에서 징벌혐의의 고지와 의견진술의 기회 부여가 이루어진다는 점 등을 종합하여 볼 때, 분리수용 및 처우제한에 대해 법원에 의한 개별적인 통제절차를 두고 있지 않다는 점만으로 이 사건 분리수용 및 이 사건 처우제한이 적법절차원칙에 위반된 것이라고 볼 수는 없다(헌재 2014.9.25. 2012헌마523).

[3] 징벌혐의의 조사를 받고 있는 청구인이 변호인 아닌 자와 접견할 당시 교도관이 참여하여 대화내용을 기록하게 한 행위가 청구인의 사생활의 비밀과 자유를 침해하는지 여부(소극)

접견내용을 녹음·녹화하는 경우 수용자 및 그 상대방에게 그 사실을 말이나 서면 등으로 알려주어야 하고 취득된 접견기록물은 법령에 의해 보호·관리되고 있으므로 사생활의 비밀과 자유에 대한 침해를 최소화하는 수단이 마련되어 있다는 점, 청구인이 나눈 접견내용에 대한 사생활의 비밀로서의 보호가치에 비해 증거인멸의 위험을 방지하고 교정시설 내의 안전과 질서유지에 기여하려는 공익이 크고 중요하다는 점에 비추어 볼 때, 이 사건 접견참여·기록이 청구인의 사생활의 비밀과 자유를 침해하였다고 볼 수 없다(헌재 2014.9.25. 2012헌마523). [2018. 7급 승진] 총 2회 기출

제111조 징벌위원회

① 징벌대상자의 징벌을 결정하기 위하여 교정시설에 징벌위원회(이하 이 조에서 "위원회"라 한다)를 둔다.

② 위원회는 위원장을 포함한 5명 이상 7명 이하의 위원으로 구성하고, 위원장은 소장의 바로 다음 순위자가 되며, 위원은 소장이 소속 기관의 과장(지소의 경우에는 7급 이상의 교도관) 및 교정에 관한 학식과 경험이 풍부한 외부인사 중에서 임명 또는 위촉한다. 이 경우 외부위원은 3명 이상으로 한다.

③ 위원회는 소장의 징벌요구에 따라 개회하며, 징벌은 그 의결로써 정한다.

④ 위원이 징벌대상자의 친족이거나 그 밖에 공정한 심의·의결을 기대할 수 없는 특별한 사유가 있는 경우에는 위원회에 참석할 수 없다.

⑤ 징벌대상자는 위원에 대하여 기피신청을 할 수 있다. 이 경우 위원회의 의결로 기피 여부를 결정하여야 한다.

⑥ 위원회는 징벌대상자가 위원회에 출석하여 충분한 진술을 할 수 있는 기회를 부여하여야 하며, 징벌대상자는 서면 또는 말로써 자기에게 유리한 사실을 진술하거나 증거를 제출할 수 있다.

⑦ 위원회의 위원 중 공무원이 아닌 사람은 「형법」 제127조(공무상 비밀의 누설) 및 제129조부터 제132조까지 (수뢰·사전수뢰, 제3자 뇌물제공, 수뢰후 부정처사·사후수뢰, 알선수뢰)의 규정을 적용할 때에는 공무원으로 본다.

시행령 🖉

제129조 징벌위원회의 소집
법 제111조에 따른 징벌위원회(이하 이 장에서 "위원회"라 한다)의 위원장은 소장의 징벌요구에 따라 위원회를 소집한다.

제130조 위원장의 직무대행
위원회의 위원장이 불가피한 사정으로 그 직무를 수행하기 어려운 경우에는 위원장이 미리 지정한 위원이 그 직무를 대행한다.

제131조 위원의 제척
위원회의 위원이 해당 징벌대상 행위의 조사를 담당한 경우에는 해당 위원회에 참석할 수 없다.

제132조 징벌의결 통고
위원회가 징벌을 의결한 경우에는 이를 소장에게 즉시 통고하여야 한다.

시행규칙 🖉

제223조 징벌위원회 외부위원
① 소장은 법 제111조 제2항에 따른 징벌위원회의 외부위원을 다음 각 호의 사람 중에서 위촉한다.
   1. 변호사
   2. 대학에서 법률학을 가르치는 조교수 이상의 직에 있는 사람
   3. 교정협의회(교정위원 전원으로 구성된 협의체를 말한다)에서 추천한 사람
   4. 그 밖에 교정에 관한 학식과 경험이 풍부한 사람
② 제1항에 따라 위촉된 위원의 임기는 2년으로 하며, 연임할 수 있다.
③ 소장은 외부위원이 다음 각 호의 어느 하나에 해당하는 경우에는 해당 위원을 해촉할 수 있다.
   1. 심신장애로 직무수행이 불가능하거나 현저히 곤란하다고 인정되는 경우
   2. 직무와 관련된 비위사실이 있는 경우
   3. 직무태만, 품위 손상, 그 밖의 사유로 인하여 위원으로서 직무를 수행하기 적합하지 아니하다고 인정되는 경우
   4. 위원 스스로 직무를 수행하는 것이 곤란하다고 의사를 밝히는 경우
   5. 특정 종파나 특정 사상에 편향되어 징벌의 공정성을 해칠 우려가 있는 경우

④ 제1항에 따라 위촉된 위원이 징벌위원회에 참석한 경우에는 예산의 범위에서 수당, 여비, 그 밖에 필요한 경비를 지급할 수 있다.

제224조 징벌위원회 위원장

법 제111조 제2항에서 "소장의 바로 다음 순위자"는 「법무부와 그 소속기관 직제 시행규칙」의 직제순위에 따른다.

제225조 징벌위원회 심의 · 의결대상

징벌위원회는 다음 각 호의 사항을 심의 · 의결한다.

1. 징벌대상행위의 사실 여부
2. 징벌의 종류와 내용
3. 제220조 제3항(조사기간 중 처우상의 제한)에 따른 징벌기간 산입
4. 법 제111조 제5항(징벌위원에 대한 기피신청)에 따른 징벌위원에 대한 기피신청의 심의 · 의결
5. 법 제114조 제1항(징벌집행의 유예)에 따른 징벌집행의 유예여부와 그 기간
6. 그 밖에 징벌내용과 관련된 중요 사항

제226조 징벌의결의 요구

① 소장이 징벌대상자에 대하여 징벌의결을 요구하는 경우에는 별지 제14호 서식의 징벌의결 요구서를 작성하여 징벌위원회에 제출하여야 한다.
② 제1항에 따른 징벌의결 요구서에는 징벌대상행위의 입증에 필요한 관계서류를 첨부할 수 있다.

제227조 징벌대상자에 대한 출석 통지

① 징벌위원회가 제226조에 따른 징벌의결 요구서를 접수한 경우에는 지체 없이 징벌대상자에게 별지 제15호 서식의 출석통지서를 전달하여야 한다.
② 제1항에 따른 출석통지서에는 다음 각 호의 내용이 포함되어야 한다.
  1. 혐의사실 요지
  2. 출석 장소 및 일시
  3. 징벌위원회에 출석하여 자기에게 이익이 되는 사실을 말이나 서면으로 진술할 수 있다는 사실
  4. 서면으로 진술하려면 징벌위원회를 개최하기 전까지 진술서를 제출하여야 한다는 사실
  5. 증인신청 또는 증거제출을 할 수 있다는 사실
  6. 형사절차상 불리하게 적용될 수 있는 사실에 대하여 진술을 거부할 수 있다는 것과 진술하는 경우에는 형사절차상 불리하게 적용될 수 있다는 사실
③ 제1항에 따라 출석통지서를 전달받은 징벌대상자가 징벌위원회에 출석하기를 원하지 아니하는 경우에는 별지 제16호 서식의 출석포기서를 징벌위원회에 제출하여야 한다.

참고자료

- 법 제111조 제5항: 징벌위원회의 의결로 기피 여부를 결정(○) ➡ 소장이 기피 여부를 결정(✕)
- 징벌위원회는 징벌대상자가 진술하기 전에 불이익한 진술을 거부할 수 있음을 고지하여야 한다.(✕) ➡ 징벌대상행위에 대하여 조사하는 교도관이 징벌대상자 또는 참고인 등을 조사할 때 알려야 하는 사항이다(시행규칙 제219조 제4호). 징벌위원회가 전달하는 출석통지서에 진술거부권에 대한 내용이 포함되어 있다(시행규칙 제227조 제2항 제6호).

제228조 징벌위원회의 회의

① 징벌위원회는 출석한 징벌대상자를 심문하고, 필요하다고 인정하는 경우에는 교도관이나 다른 수용자 등을 참고인으로 출석하게 하여 심문할 수 있다.
② 징벌위원회는 필요하다고 인정하는 경우 제219조의2(징벌대상자에 대한 심리상담)에 따라 심리상담을 한 교도관으로 하여금 그 심리상담 결과를 제출하게 하거나 해당 교도관을 징벌위원회에 출석하게 하여 심리상담 결과를 진술하게 할 수 있다.

③ 징벌위원회는 징벌대상자에게 제227조 제1항에 따른 출석통지서를 전달하였음에도 불구하고 징벌대상자가 같은 조 제3항에 따른 출석포기서를 제출하거나 정당한 사유 없이 출석하지 아니한 경우에는 그 사실을 별지 제17호 서식의 징벌위원회 회의록에 기록하고 서면심리만으로 징벌을 의결할 수 있다.

④ 징벌위원회는 재적위원 과반수의 출석으로 개의하고, 출석위원 과반수의 찬성으로 의결한다. 이 경우 외부위원 1명 이상이 출석한 경우에만 개의할 수 있다.

⑤ 징벌의 의결은 별지 제18호 서식의 징벌의결서에 따른다.

⑥ 징벌위원회가 작업장려금 삭감을 의결하려면 사전에 수용자의 작업장려금을 확인하여야 한다.

⑦ 징벌위원회의 회의에 참여한 사람은 직무상 알게 된 비밀을 누설하여서는 아니 된다.

제111조의2 징벌대상행위에 관한 양형 참고자료 통보

소장은 미결수용자에게 징벌을 부과한 경우에는 그 징벌대상행위를 양형 참고자료로 작성하여 관할 검찰청 검사 또는 관할 법원에 통보할 수 있다.

제112조 징벌의 집행

① 징벌은 소장이 집행한다.

② 소장은 징벌집행을 위하여 필요하다고 인정하면 수용자를 분리하여 수용할 수 있다.

③ 제108조 제14호(30일 이내의 금치)의 처분을 받은 사람에게는 그 기간 중 같은 조 제4호(30일 이내의 공동행사 참가 정지)부터 제12호(30일 이내의 접견 제한)까지의 처우제한이 함께 부과된다. 다만, 소장은 수용자의 권리구제, 수형자의 교화 또는 건전한 사회복귀를 위하여 특히 필요하다고 인정하면 집필·편지수수 또는 접견을 허가할 수 있다.

④ 소장은 제108조 제14호(30일 이내의 금치)의 처분을 받은 사람에게 다음 각 호의 어느 하나에 해당하는 사유가 있어 필요하다고 인정하는 경우에는 건강유지에 지장을 초래하지 아니하는 범위에서 실외운동을 제한할 수 있다.

1. 도주의 우려가 있는 경우
2. 자해의 우려가 있는 경우
3. 다른 사람에게 위해를 끼칠 우려가 있는 경우
4. 그 밖에 시설의 안전 또는 질서를 크게 해칠 우려가 있는 경우로서 법무부령으로 정하는 경우

> [법무부령으로 정하는 경우](시행규칙 제215조의2)
> 1. 다른 사람으로부터 위해를 받을 우려가 있는 경우
> 2. 위력으로 교도관의 정당한 직무집행을 방해할 우려가 있는 경우
> 3. 소란행위를 계속하여 다른 수용자의 평온한 수용생활을 방해할 우려가 있는 경우
> 4. 교정시설의 설비·기구 등을 손괴할 우려가 있는 경우

⑤ 소장은 제108조 제13호(30일 이내의 실외운동 정지)에 따른 실외운동 정지를 부과하는 경우 또는 제4항에 따라 (30일 이내의 금치처분을 받은 사람의)실외운동을 제한하는 경우라도 수용자가 매주 1회 이상 실외운동을 할 수 있도록 하여야 한다.

⑥ 소장은 제108조 제13호(30일 이내의 실외운동 정지) 또는 제14호(30일 이내의 금치)의 처분을 집행하는 경우에는 의무관으로 하여금 사전에 수용자의 건강을 확인하도록 하여야 하며, 집행 중인 경우에도 수시로 건강상태를 확인하여야 한다.

시행령

제133조 징벌의 집행

① 소장은 제132조의 통고(징벌의결 통고)를 받은 경우에는 징벌을 지체 없이 집행하여야 한다.

② 소장은 수용자가 징벌처분을 받아 접견, 편지수수 또는 전화통화가 제한된 경우에는 그의 가족에게 그 사실을 알려야 한다. 다만, 수용자가 알리는 것을 원하지 않으면 알리지 않는다.

③ 삭제 〈2017.9.19.〉

④ 소장은 법 제108조 제13호(30일 이내의 실외운동 정지) 및 제14호(30일 이내의 금치)의 징벌집행을 마친 경우에는 의무관에게 해당 수용자의 건강을 지체 없이 확인하게 하여야 한다.

⑤ 의무관이 출장, 휴가, 그 밖의 부득이한 사유로 법 제112조 제5항(30일 이내의 실외운동 정지 및 30일 이내의 금치 처분을 받은 수용자의 사전 건강 확인, 집행 중 수시 건강상태 확인) 및 이 조 제4항(30일 이내의 실외운동 정지 및 30일 이내의 금치 처분을 받은 수용자의 집행 후 지체 없이 건강 확인)의 직무를 수행할 수 없는 경우에는 제119조 제2항(의료관계 직원 대행 건강상태 확인)을 준용한다.

제134조 징벌집행의 계속

법 제108조 제4호(30일 이내의 공동행사 참가 정지)부터 제14호(30일 이내의 금치)까지의 징벌 집행 중인 수용자가 다른 교정시설로 이송되거나 법원 또는 검찰청 등에 출석하는 경우에는 징벌집행이 계속되는 것으로 본다.

시행규칙

제229조 집행절차

① 징벌위원회는 영 제132조(징벌의결 통고)에 따라 소장에게 징벌의결 내용을 통고하는 경우에는 징벌의결서 정본을 첨부하여야 한다.

② 소장은 징벌을 집행하려면 징벌의결의 내용과 징벌처분에 대한 불복방법 등을 기록한 별지 제19호 서식의 징벌집행통지서에 징벌의결서 부본을 첨부하여 해당 수용자에게 전달하여야 한다.

③ 영 제137조에 따른 징벌집행부는 별지 제19호의2 서식에 따른다.

④ 소장은 영 제137조(징벌사항의 기록)에 따라 수용자의 징벌에 관한 사항을 징벌집행부에 기록한 때에는 그 내용을 제119조 제3항에 따른 교정정보시스템에 입력해야 한다.

제230조 징벌의 집행순서

① 금치와 그 밖의 징벌을 집행할 경우에는 금치를 우선하여 집행한다. 다만, 작업장려금의 삭감과 경고는 금치와 동시에 집행할 수 있다.

② 같은 종류의 징벌은 그 기간이 긴 것부터 집행한다.

③ 금치를 제외한 두 가지 이상의 징벌을 집행할 경우에는 함께 집행할 수 있다.

④ 두 가지 이상의 금치는 연속하여 집행할 수 없다. 다만, 두 가지 이상의 금치 기간의 합이 45일 이하인 경우에는 그렇지 않다.

제231조 징벌의 집행방법

① 작업장려금의 삭감은 징벌위원회가 해당 징벌을 의결한 날이 속하는 달의 작업장려금부터 이미 지급된 작업장려금에 대하여 역순으로 집행한다.

② 소장은 금치를 집행하는 경우에는 징벌집행을 위하여 별도로 지정한 거실(이하 "징벌거실"이라 한다)에 해당 수용자를 수용하여야 한다.

③ 소장은 금치 외의 징벌을 집행하는 경우 그 징벌의 목적을 달성하기 위하여 필요하다고 인정하면 해당 수용자를 징벌거실에 수용할 수 있다.

④ 소장은 징벌집행을 받고 있거나 집행을 앞둔 수용자가 같은 행위로 형사 법률에 따른 처벌이 확정되어 징벌을 집행할 필요가 없다고 인정하면 징벌집행을 감경하거나 면제할 수 있다.

제232조 금치 집행 중 생활용품 등의 별도 보관

소장은 금치 중인 수용자가 생활용품 등으로 자살·자해할 우려가 있거나 교정시설의 안전과 질서를 해칠 우려가 있는 경우에는 그 물품을 따로 보관하고 필요한 경우에만 이를 사용하게 할 수 있다.

제233조 징벌집행 중인 수용자의 심리상담 등

① 소장은 징벌집행 중인 수용자의 심리적 안정과 징벌대상행위의 재발방지를 위해서 교도관으로 하여금 징벌집행 중인 수용자에 대한 심리상담을 하게 해야 한다.
② 소장은 징벌대상행위의 재발방지에 도움이 된다고 인정하는 경우에는 징벌집행 중인 수용자가 교정위원, 자원봉사자 등 전문가의 상담을 받게 할 수 있다.

제215조의2 금치 집행 중 실외운동의 제한

법 제112조 제4항 제4호에서 "법무부령으로 정하는 경우"란 다음 각 호와 같다.
1. 다른 사람으로부터 위해를 받을 우려가 있는 경우
2. 위력으로 교도관의 정당한 직무집행을 방해할 우려가 있는 경우
3. 소란행위를 계속하여 다른 수용자의 평온한 수용생활을 방해할 우려가 있는 경우
4. 교정시설의 설비·기구 등을 손괴할 우려가 있는 경우

제113조 징벌집행의 정지·면제

① 소장은 질병이나 그 밖의 사유로 징벌집행이 곤란하면 그 사유가 해소될 때까지 그 집행을 일시 정지할 수 있다.
② 소장은 징벌집행 중인 사람이 뉘우치는 빛이 뚜렷한 경우에는 그 징벌을 감경하거나 남은 기간의 징벌집행을 면제할 수 있다.

시행령

제135조 징벌기간의 계산

소장은 법 제113조 제1항(징벌집행의 일시정지)에 따라 징벌집행을 일시 정지한 경우 그 정지사유가 해소되었을 때에는 지체 없이 징벌집행을 재개하여야 한다. 이 경우 집행을 정지한 다음날부터 집행을 재개한 전날까지의 일수는 징벌기간으로 계산하지 아니한다.

제136조 이송된 사람의 징벌

수용자가 이송 중에 징벌대상 행위를 하거나 다른 교정시설에서 징벌대상 행위를 한 사실이 이송된 후에 발각된 경우에는 그 수용자를 인수한 소장이 징벌을 부과한다.

제137조 징벌사항의 기록

소장은 수용자의 징벌에 관한 사항을 수용기록부 및 징벌집행부에 기록하여야 한다.

제114조 징벌집행의 유예

① 징벌위원회는 징벌을 의결하는 때에 행위의 동기 및 정황, 교정성적, 뉘우치는 정도 등 그 사정을 고려할 만한 사유가 있는 수용자에 대하여 2개월 이상 6개월 이하의 기간 내에서 징벌의 집행을 유예할 것을 의결할 수 있다.
② 소장은 징벌집행의 유예기간 중에 있는 수용자가 다시 제107조의 징벌대상행위를 하여 징벌이 결정되면 그 유예한 징벌을 집행한다.
③ 수용자가 징벌집행을 유예받은 후 징벌을 받음이 없이 유예기간이 지나면 그 징벌의 집행은 종료된 것으로 본다.

제115조 징벌의 실효 등

① 소장은 징벌의 집행이 종료되거나 집행이 면제된 수용자가 교정성적이 양호하고 법무부령으로 정하는 기간 동안 징벌을 받지 아니하면 법무부장관의 승인을 받아 징벌을 실효시킬 수 있다.

② 제1항에도 불구하고 소장은 수용자가 교정사고 방지에 뚜렷한 공로가 있다고 인정되면 분류처우위원회의 의결을 거친 후 법무부장관의 승인을 받아 징벌을 실효시킬 수 있다.

③ 이 법에 규정된 사항 외에 징벌에 관하여 필요한 사항은 법무부령으로 정한다.

시행규칙

제234조 징벌의 실효

① 법 제115조 제1항에서 "법무부령으로 정하는 기간"이란 다음 각 호와 같다.

1. 제215조 제1호부터 제4호까지의 징벌 중 금치의 경우에는 다음 각 목의 기간

    가. 21일 이상 30일 이하의 금치: 2년 6개월

    나. 16일 이상 20일 이하의 금치: 2년

    다. 10일 이상 15일 이하의 금치: 1년 6개월

    라. 9일 이하의 금치: 1년

2. 제215조 제2호에 해당하는 금치 외의 징벌: 2년

3. 제215조 제3호에 해당하는 금치 외의 징벌: 1년 6개월

4. 제215조 제4호에 해당하는 금치 외의 징벌: 1년

5. 제215조 제5호에 해당하는 징벌: 6개월

② 소장은 법 제115조 제1항·제2항에 따라 징벌을 실효시킬 필요가 있으면 징벌실효기간이 지나거나 분류처우위원회의 의결을 거친 후에 지체 없이 법무부장관에게 그 승인을 신청하여야 한다.

③ 소장은 법 제115조에 따라 실효된 징벌을 이유로 그 수용자에게 처우상 불이익을 주어서는 아니 된다.

참고자료

- 비교·구분: 법 제112조 제3항과 법 제70조 제1항
- 법 제113조: 징벌집행의 일시정지·감경·면제 – 소장의 결정사항(징벌위원회의 의결사항×)
- 「질병이나 그 밖의 사유로 징벌집행이 곤란」은 징벌집행의 일시정지 사유(법 제113조 제1항)이고, 「징벌집행 중인 사람이 뉘우치는 빛이 뚜렷한 경우」는 징벌집행의 감경·면제 사유(동조 제2항)이다.
- 법 제114조: 징벌집행의 유예 – 징벌위원회의 의결사항(소장의 결정사항×)
- 「행위의 동기 및 정황, 교정성적, 뉘우치는 정도 등 그 사정을 고려할 만한 사유가 있는 수용자」는 징벌집행의 유예 사유(법 제114조 제1항)이다.
- 법 제114조 제3항: 징벌대상행위를 하여 징벌이 결정되면 그 유예한 징벌을 집행한다.(○) ➡ 징벌대상행위를 하면 그 유예한 징벌을 집행한다.(×)
- 법 제114조 제3항: 징벌을 받음이 없이(○) ➡ 규율위반행위 없이(×)
- 시행규칙 제229조 제2항: 징벌집행의 주체는 소장이며, 징벌집행통지서는 소장이 해당수용자에게 전달한다.

관련판례 ★

[1] 형집행법상의 징벌을 받은 자에 대한 형사처벌이 일사부재리의 원칙에 위반되는지 여부(소극)

피고인이 형집행법에 의한 징벌을 받아 그 집행을 종료하였다고 하더라도 형집행법상의 징벌은 수형자의 교도소 내의 준수사항위반에 대하여 과하는 행정상의 질서벌의 일종으로서 형법 법령에 위반한 행위에 대한 형사책임과는 그 목적, 성격을 달리하는 것이므로 징벌을 받은 뒤에 형사처벌을 한다고 하여 일사부재리의 원칙에 반하는 것은 아니다(대법원 2000.10.27. 2000도3874). [2016. 5급 승진]

[2] 징벌의 일종인 금치처분을 받은 자에 대하여 금치기간 중 집필 전면 금지의 위헌 여부(적극)

금치처분을 받은 수형자의 집필에 관한 권리를 법률의 근거나 위임 없이 제한하는 것으로서 법률유보의 원칙에 위반되고, 규율 위반자에 대해 불이익을 가한다는 면만을 강조하여 금치처분을 받은 자에 대하여 집필의 목적과 내용 등을 묻지 않고, 또 대상자에 대한 교화 또는 처우상 필요한 경우까지도 예외 없이 일체의 집필행위를 금지하고 있음은 입법목적 달성을 위한 필요최소한의 제한이라는 한계를 벗어난 것으로서 과잉금지의 원칙에 위반된다(헌재 2005.2.24. 2003헌마289).

[3] 금치기간 중 집필을 금지하도록 한 형집행법 제112조 제3항 본문 중 미결수용자에게 적용되는 제108조 제10호에 관한 부분(집필제한 조항)**이 청구인의 표현의 자유를 침해하는지 여부**(소극)

금치 처분을 받은 수용자들은 이미 수용시설의 안전과 질서유지에 위반되는 행위, 그 중에서도 가장 중한 평가를 받은 행위를 한 자들이라는 점에서, 집필과 같은 처우 제한의 해제는 예외적인 경우로 한정될 수밖에 없고, 선례가 금치기간 중 집필을 전면 금지한 조항을 위헌으로 판단한 이후, 입법자는 집필을 허가할 수 있는 예외를 규정하고 금치처분의 기간도 단축하였다. 나아가 미결수용자는 징벌집행 중 소송서류의 작성 등 수사 및 재판 과정에서의 권리행사는 제한 없이 허용되는 점 등을 감안하면, 이 사건 집필제한 조항은 청구인의 표현의 자유를 침해하지 아니한다(헌재 2014.8.28. 2012헌마623).

[4] 금치 처분을 받은 수형자에 대하여 금치 기간 중 접견, 서신수발 금지의 위헌 여부(소극)

금치 징벌의 목적 자체가 징벌실에 수용하고 엄격한 격리에 의하여 개전을 촉구하고자 하는 것이므로 접견·서신수발의 제한은 불가피하며, 금치 기간 중의 접견·서신수발을 금지하면서도, 소장으로 하여금 "교화 또는 처우상 특히 필요하다고 인정되는 때"에는 금치 기간 중이라도 접견·서신수발을 허가할 수 있도록 예외를 둠으로써 과도한 규제가 되지 않도록 조치하고 있으므로, 금치 수형자에 대한 접견·서신수발의 제한은 수용시설 내의 안전과 질서 유지라는 정당한 목적을 위하여 필요·최소한의 제한이다(헌재 2004.12.16. 2002헌마478).

[5] 금치처분을 받은 미결수용자에 대하여 금치기간 중 서신수수, 접견, 전화통화를 제한하는 것은 대상자를 구속감과 외로움 속에 반성에 전념하게 함으로써 수용시설 내 안전과 질서를 유지하기 위한 것이다. 접견이나 서신수수의 경우에는 교정시설의 장이 수용자의 권리구제 등을 위해 필요하다고 인정한 때에는 예외적으로 허용할 수 있도록 하여 기본권 제한을 최소화하고 있다. 전화통화의 경우에는 위와 같은 예외가 규정되어 있지는 않으나, 증거인멸 우려 등의 측면에서 미결수용자의 전화통화의 자유를 제한할 필요성이 더 크다고 할 수 있다. 나아가 금치처분을 받은 자는 수용시설의 안전과 질서유지에 위반되는 행위, 그 중에서도 가장 중하다고 평가된 행위를 한 자이므로 이에 대하여 금치기간 중 일률적으로 전화통화를 금지한다 하더라도 과도하다고 보기 어렵다. 따라서 이 사건 서신수수·접견·전화통화 제한조항은 청구인의 통신의 자유를 침해하지 아니한다(헌재 2016.4.28. 2012헌마549). [2018. 7급 승진]

[6] 미결수용자의 규율위반행위 등에 대한 제재로서 금치처분과 함께 금치기간 중 신문과 자비구매도서의 열람을 제한하는 것은, 규율위반자에 대해서는 반성을 촉구하고 일반 수용자에 대해서는 규율 위반에 대한 불이익을 경고하여 수용자들의 규율 준수를 유도하며 궁극적으로 수용질서를 확립하기 위한 것이다. 이 사건 신문 및 도서열람제한 조항은 최장 30일의 기간 내에서만 신문이나 도서의 열람을 금지하고 열람을 금지하는 대상에 수용시설 내 비치된 도서는 포함시키지 않고 있으므로 위 조항들이 청구인의 알 권리를 과도하게 제한한다고 보기 어렵다(헌재 2016.4.28. 2012헌마549). [2018. 7급 승진]

[7] 금치기간 중 공동행사 참가 정지, 텔레비전 시청 제한, 신문·도서·잡지 외 자비구매물품의 사용을 제한하는 형집행법 제112조 제3항 본문 중 제108조 제4호·제6호·제7호는 헌법에 위반되지 아니한다(헌재 2016.5.26. 2014헌마45).

[8] 금치 처분을 받은 수형자에 대하여 금치 기간 중 운동 금지의 위헌 여부(적극)

실외운동은 구금되어 있는 수형자의 신체적·정신적 건강 유지를 위한 최소한의 기본적 요청이라고 할 수 있으므로 금치 수형자에 대하여 일체의 운동을 금지하는 것은 수형자의 신체적 건강뿐만 아니라 정신적 건강을 해칠 위험성이 현저히 높다. 따라서 금치 처분을 받은 수형자에 대한 절대적인 운동의 금지는 징벌의 목적을 고려하더라도 그 수단과 방법에 있어서 필요한 최소한도의 범위를 벗어난 것이다(헌재 2004.12.16. 2002헌마478).

[9] 금치기간 중 실외운동을 원칙적으로 제한하는 형집행법 제112조 제3항 본문 중 제108조 제13호에 관한 부분이 청구인의 신체의 자유를 침해하는지 여부(적극)

실외운동은 구금되어 있는 수용자의 신체적·정신적 건강을 유지하기 위한 최소한의 기본적 요청이고, 수용자의 건강 유지는 교정교화와 건전한 사회복귀라는 형 집행의 근본적 목표를 달성하는 데 필수적이다. 그런데 위 조항은 금치처분을 받은 사람에 대하여 실외운동을 원칙적으로 금지하고, 다만 소장의 재량에 의하여 이를 예외적으로 허용하고 있다.

소란, 난동을 피우거나 다른 사람을 해할 위험이 있어 실외운동을 허용할 경우 금치처분의 목적 달성이 어려운 예외적인 경우에 한하여 실외운동을 제한하는 덜 침해적인 수단이 있음에도 불구하고, 위 조항은 금치처분을 받은 사람에게 원칙적으로 실외운동을 금지한다.

나아가 위 조항은 예외적으로 실외운동을 허용하는 경우에도, 실외운동의 기회가 부여되어야 하는 최저기준을 법령에서 명시하고 있지 않으므로, 침해의 최소성 원칙에 위배된다. 위 조항은 수용자의 정신적·신체적 건강에 필요 이상의 불이익을 가하고 있고, 이는 공익에 비하여 큰 것이므로 위 조항은 법익의 균형성 요건도 갖추지 못하였다. 따라서 위 조항은 청구인의 신체의 자유를 침해하여 헌법에 위반된다(헌재 2016.5.26. 2014헌마45).

◉ 이 판례로 인해 형집행법 제112조 제3항의 개정 및 제4항이 신설(2016.12.2)되었다.

[10] 교도소장이 아닌 관구교감에 의한 징벌처분 고지의 위법성 여부(소극)

교도소장이 아닌 관구교감에 의해 징벌처분이 고지되었다는 사유만으로는 위 징벌처분이 손해의 전보책임을 국가에게 부담시켜야 할 만큼 객관적 정당성을 상실한 정도라고 볼 수 없다(대법원 2004.12.9. 2003다50184).

[11] 교도소장이 금치기간 중에 있는 피징벌자와 변호사와의 접견을 불허한 조치의 위법성 여부(적극)

금치기간 중의 접견허가 여부가 교도소장의 재량행위에 속한다고 하더라도 피징벌자가 금치처분 자체를 다툴 목적으로 소제기 등을 대리할 권한이 있는 변호사와의 접견을 희망한다면 이는 예외적인 접견허가사유인 '처우상 특히 필요하다고 인정하는 때'에 해당하고, 그 외 제반 사정에 비추어 교도소장이 금치기간 중에 있는 피징벌자와 변호사와의 접견을 불허한 조치는 피징벌자의 접견권과 재판청구권을 침해하여 위법하다(대법원 2004.12.9. 2003다50184).

[12] 징벌실에서 청구인에게 징벌처분을 받게 하면서 다른 일반거실에 비하여 너무 좁고 바닥이 경사진 화장실을 이용하게 함으로써 기본권을 침해하였다고 주장하며 헌법소원심판을 청구한 사안에서, 심판대상인 개별적인 행위에 대한 당부판단을 넘어서 일반적인 헌법적 해명의 필요성이 인정된다고 보기 어렵고, 징벌실 수용 처우에 관한 이 사안을 통하여 독자적으로 헌법질서의 수호 유지를 위하여 특별히 헌법적 해명을 할 필요성은 크지 아니하다 할 것인바, 결국 이 사건 심판청구는 주관적 권리보호이익이 없고 예외적으로 헌법적 해명의 필요성이 인정되는 사안도 아니므로 부적법하다(헌재 2009.3.17. 2009헌마113).

참고자료 비교·구분

① 제108조 제4호부터 제13호까지의 처분은 함께 부과할 수 있다(법 제109조 제1항).
  ㉠ 1개의 징벌대상행위에 대한 징벌의 부과에 대한 규정
  ㉡ 징벌위원회의 의결에 의한 징벌 부과에 대한 규정
  ㉢ 반대 해석을 해보면, 제1호(경고), 제2호(50시간 이내의 근로봉사), 제3호(3개월 이내의 작업장려금 삭감), 제14호 (30일 이내의 금치)의 처분은 함께 부과할 수 없다.
② 징벌의 집행 순서(시행규칙 제230조)
  ㉠ 2 이상의 징벌대상행위가 경합하여 2 이상의 징벌이 징벌위원회의 의결에 의해 부과된 경우, 소장이 2 이상 의 징벌을 집행하는 경우의 집행순서에 대한 규정
  ㉡ 소장에 의한 징벌 집행에 대한 규정
③ 제108조 제14호의 처분을 받은 사람에게는 그 기간 중 제4호부터 제12호까지의 처우제한이 함께 부과된다(법 제112조 제3항 본문).
  ㉠ '처우제한이 부과된다.'라는 것은 징벌위원회에서 의결해서 부과하는 것이 아니라, 금치 자체의 속성으로 인 한 처우제한이다.

제13장 권리구제

제116조 소장 면담

① 수용자는 그 처우에 관하여 소장에게 면담을 신청할 수 있다.
② 소장은 수용자의 면담신청이 있으면 다음 각 호의 어느 하나에 해당하는 사유가 있는 경우를 제외하 고는 면담을 하여야 한다.
  1. 정당한 사유 없이 면담사유를 밝히지 아니하는 때
  2. 면담목적이 법령에 명백히 위배되는 사항을 요구하는 것인 때
  3. 동일한 사유로 면담한 사실이 있음에도 불구하고 정당한 사유 없이 반복하여 면담을 신청하는 때
  4. 교도관의 직무집행을 방해할 목적이라고 인정되는 상당한 이유가 있는 때
③ 소장은 특별한 사정이 있으면 소속 교도관으로 하여금 그 면담을 대리하게 할 수 있다. 이 경우 면담 을 대리한 사람은 그 결과를 소장에게 지체 없이 보고하여야 한다.
④ 소장은 면담한 결과 처리가 필요한 사항이 있으면 그 처리결과를 수용자에게 알려야 한다.

시행령

제138조 소장 면담
① 소장은 법 제116조 제1항(소장 면담)에 따라 수용자가 면담을 신청한 경우에는 그 인적사항을 면담부에 기록하고 특별 한 사정이 없으면 신청한 순서에 따라 면담하여야 한다.
② 소장은 제1항에 따라 수용자를 면담한 경우에는 그 요지를 면담부에 기록하여야 한다.
③ 소장은 법 제116조 제2항(소장면담 제외사유) 각 호의 어느 하나에 해당하여 수용자의 면담 신청을 받아들이지 아니하는 경우에는 그 사유를 해당 수용자에게 알려주어야 한다.

관련판례

[1] **소장면담 요구를 거절한 교도관의 직무유기죄 성립여부**(소극)

청구인은 교도관들에게 소장 면담 절차를 밟아 줄 것을 몇 차례 요구하였으나, 청구인이 면담사유를 밝히지 않는다거나 또는 3급수인 청구인에게는 전화사용이 허락될 수 없으므로 전화사용 허락을 받기 위한 소장면담은 소용이 없다는 등의 이유로 거절하였다. 교도관은 면담요청사유를 파악하여 상관에 보고하여야 할 직무상 의무가 있고, 수형자에 대하여 형벌을 집행하고 그들을 교정교화하는 임무를 띠고 있는 자들이므로, 청구인이 교도소장을 면담하려는 사유가 무엇인지를 구체적으로 파악하여 교도소장면담까지 하지 않더라도 그들 자신이나 그 윗선에서 단계적으로 해결할 수 있는 사항인지 혹은 달리 해결을 도모하여야 할 사항인지의 여부를 먼저 확인하는 것이 마땅하고, 또한 전화통화요구와 같이 교도소장을 면담하여도 허락받지 못할 것이 확실시되는 사항에 대하여는 무용한 시도임을 알려 이를 포기토록 하는 것 또한 그들의 직무의 하나라고 할 것이지, 청구인이 교도소장면담을 요청한다고 하여 기계적으로 그 절차를 밟아주어야 하고 그렇게 하지 아니하는 경우 곧바로 형법상의 직무유기죄가 성립한다고 할 수 없다(헌재 2001.5.31. 2001헌마85). [2021. 6급 승진] 총 2회 기출

[2] 국민의 신청에 대한 행정청의 거부행위가 헌법소원심판의 대상인 공권력의 행사가 되기 위해서는 국민이 행정청에 대하여 신청에 따른 행위를 해 줄 것을 요구할 수 있는 권리가 있어야 하는데, 수용자에게 특정 교도관(보안과장)과의 면담을 신청할 권리가 있다고 할 수 없으므로, 특정 교도관 면담신청거부행위는 헌법소원의 대상이 되는 공권력의 행사에 해당하지 아니한다(헌재 2013.7.2. 2013헌마388).

[3] **교도소장의 접견불허처분에 대한 헌법소원은 구제절차를 거친 후에 하여야 하는지 여부**(적극)

미결수용자 접견신청에 대한 교도소장의 불허처분에 대하여는 행정심판법, 행정소송법에 의하여 행정심판, 행정소송이 가능할 것이므로 이러한 구제절차를 거치지 아니하고 제기한 헌법소원은 부적법하다(헌재 1998.2.27. 96헌마179).

제117조 청원

① 수용자는 그 처우에 관하여 불복하는 경우 법무부장관·순회점검공무원 또는 관할 지방교정청장에게 청원할 수 있다.

② 제1항에 따라 청원하려는 수용자는 청원서를 작성하여 봉한 후 소장에게 제출하여야 한다. 다만, 순회점검공무원에 대한 청원은 말로도 할 수 있다.

③ 소장은 청원서를 개봉하여서는 아니 되며, 이를 지체 없이 법무부장관·순회점검공무원 또는 관할 지방교정청장에게 보내거나 순회점검공무원에게 전달하여야 한다.

④ 제2항 단서에 따라 순회점검공무원이 청원을 청취하는 경우에는 해당 교정시설의 교도관이 참여하여서는 아니 된다.

⑤ 청원에 관한 결정은 문서로 하여야 한다.

⑥ 소장은 청원에 관한 결정서를 접수하면 청원인에게 지체 없이 전달하여야 한다.

시행령

제139조 순회점검공무원에 대한 청원

① 소장은 법 제117조 제1항에 따라 수용자가 순회점검공무원(법 제8조에 따라 법무부장관으로부터 순회점검의 명을 받은 법무부 또는 그 소속기관에 근무하는 공무원을 말한다. 이하 같다)에게 청원하는 경우에는 그 인적사항을 청원부에 기록하여야 한다.

② 순회점검공무원은 법 제117조 제2항 단서(말에 의한 청원)에 따라 수용자가 말로 청원하는 경우에는 그 요지를 청원부에 기록하여야 한다.

③ 순회점검공무원은 법 제117조 제1항의 청원에 관하여 결정을 한 경우에는 그 요지를 청원부에 기록하여야 한다.

④ 순회점검공무원은 법 제117조 제1항의 청원을 스스로 결정하는 것이 부적당하다고 인정하는 경우에는 그 내용을 법무부장관에게 보고하여야 한다.

⑤ 수용자의 청원처리의 기준·절차 등에 관하여 필요한 사항은 법무부장관이 정한다.

> **참고자료**
>
> • 특별한 사유가 없는 한 청원서를 개봉해서는 안 된다(×) ➡ 절대로 개봉해서는 안 된다.
> • 법 제117조 제6항: ~ 지체 없이 알려야 한다(×) ➡ 결정서 문서 자체를 전달하여야 함.
> • 시행령 제139조: 소장 – 인적사항 ➡ 청원부에 기록, 순회점검공무원 – 청원 요지, 청원 결정요지 ➡ 청원부에 기록

관련판례 ⚔

[1] 청구인이 이전에 수용되었던 구치소에서 "다른 수용자와 교도관의 규율위반행위를 신고하였다"는 이유로 형집행법에 근거한 포상을 요청하는 청원을 하고, 피청구인이 이를 수리·심사하여 그 결과를 통보하였다면, 비록 그 결정의 내용이 청구인이 기대하는 바에 미치지 못한다고 하더라도, 그러한 조치가 헌법소원의 대상이 되는 구체적인 공권력의 행사 내지 불행사에 해당한다고 볼 수 없다(헌재 2013.6.27. 2012헌마128).

[2] **청원이 헌법소원의 요건인 사전권리구제절차에 해당하는지 여부**(소극)

행형법 제6조의 청원제도(現. 형집행법 제117조)는 그 처리기관이나 절차 및 효력면에서 권리구제절차로서는 불충분하고 우회적인 제도이므로 헌법소원에 앞서 반드시 거쳐야 하는 사전구제절차라고 보기는 어렵고, 미결수용자에 대하여 재소자용 의류를 입게 한 행위는 이미 종료된 권력적 사실행위로서 행정심판이나 행정소송의 대상으로 인정되기 어려울 뿐만 아니라 소의 이익이 부정될 가능성이 많아 헌법소원심판을 청구하는 외에 달리 효과적인 구제방법이 없으므로 보충성의 원칙에 대한 예외에 해당한다(헌재 1999.5.27. 97헌마137).

제117조의2 정보공개청구

① 수용자는 「공공기관의 정보공개에 관한 법률」에 따라 법무부장관, 지방교정청장 또는 소장에게 정보의 공개를 청구할 수 있다.

② 현재의 수용기간 동안 법무부장관, 지방교정청장 또는 소장에게 제1항에 따른 정보공개청구를 한후 정당한 사유 없이 그 청구를 취하하거나 「공공기관의 정보공개에 관한 법률」 제17조(청구인 비용부담 원칙)에 따른 비용(정보공개결정 후 정보공개 등에 소요되는 비용)을 납부하지 아니한 사실이 2회 이상 있는수용자가 제1항에 따른 정보공개청구를 한 경우에 법무부장관, 지방교정청장 또는 소장은 그 수용자에게 정보의 공개 및 우송 등에 들 것으로 예상되는 비용을 미리 납부하게 할 수 있다.

> [예상되는 비용을 미리 납부하게 할 수 있는 경우]
> 1. 정보공개청구를 한 후 정당한 사유 없이 그 청구를 취하한 사실이 2회 이상 있는 수용자가 정보공개청구를 한 경우
> 2. 정보공개청구를 한 후 정당한 사유 없이 정보공개결정 후 정보공개 등에 소요되는 비용을 납부하지 아니한 사실이 2회 이상 있는 수용자가 정보공개청구를 한 경우

③ 제2항에 따라 정보의 공개 및 우송 등에 들 것으로 예상되는 비용을 미리 납부하여야 하는 수용자가 비용을 납부하지 아니한 경우 법무부장관, 지방교정청장 또는 소장은 그 비용을 납부할 때까지 「공공기관의 정보공개에 관한 법률」 제11조(정보공개 여부의 결정)에 따른 정보공개 여부의 결정을 유예할 수 있다.

④ 제2항에 따른 예상비용의 산정방법, 납부방법, 납부기간, 그 밖에 비용납부에 관하여 필요한 사항은 대통령령으로 정한다.

📝 **시행령**

제139조의2 정보공개의 예상비용 등

① 법 제117조의2 제2항에 따른 예상비용은 「공공기관의 정보공개에 관한 법률 시행령」 제17조에 따른 수수료와 우편요금(공개되는 정보의 사본·출력물·복제물 또는 인화물을 우편으로 송부하는 경우로 한정한다)을 기준으로 공개를 청구한 정보가 모두 공개되었을 경우에 예상되는 비용으로 한다.

② 법무부장관, 지방교정청장 또는 소장은 법 제117조의2 제2항에 해당하는 수용자(정보공개청구를 한 후 정당한 사유 없이 그 청구를 취하하거나 정보공개결정 후 정보공개 등에 소요되는 비용을 납부하지 않은 사실이 2회 이상 있는 수용자)가 정보공개의 청구를 한 경우에는 청구를 한 날부터 7일 이내에 제1항에 따른 비용을 산정하여 해당 수용자에게 미리 납부할 것을 통지할 수 있다.

③ 제2항에 따라 비용납부의 통지를 받은 수용자는 그 통지를 받은 날부터 7일 이내에 현금 또는 수입인지로 법무부장관, 지방교정청장 또는 소장에게 납부하여야 한다.

④ 법무부장관, 지방교정청장 또는 소장은 수용자가 제1항에 따른 비용을 제3항에 따른 납부기한까지 납부하지 아니한 경우에는 해당 수용자에게 정보공개 여부 결정의 유예를 통지할 수 있다.

⑤ 법무부장관, 지방교정청장 또는 소장은 제1항에 따른 비용이 납부되면 신속하게 정보공개 여부의 결정을 하여야 한다.

⑥ 법무부장관, 지방교정청장 또는 소장은 비공개 결정을 한 경우에는 제3항에 따라 납부된 비용의 전부를 반환하고 부분공개 결정을 한 경우에는 공개 결정한 부분에 대하여 드는 비용을 제외한 금액을 반환하여야 한다.

⑦ 제2항부터 제5항까지의 규정에도 불구하고 법무부장관, 지방교정청장 또는 소장은 제1항에 따른 비용이 납부되기 전에 정보공개 여부의 결정을 할 수 있다.

⑧ 제1항에 따른 비용의 세부적인 납부방법 및 반환방법 등에 관하여 필요한 사항은 법무부장관이 정한다.

관련판례 ⚖

[1] 교도소에 수용 중이던 수용자가 담당 교도관들을 상대로 가혹행위를 이유로 형사고소 및 민사소송을 제기하면서 그 증명자료 확보를 위해 '근무보고서'와 '징벌위원회 회의록' 등의 정보공개를 요청하였으나 교도소장이 이를 거부한 사안에서, 근무보고서는 비공개대상정보에 해당한다고 볼 수 없고, 징벌위원회 회의록 중 비공개 심사·의결 부분은 비공개사유에 해당하지만 수용자의 진술, 위원장 및 위원들과 수용자 사이의 문답 등 징벌절차 진행 부분은 비공개 사유에 해당하지 않는다고 보아 분리 공개가 허용된다(대법원 2009. 12.10. 2009두12785). [2023. 5급 승진] 총 2회 기출

[2] 정보공개제도는 공공기관이 보유·관리하는 정보를 그 상태대로 공개하는 제도로서 공개를 구하는 정보를 공공기관이 보유·관리하고 있을 상당한 개연성이 있다는 점에 대하여 원칙적으로 공개청구자에게 증명책임이 있다고 할 것이지만, 공개를 구하는 정보를 공공기관이 한 때 보유·관리하였으나 후에 그 정보가 담긴 문서 등이 폐기되어 존재하지 않게 된 것이라면 그 정보를 더 이상 보유·관리하고 있지 아니하다는 점에 대한 증명책임은 공공기관에게 있다(대법원 2004.12.9. 2003두12707). [2023. 5급 승진]

제118조 불이익처우 금지

수용자는 청원, 진정, 소장과의 면담, 그 밖의 권리구제를 위한 행위를 하였다는 이유로 불이익한 처우를 받지 아니한다.

관련판례

[1] 집행유예기간 중인 자와 수형자의 선거권을 제한하고 있는 공직선거법 제18조 제1항 제2호 중 '유기징역 또는 유기금고의 선고를 받고 그 집행이 종료되지 아니한 자(수형자)'에 관한 부분과 '유기징역 또는 유기금고의 선고를 받고 그 집행유예기간 중인 자(집행유예자)'에 관한 부분 및 형법 제43조 제2항 중 수형자와 집행유예자의 '공법상의 선거권'에 관한 부분이 헌법 제37조 제2항에 위반하여 청구인들의 선거권을 침해하고, 보통선거원칙에 위반하여 평등원칙에도 어긋나는지 여부(적극)

심판대상조항은 집행유예자와 수형자에 대하여 전면적·획일적으로 선거권을 제한하고 있다. 심판대상조항의 입법목적에 비추어 보더라도, 구체적인 범죄의 종류나 내용 및 불법성의 정도 등과 관계없이 일률적으로 선거권을 제한하여야 할 필요성이 있다고 보기는 어렵다. 범죄자가 저지른 범죄의 경중을 전혀 고려하지 않고 수형자와 집행유예자 모두의 선거권을 제한하는 것은 침해의 최소성원칙에 어긋난다. 특히 집행유예자는 집행유예 선고가 실효되거나 취소되지 않는 한 교정시설에 구금되지 않고 일반인과 동일한 사회생활을 하고 있으므로, 그들의 선거권을 제한해야 할 필요성이 크지 않다. 따라서 심판대상조항은 청구인들의 선거권을 침해하고, 보통선거원칙에 위반하여 집행유예자와 수형자를 차별취급하는 것이므로 평등원칙에도 어긋난다.

수형자에 관한 부분의 위헌성은 지나치게 전면적·획일적으로 수형자의 선거권을 제한한다는 데 있다. 그런데 그 위헌성을 제거하고 수형자에게 헌법합치적으로 선거권을 부여하는 것은 입법자의 형성재량에 속하므로 심판대상조항 중 수형자에 관한 부분에 대하여 헌법불합치결정을 선고한다(헌재 2014.1.28. 2012헌마409). [2018. 7급 승진] 총 3회 기출

◉ 이 판례로 인해 형법 제43조 제2항 및 공직선거법 제18조 제1항 제2호가 개정되었다.

> **선거권이 없는 자**(공직선거법 제18조)
> ① 선거일 현재 다음의 어느 하나에 해당하는 사람은 선거권이 없다.
>   2. 1년 이상의 징역 또는 금고의 형의 선고를 받고 그 집행이 종료되지 아니하거나 그 집행을 받지 아니하기로 확정되지 아니한 사람. 다만, 그 형의 집행유예를 선고받고 유예기간 중에 있는 사람은 제외한다.

[2] 교도소에 수용된 때에는 국민건강보험급여를 정지하도록 한 국민건강보험법 제49조 제4호가 수용자의 건강권, 인간의 존엄성, 행복추구권, 인간다운 생활을 할 권리를 침해하는지 여부(소극) (헌재 2005.02.24. 2003헌마31)

① 수용자의 의료보장수급권을 직접 제약하는 규정이 아니며, 입법재량을 벗어나 수용자의 건강권을 침해하거나 국가의 보건의무를 저버린 것으로 볼 수 없으므로 수용자의 건강권, 인간의 존엄성, 행복추구권, 인간다운 생활을 할 권리를 침해하는 것이라 할 수 없고, 위 조항이 미결수용자에게 있어서 무죄추정의 원칙에 위반된다고 할 수 없다. [2014. 7급]

② 수용자에게 보험급여가 정지되는 경우 보험료 납부의무도 면제되므로, 수급자의 자기기여가 없는 상태에서 수용자가 위 조항을 재산권 침해로 다툴 수도 없다.

03 　수용의 종료

제1장 　가석방

> **참고자료** **형법상 가석방 관련규정**
>
> **가석방의 요건**(제72조)
> ① 징역이나 금고의 집행 중에 있는 사람이 행상이 양호하여 뉘우침이 뚜렷한 때에는 무기형은 20년, 유기형은 형기의 3분의 1이 지난 후 행정처분으로 가석방을 할 수 있다.
> ② 제1항의 경우에 벌금이나 과료가 병과되어 있는 때에는 그 금액을 완납하여야 한다.
>
> **판결선고 전 구금과 가석방**(제73조)
> ① 형기에 산입된 판결선고 전 구금일수는 가석방을 하는 경우 집행한 기간에 산입한다.
> ② 제72조 제2항의 경우에 벌금이나 과료에 관한 노역장 유치기간에 산입된 판결선고 전 구금일수는 그에 해당하는 금액이 납입된 것으로 본다.
>
> **가석방의 기간 및 보호관찰**(제73조의2)
> ① 가석방의 기간은 무기형에 있어서는 10년으로 하고, 유기형에 있어서는 남은 형기로 하되, 그 기간은 10년을 초과할 수 없다.
> ② 가석방된 자는 가석방기간 중 보호관찰을 받는다. 다만, 가석방을 허가한 행정관청이 필요가 없다고 인정한 때에는 그러하지 아니하다.
>
> **가석방의 실효**(제74조)
> 가석방 기간 중 고의로 지은 죄로 금고 이상의 형을 선고받아 그 판결이 확정된 경우에 가석방 처분은 효력을 잃는다.
>
> **가석방의 취소**(제75조)
> 가석방의 처분을 받은 자가 감시에 관한 규칙을 위배하거나, 보호관찰의 준수사항을 위반하고 그 정도가 무거운 때에는 가석방처분을 취소할 수 있다.
>
> **가석방의 효과**(제76조)
> ① 가석방의 처분을 받은 후 그 처분이 실효 또는 취소되지 아니하고 가석방기간을 경과한 때에는 형의 집행을 종료한 것으로 본다.
> ② 전 2조의 경우에는 가석방중의 일수는 형기에 산입하지 아니한다.

제119조 가석방심사위원회

「형법」 제72조에 따른 가석방의 적격 여부를 심사하기 위하여 법무부장관 소속으로 가석방심사위원회(이하 이 장에서 "위원회"라 한다)를 둔다.

제120조 위원회의 구성

① 위원회는 위원장을 포함한 5명 이상 9명 이하의 위원으로 구성한다.
② 위원장은 법무부차관이 되고, 위원은 판사, 검사, 변호사, 법무부 소속 공무원, 교정에 관한 학식과 경험이 풍부한 사람 중에서 법무부장관이 임명 또는 위촉한다.
③ 위원회의 심사과정 및 심사내용의 공개범위와 공개시기는 다음 각 호와 같다. 다만, 제2호 및 제3호의 내용 중 개인의 신상을 특정할 수 있는 부분은 삭제하고 공개하되, 국민의 알권리를 충족할 필요가 있는 등의 사유가 있는 경우에는 위원회가 달리 의결할 수 있다.
  1. 위원의 명단과 경력사항은 임명 또는 위촉한 즉시
  2. 심의서는 해당 가석방 결정 등을 한 후부터 즉시
  3. 회의록은 해당 가석방 결정 등을 한 후 5년이 경과한 때부터
④ 위원회의 위원 중 공무원이 아닌 사람은 「형법」 제127조(공무상 비밀의 누설) 및 제129조부터 제132조까지(수뢰·사전수뢰, 제3자 뇌물제공, 수뢰후 부정처사·사후수뢰, 알선수뢰)의 규정을 적용할 때에는 공무원으로 본다.
⑤ 그 밖에 위원회에 관하여 필요한 사항은 법무부령으로 정한다.

시행규칙 ✏️

제236조 심사대상
법 제119조의 가석방심사위원회(이하 이 편에서 "위원회"라 한다)는 법 제121조에 따른 가석방 적격 여부 및 이 규칙 제262조에 따른 가석방 취소 등에 관한 사항을 심사한다.

제237조 심사의 기본원칙
① 가석방심사는 객관적 자료와 기준에 따라 공정하게 하여야 하며, 심사 과정에서 알게 된 비밀은 누설해서는 아니 된다.

제238조 위원장의 직무
① 위원장은 위원회를 소집하고 위원회의 업무를 총괄한다.
② 위원장이 부득이한 사정으로 직무를 수행할 수 없을 때에는 위원장이 미리 지정한 위원이 그 직무를 대행한다.

제239조 위원의 임명 또는 위촉
법무부장관은 다음 각 호의 사람 중에서 위원회의 위원을 임명하거나 위촉한다.
1. 법무부 검찰국장·범죄예방정책국장 및 교정본부장
2. 고등법원 부장판사급 판사, 변호사, 대학에서 교정학·형사정책학·범죄학·심리학·교육학 등 교정에 관한 전문분야를 가르치는 부교수 이상의 직에 있는 사람
3. 그 밖에 교정에 관한 학식과 경험이 풍부한 사람

제239조의2 위원의 해촉
법무부장관은 위원회의 위원이 다음 각 호의 어느 하나에 해당하는 경우에는 해당 위원을 해촉할 수 있다.
1. 심신장애로 직무수행이 불가능하거나 현저히 곤란하다고 인정되는 경우
2. 직무와 관련된 비위사실이 있는 경우
3. 직무태만, 품위손상, 그 밖의 사유로 인하여 위원으로 적합하지 아니하다고 인정되는 경우
4. 위원 스스로 직무를 수행하는 것이 곤란하다고 의사를 밝히는 경우

제240조 위원의 임기
제239조 제2호 및 제3호의 위원의 임기는 2년으로 하며, 한 차례만 연임할 수 있다.

제241조 간사와 서기

① 위원장은 위원회의 사무를 처리하기 위하여 소속 공무원 중에서 간사 1명과 서기 약간 명을 임명한다.
② 간사는 위원장의 명을 받아 위원회의 사무를 처리하고 회의에 참석하여 발언할 수 있다.
③ 서기는 간사를 보조한다.

제242조 회의

① 위원회의 회의는 재적위원 과반수의 출석으로 개의하고, 출석위원 과반수의 찬성으로 의결한다.
② 간사는 위원회의 결정에 대하여 결정서를 작성하여야 한다.

제243조 회의록의 작성

① 간사는 별지 제20호 서식의 가석방심사위원회 회의록을 작성하여 유지하여야 한다.
② 회의록에는 회의의 내용을 기록하고 위원장 및 간사가 기명날인 또는 서명하여야 한다.

제244조 수당 등

위원회의 회의에 출석한 위원에게는 예산의 범위에서 수당과 여비를 지급할 수 있다.

제121조 가석방 적격심사

① 소장은 「형법」 제72조 제1항의 기간(무기형은 20년, 유기형은 형기의 3분의 1)이 지난 수형자에 대하여는 법무부령으로 정하는 바에 따라 위원회에 가석방 적격심사를 신청하여야 한다.
② 위원회는 수형자의 나이, 범죄동기, 죄명, 형기, 교정성적, 건강상태, 가석방 후의 생계능력, 생활환경, 재범의 위험성, 그 밖에 필요한 사정을 고려하여 가석방의 적격 여부를 결정한다.

시행규칙

제245조 적격심사신청 대상자 선정

① 소장은 「형법」 제72조 제1항의 기간(무기형은 20년, 유기형은 형기의 3분의 1)을 경과한 수형자로서 교정성적이 우수하고 뉘우치는 빛이 뚜렷하여 재범의 위험성이 없다고 인정하는 경우에는 분류처우위원회의 의결을 거쳐 가석방 적격심사 신청 대상자를 선정한다.
② 소장은 가석방 적격심사신청에 필요하다고 인정하면 분류처우위원회에 수형자를 출석하게 하여 진술하도록 하거나 담당교도관을 출석하게 하여 의견을 들을 수 있다.

제246조 사전조사

소장은 수형자의 가석방 적격심사신청을 위하여 다음 각 호의 사항을 사전에 조사해야 한다. 이 경우 조사의 방법에 관하여는 제70조(분류조사방법)를 준용한다.

1. 신원에 관한 사항	2. 범죄에 관한 사항	3. 보호에 관한 사항
가. 건강상태 나. 정신 및 심리 상태 다. 책임감 및 협동심 라. 경력 및 교육 정도 마. 노동 능력 및 의욕 바. 교정성적 사. 작업장려금 및 작업상태 아. 그 밖의 참고사항	가. 범행 시의 나이 나. 형기 다. 범죄횟수 라. 범죄의 성질 · 동기 · 수단 및 내용 마. 범죄 후의 정황 바. 공범관계 사. 피해 회복 여부 아. 범죄에 대한 사회의 감정 자. 그 밖의 참고사항	가. 동거할 친족 · 보호자 및 고용할 자의 성명 · 직장명 · 나이 · 직업 · 주소 · 생활 정도 및 수형자와의 관계 나. 가정환경 다. 접견 및 전화통화 내역 라. 가족의 수형자에 대한 태도 · 감정 마. 석방 후 돌아갈 곳 바. 석방 후의 생활계획 사. 그 밖의 참고사항
수용한 날부터 1개월 이내 조사	수용한 날부터 2개월 이내 조사	형기의 3분의 1이 지나기 전에 조사

제247조 사전조사 유의사항
제246조에 따른 사전조사 중 가석방 적격심사신청과 관련하여 특히 피해자의 감정 및 합의여부, 출소 시 피해자에 대한 보복성 범죄 가능성 등에 유의하여야 한다.

제248조 사전조사 결과
① 소장은 제246조(사전조사)에 따라 조사한 사항을 매월 분류처우위원회의 회의 개최일 전날까지 분류처우심사표에 기록하여야 한다.
② 제1항의 분류처우심사표는 법무부장관이 정한다.

제249조 사전조사 시기 등
① 제246조 제1호의 사항(신원에 관한 사항)에 대한 조사는 수형자를 수용한 날부터 1개월 이내에 하고, 그 후 변경할 필요가 있는 사항이 발견되거나 가석방 적격심사신청을 위하여 필요한 경우에 한다.
② 제246조 제2호의 사항(범죄에 관한 사항)에 대한 조사는 수형자를 수용한 날부터 2개월 이내에 하고, 조사에 필요하다고 인정하는 경우에는 소송기록을 열람할 수 있다.
③ 제246조 제3호의 사항(보호에 관한 사항)에 대한 조사는 형기의 3분의 1이 지나기 전에 하여야 하고, 그 후 변경된 사항이 있는 경우에는 지체 없이 그 내용을 변경하여야 한다.

제250조 적격심사신청
① 소장은 법 제121조 제1항(위원회에 가석방 적격심사 신청)에 따라 가석방 적격심사를 신청할 때에는 별지 제21호 서식의 가석방 적격심사신청서에 별지 제22호 서식의 가석방 적격심사 및 신상조사표를 첨부하여야 한다.
② 소장은 가석방 적격심사신청 대상자를 선정한 경우 선정된 날부터 5일 이내에 위원회에 가석방 적격심사신청을 하여야 한다.
③ 소장은 위원회에 적격심사신청한 사실을 수형자의 동의를 받아 보호자 등에게 알릴 수 있다.

제251조 재신청
소장은 가석방이 허가되지 아니한 수형자에 대하여 그 후에 가석방을 허가하는 것이 적당하다고 인정하는 경우에는 다시 가석방 적격심사신청을 할 수 있다.

제252조 누범자에 대한 심사
위원회가 동일하거나 유사한 죄로 2회 이상 징역형 또는 금고형의 집행을 받은 수형자에 대하여 적격심사할 때에는 뉘우치는 정도, 노동 능력 및 의욕, 근면성, 그 밖에 정상적인 업무에 취업할 수 있는 생활계획과 보호관계에 관하여 중점적으로 심사하여야 한다.

제253조 범죄동기에 대한 심사
① 위원회가 범죄의 동기에 관하여 심사할 때에는 사회의 통념 및 공익 등에 비추어 정상을 참작할 만한 사유가 있는지를 심사하여야 한다.
② 범죄의 동기가 군중의 암시 또는 도발, 감독관계에 의한 위협, 그 밖에 이와 유사한 사유로 인한 것일 때에는 특히 수형자의 성격 또는 환경의 변화에 유의하고 가석방 후의 환경이 가석방처분을 받은 사람(「보호관찰 등에 관한 법률」에 따른 보호관찰대상자는 제외한다. 이하 "가석방자"라 한다)에게 미칠 영향을 심사하여야 한다.

제254조 사회의 감정에 대한 심사
다음 각 호에 해당하는 수형자에 대하여 적격심사할 때에는 특히 그 범죄에 대한 사회의 감정에 유의하여야 한다.
1. 범죄의 수단이 참혹 또는 교활하거나 극심한 위해를 발생시킨 경우
2. 해당 범죄로 무기형에 처해진 경우
3. 그 밖에 사회적 물의를 일으킨 죄를 지은 경우

제255조 재산범에 대한 심사
① 재산에 관한 죄를 지은 수형자에 대하여는 특히 그 범행으로 인하여 발생한 손해의 배상 여부 또는 손해를 경감하기 위한 노력 여부를 심사하여야 한다.
② 수형자 외의 사람이 피해자의 손해를 배상한 경우에는 그 배상이 수형자 본인의 희망에 따른 것인지를 심사하여야 한다.

제255조의2 심층면접

① 위원회는 가석방 적격심사에 특히 필요하다고 인정하면 심층면접(수형자 면담·심리검사, 수형자의 가족 또는 보호관계에 있는 사람 등에 대한 방문조사 등을 통해 재범의 위험성, 사회복귀 준비 상태 등을 파악하는 것을 말한다. 이하 이 조에서 같다)을 실시할 수 있다.

② 심층면접의 방법, 절차, 그 밖에 필요한 사항은 법무부장관이 정한다.

제256조 관계기관 조회

① 위원회는 가석방 적격심사에 필요하다고 인정하면 수형자의 주소지 또는 연고지 등을 관할하는 시·군·구·경찰서, 그 밖에 학교·직업알선기관·보호단체·종교단체 등 관계기관에 사실조회를 할 수 있다.

② 위원회는 가석방 적격심사를 위하여 필요하다고 인정하면 위원이 아닌 판사·검사 또는 군법무관에게 의견을 묻거나 위원회에 참여시킬 수 있다.

제257조 감정의 촉탁

① 위원회는 가석방 적격심사를 위하여 필요하다고 인정하면 심리학·정신의학·사회학 또는 교육학을 전공한 전문가에게 수형자의 정신상태 등 특정 사항에 대한 감정을 촉탁할 수 있다.

② 제1항에 따른 촉탁을 받은 사람은 소장의 허가를 받아 수형자와 접견할 수 있다.

제258조 가석방 결정

위원회가 법 제121조 제2항(가석방 적격 여부 결정)에 따라 가석방의 적격 여부에 대한 결정을 한 경우에는 별지 제23호서식의 결정서를 작성하여야 한다.

관련판례

[1] **가석방의 권리성 인정 여부**(소극)

가석방이란 수형자의 사회복귀를 촉진하기 위하여 형을 집행 중에 있는 자 가운데서 행장이 양호하고 개전의 정이 현저한 자를 그 형의 집행종료 전에 석방함으로써 갱생한 수형자에 대한 무용한 구금을 피하고 수형자의 윤리적 자기형성을 촉진하고자 하는 의미에서 취해지는 형사정책적 행정처분이다.

가석방은 수형자의 개별적인 요청이나 희망에 따라 행하여지는 것이 아니라 행형기관의 교정정책 혹은 형사정책적 판단에 따라 수형자에게 주어지는 은혜적 조치일 뿐이므로, 어떤 수형자가 형법 제72조 제1항에 규정된 요건을 갖추었다고 하더라도 그것만으로 당국에 대하여 가석방을 요구할 주관적 권리를 취득하거나 행형당국이 그에게 가석방을 하여야 할 법률상의 의무를 부담하게 되는 것이 아니다. 수형자는 동조에 근거한 행형당국의 가석방이라는 구체적인 행정처분이 있을 때 비로소 형기만료 전 석방이라는 사실상의 이익을 얻게 될 뿐이다(헌재 1995.3.23. 93헌마12).

[2] **오직 교도소장만을 가석방 적격심사의 신청권자로 규정하고 있어 수형자 자신 또는 그 가족이나 법정대리인 등은 애초에 가석방 적격심사 자체를 신청할 수 없게 되어 있는 것이 평등권, 행복추구권 등을 침해하여 헌법에 위반되는 것인지의 여부**(소극)

가석방은 수형자의 개별적인 요청이나 희망에 따라 행하여지는 것이 아니라 행형기관의 교정정책 혹은 형사정책적 판단에 따라 수형자에게 주어지는 은혜적 조치일 뿐으로 가석방신청이 이루어지지 않는다 하더라도 법원의 유죄판결을 통해 확정된 청구인의 법적 지위에 보다 불리한 어떠한 결과가 초래된다고 볼 수 없다.

그렇다면 가석방 적격심사 신청자격을 청구인에게 부여하지 않는다 하더라도 이것이 청구인의 기본권에 어떠한 영향을 준다고 할 수 없으므로 이 사건 심판청구는 부적법하다(헌재 2009.3.24. 2009헌마119).

[3] 가석방은 형기만료 전에 조건부로 수형자를 석방하는 제도로서 수형자의 원활한 사회복귀를 주된 목적으로 하고 있으며, 간접적으로는 수용질서를 유지하는 기능도 수행한다(헌재 2017.4.4. 2017헌마260). [2018. 8급 승진]

PART 01

제122조 가석방 허가

① 위원회는 가석방 적격결정을 하였으면 5일 이내에 법무부장관에게 가석방 허가를 신청하여야 한다.
② 법무부장관은 제1항에 따른 위원회의 가석방 허가신청이 적정하다고 인정하면 허가할 수 있다.

시행령

제140조 가석방자가 지켜야 할 사항의 알림 등

소장은 법 제122조 제2항(법무부장관의 가석방 허가)의 가석방 허가에 따라 수형자를 가석방하는 경우에는 가석방자 교육을 하고, 지켜야 할 사항을 알려준 후 증서를 발급해야 한다.

시행규칙

제259조 가석방증

소장은 수형자의 가석방이 허가된 경우에는 주거지, 관할 경찰서 또는 보호관찰소에 출석할 기한 등을 기록한 별지 제24호 서식의 가석방증을 가석방자에게 발급하여야 한다.

제260조 취소사유

가석방자는 가석방 기간 중 「가석방자관리규정」 제5조부터 제7조까지(가석방자의 출석의무, 가석방자의 신고의무, 관할경찰서의 장의 조치), 제10조(국내 주거지 이전 및 여행), 제13조(국외 이주 및 여행) 제1항, 제15조(국외 이주 등 중지의 신고) 및 제16조(국외 여행자의 귀국신고)에 따른 지켜야 할 사항 및 관할 경찰서장의 명령 또는 조치를 따라야 하며 이를 위반하는 경우에는 「형법」 제75조(가석방의 취소)에 따라 가석방을 취소할 수 있다.

제261조 취소신청

① 수형자를 가석방한 소장 또는 가석방자를 수용하고 있는 소장은 가석방자가 제260조의 가석방 취소사유에 해당하는 사실이 있음을 알게 되거나 관할 경찰서장으로부터 그 사실을 통보받은 경우에는 지체 없이 별지 제25호 서식의 가석방 취소심사신청서에 별지 제26호 서식의 가석방 취소심사 및 조사표를 첨부하여 위원회에 가석방 취소심사를 신청하여야 한다.
② 위원회가 제1항의 신청을 받아 심사를 한 결과 가석방을 취소하는 것이 타당하다고 결정한 경우에는 별지 제23호 서식의 결정서에 별지 제26호 서식의 가석방 취소심사 및 조사표를 첨부하여 지체 없이 법무부장관에게 가석방의 취소를 신청하여야 한다.
③ 소장은 가석방을 취소하는 것이 타당하다고 인정하는 경우 긴급한 사유가 있을 때에는 위원회의 심사를 거치지 아니하고 전화, 전산망 또는 그 밖의 통신수단으로 법무부장관에게 가석방의 취소를 신청할 수 있다. 이 경우 소장은 지체 없이 별지 제26호 서식의 가석방 취소심사 및 조사표를 송부하여야 한다.

제262조 취소심사

① 위원회가 가석방 취소를 심사하는 경우에는 가석방자가 「가석방자관리규정」 등의 법령을 위반하게 된 경위와 그 위반이 사회에 미치는 영향, 가석방 기간 동안의 생활 태도, 직업의 유무와 종류, 생활환경 및 친족과의 관계, 그 밖의 사정을 고려하여야 한다.
② 위원회는 제1항의 심사를 위하여 필요하다고 인정하면 가석방자를 위원회에 출석하게 하여 진술을 들을 수 있다.

제263조 남은형기의 집행

① 소장은 가석방이 취소된 경우에는 지체 없이 남은 형기 집행에 필요한 조치를 취하고 법무부장관에게 별지 제27호 서식의 가석방취소자 남은 형기 집행보고서를 송부해야 한다.
② 소장은 가석방자가 「형법」 제74조(가석방의 실효)에 따라 가석방이 실효된 것을 알게 된 경우에는 지체 없이 남은 형기 집행에 필요한 조치를 취하고 법무부장관에게 별지 제28호 서식의 가석방실효자 남은 형기 집행보고서를 송부해야 한다.

③ 소장은 가석방이 취소된 사람(이하 "가석방취소자"라 한다) 또는 가석방이 실효된 사람(이하 "가석방실효자"라 한다)이 교정시설에 수용되지 아니한 사실을 알게 된 때에는 관할 지방검찰청 검사 또는 관할 경찰서장에게 구인하도록 의뢰하여야 한다.

④ 제3항에 따라 구인 의뢰를 받은 검사 또는 경찰서장은 즉시 가석방취소자 또는 가석방실효자를 구인하여 소장에게 인계하여야 한다.

⑤ 가석방취소자 및 가석방실효자의 남은 형기 기간은 가석방을 실시한 다음 날부터 원래 형기의 종료일까지로 하고, 남은 형기 집행 기산일은 가석방의 취소 또는 실효로 인하여 교정시설에 수용된 날부터 한다.

⑥ 가석방 기간 중 형사사건으로 구속되어 교정시설에 미결수용 중인 자의 가석방 취소 결정으로 남은 형기를 집행하게 된 경우에는 가석방된 형의 집행을 지휘하였던 검찰청 검사에게 남은 형기 집행지휘를 받아 우선 집행해야 한다.

소년에 대한 가석방 및 임시퇴원 심사절차(보호관찰 등에 관한 법률) - 보호관찰심사위원회

(1) 기간경과자의 통보(법 제21조)

① 교도소·구치소·소년교도소의 장은 징역 또는 금고의 형을 선고받은 소년(소년수형자)이 소년법 제65조 각 호의 기간(무기형의 경우에는 5년, 15년 유기형의 경우에는 3년, 부정기형의 경우에는 단기의 3분의 1)을 지나면 그 교도소·구치소·소년교도소의 소재지를 관할하는 보호관찰심사위원회에 그 사실을 통보하여야 한다.

② 소년원장은 보호소년이 수용된 후 6개월이 지나면 그 소년원의 소재지를 관할하는 보호관찰심사위원회에 그 사실을 통보하여야 한다.

(2) 가석방·퇴원 및 임시퇴원의 신청

① 교도소·구치소·소년교도소 및 소년원(수용기관)의 장은 소년법 제65조 각 호의 기간(무기형의 경우에는 5년, 15년 유기형의 경우에는 3년, 부정기형의 경우에는 단기의 3분의 1)이 지난 소년수형자 또는 수용 중인 보호소년에 대하여 법무부령으로 정하는 바에 따라 관할 보호관찰심사위원회에 가석방, 퇴원 또는 임시퇴원 심사를 신청할 수 있다(법 제22조 제1항).

② 신청을 할 때에는 환경조사 및 환경개선활동 결과를 고려하여야 한다(법 제22조 제2항).

③ 수용기관의 장은 가석방, 퇴원 또는 임시퇴원의 심사를 신청하고자 하는 경우에는 소년수형자 또는 보호소년의 신상에 관한 사항, 범죄 및 비행에 관한 사항, 교정성적 등을 종합적으로 고려하여야 한다(시행령 제9조).

(3) 가석방·퇴원 및 임시퇴원의 심사와 결정(법 제23조)

① 보호관찰심사위원회는 신청을 받으면 소년수형자에 대한 가석방 또는 보호소년에 대한 퇴원·임시퇴원이 적절한지를 심사하여 결정한다.

② 심사위원회는 기간경과자의 통보를 받은 사람에 대하여는 신청이 없는 경우에도 직권으로 가석방·퇴원 및 임시퇴원이 적절한지를 심사하여 결정할 수 있다.

③ 심사위원회는 ① 또는 ②에 따라 소년수형자의 가석방이 적절한지를 심사할 때에는 보호관찰의 필요성을 심사하여 결정한다.

④ 심사위원회는 심사·결정을 할 때에는 본인의 인격, 교정성적, 직업, 생활태도, 가족관계 및 재범 위험성 등 모든 사정을 고려하여야 한다.

(4) 법무부장관의 허가(법 제25조)

보호관찰심사위원회는 심사 결과 가석방, 퇴원 또는 임시퇴원이 적절하다고 결정한 경우에는 결정서에 관계 서류를 첨부하여 법무부장관에게 이에 대한 허가를 신청하여야 하며, 법무부장관은 심사위원회의 결정이 정당하다고 인정하면 이를 허가할 수 있다.

가석방 및 임시퇴원의 취소와 재수용(보호관찰 등에 관한 법률) – 보호관찰심사위원회

① 가석방 및 임시퇴원의 취소(제48조)
- ㉠ **취소의 심사결정**: 보호관찰심사위원회는 가석방 또는 임시퇴원된 사람이 보호관찰기간 중 준수사항을 위반하고 위반 정도가 무거워 보호관찰을 계속하기가 적절하지 아니하다고 판단되는 경우에는 보호관찰소의 장의 신청을 받거나 직권으로 가석방 및 임시퇴원의 취소를 심사하여 결정할 수 있다.
- ㉡ **장관의 허가**: 보호관찰심사위원회는 심사 결과 가석방 또는 임시퇴원을 취소하는 것이 적절하다고 결정한 경우에는 결정서에 관계 서류를 첨부하여 법무부장관에게 이에 대한 허가를 신청하여야 하며, 법무부장관은 심사위원회의 결정이 정당하다고 인정되면 이를 허가할 수 있다.

② 재수용(시행령 제34조)
- ㉠ 수용기관의 장은 가석방 또는 임시퇴원이 취소된 보호관찰대상자를 지체 없이 수용기관에 재수용하여야 한다.
- ㉡ 재수용을 위하여 필요한 때에는 수용기관 소재지를 관할하는 지방검찰청 또는 지청의 검사에게 구인을 의뢰할 수 있다.

가석방자 관리규정의 적용을 받는 자(보호관찰을 받지 않는 자)의 가석방 취소 – 가석방심사위원회

① **취소사유**: 가석방자는 가석방 기간 중 가석방자관리규정에서 정한 지켜야 할 사항 및 관할 경찰서장의 명령 또는 조치를 따라야 하며 이를 위반하는 경우에는 가석방을 취소할 수 있다(시행규칙 제260조).
② **취소신청**(시행규칙 제261조)
- ㉠ 수형자를 가석방한 소장 또는 가석방자를 수용하고 있는 소장은 가석방자가 가석방 취소사유에 해당하는 사실이 있음을 알게 되거나 관할 경찰서장으로부터 그 사실을 통보받은 경우에는 지체 없이 가석방 취소심사신청서에 가석방 취소심사 및 조사표를 첨부하여 가석방심사위원회에 가석방 취소심사를 신청하여야 한다.
- ㉡ 위원회가 신청을 받아 심사를 한 결과 가석방을 취소하는 것이 타당하다고 결정한 경우에는 결정서에 가석방 취소심사 및 조사표를 첨부하여 지체 없이 법무부장관에게 가석방의 취소를 신청하여야 한다.
- ㉢ 소장은 가석방을 취소하는 것이 타당하다고 인정하는 경우 긴급한 사유가 있을 때에는 위원회의 심사를 거치지 아니하고 전화, 전산망 또는 그 밖의 통신수단으로 법무부장관에게 가석방의 취소를 신청할 수 있다. 이 경우 소장은 지체 없이 가석방 취소심사 및 조사표를 송부하여야 한다.
③ **취소심사**(시행규칙 제262조)
- ㉠ 가석방심사위원회가 가석방 취소를 심사하는 경우에는 가석방자가 「가석방자관리규정」 등의 법령을 위반하게 된 경위와 그 위반이 사회에 미치는 영향, 가석방 기간 동안의 생활 태도, 직업의 유무와 종류, 생활환경 및 친족과의 관계, 그 밖의 사정을 고려하여야 한다.
- ㉡ 위원회는 취소심사를 위하여 필요하다고 인정하면 가석방자를 위원회에 출석하게 하여 진술을 들을 수 있다.

제2장 석방

제123조 석방

소장은 사면·형기종료 또는 권한이 있는 사람의 명령에 따라 수용자를 석방한다.

제124조 석방시기

① 사면, 가석방, 형의 집행면제, 감형에 따른 석방은 그 서류가 교정시설에 도달한 후 12시간 이내에 하여야 한다. 다만, 그 서류에서 석방일시를 지정하고 있으면 그 일시에 한다.
② 형기종료에 따른 석방은 형기종료일에 하여야 한다.
③ 권한이 있는 사람의 명령에 따른 석방은 서류가 도달한 후 5시간 이내에 하여야 한다.

시행령

제141조 석방예정자 상담 등
소장은 수형자의 건전한 사회복귀를 위하여 필요하다고 인정하면 석방 전 3일 이내의 범위에서 석방예정자를 별도의 거실에 수용하여 장래에 관한 상담과 지도를 할 수 있다.

제142조 형기종료 석방예정자의 사전조사
소장은 형기종료로 석방될 수형자에 대하여는 석방 10일 전까지 석방 후의 보호에 관한 사항을 조사하여야 한다.

제144조 석방예정자의 보호조치
소장은 수형자를 석방하는 경우 특히 필요하다고 인정하면 한국법무보호복지공단에 그에 대한 보호를 요청할 수 있다.

제125조 피석방자의 일시수용

소장은 피석방자가 질병이나 그 밖에 피할 수 없는 사정으로 귀가하기 곤란한 경우에 본인의 신청이 있으면 일시적으로 교정시설에 수용할 수 있다.

제126조 귀가여비의 지급 등

소장은 피석방자에게 귀가에 필요한 여비 또는 의류가 없으면 법무부장관이 정하는 범위에서 이를 지급하거나 빌려 줄 수 있다.

시행령

제145조 귀가여비 등의 회수
소장은 법 제126조에 따라 피석방자에게 귀가 여비 또는 의류를 빌려준 경우에는 특별한 사유가 없으면 이를 회수한다.

제145조의2 증명서의 발급

소장은 다음 각 호에 해당하는 사람의 신청에 따라 교정시설에 수용된 사실 또는 수용되었다가 석방된 사실에 관한 증명서를 발급할 수 있다.

1. 수용자
2. 수용자가 지정한 사람
3. 피석방자
4. 피석방자가 지정한 사람

제145조의3 고유식별정보의 처리

소장은 제145조의2에 따른 사무를 수행하기 위하여 불가피한 경우 「개인정보 보호법 시행령」 제19조에 따른 주민등록번호, 여권번호, 운전면허의 면허번호 또는 외국인등록번호가 포함된 자료를 처리할 수 있다.

제126조의2 석방예정자의 수용이력 등 통보

① 소장은 석방될 수형자의 재범방지, 자립지원 및 피해자 보호를 위하여 필요하다고 인정하면 해당 수형자의 수용이력 또는 사회복귀에 관한 의견을 그의 거주지를 관할하는 경찰관서나 자립을 지원할 법인 또는 개인에게 통보할 수 있다. 다만, 법인 또는 개인에게 통보하는 경우에는 해당 수형자의 동의를 받아야 한다.
② 제1항에 따라 통보하는 수용이력 또는 사회복귀에 관한 의견의 구체적인 사항은 대통령령으로 정한다.

시행령

제143조 석방예정자의 수용이력 등 통보

① 법 제126조의2 제1항 본문에 따라 통보하는 수용이력에는 다음 각 호의 사항이 포함되어야 한다.
   1. 성명
   2. 주민등록번호 또는 외국인등록번호
   3. 주민등록상 주소 및 석방 후 거주지 주소
   4. 죄명
   5. 범죄횟수
   6. 형명
   7. 형기
   8. 석방종류
   9. 최초입소일
   10. 형기종료일
   11. 출소일
   12. 범죄개요
   13. 그 밖에 수용 중 특이사항으로서 석방될 수형자의 재범방지나 관련된 피해자 보호를 위해 특히 알릴 필요가 있는 사항
② 법 제126조의2 제1항 본문에 따라 통보하는 사회복귀에 관한 의견에는 다음 각 호의 사항이 포함되어야 한다.
   1. 성명
   2. 생년월일
   3. 주민등록상 주소 및 석방 후 거주지 주소
   4. 수용기간 중 받은 직업훈련에 관한 사항
   5. 수용기간 중 수상이력
   6. 수용기간 중 학력변동사항

7. 수용기간 중 자격증 취득에 관한 사항
8. 그 밖에 석방될 수형자의 자립지원을 위해 특히 알릴 필요가 있는 사항

③ 법 제126조의2 제1항 본문에 따른 통보를 위한 수용이력 통보서와 사회복귀에 관한 의견 통보서의 서식은 법무부령으로 정한다.

④ 법 제126조의2 제1항 본문에 따라 석방될 수형자의 수용이력 또는 사회복귀에 관한 의견을 그의 거주지를 관할하는 경찰관서에 통보하는 경우에는 「형사사법절차 전자화 촉진법」 제2조 제4호에 따른 형사사법정보시스템을 통해 통보할 수 있다.

시행규칙

제263조의2 석방예정자의 수용이력 등 통보
영 제143조 제3항에 따른 석방예정자의 수용이력 통보서의 양식은 별지 제28호의2 서식에 따르고, 석방예정자의 사회복귀에 관한 의견 통보서의 양식은 별지 제28호의3 서식에 따른다.

참고자료

- 형 집행중인 소년수형자의 형기종료의 기준: 부정기형에는 장기 기준
- 법 제123조: 형집행법상 석방사유 – 사면·형기종료 또는 권한이 있는 사람의 명령
- 법 제123조: 소장이 한다(○) ➡ 담당교도관이 행한다(×), 당직간부가 한다(×)
- 시행령 제142조: 사전조사 대상자의 범위를 형기종료 석방 수형자로 한정하였다.
- 법 제125조: 단순한 본인의 사정으로 인한 경우에는 일시수용 불가
- 시행령 제145조: 빌려준 경우 회수(○) ➡ 지급하여 준 경우 회수(×)
- 법 제126조의2 제1항 단서: 경찰관서에 통보하는 경우에는 동의를 받지 않아도 된다.

참고자료

보관금품의 반환 등
① 소장은 수용자가 석방될 때 보관하고 있던 수용자의 휴대금품을 본인에게 돌려주어야 한다(법 제29조 제1항 본문).
② 다만, 보관품을 한꺼번에 가져가기 어려운 경우 등 특별한 사정이 있어 수용자가 석방 시 소장에게 일정 기간 동안(1개월 이내의 범위로 한정한다) 보관품을 보관하여 줄 것을 신청하는 경우에는 그러하지 아니하다(법 제29조 제1항 단서).
③ 보관 기간이 지난 보관품의 처리(법 제29조 제2항)
  ㉠ 소장은 피석방자가 보관하여 줄 것을 신청한 보관품의 보관 기간이 지난 경우에는 피석방자 본인 또는 가족에게 그 내용 및 청구절차 등을 알려 주어야 한다. 다만, 썩거나 없어질 우려가 있는 것은 폐기할 수 있다.
  ㉡ 소장은 피석방자 본인 또는 가족이 보관품을 내어달라고 청구하면 지체 없이 내어주어야 한다. 다만, 알림을 받은 날(알려줄 수가 없는 경우에는 청구사유가 발생한 날)부터 1년이 지나도 청구하지 아니하면 그 금품은 국고에 귀속된다.

중간처우
소장은 가석방 또는 형기 종료를 앞둔 수형자 중에서 법무부령으로 정하는 일정한 요건을 갖춘 사람에 대해서는 가석방 또는 형기 종료 전 일정 기간 동안 지역사회 또는 교정시설에 설치된 개방시설에 수용하여 사회적응에 필요한 교육, 취업지원 등의 적정한 처우를 할 수 있다(법 제57조 제4항).

관련판례 ⚖

[1] 무죄 등 판결선고 후 석방대상 피고인이 교도소에서 지급한 각종 지급품의 회수, 수용시의 휴대금품 또는 수용 중 영치된 금품의 반환 내지 환급문제 때문에 임의로 교도관과 교도소에 동행하는 것은 무방하나 피고인의 동의를 얻지 않고 의사에 반하여 교도소로 연행하는 것은 허용될 수 없다(헌재 1997.12.24. 95헌마247). [2024. 6급 승진] 총 2회 기출

[2] 형법 및 형집행법의 관련 규정을 종합하여 볼 때 수형자가 형기종료일의 24:00 이전에 석방을 요구할 권리를 가진다고는 볼 수 없고, 위 법률조항 때문에 노역장 유치명령을 받은 청구인이 원하는 특정한 시간에 석방되지 못하여 귀가에 어려움을 겪었다거나 추가 비용을 지출하는 등으로 경제적 불이익을 겪었다고 하더라도 이는 간접적, 반사적 불이익에 불과하고 그로 인하여 청구인의 헌법상 기본권이 직접 침해될 여지가 있다고 보기 어렵다(헌재 2013.5.21. 2013헌마301). [2019. 6급 승진] 총 2회 기출

제3장 사망

제127조 사망 알림

┌ 소장은 수용자가 사망한 경우에는 그 사실을 즉시 그 가족(가족이 없는 경우에는 다른 친족)에게 알려야 한다. ┐

제128조 시신의 인도 등

① 소장은 사망한 수용자의 친족 또는 특별한 연고가 있는 사람이 그 시신 또는 유골의 인도를 청구하는 경우에는 인도하여야 한다. 다만, 제3항에 따라 자연장을 하거나 집단으로 매장을 한 후에는 그러하지 아니하다.

② 소장은 제127조에 따라 수용자가 사망한 사실을 알게 된 사람이 다음 각 호의 어느 하나에 해당하는 기간 이내에 그 시신을 인수하지 아니하거나 시신을 인수할 사람이 없으면 임시로 매장하거나 화장 후 봉안하여야 한다. 다만, 감염병 예방 등을 위하여 필요하면 즉시 화장하여야 하며, 그 밖에 필요한 조치를 할 수 있다.

1. 임시로 매장하려는 경우: 사망한 사실을 알게 된 날부터 3일
2. 화장하여 봉안하려는 경우: 사망한 사실을 알게 된 날부터 60일

③ 소장은 제2항에 따라 시신을 임시로 매장하거나 화장하여 봉안한 후 2년이 지나도록 시신의 인도를 청구하는 사람이 없을 때에는 다음 각 호의 구분에 따른 방법으로 처리할 수 있다.

1. 임시로 매장한 경우: 화장 후 자연장을 하거나 일정한 장소에 집단으로 매장
2. 화장하여 봉안한 경우: 자연장

④ 소장은 병원이나 그 밖의 연구기관이 학술연구상의 필요에 따라 수용자의 시신인도를 신청하면 본인의 유언 또는 상속인의 승낙이 있는 경우에 한하여 인도할 수 있다.

⑤ 소장은 수용자가 사망하면 법무부장관이 정하는 범위에서 화장·시신인도 등에 필요한 비용을 인수자에게 지급할 수 있다.

시행령

제146조 사망 알림

소장은 법 제127조에 따라 수용자의 사망 사실을 알리는 경우에는 사망 일시·장소 및 사유도 같이 알려야 한다.

제147조 검시

소장은 수용자가 사망한 경우에는 그 시신을 검사하여야 한다.

제148조 사망 등 기록

① 의무관은 수용자가 질병으로 사망한 경우에는 사망장에 그 병명·병력·사인 및 사망일시를 기록하고 서명하여야 한다.

② 소장은 수용자가 자살이나 그 밖에 변사한 경우에는 그 사실을 검사에게 통보하고, 기소된 상태인 경우에는 법원에도 통보하여야 하며 검시가 끝난 후에는 검시자·참여자의 신분·성명과 검시 결과를 사망장에 기록하여야 한다.

③ 소장은 법 제128조에 따라 시신을 인도, 화장, 임시 매장, 집단 매장 또는 자연장을 한 경우에는 그 사실을 사망장에 기록하여야 한다.

제150조 임시 매장지의 표지 등

① 소장은 시신을 임시 매장하거나 봉안한 경우에는 그 장소에 사망자의 성명을 적은 표지를 비치하고, 별도의 장부에 가족관계 등록기준지, 성명, 사망일시를 기록하여 관리하여야 한다.

② 소장은 시신 또는 유골을 집단 매장한 경우에는 집단 매장된 사람의 가족관계 등록기준지, 성명, 사망일시를 집단 매장부에 기록하고 그 장소에 묘비를 세워야 한다.

참고자료 **용어의 정의**(장사 등에 관한 법률 제2조)

① 매장 : 시신(임신 4개월 이후에 죽은 태아를 포함)이나 유골을 땅에 묻어 장사하는 것

② 화장 : 시신이나 유골을 불에 태워 장사하는 것

③ 자연장 : 화장한 유골의 골분을 수목·화초·잔디 등의 밑이나 주변에 묻어 장사하는 것

④ 봉안 : 유골을 봉안시설에 안치하는 것

04 교정자문위원회 등

제129조 교정자문위원회

① 수용자의 관리·교정교화 등 사무에 관한 지방교정청장의 자문에 응하기 위하여 지방교정청에 교정 자문위원회(이하 이 조에서 "위원회"라 한다)를 둔다.

② 위원회는 10명 이상 15명 이하의 위원으로 성별을 고려하여 구성하고, 위원장은 위원 중에서 호선 하며, 위원은 교정에 관한 학식과 경험이 풍부한 외부인사 중에서 지방교정청장의 추천을 받아 법무 부장관이 위촉한다.

③ 이 법에 규정된 사항 외에 위원회에 관하여 필요한 사항은 법무부령으로 정한다.

시행규칙 🖊️

제264조 기능

법 제129조 제1항의 교정자문위원회(이하 이 편에서 "위원회"라 한다)의 기능은 다음 각 호와 같다.

1. 교정시설의 운영에 관한 자문에 대한 응답 및 조언
2. 수용자의 음식·의복·의료·교육 등 처우에 관한 자문에 대한 응답 및 조언
3. 노인·장애인수용자 등의 보호, 성차별 및 성폭력 예방정책에 관한 자문에 대한 응답 및 조언
4. 그 밖에 지방교정청장이 자문하는 사항에 대한 응답 및 조언

제265조 구성

① 위원회에 부위원장을 두며, 위원 중에서 호선한다.

② 위원 중 4명 이상은 여성으로 한다.

③ 지방교정청장이 위원을 추천하는 경우에는 별지 제29호 서식의 교정자문위원회 위원 추천서를 법무부장관에게 제출 하여야 한다. 다만, 재위촉의 경우에는 지방교정청장의 의견서로 추천서를 갈음한다.

제266조 임기

① 위원의 임기는 2년으로 하며, 연임할 수 있다.

② 지방교정청장은 위원의 결원이 생긴 경우에는 결원이 생긴 날부터 30일 이내에 후임자를 법무부장관에게 추천해야 한다.

③ 결원이 된 위원의 후임으로 위촉된 위원의 임기는 전임자 임기의 남은 기간으로 한다.

제267조 위원장의 직무

① 위원장은 위원회를 소집하고 위원회의 업무를 총괄한다.

② 위원장이 부득이한 사유로 직무를 수행할 수 없을 때에는 부위원장이 그 직무를 대행하고, 부위원장도 부득이한 사유 로 직무를 수행할 수 없을 때에는 위원장이 미리 지명한 위원이 그 직무를 대행한다.

제268조 회의

① 위원회의 회의는 위원 과반수의 요청이 있거나 지방교정청장이 필요하다고 인정하는 경우에 개최한다.

② 위원회는 재적위원 과반수의 출석으로 개의하고 출석위원 과반수의 찬성으로 의결한다.

③ 위원회의 회의는 공개하지 아니한다. 다만, 위원회의 의결을 거친 경우에는 공개할 수 있다.

제269조 지켜야 할 사항

① 위원은 다음 사항을 지켜야 한다.

1. 직위를 이용하여 영리 행위를 하거나 업무와 관련하여 금품·접대를 주고받지 아니할 것
2. 자신의 권한을 특정인이나 특정 단체의 이익을 위하여 행사하지 아니할 것
3. 업무 수행 중 알게 된 사실이나 개인 신상에 관한 정보를 누설하거나 개인의 이익을 위하여 이용하지 아니할 것

② 위원은 별지 제30호 서식의 서약서에 규정된 바에 따라 제1항의 내용을 지키겠다는 서약을 해야 한다.

제270조 위원의 해촉

법무부장관은 외부위원이 다음 각 호의 어느 하나에 해당하는 경우에는 지방교정청장의 건의를 받아 해당 위원을 해촉할 수 있다.

1. 심신장애로 직무수행이 불가능하거나 현저히 곤란하다고 인정되는 경우
2. 직무와 관련된 비위사실이 있는 경우
3. 제269조에 따라 지켜야 할 사항을 위반하였을 경우
4. 직무태만, 품위 손상, 그 밖의 사유로 인하여 위원으로서 직무를 수행하기 적합하지 아니하다고 인정되는 경우
5. 위원 스스로 직무를 수행하는 것이 곤란하다고 의사를 밝히는 경우

제271조 간사

① 위원회의 사무를 처리하기 위하여 위원회에 간사 1명을 둔다. 간사는 해당 지방교정청의 총무과장 또는 6급 이상의 교도관으로 한다.

② 간사는 회의에 참석하여 위원회의 심의사항에 대한 설명을 하거나 필요한 발언을 할 수 있으며, 별지 제31호 서식의 교정자문위원회 회의록을 작성하여 유지하여야 한다.

제272조 수당

지방교정청장은 위원회의 회의에 참석한 위원에게는 예산의 범위에서 수당을 지급할 수 있다.

제130조 교정위원

① 수용자의 교육·교화·의료, 그 밖에 수용자의 처우를 후원하기 위하여 교정시설에 교정위원을 둘 수 있다.

② 교정위원은 명예직으로 하며 소장의 추천을 받아 법무부장관이 위촉한다.

시행령

제151조 교정위원

① 소장은 법 제130조에 따라 교정위원을 두는 경우 수용자의 개선을 촉구하고 안정된 수용생활을 하게 하기 위하여 교정위원에게 수용자를 교화상담하게 할 수 있다.

② 교정위원은 수용자의 고충 해소 및 교정·교화를 위하여 필요한 의견을 소장에게 건의할 수 있다.

③ 교정위원의 임기, 위촉 및 해촉, 지켜야 할 사항 등에 관하여 필요한 사항은 법무부장관이 정한다.

제152조 외부인사가 지켜야 할 사항

교정위원, 교정자문위원, 그 밖에 교정시설에서 활동하는 외부인사는 활동 중에 알게 된 교정시설의 안전과 질서 및 수용자의 신상에 관한 사항을 외부에 누설하거나 공개해서는 안 된다.

제131조 기부금품의 접수

소장은 기관·단체 또는 개인이 수용자의 교화 등을 위하여 교정시설에 자발적으로 기탁하는 금품을 받을 수 있다.

시행령

제153조 기부금품의 접수 등

① 소장은 법 제131조의 기부금품을 접수하는 경우에는 기부한 기관·단체 또는 개인(이하 이 장에서 "기부자"라 한다)에게 영수증을 발급하여야 한다. 다만, 익명으로 기부하거나 기부자를 알 수 없는 경우에는 그러하지 아니하다.

② 소장은 기부자가 용도를 지정하여 금품을 기부한 경우에는 기부금품을 그 용도에 사용하여야 한다. 다만, 지정한 용도로 사용하기 어려운 특별한 사유가 있는 경우에는 기부자의 동의를 받아 다른 용도로 사용할 수 있다.

③ 교정시설의 기부금품 접수·사용 등에 관하여 필요한 사항은 법무부장관이 정한다.

05 벌칙

제132조 금지물품을 지닌 경우

① 수용자가 제92조 제2항을 위반하여 소장의 허가 없이 무인비행장치, 전자·통신기기를 지닌 경우 2년 이하의 징역 또는 2천만원 이하의 벌금에 처한다.
② 수용자가 제92조 제1항 제3호를 위반하여 주류·담배·화기·현금·수표를 지닌 경우 1년 이하의 징역 또는 1천만원 이하의 벌금에 처한다.

제133조 금지물품의 반입

① 소장의 허가 없이 무인비행장치, 전자·통신기기를 교정시설에 반입한 사람은 3년 이하의 징역 또는 3천만원 이하의 벌금에 처한다.
② 주류·담배·화기·현금·수표·음란물·사행행위에 사용되는 물품을 수용자에게 전달할 목적으로 교정시설에 반입한 사람은 1년 이하의 징역 또는 1천만원 이하의 벌금에 처한다.
③ 상습적으로 제2항의 죄를 범한 사람은 2년 이하의 징역 또는 2천만원 이하의 벌금에 처한다.

제134조 출석의무 위반 등

다음 각 호의 어느 하나에 해당하는 행위를 한 수용자는 1년 이하의 징역에 처한다.
1. 정당한 사유 없이 제102조 제4항(일시석방된 사람의 석방 후 24시간 이내에 출석의무)을 위반하여 일시석방 후 24시간 이내에 교정시설 또는 경찰관서에 출석하지 아니하는 행위
2. 귀휴·외부통근, 그 밖의 사유로 소장의 허가를 받아 교도관의 계호 없이 교정시설 밖으로 나간 후에 정당한 사유 없이 기한까지 돌아오지 아니하는 행위

제135조 녹화 등의 금지

소장의 허가 없이 교정시설 내부를 녹화·촬영한 사람은 1년 이하의 징역 또는 1천만원 이하의 벌금에 처한다.

제136조 미수범

제133조 및 제135조의 미수범은 처벌한다.

제137조 몰수

제132조 및 제133조에 해당하는 금지물품은 몰수한다.

Part

02

교정학 핵심이론

제1절 교정의 이해

01 개요

1 교정의 의의

일반적으로 교정이란 비뚤어지거나 잘못된 것을 바르게 고치는 것을 말하는데, 교정학에서 교정이라고 하면 죄를 범한 수형자를 교정시설에 격리하여 그 범죄에 대한 응보를 가함과 동시에 개개인의 특성에 맞는 직업훈련, 학과교육, 교회 등을 통하여 교정교화하여 건전한 사회인으로 복귀할 수 있도록 다양한 사회적 훈련을 시키는 일련의 행위를 의미한다.

2 교정학의 특징 : 종합과학성

1. 개요

교정은 처벌의 목적인 억제·교화개선·무력화·응보 등은 시대·장소·제도·시설·절차 등에 따라 상이한 복잡성을 띠고 있다.

계통적으로 연구하는 학문일 뿐만 아니라 사회학, 심리학, 정신의학 등 관련 학문의 종합적 응용이 요청되는 분야이다. [2014. 7급]

2. 역사학적 관점

과거의 교정정책과 관행을 이해하고, 시간의 흐름에 따른 교정의 발전을 설명하고자 하는 노력이다.

3. 사회학적 관점

사회의 조직과 과정, 개인과 집단 간의 상호작용을 연구하는 사회학자들이 일탈에 대한 관심을 가지고 교도소에 대한 연구에 공헌하였다. 사회학자들은 보호관찰, 전환, 교도소 등 교정의 제반분야를 다루고 있다.

4. 심리학적 관점

(1) 교정(Corrections)이란 사회에 반하여 범행을 한 사람은 무엇인가 잘못되었고, 그것은 치료되고 교정되어야 한다는 관념을 기초로 심리학에서 유래된 용어이다.

(2) **비판과 옹호**

① 마틴슨의 'Nothing Works' : 대부분의 교화개선적 노력이 재범률을 크게 개선하지는 못하여 교정교화는 무의미하다는 점을 강조한 표현이다. [2018. 5급 승진]

② 최근의 연구에 의하면 마틴슨의 주장을 반박하며 교정교화는 충분히 의미있는 역할을 하고 있다는 주장이다.

5. 규범학적 관점

일반적으로 교정은 형법에 의한 처벌의 요건과 효과에 따른 자유형의 집행에 관한 절차적 규정을 주로 하고 있기 때문에 헌법, 형법, 형사소송법, 형집행법 등의 형사사법체계는 교정학의 중요한 연구대상이기도 하다.

02 교정학의 발전

1 형벌의 목적에 관한 이론

1. 응보형주의

(1) 형벌은 어떠한 특별한 목적을 달성하기 위하여 범죄자에게 과하는 것이 아니라, 발생된 범죄에 대하여 보복한다는 의미에서 과하는 것이라고 보는 입장이다. [2016. 5급 승진]

(2) 이론적 근거는 자유의사를 바탕으로 하며, 대표적 학자로는 칸트, 헤겔, 빈딩, 슈탈, 비르크마이어 등이 있다.

2. 목적형주의

(1) 형벌의 목적을 형벌의 집행 그 자체에서 구하지 않고, 범죄인에게 구하려는 사상에서 비롯한다.

(2) 형벌은 사회를 방위하기 위하여 장래의 범죄를 예방하려는 목적을 가졌기 때문에 형벌 그 자체와 목적을 상대적으로 이해한다는 뜻에서 이를 '상대성이론'이라고도 한다.

(3) 형벌에 의한 사회질서의 유지는 범죄인을 개선시켜 선량한 국민으로 재사회화시킴으로써 그 완벽을 도모할 수 있다.

(4) 이론적 근거는 의사결정론을 바탕으로 하며, 대표적 학자로는 리스트 등이 있다.

3. 교육형주의

(1) 형벌을 교육이라고 보는 사상에서 비롯되었으며, 목적형주의를 순화하여 범죄진압에 가장 합리적이며 효과적인 방법이다.

(2) 리프만에 의해 최초로 주장되었고 란짜, 살다니아 등에 의해 발전하였다.

4. 신응보형주의

(1) 1970년대 중반 이후 미국에서 교육형주의에 입각하여 범죄자를 대상으로 하는 여러 교육프로그램들이 재범이나 누범의 방지에 실패하였다는 주장에서 비롯되었다.

(2) 수형자들을 강제적인 교육프로그램에 참여시키는 것을 반대하면서 수형자의 개선보다는 인간적인 조건 아래서의 구금을 강조한다.

(3) 알렌, 모리스, 월슨, 포젤, 마틴슨 등 응보형주의적 바탕 위에 구금 위주의 행형을 지향한다고 하여 흔히 '신응보주의'라고 부른다.

2 교정학의 발달 과정 [2014. 7급]

구분	내용
감옥학	① 시기: 19세기 후반(1870년~1890년대) ② 독일: 수용시설 내의 질서와 강제적 권위주의에 의한 감옥의 관리(안전과 질서)에 중점 ③ 일본: 질서와 강제적 권위주의, 개별처우에 의한 개선은 감옥관리 범위 내에서 인정
행형학	① 시기: 제1차 세계대전 이후 ② 마사키 아키라(正木亮)는 「행형의 제 문제」에서 노동·수양·능력발휘를 행형의 삼위일체로 주장하고, 교육형주의를 기초로 한 수형자처우 중심의 행형학을 확립 ③ 감옥학이 질서를 강조한 반면, 행형학은 교육형주의에 바탕을 둔 교육에 중점
교정교육학 (교정처우론)	① 시기: 제1차 세계대전 이후 ② 결정론적 시각, 독일에서 시작, 영국과 미국의 교화행형(rehabilitation)이념으로 발전 ③ 재범·범죄위험성을 감소 내지 제거 목적, 교정교화·사회복귀·교화개선 등으로 해석 ④ 개별처우의 강조로 제2차대전 이전까지 큰 호응, 시설내 구금을 전제로 한 한계 봉착
교정보호론 (신응보론)	① 시기: 1970년대 후반 ② 배경: 교정교육학의 특별예방효과에 대한 회의, 비용의 증가, 인권침해 비판 제기 ③ 범죄자에 대한 강제적 치료보다는 정의에 입각한 처벌과 범죄인의 법률적 보호강조 ④ 제지 및 억제이론 등 응보주의적 접근, 처벌을 강화하면서 인권보장 ⑤ 선별적 무능력화와 삼진법: 그린우드(P. Greenwood)는 반복적인 소수의 범죄자들을 사회로부터 장기간 격리시켜 무력화할 필요성 강조

🔍 알렌(F. Allen)은 처음엔 의료모델을 주장하다가 여러 가지 문제로 인해 교정보호론(신응보론), 정의모델을 주장하였다.

3 교정발전의 5단계 [2019. 7급]

1. 고대: 복수적 단계(사형벌)

원시시대부터 고대국가 형성기까지를 말하며 복수관념에 의한 탈리오법칙, 즉 범죄행위에 대한 처벌로서 눈에는 눈, 이에는 이로 보복한다는 의미의 동해보복사상이다.

2. 중세: 위하적 단계(공형벌, 일반예방)

(1) 고대부터 18세기까지를 말하며, 14~15세기의 이단자 탄압의 시기에는 특히 교회법의 위반자를 처벌하면서도 동시에 일반사회 범죄인들의 피난처로 교회가 이용되기도 하였다.

(2) 16세기경에는 왕권강화와 강력한 공(公)형벌(일반예방에 입각한 심리강제와 위하)개념에 따른 준엄하고 잔인한 공개적 처벌을 포함한 형벌제도와 순회판사제도가 있었던 시기로, 「카롤리나 형법전」이 대표적인 법전이라 할 수 있다.

3. 근대: 교육적 개선단계(자유형 중심, 죄형법정주의, 구금제도의 발전, 누진처우제도)

(1) 유럽의 문예부흥기와 산업혁명기인 18세기 말엽부터 19세기 중반에 걸쳐 박애주의사상에 입각한 형벌관의 변화가 있었다.

(2) 위하적 잔혹형에서 박애적 관용형으로, 죄형처단주의에서 죄형법정주의에 의한 균형 있는 처벌로, 생명형과 신체형 위주에서 자유형으로의 변화를 가져왔다.

(3) 자유박탈의 목적이 응보적·위하적·해악적 중심에서 교정적·개선적·교화적 목적으로 변화하였다.

(4) 네덜란드 암스테르담(Amsterdam, 1595) 노역장에서는 교육적 개선형이 최초로 실시되었는데 부랑인, 불량소년, 위해자 등에 대해 근로에 의한 교화개선을 도모하였다.

4. 현대 : 과학적 처우단계(형벌의 개별화, 특별예방, 과학적 분류심사)

(1) 19세기 말부터 20세기 초 형벌의 개별화가 주장되면서 진취적이고 실증적인 범죄의 분석과 범죄자에 대한 처우로써 사회를 범죄로부터 구제 내지 방어하려는 방향이 제시되면서 발달하였다.

(2) 수형자에 대한 과학적 처우를 위해서는 훈련된 교도관으로 하여금 수용자의 구금분류와 처우를 담당하게 하고, 수용자의 적성발견과 개별적 처우를 통해 건전한 사회인으로의 재사회화를 도모하는 것에 초점을 두었다.

5. 사회적 권리보장단계(인권보호, 지역사회교정의 확대)

(1) 제2차 세계대전 이후 치료모델의 실패로 범죄자가 복귀해야 할 사회와의 재통합을 전제로 한 사회내 처우가 주목을 받으면서 보호관찰, 가석방, 중간처우 등의 사회내 처우 프로그램들이 인기를 얻게 된 시기이다.

(2) 1960년대 후반 세계 각국에서 인권운동이 전개되면서 소수민족 차별대우 철폐, 여성인권운동, 학생들의 교육제도 개선요구 등 종래의 질서에 대한 일대 저항을 불러 일으켰고, 수형자들도 자신들의 권리를 주장하고 나서면서 그동안 수형자를 처우의 객체로 보고 무조건 처우에 강제적으로 참여시켜 왔던 것에 대한 새로운 비판에 직면하게 되었다.

(3) 1971년 9월에 발생한 뉴욕주 애티카(Attica) 주립교도소의 폭동사건을 계기로 수형자의 침해된 권리구제를 위한 자유로운 소송제기가 인정되었으며, 헌법상 보장된 권리들이 수형자들에게도 폭넓게 받아들여져 미국의 교정제도는 다각적인 측면에서 수형자의 사회적 권리보장을 위한 교정제도 개선에 박차를 가하게 되었다.

제2절) 범죄에 대한 인식과 처벌의 정당성

01 자유의사론과 결정론

1 자유의사론

1. 의의

비결정론이라고도 하며 범죄를 자유의사를 가진 개인의 자유로운 선택의 결과로 보고 범죄의 원인에 대한 책임소재를 분명히 하여 그에 따라 처벌을 하는 이른바 인간의 선택의 자유와 그 선택에 따른 책임을 강조하는 고전주의적 시각이다.

2. 범죄통제전략

범죄자가 자신의 범죄행위에 대해서 책임이 있다고 간주되기 때문에 그에 상응한 처벌이 가장 적절한 전략이라고 본다.

2 결정론

1. 의의

범죄를 개인의 선택이 아닌 통제 불가능한 사회적·생물학적 요인에 의해서 결정되는 것으로 보기 때문에 범죄자에 대해 책임을 묻고 비난하거나 처벌하는 것은 비도덕적인 것으로서 이들은 사회적 병약자로 간주되며 처벌보다 치료나 처우의 대상으로 본다. 요법처우의 비처벌적 이념이 강조된다.

2. 분류

(1) **생물학적 결정론**: 소질에서 범죄의 원인을 찾는 것으로 이는 가장 극단적인 결정론임에도 불구하고 우연의 요소를 전혀 배제하지는 않는다. 즉 공격적 경향이 있는 사람이 이러한 폭력을 유도하는 상황에 처했을 때 폭력은 거의 자동적 결과가 되고 만다는 것이다.

(2) **심리학적 결정론**: 프로이드(Freud)의 정신분석을 통한 인성이론은 초기 아동기의 경험이 현재 범죄행위의 중요한 요인이 된다는 견해이다.

(3) **사회학적 결정론**: 서덜랜드(Sutherland)의 차별적 접촉이론과 같은 사회학습이론은 범죄를 학습할 수 있는 환경에 놓이게 된 자의 학습에 의한 결과로 보는 견해이다.

3 상황적 결정론

1. 의의

범죄는 상황적 압력과 여건 및 범행의 기회 등 전적으로 행위자 이외의 요인에 의해 이루어진다는 이론으로, 청소년들이 범죄적 상황으로 표류하기 때문에 비행을 한다는 맛차의 표류(drift) 이론을 들 수 있다.

2. 범죄통제전략

(1) **상황의 통제**: 범죄유발적 상황의 예방으로 자동차 도난방지장치, 주택의 방범보안장치, 가로등의 조도조정, 범죄다발지역의 순찰강화 등을 들 수 있다.

(2) **상황의 회피**: 사람들을 범죄적 환경에 처하지 않게 하는 것으로 위험지역에서의 통행 제한이나 금지 등 대부분 긴급상황에만 제한적으로 활용되고 있다.

3. 비판

상황통제가 범죄자에 대한 처벌이나 처우를 대체할 수 없고, 범죄자의 특별한 범행성에 대한 설명이 불가능하여 범죄자와 일반시민과의 구별이 어려워지며 결과적으로 기존의 범죄자에 대한 교화개선적 노력은 그 의미가 축소된 것으로 볼 수 있다.

02   처벌의 정당성

1 응보와 공리주의

✦ 응보적 · 공리적 정당성의 이해

구분	응보적 정당성	공리적 정당성
방향	과거지향적(사후 대응)	미래지향적(미래의 범죄예방에 초점)
평가근거	도덕적 근거 (과거행위의 결과에 대한 도덕적 평가)	경험적 근거 (미래의 범죄예방을 위한 경험적 평가)
목적	과거 법률위반에 의해 벌어진 당연한 처벌의 원칙에 기초	복수대상이 아닌 사람들이 죄를 범하지 않도록 제지하는 것
예	범죄에 대한 처벌은 마땅한 것	범죄발생이 줄어들 것을 염두에 둠
상호관계	절대적 구분을 어렵게 하고 상호보완적	

2 공리주의적 목적에 의한 처벌이론

1. 제지(deterrence) [2021. 7급]

(1) 제지이론은 인간은 합리적으로 즐거움과 고통, 이익과 비용을 계산할 줄 아는 이성적 존재이기 때문에 범죄의 비용이 높을수록 범죄수준은 낮아질 것이라는 가정, 즉 처벌을 강화하면 두려움과 공포로 인하여 사람들의 범죄동기가 억제되고 범죄는 줄어들 것이라는 가정에 기초한 이론이다.

(2) 제지이론은 일반제지(일반예방)와 특별제지(특별예방)로 설명하고, 제지(억제)의 효과는 처벌의 확실성, 엄중성, 신속성의 3가지 차원에서 결정되므로 재소자에 대한 엄정한 처벌이 강조된다.

(3) 범죄억제요소 [2021. 7급]

① **처벌의 확실성**(certainty) : 범죄의 결과로 처벌을 경험할 가능성을 의미하며 처벌받을 확률이 높을수록, 즉 처벌이 확실할수록 법률위반의 정도는 줄어들 것이라고 가정된다(→ 수사기관의 검거율과 관련이 있다).

② **처벌의 엄중성**(severity) : 벌금의 액수나 형기 등 형벌의 정도 또는 강도를 강하고 엄하게 집행할수록 법률위반의 정도는 낮아진다는 가정이다.

③ **처벌의 신속성**(swiftness) : 범죄행위와 처벌 경험의 시간적 간격을 말하는 것으로 범행 후 빨리 처벌될수록 범죄가 더 많이 제지될 것이라고 가정된다.

🔍 **형벌의 제지효과를 둔화시키는 요인** : 수용자 인권의 신장이나 적법절차의 강화와 같은 사법부의 개입, 처우이념의 강조, 부정기형 실시, 보호관찰이나 전환제도의 운용, 인간적 · 인본주의적 교정 강조 등

2. 교화개선(rehabilitation)

교정의 목적 중에서 범죄자를 건설적이고 법을 준수하는 방향으로 전환(diversion)시키기 위해 구금하는 것을 교정의 교화개선적 목적이라고 할 수 있다. 지역사회의 안전에 초점을 맞추는 제지나 무능력화와는 달리 교화개선은 범죄자에 초점을 맞춘 것으로 재소자들에게 기술과 지식을 습득하게 하여 사회복귀를 도모하는 것이다. [2016. 5급 승진] [2021. 7급]

3. 무능력화(incapacitation)

(1) 무능력화란 소수의 위험한 범죄인들이 사회의 다수 범죄를 범한다는 현대 고전주의 범죄학의 입장에서 제기된 것으로, 범죄방지 및 피해자 보호를 위해서는 범죄성이 강한 자들을 추방·구금 또는 사형에 처함으로써 이들 범죄자가 사회에 존재하면서 행할 가능성이 있는 범죄를 원천적으로 행하지 못하도록 범죄능력을 무력화시키자는 주장을 말한다. [2023. 7급] 총 2회 기출

(2) **무능력화 전략** : 집합적 무능력화와 선별적 무능력화

① 집합적 무능력화(collective incapacitation)

㉠ 집합적 무능력화는 유죄 확정된 모든 강력범죄자에 대해 장기형의 선고를 권장하는 것을 말한다. [2021. 7급] 총 2회 기출

㉡ 부정기형 제도하에서는 보호관찰부 가석방의 지침이나 요건을 강화하는 등 가석방을 지연시킴으로써 가능해지며, 정기형 제도하에서는 장기형을 강제하는 법률의 제정에 의하거나 선시제도를 이용하여 선행에 대한 가산점을 줄임으로써 가능하다.

② 선별적 무능력화(selective incapacitation) [2023. 7급] 총 7회 기출

㉠ 경력범죄자의 연구에서 비롯된 것으로 재범가능성에 대한 개인별 예측에 의해 범죄성이 강한 개별 범죄자를 선별적으로 구금하거나 형량을 강화하는 것이다. [2021. 7급] 총 2회 기출

㉡ 1970년대 후반부터 고전주의적 교정이념이 부활되는 경향을 보이면서 미국을 중심으로 대두된 형사정책의 주요대안 중 하나로 실증주의와 교육형론에 근거를 둔 교정주의를 비판하면서 등장하였다.

㉢ 비교적 소수의 중누범자 또는 직업범죄자가 대부분의 강력범죄를 저지른다는 사실을 바탕으로 이들에 대한 장기간의 수용을 요구하는 목소리가 높아지면서 관심이 고조되고 있다. 즉 이들 중 누범자들을 장기간 구금한다면 상당한 범죄감소 효과를 거둘 수 있다는 것이다.

㉣ 그린우드(Green Wood) : 소수의 중누범자 등이 다수의 범죄를 범한다는 사실에 착안하여 이들 소수의 특수범죄 집단에게 무능력화를 적용한다면 효과적인 범죄감소전략이 될 수 있다는 선별적 무능력화의 필요성을 주장하였다.

㉤ 교도소는 소수의 중누범자 또는 직업범죄자 등을 선별수용하게 되어 과밀수용문제도 해소할 수 있다고 한다.

㉥ 선별적 무능력화는 과학적 방법에 의해 재범의 위험성이 높은 것으로 판단되는 개인을 구금하는 전략으로 집합적 무능력화에 비하여 교정예산의 절감에 도움이 된다. [2013. 7급]

㉦ 범죄자의 특성에 기초하여 행해지고, 범죄자의 개선을 의도하지 않는 점에 특색이 있다. [2016. 5급 승진]

㉧ 선별적 무능력화는 법률적으로는 처벌의 기준이 현재의 범행이 아닌 과거의 경력 등에 의존한다는 점, 윤리적으로는 양형의 기준이 사회인구학적·범죄학적 특성에 과도하게 의존함으로써 특정계층에 불리하게 적용되는 점, 기술적으로 잘못된 예측, 그중에서도 소위 허위긍정(재범을 예상하여 구금하였으나 실제로는 재범하지 않을 경우)의 문제가 심각하게 제기되어 서구에서는 집합적 무능화의 방향으로 선회하고 있다. [2013. 7급] 총 2회 기출

✦ 선별적 무능력화

장점	① 상습적 누범자들의 격리를 통해 범죄를 감소시킨다. ② 교정시설의 과밀화를 해소하는 효과를 거둘 수 있다. ③ 경미한 범죄자의 사회내 처우를 활성화하는 데 유리하다.
단점	① 상습적 누범자의 판단기준을 현재나 미래에 두지 않고, 과거의 범죄전력에 둔다. ② 중누범자들이 구금되더라도 그 자리는 다른 범죄자들이 대신 차지하게 되어 범죄감소 효과를 사실상 기대하기 어렵다. [2013. 7급] ③ 사형을 제외하고는 아무리 중누범자라 할지라도 영원히 사회로부터 격리시켜 무능력화 할 수 없으므로 일시적 효과에 지나지 않는다.

✦ 무능력화의 차이

구분	집합적 무능력화	선별적 무능력화
대상	유죄 확정된 모든 강력범죄자	소수 중누범자
내용	① 가석방의 지침이나 요건을 강화하여 가석방 지연 ② 정기형하에서 장기형을 강제하는 법률 제정(강제양형제도) ③ 선시제도에서 가산점을 줄여 석방시기 지연	① 재범의 위험성이 높은 개인을 구금 ② 위험성 높은 범죄자의 장기수용정책으로 부정기형제도와 궤를 같이함
공통	① 범죄의 예방이 그 목적 ② 범죄에 대한 강력한 대응 ③ 범죄자를 장기간 구금시켜 범죄 행위능력을 제거 ④ 교화개선보다는 사회방위에 목적	

4. 원상회복주의

(1) 과거 응징적·강제적·사후 대응적 사법제도에 대한 반성으로 범죄자와 피해자, 지역사회가 비공식적 절차를 통한 문제해결을 통해 상호 동의감과 만족도를 극대화할 수 있다는 가정에 기초한다.

(2) 보상주의가 물질적·경제적 측면을 강조한다면 회복주의는 여기에 심리적·정신적 보상까지 고려한다고 볼 수 있다.

03 수형자 처우모델(교정처우모델)

처벌을 위한 교정	교화개선을 위한 교정	사법정의를 위한 교정
구금모델	① 의료 = 치료 = 갱생모델 ② 개선 = 적응 = 경제모델 ③ 재통합모델 = 재사회화모델	공정 = 사법 = 정의모델

1 처벌을 위한 교정 : 구금모델

1. 주요 내용

(1) 시기 : 응보형 사상이 지배하던 근세 초기부터 제2차 세계대전 이전까지

(2) 고전학파의 형벌관에 기초한 것으로 일종의 관리모형에 해당한다.

(3) 교정시설의 보안, 훈육, 질서유지를 위한 행동규제를 강조한다.

(4) 수용자는 사회보호를 위해 응보·제지·무능력화를 위하여 구금된다는 가정에 기초하고 있으며, 자유의사론에 입각한 정기형을 강조한다.

2. 비판

(1) 범죄에 대한 억압만으로는 범죄문제가 해결되지 않는다.

(2) 교도관은 수형자의 행동변용을 시도하지 않게 되므로 사회복귀적인 처우모델로서는 부적합하다.

(3) 처벌모형은 더욱 비인간적이고 불공정한 형사사법제도를 만들게 된다.

(4) 범죄를 유발할 수 있는 제반 사회적 문제를 무시하고 있다는 비판을 받고 있다.

2 교화개선을 위한 교정

1. 의료모델(medical model. 치료모델, 갱생모델)

(1) 제2차 세계대전 이후 1960년대까지의 주요한 모델로, 결정론적 시각에서 범죄자를 사회화나 인성에 결함이 있는 환자로 취급하면서 범죄의 원인은 치료의 대상이고 완치될 수 있다고 보아 치료모델이라고도 한다. [2022. 9급]

(2) 범죄자는 자신의 의지에 따라 의사를 결정하고 선택할 능력이 없으므로 처벌로는 범죄자의 문제를 해결할 수 없고 교정을 통해 치료되어야 한다고 보았다. [2022. 9급] 총 3회 기출

(3) 수형자는 개선 또는 치료되어야 할 환자이므로 치료되지 않은 수형자는 정해진 형기에 석방될 수 없고, 개선된 수형자는 형기전이라도 석방이 가능한 부정기형제도의 이론적 기초가 되었다. [2010. 7급]

(4) 범죄자에 대한 지식과 진단능력에 기초하여 형사사법제도에서 폭넓은 의사결정권(재량권)을 가질 것을 주장하며, 범죄자의 치료를 위해 다양한 정신건강시설의 폭넓은 활용을 권장하고 있다.

(5) 알렌(F. Allen)은 "인간의 행위는 선례적 원인의 산물이며, 이러한 선례적 원인을 밝혀냄으로써 인간의 행위를 통제할 수 있다."는 의료모델을 주장하였다.

(6) 유사모델 : 갱생모델(두피. Duffee), 의료모델(바톨라스. Bartollas), 수용자중심 행동변용모델(홀. Hall)을 들 수 있다.

(7) 비판 : 수용자는 치료(교정)의 객체로 전락하여 자유의사를 무시한 강제처우를 함으로써 인권침해를 야기할 수 있다는 우려가 제기되었다. [2018. 9급]

2. 개선모델(adjustment model, 적응모델, 경제모델, 처우모델)

(1) 1960~1970년대에 의료모델을 비판하면서 등장한 이론으로 결정론적 시각에서 19세기 후반 진보주의자(실증주의자)들과 교육형사상에 기초하고 있다. [2024. 9급] 총 2회 기출

(2) 의료모형과 같이 범죄자는 비범죄자와 다른 병자이며 처우를 필요로 하고 치료될 수 있다고 믿고 있지만, 범죄자도 자신에 대해서 책임질 수 있고 법을 준수하는 의사결정을 할 수 있다. 다만 그들의 과거의 문제를 들추지 않아야 한다고 주장한다. [2013. 7급 승진]

(3) 종교교회, 심리적 카운슬링, 직업훈련 등을 통하여 수형자의 사회복귀를 꾀하는 등 범죄인의 개선·교화를 통한 범죄방지에 주된 목적을 둔 교정처우모델로, 수형자자치제에 대한 보충적 운영을 강조하였다(즉 수형자자치제를 보조수단으로 인식하고 있다). [보충적 운영 : 개선모델, 확대 운영 : 공정모델]

(4) 결함있는 범죄인은 처우대상이지 처벌대상이 아니므로, 가혹한 형벌을 지양하고 개선과 교화를 강조한다. [2018. 9급]

(5) 사회 환경과 개인적 환경과의 상호작용이 반사회적 행위를 이해하는 데 중요한 요소이기 때문에 범죄자의 사회로부터의 격리는 문제행위를 더욱 악화시킬 따름이다.

(6) 치료나 처우기간은 초기에 정할 수 없는 성질이므로 결정론에 입각한 부정기형제도의 기초가 되었다(즉 처우에 필요한 충분한 기간의 확보차원에서 부정기형제도에 긍정적이다).

(7) 사회적 결정론자들은 사회경제적 조건을 범죄의 원인으로 보기 때문에 시장성 있는 기술 교육과 취업기회의 제공 등으로 범죄자를 복귀시키는 경제모델(economic model)을 지지한다. [2015. 7급]

(8) 범죄자들이 사회에 보다 잘 적응하도록 도와주는 데 주요 관심을 두기 때문에 시설수용의 지나친 이용에는 반대하고 있다.

(9) 처우기법으로 현실요법, 교류분석, 집단지도상호작용, 환경요법, 요법처우공동체, 그리고 행동수정 등이 있다. [2024. 9급]

(10) 유사모델 : 개선모델(두피. Duffee), 적응모델(바톨라스. Bartollas), 복종에 의한 행동변용모델(홀. Hall)

3. 재통합모형(reintegration model, 재사회화모델)

(1) 1970년 이후 갱생모델을 보완하는 모형으로 발전하였고, 공정모델의 등장으로 후퇴하다가 다시 부각된 모델로, 결정론에 의거하여 범죄인과 사회환경의 영향을 동시에 중시하는 최근의 교정이념이다.

(2) 수형자의 개선뿐만 아니라 그가 돌아가야 할 환경의 변화 또한 중요하다고 보고, 범죄문제의 근본적 해결을 위해서는 수형자 스스로의 행동 변화는 물론 범죄를 유발했던 지역사회도 변화되어야 한다는 입장이다. [2014. 7급]

(3) 범죄자와 지역사회의 유대 및 지역사회에 기초한 처우를 중요시하고, 핵심적인 주요 강력범죄자를 제외하고는 지역사회교정이 바람직하며, 시설수용이 불가피한 일부 강력범죄자에게도 가능한 한 다양한 사회복귀프로그램이 제공되어야 한다. [2021. 7급] 총 2회 기출

(4) 수형자의 주체성과 자율성을 인정하면서 수형자의 동의와 참여하에 처우프로그램을 결정하고 시행하게 되며, 수형자를 처우의 객체가 아니라 처우의 주체로 보므로 처우행형과 수형자의 법적 지위확립은 조화를 이루게 된다. [2014. 7급] 총 2회 기출

(5) 수형자의 처우프로그램은 교도관과 수형자의 공동토의에 의해 결정되므로 처우프로그램에 수형자를 강제로 참여시키는 것은 허용되지 않는다. [2014. 7급]

(6) 범죄자의 사회재통합을 위해서는 지역사회와의 접촉과 유대 관계가 중요한 전제이므로 지역사회에 기초한 교정을 강조한다. [2024. 9급] 총 6회 기출

(7) 핵심적인 주요 강력범죄자를 제외하고는 지역사회교정이 바람직하며, 시설수용이 불가피한 일부 강력범죄자에게도 가능한 한 다양한 사회복귀프로그램이 제공되어야 한다.

✦ 교화개선을 위한 교정모델의 비교

구분	범죄의 원인	대책
의료모형 (생물학적 결정론)	범죄행위는 선례적 원인의 산물	형사사법제도에서 폭넓은 의사결정권, 치료를 위해 정신건강시설의 폭넓은 활용 권장
적응모형 (경제모형: 사회학적 결정론)	범죄자는 병자이지만 책임있는 의사결정을 할 수 있는 존재	시설수용의 지나친 이용에 반대
재통합모형	범죄문제는 문제가 시작된 그 사회에서 해결되어야 한다는 관점	지역사회와의 의미 있는 접촉과 유대 (지역사회교정의 강조)

3 사법정의를 위한 교정: 정의모델(사법모델, 응보모델, 법치모델, 공정모델)

1. 의의

(1) 극단적인 개선모델이나 의료모델이 초래하는 수형자의 인권침해를 비판하면서, 처우의 중점을 공정성 확보에 두고 형사정책의 가장 기본적 목적인 사법정의의 실현을 목표로 하였다.

(2) 형벌의 목적을 응보에 있다고 보는 응보주의의 강화모형 내지 응보측면을 강조하는 모델이라고 할 수 있다.

(3) 수형자를 처우의 객체로 보던 기존의 관점들을 부정하고 처우의 주체적 지위로 끌어올려놓고 수형자의 자발적 참여와 동의를 전제로 한다.

(4) 자유의사론의 시각에서 정당한 처벌을 통하여 사법정의의 확보와 그에 따른 인권보호의 차원에 초점을 맞추고 있다.

(5) 적법절차를 강조하고 부정기형의 도입을 비판하였으며 법을 준수하는 방식으로 수형자를 처우해야 한다는 주장으로, 사회내 처우를 강조하는 전환정책과는 거리가 있다.

(6) 수형자자치제의 확대와 인권보장 등은 교정이념으로서의 정의모델과 관계가 깊다.

(7) 형사사법기관의 재량권 남용은 시민에 대한 국가권력의 남용이라고 보아 공정성으로서 정의를 중시한다. [2024. 9급 기출] 총 2회 기출

(8) 공정하고 합리적이며 인본적이고 합헌적인 교정제도를 통해 수형자를 처우하여야 한다고 보았다. 이는 수형자를 의도적으로 개선하려고 하기보다는 수형자의 자기의지에 의해 적응하도록 돕는 것을 의미한다. [2010. 7급]

2. 출현 배경

(1) 갱생에 대한 회의론과 구금모델로의 회귀경향이 맞물려 등장하였다. 즉 개선모델과 의료모델의 인권침해적 요소(재량권 남용, 차별적 처우 등)에 대한 반성과 더불어 행형의 특별예방효과와 개방적 교정처우제도의 효과에 대한 의심에서 비롯되었다. [2018. 9급]

(2) 교화개선모델에 대한 비판: 교화개선모델은 교정시설에서의 잔혹성을 숨기기 위한 것에 불과하며, 수형자들은 처우되고 있기 때문에 적법절차를 요하지 않으며, 많은 교정사고의 원인이 바로 교화개선을 전제로 하는 부정기형의 산물이기 때문에, 부정기형은 형기를 장기화하여 수형자를 불안에 싸이게 하였고, 수형자의 사회복귀는 그다지 효과적인 결과를 성취하지 못하였다. [2018. 7급]

3. 정의모델의 주장

(1) 사법정의 강조: 포겔(Fogel)은 롤스(Rawls, 형사사법의 최우선은 정의를 실현하는 것이라고 주장)의 영향을 받아 사법정의가 교화개선보다 바람직하고 성취가능한 형사사법 목표이며, 이는 공정하고 합리적이며 인본적이고 합헌적 절차에 의해서 이루어질 수 있다고 주장하였다. [2018. 7급]

(2) 자유의지와 책임: 수형자가 원하는 프로그램을 자발적으로 선택할 수 있게 하고 법이 허용하는 모든 권리를 제공하며, 불공정한 결정에 대해서는 청원할 수 있도록 하고 교정시설 내에서 어느 정도 수형자자치제에 참여할 수 있는 기회를 제공함으로써 수형자를 책임 있는 존재로서 취급하여야 한다.

(3) 적법절차 중시: 처벌하되 인간적인 방법으로 적법절차에 따라 처우할 것을 강조한다.

(4) 형벌의 비례성: 범죄자에게 가해지는 처벌은 범죄로 인하여 사회에 가해진 해악이나 범죄의 경중에 상응한 것이어야 한다. [2018. 7급]

(5) 사법기관이나 교정기관의 재량권 남용을 반대하였으며, 수형자가 원하는 프로그램을 자발적으로 선택할 수 있게 하였다. [2016. 5급 승진] 총 3회 기출

4. 정의모델의 주요정책

(1) 강경책

① 마약과의 전쟁 선포

② 부정기형 폐지(부정기형의 지양, 상대적 부정기형으로 제한) [2016. 5급 승진] 총 6회 기출

③ 자유의사론에 입각한 정기형의 복귀

④ 가석방위원회 폐지(가석방의 지양) [2012. 9급]

⑤ 삼진아웃제(three strike out system)도입

⑥ 강제양형제도의 도입과 법관의 재량 폭을 축소하는 양형지침 제시(법관의 재량권 제한)

⑦ 응보 측면의 강조 [2012. 9급]

(2) 수용인원 조절 전략

① 과학적 범죄예측을 통한 선별적 무능화 방안 제시[→ 실패 → 집합적 무능력화 전략으로 전환 → 과밀수용문제 발생 → 사회내 처우 도입(중간처벌제도 확대, 재통합모델 부활)]

② 선시제도 채택(가산점 부여는 법률적 기준하에서 하도록 선시제도의 법적 요건 강화)

(3) **인권보호**(적법절차)

① 수형자에 대한 법적 원조 규정 마련과 민원조사관제 채택

② 범죄자에 의한 피해자 배상

③ 교정시설 처우의 공개와 교정시설의 소규모화

④ 수형자자치제 확대와 처우의 자발적 참여

⑤ 미결구금일수의 형기산입

⑥ 국가재량의 축소

✦ **교정처우 관련 모델**

개선모델	19C 교육형사상을 기초로 범죄자의 개선·교화를 통한 범죄방지에 주된 목적을 둔 교정처우모델
치료모델	범죄자를 인격이나 사회화에 결함이 있는 사람으로 보아 환자에 대한 치료방식을 처우에 도입하려는 방식
사법 또는 공정모델	1970년대 이후 범죄자의 인권침해라는 문제점을 고려하여 범죄자의 법적 권리의 보장이라는 차원에서 처우의 문제에 접근하려는 유형
새로운 사회복귀모델	형의 집행은 사회복귀에 필요한 한도 내에서 지도·원조를 내용으로 하는 처우의 이념과 방식에 따라야 한다는 주장

---

04 범죄인 처우의 새로운 동향 : 회복적 사법

1 회복적 사법(피해에 대한 새로운 접근)

1. 의의

(1) 과거 응징적·강제적·사후대응적 사법제도에 대한 반성에서 출발하여 범죄자들로 하여금 보다 생산적이고 책임감 있는 시민이 되도록 능력개발이 이루어져야 한다는 목표를 지향하는 적극적인 형사패러다임의 강조사상으로 일반적인 형사사법보다는 소년사법에서 중시되고 있다. [2012. 9급]

(2) **핵심가치** : 회복적 사법의 핵심가치는 피해자, 가해자 욕구뿐만 아니라 지역사회 욕구까지 반영하는 것이며 범죄가 발생하는 여건·환경에 관심을 둔다. 범죄로 인한 손해의 복구를 위해 중재, 협상, 화합의 방법을 강조하며 피해자 권리운동의 발전과 관련이 깊다. [2012. 9급]

(3) 범죄자의 처벌이 목적이 아니라 범죄피해자의 피해회복을 통하여 사회적 화합을 성취하는 것이므로, 이를 통해 가해자에게도 사회복귀의 기회와 가능성을 높여줄 수 있다. [2023. 7급] 총 4회 기출

2. 절차

(1) 회복적 사법은 가해자에 대한 공식적 처벌보다는 피해자를 지원하고 지역사회를 재건하는 데 역점을 두면서 가해자에겐 자신의 행위에 대해 책임감을 갖게 하는 제도로, 주로 비공식적 절차에 의해 범죄 피해에 대한 문제를 해결하고자 한다. [2015. 7급]

(2) 회복적 사법은 중재자의 도움으로 범죄로 인한 피해자와 가해자, 그 밖의 관련자 및 지역공동체가 함께 범죄로 인한 문제를 치유하고 해결하는 데에 적극적으로 참여하는 절차를 의미한다. [2020. 9급] [2023. 보호 7급]

(3) 회복적 사법의 시각에서 보면 범죄행동은 법을 위반한 것일 뿐만 아니라 피해자와 지역사회에 해를 끼친 것이다. [2015. 7급] [2023. 보호 7급]

> **Plus** 재통합적 수치심부여이론 [2021. 보호 7급]
>
> 1. 브레이스웨이트(J. Braithwaite)는 낙인이론, 하위문화이론, 기회이론, 통제이론, 차별적 접촉이론, 사회학습이론을 통합하였다.
> 2. 사회가 범죄를 감소시키기 위해서는 좀 더 효과성 있게 수치심부여를 하여야 한다고 주장하고, 이를 재통합과 거부로 나누었다. 재통합적 수치심부여는 범죄자를 사회와 결속시키기 위한 고도의 낙인을 주는 것이고, 거부적 수치심부여는 범죄자에게 명백한 낙인을 찍어 높은 수치심을 주는 것으로 전자는 범죄율이 보다 낮은 반면, 후자는 범죄율이 더 높은 결과가 초래된다고 하였다.
> 3. 이 관점은 지역사회에서 범죄자에게 수치심을 주는 태도 및 방법의 차이를 잘 설명하면서 회복적 사법을 지지한다.
> 4. 회복적 사법이 재통합적 수치심이론을 그 근본 배경이론으로 삼는 이유는, 이 이론이 범죄자 하나에 초점을 두고 범죄자를 비난하는 것이 아니라, 객관적인 범죄행동에 관심을 갖고 가족, 친구, 지역사회 시민들 전체가 자발적 참여와 문제해결에 관심을 두어 실천방안을 제시하기 때문이다.
> 5. 결국 피해자와 지역사회가 원하는 것이 무엇인지 논의하고 가해자에게 그 메시지를 명확하게 전달하여 가해자로 하여금 재통합적 수치심을 느끼게 하고, 가해자가 피해자의 욕구를 받아들임으로써 궁극적으로는 지역사회의 회복적 사법을 통해 재범을 예방하는 것이다.

3. 회복주의 사법의 유형 [2015. 7급]

피해자와 가해자의 화해모델	① 1970년대 캐나다 온타리오, 보호관찰에 토대를 둔 유죄판결 후 형선고의 대안으로 시작 ② 피해자와 가해자 대부분 절차와 결과에 만족
가족 집단협의	① 1989년 뉴질랜드 소년사법에서 살인 등을 제외한 일정 범죄에 한하여 시행하는 화해프로그램으로 가해자, 공동책임의 가족구성원 및 기타 후원자들 참여 ② 협의과정 이후 피해의 범죄자에 대한 분노가 약화되는 성과 [2020. 9급]
순환모델	① 학교나 직장, 형사사법 법제 등 다양한 환경에서 사용할 수 있는 판결서클(sentencing circles)은 피해자와 가해자, 그들의 후원자, 주요 공동체 구성원들에게 발언권을 주고 합의 도출 ② 범죄자보다 공동체 구성원들이 자신들의 개인적인 이득과 발전에 도움이 되었다고 평가
시민 패널	① 미국과 캐나다의 경미사건 처리를 위한 민간위원회나 패널 활용 ② 비폭력적 범죄인 노상방뇨나 낙서, 음주, 성매매와 같이 지역사회의 삶의 질을 떨어뜨리는 피해자 없는 범죄를 다루고, 버몬트주 민간위원회의 경우 배상적 보호관찰(reparative probation)의 일환으로 운영

4. 회복적 사법의 문제점(비판)

(1) 강력사건에 회복적 사법이 제공되면 피해자가 보복을 두려워할 수도 있다.

(2) 피해자와 가해자 사이에 이미 존재하는 권한불균형을 반복하거나 영속화시킬 잠재성이 있다.

(3) 피해자의 참여가 단순히 가해자의 교화개선을 위한 도구로 이용될 수 있다.

(4) 회복적 사법이 공익보다는 사적 잘못(private wrong)에 지나치게 초점을 맞춘다. [2023. 9급]

(5) 피해자와 가해자를 회복과정에 참여시킴으로써 처분이 불균형을 초래할 수 있다.

제3절 우리나라 교정의 역사

01 고대 행형 및 조선시대 행형

1 고려시대의 행형

1. 개관

(1) 응보주의의 형벌에서 종교적인 인애사상이 가미되고 정형주의를 확립시켰으며, 11대 문종 때에는 고유법과 중국법을 조화한 고려의 형법체계를 완성하였다(죄형법정주의).

(2) 고려 초기 우리 역사상 최초의 독립된 형무기관으로 태조가 설치한 전옥서가 그것이다.

(3) 형집행 중 상(喪)을 당한 경우이거나 임부인 경우 일시석방제도를 운영하였는데, 이는 오늘날 특별귀휴와 유사하다(보방제도).

(4) 사형의 경우에는 삼복제로 중앙에 품의하여 최종적으로 왕의 재가를 받아야만 집행할 수 있었고, 사형에 해당하는 범죄에는 3명 이상의 관원이 함께 재판에 관여하게 하였다.

2. 형벌의 종류

(1) 태형(笞刑), 장형(杖刑), 도형(徒刑), 유형(流刑), 사형(死刑) 등 5종으로, 형벌제도를 정비하고 체계화하여 입법으로 정례화하였다(조선시대에서 상술).

(2) 속전제도(속동제도)가 있어서 일정한 범위에서 속전을 내고 형을 대체할 수 있었다. [2022. 7급]

(3) 부가형으로 삽루형, 경면형, 노비몰입 등이 있다.

기본형	태형 (笞刑)	① 5형 중 가장 가벼운 형벌로 10대에서 50대까지 5등급으로 나누었다. ② 태의 규격과 태형을 대체할 수 있는 속전의 한계가 규정되어 있었다.
	장형 (杖刑)	① 태형보다 중죄일 때 과하는 형벌로써 장 60대에서 100대까지 5등급으로 나누어 범죄의 경중에 따라 척장과 둔장으로 구분하여 집행하였다. ② 장형도 속동(贖銅)으로 체벌을 대신할 수 있도록 할 수 있었으며, 단과(單科)로 집행되는 경우도 있으나 도·유형에 처해진 자들에게 병과했던 사실이 고려사지(高麗史志)에 나타나고 있다.
	도형 (徒刑)	① 고려형법에서부터 도입되었다. ② 자유형의 일종으로서 도형 기간 동안 어느 일정한 장소에 구금되어 있고, 형기별로 속동과 장(杖)으로 대체할 수 있도록 되어 있었다.
	유형 (流刑)	① 고려형벌 중에서 사형 다음으로 중한 형벌이다. ② 오늘날의 무기형에 해당하며 일정한 형기가 없이 왕의 은사가 없으면 유형지에서 일생을 마쳐야 하는 종신형에 속한다.
	사형 (死刑)	① 고려형법에 명시된 사형은 집행방법에 따라 교형(絞刑)과 참형(斬刑) 두 가지로 나누어져 있다. ② 죄의 내용이 상대적으로 가벼운 경우 교형으로 다스렸고, 역모·대역죄·존속살인 등 중한 죄는 참형에 처하였다. ③ 고려사의 기록에 의하면 참형을 집행하고 저자(시장터)에 효수(梟首)하기도 하였는데 이는 주로 일반인에게 위화감을 주어 사회질서 유지를 위한 일반예방의 효과를 거두려는 조치였다.

부가형	삽루형 (級鏤刑)	특별한 범죄에 대하여 범죄인의 얼굴에 칼로 새겨 흉터를 남기는 형벌 [2020. 5급 승진]
	경면형 (黥面刑)	자자형(刺字刑)이라 하여 범죄인의 얼굴에 묵침(墨針)으로 글자를 새겨 넣는 형벌
	기타	모반·대역죄 등 국사범에 대하여 노비몰입(奴婢沒入), 재산몰수 등

(4) 구금시설

① 전옥서(典獄署) : 태조가 설치한 독립된 행형기관으로서, 전옥서는 옥수(獄囚)만을 전담하는 유일한 중앙관서로 개경에만 설치되었다.

② 부설옥 : 노비안검법으로 급격히 늘어난 노비를 구금하기 위해 가옥(假獄)을 설치하고, 지방에는 시옥(市獄)을 두는 등 부설옥이 있었다.

2 조선시대의 행형

✦ 조선시대의 행형관장기관

중앙	형조 (刑曹)	조선 초기에 설치된 육조(六曹)의 하나로, 국가의 사법업무와 노예에 관한 사무총괄		
		4사 (司)	상이사(詳履司)	중죄에 대한 복수업무의 주관 부서
			고율사(考律司)	율령에 관한 사항 관장
			장금사(掌禁司)	감옥과 범죄수사 업무처리
			장예사(掌隷司)	노예의 호적과 소송, 포로에 관한 업무 담당
		전옥서(典獄署)		죄수의 구금 담당
	사헌부	감찰기관		
	의금부	왕명에 의한 특수범죄 담당		
	한성부	수도의 행정, 전국의 토지·가옥·묘지소송 담당		
지방	관찰사	행형에 관하여 군·현을 감독, 도 내의 행정·사법·군사 총괄		
	수령	행정업무의 일부로써 행형 관장, 형방의 소관		

3 형벌의 종류(기본 5형)

1. 태형(笞刑)

(1) 가장 가벼운 형벌로서 작은 가시나무 회초리로 죄인의 볼기를 10대에서 50대까지 때렸으며, 5등급으로 구분되었다. [2020. 5급 승진] 총 2회 기출

(2) 태형의 집행은 죄수를 형대(刑臺)에 묶은 다음 하의를 내리고 둔부를 노출시켜 대수를 세어가면서 집행하는데 부녀자는 옷을 벗기지 않으나 간음한 여자에 대해서는 옷을 벗기고 집행하였다.

(3) 나이가 70세 이상인 자, 15세 미만인 자, 폐질환자, 임신한 여자 등은 태형을 집행치 않고 대신 속전을 받았다. [2016. 7급]

(4) 태형은 조선말 장형이 폐지(1895년)된 뒤에도 오랫동안 존속되다가 1920년에 가서야 완전히 폐지되었다.

2. 장형(杖刑)

(1) 태형보다 중한 형벌로서 큰 가시나무 회초리로 60대에서 100대까지 때렸으며, 5등급으로 구분되었다. 장의 법정규격과 집행방법이 대명률직해에 규정되어 있다. [2016. 7급] [2019. 5급 승진]

(2) 형률에 있어서 장형은 별도로 집행하는 경우도 있지만 도·유형에 대하여 이를 병과하는 것이 보통이었다. [2024. 9급] 총 2회 기출

(3) 행형에 있어서 남형(濫刑)의 폐해가 가장 많았던 것이 장형이었는데, 그것은 집행관의 자의가 개입하기 쉽기 때문이었다. [2016. 7급]

(4) 장형의 집행방법은 대체로 태형과 같고 매의 규격만 달리할 뿐이었으며, 갑오개혁 이듬해인 1895년에 행형제도를 개혁하면서 폐지되었다. [2018. 7급]

3. 도형(徒刑)

(1) **자유형** : 관아에 구금하여 소금을 굽거나 쇠를 달구는 노역을 부과하는 형벌로 오늘날의 자유형(유기징역형)에 해당하며, 단기 1년에서 장기 3년까지 5종으로 구분하였고, 반드시 장형이 병과되었다. [2020. 5급 승진] 총 5회 기출 [2024. 9급]

(2) **충군(充軍)** : 도형(도역) 대신 군역에 복무시키는 충군이라는 제도가 있었는데 이는 일종의 대체형벌로, 주로 군인이나 군사관련 범죄에 대하여 적용하였다. [2015. 9급]

4. 유형(流刑)

(1) 중죄를 범한 자에 대하여 먼 지방으로 귀양 보내어 죽을 때까지 고향으로 돌아오지 못하게 하는 형벌로 장형이 병과되었다. [2015. 9급] 총 2회 기출

(2) 도형과 함께 자유형(무기금고형)에 속하였지만 도형과는 달리 기간이 정하여지지 않았고 왕명에 의해서만 석방될 수 있었다. [2018. 7급] 총 2회 기출

(3) 주로 정치범이 유형으로 처벌되었고, 유배죄인에 대한 계호 및 처우 등의 책임은 그 지방의 수령에게 있다. [2018. 7급]

(4) 유형수 중 정치범에게는 식량 등의 생활필수품을 관에서 공급하였고 유배지에 처와 첩은 따라가며, 직계존속은 본인의 희망에 따라 동행을 허가해 주었다. [2020. 5급 승진] 총 2회 기출

(5) **갑오개혁(1895)** : 유형은 갑오개혁 이듬해 형벌개혁에 따라 정치범(국사범)에 한해서 적용하는 등 자유형 중심의 근대 행형체계로 전환시키는 계기가 되었다. [2024. 9급]

(6) **종류**(신분에 따른 구분)

　① **중도부처(中途付處)** : 관원(일반관원)에 대하여 과하는 형으로 일정한 지역을 지정하여 그곳에서만 거주하도록 하는 것으로 유생에 대해서도 적용되었다. [2019. 5급 승진]

　② **안치(安置)** : 유형 중에서도 행동의 제한을 가장 많이 받는 형벌로서 유형지에서도 다시 일정한 지역 내로 유거하게 하는 것이다. 주로 왕족이나 고관현직자에 적용되었다. [2019. 5급 승진] 총 3회 기출

> ➕ **Plus** 안치의 종류
>
> 1. **본향안치** : 죄인을 그의 고향에 안치시키는 것으로 죄인에게 은전을 베푸는 것에 해당한다(→ 안치의 종류 중 가장 인도적).
> 2. **위리안치** : 유배죄인의 가옥 주위에 가시나무 울타리를 쳐서 외출을 못하게 한 것으로 연금에 해당하며, 가족과의 거주가 허용되지 않았다(→ 가족과의 거주가 허용되지 아니한 점에서 통상의 유형에 비해 가혹한 형벌).
> 3. **절도안치** : 외딴 섬에 격리시키는 것으로 심히 가혹했기 때문에 많은 제한을 두었다.

③ **천사(遷徙)** : 일반 상민을 대상으로 죄인을 1,000리 밖으로 강제 이주시키는 형벌로 조선 초 북변개척을 위한 이민정책의 일환으로 범죄자와 그의 가족을 강제 이주시키거나 연변지역으로 이주시키는 것을 제도화한 것이다. [2019. 5급 승진]

> ➕ **Plus** 천사(遷徙)＝천도(遷徙)
>
> • 조선 초기 북변개척과 함께 이민정책이 추진되었다.
> • 일단 이주 후에는 일반양민과 동등한 생활을 유지할 수 있도록 하였다.
> • 신분에 있어서의 변화는 없이 양인의 신분을 그대로 유지토록 한 것이 특징이다.
> • 일반유형의 효력이 죄인 당사자에 한하는 데 비하여 전가천도(전가사변)는 전 가족에게 영향을 미치는 것(전 가족을 이주시킴)으로 가혹한 것이었다.

5. 사형(死刑)

(1) 사형제도를 신중하게 하기 위해 초복·재복·삼복의 심리단계를 두고 최종적으로 왕의 재결이 있어야만 사형을 집행하게 하는 삼복제(三覆制)를 시행하였는데, 형조의 4사(司)중의 하나인 상이사(詳覆司, 상복사)에서 전담하였다.

(2) **사형의 집행**

교형(絞刑)	신체를 온전한 상태로 두고 목을 졸라 생명을 박탈하는 것으로 오늘날의 교수형에 해당한다.
참형(斬刑)	죄인의 목을 칼로 쳐서 죽이는 것으로 가장 많이 행하던 사형의 방법이다.
능지처참 (陵遲處斬)	대역죄나 유교적 윤리에 근본적으로 반하는 범죄에 적용하는 것으로 신체를 여러 부분으로 절단하는 사형 중에서도 가장 극형에 해당되는 것이다.
부관참시 (剖棺斬屍)	이미 죽은 자의 무덤을 파헤쳐 시체를 꺼내 참형에 처하는 것이다.
사사(賜死)	왕명으로 독약을 마시고 죽게 하는 것으로 왕족이나 현직자로서 역모에 관련되었을 때 주로 행하여졌다.

4 부가형 등

1. 부가형(附加刑)

조선의 형벌에는 기본형인 5형 이외에도 자자(刺字), 노비몰입, 재산몰수, 피해배상 등 여러 종류의 부가형이 있었다.

자자형 (刺字刑)	① 신체의 일부에 글씨를 새겨 넣는 형벌로 주로 도적으로서 장·도·유형에 처해진 자에게 부과하였는데, 죄질이 심한 경우 얼굴에 글을 새기는 경면(黥面)도 시행되었다. [2015. 9급] [2019. 5급 승진] ② 자자형은 평생 전과로 낙인을 찍는 가혹성으로 영조 16년(1740년)에 자자도구를 소각하고 전국에 엄명을 내려 완전히 폐지하였다. [2019. 5급 승진]
노비몰입 (奴婢沒入)	범죄인이나 그 가족을 노비에 편입시키는 것인데, 절도전과자로서 다시 범죄를 하거나 대역, 모반 등 10악에 해당하는 죄인, 강상죄인(綱常罪人 : 삼강오륜의 도덕을 해친 죄인)에게 적용되었다.
재산몰수	역모 등 일정한 범죄에 대해 5형 등 형사적 처벌 이외에도 부과하였다.
피해배상	가해자의 재산을 강제로 징발하여 피해자에게 피해에 비례하여 배상하였다.
윤형(閏刑)	신분을 박탈하는 형벌로서 관리의 신분에 과하는 형과 도사(道士)나 승려(僧侶)의 신분에 과하는 것이 있다(권리박탈적 명예형).
금고(禁錮)	일정기간 동안 관리가 되는 자격을 정지 또는 박탈하는 명예형의 일종이다.

2. 법외의 형

✦ 사(私)형벌의 종류

관습적으로 관(官)에서 행하던 형벌	주뢰(周牢)	양 다리를 결박하여 주리를 트는 것
	압슬(壓膝)	무릎 위를 압력으로 고문하는 것
	낙형(烙刑)	불에 달군 쇠로 낙인
	난장(亂杖)	여러 명이 장으로 난타
권문세도가에서 행하던 사(私)형벌 (대부분 노비를 대상으로 함)	의비(劓鼻)	코를 벰
	월형(刖刑)	아킬레스건을 제거(힘줄을 끊어 버림)
	비공입회수(鼻孔入灰水)	코에 잿물을 주입
	팽형(烹刑)	삶아 죽임
	고족(刳足)	발을 쪼갬

3. 속전제도

(1) 조선에는 모반, 대역, 불효 등 특별히 정한 범죄를 제외하고는 형 대신 금전으로 납부할 수 있는 속전(贖錢)제도가 있었다. [2022. 7급]

(2) 속전은 오늘날의 벌금과도 유사하지만 벌금이 형의 선고 자체가 재산형인데 비해 속전은 신체형을 선고받은 후 본형을 재산형으로 대신한다는 점에서 구별된다.

5 구금시설

1. 직수아문(인신구속 제한)

(1) 조선시대 인신을 직접 구속할 수 있는 권한이 부여된 기관을 직수아문(直守衙門)이라고 하여 형조·병조·한성부·승정원·장예원·종적사·관찰사·수령·비변사, 포도청과 관찰사, 수령 등으로 한정하였다.

(2) 그 외의 관사에서 구금할 죄인이 있을 때는 모두 형조에 이송하여 수금(囚禁)하게 하였다. 이는 관청의 권력남용으로부터 백성을 보호하려는 취지에서 정한 법령이었다. 직수아문에는 옥(獄)이 부설(附設)되어 있었고, 지방에도 도옥(道獄)·부옥(府獄)·군옥(郡獄) 등이 있었다. [2024. 9급]

2. 전옥서

(1) 전옥서 : 고려의 제도를 계승하여 건국 초부터 형조에 소속되어 옥수(獄囚)를 맡아하던 관서로서 옥시설로는 대표적인 기관이다.

(2) 감옥서 : 전옥서는 갑오개혁 이후 경무청 감옥서로 변경되었다가 1907년 감옥사무가 법부(法部)로 이관된 후 경성감옥으로 개칭되었다. 전옥서는 고려 이래 같은 관서 명으로 가장 오래 동안 존속해 온 행형시설로서 520여 년간 존속하였다.

6 휼형(恤刑)제도

1. 의의

(1) 휼형이란 범죄인에 대한 수사·신문·재판·형집행 과정을 엄중하고 공정하게 진행하되, 처리를 신중하게 하고 죄인을 진실로 불쌍히 여겨 성심껏 보살피며 용서하는 방향으로 고려해주는 일체의 행위를 말하며, 삼국시대에서 비롯되어 고려를 거쳐 조선시대에도 폭넓게 시행되었다. [2013. 7급]

(2) 조선의 형사법에는 죄수를 보호하는 휼수(恤囚)의 규정을 두어 구금된 자라 할지라도 법적 보호를 받을 수 있도록 하였다.

2. 종류

(1) 보방제도(保放制度) : 구금중인 죄인의 건강이 좋지 않거나 구금 중 친상을 당한 때엔 죄인을 옥에서 석방하여 불구속상태로 재판을 받게 하거나 상을 치르고 난 후 다시 구금하는 것으로 오늘날의 구속집행정지, 형집행정지, 귀휴제도와 유사한 제도이다. [2024. 9급] 총 2회 기출

(2) 감강종경(減降從輕) : 사형에 해당하는 죄는 유형으로, 유형은 도형으로, 도형은 장형으로 강등하여 처리하는 오늘날의 감형제도에 해당한다(사형 ➡ 유형, 유형 ➡ 도형, 도형 ➡ 장형). [2024. 9급] 총 2회 기출

02 근대적 행형

■ 조선후기

1. 근대적 행형개혁(갑오개혁)

(1) 1894년 갑오개혁으로 고종은 홍범 14조를 통해 자주독립국과 내정개혁의 실시를 선포하였다.

> **✎ 갑오개혁의 형사제도 개혁**
>
> 1. 민·형사법의 제정과 불법 감금, 불법 형벌의 금지
> 2. 형조의 폐지와 법무아문(法務衙門) 신설 및 민·관의 재판권 귀속
> 3. 연좌제 및 고형금지(拷刑禁止)
> 4. 감옥 사무를 내무아문(內務衙門)으로 이관, 감옥규칙의 제정
> 5. 재판소 구성법: 1895년 3월 5일 법률 제1호로 제정(사법권 독립)

(2) 감옥사무의 변화

> **✎ 재판소구성법 제정에 따른 감옥사무의 변화**
>
> 1. 신체형·생명형 위주에서 자유형 체계로 전환: '징역처단례(1895)'제정, 5형(태·장·도·유·사) 중 장형폐지, 도형은 징역으로 바꾸고, 유형은 정치범(국사범)에 한해서 적용하는 등 자유형 중심의 근대 행형 체계로 전환시키는 계기 [2024. 9급]
>   🔍 태형은 1920년에 폐지
> 2. 감옥사무의 일원화: 형조소속의 전옥서를 경무청 감옥서로 변경, 직수아문(형조·의금부·한성부·포도청 등)에 부설되어 있던 옥을 모두 폐지하고, 감옥사무를 감옥서로 일원화
> 3. 미결수와 기결수 구분: 미결수와 기결수를 구분하여 분리 수용하게 하고, 징역형을 받은 자는 감옥서에서 노역에 종사
> 4. 감옥규칙과 징역표 제정: 감옥 운영의 기준이 되는 감옥규칙과 징역수형자의 누진처우를 규정하는 징역표 등을 제정
>
> **[감옥규칙](1894, 고종31년)** [2024. 7급] 총 2회 기출
> 1. 감옥사무 지침으로, 근대적 형집행법의 효시 [2017. 7급]
> 2. 5형 중심의 형벌체계를 자유형 중심으로 전환
> 3. 주요내용: 미결수와 기결수 구분수용, 판·검사의 감옥순시를 명시, 재감자 준수사항 제정
>
> **[징역표](1894)** [2018. 7급]
> 1. 징역수형자에 대한 기초적 분류 및 누진처우규정, 개과천선 목적
> 2. 수형자4분류: 특수기능소지자·보통자·부녀자·노유자의 네 가지 유형으로 분류
> 3. 누진처우: 1~5등급으로 나누어 일정기간이 지나면 상위등급으로 진급시켜 점차 계호를 완화하는 등의 단계적 처우 실시
> 4. 조선의 전통적 행형에서 근대적 행형으로 전환하는 과도기적 특징
>
> **[감옥세칙](1898)**: 감옥규칙의 시행령, 처우규정
> 1. 지급물품 급여기준, 위생과 청결, 운동시간, 질병예방과 치료, 접견, 상여(賞與)자에 대한 우대, 징벌 등 규정
> 2. 작업은 체력에 따라 부과하여 공전 지급, 그중 10분의 8은 감옥비용에 충당하고 10분의 2는 만기 석방 시에 지급

2. 광무시대의 행형(1897~1907)

(1) 갑오개혁에 따른 행형개혁을 정착화시킨 시대로, 갑오개혁이 전통적인 5형 제도를 자유형 중심의 행형으로 전환시키는 계기를 만들었지만 실제적으로 근대 자유형이 확립된 시기는 광무시대부터 이다.

(2) 보방규칙과 가석방제도 : 죄수의 일시석방제도인 보방(保放)규칙(1905), 종신형 수형자를 포함하여 모든 수형자를 대상으로 조건 없는 가석방제도(1908)를 실시하였다.

3. 융희시대의 행형(1907~1910)

(1) 감옥사무는 일제에 의해 박탈당하여 통감부 사법청에서 관장하게 되었다.

(2) 법무관할 : 1907년 12월 13일 '법부관제'와 함께 '감옥관제'가 제정되어 감옥사무는 내부관할에서 법부관할로 이관되면서 경무청관제에서 독립하여 감옥관계의 조직과 법령이 대폭적으로 개편되 었다.

(3) 경성감옥서 등 설치 : '경성감옥서를 설치하는 건'(1907)을 반포, 이듬해 전국 8개 감옥의 명칭과 위 치를 정하여 공포하였고, '감옥분감의 설치령'이 제정되어 8개소의 분감이 전국에 설치되었다.

2 일제강점기와 미군정기

1. 일제강점기

(1) 간수교습소규정 : 간수교습소규정(1917)에 의거 교도관학교 설치·운영 근거를 마련하였다. [2022. 7급]

(2) 형무소 개칭 : 1923년 감옥을 형무소로 개칭하였다. [2018. 7급] 총 5회 기출

  🔍 전옥서(고려시대) − 감옥(갑오개혁) − 형무소(일제강점) − 교도소(1961)

(3) 소년형무소 : 1924년 김천지소를 김천소년형무소로 개편하였고, 1936년 인천소년형무소 설치를 통 한 소년행형을 실시하였다.

(4) 응보적·위하적 행형정책 : 감옥법을 비롯한 일본의 행형법규를 의용하여 외형상 근대적인 모습을 보여주었지만, 실제로는 응보적이고 위하적인 행형정책으로 일관하였다.

(5) 조선감옥령 : 조선감옥령을 제정하여 이에 근거하여 총독의 명령으로 행형에 관한 별도의 규정을 둘 수 있게 하였다. [2024. 7급]

2. 미군정기

(1) 조선감옥령 의용 : 일제의 조선총독부 행형조직을 그대로 인수하여 운영하였기 때문에 일제의 잔 재를 완전히 불식시키지는 못하였다.

(2) 선시제, 석방청원제 : 미국교정의 이념에 근거를 둔 수형자의 인권을 보호하고 처우를 개선하려는 노력으로 선시제도, 수용자 석방청원제, 형구사용의 제한과 징벌제도의 개선이 이루어졌다.

제4절 교정과 보호행정의 조직

01 교정관련 주요 위원회 정리

위원회	위원수	위원장	관장사무	범위	위임법령	비고	부재 시	회의
가석방 심사 위원회	위원장 포함 5명 이상 9명 이하 (임기 2년 1회만 연장가능)	법무부 차관	가석방에 대한 적격심사	심사·결정	형집행법 (세부사항 법무부령)	법무부장관 소속으로 둠	위원장이 미리 지정한 위원	재적위원 과반수 출석, 출석위원 과반수 찬성
징벌 위원회	위원장 포함 5명 이상 7명 이하 (외부인사는 3명 이상 소장위촉) 외부인사 1명 이상 참석해야 개의할 수 있음	소장의 바로 다음 순위자	• 징벌대상 행위의 사실 여부 • 징벌의 종류 및 내용 • 징벌집행 유예기간과 기피신청	심의·의결	형집행법	교정시설에 둠	위원장이 미리 지정한 위원	재적위원 과반수 출석, 출석위원 과반수 찬성
지방급식 관리 위원회	위원장 포함 5~7명	소장	—	자문	—	교정시설에 둠	—	재적위원 과반수 출석, 출석위원 과반수 찬성
중앙급식 관리 위원회	위원장 1명 포함 7명 이상 9명 이하의 위원	교정 본부장	• 부식의 식군과 수량 • 급식에 관한 기준 영양량의 결정	자문	수용자 급식관리 위원회 운영지침	법무부에 둠	—	재적위원 과반수 출석, 출석위원 과반수 찬성
귀휴 심사 위원회	위원장 포함 6명 이상 8명 이하 (외부인사는 2명 이상 소장위촉)	소장 (부재시 부소장 직무대행)	수용관계, 범죄관계, 환경관계 등을 심사	허가 심사	법무부령	교정시설에 둠	① 부소장 직무대행 ② 부소장 사고 시 ➡ 위원장이 미리 지정한 위원	재적위원 과반수 출석, 출석위원 과반수 찬성
분류 처우 위원회	위원장 포함 5명 이상 7명 이하 • 매월 10일 개최 • 재적위원 3분의 2 이상 출석하는 경우 개최	소장	• 처우등급 • 가석방 적격심사 대상자 선정 • 소득점수 등의 평가 및 평정	심의·의결	형집행법 (세부사항 법무부령)	교정시설에 둠	위원장이 미리 지정한 위원	재적위원2/3 이상 출석, 출석위원 과반수 찬성

위원회	위원수	위원장	관장사무	범위	위임법령	비고	부재 시	회의
교정자문위원회	10명 이상 15명 이하 • 위원 중 4명 이상 여성 • 임기 2년 연임가능	위원 중에서 호선	• 교정시설 운영 자문 • 수용자 처우 자문 • 특별한 보호가 필요한 수용자 보호, 성차별 및 성폭력 예방 정책 자문	자문	형집행법 (세부사항 법무부령)	지방교정청에 둠	① 부위원장직이 그 직무대행 ② 부위원장 부재 시 ➡ 위원장이 미리 지정한 위원	재적위원 과반수 출석, 출석위원 과반수 찬성
교도관회의	소장·부소장 및 각 과장과 소장이 지명하는 6급 이상의 교도관 • 매주 1회 이상 회의 • 총무과 직원 서기	소장	• 교정행정 중요 시책의 집행 방법 • 각 과의 주요 업무 처리	자문	법무부령	소장 소속	–	–
취업지원협의회	회장 1명 포함 3명 이상 5명 이하 내부의원과 외부의원 10명 이상	소장 (부회장 2명, 1명 내부위원 소장지명, 1명 외부의원호선)	사회복귀지원 업무, 취업, 창업교육, 자료 제공 및 기술지원 각종 검사 및 상담등	지원·협의	형집행법 시행령 (세부사항 법무부령)	교정시설	소장이 지정한 부회장이 그 직무를 대행	재적위원 과반수 출석, 출석위원 과반수 찬성

02 교도관의 직무(교도관 직무규칙 : 법무부령)

근거 : 이 법에 규정된 사항 외에 교도관의 직무에 관하여는 따로 법률로 정한다(형집행법 제10조).

1 총칙

1. 통칙

(1) 목적 : 이 규칙은「형의 집행 및 수용자의 처우에 관한 법률」의 시행을 위하여 교도관의 직무에 관한 사항을 정함을 목적으로 한다(직무규칙 제1조).

(2) 정의 : 이 규칙에서 사용하는 용어의 뜻은 다음과 같다(직무규칙 제2조).

구분	정의
교도관	교도관 : 다음 각 목의 어느 하나에 해당하는 업무를 담당하는 공무원 가. 수용자의 구금 및 형의 집행 나. 수용자의 지도, 처우 및 계호(戒護) 다. 수용자의 보건 및 위생 라. 수형자의 교도작업 및 직업능력개발훈련 마. 수형자의 교육·교화프로그램 및 사회복귀 지원 바. 수형자의 분류심사 및 가석방 사. 교도소·구치소 및 그 지소(교정시설)의 경계 및 운영·관리 아. 그 밖의 교정행정에 관한 사항
교정직교도관	「공무원임용령」별표 1에 따른 교정직렬공무원 🔍 **일반직공무원** : 직군(행정) − 직렬(교정) − 직류(교정)
직업훈련교도관	전문경력관 임용절차에 따라 임용된 사람으로서「국민평생직업능력 개발법」제33조에 따른 직업능력개발훈련교사
보건위생직교도관	의무직, 약무직, 간호직, 의료기술직, 식품위생직 🔍 의무직렬, 약무직렬 등
기술직교도관	공업·농업·시설·전산·방송통신·운전직렬공무원
관리운영직교도관	관리운영직군공무원
상관	다른 교도관을 지휘·감독할 수 있는 직위나 직급에 있는 교도관
당직간부	교정시설의 장(소장)이 지명하는 교정직교도관으로서 보안과의 보안업무 전반에 걸쳐 보안과장을 보좌하고, 휴일 또는 야간(당일 오후 6시부터 다음날 오전 9시까지를 말한다.)에 소장을 대리하는 사람 : 교정관 또는 교감 [2021. 7급]

2. 근무의 일반원칙

근무의 구분	교도관의 근무는 그 내용에 따라 보안근무와 사무근무로 구분하고, 보안근무는 근무 방법에 따라 주간근무와 주·야간 교대근무로 구분한다. 보안근무는 수용자의 계호를 주된 직무로 하고, 사무근무는 수용자의 계호 외의 사무처리를 주된 직무로 한다(직무규칙 제5조).
직무의 우선순위	수용자의 도주, 폭행, 소요, 자살 등 구금목적을 해치는 행위에 관한 방지 조치는 다른 모든 직무에 우선한다(직무규칙 제6조). [2020. 7급] 총 4회 기출
직무의 처리	교도관은 직무를 신속·정확·공정하게 처리하고, 그 결과를 지체 없이 상관에게 문서 또는 구두로 보고하여야 한다. 다만, 상관으로부터 특별히 명령받은 직무로서 그 직무처리에 많은 시일이 걸리는 경우에는 그 중간 처리상황을 보고하여야 한다(직무규칙 제7조). [2019. 7급 승진] 총 2회 기출
근무장소 이탈금지	교도관은 상관의 허가 없이 또는 정당한 사유 없이 근무장소를 이탈하거나 근무장소 외의 장소에 출입하지 못한다(직무규칙 제8조).
교도관의 공동근무	소장은 2명 이상의 교도관을 공동으로 근무하게 하는 경우에는 책임자를 지정하고 직무를 분담시켜 책임한계를 분명히 하여야 한다(직무규칙 제9조). [2018. 6급 승진]
교도관의 지휘·감독	교도관은 직무수행을 위하여 특히 필요하다고 인정되는 경우에는 그 직무수행에 참여하는 하위직급의 다른 직군 교도관을 지휘·감독할 수 있다(직무규칙 제10조). [2019. 7급 승진] 총 2회 기출
교도관에 대한 교육 등	소장은 교도관에 대하여 공지사항을 알리고, 포승을 사용하는 방법, 폭동진압훈련, 교정장비의 사용·조작훈련 등 직무수행에 필요한 교육·훈련을 실시하여야 한다(직무규칙 제11조).
수용자에 대한 호칭	수용자를 부를 때에는 수용자 번호를 사용한다. 다만, 수용자의 심리적 안정이나 교화를 위하여 필요한 경우에는 수용자 번호와 성명을 함께 부르거나 성명만을 부를 수 있다(직무규칙 제12조). [2020. 7급] 총 3회 기출
수용기록부 등의 관리 등	① 교도관은 수용자의 신상에 변동사항이 있는 경우에는 지체 없이 수용기록부(부속서류를 포함한다), 수용자명부 및 형기종료부 등 관계 서류를 바르게 고쳐 관리·보존하여야 한다(직무규칙 제13조 제1항). ② 교도관은 제1항에 따른 수용자의 신상 관계 서류를 공무상으로 사용하기 위하여 열람·복사 등을 하려면 상관의 허가를 받아야 한다(직무규칙 제13조 제2항). [2018. 6급 승진] ③ 수용자의 신상에 관한 전산자료의 관리·보존, 열람·출력 등에 관하여는 제1항과 제2항을 준용한다(직무규칙 제13조 제3항).
고유식별정보의 처리	소장은 교정시설의 외부에 있는 사람에게 수용자에 관한 수용 및 출소 증명서를 발급하는 사무를 수행하기 위하여 불가피한 경우 「개인정보 보호법 시행령」 제19조에 따른 주민등록번호, 여권번호, 운전면허의 면허번호 또는 외국인등록번호가 포함된 자료를 처리할 수 있다(직무규칙 제13조의2).

수용자의 손도장 증명	① 수용자가 작성한 문서로서 해당 수용자의 날인이 필요한 것은 오른손 엄지손가락으로 손도장을 찍게 한다. 다만, 수용자가 오른손 엄지손가락으로 손도장을 찍을 수 없는 경우에는 다른 손가락으로 손도장을 찍게 하고, 그 손도장 옆에 어느 손가락인지를 기록하게 한다(직무규칙 제14조 제1항). [2020. 7급] ② 위의 경우에는 문서 작성 시 참여한 교도관이 서명 또는 날인하여 해당 수용자의 손도장임을 증명하여야 한다(직무규칙 제14조 제2항).
비상소집 응소	교도관은 천재지변이나 그 밖의 중대한 사태가 발생하여 비상소집 명령을 받은 경우에는 지체 없이 소집에 응하여 상관의 지시를 받아야 한다(직무규칙 제15조).
소방기구 점검 등	소장은 교도관으로 하여금 매월 1회 이상 소화기 등 소방기구를 점검하게 하고 그 사용법의 교육과 소방훈련을 하게 하여야 한다(직무규칙 제16조).

2 교정직교도관의 직무

1. 직무통칙

수용자의 의류 등의 관리	교정직교도관은 수용자가 지급받은 의류, 침구, 그 밖의 생활용품(의류등)을 낭비하지 아니하도록 지도하여야 한다. 교정직교도관은 수용자의 의류등이 오염되거나 파손된 경우에는 상관에게 보고하고, 상관의 지시를 받아 교환·수리·세탁·소독 등 적절한 조치를 하여야 한다(직무규칙 제31조). [2023. 9급 경채]
인원점검 등	① 소장은 당직간부의 지휘 아래 교정직교도관으로 하여금 전체 수용자를 대상으로 하는 인원점검을 매일 2회 이상 충분한 사이를 두고 하게 하여야 한다. 이에 따라 인원점검을 한 당직간부는 그 결과를 소장에게 보고하여야 한다(직무규칙 제35조 제1항). [2023. 9급 경채] ② 교정직교도관은 자신이 담당하는 수용자를 대상으로 작업을 시작하기 전과 마친 후, 인원변동 시 등에 수시로 인원점검을 하여야 한다(직무규칙 제35조 제3항). ③ 교정직교도관은 수용자가 작업·운동 등 동작 중인 경우에는 항상 시선으로 인원에 이상이 있는지를 파악하여야 한다(직무규칙 제35조 제4항).
야간 거실문의 개폐	당직간부허가: 교정직교도관은 일과종료(작업·교육 등 일과를 마치고 수용자를 거실로 들여보낸 다음 거실문을 잠그는 것을 말한다.) 후부터 그 다음날 일과시작(작업·교육 등 일과를 위하여 수용자를 거실에서 나오게 하기 위하여 거실문을 여는 것을 말한다.) 전까지는 당직간부의 허가를 받아 거실문을 여닫거나 수용자를 거실 밖으로 나오게 할 수 있다. 다만, 자살, 자해, 응급환자 발생 등 사태가 급박하여 당직간부의 허가를 받을 시간적 여유가 없는 경우에는 그러하지 아니하다(직무규칙 제36조 제1항).
수용자의 호송	① 교정직교도관이 수용자를 교정시설 밖으로 호송하는 경우에는 미리 호송계획서를 작성하여 상관에게 보고하여야 한다(직무규칙 제40조 제1항). ② 교정직교도관은 수용자의 호송 중 도주 등의 사고가 발생하지 아니하도록 수용자의 동정을 철저히 파악하여야 한다(직무규칙 제40조 제2항).
접견 참여 등	교정직교도관이 「형의 집행 및 수용자의 처우에 관한 법률 시행령」(시행령) 제62조 제1항(접견내용의 청취·기록을 위한 교도관의 접견참여)에 따라 수용자의 접견에 참여하는 경우에는 수용자와 그 상대방의 행동·대화내용을 자세히 관찰하여야 한다(직무규칙 제41조 제1항). [2020. 7급]

정문근무	① 정문근무자: 정문에 근무하는 교정직교도관(정문근무자)은 정문 출입자와 반출·반입 물품을 검사·단속하여야 한다(직무규칙 제42조 제1항).
	② 신체와 휴대품검사: 정문근무자는 위의 검사·단속을 할 때 특히 필요하다고 인정하는 경우에는 출입자의 신체와 휴대품을 검사할 수 있다. 이 경우 검사는 필요한 최소한도의 범위에서 하여야 하며, 출입자 중 여성에 대한 검사는 여성교도관이 하여야 한다(직무규칙 제42조 제2항).
	③ 정문근무자는 위(제1항 또는 제2항)의 검사 도중 이상하거나 의심스러운 점을 발견한 경우에는 출입 등을 중지함과 동시에 상관에게 이를 보고하여 상관의 지시를 받아 적절한 조치를 하여야 한다(직무규칙 제42조 제3항).
	④ 당직간부허가: 정문근무자는 수용자의 취침 시간부터 기상 시간까지는 당직간부의 허가 없이 정문을 여닫을 수 없다(직무규칙 제42조 제4항). [2023. 9급 경채] 총 2회 기출

2. 당직 간부의 직무

당직간부의 편성	① 당직간부는 교대근무의 각 부별로 2명 이상으로 편성한다. 이 경우 정(正)당직간부 1명과 부(副)당직간부 1명 이상으로 편성한다(직무규칙 제49조 제1항). [2023. 9급 경채]
	② 당직간부는 교정관 또는 교감으로 임명한다. 다만, 교정시설의 사정에 따라 결원의 범위에서 교위 중 적임자를 선정하여 당직간부에 임명할 수 있다(직무규칙 제49조 제2항). [2023. 9급 경채]
	③ 정당직간부 및 부당직간부의 업무분담에 관하여는 소장이 정한다(직무규칙 제49조 제3항).
비상소집망 점검	당직간부는 매주 1회 이상 교도관의 비상소집망을 확인하여 정확하게 유지하도록 하여야 한다(직무규칙 제55조). [2018. 7급 승진]
수용·석방사무의 감독	① 당직간부는 교정시설에 수용되거나 교정시설에서 석방되는 사람의 신상을 직접 확인하는 등 수용 및 석방에 관한 사무를 감독하여야 한다(직무규칙 제56조 제1항).
	② 출정감독자는 법원에서 무죄판결 등 구속영장이 실효되는 판결이 선고되어 즉시 석방되는 사람의 신상을 직접 확인하는 등 석방에 관한 사무를 감독하여야 한다(직무규칙 제56조 제2항). [2018. 7급 승진]

3. 보건위생교도관의 직무

의약품의 관리	① **용도별 구분**: 약무직교도관은 의약품을 교도관용, 경비교도용, 수용자용 등으로 용도를 구분하여 보관하여야 한다(직무규칙 제80조 제1항). ② **예산과 자비구매약품 구분**: 제1항의 수용자용 의료약품은 예산으로 구입한 것과 수용자 또는 수용자 가족 등이 구입한 것으로 구분하여 보관하여야 한다(직무규칙 제80조 제2항). ③ **유독물관리**: 유독물은 잠금장치가 된 견고한 용기에 넣어 출입문 잠금장치가 이중으로 되어 있는 장소에 보관·관리하여야 한다. 다만, 보관장소의 부족 등 부득이한 경우에는 이중 잠금장치가 된 견고한 용기에 넣어 보관·관리할 수 있다(직무규칙 제80조 제3항). ④ **약품점검**: 약무직교도관은 천재지변이나 그 밖의 중대한 사태에 대비하여 필요한 약품을 확보하고, 매월 1회 이상 그 수량·보관상태 등을 점검하고 그 결과를 상관에게 보고하여야 한다(직무규칙 제80조 제4항). [2023. 9급 경채]
사망진단서 작성	의무관은 수용자가 교정시설에서 사망한 경우에는 검시(檢屍)를 하고 사망진단서를 작성하여야 한다(직무규칙 제82조). [2023. 9급 경채]
위생검사	① 의무관은 매일 1회 이상 의료수용동의 청결, 온도, 환기, 그 밖의 사항을 확인하여야 한다(직무규칙 제84조 제1항). [2023. 9급 경채] ② 의무관은 교정시설의 모든 설비와 수용자가 사용하는 물품 또는 급식 등에 관하여 매주 1회 이상 전반적으로 그 위생에 관계된 사항을 확인하여야 하고, 그 결과 특히 중요한 사항은 소장에게 보고하여야 한다(직무규칙 제84조 제2항).

제5절 교정시설과 구금제도

01 교정시설

1 교정시설의 의의

1. 협의

(1) 자유형을 집행하는 시설을 의미한다. 자유형은 현대형벌의 중심을 이루고 있으며 자유형의 집행은 시설내 처우의 핵심이 되고 있다.

(2) 현행 형법은 징역, 금고, 구류의 3종의 자유형을 인정하고 있다.

2. 광의

(1) 물적 시설을 구비함과 동시에 인적 구성요건을 갖추고 미결수용자(구속영장의 집행 중인 형사피고인·피의자) 및 수형자를 수용처우하는 국가시설이다.

(2) 국가 또는 공공단체 등의 행정주체에 의하여 공적 목적에 병용되는 인적 및 물적 설비의 총합체를 말한다.

3. 교정시설의 발전

1555년	영국의 브라이드 웰 교정원	① 빈민, 부랑자, 절도범 등을 수용하여 장기간 교정과 직업훈련을 실시(형벌집행이 아닌 노동이 목적) ② 가장 오래된 교정시설 = 최초의 교정시설 = (형벌집행보다는)빈민구제와 노동부과가 주된 수단으로 이용된 가장 오래된 교정시설
1595년	네덜란드의 암스테르담 징치장	① 기도와 노동을 통한 교육이 기본방침(걸인이나 부랑인을 수용하여 노동을 통한 교화시도) ② 1597年 - 암스테르담 징치장 內 여자조사장 ➡ 성별분류의 시초 [2019. 9급] ③ 1603年 - 암스테르담 징치장 內 불량청소년 숙식소 ➡ 연령별 분류의 시초 ④ 교도작업을 최초로 교육적·개선적 목적으로 시행한 시설 ⑤ 최초로 자유형을 실시한 시설(18C 후반) = 최초의 형(刑)집행시설
1704년	이탈리아의 산 미켈레 감화원	① (현대적이고 체계적인) 연령별 분류의 시초가 된 최초 소년교정시설 = 성인과 소년을 구분한 분류시설의 기원(독립된 시설) = 최초의 소년교도소 ② 비행소년과 학습불량소년으로 나누어서 수용한 시설로 최초의 분방식(독거식) (방사익형)구조
1773년	벨기에의 간트 교도소	① 팔각형(분방식)(방사익형)의 구조 ② 분류수용이 보다 과학적으로 시행 ③ 시설면에서 가장 모범적인 '근대교도소의 효시'로 평가 ④ 1775년 주간혼거와 야간독거 실시 - 오번제도의 시초

1790년	미국의 월넛 구치소	① 윌리엄 펜과 벤자민 프랭클린 – '필라델피아 교도소 개량협회' 설립 ② 미국 최초의 독거구금 시설 　🔍 주의: 최초의 독거구금시설은 산미켈레 감화원이다. ③ 펜실베니아 제도의 시초
	미국(뉴욕)의 엘마이라 감화원	① 최초의 상대적 부정기형 실시 ② 미국 최초로 가석방제도 운영
1895년	소년공화국 (조지. 사설소년원)	소년의 감화·개선을 위하여 자치제 실시 🔍 주의: 자치생활을 최초로 했다는 데 의의가 있다. 최초의 수형자자치제 실시는 오번교도소이다.
1907년	벨기에 포레스트 감옥	① 최초의 현대적 분류제도를 시행 ② 현대적 분류제도를 시행한 대표적 시설
1914년	미국의 오번교도소	① 최초의 수형자자치제 실시(오스본) [2024. 9급] ② 오번제도의 시초
1918년	미국 싱싱교도소	① 과학적 분류의 시초 ② 오번제도를 가장 제대로 실시한 대표적 시설

2 영국과 미국의 감옥개량운동

영국의 존 하워드(John Howard. 1726~1790)	미국의 감옥개량운동
① 감옥상태론: 박애주의자 존 하워드는 다섯 번에 걸쳐 전 유럽 300여 개의 감옥을 직접 둘러보고 자기가 체험한 것을 내용으로 「영국과 웰스의 감옥상태론(1777)」을 저술하였다. ② 형벌의 목적은 노동습관으로의 교육에 있다고 보고, 인도적인 감옥개혁을 주장하였다. ③ 「감옥상태론」은 경험적 범죄연구학의 효시를 이루었다. ④ 주장 내용: 위생시설 확충, 연령층과 성별에 따라서 분리수용, 독거제 실시, 교도관의 공적 임명과 충분한 보수 지급, 교도소 내의 노동조건을 개선하여 감옥을 단순한 징벌장소가 아닌 개선장소로 사용 등의 주장을 하였다.	① 펜실베니아 제도: 윌리엄 펜(William Pen)의 참회사상과 존 하워드의 독거제 영향을 받은 벤자민 프랭크린(B. Franklin)에 의한 '필라델피아 수인구호협회'(1776)에서 시작되어, 1790년 소규모 독거시설인 월넛 감옥(Walnut Street Jail)이 설치되고, 1818년 서부감옥, 1821년 동부감옥 등 2개의 대(大) 독거교도소가 완성되었다. ② 오번감옥: 1823년 엘람 린즈(Elam Lynds)가 새로운 혼거제를 실시하였고, 1914년 오스본(Osborne)에 의해 최초의 수형자 자치제가 실시되었다. ③ 엘마이라 감화원: 1876년 브록웨이, 드와이트, 와인즈 및 후벨, 산본 등이 참여한 '아메리카 감옥협회'에서 상대적 부정기형제도 실시, 미국 최초의 가석방제도가 운영되었다.

❸ 교정시설의 구조

✦ 교도소의 건축양식

분방식 또는 방사익형	장방형의 사동을 방사익형으로 배열한 구조
파놉티콘형(Panopticon Design)	1787년 벤담(Bentham, J.)이 고안한 원형 양식이다.
파빌리온형(Pavillion)	푸신(Pussin)에 의해 고안된 병렬식 구조로 수용자의 분류별 처우에 적합하며 보건위생을 중시한다.
전주형	일자형 사동을 병렬하는 양식으로 수형자 관리에 유리하며, 우리나라에 많다.

---

02 ✦ 구금제도의 발달

❶ 펜실베이나제

1. **의의**: 절대 침묵과 정숙을 유지하며 주야구분 없이 엄정한 독거수용을 통해 회오·반성을 목적으로 한 구금방식으로 엄정독거제, 분방제, 필라델피아제로 불린다. [2024. 7급]

2. **연혁 필라델피아 협회**: 18세기 펜실베이아주의 퀘이커(Quaker) 교도이자 감옥개량운동가인 윌리엄 펜(William Pen)의 참회사상과 존 하워드의 독거제 영향을 받아 감옥개량을 목적으로 한 사설협회로서 벤자민 프랭클린(Benjamin Franklin)에 의하여 '필라델피아협회'가 창립되면서 구체화되었다. [2018. 9급] 총 7회 기출

3. 장·단점

장점	단점
① 수형자 간 통모가 불가능하여 동료 수형자 간 악풍감염의 폐해를 방지할 수 있다(펜실베니아제와 오번제의 공통점). [2014. 9급] 총 2회 기출	① 공동생활이 불가능하기 때문에 교정교육, 운동, 의료활동, 교도작업 등 사회적 훈련이 어렵다. [2013. 9급]
② 수형자 스스로의 정신적 개선작용으로 자신의 범죄에 대한 회오·반성 및 속죄할 기회를 제공하여 교화에 효과적이다. [2013. 9급]	② 구금성 정신질환 등 정신적·심리적 장애를 유발할 수 있다.
③ 고독의 공포가 취업자로 하여금 생산작업에 전념하게 할 수 있다.	③ 공동생활에 대한 적응능력 배양을 저해하여 원만한 사회복귀를 어렵게 할 수 있다.
④ 개별처우에 편리하다. [2014. 9급]	④ 동료 수용자 간 감시불편으로 자살의 가능성이 높아지고 건강상의 문제가 발생할 수 있다.
⑤ 통모에 의한 교정사고를 사전에 차단할 수 있으며, 미결수용자의 경우 증거인멸 방지에 효과적이다. [2013. 9급]	⑤ 개개 수형자의 독립된 생활공간 확보 등 행형경비가 많이 필요하다.
⑥ 계호 및 규율유지에 용이하다.	
⑦ 수형자의 사생활 침해를 방지하는 데 효과적이다. [2013. 9급]	

2 오번제

1. 의의

(1) 엄정독거제의 결점을 보완하고 혼거제의 폐해인 수형자 상호 간의 악풍감염을 제거하기 위한 구금형태로 절충제(엄정독거제와 혼거제를 절충), 완화독거제(반독거제. 엄정독거제보다 완화된 형태), 교담(交談)금지제(침묵제. 주간작업시 엄중침묵 강요)라고도 한다. [2020. 5급 승진] 총 6회 기출

(2) 야간에는 독거구금하고, 주간에는 침묵상태에서 동료 수형자들과 함께 작업을 실시하도록 하였다. [2024. 7급] 총 11회 기출

(3) 도덕적 개선보다 노동습관의 형성을 더 중요시한다. [2018. 9급]

(4) 오번제는 펜실베니아제의 엄정독거에 따른 폐해를 방지하는 데에는 유리하나, 수형자의 노동력을 착취하는 수단이 되었다는 비판이 있다.

2. 연혁

(1) 1823년 미국 뉴욕주의 오번감옥에서 소장 엘람 린즈(Elam Lynds)가 혼거구금과 엄정독거구금의 단점을 제거하고, 장점만을 취한 새로운 혼거제(congregate system)를 실시, 널리 보급되었다. [2020. 5급 승진] 총 2회 기출

(2) Lynds는 수형자들도 대부분 노동을 하여 이윤을 추구하는 어쩔 수 없는 사람들이기 때문에 작업능률의 향상이 교정시설의 목표가 되어야 한다고 믿었다(Lynds는 교도작업의 역할을 중시하였음).

(3) 당시 산업사회의 노동력 확보라는 시대적 요구에 부응하면서 수형자들에게 도덕적 개선보다는 일하는 습관을 심어 줌으로써 재범을 방지하는 데 더 관심을 둔 것으로 19세기 미국에서 지배적인 행형제도로 정착되었다.

(4) 오번제도의 시초 : 벨기에의 간트(Gand)교도소 [2008. 9급], 미국 뉴욕주의 오번(Auburn)교도소 [1997. 9급]

3. 장·단점

장점	단점
① 엄정독거에 비하여 사회적 처우가 어느 정도 가능하기 때문에 보다 인간적이다. [2020. 5급 승진] 총 2회 기출	① 수형자 간 의사소통 금지로 인간관계의 형성이 어렵다.
② 주간 작업시 교담을 금지하고 야간에는 독거구금하므로 악풍감염의 문제가 해소된다. [2020. 5급 승진]	② 말을 못 하게 하는 것은 새로운 고통을 부과하는 결과가 되며 작업능률을 떨어뜨린다.
③ 주간에는 작업을 통한 공동생활(집단작업)을 하므로 사회적 훈련이 가능해지며 정신건강이나 자살의 위험 등 주야엄정독거제의 폐해를 줄일 수 있다.	③ 혼거로 인한 위생과 방역에 어려움이 있다.
	④ 교도관의 계호감시와 규율유지의 어려움이 있다.
	⑤ 동료 수형자 간 은밀한 부정행위나 교제로 인한 재범의 가능성이 있다.
④ 공모에 의한 도주·반항 등을 방지할 수 있다. [2020. 5급 승진]	⑥ 주간혼거·야간독거형식으로 개별처우가 곤란하다.
⑤ 교정교육, 운동, 의료활동, 교도작업 등의 운영에 편리하고, 경제적이다. [2013. 9급]	

3 독거제

수형자 상호 간의 접촉을 방지함으로써 악풍 감염과 통모를 방지할 수 있다. 독거의 목적은 침묵 회상을 통해 회오, 속죄, 정신적 개선을 도모하려는 데 있다.

4 혼거제

독거제가 개인적 정신의 개선에 중점을 두는 구금형태라면, 혼거제는 사회 복귀에 적합한 사회성 배양에 중점을 두는 구금형태이다.

✦ **독거수용 vs 혼거수용**

	장점	단점
독거수용	① 수용자 스스로 반성 내지 속죄할 수 있는 기회를 제공 ② 수용자 간의 악풍감염 예방, 위생상 감염병 예방 등에 유리 ③ 수용자 개별처우에 용이 ④ 수용자의 명예감정을 보호 ⑤ 증거인멸 및 공모·위증을 방지 ⑥ 계호상 감시·감독 및 질서유지에 편리	① 집단적 교육훈련, 자치활동 등 사회적 훈련에 부적합 ② 수용자 신체의 허약·정신장애의 우려 ③ 수형자 상호 간 감시부재로 자살사고 방지 곤란 ④ 많은 감독인원과 건축비로 비경제적
혼거수용	① 수용자의 심신단련을 도모 ② 건축비와 인건비 절감, 시설관리 용이 ③ 형벌 집행의 통일성을 유지 ④ 작업훈련에 간편을 기할 수 있음 ⑤ 공동작업을 통한 수형자의 재사회화와 사회적 훈련에 용이 ⑥ 수용자 상호 간의 감시를 통한 자살 등의 교정사고 방지에 기여	① 수용자 상호 간 갈등증폭과 악풍감염의 우려 ② 독거제보다 개별처우가 곤란 ③ 출소 후 공범범죄의 가능성 ④ 교도관의 계호상 감시감독 및 질서유지 곤란 ⑤ 위생·방역상 어려운 점

제6절 교도소 사회의 이해

01 수형자 사회의 연구

1 의의와 연혁

1. 의의

교도소는 일반사회와 격리된 폐쇄시설에서 다양한 유형의 수형자들이 공동생활을 하게 되므로 교도소만의 독특한 사회가 형성되고, 그들만의 문화가 조성된다.

2. 연혁

(1) 수형자 사회에 대한 연구는 1940년 클레머(Clemmer)가 「교도소 사회(The prison community)」를 저술하면서 시작되었다.

(2) 1958년 사이크스(Sykes)가 「수인의 사회(The society of captives)」를 발표하면서 체계적인 이론을 정립하였다.

2 수형자 문화(inmate culture)

1. 의의

(1) 수형자 문화(수형자 사회의 부문화)는 수형자들이 가지고 있는 문화적 성향이나 지향성 또는 가치와 규범에 관한 것으로 교도소 문화라고도 부른다.

(2) 서덜랜드와 크레세이(Sutherland & Cressey)는 수형자들이 지향하는 가치를 기준으로 범죄지향적 부문화, 수형지향적 부문화, 합법지향적 부문화로 구분하였다. [2023. 9급] 총 2회 기출

(3) 합법생활지향적 수형자보다는 범죄생활지향적 수형자가, 범죄생활지향적 수형자보다는 수형생활지향적 수형자가 교도소화가 더 빨리, 더 쉽게, 더 많이 되는 것으로 알려지고 있다(합법생활지향적 수형자 < 범죄생활지향적 수형자 < 수형생활지향적 수형자).

2. 수형자 부문화 유형

유형	내용
범죄지향적 부문화 (Thief-oriented Subculture)	① 부문화를 교정시설 내로 유입한 결과로 인식되고 있는데, 이들은 외부에서 터득한 반사회적인 범죄자의 부문화를 고집하고 장래 사회에 나가서도 계속 그러한 범죄생활을 행할 것을 지향하며, 그들 나름대로의 권력조직과 인간관계를 계속 유지한다. ② 교도소 내에서는 어떤 공식적 지위를 얻고자 하는 일 없이 그냥 반교도소적이거나 조용한 수형생활을 보낼 뿐이다. ③ 슈락이 분류한 수형자의 역할유형 중 정의한들이 속해 있는 부문화이다. [2023. 9급] ④ 범죄지향적 부문화에서 정의한으로서의 신분은 교정시설 내의 행동 외에 교정시설 외부에 존재하는 범죄적 또는 절도적 부문화에의 참여에 의해 크게 좌우되고 있다.

수형지향적 부문화 (Convict-oriented Subculture)	① 교도소 사회에서의 모든 생활방식을 수용하고 적응하려고 하며, 자신의 수용생활을 보다 쉽고 편하게 보내기 위해 교도소 내에서의 지위 획득에만 몰두하며 출소 후의 생활에 대해서는 관심을 두지 않는다. [2021. 7급] 총 2회 기출 ② 수형지향적 부문화의 핵심적인 구성원은 청소년범죄자 출신으로서 많은 수용경력을 소유한 사람일 가능성이 높다. 이들과 같은 경우 수용경력이 길기 때문에 일반 사회의 범죄지향적 부문화를 접할 기회가 많지 않기 때문이다. ③ 수형자 사회의 부문화 집단 중에서 교도소화가 가장 쉽게, 빨리 그리고 많이 되며(교정시설에 가장 빨리 적응), 출소 후 재입소율(재범률)이 가장 높은 유형이다.
합법지향적 부문화 (Legitimacy-orient ed Subculture)	① 수형자의 역할 중 고지식자에 해당되는 경우로 이들은 교정시설에 입소할 때도 범죄지향적 부문화에 속하지 않았고, 수용생활 동안에도 범죄나 수형생활지향적 부문화를 받아들이지 않는 수형자를 말한다. [2023. 9급] ② 가급적 교정시설의 규율을 따르려고 하며, 교정당국이나 직원과도 긍정적인 관계를 유지하는 편이다. ③ 수형자들 중에서 가장 많은 비율을 차지하고 있으나 재범률은 가장 낮은 유형이다 (교정시설에 가장 잘 순응하는 수형자 유형).

02 교도소화(prisonization)

1 개요

1. 의의

(1) 교도소화란 수형자가 교도소에 입소 후 교도소 사회의 규범과 가치에 동화 또는 교도소의 행위유형을 학습하는 과정을 말한다. [2021. 7급]

(2) 클레머에 의하면 교도소화란 교정시설의 일반적 문화, 관습, 규범 그리고 민속 등을 다소간 취하는 것, 즉 신입 수형자가 교정시설의 규범과 가치에 익숙해지고 그것을 내재화하는 행위유형을 학습하는 과정으로 보았다. [2018. 7급]

(3) 이는 점차 직원에 반대하는 행동과 태도를 신봉하는 정도를 일컫는 것으로 그 의미가 변화되고 있다.

2. 교도소화의 정도

(1) 클레머 : 수형자의 수용기간이 길수록 반교정적·반사회적·친범죄적 부문화에의 재현이 더 커진다고 보고, 수용기간의 장기화에 따라 수형자의 교도소화 정도도 강화된다고 주장했다. 그러나 단순히 수용기간이 아니라 수형자의 역할(슈락. Schrag)이나 수형단계(휠러의 U형 곡선)에 따라 교도소화의 정도가 달라진다는 사실이 밝혀지게 되었다. [2019. 9급]

(2) 휠러 : 클레머의 가설을 검증한 바, 수용기간에 따라 점진적으로 부문화가 파생된다는 클레머의 가정을 부정하고 교도소화는 수용단계에 따라 U형 곡선으로 설명된다고 주장하였다. [2021. 7급] 총 2회 기출

형기 초기단계	가장 높은 친교도관적 태도 견지
형기 중기단계	친교도관적 태도가 가장 낮음
형기 말기단계	친교도관적 태도를 견지하고 수형자강령 거부

(3) **수형자의 사회적 역할에 따른 교도소화**: 가라비디안(Garabedian)은 교도소화의 정도를 수형자의 사회적 역할에 따라 분류하였다.

고지식자 · 정의한	U형 곡선을 따름(석방일이 다가옴에 따라 교정시설의 부정적 영향을 떨침)
무법자	형기가 진행됨에 따라 교도소 문화에 점진적으로 동화됨
정치인	합법적(수용기간 내내 직원의 규범에 동조하는 경향)

3. 교도소화의 설명모형

유형	내용
박탈모형 (deprivation model)	수형자의 교도소화는 수용으로 인한 고통, 각종 권익의 박탈 등 수용이 직접적인 원인이라고 보는 설명체계이다. [2018. 7급]
유입모형 (importation model)	어윈과 크레세이(Irwin & Cressey)는 사회과학자들은 교정시설의 수형자 문화를 설명하는데 있어서 교정시설의 내부영향을 지나치게 강조한다(박탈모형)고 주장하면서 그 이유로 대부분의 수형자 부문화가 결코 수용시설에만 있는 독특한 것이 아니라고 설명하면서, 교정시설 내 수형자의 행위유형은 수형자가 사회로부터 함께 들여 온 것이라는 유입모형을 제시하였다. [2018. 7급]
통합모형 (integration model)	대체로 자유주의자(진보주의자)들은 박탈모형을 지지하는 반면 보수주의자들은 유입모형을 지지하고 있다. [2018. 7급] 하지만 유입모형이건 박탈모형이건 하나로는 현대 교정시설의 사회체계를 설명하기에 단순하다는 비판이 수많은 연구결과를 통해 제기되고 있다.

4. 슈랙(Schrag)의 수형자 역할유형 분류

유 형	특 성
친사회적(prosocial) **고지식자(square Johns)**	① 친사회적 수형자로서 교정시설의 규율에 동조하고 법을 준수하는 생활을 긍정적으로 지향하며, 교도소 문화에 거의 가담하지 않고 직원들과 가깝게 지내는 유형의 수형자이다. [2019. 9급] ② 중산층 출신의 화이트칼라범죄자나 격정범죄자가 많다.
반사회적(antisocial) **정의한(right guys)**	① 반사회적 수형자로서 범죄자의 세계를 지향하며 부문화적 활동에 깊이 관여하고 사회를 부정적으로 보며 직원들과도 거의 관계를 갖지 않는다. ② 하류계층 출신자가 많고 범죄도 폭력성 강력범죄인 경우가 많다. ③ 수형자들 세계에서 통용되는 계율을 엄격히 준수하며 동료수형자들의 이익을 깊이 생각하고 그 이익증진을 위해 앞장서서 싸우면서도 약한 수형자를 괴롭히는 일이 없기 때문에 동료 수형자들로부터는 진정한 리더로 인정된다.

PART 02

가사회적(pseudosocial) 정치인(politicians)	① 가사회적 수형자로서 교정시설 내의 각종 재화와 용역을 위한 투쟁에서 이점을 확보하기 위해 직원과 동료 수형자를 모두 이용하는 자이다. [2019. 5급 승진] ② 사기나 횡령 등 경제범죄로 수용된 경우가 많다. ③ 수형자 부문화나 교도관에 의해 주도되는 합법적인 사회 어디에도 깊은 유대를 가지지 않는 교활한 자들이다.
비사회적(asocial) 무법자(outlaws)	① 비사회적 수형자로서 자신의 목적을 위하여 폭력을 이용하고 동료 수형자와 직원 모두를 피해자화하므로 교도관이나 수형자 모두로부터 배척받는다. ② 이들은 일종의 조직 속의 패배자들이며 보통 폭력 또는 강력범죄자 중에서 비정상적·비공리적 범행을 한 자가 많다.

[결론]
① 슈랙은 수형자의 교정시설 내 부문화적 역할에 따라 사회복귀 경향이 현저한 차이를 보인다고 주장한다.
② 고지식자는 수형기간의 장단에 관계없이 보호관찰조건 위반율이 가장 낮다.
③ 정의한은 일반적으로 매우 높은 보호관찰조건 위반율을 보이고 기간이 경과할수록 위반율이 경감한다.
④ 무법자는 보호관찰조건 위반율이 매우 높고, 수형기간이 증가함에 따라 위반율도 증가하였다.
⑤ 정치인의 경우는 형기가 짧은 때에는 위반율이 낮으나 형기가 길어지면 위반율도 높아진다.

5. 사이크스(Sykes)의 수형자 역할유형 분류 [2019. 5급 승진]

유 형	특 성
생쥐(rats)	약삭빠른, 얌체, 교도관과 내통하면서 동료를 배신하는 유형, 재소자들 간의 융화를 거부함으로써 재소자사회 전체를 배신하는 재소자이다.
중심인(centerman)	교도관의 의견, 태도, 신념을 취하는 재소자로 이들은 선처를 얻기 위해 권력을 가진 교도관들에게 아첨하는 것으로 알려져 있다.
고릴라(gorillas)	자신이 필요로 하는 것으로 다른 사람으로부터 무력으로 취하는 재소자이다.
상인(merchants)	필요한 재화가 박탈당한 관계로 재소자들은 재화를 파는 것과 주는 것을 분명하게 구분하고 있으며, 재화를 주어야 될 경우에 파는 재소자를 상인이라고 부른다.
늑대(wolves)	동성애자 중 능동적·공격적 역할을 수행하는 재소자이다.
어리석은 파괴자 (ball busters)	공개적으로 교도관에게 대들고 항거하는 재소자이다.
진짜 남자(real men)	수형생활을 인간의 존엄성을 가지고 참아내는 재소자이다.
악당(tough)	잔인함과 폭력성으로 동료 재소자들과 언쟁을 벌이는 재소자이다.
떠벌이(hipsters)	실제보다 자신이 더 강한 척하고 말로만 강한 척하며, 공격의 피해자를 조심스럽게 선택하는 재소자이다.

제7절 수용자의 권리구제

01 수용자 권리구제의 실제

1 개관

1. 의의

교정시설에 수용된 수용자가 교도소 등으로부터 받은 부당한 처분 또는 권리침해에 대하여 그 취소 또는 시정을 통하여 수용자의 권리보장과 행형의 적정화 조치를 구하는 불복신청제도를 말한다.

2. 권리구제 수단의 구분 [2020. 7급] 총 5회 기출

사법적 구제수단	비사법적 구제수단
① 행정소송 ② 민·형사소송 ③ 헌법소원	① 청원　　　　　⑤ 소장면담 ② 행정심판　　　⑥ 국가인권위원회 진정 ③ 민원조사관제　⑦ 중재 ④ 감사원심사 청구
① 의의: 소송은 권리구제 수단으로 가장 확실하게 인식 ② 장점: 공정한 제3자에 의한 구제 ③ 단점 　㉠ 많은 시간과 경비가 소요 　㉡ 수용자와 교정당국과의 갈등의 골 심화 　㉢ 교정당국은 지도력 상실의 상처 　㉣ 수용자 자신을 대변할 능력·여건이 부족 　㉤ 소송에 이긴 경우에도 해결에는 상당한 시간이 필요	① 의의: 행정상의 문제는 사법적 처리보다는 행정적 처리가 요구된다는 논리 ② 장점 　㉠ 절차가 단순·간편 　㉡ 시간과 자원 절감 가능 　㉢ 수용자의 불평과 불만에 대해 보다 효과적으로 반응 가능 　㉣ 문제가 심화되기 전에 신속한 처리 가능 　㉤ 법원에 의한 강제 해결보다 수용자에게 더 큰 의미 부여 ③ 단점: 교정당국에서 타협의 산물로 처우상의 이익을 주어 형평성에 위배될 가능성이 높다.

2 사법적 권리구제 수단

1. 의의

사법적 권리구제는 많은 시간과 비용이 소요되며 전문가의 조언을 받아야 하는 등의 사정 때문에 수형자가 손쉽게 이용하기 곤란하다. 또한 극단적으로는 비사법적 구제제도보다 수형자와 교도관 사이에 감정의 골을 깊게 할 수 있다. 따라서 수형자의 권리구제를 효과적이고 공평하게 해결하는 수단으로서 비사법적 해결방안의 모색이 필요하다.

(1) **행정소송의 제기**: 수용자가 교도소 당국의 위법한 처분 기타 공권력의 행사 또는 불행사로 인하여 권리 침해된 때에는 법원에 행정소송을 제기할 수 있다.

(2) **민·형사소송의 제기**: 교도관의 계호 작용에 있어서 불법한 처우를 이유로 당해 공무원이나 국가를 상대로 민·형사처분을 구하는 소를 제기할 수 있다.

(3) **헌법소원의 제기**: 교정관계법령 등에 위헌적 요소가 있으면 헌법소원을 제기할 수 있다.

3 비사법적 권리구제 수단

1. 청원

(1) 의의: 수용자는 그 처우에 관하여 불복하는 경우 법무부장관·순회점검공무원 또는 관할 지방교정청장에게 청원할 수 있다(동법 제117조 제1항). [2021. 7급]

(2) 청원권자

① 수형자, 미결수용자, 내·외국인을 불문하고 「형의 집행 및 수용자의 처우에 관한 법률」상 수용자이면 누구나 청원을 할 수 있다.

② 석방된 자는 「형의 집행 및 수용자의 처우에 관한 법률」의 적용대상이 아니므로 청원할 수 없다. 다만, 수용 중 관계법규에 의해 일시적으로 석방된 구속 집행 정지자, 형 집행정지자, 보석 출소자 등은 청원이 가능하다고 보는 견해가 있다.

③ 수용자들의 공동청원은 인정되지 않는다.

(3) 청원사항 및 제한사항

① 청원사항

㉠ 청원자 본인에 대한 교도소장의 위법·부당한 처우로 인해 권리가 침해된 경우

㉡ 교도소장 등의 (부)작위로 인해 권리가 침해된 경우

㉢ 권리침해의 우려가 있는 경우 등

② 제한사항

㉠ 본인의 이익과 관계없는 다른 수용자에 대한 사항(대리청원 금지)

㉡ 행형제도 전반에 관한 개선의견

㉢ 감정적 의견

㉣ 막연한 희망의 표시

㉤ 집단 공동청원 등

(4) 청원의 요건

① 청원사항은 교도소의 부당한 처우에 관한 것이어야 한다.

② 교도소장의 작위·부작위에 의하여 수용자가 적극적·소극적 이익을 침해받거나 받을 우려가 있어야 한다.

③ 청원은 수용 중 청원자 본인의 이익을 대상으로 한다. 따라서 청원자와 관계없는 다른 수용자의 내용이나 행형제도에 관한 의견은 인정되지 않는다.

④ 청원자가 수용된 교도소의 사항이어야 한다.

⑤ 청원 사항은 교도소장의 작위·부작위이어야 하므로 단순한 감정적 의견이나 희망표시 등은 청원이 될 수 없다.

(5) 청원절차

① 수용자는 그 처우에 관하여 불복하는 경우 법무부장관·순회점검공무원 또는 관할 지방교정청장에게 청원할 수 있다(법 제117조 제1항). [2021. 7급] 총 16회 기출 소장은 수용자가 순회점검공무원에게 청원하는 경우에는 그 인적사항을 청원부에 기록하여야 한다(시행령 제139조 제1항). [2020. 5급 승진] 총 3회 기출

② 청원하려는 수용자는 청원서를 작성하여 봉한 후 소장에게 제출하여야 한다. [2024. 7급] 총 3회 기출 다만, 순회점검공무원에 대한 청원은 말로도 할 수 있다(법 제117조 제2항). [2021. 7급] 총 2회 기출 총 14회 기출 순회점검공무원은 수용자가 말로 청원하는 경우에는 그 요지를 청원부에 기록하여야 한다(시행령 제139조 제2항). 순회점검공무원이 청원을 청취하는 경우에는 해당 교정시설의 교도관이 참여하여서는 아니 된다(법 제117조 제4항). [2024. 7급] 총 10회 기출

③ 소장은 청원서를 개봉하여서는 아니 되며, 이를 지체 없이 법무부장관·순회점검공무원 또는 관할 지방교정청장에게 보내거나 순회점검공무원에게 전달하여야 한다(법 제117조 제3항). [2021. 7급] 총 8회 기출

④ 청원에 관한 결정은 문서로 하여야 한다(법 제117조 제5항). [2018. 6급 승진] [2021. 7급] 총 10회 기출

⑤ 순회점검공무원은 청원에 관하여 결정을 한 경우에는 그 요지를 청원부에 기록하여야 하며(시행령 제139조 제3항), 청원을 스스로 결정하는 것이 부적당하다고 인정하는 경우에는 그 내용을 법무부장관에게 보고하여야 한다(시행령 제139조 제4항). [2016. 9급 경채]

⑥ 소장은 청원에 관한 결정서를 접수하면 청원인에게 지체 없이 전달하여야 한다(법 제117조 제6항). [2016. 7급] 총 5회 기출

⑦ 수용자의 청원처리의 기준·절차 등에 관하여 필요한 사항은 법무부장관이 정한다(시행령 제139조 제5항).

> ◐ 순회점검공무원에 대한 청원은 문서 또는 말로 할 수 있지만, 순회점검공무원의 결정은 반드시 문서로 하여야 한다.

(6) **불이익처우 금지** : 수용자는 청원, 진정, 소장과의 면담, 그 밖의 권리구제를 위한 행위를 하였다는 이유로 불이익한 처우를 받지 아니한다(법 제118조). [2020. 9급] 총 3회 기출

(7) **청원의 효과** : 청원의 제기만으로 당해 처분의 정지와 같은 효과는 발생하지 않으며(집행부정지원칙), 법무부장관의 지휘감독권 발동을 기대하는 데 불과하다. 따라서 청원이 채택되더라도 즉시 당해 처분이 무효 또는 취소되는 효과는 없으며 당해 소장 또는 상급감독청의 취소명령이 있음으로써 그 효력이 발생하고 이때 소장의 취소명령은 반드시 문서로 할 필요는 없다.

2. 소장면담

(1) **의의**

① 주로 교도관의 위법, 부당한 행위를 시정하는 데 있어 청원이나 소송을 제기하기 전 조속한 시정을 호소하는 제도로 활용되고 있다.

② 수용자는 그 처우에 관하여 소장에게 면담을 신청할 수 있다.

(2) **면담 제외사유**(동법 제116조 제2항) : 소장은 수용자의 면담신청이 있으면 다음 각호의 어느 하나에 해당하는 사유가 있는 경우를 제외하고는 면담을 하여야 한다. [2024. 7급]

> 1. 정당한 사유 없이 면담사유를 밝히지 아니하는 때
> 2. 면담목적이 법령에 명백히 위배되는 사항을 요구하는 것인 때
> 3. 동일한 사유로 면담한 사실이 있음에도 불구하고 정당한 사유 없이 반복하여 면담을 신청하는 때
> 4. 교도관의 직무집행을 방해할 목적이라고 인정되는 상당한 이유가 있는 때

(3) 면담제외사유 고지 : 소장은 면담제외사유에 해당하여 수용자의 면담 신청을 받아들이지 아니하는 경우에는 그 사유를 해당 수용자에게 알려주어야 한다(시행령 제138조 제3항). [2019. 8급 승진]

(4) 소장면담의 대리 : 소장은 특별한 사정이 있으면 소속 교도관으로 하여금 그 면담을 대리하게 할 수 있다. 이 경우 면담을 대리한 사람은 그 결과를 소장에게 지체 없이 보고하여야 한다(법 제116조 제3항). [2020. 7급] 총 6회 기출

(5) 소장면담절차

① 소장은 수용자가 면담을 신청한 경우에는 그 인적사항을 면담부에 기록하고 특별한 사정이 없으면 신청한 순서에 따라 면담하여야 한다(시행령 제138조 제1항).

② 소장은 수용자를 면담한 경우에는 그 요지를 면담부에 기록하여야 한다(시행령 제138조 제2항).

③ 소장은 면담한 결과 처리가 필요한 사항이 있으면 그 처리결과를 수용자에게 알려야 한다 (법 제116조 제4항). [2019. 8급 승진]

3. 행정심판의 청구

행정청의 처분 또는 부작위는 다른 법률에 특별한 규정이 있는 경우를 제외하고는 행정심판법에 의하여 그 심판을 청구할 수 있다(행정심판법 제3조 제1항).

4. 옴부즈만제도

옴부즈만은 원래 정부관리에 대한 시민의 불평을 조사할 수 있는 권한을 가진 스웨덴의 공무원에서 유래되어, 미국의 경우 교정분야의 분쟁해결제도 중 가장 많이 활용되는 것의 하나가 되었다. 우리나라는 교정옴브즈만제도의 시행을 시도한 바 있으나 현재는 중단된 상태이다.

5. 중재(mediation)

중립적인 제3자인 중재자가 양 당사자의 차이점을 해소하도록 도와주는 합의적 · 자립적인 과정으로, 법률자문을 구하기 힘든 대부분의 수용자에게 유리한 점이 많은 제도이다.

6. 수용자 불평처리위원회

노사관계에 있어서 일종의 고충 또는 불평처리위원회(inmate grievance committee)와 유사한 것으로, 수용자들의 불평을 처리하는 공식적 행정절차이다.

7. 감사원심사 청구

감사원의 감사를 받는 자의 직무에 관한 처분이나 그 밖의 행위에 관하여 이해관계가 있는 자는 감사원에 그 심사의 청구를 할 수 있다(감사원법 제43조 제1항).

8. 정보공개청구(동법 제117조2)

(1) 수용자는 「공공기관의 정보공개에 관한 법률」에 따라 법무부장관, 지방교정청장 또는 소장에게 정보의 공개를 청구할 수 있다(법 제117조의2 제1항).

(2) 현재의 수용기간 동안 법무부장관, 지방교정청장 또는 소장에게 정보공개청구를 한 후 정당한 사유 없이 그 청구를 취하하거나 「공공기관의 정보공개에 관한 법률」 제17조(청구인 비용부담 원칙)에 따른 비용을 납부하지 아니한 사실이 2회 이상 있는 수용자가 정보공개청구를 한 경우에 법무부장관, 지방교정청장 또는 소장은 그 수용자에게 정보의 공개 및 우송 등에 들 것으로 예상되는 비용을 미리 납부하게 할 수 있다(법 제117조의2 제2항). [2024. 7급] 총 8회 기출

> **[예상되는 비용을 미리 납부하게 할 수 있는 경우]**
> 1. 정보공개청구를 한 후 정당한 사유 없이 그 청구를 취하한 사실이 2회 이상 있는 수용자가 정보공개청구를 한 경우
> 2. 정보공개청구를 한 후 정당한 사유 없이 정보공개결정 후 정보공개 등에 소요되는 비용을 납부하지 아니한 사실이 2회 이상 있는 수용자가 정보공개청구를 한 경우

(3) 예상비용은 「공공기관의 정보공개에 관한 법률 시행령」 제17조에 따른 수수료와 우편요금(공개되는 정보의 사본·출력물·복제물 또는 인화물을 우편으로 송부하는 경우로 한정한다)을 기준으로 공개를 청구한 정보가 모두 공개되었을 경우에 예상되는 비용으로 한다(시행령 제139조의2 제1항).

(4) 정보의 공개 및 우송 등에 들 것으로 예상되는 비용을 미리 납부하여야 하는 수용자가 비용을 납부하지 아니한 경우 법무부장관, 지방교정청장 또는 소장은 그 비용을 납부할 때까지 「공공기관의 정보공개에 관한 법률」 제11조(정보공개 여부의 결정)에 따른 정보공개 여부의 결정을 유예할 수 있다(법 제117조의2 제3항).

(5) 예상비용의 산정방법, 납부방법, 납부기간, 그 밖에 비용납부에 관하여 필요한 사항은 대통령령으로 정한다(법 제117조의2 제4항).

(6) 법무부장관, 지방교정청장 또는 소장은 위 (2)에 해당하는 수용자(정보공개청구를 한 후 정당한 사유 없이 그 청구를 취하하거나 정보공개결정 후 정보공개 등에 소요되는 비용을 납부하지 않은 사실이 2회 이상 있는 수용자)가 정보공개의 청구를 한 경우에는 청구를 한 날부터 7일 이내에 비용을 산정하여 해당 수용자에게 미리 납부할 것을 통지할 수 있다(시행령 제139조의2 제2항). [2020. 5급 승진] 총 3회 기출

(7) 비용납부의 통지를 받은 수용자는 그 통지를 받은 날부터 7일 이내에 현금 또는 수입인지로 법무부장관, 지방교정청장 또는 소장에게 납부하여야 한다(시행령 제139조의2 제3항).

(8) 법무부장관, 지방교정청장 또는 소장은 수용자가 비용을 납부기한(7일 이내)까지 납부하지 아니한 경우에는 해당 수용자에게 정보공개 여부 결정의 유예를 통지할 수 있다(시행령 제139조의2 제4항).

(9) 법무부장관, 지방교정청장 또는 소장은 비용이 납부되면 신속하게 정보공개 여부의 결정을 하여야 한다(시행령 제139조의2 제5항). [2013. 7급]

(10) 법무부장관, 지방교정청장 또는 소장은 비공개 결정을 한 경우에는 납부된 비용의 전부를 반환하고 부분공개 결정을 한 경우에는 공개 결정한 부분에 대하여 드는 비용을 제외한 금액을 반환하여야 한다(시행령 제139조의2 제6항). [2014. 7급] 총 2회 기출

(11) 법무부장관, 지방교정청장 또는 소장은 비용이 납부되기 전에 정보공개 여부의 결정을 할 수 있다(시행령 제139조의2 제7항). [2014. 7급] 총 2회 기출

(12) 세부적인 납부방법 및 반환방법 등에 관하여 필요한 사항은 법무부장관이 정한다(시행령 제139조의2 제8항).

9. 국가인권위원회법에 의한 구제

(1) 국가인권위원회

① 위원회는 위원장 1명과 상임위원 3명을 포함한 11명의 인권위원으로 구성한다(법 제5조 제1항).

② 위원은 국회가 선출하는 4명(상임위원 2명을 포함), 대통령이 지명하는 4명(상임위원 1명을 포함), 대법원장이 지명하는 3명을 대통령이 임명한다(법 제5조 제2항).

③ 국회, 대통령 또는 대법원장은 다양한 사회계층으로부터 후보를 추천받거나 의견을 들은 후 인권의 보호와 향상에 관련된 다양한 사회계층의 대표성이 반영될 수 있도록 위원을 선출·지명하여야 한다(법 제5조 제4항).

④ 위원장은 위원 중에서 대통령이 임명한다. 이 경우 위원장은 국회의 인사청문을 거쳐야 한다(법 제5조 제5항).

⑤ 위원장과 상임위원은 정무직공무원으로 임명하고(법 제5조 제6항), 위원은 특정 성(性)이 10분의 6을 초과하지 아니하도록 하여야 한다(법 제5조 제7항).

⑥ 위원장은 위원회를 대표하며 위원회의 업무를 총괄하며(법 제6조 제1항), 위원장이 부득이한 사유로 직무를 수행할 수 없을 때에는 위원장이 미리 지명한 상임위원이 그 직무를 대행한다(법 제6조 제2항).

⑦ 위원장과 위원의 임기는 3년으로 하고, 한 번만 연임할 수 있다(법 제7조 제1항).

⑧ 위원은 위원회나 상임위원회 또는 소위원회에서 직무상 행한 발언과 의결에 관하여 고의 또는 과실이 없으면 민사상 또는 형사상의 책임을 지지 아니한다(법 제8조의2).

⑨ 위원회의 의사는 공개한다. 다만, 위원회, 상임위원회 또는 소위원회가 필요하다고 인정하면 공개하지 아니할 수 있다(법 제14조).

(2) 시설의 방문조사

(3) 시설수용자의 진정권 보장

① 인권침해나 차별행위를 당한 사람 또는 그 사실을 알고 있는 사람이나 단체는 위원회에 그 내용을 진정할 수 있다(법 제30조 제1항).

② 위원회는 진정이 없는 경우에도 인권침해나 차별행위가 있다고 믿을 만한 상당한 근거가 있고 그 내용이 중대하다고 인정할 때에는 직권으로 조사할 수 있다(법 제30조 제3항).

제8절 처우제도와 과밀수용

01 처우제도

처우의 유형과 종류

1 카티지제

1. 의의

카티지제(Cottage System)라 함은 소집단화 처우제도를 말한다. 수형자처우제도 중 다른 제도들은 모두 대형화된 집단을 전제로 한 것이며 교육작업 등 획일적이고 기계적인 운영의 결과 많은 피해가 따르므로 소집단적인 제도의 운영으로 교과성과를 거두려는 데서 카티지제가 생겨났다.

2. 카티지제 장·단점

장점	단점
① 점수제·독거제 및 혼거제의 단점을 보완할 수 있다.	① 시설의 소규모화를 이루기 위해서는 막대한 경비가 소요되므로 재정부담이 증가한다.
② 수형자에게 상부상조 정신을 함양시킬 수 있다.	② 카티지를 담당할 전문요원을 확보하기가 어렵다.
③ 누진제 및 자치제와 결합, 분류와 처우를 가족적으로 소형화하여 개별처우에 적합하다.	③ 범죄인 배려는 상대적으로 피해자의 감정을 해치는 등 사회 법감정상 맞지 않는다.
④ 독립적인 자치심을 배양시킬 수 있다.	④ 과학적인 분류제도가 전제되지 않으면 효과를 거두기 어렵다.
⑤ 진정한 행형규율의 확립과 교화에 유익하다.	

❷ 수형자자치제

1. 의의

수형자자치제(Inmate self-government system)란 행형의 운용을 수형자 자신의 손에 맡겨 책임과 자치심으로 교도소의 질서를 유지하고, 계호주의의 흠결을 교정하며, 그들 스스로 사회에 복귀할 준비를 하게 하는 자치활동을 말한다. 이는 수형자의 사회적 훈련에 중점을 둔 교정제도로서 자치활동을 통하여 사회적응능력을 배양하고자 하는 데 있다.

2. 수형자 자치제의 전제조건 [2011. 7급] 총 8회 기출

(1) 혼거제를 필연조건으로 하여야 한다. 따라서 상습범·누범자 등 악풍감염의 우려가 있는 자는 제외되어야 한다. [2011. 7급]

(2) 상습범·누범자 등을 제외하고, 자치제에 적합한 자를 선정하기 위해서는 수형자에 대한 과학적 조사 및 분류가 선행되어야 한다. [2024. 9급] 총 2회 기출

(3) 정기형 제도하에서는 자치심이 형성되지 않은 수형자라도 형기가 종료되면 반드시 사회에 복귀시켜야 되므로 부정기형 제도하에서 운영되어야 한다. [2019. 7급] 총 7회 기출

(4) 자치제의 실시로 사회적응능력이 갖추어져 있는 자는 조속히 사회 내로 복귀시킬 수 있는 가석방 제도하에서 운영되어야 한다. [2024. 9급]

(5) 대규모 교정시설보다 소규모 교정시설에서 더욱 효과적이다. [2011. 7급]

(6) 민주적 사회와 건전한 시민의식을 고양시키기 위해서는 교도관과 수형자 간의 인간적 유대관계의 형성이 필요하다.

3. 수형자 자치제의 장·단점 [2024. 9급] 총 8회 기출

장점	단점
① 수형자의 자립심 및 독립심 고취로 흠결된 자치 통제력을 회복시켜 줄 수 있다.	① 자제심의 결여된 수형자에게 자유를 허용하는 것은 위험·부당한 일이다.
② 수형자의 사회적응능력을 함양할 수 있다.	② 시설 내에서 자유의 허용은 오히려 수형자의 범죄상태를 연장하는 데 불과하다.
③ 자치정신을 배양하여 자율적이고 자발적인 교정 질서를 확립할 수 있다.	③ 형벌의 위하력과 존엄성을 훼손하여 엄격한 형벌 집행을 바라는 국민감정에도 위배된다.
④ 엄격한 계호주의의 폐단을 극복함으로써 교정사고를 미연에 방지할 수 있다.	④ 힘 있는 소수 수형자에 의해 다수의 수형자가 고통을 받게 될 가능성이 높다. [2024. 9급] 총 2회 기출
⑤ 상부상조 정신과 단체 책임의식을 함양할 수 있다.	⑤ 전문인력과 자치제에 적합한 설비를 요한다는 점에서 교정비용이 증가할 수 있다.
⑥ 수형자와 교도관의 인간적 관계로 교정행정의 효율성을 높일 수 있다.	⑥ 선량한 시민보다는 단순히 선량한 수형자를 만드는데 그치기 쉽다는 우려가 있다.
⑦ 수형자의 명예심과 자존심을 자극하여 사회적응 능력을 유도한다.	⑦ 교도관의 권위를 하락시킬 수 있다. [2024. 9급]
⑧ 교정시설의 계호부담을 경감할 수 있다(계호비용 절감). [2011. 7급]	

4. 현행법상 수형자 자치제

(1) 우리나라는 교도관의 감독하에 부분적으로 자치생활을 보장하고 있다. 자치처우는 개별처우급의 구분에 해당한다(시행규칙 제76조).

(2) **자치생활**: 소장은 개방처우급·완화경비처우급 수형자에게 자치생활을 허가할 수 있다(시행규칙 제86조 제1항). [2020. 6급 승진] 총 8회 기출

(3) **자치활동**: 소장은 외부통근자의 사회적응능력을 기르고 원활한 사회복귀를 촉진하기 위하여 필요하다고 인정하는 경우에는 수형자 자치에 의한 활동을 허가할 수 있다(시행규칙 제123조). [2020. 5급 승진] 총 6회 기출

(4) **자치생활 범위**: 수형자 자치생활의 범위는 인원점검, 취미활동, 일정한 구역 안에서의 생활 등으로 한다(시행규칙 제86조 제2항). [2018. 5급 승진]

(5) **토론회**: 소장은 자치생활 수형자들이 교육실, 강당 등 적당한 장소에서 월 1회 이상 토론회를 할 수 있도록 하여야 한다(시행규칙 제86조 제3항). [2020. 6급 승진] 총 5회 기출

(6) **오락회**: 소장은 자치생활 수형자에 대하여 월 2회 이내에서 경기 또는 오락회를 개최하게 할 수 있다(시행규칙 제91조 제1항). [2018. 5급 승진] 총 6회 기출

(7) **TV시청**: 자치생활 수형자는 법무부장관이 정하는 방법에 따라 텔레비전을 시청할 수 있다(시행규칙 제41조 제1항 단서).

(8) **자치생활의 취소**: 소장은 자치생활 수형자가 법무부장관 또는 소장이 정하는 자치생활 중 지켜야 할 사항을 위반한 경우에는 자치생활 허가를 취소할 수 있다(시행규칙 제86조 제4항). [2012. 9급]

(9) **부정기형제도**: 정기형제도하에서는 자치심이 형성되지 않은 수형자라도 형기가 종료되면 반드시 사회에 복귀시켜야 되므로 부정기형제도하에서 운영되어야 한다. [2024. 9급] 총 8회 기출

(10) **가석방제도**: 자치제의 실시로 사회적응능력이 갖추어져 있는 자는 조속히 사회 내로 복귀시킬 수 있는 가석방제도하에서 운영되어야 한다. [2024. 9급]

(11) **소규모시설**: 대규모 교정시설보다 소규모 교정시설에서 더욱 효과적이다. [2011. 7급]

(12) **인간적 유대관계**: 민주적 사회와 건전한 시민의식을 고양시키기 위해서는 교도관과 수형자 간의 인간적 유대관계의 형성이 필요하다.

3 선시제도(善時制度)

1. 의의

(1) 수형 기간 중 스스로 선행을 유지함으로써 일정한 법률적 기준하에 석방 시기를 단축하는 제도로 형기자기단축제도, 선행보상제도 또는 선행감형제도라고도 한다(상우제도로서의 성격).

(2) 수형자자치제도가 수형자 스스로 개선하여 사회에 복귀하는 준비를 하게 함으로써 사회적응능력을 키워주는 데 그 목적이 있다면, 선시제도는 자기의 노력으로 형기를 단축(형기의 실질적 단축)시키는 제도로서 수형자자치제도와 그 성격이 다르다. 그러므로 두 제도를 함께 시행하는 것은 옳지 않다.

2. 선시제도 장·단점

장점	단점
① 개선·갱생을 촉진시켜 시설 내의 행장이 우수한 수형자는 조기에 석방되므로 수형자의 선행을 장려할 수 있다. ② 수형자의 일반적 심리작용을 이용하여 교도소의 질서유지, 작업능률의 향상으로 수익증대 효과를 거둘 수 있다. ③ 가석방과는 달리 본인의 노력만 있으면 다른 어떤 부가적인 요건이 없어도 석방예정일을 앞당길 수 있는 자기단축제도로 정기형의 엄격성을 완화할 수 있다.	① 형기계산이 복잡해진다. ② 행정권에 의하여 형기를 변경시킴은 사법권의 침해이다(3권분립의 원칙 위반). ③ 교도소 생활에 익숙한 교활한 수형자가 외면상 행장양호로 조기에 석방되어 누범자가 선시를 얻을 수 있다는 점에서 형사정책상 불합리하다. ④ 직업훈련 등 사회적응 준비가 안된 상태로 석방되는 등 수형자에 필요한 처우의 개별화를 어렵게 하여 오히려 사회적응에 곤란을 가져올 수 있다. ⑤ 교화개선의 효과보다는 수용자관리 위주로 운영될 수 있다. ⑥ 궁극적 동기부여보다 처벌의 부정적 형태로 변화할 수 있다.

02 과밀수용

1 과밀수용의 원인

인구학적 측면	1960년 전후에 태어난 베이비붐 세대가 1970년대 후반부터 범죄연령기에 도달하여 1980년대 초반 구금연령기로 진입하면서 수용인원 증가의 주요 원인이 되었다.
형사정책의 보수화 (1970~1980년대)	① 매스컴의 역할 증대 : 강력범죄에 대한 집중보도 ② 비용증대와 재범률 증가 : 교정 서비스의 개선 및 확대로 교정비용은 급속히 증가한 반면,수용인원 등은 지속적으로 증가하여 억제에 입각한 모형이 등장하여 법원의 양형이나 교정정책에도 큰 변화를 초래하였다. ③ 국민들의 열망과 정치적 쟁점화 : 범죄에 대한 공포감의 증대 및 범죄율의 증가 ④ 법원의 보수화 : 강제양형제도 ⑤ 교정정책의 변화 : 가석방의 폐지 혹은 요건 강화 및 선시제도의 엄격성

2 과밀수용의 결과

교도관의 사기저하	시설 및 직원 부족으로 인한 과다한 업무로 직원의 사기가 저하되었다.
교정처우 후퇴	예산과 자원의 부족으로 직업훈련과 교육의 기회, 여가, 의료 및 정신건강, 식사, 위생 등의 각종 서비스가 악화되어 교화프로그램 참여자가 줄어들게 되었다.
재범률의 증가	교도소 내에 긴장과 갈등이 고조되어 소내 규율위반, 폭력, 수용자의 스트레스 증가, 발병, 심리적 불안정, 자살 등 각종 사고나 사건을 초래하였고 이는 교정시설의 안전에도 큰 위협이 되어 결과적으로 교정교화 효과를 약화시켜 재범률의 증가로 이어지게 되었다.
법원의 개입(hands-on)과 개선명령	① 과밀수용에 대한 수용자들의 집단소송에 대해 미국 대부분의 주들이 잔인하고도 비인간적인 처우를 금지하는 헌법조항에 위배된다고 판시하였다. ② 법원은 구금환경을 1년 이내에 개선할 것과 수용인원 상한선을 준수할 것, 조건을 충족시키지 못하면 일정한 벌금을 부과하고 수용인원이 상한선 이하로 떨어질 때까지 교정기관에의 신규 입소를 금하는 등 엄격한 조치의 시정명령이 이어졌다. 🔍 법원의 개입은 교도소 과밀상황을 개선하기 위한 노력에 가장 큰 영향을 미치게 되었다.
선별전 무능화 전략과 지역사회교정	① 과밀수용 해소를 위해 강력사범이나 누범의 가능성이 높은 것으로 예측되는 일부 범죄자에 대하여 구금을 통해 선별적으로 무능력화(selective incapacition)시키는 양형정책이 채택되었다. ② 대다수의 초범자나 재산범에 대해서는 보호관찰을 부과하는 등 지역사회 교정프로그램의 확대실시로 연결되는 계기가 되었다.

3 과밀수용의 해소방안[브럼스타인(Blumstein)] [2022. 9급] 총 8회 기출

무익한 전략 (Null Strategy)	① 별다른 대책 없이 그냥 교정시설이 증가되는 수용자만큼 더 소화시킬 수밖에 없다는 수용전략이다. ② 단기적으로는 교정시설의 증설을 위한 추가 비용부담도 없어서 정치적으로 가장 수용하기 쉬운 전략이지만 장기적으로는 수용자가 교정시설을 통제하고 직원들은 비도덕화되어 폭동으로 이어질 수도 있다. [2022. 9급] ③ 구금예찬론자들에게는 교정시설이 수용한계에 오면 비폭력적 범죄자는 대부분 보호관찰에 회부되거나 기타 전환제도로 보내질 수 있다는 데서 매력적인 전략이 될 수 있다.
선별적 무능력화 (Selective Incapacitation)	① 교정시설의 증설은 비용이 과다하게 들기 때문에 구금함으로써 가장 많은 범죄를 줄일 수 있는 범죄인을 표적으로 이용 가능한 제한된 공간에 선별적으로 구금하여 교정시설 공간을 보다 효율적으로 운영하자는 것이다(집합적 무능력화는 과밀수용의 원인이 될 수 있다). [2022. 9급] ② 강력범죄의 대부분은 일부 중누범자들에 의해서 행해지고 있으므로 이들을 선별하여 필요한 만큼 수용함으로써 전체 강력범죄 중 상당부분을 예방할 수 있으므로 전체적으로 범죄감소효과를 거둘 수 있고 결과적으로 과밀수용을 해소할 수 있다는 전략이다.

인구감소 전략	① **정문정책(Front-door)** 　㉠ 교정 이전 단계에서 범죄자를 보호관찰, 가택구금, 벌금형, 배상처분, 사회봉사명령, 선도조건부 기소유예 등의 비구금적 제재로 전환시킴으로써 교정시설에 수용되는 인구 자체를 줄이자는 전략이다. [2019. 9급] 　㉡ 일부 경미범죄자나 초범자 등에게만 적용이 가능하고 강력범죄자에게는 적용이 적절치 않다. [2019. 9급] 　㉢ 오히려 형사사법망의 확대시키는 결과를 초래하여 더 많은 사람을 교정의 대상으로 삼게 되는 문제점이 야기된다. ② **후문정책(Back-door)** 　㉠ 일단 수용된 범죄자를 대상으로 보호관찰부 가석방, 선시제도 등을 이용하여 새로운 입소자들을 위한 공간확보를 위해 그들의 형기종료 이전에 미리 출소시키는 전략이다. 　㉡ 형벌의 제지효과는 형벌의 엄중성보다 확실성에 더 크게 좌우되기 때문에 지나친 장기구금은 사실상 의미가 없다는 것이다. [2022. 9급] 　㉢ 형벌의 제지효과는 구금 초기에 가장 크다는 사실도 장기형보다 단기형이 더 효과적인 수단일 수 있다는 것이다. 　㉣ 가석방이나 선시제 등의 조기 석방제도는 과밀수용에 대한 신속하고 용이한 임시방편적 대안으로 이용되었으나 '회전식 교도소문 증후군(revolving prison door syndrome)'이라는 비판이 있다. 🔍 정문정책과 후문정책에 모두 유용하게 사용될 수 있는 제도는 보호관찰이다. 🔍 과밀수용 해소방안 중 정문정책은 형사사법망의 확대와 관계가 있지만 후문정책의 경우 관계가 없다.
사법절차와 과정의 개선	① 형의 선고 시 수용능력 고려, 과밀의 경우 석방 허용 정책, 검찰의 기소나 법원의 양형결정 시에 수용능력과 현황에 관한 자료의 참고 등을 통한 과밀수용 해소전략이다. [2022. 9급] ② 이를 위해 경찰, 검찰, 법원 그리고 교정당국으로 구성되는 형사사법협의체를 구성하여 형사사법체제 간의 협의와 협조체제가 잘 이루어지도록 할 필요가 있다. ③ 이 전략은 교정의 주체성·주관성·능동성을 제고할 필요성을 강조하고 있다.
교정시설의 증설 (Capacity Expansion)	가장 단순하면서도 쉽게 생각할 수 있는 과밀수용 해소전략이지만 경비부담의 문제가 크고 설령 시설이 증설되더라도 교정당국의 관료제적 성향으로 인하여 금방 과밀수용 현상이 재연될 것이라는 비판이 있다. 🔍 외부통근제도는 근본적인 과밀수용 해소방안이 되지 못한다. 🔍 법과 질서의 확립은 범죄자를 증가시킴으로서 수용인원의 증대를 가져온다.

02 수용자 공통처우론

제1절 형집행법의 이해

01 형집행법 의의

1 형집행법의 성격

성격	내용
공법(↔ 사법)	공법이란 국가 또는 공공단체와 사인 간의 불대등 관계를 규율하는 법으로 형집행법은 공법에 해당한다.
절차법(↔ 실체법)	형법이 범죄와 형벌의 실체를 규정하고 있는 실체법인데 비해 형집행법은 형벌(자유형)집행절차를 규정하고 있는 절차법이다.
행정법(↔ 사법법)	국가의 법률을 행정법과 사법법으로 구분할 때 형집행법은 범죄인의 격리와 교화개선 작용을 실현하는 합목적적 행정법에 속한다.
형사법(↔ 민사법)	민사법이 개인과 개인, 부분과 부분 사이의 평균적 정의실현을 목적으로 한다면, 형집행법은 국가와 개인, 전체와 부분 사이의 배분적 정의실현을 목적으로 한다는 점에서 형사법에 속한다.
강행법(↔ 임의법)	형이 확정된 범죄인에 대한 강제적 형집행 규정이라는 점에서 임의법이 아닌 강행법이다.

제2절 수용

01 수용요건

♀ 형식적 수용요건(적법서류의 완비)과 실질적 수용요건(적법서류의 내용과 수용사항의 일치)

제3절 안전과 질서

01 계호

① 계호의 의의

계호라 함은 교도소 등의 교정시설의 안전과 질서를 유지하기 위하여 수용자를 경계·감시하고 지도·명령하여 안전 및 질서가 침해되거나 침해될 우려가 있는 경우에 이를 진압·배제하고 원상회복을 위하여 강제력을 행사하는 것을 말한다.

고전적 의미	수형자의 구금확보를 통한 교도소의 질서유지를 위한 일체의 강제력
현대적 의미	수용자의 격리작용뿐만 아니라 그 교화·개선작용까지도 수행하는 개념

② 계호행위

교도관의 계호행위

시찰(관찰) — 수용자에게 객관적으로 나타나는 동태를 파악하는 계호행위로 그들의 심리적 변화정도를 살피고, 수용자의 기대가능성에 따른 불만, 처우상의 문제점 등을 조사함으로써 수용자의 처우개선과 교정시설 운영에 조력한다.

명령 — 수용자에게 일정한 작위나 부작위를 강제적으로 요구하는 행위이다.

강제 — 법규 또는 교도관의 정당한 명령과 지시에 불응하고 그 의무를 불이행하여 그 이행이 있는 것과 동일한 상태를 실현시키기 위한 계호행위로 보안장비의 사용규정 등이 그 예이다.

검사 — 교정사고를 미리 방지하기 위한 것으로 신체검사, 거실 및 작업장 검사, 수용자의 신체검사 등이 있다.

정돈 — 교정시설 내의 각종 시설과 물품에 대한 이상 유무 확인 및 파악을 위해 시설과 물품의 정리 및 정돈을 하는 행위로 수용자의 무질서한 버릇교정에 유용하다.

배제 — 위험의 개연성이 있는 경우 사전에 예방하는 조치를 말한다.

구제 — 위험성이 발생하였을 때 사후적 조치로 행한다.

3 계호의 종류

1. 계호대상에 따른 구분

대인계호	신체검사 · 보호장비 및 무기사용 등의 수단으로 수용자 및 제3자의 신체의 자유를 구속하는 것과 같은 사람에 대한 계호를 말한다.
대물계호	차입물품의 검사, 휴대품 · 소지품 검사, 거실 및 작업장 검사 등과 같이 수용자 및 제3자에 속한 물건에 대한 계호를 말한다.

2. 계호수단에 따른 구분

인적계호	① 계호권 있는 교도관에 의한 정신적 · 육체적 기능에 의한 계호를 말한다. ② 계호방법은 수용자와 직접 접촉하면서 이루어지는 직접인적계호와 간접적인 경계방법으로 이루어지는 간접인적계호로 구분된다.	
	직접 인적계호	① 교도관이 수용자와 직접 접촉하면서 계호업무를 수행하는 방법을 말한다. ② 수용동 · 거실 · 작업장 · 목욕 · 치료 · 운동 시에 수용자를 대상으로 교도관이 직접 계호하는 것이다.
	간접 인적계호	① 수용자의 심리적 행동을 규제하는 간접계호 근무방법을 말한다. ② 출입구의 경계, 취약요소의 입초, 순찰경비근무 등이다.
물적계호	교도소 등의 건조물이나 보호장비, 보안장비, 무기 등에 의한 계호를 말한다.	

Q 현대과학의 발달로 계호의 수단은 인적계호보다는 과학기기를 이용하는 물적계호의 중요성이 커지고 있는 추세이다.

3. 계호장소를 기준으로 한 구분

호송계호	수용자를 교정시설 외부로 이동시키기 위한 계호를 말한다.
출정계호	① 소송진행을 위하여 검사 또는 법원의 소환에 응하는 계호이다. ② 형사피의자 · 피고인 또는 수용자의 증인소환, 현장검증, 법정출두 등을 말한다.

Q 출정계호 중 공판정에서의 계호는 법정경찰권이 법원에 있기 때문에 수용자에 대한 교도관의 계호권이 가장 많이 제한받게 된다는 지적이 있다.

4. 계호사태의 긴박성에 따른 구분

통상계호	신체검사, 의류검사, 휴대품검사, 거실과 작업장 검사 등 법익의 침해가 크지 않은 경우의 평상시 계호를 말한다.
비상계호	① 천재 · 지변과 화재, 수해 및 폭동과 도주, 그 밖의 비상사태에 처하여 인적 · 물적 계호의 모든 기능을 동원하여 사태를 수습 · 진압하는 계호활동이다. ② 평상시보다 강력한 신체상 구속을 요구하는 등 법익의 침해가 강한 경우의 계호이다.

5. 계호대상의 특수성에 따른 구분

일반계호	일반수용자에 대한 통상의 계호를 말한다.
특별계호	① 특수 수용자에 대한 계호행위로 규율유지뿐만 아니라 수용자에 대한 교육적 · 보호적 측면에서 집행되는 경우에 이루어진다. ② 사형선고자, 도주 또는 자살우려자, 흉폭성이 있는 자, 상습규율위반자, 정신질환자 등 교정사고의 우려가 높은 수용자에 대한 특별계호이다.

Chapter 03 수형자의 처우

제1절 수형자의 처우

01 수형자 분류제도

1 분류개념의 발달

1. 전통적 의미의 분류[유럽의 분류 : 집단적 분류, 수용(관리)분류에 중점]

(1) 의의 : 근대적 자유형의 탄생과 함께 출발한 것으로 교도소의 질서유지·관리와 악성감염 방지라는 소극적 목적으로 수형자를 특성에 따라 유형별(동질적인 그룹)로 구분하여 수용하고 시설 내에서도 몇 개의 집단으로 세분화하여 처우하는 것을 말한다.

(2) 연혁

1595년	네덜란드 암스테르담 노역장	① 노동을 통한 개선을 목표로 하는 최초의 자유형 집행시설 ② 1597년 : 암스테르담 징치장 内 여자조사장(성별분류의 시초) ③ 1603년 : 암스테르담 징치장 内 불량청소년 숙식소(연령별 분류의 시초)
1704년	로마 산 미켈레 감화원	① 교황 클레멘스는 소년에 대한 감화교육을 강조하면서 감화원 설치 ② 구금보다는 종교적 개선에 중점을 둔 소년을 위한 감화교육시설로 소년 수용자들을 연령 및 범죄성의 정도에 따라 분류수용(연령별 분류의 시초)
1775년	벨기에 간트 교도소	① 분류수용이 보다 과학적으로 시행되었고 시설면에서 가장 모범적인 근대 교도소의 효시로 평가 ② 주간혼거와 야간독거 실시(오번제도의 시초)
1777년	영국 존 하워드	킹즈벤치(Kings Bench)교도소 시찰 후 남녀혼금의 폐해 지적

2. 현대적 의미의 분류[미국의 분류 : 개별적 분류, 처우분류에 중점]

(1) 의의

① 19세기 이후 수용자의 관리 및 재사회화를 목적으로 수용자를 일정한 기준에 따라 과학적으로 구분하여 각 집단에 대한 처우계획을 수립하고 이를 기초로 처우와 지도를 행하는 일련의 절차를 말한다.

② 실질적인 개별처우를 위한 분류로 전통적 분류를 수용분류라고 한다면 현대적 분류를 처우중심의 분류라고 한다.

(2) 연혁

벨기에	1907년 포레스트(Forest) 교도소 : 현대적 분류제도를 시행한 대표적 시설로 과학적 인격조사 시도
미국	1909년 뉴욕주 싱싱(Sing Sing)교도소 : 클리어링하우스 1918년 뉴저지주 토렌톤(Trenton)교도소 : 분류클리닉 1936년 로벨 빅스비에 의해 뉴저지주에서 분류제도 확립
제12회 국제형법 및 형무회의	1950년 '개별화' 승인, 분류 및 수형제도의 차별화 등 분류의 기본원칙 마련
UN피구금자처우 최저기준규칙	1955년 남·녀, 기·미결, 민사·형사, 성년·소년 분리수용 원칙 마련

3. 우리나라

(1) 분류전담시설의 운영

① 최초의 분류전담시설로 1984년 안양교도소를 시작으로 현재 서울구치소 등 18개 교정시설에 분류심사과를 두고 분류심사과가 없는 시설은 보안과의 분류심사실에서 수형자분류업무를 관장하고 있다.

② 법무부장관은 수형자를 과학적으로 분류하기 위하여 분류심사를 전담하는 교정시설을 지정·운영할 수 있도록 하고(법 제61조), 분류심사를 전담하는 교정시설을 지정·운영하는 경우에는 지방교정청별로 1개소 이상이 되도록 하였다(시행령 제86조). [2019. 9급] 총 2회 기출

4. 수형자분류의 목적

(1) 소극적 목적으로서 악성감염의 방지를 위하여 인정된다.

(2) 적극적 목적으로서 수형자 처우를 개별적·능률적·합리적으로 운영하기 위하여 인정된다.

(3) 수형자분류는 수형자의 개인적 특성에 부합하고 교화개선에 효과가 높은 개별처우를 가능하게 하여 수형자의 교화개선과 원만한 사회복귀에 도움을 준다. [2019. 7급]

---

02 누진처우제도

1 의의

(1) 자유형의 기간 내에 수개의 계급을 두고 수형자의 개선정도에 따라 상위계급으로 진급함에 따라 점차 처우를 완화하는 제도를 말한다.

(2) 수형자 자신의 노력 여하에 따라 누진계급이 올라가고 계급에 따라 혜택도 주어지는 반면, 수형성적이 좋지 못한 수형자에게는 계급과 처우에 있어서 불이익을 감수하도록 함으로써 일종의 동전경제(token economy), 즉 토큰을 보수로 주는 행동요법에 해당하는 제도로 볼 수 있다. [2017. 9급]

2 채점제 : 고사제와 점수제

1. 고사제(考査制, Probation System, 기간제, 심사제) [2022. 9급]

종류	내용
의의	① 1842년 영국의 식민장관인 로드 스탠리(Lord Stanly)와 내무장관인 제임스 그레이엄(James Graham)에 의해 창안된 제도로 일정기간이 경과하였을 때에 그 기간 내의 행형(교정)성적을 담당교도관의 보고에 의하여 교도위원회가 심사하여 진급을 결정하는 방식이다. [2019. 7급] ② 일정한 기간이 경과되었을 때 행형성적을 상세히 조사하여 진급을 결정하는 것이므로 기간제라고도 하며, 심사에 의한 진급이므로 심사제라고도 한다. [2014. 7급]
장·단점	누진처우로 자력개선의 희망을 주는 반면에, 심사에 의하므로 교도관의 주관적 의지가 개입될 가능성과 관계직원이 공평을 저하시킬 우려가 있다. [2021. 7급] 총 2회 기출

2. 점수제(Mark System) [2022. 9급]

(1) 의의

① 마코노키의 "만일 죄수가 그 자신의 감옥의 열쇠를 얻었다면 곧 그것으로 감옥의 문을 열기 위해 노력할 것이다"라는 사상에 기초한 것으로 각 수형자에게 그 형기를 기준으로 책임점수를 산정하여 부여하고 이를 행장·작업·면학 정도에 따라 소각하여 전 책임점수를 완전히 소각하면 석방하는 제도로, 점수소각제라고도 한다.

② 자력적 개선을 촉진할 수 있는 반면에, 규정점수를 소각만 하면 진급이 되므로 형식에 흐르기 쉽고 부적격자가 진급하는 사례가 발생할 수 있다.

③ 점수제는 시간제(time system)를 노동제(task system)로 대체하고, 그 노동을 측정하는 데에 점수제도를 활용하고 있다는 점에서 고사제와 구별된다.

④ 잉글랜드제 ➡ 아일랜드제 ➡ 엘마이라제로 발전하였다.

(2) 종류

① 잉글랜드제 vs 아일랜드제

구분	잉글랜드제	아일랜드제
창시자	마코노키	크로프톤
소득점수 계산	매일 계산	매월 계산
처우단계	독거(9개월) ➡ 혼거 ➡ 가석방	독거(9개월) ➡ 혼거 ➡ 중간교도소 ➡ 가석방
누진계급	5계급 처우 : 고사급 ➡ 제3급 ➡ 제2급 ➡ 제1급 ➡ 특별급(최상급)	
최상급자 처우	가석방	중간교도소 이송
가석방자 경찰감시	불필요	휴가증제도를 시행하여 경찰감시 실시

▶ 마코노키는 석방 후 범죄자에 대한 경찰의 감시는 경찰에 예속을 초래한다고 보아 반대한 반면, 크로프톤은 가석방자에 대한 감시·관찰은 완전한 개선효과를 위해 필요하다고 보았다.

② 엘마이라제(Elmira System) [2022. 9급]

구분	내용
의의	① 자력적 개선에 중점을 둔 행형제도로서 일명 감화제라고도 하는데, 1876년 소년시설로 개설된 뉴욕의 엘마이라 감화원에서 브록웨이(Brockway)에 의해서 시도된 새로운 누진제도이다. [2017. 9급] ② 마코노키의 잉글랜드제, 크로프톤의 아일랜드제 및 부정기형제도를 결합하여 최고형기를 설정한 일종의 상대적 부정기형하에서 행형성적에 따라 진급하는 누진제를 채택하고 수형자의 발분노력을 통한 자력 개선에 초점을 두었다. [2014. 9급] 총 4회 기출 ③ 수형자 분류와 누진처우의 점수제, 부정기형, 보호관찰부 가석방(Parole)과 함께 운용되었다. ④ 정상 시민으로의 복귀준비를 위해서 엘마이라에서는 학과교육, 직업훈련, 도덕교육 등의 과정을 제공하고 학교와 같은 분위기를 만들고자 하였다.
대상	16세에서 30세까지의 초범자(소년과 성인 모두 대상) [2021. 7급] 총 2회 기출
최초 시설 및 기원	① 엘마이라 감화원(최초의 상대적 부정기형 실시) ② 기원: 1870년 드와이트(Dwight), 와인즈(Wines), 브록웨이(Brockway), 산본(Sanborn), 후벨(Hubbell) 등이 "그대의 잃어버린 자유는 그대의 근면과 선행에서 찾으라"는 신시내티 행형원칙의 채택에서 그 기원을 찾는다(신시내티 선언에서 채택된 원칙에 따라 도입된 구금방식). ③ 누진처우, 부정기형, 가석방제도의 결합이라는 점에서 19C 행형사상의 결정체로 인정받고 있다.

제2절 교육과 교화프로그램

01 교육과 교화

1 교육

1. 의의

교육형주의의 궁극목적은 범죄자에 대한 교정교화 작용을 통하여 그 범죄적 심성을 근원적으로 순화하여 재범에 이르지 않고 선량한 시민으로 사회에 복귀시키는 데 있다. 이를 위하여 그동안 교도소에서는 수용자 각자의 개성과 특질에 적합한 교정교육을 실시함으로써 교정 효과를 극대화하고 있다.

2. 교육관리 기본원칙(시행규칙 제101조)

(1) 소장은 교육대상자를 소속기관(소장이 관할하고 있는 교정시설)에서 선발하여 교육한다. 다만, 소속기관에서 교육대상자를 선발하기 어려운 경우에는 다른 기관에서 추천한 사람을 모집하여 교육할 수 있다. [2018. 6급 승진]

(2) 소장은 교육대상자의 성적불량, 학업태만 등으로 인하여 교육의 목적을 달성하기 어려운 경우에는 교육대상자 선발을 취소할 수 있다.

(3) 소장은 교육대상자 및 시험응시 희망자의 학습능력을 평가하기 위하여 자체 평가시험을 실시할 수 있다.

(4) 소장은 교육의 효과를 거두지 못하였다고 인정하는 교육대상자에 대하여 다시 교육을 할 수 있다. [2018. 7급 승진]

(5) 소장은 기관의 교육전문인력, 교육시설, 교육대상인원 등의 사정을 고려하여 단계별 교육과 자격취득 목표를 설정할 수 있으며, 자격취득·대회입상 등을 하면 처우에 반영할 수 있다.

3. 교육의 종류

과정	선발요건	경비처우급	비용
검정고시반	조건 없음	수형자	규정 없음
방송통신고	중학교 졸업 또는 이와 동등한 수준의 학력이 인정되는 자		예산범위 내 지원가능
독학에 의한 학위 취득과정(학사고시반)	① 고등학교 졸업 또는 이와 동등한 수준 이상의 학력이 인정될 것		(특별한 사정이 없으면) 자비부담
방송통신대학과정	② 교육개시일을 기준으로 형기의 3분의 1 (21년 이상의 유기형 또는 무기형의 경우에는 7년)이 지났을 것	개방·완화·일반	
전문대학 위탁교육과정	③ 집행할 형기가 2년 이상일 것 [2024. 7급]		
정보화 교육과정	조건 없음	수형자	
외국어 교육과정		개방·완화·일반	

✦ 교육과정

경비처우급 규정을 적용받지 않는 교육과정	개방 · 완화 · 일반경비처우급 수형자 대상 교육과정
① 검정고시반 ② 방송통신고등학교 ③ 독학에 의한 학위 취득과정 ④ 정보화 교육과정	① 방송통신대학 ② 전문대학 위탁교육과정 ③ 외국어 교육과정

2 교화

1. 의의

수형자의 소질을 발굴하고 적성에 맞는 특기를 개발함으로써 건전한 정신과 사회적응력을 배양시키기 위하여 전문가의 협조를 받아 수형자 상담을 실시하고, 또한 재능이 있는 자에 대하여 각종 운동, 서예, 회화, 악기연주, 문예 등 예 · 체능교육과 교양지 발간 등 정서 활동을 전개하며, 아울러 종교생활을 통한 심성개선의 분위기를 조성하는 데 힘쓰고 있다.

2. 교화프로그램의 종류(시행규칙 제114조)

종류	내용
문화프로그램	소장은 수형자의 인성 함양, 자아존중감 회복 등을 위하여 음악, 미술, 독서 등 문화예술과 관련된 다양한 프로그램을 도입하거나 개발하여 운영할 수 있다(시행규칙 제115조).
문제행동 예방프로그램	소장은 수형자의 죄명, 죄질 등을 구분하여 그에 따른 심리측정 · 평가 · 진단 · 치료 등의 문제행동예방프로그램을 도입하거나 개발하여 실시할 수 있다(시행규칙 제116조).
가족관계 회복프로그램	① 소장은 수형자와 그 가족의 관계를 유지 · 회복하기 위하여 수형자의 가족이 참여하는 각종 프로그램을 운영할 수 있다. 다만, 가족이 없는 수형자의 경우 교화를 위하여 필요하면 결연을 맺었거나 그 밖에 가족에 준하는 사람의 참여를 허가할 수 있다(시행규칙 제117조 제1항). ② 대상 수형자는 교도관회의의 심의를 거쳐 선발하고, 참여인원은 5명 이내의 가족으로 한다. 다만, 특히 필요하다고 인정하는 경우에는 참여인원을 늘릴 수 있다(시행규칙 제117조 제2항).
교화상담	① 소장은 수형자의 건전한 가치관 형성, 정서안정, 고충해소 등을 위하여 교화상담을 실시할 수 있다(시행규칙 제118조 제1항). ② 소장은 교화상담을 위하여 교도관이나 교정참여인사를 교화상담자로 지정할 수 있으며, 수형자의 안정을 위하여 결연을 주선할 수 있다(시행규칙 제118조 제2항). [2014. 7급]

3 교정처우기법

1. 심리요법(Psychotherapy)

(1) 의의

① 심리요법이란 수용자를 범인성으로 이끌었던 저변의 감정적 또는 심리학적 문제를 상담 · 치료하는 처우방법으로 범죄자는 이러한 심리요법을 통해 자신을 범죄로 이끌었던 갈등과 비양심적인 욕구를 해결하는 데 도움이 되는 통찰력을 얻게 된다.

② 현대 교정에 있어서 가장 보편적이고 광범위하게 활용되는 범죄자 처우는 심리학적 처우인데, 그 이유는 범죄성의 일차적인 원인이 정신적 결함에 있다는 전제에서 출발하기 때문이다.

③ 그러나 오늘날 범죄의 중요한 원인으로 사회환경적 요인을 중시하므로 이러한 가정은 더 이상 타당하다고 할 수가 없다.

④ 그럼에도 불구하고 대부분의 교정처우가 심리학적 기법에 의존하고 있는 것은 개인의 변화를 전제로 해야만 사회적응력의 배양을 위한 사회요법도 가능하고 환경조정의 효과도 나타낼 수 있기 때문이다.

(2) 분류

① 개별심리요법

ㄱ 현실요법(Reality Therapy)

ⓐ 선택이론 또는 통제이론이라고 하는 것으로 글래저(Glasser)가 주장한 이것은 갈등이나 문제상황에 봉착한 내담자가 성공적인 정체성을 가지고 자기 삶을 바람직한 방향으로 통제하며 건강한 행동으로 유도하는 상담기법을 말한다.

ⓑ 현실요법은 인간의 존엄성과 잠재가능성의 믿음을 전제로 과거보다는 현재를, 무의식적 경험보다는 의식적 경험을 중시하며 책임감과 성실성, 통제력 결여로 인한 부적응을 개선시키고자 하는 노력이다.

ⓒ 상담과정은 관계형성단계(진실되고 따뜻하며 관심 어린 친밀한 관계형성)와 행동변화단계(WDEP)를 거쳐 현실적인 상황에서 최선의 선택과 행동을 실천하여 궁극적으로 자기존중감을 증진시키고 성공적인 정체감형성을 돕는다.

ⓓ 동기보다 행위 중시 : 왜 하는가(why)를 강조하기보다는 무엇을 하는가(what)를 중시한다.

ⓔ 상담자는 일관성 있는 훈육과 사랑으로 수용자의 교화개선과 재활에 필요한 통제, 재교육, 사회재통합의 조치를 실시하고 범죄자가 책임 있는 행동을 보여줄 때 보호관찰부 가석방 추천 등을 해야 한다.

ㄴ 교류분석(Transactional Analysis) : 에릭 번(Eric Berne)이 창안한 것으로 과거의 경험을 회상하게 하고 반성하게 하며 스스로 과거의 부정적인 장면을 삭제하게 하여 새로운 삶에 대한 확신을 주는 처우기법이다.

🔍 부모 · 성인 · 아동의 자아 내재, 부모는 판단 · 통제역할, 성인은 성숙되고 현실적이며 윤리적 역할, 아동은 유희적이고 의존적이며 버릇이 없는 역할을 담당한다. 따라서 성인과 관련되는 성격으로 이끄는 상담기법이다.

ⓐ 심리분석학파와 유사한 인성이론을 이용한다.

ⓑ 인성은 세 가지 분야로 구성된다.

Parents	Adults	Child
초자아(superego)와 유사	자아(ego)와 유사	본능(id)과 유사

ⓒ 모든 요소가 내재하나 일부 특정 요소가 인성을 지배할 수 있다.

ⓓ 정상인은 아동의 욕구와 부모의 자제가 균형을 이룬 인성이다(쾌락과 책임 균형).

ⓔ 범죄자는 화난 부모나 연약한 아동으로 세상에 접근할 때 문제를 야기한다.

ⓕ 수용자로 하여금 과거경험이 현재 행위에 미친 영향을 녹음을 재생하듯 되돌려 보도록 하는 것이다(되돌아본 자신은 패배자). 따라서 과거에 대한 부정적 장면을 지우고 승자가 될 수 있다는 확신을 주는 것이다.

② 집단심리요법

 ㉠ 의의 : 집단요법이란 자신들이 공유한 개인적 또는 사회적 문제를 해결할 목적으로 3~4명이 집단적으로 벌이는 상담치료적 활동이다. 이렇게 개별요법 대신에 집단요법을 택하는 가장 중요한 이유는 전문인력자원의 부족 때문이다.

 ㉡ 집단지도상호작용(Guided Group Interaction)

 ⓐ 주로 청소년범죄자에게 많이 적용되는 방법인데, 청소년 수형자들을 건전한 공동체에 합류시켜 캠퍼스와 같은 자율적인 환경에서 함께 생활하고 공부하는 가운데 자신의 인생사나 문제를 서로 나누고 자신이 문제에 빠지게 된 이유를 밝힌다.

 ⓑ 시설이나 사회생활의 문제를 논의하게 하여 변화를 위한 자신의 계획을 구성하도록 유도하는 처우기법이다.

 ⓒ 이 기법은 부분적인 것이 아니라 가치관, 행동, 신념을 전혀 새로운 구조로 바꾸는 종합적인 전략이라는 데 의의가 크다.

 ㉢ 심리극(Psychodrama)

 ⓐ 자신의 감정이나 행동을 보여 주게 하는 역할연기상황에 놓이게 함으로써 자신의 문제를 표출시키게 유도하여 자신이 겪고 있는 갈등을 공개적으로 다루는 것을 학습하게 하는 처우기법이다.

 ⓑ 심리극은 수용자로 하여금 사회적 상호작용의 기술을 배울 수 있게 해 주고, 포용력을 함양시켜 줌으로써 특히 격정범죄자에게 상당한 효과가 있는 것으로 평가되고 있다.

2. 행동수정(Behavior Modification)요법

(1) 의의 : 수용자에게 당근과 채찍을 부여, 행동을 통제하고 변화시키려는 처우기법(동전경제)이다.

(2) 주요 내용

① 태도보다 행동 중심

② 보상과 처벌 이용

③ 긍정적 재강화 요소는 물질적 보상과 사회적 칭찬 등

④ 비자발적 · 강제적 참여

⑤ Token Economy : 보상을 통하여 행위를 형성하는데, 수용자에게 중요한 보상일수록 효과적이다.

⑥ 한계 : 현실세계는 통제된 환경이 아니어서 열심히 일한다고 다 성공할 수 없다. 즉, 현실적용의 한계가 있다.

3. 사회요법(Social Therapy)

(1) 의의 : 범죄를 개인적 인격과 주변 환경의 복합적 상호작용의 산물로 인식, 지금까지의 심리요법 또는 행동수정 프로그램의 약점을 보완하기 위하여 등장하였다.

(2) 종류

① 환경요법(Milieu Therapy) : 모든 교정환경을 이용하여 수용자들 간의 상호작용의 수정을 도모하고 환경통제를 통해서 개별 수용자의 행동에 영향을 미치고자 하는 처우기법이다.

⊙ 요법처우공동체 : 수형자의 구금보다는 자율적인 처우에 역점을 둔다(범죄자의 적절한 사회
적 태도를 견지하고 법을 준수하는 생활양식을 함양할 수 있도록 수형자문화를 개발하고
모든 관행은 민주적으로 시행). - 수형자자치제

ⓛ 남녀공용교도소제 : 미국의 남녀 분리수용에 따른 문제에 대응하는 것으로 거실이나 수용동
은 분계, 시설의 공동사용과 처우의 공동참여 등을 통한 형태로 남녀를 통합하여 공동으로
교육·교화하는 교도소이다.

장점	단점
① 여성수용자에 대한 차별적 불이익 해소	① 국민의 법감정상 위배
② 수용자 간의 폭력이나 동성애문제 해결	② 많은 계호인력에 따른 관리비용의 증대
③ 시설 내 질서유지에 긍정적임	③ 남성수용자의 교화개선에 지장
④ 수용자들의 자기존중심 고양, 사회재적응이라는 관점에 부합	

② 긍정적 동료문화(PPC : Positive Peer Culture)요법

⊙ 집단지도상호작용(GGI)을 모태로 하여 생산적인 청소년하위문화를 형성시켜 부정적인 동
료집단을 생산적인 방향으로 전환시키는 전략이다.

ⓛ PPC는 참여자에게 상호 배려하는 훈련을 중시하여 이러한 상호 보살핌의 확산을 통해 상
호 해침을 소멸시키는 데 역점을 두었다.

ⓒ PPC를 활용한 결과 청소년수용시설에서 수용사고가 적어지고 프로그램이 더욱 부드럽게
운영될 수 있다고 밝혀지고 있다.

🔍 상호 배려하는 훈련 중시 ➡ 상호 해침을 소멸시키는 데 역점 ➡ 긍정적인 효과 발생

4. 물리요법(Physical Therapy)

(1) 상담치료 등이 별로 효과가 없는 유전적인 범죄자나 생화학적 문제로 인한 범죄자에게 가장 효과
적인 처우는 약물요법으로 대표되는 물리요법이다.

(2) 수형자의 동의에 관계없이 수형자에 대한 처우의 필요성과 목표를 결정하는 것으로 인권의 침해
소지가 많다는 점에서 적용이 극히 한정되어야 한다.

(3) 현재 「성폭력범죄자의 성충동 약물치료에 관한 법률」 제정으로 성폭력범죄자에 대한 화학적 거세
(치료명령)가 가능해졌다.

5. 가족요법(Family Therapy)

가족관계 혹은 가정문제가 범죄의 원인이 된 범죄자에게 가족 속의 개인이 아닌 가족을 하나의 단위
로 생각하게 하고, 가족 간의 의사소통과 이해력 증진, 응집력 강화 등을 도모하는 기법이다.

제3절 교도작업과 직업훈련

01 교도작업

1 개요

1. 교도작업의 의의

교도작업이라 함은 교도소 등 교정시설에서 수용자에 대하여 교정·교화의 일환으로 부과하는 노역을 말한다. 교도작업은 본질적으로 「형법」에 의한 징역수형자의 정역의무로 인하여 교정시설에서 운영하는 작업에 강제로 수형자를 취업시켜, 건전한 근로정신과 기술력의 함양·습득 등 사회적응력을 배양하도록 함으로써 출소 후 재범을 방지하고자 한다. 예외적으로 금고 및 구류수형자, 미결수용자, 사형확정자인 경우에도 본인의 신청이 있을 경우에는 작업을 부과할 수 있다.

2. 교도작업의 목적

(1) 윤리적 측면: 교도작업은 노동관습을 형성시켜 나태하던 그들의 습성을 교정하고 노동을 통하여 기술을 습득하게 하며 구금으로 인한 수형생활의 고독감을 제거하여 정신적·육체적 건강을 증진시킨다.

(2) 경제적 측면: 교도작업을 통한 작업수입으로 교도소경비의 일부를 충당할 수 있고, 교도작업의 운영 및 특별회계에 관한 법률상의 수입금으로 편입되어 국고 수입을 늘릴 수 있다.

(3) 행정적 측면: 교도작업은 수형자의 구금에 따른 여러 형태의 교정사고를 방지하고 교도소 내의 질서를 유지하는 데 효과가 있다.

2 교도작업의 종류

1. 작업의 성질(신청 여부)에 따른 분류

일반작업	징역수형자에게 과하는 작업으로 형벌로 과해진 노역을 말한다.
신청작업	① 금고수형자·구류수형자·미결수용자·사형확정자 중에서 작업에 취업할 의사가 있는 수용자가 교도소장에게 신청하는 작업을 말한다. ② 교도소장은 특별한 사정이 없는 한 교화목적과 심신의 안정을 위하여 신청에 의한 작업을 허가한다.

2. 작업의 목적에 따른 분류

생산작업	행형에 따른 경제적 비용 마련과 수형자에게 작업을 보도(출소 후 직업에 사용)하려는 목적에 따라 시장성이 있는 상품을 만들거나 서비스에 종사하도록 하는 작업이다.
운영지원작업	피수용자의 수용 및 시설의 유지·관리 등 교도소 자체의 기능유지를 위해 행해지는 내부작업으로 세입증대와는 무관하고 세출예산의 절감에 기여하는 효과가 있다. [2017. 7급]
직업훈련	수형자의 사회복귀와 기능인력의 양성을 목적으로 하는 작업이다.

🔍 운영지원작업은 작업의 목적에 따른 분류이지, 경영방식에 따른 분류가 아님에 유의해야 한다.

3. 경영방식에 따른 분류

(1) **직영(관사)작업** : 직영작업은 교도소에서 일체의 시설·기계·기구·재료·노무 및 경비를 부담하여 물건 및 자재를 생산하고 판매하는 작업으로써 교도작업 관용주의에 가장 적합한 제도이다. [2021. 7급]

✦ **직영작업의 장·단점** [2016. 9급] 총 5회 기출

장점	단점
① 교도작업관용주의에 가장 적합하다. ② 형벌집행의 통일과 작업에 대한 통제가 용이하다. ③ 사인의 관여를 금지할 수 있다. ④ 수형자의 적성에 맞는 작업을 부과할 수 있다. ⑤ 국고수입을 증대시키면서 자급자족할 수 있다. ⑥ 자유로이 작업종목을 선택할 수 있으므로 직업훈련이 용이하다. ⑦ 엄격한 규율을 유지(질서유지)하며 작업이 가능하다. ⑧ 자급자족으로 경기변동에 영향을 많이 받지 않는다. ⑨ 작업의 통일성을 유지할 수 있다.	① 기계·기구의 설비자금, 재료구입자금 등 많은 예산의 소요와 사무가 번잡하다. ② 관계법규의 제약으로 적절한 시기에 기계·기구·원자재 구입이 곤란하다. ③ 시장개척 및 경쟁의 곤란으로 제품판매가 용이치 않은 점 때문에 손실우려가 있다(일반사회와 경제경쟁에 불리). ④ 자유시장에 대량출하를 할 경우 민간기업체를 압박할 수 있다.

(2) **위탁(단가)작업** : 위탁작업이라 함은 외부 민간기업체 또는 개인 등의 위탁자로부터 작업에 사용할 시설·기계·기구 및 재료의 전부 또는 일부를 제공 받아 물건 및 자재를 생산·가공하거나 수선하여 위탁자에게 교부하고 그 대가를 받는 작업을 말한다.

✦ **위탁작업의 장·단점** [2013. 9급] 총 4회 기출

장점	단점
① 기계·기구의 설비자금, 원자재의 구입자금이 필요 없어 사무가 단순하다. ② 직영작업과 노무작업에 비하여 사기업의 압박이 덜하다. ③ 적은 비용으로 행할 수 있다. ④ 경제사정의 변화에 따른 직접적인 영향을 받지 않아 위험이 적다(생산해서 납품만 하면 되므로). ⑤ 재료의 구입, 제품의 판매와 관계없이 납품만 하면 되므로 제품처리에 문제가 없다. ⑥ 다수의 인원을 취업시킬 수 있어 불취업자를 해소할 수 있고 교정행정(행형)의 통일성을 유지할 수 있다. ⑦ 직영작업의 간격을 이용하여 시행할 수 있으므로 취업비의 부족으로 인한 작업중단을 방지할 수 있다.	① 부당경쟁의 사례가 생기기 쉽다. ② 업종이 다양하지 못하여 직업훈련에 부적합하다. ③ 위탁자의 경영사정에 따라 일시적 작업이 보통으로 교도작업의 목적과 부합하지 않을 수 있다. ④ 위탁업자의 잦은 공장출입으로 보안상의 문제점이 있다. ⑤ 경제적 이윤이 적다.

(3) **노무(수부, 임대)작업** : 노무작업이라 함은 교도소와 개인 간의 계약에 의하여 교도소는 개인에게 노무만을 제공하고 그 대가로 개인으로부터 공임을 징수하는 작업방식을 말한다.

✦ **노무작업의 장·단점** [2013. 7급 승진][2022. 9급] 총 4회 기출

장점	단점
① 설비투자 등에 따른 부담이 없어 자본이 없어도 경제적인 효과(상당한 수익)가 크다.	① 사인관여 등으로 외부와의 부정가능성이 높다. [2021. 7급]
② 경기변동에 큰 영향을 받지 않는다.	② 단순노동으로 기술습득 및 직업훈련에 적당치 못하다.
③ 취업비가 필요 없고 자본이 없어도 시행이 가능하다.	③ 교정행정(행형)의 통일성을 유지하기 곤란하여 수형자의 교화목적이 외면될 우려가 있다.
④ 제품처리의 문제가 없다.	④ 외부인의 수용자에 대한 통제력 행사가 가장 크다.

(4) **도급작업** : 도급작업이라 함은 기업체나 사인과 일괄 도급계약에 의하여 기일 내에 준공하는 작업을 말하는데, 교도소가 기업체나 사인 간의 계약에 의하여 수형자의 취업인원과 취업일수에 따라 정한 보수를 받고 노동력·재료·비용 등을 부담하며, 그 사용에 따른 지휘·감독을 사인에게 맡긴다.

✦ **도급작업의 장·단점** [2024. 7급] 총 5회 기출

장점	단점
① 작업의 대형성으로 높은 수익을 가능하게 한다.	① 전문지식과 경험부족으로 큰 손실을 입을 수 있다.
② 대량작업을 전제로 하므로 수형자의 대규모 취업을 가능하게 하여 불취업자 해소에 유리하다.	② 구외작업으로 인한 계호부담이 크고 민간기업 압박의 우려가 크다.
	③ 작업수준에 맞는 기술자의 확보가 곤란하다.

3 구외작업

1. 의의

(1) 구외작업(담장 외 작업)이란 구내작업(담장 내 작업)에 대립되는 개념으로 교정시설 밖에서 행해지는 작업을 말한다. 외역 혹은 소외의 작업이라고 한다.

(2) 주로 교정시설에서 숙박하며 이루어지는 외부통근작업이 대표적이다.

(3) 도주의 위험이 없는 자를 개방시설에 수용하여 구외작업에 취업하게 하는 것이 통상적인 방법이다.

2. 구외작업의 장·단점

장점	단점
① 수형자의 사회적응훈련으로 유용하고 입소 전의 직업이 구외작업과 연계되면 석방 후 취업을 보장할 수 있다.	① 다수 수형자가 함께하는 작업이 대부분이므로 혼거제의 폐해가 초래될 수 있다.
② 단기수형자에게는 원활한 사회복귀를 촉진시키고 장기수형자에게는 장기간의 수형생활에서 오는 정신적·신체적 장애를 제거할 수 있다.	② 취업자와 계호자 사이에 정실이 개입되면 교화개선의 효과를 거두기 어렵다.
③ 수형자와 교도관의 인간적 신뢰관계로 그들의 반사회성 교정에 기여하며 특히 장기수형자의 사회성 훈련에 도움이 된다.	③ 도주 등 교정사고의 우려가 있어 계호의 부담이 가중되고 경비인력의 낭비를 초래한다.

02   교도작업 관용주의와 자급자족주의

1 교도작업 관용주의

교도작업으로 인하여 민간업체에 피해가 가지 않도록 하기 위하여 교도작업에 의하여 생산되는 물건 및 자재를 국가 또는 지방공공단체의 국방부 직할부대 및 기관이나 국영기업체 등에 우선적으로 공급·사용하도록 하는 제도이다.

✦ 장·단점

장점	단점
① 경기의 변동에 구애됨이 없이 장기적인 계획하에 작업을 계속할 수 있어 작업경영이 안전하다.	① 제품의 질이 일반사회제품에 비하여 떨어질 우려가 있다.
② 민업압박의 문제를 제거한다.	② 제품의 공급이 적기에 행해지지 않을 우려가 있다.
③ 관용주의의 기초가 된다.	③ 제품제작에 열의가 없고 신중성이 떨어질 수 있다.
④ 생산품을 원가에 공급하므로 교정비용을 절약할 수 있다.	④ 친절감이 희박할 우려가 있다.
	⑤ 경영자의 열의가 없어질 우려가 있다.

2 자급자족주의

자급자족제도라 함은 광의로는 교정자족의 원칙, 즉 교도작업수익으로 교정비용을 완전충당시키는 것을 의미하며 협의적으로는 교도소에서 생산되는 제품을 교도소 내에서 이용·소비함으로써 사회 일반기업으로부터 구입하여 사용되는 경제적 손실을 방지하고 제품의 시중판매로 인한 민업압박을 피하려는 경제활동을 말한다.

제4절) 처우의 종료(수용자의 석방과 사망)

01 수용자의 석방

1 수용자의 석방제도

수형자 및 미결수용자, 「소년법」에 의한 시설수용보호처분자(소년분류심사원 및 소년원), 구 「사회보호법」에 의한 피보호감호자, 「치료감호 등에 관한 법률」에 의한 피치료감호자 등이 당해 시설에서의 처우를 모두 마치고 구금 또는 보호처분이 해체되어 시설로부터 사회로 합법적으로 복귀하거나 시설처우중 사망 또는 사형이 집행되는 것을 말한다.

2 시설내 처우의 종료형태

구분	법정사유	기타사유
수형자	형기 종료	가석방, 사면, 형의 집행정지 및 집행면제
미결수용자	구속기간의 종료, 무죄, 구속영장의 효력 상실	구속취소, 보석, 불기소, 구속집행정지, 면소, 공소기각
소년분류 심사원	위탁처우자 위탁기간 종료	심리불개시 또는 불처분 결정
소년원생	수용기간 종료(퇴원)	처분의 변경, 취소, 임시퇴원
피치료감호 청구자	기각 등의 선고	가종료, 치료위탁, 종료

3 석방 전 준비제도

1. 석방예정자의 처우

소장은 가석방 또는 형기 종료를 앞둔 수형자 중에서 법무부령으로 정하는 일정한 요건을 갖춘 사람에 대해서는 가석방 또는 형기 종료 전 일정 기간 동안 지역사회 또는 교정시설에 설치된 개방시설에 수용하여 사회적응에 필요한 교육, 취업지원 등의 적정한 처우를 할 수 있다(법 제57조 제4항).

2. 석방예정자 상담 · 지도 등

(1) **석방예정자 상담 · 지도**: 소장은 수형자의 건전한 사회복귀를 위하여 필요하다고 인정하면 석방 전 3일 이내의 범위에서 석방예정자를 별도의 거실에 수용하여 장래에 관한 상담과 지도를 할 수 있다(시행령 제141조). [2020. 6급 승진] 총 4회 기출

(2) **형기종료 석방예정자의 사전조사**: 소장은 형기종료로 석방될 수형자에 대하여는 석방 10일 전까지 석방 후의 보호에 관한 사항을 조사하여야 한다(시행령 제142조). [2018. 7급 승진] 총 3회 기출

(3) **형 또는 구속의 집행정지 사유의 통보**: 소장은 수용자에 대하여 건강상의 사유로 형의 집행정지 또는 구속의 집행정지를 할 필요가 있다고 인정하는 경우에는 의무관의 진단서와 인수인에 대한 확인서류를 첨부하여 그 사실을 검사에게, 기소된 상태인 경우에는 법원에도 지체 없이 통보하여야 한다(시행령 제21조).

(4) 석방예정자의 보호조치 : 소장은 수형자를 석방하는 경우 특히 필요하다고 인정하면 한국법무보호 복지공단에 그에 대한 보호를 요청할 수 있다(시행령 제144조).

4 수용자의 석방사유

1. 의의

수용자의 구금상태를 적법하게 해제하여 사회에 복귀시키는 것을 말하며 시설내 처우의 최후단계이 자 사회복귀의 최초단계를 의미한다.

2. 법정사유

(1) 수형자 : 형기의 종료
(2) 미결수용자 : 구속기간의 종료 및 무죄 등의 선고

3. 권한 있는 자의 명령에 의한 석방사유

(1) 가석방 결정으로 인한 석방
(2) 사면과 감형

✦ **사면법 제5조**

일반사면	형 선고의 효력이 상실되며, 형을 선고받지 아니한 자에 대하여는 공소권이 상실된다. 다만, 특별한 규정이 있을 때에는 예외로 한다. <국회 동의 ○>
특별사면	형의 집행이 면제된다. 다만, 특별한 사정이 있을 때에는 이후 형 선고의 효력을 상실 하게 할 수 있다. <국회 동의 ×>
일반에 대한 감형	특별한 규정이 없는 경우에는 형을 변경한다.
특정한 자에 대한 감형	형의 집행을 경감한다. 다만, 특별한 사정이 있을 때에는 형을 변경할 수 있다.
복권	형 선고의 효력으로 인하여 상실되거나 정지된 자격을 회복한다.

🔍 형의 선고에 따른 기성(旣成)의 효과는 사면, 감형 및 복권으로 인하여 변경되지 아니한다.

(3) **형의 집행면제** : 형의 선고를 받았으나 형의 집행을 하지 않거나 집행받을 의무를 소멸시키는 제 도로 판결 자체에 있어서 형의 선고를 받지 않는 형의 면제와 구별된다.

(4) **형의 집행정지**
  ① 사형의 집행정지(형사소송법 제469조)
    ㉠ 사형의 선고를 받은 사람이 심신의 장애로 의사능력이 없는 상태이거나 임신중인 여자인 때에는 법무부장관의 명령으로 집행을 정지한다. [2018. 5급 승진]
    ㉡ 형의 집행을 정지한 경우에는 심신장애의 회복 또는 출산 후에 법무부장관의 명령에 의하 여 형을 집행한다.

② 자유형의 집행정지(형사소송법 제470조 · 제471조)

필요적 집행정지	임의적 집행정지
① 징역, 금고 또는 구류의 선고를 받은 자가 심신의 장애로 의사능력이 없는 상태에 있는 때에는 형을 선고한 법원에 대응한 검찰청검사 또는 형의 선고를 받은 자의 현재지를 관할하는 검찰청검사의 지휘에 의하여 심신장애가 회복될 때까지 형의 집행을 정지한다. ② 형의 집행을 정지한 경우에는 검사는 형의 선고를 받은 자를 감호의무자 또는 지방공공단체에 인도하여 병원 기타 적당한 장소에 수용하게 할 수 있다. ③ 형의 집행이 정지된 자는 ②의 처분이 있을 때까지 교도소 또는 구치소에 구치하고 그 기간을 형기에 산입한다.	① 징역, 금고 또는 구류의 선고를 받은 자에 대하여 다음에 해당하는 사유가 있는 때에는 형을 선고한 법원에 대응한 검찰청검사 또는 형의 선고를 받은 자의 현재지를 관할하는 검찰청검사의 지휘에 의하여 형의 집행을 정지할 수 있다. • 형의 집행으로 인하여 현저히 건강을 해하거나 생명을 보전할 수 없을 염려가 있는 때 • 연령 70세 이상인 때 • 잉태 후 6월 이상인 때 • 출산 후 60일을 경과하지 아니한 때 • 직계존속이 연령 70세 이상 또는 중병이나 장애인으로 보호할 다른 친족이 없는 때 • 직계비속이 유년으로 보호할 다른 친족이 없는 때 • 기타 중대한 사유가 있는 때 ② 검사가 형의 집행정지의 지휘를 함에는 소속 고등검찰청검사장 또는 지방검찰청검사장의 허가를 얻어야 한다.

4. 미결수용자의 석방사유

구분	내용
무죄 등의 선고	무죄, 면소, 형의 면제, 형의 선고유예, 형의 집행유예, 공소기각 또는 벌금이나 과료를 과하는 판결이 선고된 때에는 구속영장은 효력을 잃는다(형사소송법 제331조).
구속의 취소	법원 또는 수사기관이 구속의 사유가 없거나 소멸된 때에 직권 또는 검사, 피고인, 변호인과 법정대리인 등의 청구에 의하여 구속된 피고인 또는 피의자를 석방하는 것을 말한다(형사소송법 제93조 · 제209조).
불기소	검사는 양형의 조건(형법 제51조)을 참작하여 기소편의주의에 입각하여 공소권을 행사하지 아니하는 처분을 할 수 있다. 검사의 불기소처분이 있으면 구속되었던 자는 석방된다.
보석	구속된 피고인에 대하여 보증금 납입 등을 조건으로 구속의 집행을 정지하여 피고인을 석방하는 제도이다. 보석에는 필요적 보석과 임의적 보석이 있으며 필요적 보석을 원칙으로 한다.
구속의 집행정지	① 법원 또는 수사기관이 상당한 이유가 있는 때에 결정으로 구속된 피고인 · 피의자를 친족, 보호단체 기타 적당한 자에게 부탁하거나 피고인 · 피의자의 주거를 제한하여 구속의 집행을 정지시키고 석방하는 제도이다. ② 구속의 집행정지결정에 대해서 검사는 즉시항고를 할 수 없고 보통항고의 방법으로 불복하여야 한다(헌재 2012.6.27. 2011헌가36).

제1절 사회적 처우(개방처우)

01 개방처우

1 개방처우의 개념

사회적 처우(개방처우)란 기초는 수형자에 대한 신뢰와 수형자 각자의 자율에 두는 것으로, 시설내 처우에 기반을 두면서 시설의 폐쇄성을 완화하여 구금의 폐해를 최소화하고 그 생활조건을 일반 사회생활에 접근시킴으로써 수형자의 재사회화 내지 개선 효과를 얻고자 하는 처우 방법이다.

✦ 사회적 처우와 사회내 처우

사회적 처우	① 보안 상태나 행동의 자유에 대한 제한 등이 완화된 시설 또는 폐쇄시설이라도 시설내 처우와 연계되면서 사회생활의 준비가 필요한 수형자를 대상으로 사회 적응력을 배양시키려는 개방된 처우 형태이다. ② 귀휴제도, 외부통근제도, 가족만남의 집, 주말구금제도 등이 있다. [2020. 5급 승진]
사회내 처우	① 범죄자를 교정시설에 수용하지 않고 사회내에서 통상의 생활을 영위하도록 하면서 지도·개선 등에 의해 그 범죄자의 개선·사회복귀를 도모하는 제도를 말한다. ② 보호관찰제도, 가석방제도, 갱생보호제도, 사회봉사·수강명령, 선도조건부 기소유예, 판결 전 조사제도 등이 있다. [2020. 5급 승진]

2 개방처우의 장·단점

장점 [2011. 9급] 총 4회 기출	단점
① 완화된 시설과 감시가 수형자의 신체적·정신적 건강에 유리하게 작용한다. ② 교정당국에 대한 신뢰감 증가로 자발적 개선의욕을 촉진시킨다. ③ 가족이나 친지 등과의 유대감 지속으로 정서적 안정을 도모할 수 있다. ④ 통제와 감시에 소요되는 비용을 절감할 수 있다는 점에서 경제적이다. ⑤ 수형자의 사회적응력 향상에 적합하며 사회복귀를 촉진시킨다. ⑥ 형벌의 인도화에 기여한다.	① 통상적 형벌관념이나 일반국민의 법감정에 부합하지 않는다. ② 도주의 위험이 증가하며 완화된 계호와 감시를 이용하여 외부인과의 부정한 거래를 꾀할 수 있다. ③ 대상자 선정에 있어 사회의 안전을 지나치게 강조할 경우 수용의 필요성이 없는 수형자를 개방처우하게 되어 결과적으로 형사사법망의 확대를 초래할 수 있다.

02 개방처우의 종류

1 귀휴제도

1. 의의

귀휴제도는 일정기간 복역하고 행형성적이 우수한 수형자에 대하여 외출, 외박을 허가하는 제도로서 석방 후의 생활을 준비하고 가족과의 유대를 강화시켜 사회적응능력을 키워주려는 데 그 취지가 있다.

2. 현행법령상 귀휴제도

(1) **일반 귀휴**(동법 제77조 제1항)

① 소장은 6개월 이상 형을 집행 받은 수형자로서 그 형기의 3분의 1(21년 이상의 유기형 또는 무기형의 경우에는 7년)이 지나고 교정성적이 우수한 사람이 다음 각 호의 어느 하나에 해당하면 1년 중 20일 이내의 귀휴를 허가할 수 있다. [2024. 7급]

> 1. 가족 또는 배우자의 직계존속이 위독한 때
> 2. 질병이나 사고로 외부의료시설에의 입원이 필요한 때
> 3. 천재지변이나 그 밖의 재해로 가족, 배우자의 직계존속 또는 수형자 본인에게 회복할 수 없는 중대한 재산상의 손해가 발생하였거나 발생할 우려가 있는 때 [2024. 7급]
> 4. 그 밖에 교화 또는 건전한 사회복귀를 위하여 법무부령으로 정하는 사유가 있는 때

> ✍ **법무부령으로 정하는 일반귀휴사유(시행규칙 제129조 제3항)**
>
> 1. 직계존속, 배우자, 배우자의 직계존속 또는 본인의 회갑일이나 고희일인 때
> 2. 본인 또는 형제자매의 혼례가 있는 때
> 3. 직계비속이 입대하거나 해외 유학을 위하여 출국하게 된 때
> 4. 직업훈련을 위하여 필요한 때
> 5. 「숙련기술장려법」 제20조 제2항에 따른 국내기능경기대회의 준비 및 참가를 위하여 필요한 때
> 6. 출소 전 취업 또는 창업 등 사회 복귀 준비를 위하여 필요한 때
> 7. 입학식·졸업식 또는 시상식에 참석하기 위하여 필요한 때
> 8. 출석 수업을 위하여 필요한 때
> 9. 각종 시험에 응시하기 위하여 필요한 때
> 10. 그 밖에 가족과의 유대강화 또는 사회적응능력 향상을 위하여 특히 필요한 때

② 일반귀휴의 경우 형기를 계산할 때 부정기형은 단기를 기준으로 하고, 2개 이상의 징역 또는 금고의 형을 선고받은 수형자의 경우에는 그 형기를 합산한다. [2013. 9급 경채][2024. 7급]

(2) **특별귀휴**(동법 제77조 제2항) : 소장은 다음 각 호의 어느 하나에 해당하는 사유가 있는 수형자에 대하여는 제1항에도 불구하고 5일 이내의 특별귀휴를 허가할 수 있다.

> 1. 가족 또는 배우자의 직계존속이 사망한 때
> 2. 직계비속의 혼례가 있는 때

(3) 귀휴 허가

① 소장은 귀휴(일반귀휴·특별귀휴)를 허가하는 경우에는 귀휴심사위원회의 심사를 거쳐야 한다(시행규칙 제129조 제1항). [2019. 6급 승진] 총 2회 기출

② 소장은 토요일, 공휴일, 그 밖에 위원회의 소집이 매우 곤란한 때에 수형자의 가족 또는 배우자의 직계존속이 사망하여 특별귀휴의 사유가 발생한 경우에는 위원회의 심사를 거치지 아니하고 귀휴를 허가할 수 있다(시행규칙 제134조 제1항 본문).

③ 소장은 개방처우급·완화경비처우급 수형자에게 일반귀휴를 허가할 수 있다. 다만, 교화 또는 사회복귀 준비 등을 위하여 특히 필요한 경우에는 일반경비처우급 수형자에게도 이를 허가할 수 있다(시행규칙 제129조 제2항). [2019. 9급] 총 7회 기출

(4) 귀휴기간의 형기산입 : 일반귀휴와 특별귀휴의 기간은 형 집행기간에 포함한다(법 제77조 제4항).
[2019. 9급 승진] 총 11회 기출

(5) 귀휴허가 후 조치

① **귀휴허가증 발급** : 소장은 귀휴를 허가한 때에는 귀휴허가부에 기록하고 귀휴허가를 받은 수형자(귀휴자)에게 귀휴허가증을 발급하여야 한다(시행규칙 제139조).

② **동행귀휴** : 소장은 수형자에게 귀휴를 허가한 경우 필요하다고 인정하면 교도관을 동행시킬 수 있다(시행규칙 제141조 제1항). [2018. 7급] 총 2회 기출

③ 소장은 귀휴자의 가족 또는 보호관계에 있는 사람으로부터 보호서약서를 제출받아야 한다 (시행규칙 제141조 제2항). [2024. 7급]

(6) 귀휴자에 대한 조치(시행령 제97조)

① 소장은 2일 이상의 귀휴를 허가한 경우에는 귀휴를 허가받은 사람(귀휴자)의 귀휴지를 관할하는 경찰관서의 장에게 그 사실을 통보하여야 한다. [2018. 7급] 총 3회 기출

② 귀휴자는 귀휴 중 천재지변이나 그 밖의 사유로 자신의 신상에 중대한 사고가 발생한 경우에는 가까운 교정시설이나 경찰관서에 신고하여야 하고 필요한 보호를 요청할 수 있다.

③ 보호 요청을 받은 교정시설이나 경찰관서의 장은 귀휴를 허가한 소장에게 그 사실을 지체 없이 통보하고 적절한 보호조치를 하여야 한다.

(7) 귀휴비용(시행규칙 제142조)

① 귀휴자의 여비와 귀휴 중 착용할 복장은 본인이 부담한다. [2019. 9급] 총 3회 기출

② 소장은 귀휴자가 신청할 경우 작업장려금의 전부 또는 일부를 귀휴비용으로 사용하게 할 수 있다. [2020. 6급 승진] 총 4회 기출

(8) 귀휴의 취소 : 소장은 귀휴 중인 수형자가 다음의 어느 하나에 해당하면 그 귀휴를 취소할 수 있다
(법 제78조). [2020. 6급 승진] 총 9회 기출

> **[귀휴 취소사유]**
> 1. 귀휴의 허가사유가 존재하지 아니함이 밝혀진 때
> 2. 거소의 제한이나 그 밖에 귀휴허가에 붙인 조건을 위반한 때

❷ 주말구금제도

1. 의의

(1) 주말구금제도란 형의 집행을 가정이나 직장생활을 하는 데 지장이 없는 토요일과 일요일인 주말에 실시하는 제도로 매 주말마다 형이 집행되는 형의 분할집행방법을 의미한다.

(2) 장기형의 수형자에게는 부적당한 제도로 단기형 및 경범자를 대상으로 한다.

(3) 우리나라에서는 시행하고 있지 않다.

2. 장·단점

장점	단점
① 경범죄자에 대한 명예감정을 자각시켜 자신의 범행에 대한 반성을 촉구할 수 있다.	① 국민의 응보적 법감정에 부합하지 않는다.
② 단기자유형의 악성감염 등 폐해를 제거할 수 있다.	② 장기수형자에게 부적합하다.
③ 기존의 직장생활과 가족과의 생활을 계속할 수 있어 생활의 안정을 유지할 수 있다.	③ 피해자와의 접촉이 가능하여 법집행의 실효를 거둘 수 없다.
④ 피해자에 대한 손해배상을 보다 쉽게 할 수 있다.	④ 휴일이 한정되어 있고 단기자유형이라 하더라도 상당한 형기를 주말구금으로 집행하게 되어 오히려 계속 집행보다 가혹할 수 있다.
	⑤ 구금장소가 본래의 거주지로부터 원거리에 있을 경우 교통상의 불편함이 있다.
	⑥ 주중에는 자유로운 생활이 가능하므로 도주의 우려가 있다.

❸ 보스탈(Borstal)제도

(1) 보스탈이란 보호 또는 피난시설이란 뜻을 갖고 있으며 영국 켄트지방의 Borstal이란 곳에서 이런 시설이 있었던 것에서 일반화되었다. [2020. 9급]

(2) 주로 16세부터 21세까지의 범죄소년을 1년 이상 3년 이하의 부정기간 수용하고 직업훈련·학과교육 등을 실시하여 교정·교화하는 것이다. [2024. 7급] 총 2회 기출

❹ 외부통근제도

1. 의의

(1) 외부통근제란 교정성적이 우수한 시설구금 중인 수형자를 주간에는 교도관의 계호 없이 교정시설 밖의 외부기업체에서 사회일반근로자와 같은 조건에서 작업하도록 하고, 야간과 휴일에는 교정시설에서 일정규칙에 따라 생활하도록 하는 제도이다.

(2) 외부통근제는 야간이나 휴일은 시설 내에 구금하고, 주간에는 시설 외에서 자유로이 작업한다는 의미에서 반구금제 또는 반자유처우제도라고도 할 수 있다.

2. 외부통근제도의 유형(사법형·행정형·혼합형) [2013. 7급]

(1) 사법형 외부통근제

① 의의

㉠ '통근형'이라고도 하며, 법원이 형벌의 일종으로 유죄확정자에게 외부통근형을 선고하는 것을 말하며 미국의 많은 주에서 시행하고 있다.

ⓛ 수형자가 수형 초기부터 시설 외의 취업장으로 통근하는 것이기 때문에 석방 전 누진처우
의 일환으로 행해지는 행정형 외부통근제와는 차이가 있다.

ⓒ 주로 경범죄자나 단기수형자가 그 대상이 된다.

ⓔ 본인이 원하고 판사가 대상자로서 적합하다고 판단되면 보호관찰관에게 조사를 명하게 되
는데, 통상 시설에서 통근이 가능한 거리에 직장이 있고 고용주의 협력을 전제로 선고하는
것이 일반적이다.

② 장·단점

장점 [2016. 7급]	단점
① 단기자유형으로 인한 직장의 상실 없이 직장을 지속적으로 유지하는 것이 가능하다. ② 가족의 생계를 담당할 수 있고 단기구금형의 폐해를 방지할 수 있다. ③ 개인의 존엄을 유지하게 할 수 있다. ④ 주말구금이나 야간구금과 같은 반구금제도와 함께 활용할 수 있다.	① 행정형 외부통근제보다는 국민의 응보적 법감정에 부합하지 않는다. [2016. 7급]

(2) **행정형 외부통근제**(호스텔 제도)

① 의의

㉠ 교도소 또는 가석방위원회 등과 같은 행정기관에 의하여 형의 종류로서가 아닌 석방 전
교육 및 사회복귀능력 향상의 일환으로 시행하는 통근제를 말하며 유럽 대부분의 국가와
우리나라, 일본 등에서 운영하고 있다. [2011. 9급] 총 2회 기출

㉡ 주간에는 외부에서 자유로이 취업, 야간이나 공휴일에는 시설 내에 수용하기 때문에 반구
금제 혹은 반자유제라고도 한다.

㉢ 일정기간을 복역하고 행장이 양호한 수형자가 선정대상이 되며 장기수형자도 대상이 될
수 있다.

② 장·단점

장점	단점
① 장기수형자들에게 사회의 접촉기회를 증가시켜 타성적인 습성을 교정하고 사회인으로서의 자율성 배양을 가능하게 한다. ② 직장에 대한 애착심을 갖게 하고 출소 후에도 관련 직종에 계속적으로 종사할 수 있어 재범방지 및 사회적응촉진에 기여한다. ③ 가족과의 유대관계를 강화하여 출소 후 원만한 가족관계 유지 및 환경변화에서 오는 부작용을 최소화할 수 있다. ④ 새로운 기술을 습득할 기회를 부여하고 시설 내 작업보다 많은 보수를 받을 수 있어 출소 후 재활에 도움을 주며 주간의 수용경비절감에 기여한다.	① 계호의 완화에 따른 도주발생의 가능성이 높다. ② 국민의 응보적 법감정에 배치된다. ③ 사회 일반 근로자와의 부조화 및 마찰이 발생될 수 있다. ④ 외부통근에 적합한 수용자를 선별하기 어렵다. ⑤ 불경기일 경우 취업직종 선정에 곤란을 겪을 수 있다. ⑥ 취업직장의 경영상태에 따라 고용이 좌우되는 경우가 많아 취업의 안정을 기하기 어렵다.

(3) 혼합형 외부통근제

혼합형은 사법적 외부통근제와 행정적 외부통근제를 병행한 제도인데, 법원은 형벌의 일종으로서 통근형을 선고하고, 교도소가 가석방위원회 등의 허가를 얻어 외부통근을 실시하는 형태(미국의 노스캐롤라이나주)이다.

5 가족만남의 날과 가족만남의 집

구분	가족만남의 날	가족만남의 집
의의	가족 만남의 날은 수형자와 그 가족이 교정시설의 일정한 장소에서 다과와 음식을 함께 나누면서 대화의 시간을 갖는 행사를 말한다(시행규칙 제89조 제4항).	가족 만남의 집은 수형자와 그 가족이 숙식을 함께 할 수 있도록 교정시설에 수용동과 별도로 설치된 일반주택 형태의 건축물을 말한다(시행규칙 제89조 제4항). [2020. 7급] 총 3회 기출
일반대상자	소장은 개방처우급·완화경비처우급 수형자를 참여하게 할 수 있고, 특히 필요한 경우 일반경비처우급 수형자에게 허가할 수 있다(시행규칙 제89조 제1항). [2020. 7급] 총 8회 기출	소장은 개방처우급·완화경비처우급 수형자에 대하여 가족 만남의 집을 이용하게 할 수 있고, 특히 필요한 경우 일반경비처우급 수형자에게 허가할 수 있다(시행규칙 제89조 제1항, 제3항) [2020. 7급] 총 8회 기출
특별대상자	소장은 수용자가 시설의 안전과 질서유지에 뚜렷한 공이 인정되는 때 또는 수용생활에 모범을 보이거나 건설적이고 창의적인 제안을 하는 등 특히 포상할 필요가 있다고 인정되는 때에는 포상으로 가족만남의 날 행사 참여 대상자로 선정할 수 있다(법 제106조·시행규칙 제214조의2). [2017. 5급 승진] 총 2회 기출	소장은 수용자가 사람의 생명을 구조하거나 도주를 방지한 때 또는 응급용무에 공로가 있는 때에는 포상으로 가족만남의 집 이용 대상자로 선정할 수 있다(법 제106조·시행규칙 제214조의2). [2017. 5급 승진] 총 2회 기출
공통사항	① 가족 만남의 날 행사 참여는 접견 허용횟수에는 포함되지 아니한다(시행규칙 제89조 제1항). [2020. 7급] 총 8회 기출 ② 소장은 가족이 없는 수형자에 대하여는 결연을 맺었거나 그 밖에 가족에 준하는 사람으로 하여금 그 가족을 대신하게 할 수 있다(시행규칙 제89조 제2항). [2020. 7급] 총 4회 기출	

6 사회견학 · 봉사활동 · 외부종교행사 참석

1. 의의

(1) 사회견학이란 수형자로 하여금 경제, 사회, 문화적으로 급속히 변화하는 사회의 실상을 교정시설 밖의 사회현장에서 직접 체험하는 것을 말한다.

(2) 봉사활동이란 수형자로 하여금 자연재해 등으로 인한 피해현장의 복구, 사회의 소외된 계층에 대한 도우미의 형태로 시설 밖에서 활동하게 하는 것을 말한다.

(3) 외부종교행사 참석이란 수형자로 하여금 교정시설 외에 설치되어 있는 일반종교시설에서 행하는 종교의식이나 행사 등에 참여하게 하는 것을 말한다.

제2절 지역사회교정(사회내 처우)

01 지역사회 교정의 발전

1 의의

(1) 지역사회교정(community based correction)이란 지역사회와 범죄자와의 상호 의미 있는 유대라는 개념을 바탕으로 지역사회에서 행해지는 범죄자에 대한 다양한 제재와 비시설 내 교정프로그램을 말한다. [2016. 5급 승진]

(2) 지역사회교정은 범죄에 대한 사회적 책임을 강조하고 재통합 모델의 관점에서 사회내 처우 형태를 선호하며, 처우의 과학화보다는 처우의 사회화를 실현하는 제도이다.

(3) 범죄자에 대한 인도주의적 처우, 사회복귀의 긍정적 효과 그리고 교정경비의 절감과 재소자관리상 이익의 필요성 등의 요청에 의해 대두되었다. [2019. 9급]

(4) 현대 교정의 궁극적 목표는 범죄인의 교화개선과 사회재통합을 통한 사회복귀에 두고 있으므로 교정처우도 사회화 내지 개방화의 경향으로 변화하고 있다.

2 지역사회교정의 목표와 성과

1. 지역사회교정의 목표

지역사회의 보호	① 각 단계별 모든 처벌프로그램의 중요한 공동목표가 된다. ② 지역사회를 보호하기 위해 대상자의 범주와 자격기준을 적절히 지정하고 과학적으로 선발하면서 제약의 유형과 통제수단을 적절히 강구해야 한다.
처벌의 연속성 제공	① 구금과 보호관찰의 양극적인 처벌에 더한 다양한 처벌방식을 제공하여 범죄뿐만 아니라 범죄자에 따라 처벌을 의미 있게 차별화하여야 한다. ② 범죄에 상응한 다양한 처벌로써 범죄뿐만 아니라 범죄자에게도 적합하도록 연속적 처벌과 다양한 프로그램을 제공한다. ③ 전통적인 보호관찰이나 구금형에 대한 대안인 중간처벌로서의 기능과 보호관찰이나 가석방 철회 시 교도소에 재구금시키는 양형대안으로 사용한다.
사회복귀와 재통합 [2024. 9급]	① 범죄자의 사회내 처우를 통해 기존의 사회적 유대관계를 지속시키고 나아가 새롭고 보다 긍정적인 사회관계를 개발하도록 원조하는 데 그 목표가 있다. ② 1970년대 이후 재통합에 대한 열망은 상당히 감소되었다.
비용효과	최소비용으로 지역사회의 보호와 사회복귀를 달성하는 것이 비구금적인 지역사회교정의 가장 적절한 목표이다.
목표들 간의 갈등해소	지역사회교정 프로그램의 여러 목표 간에는 갈등요소들이 내재되어 있고 이는 각 프로그램의 구체적인 목표달성 여부를 확인하기 어렵게 한다는 문제가 있다.

2. 지역사회교정의 실현 형태

지역사회교정은 대체로 전환(diversion)·옹호(advocacy)·재통합(reintegration)의 형태로 시행되고 있다. [2021. 9급] 총 3회 기출

전환	낙인의 영향을 최소화하고 범죄자의 사회복귀를 용이하게 하기 위해서 범죄자를 공식적인 형사사법절차와 과정으로부터 비공식적인 절차와 과정으로 우회시키는 제도로서 대부분의 지역사회교정은 최소한 이러한 전환을 전제로 한다. [2016. 5급 승진]
옹호	범죄자의 변화보다는 사회의 변화를 더 강조하는 것으로서, 단순히 기존의 자원에 범죄자를 위탁하는 것만으로는 충분치 못하고 필요한 자원이 부적절하다면 그 자원을 개발하고 기존의 자원이 활용하기 어려운 것이라면 이용 가능하도록 만들어야 한다.
재통합	범죄와 사회의 공동의 변화를 추구하는 것으로, 대표적으로 중간처우소(Halfway house)와 집단가정(group house) 등을 들 수 있다. 지역사회와 교정프로그램의 연계, 프로그램에 대한 범죄자의 참여 등과 같은 지역사회와 교정프로그램의 상호작용을 극대화하는 노력이 중요한 가치로 평가된다. [2020. 5급 승진] 총 2회 기출

3. 지역사회교정의 장·단점 [2024. 9급] 총 4회 기출

장점	단점
① 시설내 처우로 인한 사회단절과 악풍감염의 폐해를 줄이고 범죄배양효과 내지는 낙인효과를 피하게 해준다.	① 지역사회의 반대 등으로 사회내 처우시설의 유치가 곤란하고, 국민법감정과 배치되고, 사회방위를 침해할 수 있다.
② 전환제도로 이용되면 형사시설의 과밀화 방지에 기여하여 형사사법기관의 부담을 감소시킬 수 있다.	② 시설내 구금의 한계를 극복하기 위한 신종의 사회통제전략으로 형사사법망의 확대에 불과하다.
③ 교정시설 수용에 비해 일반적으로 비용과 재정부담이 감소되고 교도소 과밀수용 문제를 해소할 수 있다.	③ 사회내 처우는 형식적으로는 구금이 아니나, 사회내 처우 관련기관들이 개입하므로 실질적으로 구금기능을 할 수 있다.
④ 대상자에게 가족, 지역사회, 집단 등과 유대관계를 유지하게 하여 범죄자의 지역사회 재통합 가능성을 높여 줄 수 있다.	
⑤ 단기자유형의 폐해극복 및 범죄인 처우를 위한 국가비용을 절감할 수 있다.	
⑥ 통상의 형사재판절차에 처해질 알코올중독자, 마약사용자, 경범죄자 등의 범죄인에 대한 전환 방안으로 활용할 수 있다.	
⑦ 사회내 재범가능자들을 감시하고 지도함으로써 지역사회의 안전과 보호에 기여한다.	

3 지역사회교정의 비판

지역사회교정의 확대는 과거에는 범죄통제의 대상이 되지 않았던 대상자를 범죄의 통제대상이 되게 함으로써 형사사법망 확대(net widening)를 초래한다는 비판을 받고 있다. [2024. 9급] 총 3회 기출

✦ 지역사회교정으로 인한 형사사법망의 확대 유형

망의 확대(wider nets)	국가에 의해서 통제되고 규제되는 시민의 비율이 증가되는 현상, 즉 더 많은 사람을 잡을 수 있도록 그물망을 키워왔다.
망의 강화(stronger nets)	범죄자에 대한 개입의 강도를 높힘으로써 범죄자에 대한 통제를 강화시켰다.
상이한 망(different nets)의 설치	범죄자를 사법기관이 아닌 다른 기관으로 위탁하여 실제로는 더 많은 사람을 범죄의 통제대상이 되게 한다.

제3절) 중간처우제도

01 개관

1 의의

일반 사회와 수형자 간의 교류 확대를 통하여 수형자의 사회 복귀를 용이하게 하기 위한 제도로서 시설내 처우와 사회내 처우의 중간 형태 내지 결합 형태라고 할 수 있으며 시설 자체나 시설과 연계된 다른 장소에서 폭넓은 자유를 허용하는 처우방식을 말한다.

구분	내용
분류	수형자에 대한 과학적 분류가 전제되어야 한다.
장점	형사제재의 연속성을 가져올 수 있고, 시설수용 내지 석방의 충격을 완화할 수 있으며, 지역사회 보호의 목표를 달성할 수 있다.
단점	국민의 응보적 법감정에 부합하지 않는다.
사례	미국의 중간처우의 집(Halfway house), 영국의 호스텔(Hostel)

2 중간처우시설의 구분

교정시설 내 처우의 사회화 (시설내 중간처우)		외부방문, 귀휴, 외부통근작업 및 외부통학제도 등 개방처우
지역사회 내 주거시설 (사회내 중간처우)	구금 전 단계	보석대상자, 피해자 없는 범죄자 등을 중간처우시설에 단기간 강제 거주
	구금 후 단계	만기 혹은 가석방에 의해 출소되기 전까지 잔여형기 동안의 과도기적 장소

02 중간처우의 종류

1 중간처우의 집(Halfway house)

1. 의의

(1) 교정시설 밖에 설치된 소규모 독립생활공간을 말하며 이곳에는 출소일이 가까운 수형자를 대상으로 구금생활과 사회생활의 중간에 해당하는 처우를 실시한다. 영국에서는 일반적으로 호스텔 형태로 운영된다.

2. 종류

석방 전 중간처우의 집 (Halfway-out House)	미국의 중간처우의 집은 1950년 최초로 미시간주와 콜로라도주의 교도소에서 채택되어 교도소로부터 떨어진 독립된 시설을 두고 석방준비단계의 수형자들을 수용한다. 일반적으로 중간처우라 함은 석방 전 중간처우소를 말한다.
입소 전 중간처우의 집 (Halfway-in House)	범죄인이 교정시설에 입소하기 전에 일정기간 중간시설에 수감된 후 교정시설에 수용하여 구금의 충격을 완화시켜 주는 제도이다.

2 사회내 처우센터(Community Treatment Center)

1. 의의

중간처우의 집과 마찬가지로 석방 이전에 수형자의 사회복귀를 준비시키기 위하여 교정시설과 사회의 중간에 설치한 처우시설이다.

2. 유형

석방 전 지도센터 (Prerelease Guidance Center)	① 형기만료 수 주일 전에 수용되어 전문상담가의 상담·지도·보호를 통해 취업, 작업훈련 등 교정시설과 일반사회의 중간처우를 실시하는 곳이다. ② 수용되는 사람은 수형자인 동시에 지역사회의 일원으로서 새로운 환경에 적응하기 위한 훈련을 받게 되는데 교정시설의 직원은 심리학이나 사회사업학을 전공한 자를 선발하여 석방준비, 개별지도 등을 책임있는 사회의 일원으로 복귀하도록 지도한다.
석방 전 호스텔 (Pre-discharged Hostel)	대부분 교도소 외각의 일부에 별도로 설치·운영된다. 이곳에 이송된 자들은 자신의 기능에 맞는 기업체에 취업할 수 있으므로 사회복귀에 필요한 재원마련은 물론 장차 복귀할 사회사정에도 익숙하게 되어 석방대비에 많은 도움이 되고 있다.
보호관찰부 가석방 및 보호관찰 호스텔 (Parole & Probation Hostel)	① 가석방 호스텔(Parole Hostel): 가석방자의 사회생활적응능력을 함양하기 위한 것으로 미국에서 주로 종교단체나 자선단체에 의해 운영되는데 우리나라에서는 한국법무보호복지공단에서 이와 유사한 기능을 수행한다. ② 보호관찰부 거주호스텔: 보호관찰을 조건으로 하는 석방자의 처우를 위한 거주시설로 미국에서는 보호행정을 담당하는 카운티나 주에서 실시한다(즉 정부에서 운영). ③ 보호관찰부 비거주호스텔: 보호관찰을 조건으로 하는 비거주호스텔제도로 15~17세 소년을 대상으로 4~6개월 동안 주간에는 학업이나 마을의 잡역을 하고 이를 마친 후에는 센터에 모여 경험사실에 대해 토론한 다음 오후 7시 귀가하는 형태이다.

다목적센터 (Community Diagnostic and Treatment Center)	재정이 영세한 군정부(카운티)는 한 가지 목적만을 위하여 독립된 시설을 운영하기 어렵기 때문에 재정적 부담을 덜기 위해 주로 소년을 대상으로 여러 가지 목적에 부응하기 위해 만들어진 시설을 말하며, 우리나라에서는 소년분류심사원이 이와 유사한 기능을 수행한다.
엠마우스 하우스 (Emmaus House)	주거식 소규모 처우시설로 여성수용자 출신의 사회복귀에 도움을 주는 시설이다.
개방센터 (Opening Center)	비거주식으로 취업알선 위주의 소극적 처우시설이다.

제4절 중간처벌제도

01 개요

1 의의

구금형과 보호관찰 사이에 존재하는 일련의 처벌형태로 중간처우가 사회복귀에 중점을 두었다면 중간처벌은 제재에 중점을 둔 제도이다.

2 유형

재판단계 중간처벌	벌금형, 전환(diversion)
보호관찰단계 중간처벌	집중감시보호관찰, 배상제도, 사회봉사명령, 수강명령, 전자감시 가택구금
교정관련 중간처벌	충격구금, 병영식 캠프 등

3 중간처벌제도의 장·단점

장점	단점
① 형사제재의 연속성은 교정제도의 수용능력을 보다 융통성 있게 해 준다(구금인구 감소) – 과밀수용 해소 ② 교정제도의 수용능력에 융통성을 주어 수용자 개별처우 및 수용관리상 기여한다. ③ 교정의 민영화 확산 및 지역사회교정의 활성화에도 기여한다. ④ 재판관으로 하여금 범죄의 심각성 정도에 따라 더 적정한 형을 선택할 수 있게 한다. ⑤ 강제와 통제의 연속성에 기여함으로써 형사제재의 연속성에 기여한다.	① 시설내 구금인구 중 강력범의 비율이 높아진다. ② 중간처벌의 선별과 결정, 집행기관을 어디로 할 것인가, 적합한 대상자를 어떻게 선정할 것인가 등은 결과적으로 형사사법망의 강화와 확대를 초래한다. ③ 국민의 응보적 법감정과 배치된다.

02 중간처벌의 종류

1 배상명령

1. 의의

범죄인으로 하여금 피해자에 대하여 금전적으로 배상을 명령하는 제도이다. [2017. 9급]

2. 장·단점

장점	단점
① 범죄인 개인의 전적인 책임으로 이행되므로 국민이나 교정당국에 아무런 비용을 부담시키지 않는다. [2019. 7급] ② 사법업무의 과중을 완화시킬 수 있으며 형벌의 응징적 역할을 감소시킨다. ③ 사회로부터 격리수용하지 않으므로 가족과의 유대관계 및 종전 직업을 유지할 수 있다. [2019. 7급] ④ 사회복귀에 유리하며 수용으로 인한 낙인과 범죄학습 등의 폐해를 제거할 수 있다. ⑤ 배상과정에서 가해자와 피해자의 상호 화해가 조성되어 사회적 갈등 소지를 제거할 수 있다. ⑥ 형벌의 처벌적 측면과 교화적 측면을 모두 만족시킬 수 있다. ⑦ 처벌을 피해의 정도와 연관시킬 수 있으며 사회에 대하여 범죄에 대한 속죄를 표시할 기회를 제공한다. ⑧ 피해자를 형사사법과정에 참여하게 함으로써 형사사법에 대한 인식의 개선과 피해자 지원을 용이하게 한다.	① 경제적 능력이 없는 가해자에게는 가혹한 처벌이 될 수 있다. ② 경제적 능력이 있는 사람에게는 형벌적 효과를 거둘 수 없게 되어 차별적 형사정책이라는 비판이 있다.

2 집중감시보호관찰

1. 의의

(1) 구금과 보호관찰에 대한 대체방안으로, 감독의 강도가 일반보호관찰보다는 엄격하고 교도소의 구금에 비해서는 관대한 중간처벌을 말한다. [2020. 5급 승진] 총 3회 기출

(2) 집중적인 접촉관찰을 실시함으로써 대상자의 욕구와 문제점을 보다 정확히 파악하고, 이에 알맞은 지도·감독 및 원호를 실시하여 재범방지의 효과를 높일 수 있다. [2017. 9급]

(3) 집중감시보호관찰은 보호관찰부 가석방(parole)이나 보호관찰부 선고유예(probation) 두 가지 경우 모두 활용가능한 제도이다.

(4) 과밀수용의 해소방안으로서 중요한 의미를 가진다. [2020. 5급 승진]

(5) 집중보호관찰의 대상자는 재범의 위험성이 높은 보호관찰대상자가 보편적이다. [2020. 5급 승진]

2. 특징

집중보호관찰은 보호관찰관과 대상자의 대인적 접촉의 강화, 범죄자의 범죄행위에 관련된 개인적 또는 사회적 필요성을 충족시키기 위한 유관기관이나 프로그램에의 강제적 회부, 보호관찰조건의 강화와 엄격한 집행 등을 특징으로 한다.

3. 구별

일반보호관찰은 주로 경미범죄인이나 초범자 등을 대상으로 과중한 업무량 등을 이유로 간헐적인 직접접촉과 전화접촉에 그치지만, 집중보호관찰은 어느 정도의 강력범죄자까지도 대상으로 하며 10명 내외의 대상자를 상대로 매주 수회에 걸쳐 대면접촉을 한다. [2019. 7급] 총 2회 기출

4. 대상 및 방법

대상	방법
범죄인의 위험성을 기준으로 약물남용경험, 소년비행경력, 가해자와 피해자의 관계, 피해자에 대한 피해, 과거 보호관찰 파기 여부, 초범 당시의 나이 등을 고려하여 위험성이 높은 보호관찰대상자를 대상자로 정한다. [2020. 5급 승진] 총 2회 기출	주중 수차례의 대상자 및 친지와의 접촉, 야간이나 주말동안의 무작위 방문, 약물복용에 대한 불시검사, 규칙의 엄격한 적용 등을 포함하며 사회봉사명령이나 전자감시, 즉 대상자의 신체에 전자추적 장치를 부착하여 제한 구역을 이탈하면 즉시 감응장치가 작동하도록 하는 추적관찰방법을 병행한다. [2020. 5급 승진]

❸ 충격구금(Shock Incarceration)

1. 의의

(1) 보호관찰에 앞서 일시적인 구금의 고통이 미래 범죄행위에 대한 억지력을 발휘할 것이라고 가정하는 처벌형태로, 이는 장기구금에 따른 폐해와 부정적 요소를 해소하거나 줄이는 대신 구금이 가질 수 있는 긍정적 측면을 강조하기 위한 것이다. [2019. 7급] 총 2회 기출

(2) 형의 유예 및 구금의 일부 장점들을 결합한 것으로 구금 이후 형의 집행을 유예하면서 보호관찰과 결합되는 형태로 운영되고 있다. [2015. 7급]

(3) 짧은 기간 구금되지만 범죄자가 악풍에 감염될 우려가 있다. [2015. 7급]

2. 취지

충격구금은 범죄인의 구금기간이 장기화됨에 따라 부정적 낙인의 골이 깊어지고 범죄적 악풍감염정도는 심화되지만 구금에 따른 박탈과 그로 인한 고통은 점차 줄어들게 된다는 점과 구금의 고통은 입소 후 6~7개월에 최고조에 달하다가 그 이후 급격히 떨어진다는 점을 근거로 구금의 고통이 가장 큰 기간만 구금하여 범죄제지효과를 극대화하자는 데 제도적 의의가 있다. [2015. 7급]

3. 유형

충격가석방 (shock parole)	보호관찰에 회부하기 전에 단기간의 구금을 통해 교정시설의 실상을 인식하게 하여 다시는 범죄를 하지 않도록 제지하자는 제도이다.
분할구금(split sentence)	보호관찰과 충격구금과 같은 단속적인 구금에 처하는 두 가지의 처벌형태를 말한다.
충격보호관찰 (Shock probation)	병영식 캠프의 전신으로 1965년 오하이오에서 시작되었는데, 주로 구금경력이 없는 청소년을 대상으로 보통 1~4개월 정도의 단기간 동안 교도소에 구금한 후 보호관찰조건부로 석방한다.
병영식 캠프(boot camp)	3~4개월간 군대식 훈련을 중심으로 엄격한 규율과 규칙적인 생활습관 및 책임의식을 강조하며 청소년을 대상으로 단기훈련기간을 갖는 것을 특징으로 하는 시설이다.

4 가택구금제도

1. 의의

범죄인을 교정시설에 수용하는 대신 가택에 둔 상태에서 자유형의 전부 또는 일부를 집행하는 제도를 말하며, 통상적으로 대상자가 가택에 거주하고 있는지를 확인하기 위하여 전자감시제도와 결합하여 시행된다.

2. 대상 및 방법

대상	방법
폭력범죄자나 알코올·약물중독자가 아닌 자로서 재범위험성이 높지 않은 범죄자를 그 대상으로 하며, 타인에게 위해의 가능성이 비교적 적은 재산범이나 음주운전자 등이 여기에 해당된다.	① 가택구금은 원상회복명령, 사회봉사명령 등과 결합하여 시행되기도 하고, 감시비용을 부담할 것을 조건으로 하기도 한다. ② 대상자는 원칙적으로 가택을 벗어나지 못하며, 정해진 시간에만 가택을 벗어날 수 있는 준수사항이 부과된다.

3. 장·단점

장점	단점
① 구금비용의 절감과 교정시설의 과밀수용 해소에 유리하다. ② 교도관이나 보호관찰관의 업무부담을 경감시킨다. ③ 시설 내 수용에 비해 인도적이고 사회복귀를 용이하게 한다. ④ 형사사법의 각 단계에서 또는 재판과 병행하여 탄력적으로 운용할 수 있다. ⑤ 병과된 피해보상이나 사회봉사명령을 통해서 피해자가 지역사회와 화해할 수 있다.	① 대상자의 행동을 세세히 감시하게 되므로 프라이버시를 지나치게 침해할 수 있다. ② 전자감시장비의 설치와 유지에 많은 비용이 소요된다. ③ 적용할 수 있는 대상자에 제한이 있어 보편적인 제도로 활용함에 한계가 있다. ④ 범죄문제의 해결을 국가가 가정으로 전가시키는 결과가 될 수 있다. ⑤ 가택구금의 확대는 보호관찰대상을 축소하게 되어 형사사법망이 확대될 염려가 있다.

PART
02

5 전자감시제도

1. 의의

(1) 보호관찰대상자가 지정된 장소에 있는지의 여부를 확인하기 위한 원격감시시스템으로, 보통 손목이나 발목에 휴대용 전자발신장치를 부착시키고 재택수감방식이다.

(2) 처벌프로그램의 종류라기보다는 대상자의 위치를 파악할 수 있는 감시기술로서, 구금으로 인한 폐해를 줄일 수 있고 대상자가 교화·개선에 도움이 되는 각종 교육훈련과 상담을 받을 수 있다. [2017. 9급]

2. 대상 및 방법

대상	방법
① 전자감시의 대상은 소년이나 성인을 포함하지만, 주거가 불분명하거나 전화가 없는 경우는 예외이다. ② 일반적으로 폭력범죄자가 아닐 것, 중대한 전과가 없을 것, 약물남용경력이 없을 것 등이 요구된다.	① 대상자는 1주일에 한번 보호관찰소에 출두하여 송신기의 작동여부와 장착여부를 확인받는다. ② 대상자의 소재가 확인되지 않으면 명령위반의 가능성이 있는 것으로 컴퓨터에 기록된다. ③ 보호관찰관이 전화를 걸어 외출금지기간 중에 소재불명에 대하여 이유를 묻는다. ④ 보호관찰관은 대상자에게 중대한 명령위반이 있다고 판단되면 전자감시의 취소를 법원에 신청한다. ⑤ 법원은 신청이 타당하다고 인정되면 전자감시명령을 취소하고 새로이 구금형을 선고한다.

3. 장·단점

장점	단점
① 보호관찰관의 감시업무부담을 경감시켜 대상자의 원조활동에 전념할 수 있게 한다. ② 구금에 필요한 경비를 절감할 수 있고, 과밀수용을 방지할 수 있다. ③ 특별한 시설을 필요로 하지 않으며, 미결·기결에 관계없이 형사사법의 각 단계에 있어서 폭넓게 이용이 가능하다. [2016. 9급] ④ 가족관계 및 종전 직장을 유지할 수 있어 생계유지와 피해자 배상이 유리하다. ⑤ 직장과 집 이외에는 외출이 통제되므로 자유형의 집행효과를 거둘 수 있다. ⑥ 시설수용에 따른 사회적 낙인과 단기자유형에 따르는 폐해를 제거할 수 있다. [2016. 9급] ⑦ 임산부 등 특별한 처우가 필요한 범죄자에게도 실시할 수 있다. [2016. 9급]	① 대상자 선정에 있어 재량권 남용 등의 문제로 공정성을 기하기가 용이하지 않다. [2014. 7급] ② 감시장치를 통해 얻은 정보는 소재만을 파악할 수 있을 뿐 감시구역 내에서 대상자가 어떤 행동(마약복용 등)을 하고 있는지 파악할 수 없다. ③ 범죄인을 시설구금이 아닌 사회 내에서 처우하는 것이므로 공공의 안전이 위협받으며, 국민의 법감정에 부합하지 않는다. ④ 전체수형자에 비해 전자감시 대상자의 비율이 극히 적어 과밀수용문제의 해결을 위한 근본적인 대책이 되기 어렵다. ⑤ 대상자의 신체에 송신기를 부착하고 행동의 세세한 부분까지 감시하게 되므로 인간의 존엄성에 배치되며 지나치게 사생활을 침해한다는 비판이 있다. ⑥ 전자감시가 종전의 감시방법과 비교하여 재범방지에 효과적인가 여부도 불명확하다.

6 전자감시 가택구금제도

1. 의의

(1) 전자감시 가택구금제도는 미국에서 강력범죄자의 교도소 수용인구가 폭증함에 따라 교도소의 과밀수용이 초래되어 강력범죄자라 하더라도 보호관찰로 돌릴 수밖에 없게 됨으로써 생기는 사회적 위험을 경감시키기 위하여 나온 보완책이다.

> 가택구금은 보호관찰의 종류라기보다는 보호관찰을 위한 하나의 조건이며, 전자감시는 보호관찰제도의 조건을 충족시키기 위한 하나의 수단이다.

(2) 과밀수용을 완화하고 과중한 보호관찰업무를 경감하면서 낙인의 폐해 해소와 가족 및 사회생활 유지가 가능하다.

2. 대상자 및 기간

(1) 원칙적으로 성인과 소년을 불문하지만, 본인의 동의를 요한다.
  ① 주로 비폭력 중범죄자(음주운전) 등이 대상이 된다.
  ② 주거와 전화를 소유하지 않는 자는 제외된다.
  ③ 죄명별로 보면 폭력범죄자는 제외된다.
  ④ 대상자는 지역과 감시의 기간에 따라 수수료를 지불한다.
  ⑤ 대상자는 일정한 범위 내에서 직업활동이나 학교활동, 종교활동을 방해받지 않는다.

(2) 감시기간은 보통 1년이다.

3. 장점

(1) 교정시설의 과밀수용을 해소하고 동시에 과중업무에 시달리는 보호관찰관에게 편리하다.

(2) 적절한 감시·감독을 통한 사회안전을 확보할 수 있다.

(3) 구금과 억제기능을 동시에 거둘 수 있다.

7 벌금형

1. 의의

가장 오래된 처벌형태이지만 현재에도 보호관찰과 구금형 간에 하나의 대안으로서 많은 지지를 받고 있다.

2. 장·단점

장점	단점
① 범죄의 심각도에 따라 효과적인 처벌과 억제기능이 가능하며, 특히 불법적인 재물획득의 경우 이를 반환시킬 수 있다.	① 범죄자 격리목적을 달성할 수 없고 공공의 안전에 위협이 될 수 있다.
② 다른 처벌수단과 연계하여 부가적 형식으로 사용할 수 있다.	② 벌금이 일반적으로 낮은 경향이 있어 무거운 처벌을 내리는 데에는 한계가 있다.
③ 범죄자 개인의 여건에 맞게 처벌을 조절할 수 있다.	③ 벌금을 높이 책정하면 수거하는 데 어렵고 행정업무의 과다를 초래할 수 있다.
④ 기존의 조직과 절차를 이용할 수 있기 때문에 행정비용의 부담이 약화된다.	④ 경제적 능력에 따라 부유한 자에게 유리하고 빈곤한 범법자는 벌금을 낼 수 없어 결국 구금형을 받게 되는 형평성 문제가 존재한다.
⑤ 구금형이나 보호관찰과는 달리 벌금의 수거를 통해 국가재원이 마련될 수 있다.	

8 사회봉사명령과 수강명령제도

1. 의의

사회봉사명령	유죄가 인정된 범죄인이나 보호소년을 교도소나 소년원에 구금하는 대신에 정상적인 사회생활을 영위하게 하면서 일정한 기간 내에 지정된 시간 동안 무보수로 근로에 종사하도록 명하는 것을 말한다.
수강명령	① 유죄가 인정된 범죄인이나 보호소년을 교화·개선하기 위하여 일정한 강의나 교육을 받도록 명하는 것을 말한다. ② 일정한 여가를 박탈함으로써 처벌의 효과도 얻을 수 있고, 동시에 교육훈련을 통하여 자기 개선적 효과를 기대할 수 있다. [2017. 9급]

2. 기능

처벌적 성격 (Punishment)	육체적인 고된 작업과 훈련 그리고 가시적인 성과라는 요소를 가지면서 무보수의 의무적인 작업을 실시함으로써 처벌의 성격을 지니고 있다.
배상의 성격 (Reparation)	피해자나 지역사회에 대해 사회봉사작업을 함으로써 범죄인은 사회자원을 저해한 자라는 낙인에서 벗어나 사회일반의 복지에 유익한 기여자로서 사회에 대한 보상이 이루어진다.
범죄자와 사회의 화해 (Reconciliation)	사회복귀적 성격으로 범죄자를 사회에 재통합 내지 재사회화하는 데 기여하여 범죄자와 사회와의 화해를 가능하게 한다. 일부에서는 '보호관찰 이래 최대의 형벌개혁'이라고 주장될 만큼 범죄자와 사회의 화해를 통한 지역사회 내 재통합이 가능하다는 평가를 받고 있다.

3. 성격

구금회피수단설	사회봉사명령제도를 단순히 과잉구금에 대처하기 위한 구금회피의 수단으로 보는 견해이다.
사회책임설	사회봉사를 통하여 사회봉사명령 대상자에게 사회적 책임을 환기시키거나 사회에 대한 보상의 기회를 제공하는 것으로 보는 견해이다.
봉사정신자각설	사회봉사명령 대상자에게 자원봉사의 정신을 배우게 하고 봉사작업의 중요성을 일깨우는 데에 기여하는 제도라는 견해이다.
구금형 대체수단설	주로 단기나 중기의 구금형에 대한 대체수단으로 보는 견해이다. 최근에는 사회봉사명령을 사회복귀를 위한 케이스웍(Case Work)을 주축으로 한 처우방법이라는 입장은 후퇴하고 단기나 중기의 구금형에 대한 대체수단으로 보는 견해가 유력해지고 있다.

제5절) 사회내 처우

01 개요

1 형사정책적 의의

1. 의의

사회내 처우란 시설내 처우에 대응하는 개념으로 교정시설의 폐쇄성을 지양하고, 범죄인의 자유를 박탈하지 않으며, 사회내에서 자율적으로 생활하게 하면서 보호관찰관 등의 지도, 감독, 원조를 통해 재범을 방지하고 개선을 도모하는 제도를 말한다.

2. 유형

가석방, 보호관찰, 사회봉사 · 수강명령, 갱생보호, 전자감시, 가택구금, 외출제한명령 등이 있다. [2015. 7급]
총 3회 기출

3. 주대상자

원칙적으로 비행청소년이나 경미범죄자 또는 과실범 [2013. 7급]

4. 구별

교정시설 수용을 전제로 사회적응을 용이하게 하려는 사회적 처우와 구별

2 연혁

1. 최초

1841년 미국의 매사추세츠주 보스턴시에서 민간독지가 존 어거스터스(J. Augustus)가 알코올중독자의 재판에서 법관에게 청원하여 형의 선고유예를 얻어 낸데서 출발, 최초로 보호관찰(probation) 용어를 사용하고 1:1 Case Work 방법으로 보호관찰제도의 원형 완성

2. 입법

1878년 매사추세츠주에서 국가 보호관찰관에 의한 공식적 보호관찰제 최초 입법

3. 우리나라

1988년의 소년법, 보호관찰법의 제정을 통한 소년에 대한 유권적 보호관찰 실시

❸ 장·단점

장점	단점
① 구금에 따른 범죄배양효과 내지 낙인효과 방지, 형사사법기관의 부담을 경감	① 사회내 처우시설은 지역사회의 이기주의로 반대 직면 가능
② 지역사회 자원의 참여로 교정에 대한 시민의 관심이 높아지고, 참여의식 강화 [2014. 7급]	② 신종의 사회통제전략(형사사법망의 확대)으로 과잉구금 문제의 회피전략임.
③ 범죄인의 경제활동 등 지역사회에서 일상생활이 가능하므로, 사회적 관계성 유지 가능 [2014. 7급]	
④ 알코올중독자, 마약사용자, 경범죄인 등 통상의 형사재판절차에서 전환방안으로 활용 가능 [2019. 9급]	

🔍 **형사사법망의 확대**(Net-widening effect) : 국가에 의해 통제되고 규제되는 시민의 비율이 증가한다는 것을 의미한다.

제6절 보호관찰제도와 갱생보호제도

01 보호관찰제도

❶ 개요

1. 의의

범죄인을 교정시설에 수용하는 대신 일정기간 동안 판결의 선고 또는 집행을 유예하고 일정한 조건을 붙인 후에 일상의 사회생활을 하면서 재범에 빠지지 않도록 보호관찰관의 지도 및 감독, 원호를 받게 하는 사회내 처우제도이다.

광의	하나의 법제도로서의 의미, 즉 사회내 처우를 말하고, 이때의 보호관찰이란 보호관찰부 선고유예·집행유예·가석방·임시퇴원·사회봉사명령·수강명령 등 모두를 의미한다.
협의	법관의 보호관찰 결정 이후 보호관찰관의 지도·감독·원호의 과정만을 의미한다.

2. 보호관찰제도의 유형

구분	내용
Probation	영미법계에서 발전된 보호관찰제도의 유형으로 유죄가 인정되는 범죄인에 대하여 그 형의 선고를 유예하거나 형의 집행을 유예하면서 그 유예기간 중 재범방지 및 재사회화를 달성하기 위해서 보호관찰을 행하는 것을 말한다.
Parole	대륙법계에서 발전된 보호관찰제도의 유형으로 교정성적이 양호한 자를 가석방 또는 임시퇴원 시키면서 그 목적을 달성하기 위하여 그 기간 중 필요적으로 보호관찰을 행하는 것을 말한다.

2 보호관찰의 방법

1. 올린(Ohlin)의 보호관찰관 유형 [2018. 7급]

구분	내용
처벌적(Punitive) 보호관찰관	① 위협과 처벌을 수단으로 범죄자를 사회에 동조하도록 강요한다. ② 사회의 보호, 범죄자의 통제, 범죄자에 대한 체계적 의심 등을 중요시한다.
보호적(Protective) 보호관찰관	① 지역사회보호와 범죄자의 보호 양자 사이를 망설이는 유형으로 주로 직접적인 지원이나 강연 또는 칭찬과 꾸중의 방법을 이용한다. [2017. 7급] ② 지역사회와 범죄자의 입장을 번갈아 편들기 때문에 어정쩡한 입장에 처하기 쉽다.
복지적(Welfare) 보호관찰관	① 자신의 목표를 범죄자에 대한 복지의 향상에 두고 범죄자의 능력과 한계를 고려하여 적응할 수 있도록 도와주려고 한다. ② 범죄자의 개인적 적응 없이는 사회의 보호도 있을 수 없다고 믿고 있다.
수동적(Passive) 보호관찰관	통제나 지원 모두에 소극적이며 자신의 임무는 최소한의 개입이라고 믿는 유형이다.

2. 스미크라의 보호관찰 모델

스미크라(Smykla)는 보호관찰관의 기능과 자원의 활용이라는 측면에서 보호관찰을 모형화하고 있다.

구분	내용
전통적 모형 (traditional model)	보호관찰관이 지식인으로서 내부자원을 이용하여 지역적으로 균등배분된 대상자에 대해서 지도·감독에서 보도·원호에 이르기까지 다양한 기능을 수행하나 통제를 보다 중시하는 모형이다.
프로그램모형 (program model)	① 보호관찰관은 전문가를 지향하나 목적수행을 위한 자원은 내부적으로 해결하려는 모형이다. ② 보호관찰관이 전문가로 기능하기 때문에 대상자를 분류하여 보호관찰관의 전문성에 따라 배정하게 된다. ③ 이 모형의 문제는 범죄자의 상당수는 특정한 한 가지 문제만으로 범죄자가 된 것은 아니며, 한 가지의 처우만을 필요로 하는 것도 아니라는 것이다.
옹호모형 (advocacy model)	보호관찰관은 지식인으로서 외부자원을 적극 활용하여 대상자가 다양하고 전문적인 사회적 서비스를 제공받을 수 있도록 무작위로 배정된 대상자들을 사회기관에 위탁하는 것을 주된 임무로 한다. [2017. 7급]
중개모형 (brokerage Model)	보호관찰관은 전문가로서 자신의 전문성에 맞게 배정된 대상자에 대하여 사회자원의 개발과 중개의 방법으로 외부자원을 적극 활용하여 전문적인 보호관찰을 한다.

3 보호관찰제도의 장·단점

장점	단점
① 구금처분에 대한 유용한 대안으로 활용할 수 있고 과밀수용 해소에 기여함으로써 효율적인 시설 내 처우가 가능하며 구금비용 절감에 따른 재정부담을 덜어 준다.	① 범죄의 심각성에 비하여 범죄자를 너무 관대히 다루고 범죄자를 사회에 방치함으로써 공공의 안전을 해칠 수가 있다.
② 사회와 단절·격리시키지 않고 정상적인 사회적 접촉과 유대를 지속시킴으로써 범죄자의 사회복귀를 용이하게 하고 시설내 구금에 따른 부정적인 낙인을 피할 수 있다.	② 대상자가 너무 많아 대상자에 대한 충분한 지도, 원호, 감시, 통제가 유명무실하게 되어 실효를 거두기 어렵고 실질적으로 사회복귀라는 목적보다는 처벌적으로 운영된다.
③ 법의 권위를 옹호하고 일반시민들을 또 다른 범죄로부터 보호함과 동시에 개개인의 자유를 극대화시킨다.	③ 보호관찰에 필요한 충분한 재원과 전문적인 인력을 확보하기 어렵다.
④ 재범률 감소와 보호감호와 치료감호의 대체수단으로 이용되고 범죄인의 자기책임의식을 촉진·강화하여 자신의 능력의 적극화를 통한 변화를 추구한다.	④ 대상자 선별에 있어서 자의와 독선이 개입할 우려가 적지 않고, 보호관찰조건이 가혹하거나 엄격한 경우 또는 자의적이거나 애매한 경우가 적지 않다.
⑤ 소년초범 및 부녀자에 대한 실효성 있는 처우수단이고 시민의 직접적 협동이 가능하다.	⑤ 보호관찰이 동시에 요구하는 자발성과 강제성 사이에는 모순이 존재하며, 오히려 대상자에게 심리적 구금감을 들게 할 우려가 있다.
⑥ 선고유예·집행유예제도와 병행하여 시행함으로써 효과를 상승시킬 수 있다.	⑥ 미국의 랜드(Rand)연구소의 연구결과에 의하면 거의 모든 보호관찰대상자가 다시 체포된 것으로 밝혀져 이 제도가 재범방지에 효과적인가에 대한 의문이 있다.
	⑦ 형사사법망의 확대(Net-widening)라는 지적이 있다.

02 갱생보호제도

1 개요

1. 의의

(1) 갱생보호란 출소자들의 사회 재적응을 보다 용이하게 함으로써 범죄의 위협으로부터 사회를 보호하고 재범을 방지하며 범죄자 개인의 복리도 증진시키는 사회내에서의 보호활동을 말한다.

(2) 정신적·물질적 원조를 제공하여 건전한 사회인으로 복귀할 수 있는 기반을 조성할 수 있다. [2011. 9급]

2. 협의와 광의의 갱생보호

협의의 갱생보호	교정시설에서 일정기간 처우를 받고 석방되는 자를 대상으로 하는 갱생보호활동을 말하며, 석방자보호라고도 한다.
광의의 갱생보호	범죄자의 사회복귀를 목적으로 이를 원조하기 위해 행하는 각종 활동을 의미하며, 여기에 보호관찰, 가석방, 사면 등이 포함되므로 사회내 처우와 같은 의미로 사용된다.

제1절 민영교도소

01 개요

1 의의 및 출현배경

1. 의의

교도소 등 교정시설을 민간기업이나 민간단체가 건설, 재정, 행정 등 국가를 대신하여 운영하거나 교정시설의 일부 프로그램을 지원하는 것이다. 이는 사설교도소라고도 하는 것으로 민간분야로부터 각종 재화와 용역을 구매하는 정부지원기업을 지칭한다.

2. 출현배경

(1) 범죄발생의 증가와 과밀수용으로 인한 수용능력의 증대 필요

(2) 교정경비의 증대와 효율성에 대해 비용 – 편익분석에 의한 경영기법 도입의 필요성이 대두

(3) 국가 경영의 공영교도소가 재범률을 낮추는 데 실패하였으므로 국가 독점적 교정의 한계가 드러남.

(4) 정부기관의 민영화 추세

(5) 양질의 교정처우프로그램의 필요성 [2012. 7급]

2 민영화의 장·단점

1. 장점

(1) 민간기업가들은 납세자에게 보다 적은 비용으로 정부에서 운영하던 것보다 효과적으로, 안전하게, 인간적으로 교정시설을 운영하고 이익을 남길 수 있다.

(2) 정부운영교도소보다 민간운영교도소가 수용자처우의 비용면에서 경제적인 것으로 분석되었다.

2. 단점

(1) 공공기관에서는 기업이 계약을 준수하는가를 끊임없이 관찰해야 할 의무가 있고 민간소유 및 민간운영의 사설교도소에 대한 정치적·재정적·윤리적·행정적 논점에 대한 검토가 필요하다.

(2) 형벌집행권이라는 국가고유 공권력의 민간이양 문제, 민간기업의 이윤추구를 위한 수형자 노동착취의 가능성, 교도소산업으로 인한 산업의 피해문제 등이 단점으로 지적되고 있다. [2012. 7급]

(3) 수용처우의 증대를 초래하여 결과적으로 형사사법망의 확대로 이어질 수 있다.

3 우리나라의 민영교도소

1. 우리나라 민영교도소의 연혁 및 근거규정

(1) 1999년 12월 28일 제7차 「행형법」 개정에 "법무부장관은 교도소 등의 설립 및 운영의 일부를 법인 또는 개인에게 위탁할 수 있다"는 근거규정 신설 [2010. 9급]

(2) 2000년 1월 28일 「민영교도소 등의 설치·운영에 관한 법률」 제정 [2017. 7급]

> **교정시설 설치·운영의 민간위탁【형집행법 제7조】**
> ① 법무부장관은 교정시설의 설치 및 운영에 관한 업무의 일부를 법인 또는 개인에게 위탁할 수 있다. [2018. 9급] 총 5회 기출
> ② 위탁을 받을 수 있는 법인 또는 개인의 자격요건, 교정시설의 시설기준, 수용대상자의 선정 기준, 수용자 처우의 기준, 위탁절차, 국가의 감독, 그 밖에 필요한 사항은 따로 법률로 정한다.

2. 민영교도소 운영상황

(1) 2010년 12월 경기도 여주에 국내 최초의 민영교도소인 소망교도소가 개청되어 운영 중에 있다.

(2) 아가페의 민영교도소 설립목적에 따르면 경제성이나 생산성 증대의 목표보다는 정신적·도덕적 개선작용을 증진시켜 건강한 사회인의 양성에 목적을 두고 있다.

제2절 민영교도소 등의 설치·운영에 관한 법률

1 개요

1. 목적

이 법은 「형의 집행 및 수용자의 처우에 관한 법률」 제7조에 따라 교도소 등의 설치·운영에 관한 업무의 일부를 민간에 위탁하는 데에 필요한 사항을 정함으로써 교도소 등의 운영의 효율성을 높이고 수용자의 처우 향상과 사회 복귀를 촉진함을 목적으로 한다(법 제1조).

2. 정의(법 제2조)

교정업무	수용자의 수용·관리, 교정·교화, 직업교육, 교도작업, 분류·처우, 그 밖에 형의 집행 및 수용자의 처우에 관한 법률에서 정하는 업무를 말한다.
수탁자	교정업무를 위탁받기로 선정된 자를 말한다.
교정법인	법무부장관으로부터 교정업무를 포괄적으로 위탁받아 교도소·소년교도소 또는 구치소 및 그 지소를 설치·운영하는 법인을 말한다.
민영교도소 등	교정법인이 운영하는 교도소 등을 말한다.

2 민간위탁

1. 교정업무의 민간위탁

(1) 법무부장관은 필요하다고 인정하면 이 법에서 정하는 바에 따라 교정업무를 공공단체 외의 법인·단체 또는 그 기관이나 개인에게 위탁할 수 있다(법 제3조 제1항 본문). [2019. 9급] 총 7회 기출

(2) 다만, 교정업무를 포괄적으로 위탁하여 한 개 또는 여러 개의 교도소 등을 설치·운영하도록 하는 경우에는 법인에만 위탁할 수 있다(법 제3조 제1항 단서). [2019. 9급] 총 4회 기출

(3) 법무부장관은 교정업무의 수탁자를 선정하는 경우에는 수탁자의 인력·조직·시설·재정능력·공신력 등을 종합적으로 검토한 후 적절한 자를 선정하여야 한다(법 제3조 제2항).

2. 민간위탁계약의 체결(법 제4조)

(1) 법무부장관은 교정업무를 위탁하려면 수탁자와 대통령령으로 정하는 방법으로 계약(위탁계약)을 체결하여야 한다.

(2) 법무부장관은 필요하다고 인정하면 민영교도소 등의 직원이 담당할 업무와 민영교도소 등에 파견된 소속 공무원이 담당할 업무를 구분하여 위탁계약을 체결할 수 있다.

(3) 법무부장관은 위탁계약을 체결하기 전에 계약 내용을 기획재정부장관과 미리 협의하여야 한다.

(4) 위탁계약의 기간은 수탁자가 교도소 등의 설치비용을 부담하는 경우에는 10년 이상 20년 이하로 하고, 그 밖의 경우에는 1년 이상 5년 이하로 하되, 그 기간은 갱신할 수 있다. [2019. 9급]

3. 위탁계약의 내용(법 제5조 제1항)

> ✍️ **위탁계약의 내용**
>
> 1. 위탁업무를 수행할 때 수탁자가 제공하여야 하는 시설과 교정업무의 기준에 관한 사항
> 2. 수탁자에게 지급하는 위탁의 대가와 그 금액의 조정 및 지급 방법에 관한 사항
> 3. 계약기간에 관한 사항과 계약기간의 수정·갱신 및 계약의 해지에 관한 사항
> 4. 교도작업에서의 작업장려금·위로금 및 조위금 지급에 관한 사항
> 5. 위탁업무를 재위탁할 수 있는 범위에 관한 사항
> 6. 위탁수용 대상자의 범위에 관한 사항
> 7. 그 밖에 법무부장관이 필요하다고 인정하는 사항

4. 계약위반 시 조치

(1) **위탁업무의 정지**: 법무부장관은 수탁자가 이 법 또는 이 법에 따른 명령이나 처분을 위반하면 6개월 이내의 기간을 정하여 위탁업무의 전부 또는 일부의 정지를 명할 수 있다(법 제6조 제1항). [2020. 6급 승진] 총 2회 기출

(2) **위탁계약의 해지**: 법무부장관은 수탁자가 다음의 어느 하나에 해당하면 위탁계약을 해지할 수 있다 (법 제7조 제1항).

✍️ **위탁계약 해지사유**

1. 보정명령을 받고 상당한 기간이 지난 후에도 이행하지 아니한 경우
2. 이 법 또는 이 법에 따른 명령이나 처분을 크게 위반한 경우로서 위탁업무의 정지명령으로는 감독의 목적을 달성할 수 없는 경우
3. 사업 경영의 현저한 부실 또는 재무구조의 악화, 그 밖의 사유로 이 법에 따른 위탁업무를 계속하는 것이 적합하지 아니하다고 인정되는 경우

(3) **위탁계약 해지 시의 업무 처리** : 위탁계약이 해지된 경우 국가가 부득이한 사정으로 위탁업무를 즉시 처리할 수 없을 때에는 수탁자나 그의 승계인은 국가가 업무를 처리할 수 있을 때까지 종전의 위탁계약에 따라 업무 처리를 계속하여야 한다(법 제8조).

3 법인의 임원과 재산

1. 교정법인과 임원

(1) **교정법인의 정관 변경**(법 제10조)

① 교정업무를 위탁받은 법인은 위탁계약을 이행하기 전에 법인의 목적사업에 민영교도소 등의 설치·운영이 포함되도록 정관을 변경하여야 한다.

② 정관 변경과 교정법인의 정관 변경은 법무부장관의 인가를 받아야 한다. 다만, 대통령령으로 정하는 경미한 사항의 변경은 법무부장관에게 신고하여야 한다.

(2) **임원**(법 제11조)

① 교정법인은 이사 중에서 위탁업무를 전담하는 자를 선임하여야 한다. [2024. 9급]

② 교정법인의 대표자 및 감사와 위탁업무를 전담하는 이사(임원)는 법무부장관의 승인을 받아 취임한다. [2024. 9급]

③ 교정법인 이사의 과반수는 대한민국 국민이어야 하며, 이사의 5분의 1 이상은 교정업무에 종사한 경력이 5년 이상이어야 한다. [2019. 6급 승진] 총 5회 기출

(3) **임원의 겸직 금지**(법 제13조)

① 교정법인의 대표자는 그 교정법인이 운영하는 민영교도소 등의 장을 겸할 수 없다. [2019. 9급] 총 4회 기출

② 이사는 감사나 해당 교정법인이 운영하는 민영교도소 등의 직원(민영교도소 등의 장은 제외)을 겸할 수 없다. [2019. 9급] 총 3회 기출

③ 감사는 교정법인의 대표자·이사 또는 직원(그 교정법인이 운영하는 민영교도소 등의 직원을 포함)을 겸할 수 없다. [2019. 6급 승진]

2. 교정법인의 기본재산(법 제14조)

(1) 교정법인은 대통령령으로 정하는 기준에 따라 민영교도소 등의 운영에 필요한 기본재산을 갖추어야 한다.

(2) 교정법인은 기본재산에 대하여 매도·증여 또는 교환, 용도 변경, 담보 제공, 의무의 부담이나 권리의 포기를 하려면 법무부장관의 허가를 받아야 한다. 다만, 대통령령으로 정하는 경미한 사항은 법무부장관에게 신고하여야 한다. [2020. 9급]

✦ 허가 vs. 인가 vs. 승인

허가	교정법인은 기본재산에 대하여 다음의(1. 매도·증여 또는 교환, 2. 용도 변경. 3. 담보 제공, 4. 의무의 부담이나 권리의 포기) 행위를 하려면 법무부장관의 허가를 받아야 한다. 다만, 대통령령으로 정하는 경미한 사항은 법무부장관에게 신고하여야 한다(법 제14조 제2항).
인가	① 정관 변경과 교정법인의 정관 변경은 법무부장관의 인가를 받아야 한다. 다만, 대통령령으로 정하는 경미한 사항의 변경은 법무부장관에게 신고하여야 한다(법 제10조 제2항). ② 교정법인이 다음의(1. 다른 법인과의 합병, 2. 회사인 경우 분할 또는 분할합병, 3. 해산) 어느 하나에 해당하는 행위를 하려면 법무부장관의 인가를 받아야 한다(법 제17조 제1항).
승인	① 교성법인의 대표자 및 감사와 위탁업무를 전담하는 이사(임원)는 법무부장관의 승인을 받아 취임한다(법 제11조 제2항). ② 교정법인의 대표자는 민영교도소 등의 직원을 임면한다. 다만, 민영교도소 등의 장 및 대통령령으로 정하는 직원(교도소 등에 두는 과의 과장 이상의 직에 준하는 직위의 직원)을 임면할 때에는 미리 법무부장관의 승인을 받아야 한다(법 제29조 제1항).

3. 회계의 구분(법 제15조)

(1) 교정법인의 회계는 그가 운영하는 민영교도소 등의 설치·운영에 관한 회계와 법인의 일반업무에 관한 회계로 구분한다.

(2) 민영교도소 등의 설치·운영에 관한 회계는 교도작업회계와 일반회계로 구분하며, 각 회계의 세입·세출에 관한 사항은 대통령령으로 정한다. [2020. 9급]

(3) 법인의 일반업무에 관한 회계는 일반업무회계와 수익사업회계로 구분할 수 있다.

일반회계세입	일반회계세출
① 위탁계약에 의하여 지급받은 교도소 등 운영 경비 ② 다른 회계로부터 전입되는 전입금 ③ 일반회계의 운용 과정에서 생기는 이자수입 ④ 교도소 등 시설·설비 등의 불용품 매각수입 ⑤ 일반회계의 세출에 충당하기 위한 차입금 ⑥ 그 밖에 교정법인의 수입으로서 다른 회계에 속하지 아니하는 수입	① 교도소 등 운영에 드는 인건비 및 물건비 ② 수용관리, 교정교화 등 교정업무에 직접 필요한 시설·설비비 ③ 차입금의 상환원리금 ④ 그 밖에 수용관리, 교정교화 등 교정업무에 필요한 경비

교도작업회계의 세입	교도작업회계의 세출
① 교도작업회계의 세출에 충당하기 위한 차입금 ② 일반회계로부터 전입되는 전입금 ③ 그 밖에 교도작업에 따른 각종 수입	교도작업을 위하여 필요한 모든 경비

4. 예산 및 결산(법 제16조)

(1) 교정법인의 회계연도는 정부의 회계연도에 따른다.

(2) 교정법인은 대통령령으로 정하는 바에 따라 법무부장관에게 매 회계연도가 시작되기 전에 다음 회계연도에 실시할 사업계획과 예산을 제출하고, 매 회계연도가 끝난 후에 사업 실적과 결산을 보고하여야 한다.

(3) 교정법인의 회계규칙이나 그 밖에 예산 또는 회계에 관하여 필요한 사항은 법무부장관이 정한다.

5. 합병 및 해산의 인가

교정법인이 다른 법인과의 합병, 회사인 경우 분할 또는 분할합병, 해산을 하려면 법무부장관의 인가를 받아야 한다(법 제17조).

4 시설 및 검사

1. 민영교도소 등의 시설 및 검사

(1) 교정법인이 민영교도소 등을 설치·운영할 때에는 대통령령으로 정하는 기준에 따른 시설을 갖추어야 한다(법 제20조). [2015. 7급]

(2) 교정법인은 민영교도소 등의 시설이 「민영교도소 등의 설치·운영에 관한 법률」과 이 법에 따른 명령 및 위탁계약의 내용에 적합한지에 관하여 법무부장관의 검사를 받아야 한다(법 제22조 제1항). [2015. 5급 승진]

2. 운영 경비(법 제23조)

(1) 법무부장관은 사전에 기획재정부장관과 협의하여 민영교도소 등을 운영하는 교정법인에 대하여 매년 그 교도소 등의 운영에 필요한 경비를 지급한다. [2015. 5급 승진] 총 2회 기출 [2024. 9급]

(2) 연간 지급 경비의 기준은 투자한 고정자산의 가액, 민영교도소 등의 운영 경비, 국가에서 직접 운영할 경우 드는 경비 등을 고려하여 예산의 범위에서 법무부장관이 정한다.

5 수용자의 처우

1. 수용 의제

민영교도소 등에 수용된 수용자는 「형의 집행 및 수용자의 처우에 관한 법률」에 따른 교도소 등에 수용된 것으로 본다(법 제24조).

2. 수용자의 처우

(1) 교정법인은 위탁업무를 수행할 때 같은 유형의 수용자를 수용·관리하는 국가운영의 교도소 등과 동등한 수준 이상의 교정서비스를 제공하여야 한다(법 제25조 제1항). [2018. 7급] 총 3회 기출

(2) 교정법인은 민영교도소 등에 수용되는 자에게 특별한 사유가 있다는 이유로 수용을 거절할 수 없다. 다만, 수용·작업·교화, 그 밖의 처우를 위하여 특별히 필요하다고 인정되는 경우에는 법무부장관에게 수용자의 이송을 신청할 수 있다(법 제25조 제2항). [2020. 6급 승진] 총 5회 기출

(3) 교정법인의 임직원과 민영교도소 등의 장 및 직원은 수용자에게 특정 종교나 사상을 강요하여서는 아니 된다(법 제25조 제3항).

(4) 민영교도소 등의 장과 직원은 수용자가 특정 종교를 신봉하지 아니한다는 이유로 불리한 처우를 해서는 아니 된다(시행령 제15조 제2항).

3. 작업 수입

민영교도소 등에 수용된 수용자가 작업하여 생긴 수입은 국고수입으로 한다(법 제26조). [2020. 9급] 총 10회 기출

6 민영교도소 등의 직원

1. 직원의 임면

(1) 교정법인의 대표자는 민영교도소 등의 직원을 임면한다. 다만, 민영교도소 등의 장 및 대통령령으로 정하는 직원(교도소 등에 두는 과의 과장 이상의 직에 준하는 직위의 직원)을 임면할 때에는 미리 법무부장관의 승인을 받아야 한다(법 제29조 제1항). [2016. 7급] 총 2회 기출

(2) 교정법인의 대표자는 민영교도소 등의 장 외의 직원을 임면할 권한을 민영교도소 등의 장에게 위임할 수 있다(법 제29조 제2항). [2024. 9급]

(3) 민영교도소 등의 직원의 임용 자격은 18세 이상인 사람, 법무부령으로 정하는 신체조건에 해당하는 사람이어야 한다(시행령 제17조 제1항).

(4) 교정법인은 민영교도소 등의 직원을 임용하였을 때에는 10일 이내에 그 임용사항을 법무부장관에게 보고하여야 한다. 민영교도소 등의 직원이 퇴직하였을 때에도 또한 같다(시행령 제17조 제2항).

7 직원의 직무 등

1. 직원의 직무

민영교도소 등의 직원은 「형의 집행 및 수용자의 처우에 관한 법률」에 따른 교도관의 직무 중 위탁계약에서 정하는 범위에서 그 직무를 수행한다(시행령 제19조).

2. 제복 착용과 무기 구입

(1) 민영교도소 등의 직원은 근무 중 법무부장관이 정하는 제복을 입어야 한다(법 제31조 제1항). [2020. 9급]

(2) 민영교도소 등의 직원이 착용할 제복의 종류 및 제식과 그 착용 방법은 교정공무원 복제에 관한 규정을 준용하여 해당 민영교도소 등의 장이 정하되, 법무부장관의 승인을 받아야 한다(시행규칙 제20조 제1항).

(3) 민영교도소 등의 장은 복제를 정하는 경우 계급 및 소속 기관의 표시 등을 교정직공무원의 것과 구별되도록 하여야 한다(시행규칙 제20조 제2항).

(4) 민영교도소 등의 운영에 필요한 무기는 해당 교정법인의 부담으로 법무부장관이 구입하여 배정한다(법 제31조 제2항). [2016. 7급]

(5) 민영교도소 등의 무기 구입·배정에 필요한 사항은 법무부장관이 정한다(법 제31조 제3항).

8 지원 및 지도·감독

1. 지원

법무부장관은 필요하다고 인정하면 직권으로 또는 해당 교정법인이나 민영교도소 등의 장의 신청을 받아 민영교도소 등에 소속 공무원을 파견하여 업무를 지원하게 할 수 있다(법 제32조).

2. 지도·감독

(1) 법무부장관은 민영교도소 등의 업무 및 그와 관련된 교정법인의 업무를 지도·감독하며, 필요한 경우 지시나 명령을 할 수 있다(법 제33조 제1항 본문). [2024. 9급] 총 3회 기출

(2) 다만, 수용자에 대한 교육과 교화프로그램에 관하여는 그 교정법인의 의견을 최대한 존중하여야 한다(법 제33조 제1항 단서). [2024. 9급] 총 3회 기출

(3) 법무부장관은 지도·감독상 필요하다고 인정하면 민영교도소 등에 소속 공무원을 파견하여 그 민영교도소 등의 업무를 지도·감독하게 하여야 한다(법 제33조 제2항).

3. 위탁업무의 감사(법 제35조)

(1) 법무부장관은 위탁업무의 처리 결과에 대하여 매년 1회 이상 감사를 하여야 한다.

(2) 법무부장관은 감사 결과 위탁업무의 처리가 위법 또는 부당하다고 인정되면 해당 교정법인이나 민영교도소 등에 대하여 적절한 시정조치를 명할 수 있으며, 관계 임직원에 대한 인사 조치를 요구할 수 있다.

4. 징계처분명령

(1) 법무부장관은 민영교도소 등의 직원이 위탁업무에 관하여 이 법 또는 이 법에 따른 명령이나 처분을 위반하면 그 직원의 임면권자에게 해임이나 정직·감봉 등 징계처분을 하도록 명할 수 있다(법 제36조 제1항). [2020. 9급]

(2) 교정법인 또는 민영교도소 등의 장은 징계처분명령을 받으면 즉시 징계처분을 하고 법무부장관에게 보고하여야 한다(법 제36조 제2항).

9 보칙

1. 권한의 위임

법무부장관은 이 법에 따른 권한의 일부를 관할 지방교정청장에게 위임할 수 있다(법 제39조).

이준 마법교정학
승진 필독서

Part

03

교정학 승진
기출문제

문제편

해설편

01 「형의 집행 및 수용자의 처우에 관한 법률 시행규칙」상 경비처우급에 따른 처우내용에 대한 설명으로 옳지 않은 것은?

① 완화경비처우급은 개방지역작업 및 필요시 외부통근작업이 가능하다.

② 일반경비처우급은 구내작업 및 필요시 개방지역작업이 가능하다.

③ 소장은 개방처우급·완화경비처우급·일반경비처우급 수형자에게 자치생활을 허가할 수 있다.

④ 중경비처우급 수형자의 접견의 허용횟수는 월 4회이다.

⑤ 개방처우급 수형자에게 지급하는 의류는 그 색상과 디자인을 다르게 할 수 있다.

02 「형의 집행 및 수용자의 처우에 관한 법률 시행규칙」상 형집행지휘서가 접수된 날부터 6개월이 지난 수형자에 대한 정기재심사를 해야 하는 경우가 아닌 것은?

① 형기의 3분의 1에 도달한 때   ② 형기의 2분의 1에 도달한 때

③ 형기의 3분의 2에 도달한 때   ④ 형기의 4분의 3에 도달한 때

⑤ 형기의 6분의 5에 도달한 때

03 형의 집행 및 수용자의 처우에 관한 법령상 수용자의 전화통화에 대한 설명으로 옳지 않은 것은?

① 소장이 수용자에 대하여 교정시설의 외부에 있는 사람과 전화통화를 허가할 때에는 통화내용의 청취 또는 녹음을 조건으로 붙일 수 있다.

② 전화통화의 통화시간은 특별한 사정이 없으면 5분 이내로 하고, 수용자의 전화통화 요금은 수용자가 부담하는 것을 원칙으로 한다.

③ 소장은 전화통화 허가 후 수용자가 형사법령에 저촉되는 행위를 할 우려가 있을 때에는 전화통화의 허가를 취소할 수 있다.

④ 소장은 사형확정자의 심리적 안정과 원만한 수용생활을 위하여 월 2회 이내의 범위에서 전화통화를 허가하여야 한다.

⑤ 교도관은 전화통화 중인 수용자가 교정시설의 운영에 관하여 거짓사실을 유포하는 때에는 전화통화를 중지할 수 있다.

04 교정처우를 시설 내 처우, 개방처우, 사회 내 처우로 나눌 때 개방처우에 해당하는 것만을 고른 것은?

> ㉠ 가족접견　　　　　㉡ 전자감시　　　　　㉢ 귀휴
> ㉣ 외부통근　　　　　㉤ 집중보호관찰　　　㉥ 가택구금

① ㉠, ㉡, ㉤　　　　　　　　　　② ㉠, ㉢, ㉣
③ ㉡, ㉢, ㉥　　　　　　　　　　④ ㉡, ㉤, ㉥
⑤ ㉢, ㉣, ㉤

05 「형의 집행 및 수용자의 처우에 관한 법률 시행령」상 수용자 처우에 대한 설명으로 옳지 않은 것은?

① 사형확정자를 수용하는 시설의 설비 및 계호의 정도는 일반경비시설 또는 중경비시설에 준한다.
② 소장은 미결수용자가 빈곤하거나 무지하여 수사 및 재판 과정에서 권리를 충분히 행사하지 못한다고 인정하는 경우에는 법률구조에 필요한 지원을 할 수 있다.
③ 의무관은 수용자에게 보호장비를 계속 사용하는 것이 건강상 부적당하다고 인정하는 경우에는 소장에게 즉시 보고하여야 하며, 이 경우 소장은 특별한 사유가 없으면 보호장비 사용을 즉시 중지하여야 한다.
④ 소장은 미결수용자가 위독하거나 사망한 경우에는 그 사실을 검사에게 통보하고, 기소된 상태인 경우에는 법원에도 지체 없이 통보하여야 한다.
⑤ 소장은 수형자의 건전한 사회복귀를 위하여 필요하다고 인정하면 석방 전 7일 이내의 범위에서 석방예정자를 별도의 거실에 수용하여 장래에 관한 상담과 지도를 할 수 있다.

06 「형의 집행 및 수용자의 처우에 관한 법률」상 미결수용자의 처우에 대한 설명으로 옳지 않은 것은?

① 미결수용자는 무죄의 추정을 받으며 그에 합당한 처우를 받는다.
② 미결수용자가 수용된 거실은 참관할 수 없다.
③ 미결수용자는 수사·재판·국정감사 또는 법률로 정하는 조사에 참석할 때에는 사복을 착용하여야 한다.
④ 미결수용자의 머리카락과 수염은 특히 필요한 경우가 아니면 본인의 의사에 반하여 짧게 깎지 못한다.
⑤ 경찰관서에 설치된 유치장은 교정시설의 미결수용실로 본다.

07 작업임금제도에 대한 설명으로 옳지 않은 것은?

① 영국의 노역장에서 처음 시작되었으며, 이후 프랑스와 미국 등에서 인정되었다.

② 수형자의 작업에 대해 보상을 제공함으로써 노동에 대한 흥미와 노동의 의욕을 높일 수 있는 장점이 있다.

③ 임금을 받아 가족의 생활부조를 할 수 있어서 가족과의 연대감을 길러주고 사회복귀 의욕을 북돋아 줄 수 있는 장점이 있다.

④ 국가에 대하여 손해를 끼친 수형자에게 보상을 제공한다는 것은 이율배반이란 비판이 제기된다.

⑤ 석방 후의 생계준비금의 기반이 될 수 있지만, 피해자에 대한 손해배상에는 도움이 되지 않는다.

08 「형의 집행 및 수용자의 처우에 관한 법률」상 귀휴제도에 대한 설명으로 옳은 것은?

① 소장은 수형자가 질병이나 사고로 외부의료시설에의 입원이 필요한 때에는 5일 이내의 특별 귀휴를 허가할 수 있다.

② 소장은 귀휴 중인 수형자가 거소의 제한이나 그 밖의 귀휴허가에 붙인 조건을 위반한 때에는 귀휴를 취소하여야 한다.

③ 귀휴기간은 형 집행기간에 포함되지 않는다.

④ 소장은 무기형의 경우 7년이 지나고 교정성적이 우수한 수형자에 대하여 가족이 위독한 때에는 1년 중 20일 이내의 귀휴를 허가할 수 있다.

⑤ 소장은 수형자의 직계비속의 혼례가 있는 때에는 1년 중 20일 이내의 귀휴를 허가하여야 한다.

09 지역사회교정에 대한 설명으로 옳지 않은 것은?

① 범죄자와 지역사회와의 의미 있는 유대관계를 유지하여 범죄자를 재사회화하려는 것이다.

② 지역사회교정 프로그램은 주로 전환, 옹호, 재통합의 형태로 시행된다.

③ 전환이란 범죄자를 공식적인 형사사법 절차와 과정으로부터 비공식적인 형사사법 절차와 과정으로 우회시키는 제도로서 교도소 과밀화 해소에 도움이 된다.

④ 국가에 의해서 통제되고 규제되는 시민의 비율이 증가하여 형사사법의 그물망 확대라는 문제점이 대두된다.

⑤ 중간처우소, 수형자자치제, 집단가정은 지역사회교정의 대표적인 프로그램이다.

10 교정의 이념에 대한 설명으로 옳지 않은 것은?

① 교화개선(rehabilitation)은 범죄자에 초점을 맞춘 것으로 재소자들에게 기술과 지식을 습득하게 하여 사회복귀를 도모하는 것이다.

② 선택적 무력화(selective incapacitation)는 범죄자의 특성에 기초하여 행해지고, 범죄자의 개선을 의도하지 않는 점에 특색이 있으며, 비슷한 정도의 범죄를 저지른 사람들에게 비슷한 정도의 장기형이 선고되어야 한다는 입장이다.

③ 응보주의(retribution)는 탈리오(Talio) 법칙과 같이 피해자에게 가해진 해악에 상응하는 처벌을 하는 것이다.

④ 억제(deterrence)는 처벌의 확실성, 엄중성, 신속성의 3가지 차원에서 결정되므로 재소자에 대한 엄정한 처벌이 강조된다.

⑤ 정의모델(just deserts)은 사법기관이나 교정기관의 재량권 남용에 대하여 비판하고 부정기형의 폐지를 주장한다.

11 「형의 집행 및 수용자의 처우에 관한 법률 시행규칙」상 분류처우에 대한 설명으로 옳지 않은 것은?

① 징역형·금고형이 확정된 사람으로서 집행할 형기가 형집행지휘서 접수일부터 3개월 미만인 사람, 구류형이 확정된 사람은 분류심사를 하지 아니한다.

② 조정된 처우등급에 따른 처우는 그 조정이 확정된 날부터 하며, 이 경우 조정된 처우등급은 그 달 초일부터 적용된 것으로 본다.

③ 수형자를 징벌하기로 의결한 때에는 부정기재심사를 할 수 있다.

④ 처우계획 수립에 관한 사항은 신입심사를 할 때에 조사하고, 처우계획 변경에 관한 사항은 재심사를 할 때에 조사한다.

⑤ 소득점수의 평가는 작업장 또는 교육장 전체인원이 4명 이하인 경우에는 수·우를 각각 1명으로 채점할 수 있다.

12 형의 집행 및 수용자의 처우에 관한 법령상 징벌에 대한 설명으로 옳지 않은 것은? (다툼이 있는 경우 판례에 의함)

① 동일한 행위로 징벌을 받은 뒤에 형사처벌을 한다고 하여 일사부재리의 원칙에 반하는 것은 아니다.

② 징벌사유가 발생한 날부터 2년이 지나면 이를 이유로 징벌을 부과하지 못한다.

③ 30일 이내의 공동행사참가 정지의 징벌을 집행 중인 수용자가 다른 교정시설로 이송되거나 법원 또는 검찰청 등에 출석하는 경우 징벌집행이 정지되는 것으로 본다.

④ 소장은 징벌집행을 받고 있는 수용자가 같은 행위로 형사 법률에 따른 처벌이 확정되어 징벌을 집행할 필요가 없다고 인정하면 징벌집행을 감경하거나 면제할 수 있다.

⑤ 소장은 미결수용자에게 징벌을 부과한 경우에는 그 징벌대상행위를 양형 참고자료로 작성하여 관할 검찰청 검사 또는 관할 법원에 통보할 수 있다.

13 「형의 집행 및 수용자의 처우에 관한 법률 시행규칙」상 직업훈련에 대한 설명으로 옳지 않은 것은?

① 직업훈련 직종 선정 및 훈련과정별 인원은 법무부장관의 승인을 받아 소장이 정한다.

② 직업훈련 전담 교정시설에서 실시하는 집체직업훈련 대상자는 해당 훈련을 실시하는 교정시설의 관할 지방교정청장이 선정한다.

③ 15세 미만의 소년수형자의 경우라도 선도를 위해 필요하다면 직업훈련 대상자로 선정하여 교육할 수 있다.

④ 법무부장관은 직업훈련을 위하여 필요한 경우에는 수형자를 다른 교정시설로 이송할 수 있다.

⑤ 작업, 교육·교화프로그램 시행으로 인하여 직업훈련의 실시가 곤란하다고 인정되는 경우 직업훈련 대상자로 선정해서는 아니 된다.

14 「형의 집행 및 수용자의 처우에 관한 법률」상 교도작업에 대한 설명으로 옳은 것은?

① 소장은 수형자의 가족 또는 배우자의 직계존속이 사망하면 2일간, 수형자의 가족 또는 배우자의 직계존속의 제삿날에는 1일간 해당 수형자의 작업을 면제한다.

② 외부통근작업 대상자의 선정기준 등에 관하여 필요한 사항은 법무부령으로 정한다.

③ 위로금 또는 조위금을 지급받을 권리는 다른 사람 또는 법인에게 양도하거나 담보로 제공할 수 있다.

④ 위로금은 석방할 때에 본인에게 지급한다. 다만, 본인의 가족생활 부조, 교화 또는 건전한 사회복귀를 위하여 특히 필요하면 석방 전이라도 그 전부 또는 일부를 지급할 수 있다.

⑤ 소장은 수형자에게 작업을 부과하는 경우 성격이나 취미를 고려해서는 아니 된다.

01 휠러(S. Wheeler)는 재소자들이 교도소 입소 초기단계에서 후기단계로 갈수록, 친교도관적 태도가 어떠한 형태로 나타난다고 보았는가?

① ─형 직선　　　　　② \형 직선　　　　　③ /형 직선
④ U형 곡선　　　　　⑤ ∩형 곡선

02 「형의 집행 및 수용자의 처우에 관한 법률」상 ㉠~㉢에 들어갈 단어를 바르게 나열한 것은?

> • 법무부장관은 교정시설의 운영, 교도관의 복무, 수용자의 처우 및 인권실태 등을 파악하기 위하여 매년 1회 이상 교정시설을 (㉠)하거나 소속 공무원으로 하여금 (㉠)하게 하여야 한다.
> • 판사와 검사는 직무상 필요하면 교정시설을 (㉡)할 수 있다.
> • 판사와 검사 외의 사람은 교정시설을 (㉢)하려면 학술연구 등 정당한 이유를 명시하여 교정시설의 장의 허가를 받아야 한다.

	㉠	㉡	㉢
①	순회점검	시찰	참관
②	순회감찰	감독순시	견학
③	순회점검	시찰	견학
④	순회감찰	감독순시	참관
⑤	직무감찰	감독순시	견학

03 형의 집행 및 수용자의 처우에 관한 법령상 보안장비 사용에 대한 설명으로 옳지 않은 것은?

① 교도봉과 전기교도봉은 얼굴이나 머리 부분에 사용해서는 아니 되며, 전기교도봉은 타격 즉시 떼어야 한다.
② 발사용 최루탄은 30미터 이상의 원거리에서 사용하되, 30도 이상의 발사각을 유지하여야 한다.
③ 1미터 이내의 거리에서는 상대방의 얼굴을 향하여 가스분사기나 가스총을 발사해서는 안 된다.
④ 전극침 발사장치가 있는 전자충격기를 사용할 경우 전극침을 상대방의 얼굴을 향해 발사해서는 안 된다.
⑤ 교도관은 수용자 외의 사람이 교도관 또는 수용자에게 위해를 끼치거나 끼치려고 하는 때에는 강제력을 행사할 수 있다.

04 과밀수용 해소방안에 대한 설명으로 옳지 않은 것은?

① 정문(Front-Door) 전략은 구금 이전의 단계에서 범죄자를 보호관찰, 가택구금, 사회봉사명령 등의 비구금적 제재로 전환시킴으로써 수용인원을 줄이자는 것으로 강력범죄자들에게는 적용이 적절하지 않다.

② 후문(Back-Door) 전략은 일단 수용된 수용자를 대상으로 보호관찰부 가석방, 선도조건부 기소유예, 선시제도 등을 적용하여 새로운 입소자를 위한 공간을 확보하자는 것으로 형사사법망의 확대를 초래한다.

③ 사법절차와 과정의 개선은 형의 선고 시에 수용능력을 고려하고 검찰의 기소나 법원의 양형결정 시에 수용능력과 현황에 관한 자료를 참고하는 전략이며, 형사사법협의체의 구성과 형사사법체제 간의 협조를 강조한다.

④ 소극적 전략(Null-Strategy)은 수용인구가 증가하더라도 교정시설에서는 그만큼의 인구를 수용할 수밖에 없다는 전략으로 단기적으로 교정시설의 증설을 회피할 수 있으나 장기적으로는 과잉수용으로 인해 직원들의 재소자에 대한 통제력이 약화될 수 있다.

⑤ 선별적 무능력화(Selective Incapacitation)는 교정시설의 공간을 확보하는 데 비용이 과다하고 이용할 수 있는 공간이 제한되어 있기 때문에 재범의 위험성이 높은 수형자를 예측하여 선별적으로 구금함으로써 교정시설 공간을 효율적으로 운영하자는 것이다.

05 「교도작업의 운영 및 특별회계에 관한 법률 시행령」상 계약담당자가 추정가격이 「국가를 당사자로 하는 계약에 관한 법률 시행령」 제26조 제1항 제5호 가목에 따른 추정가격의 2배를 초과하는 계약을 하려는 경우에 원칙적으로 일반경쟁에 부쳐야 하는 계약에 해당하지 않는 것은?

① 고정자산에 속하거나 속하게 될 재산의 매매

② 유동자산에 속하는 물건의 구입

③ 잡수입(雜收入) 과목으로 처리되는 물건의 매도

④ 법에 따라 중소기업제품으로 성능인증을 받은 제품의 구입

⑤ 손실 과목으로 처리되는 물건의 구입

06 「형의 집행 및 수용자의 처우에 관한 법률 시행규칙」상 분류심사의 제외 또는 유예에 해당하지 않는 경우는?

① 징역형이 확정된 사람으로서 집행할 형기가 형집행지휘서 접수일부터 3개월 미만인 사람

② 금고형이 확정된 사람으로서 집행할 형기가 형집행지휘서 접수일부터 3개월 미만인 사람

③ 노역장 유치명령을 받은 사람

④ 수형자가 질병 등으로 분류심사가 곤란한 때

⑤ 수형자가 징벌대상행위의 혐의가 있어 조사 중이거나 징벌집행 중인 때

07 「형의 집행 및 수용자의 처우에 관한 법률 시행규칙」상 외부기업체 통근작업에 대한 설명으로 옳지 않은 것은?

① 외부기업체에 통근하며 작업하는 수형자로 선정되기 위한 요건에는 가족·친지 또는 교정위원 등과 접견·편지수수·전화통화 등으로 연락하고 있을 것이 포함되어 있다.

② 소장은 외부통근자가 법령에 위반되는 행위를 하거나 법무부장관 또는 소장이 정하는 지켜야 할 사항을 위반한 경우에는 외부통근자 선정을 취소하여야 한다.

③ 소장은 외부통근자로 선정된 수형자에 대하여는 자치활동·행동수칙·안전수칙·작업기술 및 현장적응훈련에 대한 교육을 하여야 한다.

④ 집행할 형기가 7년 이상 남은 수형자도 작업 부과와 교화를 위해서 특히 필요하다고 인정하는 경우에는 교정시설 밖에 위치한 외부기업체에 통근 작업하는 수형자로 선정될 수 있다.

⑤ 소장은 외부통근자의 사회적응능력을 기르고 원활한 사회복귀를 촉진하기 위하여 필요하다고 인정하는 경우에는 수형자 자치에 의한 활동을 허가할 수 있다.

08 「형의 집행 및 수용자의 처우에 관한 법률」상 가석방심사위원회의 위원 중 공무원이 아닌 사람도 「형법」의 일부 규정을 적용할 때에는 공무원인 것으로 간주하도록 하고 있다. 이러한 「형법」규정에 해당하지 않는 것은?

① 「형법」 제122조(직무유기)

② 「형법」 제127조(공무상 비밀의 누설)

③ 「형법」 제130조(제3자 뇌물제공)

④ 「형법」 제131조(수뢰후 부정처사, 사후수뢰)

⑤ 「형법」 제132조(알선수뢰)

09 「형의 집행 및 수용자의 처우에 관한 법률」상 수용자의 의료처우에 대한 설명으로 옳은 것만을 모두 고른 것은?

> ㉠ 소장은 수용자에 대하여 건강검진을 정기적으로 하여야 한다.
> ㉡ 소장은 감염병이나 그 밖에 감염의 우려가 있는 질병의 발생과 확산을 방지하기 위하여 필요한 경우 수용자에 대하여 예방접종·격리수용·이송, 그 밖에 필요한 조치를 하여야 한다.
> ㉢ 소장은 수용자가 부상을 당하거나 질병에 걸리면 적절한 치료를 받도록 하여야 한다.
> ㉣ 소장은 수용자에 대한 적절한 치료를 위하여 필요하다고 인정하면 교정시설 밖에 있는 의료시설에서 진료를 받게 하여야 한다.
> ㉤ 소장은 수용자가 자신의 비용으로 외부의료시설에서 근무하는 의사에게 치료받기를 원하면 교정시설에 근무하는 의사의 의견을 고려하여 이를 허가해야 한다.
> ㉥ 소장은 정신질환이 있다고 의심되는 수용자가 있으면 정신건강의학과 의사의 진료를 받을 수 있도록 하여야 한다.

① ㉠, ㉡, ㉢, ㉣ ② ㉠, ㉢, ㉣, ㉤
③ ㉡, ㉢, ㉣, ㉤ ④ ㉢, ㉣, ㉤, ㉥
⑤ ㉠, ㉡, ㉢, ㉥

10 「형의 집행 및 수용자의 처우에 관한 법률 시행규칙」상 엄중관리대상자에 대한 설명으로 옳은 것은?

① 소장은 엄중관리대상자에게 작업을 부과하여서는 안 된다.
② 마약류수용자나 관심대상수용자로 지정된 수용자는 거실 및 작업장의 봉사원, 반장, 조장, 분임장 등 수용자를 대표하는 직책을 맡을 수 없다.
③ 공소장이나 재판서에 조직폭력사범으로 명시되어 있지 않으면 「형법」 제114조(범죄단체 등의 조직)가 적용된 수용자라 할지라도 조직폭력수용자로 지정할 수 없다.
④ 마약류수용자나 관심대상수용자로 지정되면 공소장 변경이나 재판 확정에 따라 지정사유가 해소되는 경우 이외에는 석방 때까지 지정이 해제되지 않는다.
⑤ 미결수용자 등 분류처우위원회의 의결 대상자가 아닌 경우에도 관심대상수용자로 지정할 필요가 있다고 인정되는 수용자에 대하여는 교도관회의의 심의를 거쳐 관심대상수용자로 지정할 수 있다.

11 형의 집행 및 수용자의 처우에 관한 법령상 수용자의 상벌제도에 대한 설명으로 옳은 것은?

① 9일 이하의 금치, 1개월의 작업장려금 삭감, 30일 이내의 실외운동 및 공동행사참가 정지는 징벌실효기간이 1년으로 동일하다.

② 징벌위원회는 재적위원 과반수의 출석으로 개의하고, 출석위원 과반수의 찬성으로 의결한다. 이 경우 외부위원 3명 이상이 출석한 경우에만 개의할 수 있다.

③ 수용자가 사람의 생명을 구조하거나 도주를 방지한 때와 재난 시 응급용무 보조에 공로가 있는 때에는 소장표창 및 가족만남의 날 행사참여 대상자 선정기준에 해당된다.

④ 소장은 징벌집행을 받고 있거나 집행을 앞둔 수용자가 같은 행위로 형사 법률에 따른 처벌이 확정되어 징벌을 집행할 필요가 없다고 인정하면 징벌위원회의 의결을 거쳐 징벌집행을 감경하거나 면제할 수 있다.

⑤ 징벌이 집행 중에 있거나 징벌의 집행이 끝난 후 또는 집행이 면제된 후 1년 내에 다시 징벌사유에 해당하는 행위를 한 때에는 징벌기간에 있어서 장기의 2분의 1까지 가중할 수 있다.

12 「형의 집행 및 수용자의 처우에 관한 법률」상 분류심사에 대한 설명으로 옳지 않은 것은?

① 소장은 수형자에 대한 개별처우계획을 합리적으로 수립하고 조정하기 위하여 수형자의 인성, 행동특성 및 자질 등을 과학적으로 조사·측정·평가하여야 한다. 다만, 집행할 형기가 짧거나 그 밖의 특별한 사정이 있을 경우에는 예외로 할 수 있다.

② 소장은 분류심사를 위하여 외부전문가로부터 필요한 의견을 듣거나 외부전문가에게 조사를 의뢰할 수 있다.

③ 소장은 분류심사와 그 밖에 수용목적의 달성을 위하여 필요하면 수용자의 가족 등을 면담하거나 법원·경찰관서, 그 밖의 관계 기관 또는 단체에 대하여 필요한 사실을 조회할 수 있다. 이 때 조회를 요청받은 관계기관 등의 장은 특별한 사정이 없으면 지체 없이 그에 관하여 답하여야 한다.

④ 분류처우위원회는 5명 이상 9명 이하의 위원으로 구성하며, 분류처우에 관한 중요 사항을 심의 및 의결한다.

⑤ 분류처우위원회는 심의 및 의결을 위하여 외부전문가로부터 의견을 들을 수 있다.

13 「형의 집행 및 수용자의 처우에 관한 법률 시행규칙」상 수형자 취업지원협의회에 대한 설명으로 옳지 않은 것은?

① 수형자 사회복귀 지원 업무에 관한 자문에 대한 조언 기능을 담당한다.
② 협의회는 회장 1명을 포함하여 3명 이상 5명 이하의 내부위원과 10명 이하의 외부위원으로 구성한다.
③ 외부위원의 임기는 3년으로 하며, 연임할 수 있다.
④ 수형자의 사회복귀 지원을 위하여 협의가 필요한 때에는 임시회의를 개최할 수 있다.
⑤ 협의회의 회의는 재적위원 과반수 출석으로 개의하고, 출석위원 과반수 찬성으로 의결한다.

14 수용자의 처우 및 권리에 대한 헌법재판소의 판례 중 옳지 않은 것만을 모두 고른 것은?

> ㉠ 교정시설의 1인당 수용면적이 수형자의 인간으로서의 기본 욕구에 따른 생활조차 어렵게 할 만큼 지나치게 협소하다면, 이는 그 자체로 국가형벌권 행사의 한계를 넘어 수형자의 인간의 존엄과 가치를 침해하는 것이다.
> ㉡ 교도소 수용자의 동절기 취침시간을 21:00로 정한 행위는 수용자의 일반적 행동자유권을 침해하지 않는다.
> ㉢ 금치기간 중 수용자의 실외운동을 원칙적으로 금지하는 것은 수용자 신체의 자유를 침해하지 않는다.
> ㉣ 구치소장이 변호인접견실에 CCTV를 설치하여 미결수용자와 변호인 간의 접견을 관찰한 행위는 법률유보원칙에 위배된다.
> ㉤ 징벌혐의의 조사를 받고 있는 수용자가 변호인 아닌 자와 접견할 당시 교도관이 참여하여 대화내용을 기록하게 한 행위는 수용자의 사생활의 비밀과 자유를 침해하지 않는다.

① ㉠, ㉡   ② ㉡, ㉤
③ ㉢, ㉣   ④ ㉠, ㉢, ㉣
⑤ ㉢, ㉣, ㉤

15 「형의 집행 및 수용자의 처우에 관한 법률」상 징벌위원회에 대한 설명으로 옳은 것은 모두 몇 개인가?

> ㉠ 징벌위원회 위원장은 소장의 바로 다음 순위자가 된다.
> ㉡ 징벌위원회의 외부위원은 4명 이상으로 한다.
> ㉢ 징벌위원회는 소장의 징벌요구에 따라 개회한다.
> ㉣ 징벌대상자가 위원에 대하여 기피신청하면 소장이 기피 여부를 결정하여야 한다.
> ㉤ 징벌위원회는 징벌대상자가 진술하기 전에 불이익한 진술을 거부할 수 있음을 고지하여야
>   한다.

① 1개   ② 2개
③ 3개   ④ 4개
⑤ 5개

16 「형의 집행 및 수용자의 처우에 관한 법률」상 신체검사 등의 처우에 대한 설명으로 옳은 것은? (다툼이 있는 경우 판례에 의함)

① 교도관은 시설의 안전과 질서를 위하여 필요하면 교정시설에 출입하는 수용자 외의 사람에 대하여 의류와 휴대품 및 신체검사를 할 수 있다.

② 교도소장이 수용자가 없는 상태에서 실시한 거실 및 작업장 검사행위는 수용자의 사생활의 비밀 및 자유를 침해한다.

③ 신체검사 당시 다른 방법으로는 은닉한 물품을 찾아내기 어렵다고 볼 만한 합리적인 이유가 없음에도, 유치장에 수용된 여자 수용자들의 옷을 전부 벗긴 상태에서 앉았다 일어서기를 반복하게 한 신체검사는 위법하다.

④ 교도소 독거실 내 화장실 창문과 철격자 사이에 안전 철망을 설치한 행위는 더 이상 바깥 풍경을 조망할 수 없게 하고 원활한 통풍과 최소한의 채광 확보를 어렵게 하였으므로 이는 헌법상 보장된 수용자의 인간의 존엄과 가치 및 행복추구권, 그리고 환경권을 침해한 것이다.

⑤ 수용자를 교정시설에 수용할 때마다 전자영상 검사기를 이용하여 수용자의 항문 부위에 대한 신체검사를 하는 행위는 수용시설의 목적 달성을 넘어 지나친 것일 뿐 아니라, 수용자의 명예나 수치심을 포함하여 신체의 자유 등 기본권을 침해한다.

01 형의 집행 및 수용자의 처우에 관한 법령상 교정장비의 사용에 대한 설명으로 옳지 않은 것은? (다툼이 있는 경우 판례에 의함)

① 교도관이 전자영상장비로 거실에 있는 수용자를 계호하는 것은 자살·자해·도주·폭행·손괴, 그 밖에 수용자의 생명·신체를 해하거나 시설의 안전 또는 질서를 해하는 행위의 우려가 큰 때에만 할 수 있다.

② 구치소장이 금지물품의 수수나 교정사고를 방지하거나 이에 적절하게 대처하기 위해 변호인 접견실에 CCTV를 설치하여 미결수용자와 변호인 간의 접견을 관찰하는 행위는 변호인의 조력을 받을 권리를 침해한다고 할 수 없다.

③ 교정장비의 종류로는 전자장비, 보호장비, 보안장비, 무기가 있다.

④ 교도관이 교정시설을 출입하는 수용자 외의 사람의 의류와 휴대품을 검사하는 경우에는 고정식 물품검색기를 통과하게 한 후, 휴대식 금속탐지기 또는 손으로 이를 확인해야 한다.

⑤ 보호의자는 그 사용을 일시 중지하거나 완화하는 경우를 포함하여 8시간을 초과하여 사용할 수 없으며, 사용 중지 후 4시간이 경과하지 아니하면 다시 사용할 수 없다.

02 형의 집행 및 수용자의 처우에 관한 법령상 수용자의 이송에 대한 설명으로 옳지 않은 것은?

① 소장은 수용자를 다른 교정시설에 이송하는 경우에 의무관으로부터 수용자가 건강상 감당하기 어렵다는 보고를 받으면, 이송을 중지하고 그 사실을 이송 받을 소장에게 알려야 한다.

② 지방교정청장은 수용자를 관할 외 다른 교정시설로 이송하려는 경우 이에 대한 승인 권한을 가지고 있다.

③ 수용자가 이송 중에 징벌대상 행위를 하거나 다른 교정시설에서 징벌대상 행위를 한 사실이 이송된 후에 발각된 경우에는 그 수용자를 인수한 소장이 징벌을 부과한다.

④ 수용자를 이송하는 경우에는 수형자는 미결수용자와, 여성수용자는 남성수용자와, 19세 미만의 수용자는 19세 이상의 수용자와 각각 호송 차량의 좌석을 분리하는 등의 방법으로 서로 접촉하지 못하게 하여야 한다.

⑤ '20일 텔레비전 시청 제한'의 징벌 집행 중인 수용자가 다른 교정시설로 이송되거나 법원 또는 검찰청 등에 출석하는 경우에는 징벌집행이 계속되는 것으로 본다.

03 「형의 집행 및 수용자의 처우에 관한 법률 시행규칙」상 소득점수와 처우등급에 대한 설명으로 옳지 않은 것은?

① 소득점수를 산정할 때 '수형생활 태도'와 '작업 또는 교육 성적'은 각각 5점 이내의 범위에서 한다.

② 소장은 수형자가 부상이나 질병, 그 밖에 부득이한 사유로 작업 또는 교육을 받지 못한 경우에는 3점 이내의 범위에서 작업 또는 교육 성적을 부여할 수 있다.

③ 경비처우급을 하향 조정하기 위하여 고려할 수 있는 평정소득점수의 기준은 5점 이하이다. 다만, 수용 및 처우를 위하여 특히 필요한 경우 법무부장관이 달리 정할 수 있다.

④ 원칙적으로 수형생활 태도 점수와 작업 또는 교육성적 점수를 채점하는 경우에 수는 소속 작업장 또는 교육장 전체 인원의 10퍼센트를 초과할 수 없고, 우는 30퍼센트를 초과할 수 없다. 다만, 작업장 또는 교육장 전체인원이 4명 이하인 경우에는 수·우를 각각 1명으로 채점할 수 있다.

⑤ 조정된 처우등급에 따른 처우는 그 조정이 확정된 날의 다음 달 초일부터 적용된다.

04 「형의 집행 및 수용자의 처우에 관한 법률 시행규칙」상 수형자 자치제에 대한 설명으로 옳지 않은 것은?

① 소장은 개방처우급·완화경비처우급 수형자에게 자치생활을 허가할 수 있다.

② 소장은 자치생활 수형자에 대하여 월 2회 이내에서 경기 또는 오락회를 개최하게 할 수 있다. 다만, 소년수형자에 대하여는 그 횟수를 늘릴 수 있다.

③ 소장은 자치생활 수형자들이 교육실, 강당 등 적당한 장소에서 연 1회 이상 토론회를 할 수 있도록 하여야 한다.

④ 수형자 자치생활의 범위는 인원점검, 취미활동, 일정한 구역 안에서의 생활 등으로 한다.

⑤ 소장은 외부통근자의 사회적응능력을 기르고 원활한 사회복귀를 촉진하기 위하여 필요하다고 인정하는 경우에는 수형자 자치에 의한 활동을 허가할 수 있다.

05 형의 집행 및 수용자의 처우에 관한 법령상 수형자에 대한 분류와 처우에 대한 설명으로 옳은 것만을 모두 고르면?

> ㉠ 통상적인 수준의 처우가 필요한 일반경비처우급 수형자 A에게는 정보화 교육과 외국어 교육과정의 교육기회가 주어질 수 있다.
> ㉡ 개방지역작업 및 외부통근작업이 가능한 개방처우급 수형자 B는 1일 1회의 접견이 가능하다.
> ㉢ 소장은 5년형의 징역형 중 형기가 6개월 남은 초범인 완화경비처우급 수형자 C를 교정시설에 설치된 개방시설에 수용하여 사회적응에 필요한 교육, 취업지원 등 적정한 처우를 할 수 있다.
> ㉣ 구내작업을 하며 기본적인 처우만을 보장받는 중경비처우급인 수형자 D는 소장의 허가를 받아야만 문예·학술 등의 집필활동을 할 수 있다.
> ㉤ 소장은 통상적인 수준보다 높은 수준의 처우가 필요한 완화경비처우급인 수형자 E에게 교화 또는 사회복귀 준비 등을 위하여 특히 필요한 경우에 한하여 귀휴를 허가할 수 있다.

① ㉠, ㉡, ㉢
② ㉠, ㉡, ㉣
③ ㉠, ㉢, ㉤
④ ㉡, ㉢, ㉣
⑤ ㉡, ㉣, ㉤

06 형의 집행 및 수용자의 처우에 관한 법령상 교도관의 무기사용에 대한 설명으로 옳지 않은 것은?

① 소장은 소속 교도관에 대하여 연 1회 이상 총기의 조작·정비·사용에 관한 교육을 한다.
② 기관총은 대공초소 또는 집중사격이 가장 용이한 장소에 설치하고, 유사 시 즉시 사용할 수 있도록 충분한 인원의 사수·부사수·탄약수를 미리 지정하여야 한다.
③ 교도관이 총기를 사용하는 경우에는 공포탄 발사, 구두경고, 위협사격, 조준사격의 순서에 따라야 한다. 다만, 상황이 긴급하여 시간적 여유가 없을 때에는 예외로 한다.
④ 무기의 사용은 필요한 최소한도에 그쳐야 하며, 최후의 수단이어야 한다.
⑤ 교도관은 소장 또는 그 직무를 대행하는 사람의 명령을 받아 무기를 사용한다. 다만, 그 명령을 받을 시간적 여유가 없으면 그러하지 아니하다.

07 형의 집행 및 수용자의 처우에 관한 법령상 교도작업에 대한 설명 중 옳은 것(○)과 옳지 않은 것(×)을 바르게 표시한 것은?

> ㉠ 소장은 법무부장관의 승인을 받아 수형자에게 부과하는 작업의 종류를 정한다.
> ㉡ 소장은 수형자의 근로의욕을 고취하고 건전한 사회복귀를 지원하기 위하여 법무부장관이 정하는 바에 따라 작업의 종류, 작업성적, 교정성적, 그 밖의 사정을 고려하여 수형자에게 작업장려금을 지급하여야 한다.
> ㉢ 소장은 미결수용자의 신청에 따라 작업을 부과하는 경우 교정시설 밖에서 작업하게 할 수 있다.
> ㉣ 소장은 교도관에게 매일 수형자의 작업실적을 확인하게 하여야 한다.
> ㉤ 공휴일·토요일과 대통령령으로 정하는 휴일에는 교정시설의 운영과 관리에 필요한 작업 이외의 작업은 부과할 수 없다.

	㉠	㉡	㉢	㉣	㉤
①	○	×	×	○	×
②	○	×	×	×	×
③	×	×	○	×	○
④	○	×	○	○	○
⑤	○	○	×	○	×

08 교화개선적 교정모형을 실증적으로 연구한 결과 교화개선적 교정은 유효하지 못하다고 밝히며, 극단적으로 '무의미한 일(nothing works)'이라고 주장한 학자는?

① 팔머(T. Palmer)
② 갠드류(P. Gendreau)
③ 로스(R. Ross)
④ 마틴슨(R. Martinson)
⑤ 흘랙(S. Halleck)

09 쉬랙(C. Schrag)이 제시한 수용자의 역할유형에 대한 설명으로 옳지 않은 것은?

① 고지식자(square Johns) - 교정시설의 규율에 동조하고 법을 준수하는 생활을 하며, 교도소 문화에 거의 가담하지 않는 유형

② 정의한(right guys) - 반사회적 수용자로서 교도소 부문화적 활동에 깊이 개입하며, 동료 수용자들로부터 범죄적 전문성으로 인해 존경받는 유형

③ 생쥐(rats) - 실제보다 더 강한 척하고, 허풍을 떨며 말로만 강한 척하는 유형

④ 무법자(outlaws) - 자신의 목적을 위해서 폭력을 이용하고, 동료 수용자와 교도관 모두를 피해자로 만드는 유형

⑤ 정치인(politicians) - 교정시설 내의 각종 재화와 용역을 위한 투쟁에서 이점을 확보하기 위하여 교도관과 동료 수용자 모두를 이용하는 유형

10 교도작업의 운영 및 특별회계에 관한 법령상 교도작업에 대한 설명으로 옳지 않은 것은?

① 법무부장관은 「형의 집행 및 수용자의 처우에 관한 법률」 제68조에 따라 수형자가 외부기업체 등에 통근 작업하거나 교정시설의 안에 설치된 외부기업체의 작업장에서 작업할 수 있도록 민간기업을 참여하게 하여 교도작업을 운영할 수 있다.

② 교정시설의 장은 민간기업이 참여할 교도작업의 내용을 해당 기업체와의 계약으로 정하고, 이에 대하여 법무부장관의 승인(재계약의 경우에는 지방교정청장의 승인)을 받아야 한다. 다만, 법무부장관이 정하는 단기의 계약에 대하여는 그러하지 아니하다.

③ 교정시설의 장은 교도작업으로 생산되는 제품의 종류와 수량을 회계연도 개시 1개월 전까지 공고하여야 한다.

④ 교도작업 특별회계의 세입·세출의 원인이 되는 계약을 담당하는 공무원은 계약을 수의계약으로 하려면 「교도관직무규칙」 제21조에 따른 교도관회의의 심의를 거쳐야 한다.

⑤ 교도작업으로 생산된 제품은 민간기업 등에 직접 판매하거나 위탁하여 판매할 수 있다.

11 다음 사례와 관련하여 현행법상 수용자의 처우에 대한 설명으로 옳지 않은 것은? (다툼이 있는 경우 판례에 의함)

> 징역 10년을 선고받고 교도소에 수용 중이던 A는 2017년 1월 19일경 라디에이터 등 간접 난방 시설만 설치되고 직접 난방시설이 설치되지 아니하였다는 이유로 소란을 피우다가 교도관들로 부터 제압을 당하였다. 이로 인해 같은 해 1월 23일 징벌위원회에 회부되었다. A는 조사도중 분리수용되었고 소란에 대하여 해명을 하였으나 금치 15일의 처분을 받았다. 이에 A는 담당 교도관들을 상대로 하여 가혹행위를 이유로 형사고소 및 민사소송을 제기하는 한편, 그 증명자 료 확보를 위해 소장을 상대로 같은 해 1월 19일자 근무보고서와 1월 23일자의 징벌위원회 회의 록 등의 정보공개를 요청하였으나 소장은 이를 거부하였다.

① 교정시설에서 라디에이터 등 간접 난방시설이 설치되어 운용되고 있는 경우라면, 헌법의 규정상 또는 헌법의 해석상 특별히 교도소장에게 직접 난방시설 등을 설치해야 할 의무가 부여되어 있다고 볼 수 없다.

② 소장은 징벌사유에 해당하는 행위를 하였다고 의심되는 상당한 이유가 있는 수용자에 대하여 조사가 필요하다고 인정되는 경우 증거를 인멸할 우려가 있거나, 다른 사람에게 위해를 끼칠 우려 또는 다른 수용자의 위해로부터 보호할 필요가 있는 때에는 조사기간 중 분리수용을 할 수 있다.

③ 수용자가 큰 소리를 내거나 시끄럽게 하여 다른 수용자의 평온한 수용생활을 현저히 방해하는 행위를 한 때에는 '10일 이상 15일 이하의 금치'의 징벌을 부과할 수 있다.

④ '30일 이내의 금치처분'을 받은 수형자의 실외 운동을 제한하는 경우에도 매주 1회 이상의 실외 운동을 할 수 있도록 하여야 한다.

⑤ 교도관의 근무보고서는 「공공기관의 정보공개에 관한 법률」 제9조 제1항 제4호에 정한 비공개대상정보에 해당하지 않지만, 징벌위원회 회의록 중 재소자의 진술, 위원장 및 위원들과 재소자의 문답 등은 같은 법 제9조 제1항 제5호의 비공개사유에 해당한다.

01 「형의 집행 및 수용자의 처우에 관한 법률 시행규칙」상 관심대상수용자 지정대상으로 옳지 않은 것은?

① 조직폭력수용자로서 무죄 외의 사유로 출소한 후 5년 이내에 교정시설에 다시 수용된 사람
② 사회적 물의를 일으킨 사람으로서 죄책감 등으로 인하여 자살 등 교정사고를 일으킬 우려가 큰 수용자
③ 징벌집행이 종료된 날부터 2년 이내에 다시 징벌을 받는 등 규율 위반의 상습성이 인정되는 수용자
④ 상습적으로 법령에 위반하여 연락을 하거나 금지물품을 반입하는 등의 방법으로 부조리를 기도하는 수용자
⑤ 교도관을 폭행하거나 협박하여 징벌을 받은 전력이 있는 사람으로서 같은 종류의 징벌대상행위를 할 우려가 큰 수용자

02 현행법령상 다음에 제시된 괄호 안에 들어갈 숫자들의 합은?

> ㉠ 경찰관서에 설치된 유치장에는 수형자를 (   )일 이상 수용할 수 없다.
> ㉡ 개방처우급 수형자의 전화통화 허용횟수는 처우상 특히 필요한 경우를 제외하고는 월 (   )회 이내이다.
> ㉢ 공소가 제기된 범죄는 판결의 확정이 없이 공소를 제기한 때로부터 (   )년을 경과하면 공소 시효가 완성한 것으로 간주한다.
> ㉣ 형의 선고를 유예하는 경우에 재범방지를 위하여 지도 및 원호가 필요한 때에는 (   )년간 보호관찰을 받을 것을 명할 수 있다.

① 41   ② 61   ③ 62
④ 64   ⑤ 6

03 현행법상 노역장 유치에 대한 설명으로 옳지 않은 것은? (다툼이 있는 경우 판례에 의함)

① 노역장 유치는 그 실질이 신체의 자유를 박탈하는 것으로서 징역형과 유사한 형벌적 성격을 가지므로 형벌불소급원칙의 적용대상이 된다.

② 벌금이나 과료를 선고할 때에는 이를 납입하지 아니하는 경우의 노역장 유치기간을 정하여 동시에 선고하여야 한다.

③ 과료를 납입하지 아니한 자는 1일 이상 30일 미만, 벌금을 납입하지 아니한 자는 1개월 이상 3년 이하의 기간 노역장에 유치하여 작업에 복무하게 한다.

④ 벌금을 선고하는 경우 벌금액이 50억 원인 때에는 1천일 이상의 노역장 유치기간을 정하여야 한다.

⑤ 징역 또는 금고와 동시에 벌금을 선고받은 사람은 노역장 유치를 대신하기 위한 사회봉사를 신청할 수 없다.

04 「형의 집행 및 수용자의 처우에 관한 법률」상 신입자에게 간이입소절차를 실시하는 경우에 해당하는 것만을 모두 고르면?

> ㉠ 영장에 의해 체포되어 교정시설에 유치된 피의자
> ㉡ 긴급체포되어 교정시설에 유치된 피의자
> ㉢ 현행범인으로 체포되어 교정시설에 유치된 피의자
> ㉣ 구속영장이 집행되어 교정시설에 유치된 피의자
> ㉤ 구속영장 청구에 따라 구속전 피의자 심문을 위하여 교정시설에 유치된 피의자

① ㉠, ㉣   ② ㉣, ㉤
③ ㉠, ㉡, ㉢   ④ ㉡, ㉢, ㉤
⑤ ㉠, ㉡, ㉢, ㉤

05 형의 집행 및 수용자의 처우에 관한 법령상 귀휴에 대한 설명으로 옳지 않은 것은?

① 소장은 동행귀휴를 허가한 경우 '귀휴지에서 매일 1회 이상 소장에게 전화보고' 조건을 붙일 수 있다.

② 소장은 일반경비처우급 수형자에게도 귀휴를 허가할 수 있다.

③ 소장은 직계비속의 혼례가 있는 수형자에게 5일 이내의 특별귀휴를 허가할 수 있다.

④ 특별귀휴 기간은 형 집행기간에 포함한다.

⑤ 소장은 귀휴 중인 수형자가 거소의 제한이나 그 밖에 귀휴허가에 붙인 조건을 위반한 때에는 그 귀휴를 취소할 수 있다.

06 「형의 집행 및 수용자의 처우에 관한 법률 시행규칙」상 직업훈련에 대한 설명으로 옳지 않은 것은?

① 소장은 수형자가 직업훈련 대상자 선정 요건을 갖춘 경우에도, 교육과정을 수행할 문자해독 능력 및 강의 이해능력이 부족한 경우 직업훈련 대상자로 선정하여서는 아니 된다.

② 소장은 소년수형자의 선도를 위하여 필요한 경우에는, 직업훈련 대상자 선정 요건을 갖추지 못한 15세 미만의 수형자를 직업훈련 대상자로 선정하여 교육할 수 있다.

③ 소장은 훈련취소 등 특별한 사유가 있는 경우를 제외하고는 직업훈련 중인 수형자를 다른 교정시설로 이송해서는 아니 된다.

④ 직업훈련 직종 선정 및 훈련과정별 인원은 법무부장관의 승인을 받아 소장이 정한다.

⑤ 직업훈련 대상자는 소속기관의 수형자 중에서 소장이 선정하되, 집체직업훈련 대상자는 집체직업훈련을 실시하는 교정시설의 관할 지방교정청장이 선정한다.

07 「형의 집행 및 수용자의 처우에 관한 법률」상 수용자가 '위력으로 교도관의 정당한 직무집행을 방해하는 때'에 사용할 수 있는 보호장비에 해당하는 것만을 모두 고르면?

> ㉠ 보호대(帶)　　　　　　　　　　㉡ 보호복
> ㉢ 보호의자　　　　　　　　　　　㉣ 보호침대
> ㉤ 발목보호장비　　　　　　　　　㉥ 머리보호장비

① ㉠, ㉡, ㉢　　　　　　　　　　　② ㉠, ㉢, ㉤
③ ㉠, ㉡, ㉣, ㉥　　　　　　　　　④ ㉡, ㉢, ㉣, ㉤
⑤ ㉢, ㉣, ㉤, ㉥

08 「교도작업의 운영 및 특별회계에 관한 법률 시행령」상 법무부장관이 다음 연도에 생산할 교도작업 제품의 종류와 수량을 결정하여 공고할 때 고려해야 할 사항에 해당하는 것만을 모두 고르면?

> ㉠ 교도작업의 운영 여건에 적합한지 여부
> ㉡ 교정교화 및 직업훈련에 적합한지 여부
> ㉢ 국민생활에 도움이 되는 제품인지 여부
> ㉣ 특별회계의 건전한 운영에 도움을 줄 수 있는지 여부
> ㉤ 교정시설의 자체 수요품이 우선적으로 포함되는지 여부

① ㉠, ㉡, ㉢　　　　　　　　　　　② ㉠, ㉡, ㉣
③ ㉡, ㉢, ㉣　　　　　　　　　　　④ ㉡, ㉢, ㉤
⑤ ㉢, ㉣, ㉤

09 교정상담의 기법에 대한 설명으로 옳은 것은?

① 행동수정(behavior modifcation)은 교정시설의 환경을 통제하고 조절하여 재소자들의 행동의 변화를 추구한다.

② 물리요법(physical therapy)은 상담치료를 통하여 일정한 성과를 얻은 후 재소자의 자발적 참여를 전제로 이루어진다.

③ 사회요법 중 환경요법(mileu therapy)은 미래 지향적이며, 긍정적 강화와 부정적 강화를 통한 행위의 변화를 시도한다.

④ 교류분석(transaction analysis)은 교도소 전체 생활단위에서 이루어지며, 개인적인 의사결정기회를 많이 제공할 수 있다.

⑤ 현실요법(reality therapy)은 기본 원리를 쉽게 터득할 수 있다는 점에서 고도로 훈련된 전문가가 아니어도 사용할 수 있다.

10 「수형자 등 호송 규정」상 수형자의 호송에 대한 설명으로 옳은 것은?

① 교정시설 간의 호송은 교도관, 경찰관, 검찰청 직원이 행한다.

② 호송관의 여비나 피호송자의 호송비용은 수송관서가 부담한다.

③ 피호송자의 질병이나 사망으로 인한 비용은 발송관서가 부담한다.

④ 열차를 이용할 경우에는 일출 전 또는 일몰 후에도 호송할 수 있다.

⑤ 피호송자가 도주하면 호송관은 즉시 발송관서와 수송관서에 통지하여야 한다.

11 사이크스(Sykes)가 구분한 재소자의 역할 유형에 대한 설명으로 옳은 것은?

① 진짜 남자(real men) - 교도관의 부당한 처사에 저항하고 교도관에게 공격적 행위를 일삼는 자

② 중심인(centerman) - 교도관으로부터 특혜를 얻기 위해 교도관에게 아첨하고 교도관 편에 서는 자

③ 은둔자(retreatist) - 교정시설의 구금 환경에 적응을 못하여 정신적으로 이상증세를 보이는 자

④ 상인(merchants) - 개인적 이득을 취하기 위해 교도관과 내통하고 동료를 배신하는 행위를 하는 자

⑤ 떠벌이(hipsters) - 재화나 서비스를 쟁취하는 데 이점을 얻기 위해 교도관과 동료를 이용하려는 자

12 현행법상 가석방제도에 대한 설명으로 옳은 것은?

① 가석방 기간은 무기형에 있어서는 20년으로 하고, 유기형에 있어서는 남은 형기로 하되 그 기간은 20년을 초과할 수 없다.

② 가석방 기간 중 업무상과실치사의 죄로 금고형을 선고받아 그 판결이 확정된 경우에 가석방 처분은 효력을 잃지 않는다.

③ 가석방 처분을 받은 후 그 처분이 실효 또는 취소되지 아니하고 가석방 기간을 경과한 때에는 형의 선고는 효력을 잃은 것으로 본다.

④ 징역 또는 금고를 선고받은 소년에 대하여는 15년 유기형의 경우 5년이 지난 후부터 가석방을 허가할 수 있다.

⑤ 소년수형자의 가석방 적격 여부는 법무부장관 소속 가석방심사위원회가 심사하여 결정한다.

13 현행법령상 갱생보호제도에 대한 설명으로 옳은 것은?

① 갱생보호는 「형의 집행 및 수용자의 처우에 관한 법률」에서 규정하고 있다.

② 갱생보호는 형의 집행이 종료하거나 면제되어 석방된 이후에만 가능한 조치이다.

③ 보호처분을 받은 자는 갱생보호의 대상이 될 수 없다.

④ 보호관찰소의 장에 대하여 갱생보호를 신청할 수 없다.

⑤ 갱생보호 대상자가 친족 등으로부터 충분한 도움을 받을 수 있는 경우 갱생보호를 행하지 않는다.

14 조선시대의 형벌제도에 대한 설명으로 옳은 것은?

① 태형(笞刑)은 작은 회초리로 죄인의 볼기를 때리는 형벌로, 60대에서 10대까지 5등급이 있었다.

② 장형(杖刑)은 큰 회초리로 죄인의 볼기를 때리는 형벌로, 10대에서 50대까지 5등급이 있었다.

③ 부처(付處)는 죄인을 가족과 함께 변방으로 강제 이주시키는 형벌로, 주로 관원에 대하여 적용되었다.

④ 안치(安置)는 죄인을 유형지 내의 일정 장소에 격리하여 유거시키는 형벌로, 주로 왕족 또는 고관 등에게 적용되었다.

⑤ 자자형(刺字刑)은 신체의 일부에 글씨 등을 새겨 넣는 부가형으로, 조선시대 전(全)시기에 걸쳐 활용되었다.

15 「형의 집행 및 수용자의 처우에 관한 법률 시행규칙」상 부정기재심사를 실시할 수 있는 경우에 해당하는 것만을 모두 고르면?

> ㉠ 수형자를 징벌하기로 의결한 때
> ㉡ 수형자가 학사 학위를 취득한 때
> ㉢ 수형자가 지방기능경기대회에서 입상한 때
> ㉣ 수형자가 기능사 자격을 취득한 때
> ㉤ 수형자가 교정사고의 예방에 뚜렷한 공로가 있는 때
> ㉥ 수형자가 추가사건으로 벌금형이 확정된 때

① ㉠, ㉢

② ㉠, ㉡, ㉤

③ ㉡, ㉣, ㉤

④ ㉠, ㉡, ㉣, ㉥

⑤ ㉡, ㉢, ㉤, ㉥

01 「형의 집행 및 수용자의 처우에 관한 법률 시행규칙」상 분류심사의 제외 및 유예에 대한 설명으로 옳지 않은 것은?

① 징역형·금고형이 확정된 사람으로서 집행할 형기가 형집행지휘서 접수일부터 3개월 미만인 사람에 대해서는 분류심사를 하지 아니한다.

② 구류형이 확정된 사람에 대해서는 분류심사를 하지 아니한다.

③ 노역장 유치명령을 받은 사람에 대해서는 분류심사를 하지 아니한다.

④ 징벌대상행위의 혐의가 있어 조사 중이거나 징벌집행 중인 때에는 분류심사를 유예한다.

⑤ 소장은 분류심사의 유예 사유가 소멸한 경우에는 지체 없이 분류심사를 하여야 하나, 집행할 형기가 사유 소멸일부터 3개월 미만인 경우에는 분류심사를 하지 아니한다.

02 형의 집행 및 수용자의 처우에 관한 법령상 권리구제에 대한 설명으로 옳은 것은?

① 수용자는 그 처우에 관하여 불복하는 경우 법무부장관·순회점검공무원 또는 관할 지방교정 청장에게 청원할 수 있으며, 소장은 수용자가 순회점검공무원에게 청원하는 경우에는 그 인적사항을 청원부에 기록하여야 한다.

② 소장은 수용자가 정보공개의 청구를 한 경우에는 그 공개를 결정한 날부터 7일 이내에 소요 비용을 산정하여 해당 수용자에게 미리 납부할 것을 통지하여야 한다.

③ 현재의 수용기간 동안 소장에게 정보공개청구를 한 후 정당한 사유 없이 그 청구를 취하하거나 소요 비용을 납부하지 아니한 사실이 있는 수용자가 정보공개청구를 한 경우에 소장은 그 수용자에게 정보의 공개 및 우송 등에 들 것으로 예상되는 비용을 미리 납부하게 할 수 있다.

④ 소장은 수용자의 면담신청이 있으면 동일한 사유로 면담한 사실이 있는 경우를 제외하고는 면담을 하여야 한다.

⑤ 소장은 원칙적으로 소속 교도관으로 하여금 그 면담을 대리하게 할 수 있으며, 이 경우 면담을 대리한 사람은 그 결과를 소장에게 보고하여야 한다.

03 형의 집행 및 수용자의 처우에 관한 법령상 작업에 대한 설명으로 옳은 것만을 모두 고르면?

> ㉠ 소장은 수용자거실을 작업장으로 사용해서는 아니 되지만, 수용자의 심리적 안정, 교정교화 또는 사회적응능력 함양을 위하여 특히 필요하다고 인정하면 작업장으로 사용할 수 있다.
> ㉡ 소장은 신입자가 환자이거나 부득이한 사정이 있는 경우가 아니면 수용된 날부터 3일 동안 신입자거실에 수용하여야 하며, 신입자거실에 수용된 사람에게는 작업을 부과할 수 있다.
> ㉢ 소장은 작업시간을 3시간 이상 연장하는 경우에는 수용자에게 주·부식 또는 대용식 1회분을 간식으로 지급할 수 있다.
> ㉣ 소장은 수형자가 일반경비처우급으로서 작업·교육 등의 성적이 우수하고 관련 기술이 있는 경우에는 교도관의 작업지도를 보조하게 할 수 있다.
> ㉤ 경비처우급에 따른 작업기준상 중경비처우급에 대하여는 필요시 구내작업이 가능하다.

① ㉠, ㉣
② ㉠, ㉢, ㉣
③ ㉠, ㉢, ㉤
④ ㉡, ㉢, ㉤
⑤ ㉡, ㉣, ㉤

04 교정처우를 시설 내 처우, 사회적 처우(개방처우·중간처우) 및 사회 내 처우(지역사회교정)의 세 가지로 구분할 때, 사회적 처우에 해당하는 것만을 모두 고르면?

㉠ 사회봉사·수강명령	㉡ 하프웨이 하우스(halfway house)
㉢ 보호관찰	㉣ 외부통근
㉤ 주말구금	㉥ 갱생보호
㉦ 귀휴	㉧ 가석방

① ㉠, ㉡, ㉤, ㉧
② ㉠, ㉢, ㉥, ㉧
③ ㉡, ㉢, ㉣, ㉦
④ ㉡, ㉣, ㉤, ㉦
⑤ ㉢, ㉣, ㉥, ㉧

05 현행법령상 〈보기 1〉의 위원회와 〈보기 2〉의 위원 수가 바르게 연결된 것은?

─────── 〈보기1〉 ───────

ⓐ 보안관찰처분심의위원회   ⓑ 분류처우위원회
ⓒ 징벌위원회   ⓓ 보호관찰심사위원회
ⓜ 가석방심사위원회

─────── 〈보기2〉 ───────

A. 위원장 포함 5명 이상 9명 이하   B. 위원장 1명과 6명의 위원
C. 위원장 포함 5명 이상 7명 이하   D. 위원장 포함 6명 이상 8명 이하
E. 위원장 1명 포함 7명 이상 9명 이하

① ㉠ - A   ② ㉡ - C
③ ㉢ - E   ④ ㉣ - B
⑤ ㉤ - D

06 「형의 집행 및 수용자의 처우에 관한 법률 시행규칙」상 외부통근 작업에 대한 설명으로 옳지 않은 것은?

① 외부기업체에 통근하며 작업하는 수형자의 선정기준에는 18세 이상 65세 미만인 자라야 한다는 연령상의 제한이 있다.

② 소장은 외부통근자가 법령에 위반되는 행위를 하거나 법무부장관 또는 소장이 정하는 지켜야 할 사항을 위반한 경우에는 외부통근자 선정을 취소할 수 있다.

③ 소장은 외부통근자의 사회적응능력을 기르고 원활한 사회복귀를 촉진하기 위하여 필요하다고 인정하는 경우에는 수형자 자치에 의한 활동을 허가할 수 있다.

④ 소장이 교화를 위하여 특히 필요하다고 인정하더라도 중경비처우급 수형자는 외부통근자로 선정할 수 없다.

⑤ 교정시설 안에 설치된 외부기업체의 작업장에 통근하며 작업하는 수형자에는 일반경비처우급에 해당하는 수형자도 포함될 수 있다.

07 「형의 집행 및 수용자의 처우에 관한 법률 시행규칙」상 수용자의 처우에 대한 설명으로 옳지 않은 것은?

① 조정된 처우등급에 따른 처우는 그 조정이 확정된 다음 날부터 하며, 이 경우 조정된 처우등 급은 그 달 초일부터 적용된 것으로 본다.

② 소장은 수형자의 경비처우급에 따라 물품에 차이를 두어 지급할 수 있으나, 주·부식, 음료, 그 밖에 건강유지에 필요한 물품은 그러하지 아니하다.

③ 소장은 수용자의 신앙생활에 필요하다고 인정하는 경우에는 외부에서 제작된 휴대용 종교도 서 및 성물을 수용자가 지니게 할 수 있다.

④ 소장은 노인수용자가 거동이 불편하여 혼자서 목욕하기 어려운 경우에는 교도관 또는 자원봉 사자로 하여금 목욕을 보조하게 할 수 있으나 다른 수용자로 하여금 목욕을 보조하게 할 수는 없다.

⑤ 소장은 수형자가 개방처우급 또는 완화경비처우급으로서 작업기술이 탁월하고 작업성적이 우수한 경우에는 수형자 자신을 위한 개인작업을 하게 할 수 있으며, 이 경우 개인작업 시간 은 교도작업에 지장을 주지 아니하는 범위에서 1일 2시간 이내로 한다.

08 「형의 집행 및 수용자의 처우에 관한 법률 시행령」상 수용자의 위생과 의료에 대한 설명으로 옳은 것은?

① 소장은 작업의 특성상 실외운동이 필요 없다고 인정되면 수용자의 실외운동을 실시하지 않을 수 있다.

② 소장은 수용자가 공동으로 사용하는 시설과 저수조 등 급수시설을 6개월에 1회 이상 청소· 소독하여야 한다.

③ 소장은 작업의 특성, 계절 등을 고려하여 수용자의 목욕 횟수를 정하되 부득이한 사정이 없 으면 매주 2회 이상이 되도록 한다.

④ 소장은 수용자가 감염병에 걸렸다고 의심되는 경우에는 15일 이상 격리수용하고 그 수용자의 휴대품을 소독하여야 한다.

⑤ 소장은 모든 수용자에 대하여 「건강검진기본법」에 따라 지정된 건강검진기관에 의뢰하여 1 년에 1회 이상 건강검진을 하여야 한다.

09 구금제도 중 하나인 오번제(Auburn system)에 대한 설명으로 옳지 않은 것은?

① 1820년대 초 린즈(E. Lynds)에 의해 시행되었고 엄정독거제에 비하여 인간적이라는 평가가 있다.

② 주간에는 수형자를 공장에 혼거 취업하게 하되 상호 간의 교담을 엄격히 금지하고, 야간에는 독방에 구금하여 취침하게 하는 제도이다.

③ 완화독거제 또는 침묵제(silent system)라고도 불린다.

④ 인간의 본성인 공동생활의 습성을 박탈하지 않으므로 공동작업 중 악풍감염의 폐단이 발생한다는 단점이 있다.

⑤ 공모에 의한 도주·반항 등을 방지할 수 있다는 장점이 있다.

10 형벌제도에 대한 설명으로 옳지 않은 것은?

① 부족국가인 부여국에 원형옥이 있었다.

② 고구려에는 5종의 형벌 외에도 죄인의 얼굴에 죄명을 먹물로 새겨 넣는 삽루형이 있었다.

③ 조선의 태형은 가장 가벼운 형벌로서 10대에서 50대까지 5등급으로 나뉜다.

④ 조선의 도형의 복역기간은 1년에서 최장기 3년까지 5종으로 구분된다.

⑤ 조선의 유형수 중에는 유배지에 처와 첩이 동행하는 경우가 있었다.

11 교정의 이념으로서 재통합(reintegration)을 채택할 때 가장 가능성이 높을 것으로 예상되는 교도행정의 변화는?

① 가석방 및 부정기형 폐지

② 교도소에서의 엄격한 질서유지 강조

③ 보호감호제도 신설

④ 교도소에서 재소자를 위한 대인관계 개선프로그램 신설

⑤ 중간처우소 신설

12 형의 집행 및 수용자의 처우에 관한 법령상 수용자의 전화통화(발신하는 것만을 말한다) 및 접견에 대한 설명으로 옳지 않은 것은?

① 교도관은 수용자의 접견, 편지수수, 전화통화 등의 과정에서 수용자의 처우에 특히 참고할 사항을 알게 된 경우에는 그 요지를 수용기록부에 기록해야 한다.

② 전화통화의 통화시간은 특별한 사정이 없으면 5분 이내로 한다.

③ 소장은 수용자 또는 수신자가 서로의 관계 등에 대한 확인 요청에 따르지 아니하거나 거짓으로 대답할 때에는 전화통화의 허가를 취소하여야 한다.

④ 수용자의 전화통화는 매일(공휴일 및 법무부장관이 정한 날은 제외한다) 「국가공무원 복무규정」 제9조에 따른 근무시간 내에서 실시하되, 소장은 평일에 전화를 이용하기 곤란한 특별한 사유가 있는 수용자에 대해서는 전화이용시간을 따로 정할 수 있다.

⑤ 수용자의 전화통화 요금은 수용자가 부담하되, 소장은 교정성적이 양호한 수형자 또는 보관금이 없는 수용자 등에 대하여는 예산의 범위에서 요금을 부담할 수 있다.

13 「형의 집행 및 수용자의 처우에 관한 법률」상 안전과 질서에 대한 설명으로 옳은 것만을 모두 고르면? (다툼이 있는 경우 판례에 의함)

> ㉠ 검사는 조사실에서 피의자를 신문할 때 해당 피의자에게 「형의 집행 및 수용자의 처우에 관한 법률」 제97조 제1항 각호에 규정된 사유에 해당하지 않는 이상 교도관에게 보호장비의 해제를 요청할 의무가 있고, 교도관은 이에 응하여야 한다.
>
> ㉡ 보호장비는 징벌의 수단으로 사용되어서는 아니 된다.
>
> ㉢ 교도관은 시설의 안전과 질서유지를 위하여 필요하더라도 교정시설을 출입하는 수용자 외의 사람에 대하여 의류와 휴대품을 검사할 수는 없다.
>
> ㉣ 수용자의 보호실 수용기간은 15일 이내로 하되, 소장은 특히 계속하여 수용할 필요가 있으면 의무관의 의견을 고려하여 1회당 10일의 범위에서 기간을 연장할 수 있다.
>
> ㉤ 수용자의 진정실 수용기간은 24시간 이내로 하되, 소장은 특히 계속하여 수용할 필요가 있으면 의무관의 의견을 고려하여 1회당 12시간의 범위에서 기간을 연장할 수 있으나 수용자를 진정실에 수용할 수 있는 기간은 계속하여 3일을 초과할 수 없다.

① ㉠, ㉡, ㉢   ② ㉠, ㉡, ㉤
③ ㉠, ㉢, ㉣   ④ ㉡, ㉣, ㉤
⑤ ㉢, ㉣, ㉤

교정직 각급 승진시험에서 교정학은 2021년 이후 교정실무 과목으로 개편되어 시행되어 왔다. 교정실무에는 형집행법령을 비롯한 지침문제까지 포함하고 있어 공채 및 변경되는 승진시험 범위에서 벗어나 있다. 승진시험 문제의 중요성을 감안하여 기출문제로 구성하되, 공채 및 경채 변경되는 승진 수험생들에게 불필요한 순수 실무 문제는 삭제하여 구성하였다.

01 「교도관직무규칙」상 당직간부의 직무에 대한 설명으로 옳지 않은 것은 모두 몇 개인가?

㉠ 당직간부는 보안근무 교정직교도관의 근무배치를 하고, 수시로 보안근무 교정직교도관의 근무상황을 순시 감독하여야 하며, 근무배치 및 순시 감독 결과를 보안과장에게 보고하여야 한다.

㉡ 당직간부는 수용자의 기상시간에 인원점검을 하고 이상이 없으면 수용자가 일과활동을 하는 작업장 등에 교정직교도관을 배치한 후 일과 시작을 명한다.

㉢ 당직간부는 수용자의 작업 등 일과활동이 끝나면 교정직교도관으로 하여금 수용자가 일과활동을 한 작업장 등에서 인원 및 도구를 점검하게 하고 그 결과를 보안과장에게 보고한 후 수용자를 거실로 들어가게 하여야 한다. 수용자가 거실로 들어가면 다시 인원점검을 하고 그 결과를 소장에게 보고한 후 일과종료를 명한다.

㉣ 당직간부는 매월 1회 이상 교도관의 비상소집망을 확인하여 정확하게 유지하도록 해야 한다.

㉤ 당직간부는 교정시설에 수용되거나 교정시설에서 석방되는 사람의 신상을 직접 확인하는 등 수용 및 석방에 관한 사무를 감독하여야 한다.

㉥ 당직간부는 당직근무 중에 발생한 수용자의 인원변동 사항 및 중요사항을 소장, 부소장, 보안과장에게 보고한 후 다음 당직간부에게 인계하여야 한다.

① 1개   ② 2개

③ 3개   ④ 4개

02 「형의 집행 및 수용자의 처우에 관한 법률」상 교도관이 접견 중인 수용자 또는 그 상대방의 접견을 중지할 수 있는 경우를 모두 고른 것은?

> ㉠ 범죄의 증거를 인멸하거나 인멸하려고 하는 때
> ㉡ 시설의 안전 또는 질서를 해하는 행위를 하거나 하려고 하는 때
> ㉢ 수형자의 교화 또는 건전한 사회복귀를 해칠 우려가 있는 행위를 하거나 하려고 하는 때
> ㉣ 수용자의 처우 또는 교정시설의 운영에 관하여 거짓사실을 유포하는 때

① ㉠, ㉢
② ㉠, ㉡, ㉣
③ ㉡, ㉢, ㉣
④ ㉠, ㉡, ㉢, ㉣

03 현행 법령상 (   )에 들어갈 숫자를 모두 합한 것으로 옳은 것은?

> ㉠ 여성수용자는 자신이 출산한 유아를 교정시설에서 양육할 것을 신청할 수 있다. 이 경우 소장은 「형집행법」 제53조(유아의 양육) 제1항 각 호의 어느 하나에 해당하는 사유가 없으면, 생후 (㉠)개월에 이르기까지 허가하여야 한다.
> ㉡ 징벌사유가 발생한 날부터 (㉡)년이 지나면 이를 이유로 징벌을 부과하지 못한다.
> ㉢ 소장의 허가 없이 무인비행장치, 전자·통신기기를 고정시설에 반입한 사람은 (㉢)년 이하의 징역 또는 3천만원 이하의 벌금에 처한다.
> ㉣ 주류·담배·화기·현금·수표·음란물·사행행위에 사용되는 물품을 수용자에게 전달한 목적으로 교정시설에 반입한 사람은 (㉣)년 이하의 징역 또는 1천만원 이하의 벌금에 처한다.
> ㉤ 소장은 수형자의 건전한 사회복귀를 위하여 필요하다고 인정되면 석방 전 (㉤)일 이내의 범위에서 석방예정자를 별도의 거실에 수용하여 장래에 관한 상담과 지도를 할 수 있다.
> ㉥ 소장은 형기종료로 석방될 수형자에 대하여는 석방 (㉥)일 전까지는 석방 후의 보호에 관한 사항을 조사하여야 한다.

① 36
② 37
③ 38
④ 39

04 수용자의 기본권에 대한 설명으로 가장 옳지 않는 것은? (다툼이 있는 경우 판례에 의함)

① 헌법재판소는 각종 교정사고를 미연에 방지하고 사후에 신속하게 대처함으로써 교정시설의 안전과 질서를 유지하기 위해서는 수시로 인원점검을 할 필요가 있다고 하면서, 거실내 수형자를 대상으로 인원점검을 하는 점호행위는 필요한 최소한도를 벗어나 과잉금지원칙에 위배되어 청구인의 인격권 및 일반적 행동의 자유를 침해한다 할 수 없다고 판단하였다.

② 교정시설의 1인당 수용면적이 수형자의 인간으로서의 기본 욕구에 따른 생활조차 어렵게 할 만큼 지나치게 협소하다면, 이는 그 자체로 국가형벌권 행사의 한계를 넘어 수형자의 인간의 존엄과 가치를 침해하는 것이다.

③ 교정시설 내 자살사고는 수용자 본인이 생명을 잃는 중대한 결과를 초래할 뿐만 아니라 다른 수용자들에게도 직접적으로 부정적인 영향을 미치고, 나아가 교정시설이나 교정정책 전반에 대한 불신을 야기할 수 있다는 점에서 이를 방지할 필요성이 매우 크다. 그에 비해 청구인에게 가해지는 불이익은 채광·통풍이 다소 제한되는 정도에 불과하므로 교도소 독거실 내 화장실 창문과 철격자 사이에 안전철망을 설치한 행위는 청구인의 환경권 등 기본권을 침해하지 아니한다.

④ 수용자가 보내려는 모든 서신에 대해 무봉함 상태의 제출을 강제하는 것은 구금의 목적 달성 및 시설의 안전과 질서유지, 수형자의 교화 및 건전한 사회복귀를 위한 불가피한 제한이므로 수용자인 청구인의 통신비밀의 자유를 침해하는 것이 아니다.

05 「형의 집행 및 수용자의 처우에 관한 법률」상 교도관이 수용자 외의 사람에 대하여 강제력을 행사할 수 있는 요건에 해당하는 것을 모두 고른 것은?

> ㉠ 도주하거나 도주하려고 하는 때
> ㉡ 위력으로 교도관의 정당한 직무집행을 방해하는 때
> ㉢ 자해하거나 자해하려고 하는 때
> ㉣ 자살하려고 하는 때
> ㉤ 교정시설의 설비·기구 등을 손괴하거나 하려고 하는 때
> ㉥ 교도관에게 위해를 끼치거나 끼치려고 하는 때

① ㉡, ㉤   ② ㉢, ㉤

③ ㉠, ㉣, ㉥   ④ ㉡, ㉤, ㉥

06 「형의 집행 및 수용자의 처우에 관한 법률」상 보호실 및 진정실 수용에 대한 설명으로 가장 옳은 것은?

① 소장은 수용자가 신체적 · 정신적 질병으로 인하여 특별한 보호가 필요할 때 의무관의 의견을 고려하여 진정실에 수용할 수 있다.

② 수용자의 보호실 수용기간은 15일 이내로 한다. 다만, 소장은 특히 계속하여 수용할 필요가 있으면, 의무관의 의견을 고려하여 1회당 7일의 범위에서 기간을 연장할 수 있다.

③ 소장은 수용자가 교도관의 제지에도 불구하고 소란행위를 계속하여 다른 수용자의 평온한 수용생활을 방해하는 때에 강제력을 행사하거나 보호장비를 사용하여도 그 목적을 달성할 수 없는 경우에만 보호실에 수용할 수 있다.

④ 수용자를 보호실에 수용할 수 있는 기간은 계속하여 2개월을 초과할 수 없다.

07 형집행법령상 사형확정자의 처우에 대한 설명으로 가장 옳지 않은 것은?

① 소장은 사형확정자의 교육 · 교화 프로그램, 작업 등을 위하여 필요하거나 교정시설의 안전과 질서유지를 위하여 특히 필요하다고 인정하는 경우에는 법무부장관의 승인을 받아 사형확정자를 다른 교정시설로 이송할 수 있다.

② 소장은 사형확정자의 자살 · 도주 등의 사고를 방지하기 위하여 필요한 경우에는 사형확정자와 미결수용자를 혼거수용할 수 있다.

③ 소장은 사형확정자의 심리적 안정과 원만한 수용생활을 위하여 필요하다고 인정하는 경우에는 월 3회 이내의 범위에서 전화통화를 허가할 수 있다.

④ 소장은 사형확정자가 작업을 신청하면 교도관회의의 심의를 거쳐 교정시설 밖에서 실시하는 작업을 부과할 수 있다.

08 형집행법령상 귀휴에 대한 설명으로 가장 옳지 않은 것은?

① 귀휴기간은 형 집행기간에 포함한다.

② 소장은 2일 이상의 귀휴를 허가한 경우에는 귀휴를 허가받은 사람의 귀휴지를 관할하는 경찰관서의 장에게 그 사실을 통보하여야 한다.

③ 귀휴자의 여비와 귀휴 중 착용할 복장은 본인이 부담한다.

④ 소장은 귀휴자가 신청할 경우 작업장려금의 전부 또는 일부를 귀휴비용으로 사용하게 하여야 한다.

09 형집행법령상 미결수용자의 처우에 대한 설명으로 가장 옳은 것은?

① 미결수용자를 수용하는 시설의 설비 및 계호의 정도는 완화경비시설에 준한다.

② 소장은 신청에 따라 작업이 부과된 미결수용자가 작업의 취소를 요청하는 경우에는 그 미결수용자의 의사에 따라 작업을 취소하여야 한다.

③ 미결수용자의 머리카락과 수염은 어떠한 경우에도 본인의 의사에 반하여 짧게 깎지 못한다.

④ 소장은 미결수용자가 징벌대상자로서 조사받고 있거나 징벌집행 중인 경우에도 소송서류의 작성, 변호인과의 접견·편지수수, 그 밖에 수사 및 재판 과정에서의 권리행사를 보장하여야 한다.

10 형집행법령상 전자장비를 이용한 계호에 대한 설명으로 가장 옳지 않은 것은?

① 소장은 전자장비의 효율적인 운용을 위하여 각종 전자장비를 통합적으로 관리할 수 있는 시스템이 설치된 중앙통제실을 설치하여 운영한다.

② 교도관은 자살·자해·도주·폭행·손괴, 그 밖에 수용자의 생명·신체를 해하거나 시설의 안전 또는 질서를 해하는 행위(이하 "자살 등"이라 한다)를 방지하기 위하여 필요한 범위에서 전자장비를 이용하여 수용자 또는 시설을 계호할 수 있다. 다만, 전자영상장비로 거실에 있는 수용자를 계호하는 것은 자살등의 우려가 큰 때에만 할 수 있다.

③ 전자감지기는 교정시설의 주벽·울타리, 그 밖에 수용자의 도주 및 외부로부터의 침입을 방지하기 위하여 필요한 장소에 설치한다.

④ 교도관이 외부의료시설 입원, 이송·출정, 그 밖의 사유로 교정시설 밖에서 수용자를 계호하는 경우 보호장비나 수용자의 팔목 등에 전자경보기를 부착하여 사용하는 것은 허용되지 않는다.

11 형집행법령상 권리구제에 대한 설명으로 가장 옳지 않은 것은?

① 수용자는 그 처우에 관하여 불복하는 경우 법무부장관·순회점검공무원 또는 관할 지방교정청장에게 청원할 수 있다.

② 소장은 수용자가 정보공개의 청구를 한 경우에는 청구를 한 날부터 10일 이내에 예상비용을 산정하여 해당 수용자에게 미리 납부할 것을 통지하여야 한다.

③ 소장은 소장 면담을 신청한 수용자가 정당한 사유 없이 면담사유를 밝히지 아니하는 때에는 면담을 하지 아니할 수 있다.

④ 소장은 특별한 사정이 있으면 소속 교도관으로 하여금 소장 면담을 대리하게 할 수 있다. 이 경우 면담을 대리한 사람은 그 결과를 소장에게 지체 없이 보고하여야 한다.

12 형집행법령상 도주한 수용자 체포에 대한 설명으로 가장 옳지 않은 것은?

① 교도관은 수용자가 도주를 한 경우에는 도주 후 72시간 이내에만 그를 체포할 수 있다.

② 교도관은 도주한 수용자의 체포를 위하여 긴급히 필요하면 도주를 하였다고 의심할 만한 상당한 이유가 있는 사람 또는 도주를 한 사람의 이동경로나 소재를 안다고 인정되는 사람을 정지시켜 질문할 수 있다.

③ 교도관은 도주한 수용자의 체포를 위하여 영업시간 외에도 다수인이 출입하는 장소의 관리자 또는 관계인에게 그 장소의 출입에 관하여 협조를 요구할 수 있다.

④ 소장은 수용자가 도주를 하거나 도주자를 체포한 경우에는 법무부장관에게 지체없이 보고하여야 한다.

13 형집행법령상 수용에 대한 설명으로 가장 옳지 않은 것은?

① 수용자의 생명 또는 신체의 보호, 정서적 안정을 위하여 필요한 때에는 혼거수용 할 수 있다.

② 소장은 계호상 독거수용자를 계속하여 독거수용하는 것이 건강상 또는 교화상 해롭다고 인정하는 경우에는 이를 중단할 수 있다.

③ 혼거수용 인원은 3명 이상으로 한다. 다만, 요양이나 그 밖의 부득이한 사정이 있는 경우에는 예외로 한다.

④ 소장은 수용자의 거실을 지정하는 경우에는 죄명·형기·죄질·성격·범죄전력·나이·경력 및 수용생활 태도, 그 밖에 수용자의 개인적 특성을 고려하여야 한다.

14 「형의 집행 및 수용자의 처우에 관한 법률」상 교정시설에 대한 설명으로 가장 옳지 않은 것은?

① 신설하는 교정시설은 수용인원이 500명 이내의 규모가 되도록 하여야 한다. 다만, 교정시설의 기능·위치나 그 밖에 사정을 고려하여 그 규모를 늘릴 수 있다.

② 법무부장관은 수용자에 대한 처우 및 교정시설의 유지·관리를 위한 적정한 인력을 확보해야 한다.

③ 법무부장관은 교정시설의 설치 및 운영에 관한 업무의 전부 또는 일부를 법인에게만 위탁할 수 있다.

④ 판사와 검사는 직무상 필요하면 교정시설을 시찰할 수 있다.

15 「형의 집행 및 수용자의 처우에 관한 법률」상 신입자 및 다른 교정시설로부터 이송되어 온 사람에게 말이나 서면으로 고지해야 할 사항에 해당하지 않은 것은?

① 형기의 기산일 및 종료일
② 접견·편지, 그 밖의 수용자의 권리에 관한 사항
③ 진술거부에 관한 사항
④ 청원, 「국가인원위원회법」에 따른 진정, 그 밖의 권리구제에 관한 사항

16 「가석방 업무지침」상 가석방 심사에 대한 설명으로 가장 옳지 않은 것은?

① 가석방 심사 유형 중 관리사범에 해당하는 조직폭력사범은 범죄행위 시 기준 조직폭력원으로 구속영장, 공소장, 판결문에 명시된 경우에 한한다.
② 신입분류심사가 완료된 수형자 중 가석방 예비심사 대상자 선정기준을 경과한 수형자는 모두 가석방 예비심사 대상자로 선정하여야 하며, 가석방 예비심사 대상자 선정 기준은 비공개를 원칙으로 한다.
③ 가석방 예비심사 대상자에 대하여 수사·재판 중인 사건이 있는 경우에는 법원, 검찰 등 관련기관의 의견 등을 조회하여 예비심사에 반영하여야 한다.
④ 벌금 및 추징금이 있는 자는 가석방 예비회의 개최 전일까지 완납한 경우 가석방적격심사를 신청할 수 있다.

17 형집행법령상 다음 설명으로 가장 옳지 않은 것은?

① 소장은 수형자가 개방처우급 또는 완화경비처우급으로서 작업기술이 탁월하고 작업성적이 우수한 경우에는 수형자 자신을 위한 개인작업을 하게 할 수 있다.
② 가족관계회복프로그램 대상 수형자는 교도관회의의 심의를 거쳐 선발하고, 참여인원은 7명 이내의 가족으로 한다. 다만, 특히 필요하다고 인정하는 경우에는 참여인원을 늘릴 수 있다.
③ 가석방심사위원회가 동일하거나 유사한 죄로 2회 이상 징역형 또는 금고형의 집행을 받은 수형자에 대하여 가석방 적격심사할 때에는 뉘우치는 정도, 노동능력 및 의욕, 근면성, 그 밖에 정상적인 업무에 취업할 수 있는 생활계획과 보호관계에 관하여 중점적으로 심사하여야 한다.
④ 투척용 최루탄은 근거리용으로 사용하고, 발사용 최루탄은 50미터 이상의 원거리에서 사용하되, 30도 이상의 발사각을 유지하여야 한다.

18 형집행법령상 수용자의 처우에 대한 설명으로 가장 옳지 않은 것은?

① 소장은 노인수용자가 작업을 원하는 경우에는 나이·건강상태 등을 고려하여 해당 수용자가 감당할 수 있는 정도의 작업을 부과한다. 이 경우 의무관의 의견을 들어야 한다.

② 장애인수용자의 거실은 시설부족 또는 그 밖의 부득이한 사정이 없으면 건물의 1층에 설치하고, 특히 장애인이 이용할 수 있는 변기 등의 시설을 갖추도록 하여야 한다.

③ 소장은 외국인수용자에 대하여는 그 생활양식을 고려하여 필요한 수용설비를 제공하도록 해야 한다.

④ 소년수형자 전담교정시설에는 별도의 개인학습공간을 마련하고 학용품 및 소년의 정서 함양에 필요한 도서, 잡지 등을 갖춰 두어야 한다.

19 형집행법령상 수용자 급식에 대한 설명으로 가장 옳지 않은 것은?

① 소장은 작업시간을 3시간 이상 연장하는 경우에는 수용자에게 주·부식 또는 대용식 1회분을 간식으로 지급할 수 있다.

② 수용자에게 지급하는 주식은 1명당 1일 390그램을 기준으로 하며, 소장은 수용자의 나이, 건강, 작업 여부 및 작업의 종류 등을 고려하여 필요한 경우에는 주식의 지급기준량을 변경할 수 있다.

③ 소장은 수용자에 대한 원활한 급식을 위하여 해당 교정시설의 직전 분기 평균 급식인원을 기준으로 3개월분의 주식을 항상 확보하고 있어야 한다.

④ 부식은 주식과 함께 지급하며, 소장은 작업의 장려나 적절한 처우를 위하여 필요하다고 인정하는 경우 특별한 부식을 지급할 수 있다.

20 「형의 집행 및 수용자의 처우에 관한 법률 시행규칙」상 분류심사에 대한 설명으로 옳은 것(○)과 옳지 않은 것(×)을 바르게 연결한 것은?

> ⊙ 신입심사는 매월 초일부터 말일까지 형집행지휘서가 접수된 수형자를 대상으로 하며, 그 다음 달까지 완료하여야 한다. 다만, 특별한 사유가 있는 경우에는 그 기간을 연장할 수 있다.
> ⓒ 무기형과 20년을 초과하는 징역형·금고형의 재심사 시기를 산정하는 경우에는 그 형기를 20년으로 본다.
> ⓒ 부정기형의 재심사 시기는 단기형을 기준으로 한다.
> ⓔ 지능 및 적성 검사는 분류심사가 유예된 때, 그 밖에 인성검사가 곤란하거나 불필요하다고 인정되는 사유가 있는 때에 해당하지 아니하는 신입심사 대상자로서 집행할 형기가 형집행지휘서 접수일부터 1년 이상이고 나이가 50세 이하인 경우에 한다. 다만, 직업훈련 또는 그 밖의 처우를 위하여 특히 필요한 경우에는 예외로 할 수 있다.

	⊙	ⓒ	ⓒ	ⓔ
①	×	○	×	○
②	○	×	○	×
③	×	○	○	○
④	○	○	○	×

21 형집행법령상 이송에 대한 설명으로 가장 옳은 것은?

① 지방교정청장은 수용시설의 공사 등으로 수용거실이 일시적으로 부족한 때에는 관할 외 교정시설로 수용자의 이송을 승인할 수 있다.

② 소장은 수용자의 정신질환 치료를 위하여 필요하다고 인정하면 법무부장관의 승인을 받아 치료감호시설로 이송하여야 한다.

③ 소장은 수용자의 수용·작업·교화·의료, 그 밖의 처우를 위하여 필요하거나 시설의 안전과 질서유지를 위하여 필요하다고 인정하면 법무부장관의 승인을 받아 수용자를 다른 교정시설로 이송할 수 있다.

④ 소장은 다른 교정시설로부터 이송되어 온 사람이 있으면 그 사실을 수용자의 의사에 관계없이 수용자의 가족(배우자, 직계 존속·비속 또는 형제자매를 말한다.)에게 지체없이 알려야 한다.

이준 **마법교정학 승진 필독서**

22 형집행법령상 징벌에 대한 설명으로 가장 옳지 않은 것은?

① 소장은 수용자가 교정사고 방지에 뚜렷한 공로가 있다고 인정되면 징벌위원회의 의결을 거친 후 법무부장관의 승인을 받아 징벌을 실효시킬 수 있다.

② 소장은 실외운동 정지의 징벌을 부과하는 경우 또는 금치 처분을 받은 수용자에 대해 실외운동을 제한하는 경우라도 수용자가 매주 1회 이상 실외운동을 할 수 있도록 한다.

③ 금치와 그 밖의 징벌을 집행할 경우에는 금치를 우선하여 집행한다. 다만, 작업장려금의 삭감과 경고는 금치와 동시에 집행할 수 있다.

④ 소장은 징벌대상자에게 접견·편지수수 또는 전화통화를 제한하는 경우에는 징벌대상자의 가족 등에게 그 사실을 알려야 한다. 다만, 징벌대상자가 알리기를 원하지 않는 경우에는 그렇지 않다.

23 「형의 집행 및 수용자의 처우에 관한 법률」에 명시된 수용자의 편지수수가 금지되는 사유에 해당하지 않는 것은?

① 「형사소송법」이나 그 밖의 법률에 따른 편지의 수수금지 및 압수의 결정이 있는 때

② 수형자의 교화 또는 건전한 사회복귀를 해칠 우려가 있는 때

③ 시설의 안전 또는 질서를 해칠 우려가 있는 때

④ 편지의 상대방이 누구인지 확인할 수 없는 때

24 형집행법령상 분류심사에 대한 설명으로 가장 옳지 않은 것은?

① 징역형·금고형이 확정된 사람으로서 집행할 형기가 형집행지휘서 접수일부터 3개월 미만인 사람에 대해서는 분류심사를 하지 아니한다.

② 소장은 형집행정지 중에 있는 사람이 기간만료 또는 그 밖의 정지사유가 없어져 재수용된 경우에는 석방 당시와 동일한 처우등급을 부여할 수 있다.

③ 소장은 형집행정지 중이거나 가석방기간 중에 있는 사람이 형사사건으로 재수용되어 형이 확정된 경우에는 개별처우계획을 새로 수립하여야 한다.

④ 분류처우위원회는 위원장을 포함한 7명 이상 9명 이하의 위원으로 구성하고, 위원장은 소장이 된다.

06 2021년 교정관(5급) 승진시험 **307**

25 형집행법령상 수용자 처우에 대한 설명으로 가장 옳지 않은 것은?

① 수용자가 구독을 신청할 수 있는 신문은 교정시설의 보관범위 및 수용자가 지닐 수 있는 범위를 벗어나지 않는 범위에서 월 3종 이내로 한다. 다만, 소장은 수용자의 지식함양 및 교양습득에 특히 필요하다고 인정하는 경우에는 신청수량을 늘릴 수 있다.

② 소장은 수용자의 건강과 일과시간 등을 고려하여 1일 6시간 이내에서 방송편성 시간을 정한다. 다만, 토요일·공휴일, 작업·교육실태 및 수용자의 특성을 고려하여 방송편성시간을 조정할 수 있다.

③ 소장은 시설의 안전 또는 질서를 해칠 우려가 있다고 인정하는 경우에 수용자의 문예 등에 관한 집필을 허용하지 않을 수 있다.

④ 수용자는 휴업일 및 휴게시간 내에 시간의 제한 없이 집필할 수 있다. 다만, 부득이한 사정이 있는 경우에는 그러하지 아니하다.

26 형집행법령상 수용자 처우에 대한 설명으로 가장 옳지 않은 것은?

① 소장은 개방처우급·완화경비처우급 수형자에게 자치생활을 허가할 수 있으며, 자치생활 수형자들이 교육실, 강당 등 적당한 장소에서 월 1회 이상 토론회를 할 수 있도록 하여야 한다.

② 일반경비처우급 수형자의 접견 허용횟수는 월 5회이며, 접견은 1일 1회만 허용하되 처우상 특히 필요한 경우에는 그러하지 아니하다.

③ 소장은 교화를 위하여 특히 필요한 경우에는 일반경비처우급 수형자에 대하여도 가족 만남의 날 행사 참여 또는 가족 만남의 집 이용을 허가할 수 있다.

④ 소장은 개방처우급·완화경비처우급 또는 일반경비처우급 수형자에 대하여 월 2회 이내에서 경기 또는 오락회를 개최하게 할 수 있다. 다만, 소년수형자에 대하여는 그 횟수를 늘릴 수 있다.

2022년 교정관(5급) 승진시험

Corrections & Criminal Justice
정답 및 해설 p.374

01 형집행법령상 종교와 문화에 대한 설명으로 가장 옳은 것은?

① 소장은 수용자의 건강과 일과시간 등을 고려하여 1일 8시간 이내에서 방송편성시간을 정한다.

② 집필용구의 관리, 집필의 시간·장소, 집필과 문서 또는 도화의 외부반출 등에 관하여 필요한 사항은 대통령령으로 정한다.

③ 소장은 시설의 안전과 질서유지를 위하여 필요한 경우에도 교정시설의 안에서 실시하는 수용자의 종교의식 또는 행사 참석을 제한할 수 없다.

④ 소장은 수용자가 자신의 비용으로 구독 신청한 신문·잡지 또는 도서가 시설의 안전을 해하거나 건전한 사회복귀를 저해하는 경우를 제외하고는 구독을 허가하여야 한다.

02 형집행법령상 교정자문위원회에 대한 설명으로 가장 옳은 것은?

① 수용자의 관리·교정교화 등 사무에 관한 지방교정청장의 자문에 응하기 위하여 지방교정청에 교정자문위원회를 둔다. 위원회는 6명 이상 8명 이하의 위원으로 성별을 고려하여 구성하고, 위원장은 위원 중에서 호선하며, 위원은 교정에 관한 학식과 경험이 풍부한 외부인사 중에서 지방교정청장의 추천을 받아 법무부장관이 위촉한다.

② 위원회는 위원 중에서 호선하여 부위원장을 둔다. 위원 중 3명 이상은 여성으로 한다. 지방교정청장이 위원을 추천하는 경우에는 교정자문위원회 위원 추천서를 법무부장관에게 제출하여야 한다. 다만, 재위촉의 경우에는 지방교정청장의 의견서를 추천서로 갈음한다.

③ 위원의 임기는 2년으로 하며, 연임할 수 있다. 지방교정청장은 위원의 결원이 생긴 경우에는 결원이 생긴 날부터 30일 이내에 후임자를 법무부장관에게 추천해야 한다. 결원이 된 위원의 후임으로 위촉된 위원의 임기는 전임자 임기의 남은 기간으로 한다.

④ 위원장은 위원회를 소집하고 위원회의 업무를 총괄한다. 위원장이 부득이한 사유로 직무를 수행할 수 없을 때에는 부위원장이 그 직무를 대행하고, 부위원장도 부득이한 사유로 직무를 수행할 수 없을 때에는 호선으로 선출하여 선출된 위원이 그 직무를 대행한다.

03 「형의 집행 및 수용자의 처우에 관한 법률 시행규칙」상 소득점수 평가에 대한 설명으로 가장 옳지 않은 것은?

① 작업 또는 교육성적은 법에 따라 부과된 작업·교육의 실적 정도와 근면성 등에 따라 매우우수(수, 5점), 우수(우, 4점), 보통(미, 3점), 노력요망(양, 2점), 불량(가, 1점)으로 구분하여 채점한다.

② 수형생활 태도는 품행·책임감 및 협동심의 정도에 따라 매우양호 (수, 5점), 양호(우, 4점), 보통(미, 3점), 개선요망(양, 2점), 불량(가, 1점)으로 구분하여 채점한다.

③ 소장은 재심사를 하는 경우에는 그 때마다 평가한 수형자의 소득점수를 평정하여 경비처우급을 조정할 것인지를 고려하여야 한다. 다만, 부정기재심사의 소득점수 평정대상기간은 사유가 발생한 다음 달까지로 한다.

④ 경비처우급을 하향 조정하기 위하여 고려할 수 있는 평정소득점수의 기준은 5점 이하이다. 다만, 수용 및 처우를 위하여 특히 필요한 경우 법무부장관이 달리 정할 수 있다.

04 「형의 집행 및 수용자의 처우에 관한 법률 시행규칙」상 방송통신대학 교육과정 교육대상자 선발에 대한 설명으로 (   ) 안에 들어갈 숫자의 합으로 옳은 것은?

> 제110조(독학에 의한 학위취득과정 설치 및 운영) ① 소장은 수형자에게 학위취득 기회를 부여하기 위하여 독학에 의한 학사학위 취득과정(이하 '학사고시반 교육'이라 한다)을 설치·운영할 수 있다.
> ② 소장은 다음 각 호의 요건을 갖춘 수형자가 제1항의 학사고시반 교육을 신청하는 경우에는 교육대상자로 선발할 수 있다.
> 1. 고등학교 졸업 또는 이와 동등한 수준 이상의 학력이 인정될 것
> 2. 교육개시일을 기준으로 형기의 (   )분의 1[(   )년 이상의 유기형 또는 무기형의 경우에는 (   )년] 이 지났을 것
> 3. 집행할 형기가 (   )년 이상일 것

① 32   ② 33
③ 34   ④ 36

05 「형의 집행 및 수용자의 처우에 관한 법률 시행규칙」상 개별처우급(수형자의 개별적인 특성에 따라 중점처우의 내용을 구별하는 기준)의 구분으로 명시된 것이 아닌 것은?

① 생활지도   ② 학과교육
③ 개방처우   ④ 집단처우

06 형집행법령상 석방(예정)자 관련 사항에 대한 설명으로 옳은 것은 모두 몇 개인가?

> ㉠ 소장은 수형자의 건전한 사회복귀를 위하여 필요하다고 인정하면 석방 전 3일 이내의 범위에서 석방예정자를 별도의 거실에 수용하여 장래에 관한 상담과 지도를 할 수 있다.
> ㉡ 소장은 형기종료로 석방될 수형자에 대하여는 석방 10일 전까지 석방 후의 보호에 관한 사항을 조사하여야 한다.
> ㉢ 소장은 피석방자가 질병이나 그 밖에 피할 수 없는 사정으로 귀가하기 관란한 경우에 본인의 신청이 있으면 일시적으로 교정시설에 수용할 수 있다.
> ㉣ 소장은 피석방자에게 귀가에 필요한 여비 또는 의류가 없으면 법무부장관이 정하는 범위에서 이를 지급하거나 빌려 줄 수 있다.
> ㉤ 소장은 수형자를 석방하는 경우 특히 필요하다고 인정하면 한국법무보호복지공단에 그에 대한 보호를 요청할 수 있다.
> ㉥ 소장은 석방될 수형자의 재범방지, 자립지원 및 피해자 보호를 위하여 필요하다고 인정하면 해당 수형자의 수용이력 또는 사회복귀에 관한 의견을 그의 거주지를 관할하는 경찰관서나 자립을 지원할 법인 또는 개인에게 통보할 수 있다. 다만, 법인 또는 개인에게 통보하는 경우에는 해당 수형자의 동의를 받아야 한다.

① 3개   ② 4개
③ 5개   ④ 6개

07 「형의 집행 및 수용자의 처우에 관한 법률 시행령」상 수용자 의료처우에 대한 설명으로 가장 옳은 것은?

① 소장은 수용자가 감염병에 걸렸다고 의심되는 경우에는 2주 이상 격리수용하고 그 수용자의 휴대품을 소독하여야 한다.
② 소장은 감염병이 유행하는 경우에는 수용자가 자비로 구매하는 음식물의 공급을 중지하여야 한다.
③ 소장은 수용자가 감염병에 걸린 경우에는 즉시 격리수용하고 그 수용자가 사용한 물품과 설비를 철저히 소독하여야 하며 그 사실을 지체없이 법무부장관에게 보고하고 관할 보건기관의 장에게 알려야 한다.
④ 소장은 수용자가 부상을 당하거나 질병에 걸린 경우에는 그 수용자를 의료거실에 수용하고 다른 수용자에게 그 수용자를 간병하게 하여야 한다.

08 형집행법령상 여성수용자의 처우에 대한 설명으로 옳은 것은 모두 몇 개인가?

> ㉠ 여성교도관이 부족하거나 그 밖의 부득이한 사정으로 남성교도관이 1인 이상의 여성수용자에 대하여 실내에서 상담 등을 하려면 투명한 창문이 설치된 장소에서 다른 여성교도관을 입회시킨 후 실시하여야 한다.
> ㉡ 소장은 여성수용자에 대하여 6개월에 1회 이상 건강검진을 하여야 한다. 이 경우 여성수용자의 나이·건강 등을 고려하여 부인과질환에 관한 검사를 포함시킬 수 있다.
> ㉢ 여성수용자는 자신이 출산한 유아를 교정시설에서 양육할 것을 신청할 수 있다.
> ㉣ 소장은 수용자가 출산하려고 하는 경우에는 외부의료시설에 진료를 받게 하는 등 적절한 조치를 하여야 한다.
> ㉤ 수용자가 출산(유산·사산을 제외한다)한 경우란 출산(유산·사산한 경우를 제외한다)후 60일이 지나지 아니한 경우를 말한다.

① 1개　　　② 2개　　　③ 3개　　　④ 4개

09 「형의 집행 및 수용자의 처우에 관한 법률 시행령」상 거실 현황표 등에 대한 설명으로 가장 옳지 않은 것은?
① 소장은 수용자거실에 면적, 정원 및 현재 인원을 적은 현황표를 붙여야 한다.
② 소장은 수용자거실 앞에 붙인 이름표의 윗부분에는 수용자의 성명·출생연도·죄명·형명 및 형기를 적는다.
③ 소장은 수용자거실 앞에 붙인 이름표의 아랫부분에는 수용자번호 및 입소일을 적되, 아랫부분의 내용이 보이지 않도록 해야 한다.
④ 소장은 수용자가 법령에 따라 지켜야 할 사항과 수용자의 권리구제 절차에 관한 사항을 수용자거실의 보기 쉬운 장소에 붙이는 등의 방법으로 비치하여야 한다.

10 형집행법령상 안전과 질서에 대한 설명으로 가장 옳은 것은?
① 소장이 수용자의 처우를 위하여 허가하는 경우, 수용자는 무인비행장치나 전자통신기기를 지닐수도 있다.
② 거실에 영상정보처리기기 카메라를 설치하는 경우에는 용변을 보는 전신의 모습이 촬영되지 아니하도록 카메라의 각도를 한정하거나 화장실 차폐시설을 설치하여야 한다.
③ 교도관이 중경비시설의 거실에 있는 수용자를 전자장비를 이용하여 계호하는 경우에는 거실수용자 영상계호부에 피계호자의 인적사항 및 주요 계호내용을 개별적으로 기록하여야 한다.
④ 교도관은 교정시설 안에서 수용자를 계호하는 경우 보호장비나 수용자의 팔목 등에 전자경보기를 부착하여 사용할 수 있다.

11 「형의 집행 및 수용자의 처우에 관한 법률 시행규칙」상 가석방의 취소 등에 대한 설명으로 가장 옳지 않은 것은?

① 가석방 기간 중 형사사건으로 구속되어 교정시설에 미결수용 중인 자의 가석방 취소 결정으로 남은 형기를 집행하게 된 경우에는 가석방된 형의 집행을 지휘하였던 검찰청 검사에게 남은 형기 집행지휘를 받아 우선 집행하여야 한다.

② 소장은 가석방이 취소된 사람 또는 가석방이 실효된 사람이 교정시설에 수용되지 아니한 사실을 알게 된 때에는 관할 지방검찰청 검사 또는 관할 경찰서장에게 구인하도록 의뢰하여야 한다.

③ 가석방이 취소된 사람 및 가석방이 실효된 사람의 남은 형기 집행 기산일은 가석방의 취소 또는 실효로 인하여 교정시설에 수용된 날의 다음 날부터 한다.

④ 가석방이 취소된 사람 및 가석방이 실효된 사람의 남은 형기 기간은 가석방을 실시한 다음 날부터 원래 형기의 종료일까지로 한다.

12 「형의 집행 및 수용자의 처우에 관한 법률」상 가족관계회복프로그램에 대한 설명으로 가장 옳지 않은 것은?

① 소장은 수형자와 그 가족의 관계를 유지·회복하기 위하여 수형자의 가족이 참여하는 각종 프로그램을 운영할 수 있다.

② 소장은 가족이 없는 수형자의 경우 교화를 위하여 필요하면 결연을 맺었거나 그 밖에 가족에 준하는 사람의 참여를 허가할 수 있다.

③ 가족관계회복프로그램 대상 수형자는 교도관회의의 심의를 거쳐 선발한다.

④ 가족관계회복프로그램 참여인원은 3명 이내의 가족으로 한다. 다만, 특히 필요하다고 인정하는 경우에는 참여인원을 늘릴 수 있다.

13 형집행법령상 수용자의 사망에 대한 설명으로 옳은 것을 모두 고른 것은?

㉠ 소장은 수용자가 사망한 경우에는 그 사실을 즉시 그 가족(가족이 없는 경우에는 다른 친족)에게 알려야 한다. 이 경우 사망 일시·장소 및 사유도 같이 알려야 한다.

㉡ 소장은 수용자가 질병으로 사망한 경우에는 사망장에 그 병명·병력·사인 및 사망일시를 기록하고 서명하여야 한다.

㉢ 소장은 법 제128조에 따라 시신을 인도, 화장, 임시 매장, 집단 매장 또는 자연장으로 한 경우에는 그 사실을 사망장에 기록하여야 한다.

㉣ 소장은 시신을 임시 매장하거나 봉안한 경우에는 그 장소에 사망자의 성명을 적은 표지를 비치하고, 별도의 장부에 주민등록지, 성명, 사망일시를 기록하여 관리하여야 한다.

---

① ㉠, ㉡   ② ㉡, ㉢   ③ ㉠, ㉢   ④ ㉢, ㉣

14 「형의 집행 수용자의 처우에 관한 법률」상 미결수용자의 처우에 대한 설명으로 가장 옳은 것은?

① 미결수용자가 수용된 거실과 교정시설은 참관할 수 없다.

② 미결수용자는 수사·재판·국정감사 또는 법률로 정하는 조사에 참석할 때에는 사복을 착용할 수 있다. 다만, 소장은 도주우려가 크거나 특히 부적당한 사유가 있다고 인정하면 출석을 요청한 기관에서 지급하는 의류를 입게 할 수 있다.

③ 소장은 미결수용자에 대하여는 신청에 따라 교육 또는 교화프로그램을 실시하거나 작업을 부과할 수 있다.

④ 소장은 미결수용자가 징벌대상자로서 조사받고 있거나 징벌집행 중인 경우에도 소송서류의 작성, 교정시설의 외부에 있는 가족과의 접견·편지수수, 그 밖의 수사 및 재판 과정에서의 권리행사를 보장하여야 한다.

15 형집행법령상 수용자 음식물의 지급에 대한 설명으로 가장 옳은 것은?

① 수용자에게 지급하는 주식은 원칙적으로 쌀과 보리 등 잡곡의 혼합곡으로 한다.

② 수용자에게 지급하는 주식은 1명당 1식 390그램을 기준으로 하며, 지급횟수는 1일 3회로 한다.

③ 소장은 작업시간을 3시간 이상 연장하는 경우에는 수용자에게 주·부식 또는 대용식 1회분을 간식으로 지급할 수 있다.

④ 소장은 수용자에 대한 원활한 급식을 위하여 해당 교정시설의 직전 반기 평균 급식 인원을 기준으로 1개월분의 주식을 항상 확보하고 있어야 한다.

16 「형의 집행 및 수용자의 처우에 관한 법률」상 (   ) 안에 들어갈 숫자의 합으로 옳은 것은?

> ㉠ 수용자의 보호실 수용기간은 (   )일 이내로 한다. 다만, 소장은 특히 계속하여 수용할 필요가 있으면 의무관의 의견을 고려하여 1회당 (   )일의 범위에서 기간을 연장할 수 있다.
> ㉡ 사면, 가석방, 형의 집행면제, 감형에 따른 석방은 그 서류가 교정시설에 도달한 후 (   )시간 이내에 하여야 한다.
> ㉢ 소장의 허가 없이 무인비행장치, 전자·통신기기를 교정시설에 반입한 사람은 (   )년 이하의 징역 또는 (   )천만원 이하의 벌금에 처한다.

① 34   ② 37

③ 40   ④ 45

17 형집행법령상 접견에 대한 설명으로 가장 옳지 않은 것은?

① 수용자가 미성년자인 자녀와 접견하는 경우에는 접촉차단시설이 설치되지 아니한 장소에서 접견하게 할 수 있다.

② 수용자가 소송사건의 대리인인 변호사와 접견하는 경우로서 교정시설의 안전 또는 질서를 해칠 우려가 없는 경우에는 접촉차단시설이 설치되지 아니한 장소에서 접견하게 한다.

③ 미결수용자의 처우를 위하여 소장이 특별히 필요하다고 인정하는 경우에는 접촉차단시설이 설치되지 아니한 장소에서 접견하게 할 수 있다.

④ 수용자가 19세 미만인 때, 교정성적이 우수한 때, 교화 또는 건전한 사회복귀를 위하여 특히 필요하다고 인정되는 때에는 접촉차단시설이 설치되지 아니한 장소에서 접견하게 할 수 있다.

18 「형의 집행 및 수용자의 처우에 관한 법률 시행규칙」상 중간처우에 대한 설명이다. ( ) 안에 들어갈 숫자의 합으로 옳은 것은?

> 제93조(중간처우) ① 소장은 개방처우급 혹은 완화경비처우급 수형자가 다음 각 호의 사유에 모두 해당하는 경우에는 교정시설에 설치된 개방시설에 수용하여 사회 적응에 필요한 교육, 취업지원 등 적정한 처우를 할 수 있다.
> 1. 형기가 (   )년 이상인 사람
> 2. 범죄 횟수가 (   )회 이하인 사람
> 3. 중간처우를 받는 날부터 가석방 또는 형기 종료 예정일까지 기간이 (   )개월 이상 (   )년 (   )개월 미만인 사람

① 15   ② 16   ③ 17   ④ 18

19 「교도관직무규칙」상 교도관회의에 대한 설명으로 옳은 것은 모두 몇 개인가?

> ㉠ 교정시설에는 소장의 자문에 응하여 교정행정에 관한 중요한 시책의 집행방법 등을 심의하게 하기 위하여 소장 소속의 교도관회의를 둘 수 있다.
> ㉡ 소장은 회의의 의장이 되며, 매월 1회 이상 회의를 소집하여야 한다.
> ㉢ 회의는 소장을 포함한 5명 이상 9명 이하의 과장과 교정에 관한 학식과 경험이 풍부한 외부위원을 위촉하여 구성한다. 이 경우 외부위원은 2명으로 한다.
> ㉣ 교도작업 및 교도작업특별회계의 운영에 관한 주요사항은 외부위원 1명 이상이 출석한 경우에만 심의할 수 있다.
> ㉤ 소장은 회의의 사무를 원활히 처리하기 위하여 총무과(지소의 경우에는 총무계)소속의 교도관 중에서 서기 1명을 임명하여야 한다.

① 0개   ② 1개   ③ 2개   ④ 3개

01 형집행법령상 교정시설에 대한 설명으로 가장 옳은 것은?

① 신설하는 교정시설은 수용인원이 500명 이상의 규모가 되도록 하여야 한다. 다만, 교정시설의 기능 위치나 그 밖의 사정을 고려하여 그 규모를 줄일 수 있다.

② 법무부장관은 교정시설의 설치 및 운영에 관한 업무의 일부를 법인에 한하여 위탁할 수 있다.

③ 법무부장관은 교정시설의 운영, 교도관의 복무, 수용자의 처우 및 인권실태 등을 파악하기 위하여 매년 1회 이상 교정시설을 순회점검하거나 소속 공무원으로 하여금 순회점검하게 하여야 한다.

④ 판사와 검사 외의 사람은 교정시설을 참관하려면 학술연구 등 정당한 이유를 명시하여 관할 지방교정청장의 허가를 받아야 한다.

02 형집행법령상 보안장비에 대한 설명으로 가장 옳지 않은 것은?

① 교도관은 수용자가 도주하거나 도주하려고 하는 때에는 수용자에게 최루탄을 사용할 수 있다.

② 교도관은 수용자 외의 사람이 시설의 안전 또는 질서를 크게 해치는 행위를 하거나 하려고 하는 때에는 가스분사기를 사용할 수 있다.

③ 가스총은 1미터 이내의 거리에서는 상대방의 얼굴을 향하여 발사해서는 안 된다.

④ 발사용 최루탄은 50미터 이상의 원거리에서 사용하되, 30도 이상의 발사각을 유지하여야 한다.

03 형집행법령상 보호실 및 진정실 수용에 대한 설명으로 가장 옳지 않은 것은?

① 소장은 수용자가 교정시설의 설비 또는 기구 등을 손괴하거나 손괴하려고 하는 때에 강제력을 행사하거나 제98조의 보호장비를 사용하여도 그 목적을 달성할 수 없는 경우에는 의무관의 의견을 고려하여 진정실에 수용할 수 있다.

② 소장은 수용자가 자살 또는 자해의 우려가 있는 때에는 의무관의 의견을 고려하여 보호실에 수용할 수 있다.

③ 수용자의 보호실 수용기간은 15일 이내로 한다. 다만, 소장은 특히 계속하여 수용할 필요가 있으면 의무관의 의견을 고려하여 연장할 수 있다. 기간연장은 1회당 7일의 범위에서 연장하되, 수용자를 보호실에 수용할 수 있는 기간은 계속하여 3개월을 초과할 수 없다.

④ 수용자의 진정실 수용기간은 24시간 이내로 한다. 다만, 소장은 특히 계속하여 수용할 필요가 있으면 의무관의 의견을 고려하여 연장할 수 있다. 기간연장은 1회당 12시간의 범위에서 연장하되, 수용자를 진정실에 수용할 수 있는 기간은 계속하여 3일을 초과할 수 없다.

04 형집행법령상 수용자의 편지수수에 대한 설명으로 가장 옳지 않은 것은?

① 소장은 편지의 내용을 검열했을 때에는 그 사실을 해당 수용자에게 지체없이 알려주어야 한다.

② 편지발송의 횟수, 편지 내용물의 확인방법 및 편지 내용의 검열절차 등에 관하여 필요한 사항은 대통령령으로 정한다.

③ 수용자 간에 오가는 편지에 대한 검열은 편지를 받는 교정시설에서 한다. 다만, 특히 필요하다고 인정되는 경우에는 편지를 보내는 교정시설에서도 할 수 있다.

④ 같은 교정시설의 수용자 간에 편지를 주고받으려면 소장의 허가를 받아야 한다.

05 형집행법령상 수용에 대한 설명으로 가장 옳은 것은?

① 교도관은 계호상 독거수용자가 건강상 이상이 있는 것으로 보이는 경우에는 교정시설에 근무하는 의무관 또는 소장에게 지체 없이 보고하여야 한다.

② 소장은 특히 필요하다고 인정하는 경우가 아니면 남성교도관이 주·야간에 수용자 거실에 있는 여성수용자를 시찰하게 하여서는 아니 된다.

③ 수용자는 독거수용한다. 다만, 시설의 안전과 질서유지를 위하여 필요한 때에는 혼거수용 할 수 있다.

④ 소장은 수용자의 생명 신체의 보호, 증거인멸의 방지 및 교정시설의 안전과 질서유지를 위하여 필요하다고 인정하면 혼거실, 교육실, 강당, 작업장, 그 밖에 수용자들이 서로 접촉할 수 있는 장소에서 수용자의 자리를 지정할 수 있다.

06 형집행법령상 교정시설에 근무하는 간호사가 야간 또는 공휴일 등에 할 수 있는 경미한 의료행위에 해당하지 않는 것은?

① 외상 등 흔히 볼 수 있는 상처의 치료

② 응급을 요하는 수용자에 대한 응급처치

③ 부상과 질병의 악화방지를 위한 처치

④ 의약품의 처방

07 형집행법령상 이송, 재수용의 개별처우계획에 대한 설명으로 가장 옳지 않은 것은?

① 소장은 형집행정지 중에 있는 사람이 기간만료 또는 그 밖의 정지사유가 없어져 재수용된 경우에는 석방 당시와 동일한 처우등급을 부여할 수 있다.

② 소장은 가석방의 취소로 재수용되어 남은형기가 집행되는 경우에는 석방 당시보다 한 단계 낮은 처우등급(제74조의 경비처우급에만 해당한다.)을 부여한다. 다만, 「가석방자관리규정」 제5조 단서를 위반하여 가석방이 취소되는 등 가석방 취소사유에 특히 고려할 만한 사정이 있는 때에는 석방당시와 동일한 처우등급을 부여할 수 있다.

③ 소장은 해당 교정시설의 특성 등을 고려하여 필요한 경우에는 다른 교정시설로부터 이송되어 온 수형자의 개별처우계획(법 제56조제1항에 따른 개별처우계획을 말한다)을 변경할 수 있다.

④ 소장은 형집형정지 중이거나 가석방기간 중에 있는 사람이 형사사건으로 재수용되어 형이 확정된 경우에는 종전 개별처우계획을 적용하여야 한다.

08 형집행법령상 수용자의 위생과 의료에 대한 설명으로 가장 옳은 것은?

① 소장은 저수조 등 급수시설을 1개월에 1회 이상 청소·소독하여야 한다.

② 소장은 수용자에 대하여 1년에 1회 이상 건강검진을 하여야 하며, 19세 미만의 수용자와 처우상 독거수용자에 대하여는 6개월에 1회 이상 하여야 한다.

③ 소장은 수용자가 감염병에 걸렸다고 의심되는 경우에는 1주 이상 격리수용하고 그 수용자의 휴대품을 소독하여야 한다.

④ 소장은 수용자가 진료 또는 음식물의 섭취를 거부하면 교도관으로 하여금 관찰·조언 또는 설득을 하도록 하여야 한다.

09 형집행법령상 수용자의 변호사 접견에 대한 설명으로 가장 옳지 않은 것은?

① 수용자가 소송사건의 대리인인 변호사와 접견하는 시간은 회당 60분으로 한다.

② 수용자가 「형사소송법」에 따른 상소권회복 또는 재심 청구사건의 대리인이 되려는 변호사와 접견하는 횟수는 월 4회로 하고 접견 횟수에 포함시키지 아니한다.

③ 소송사건의 대리인인 변호사가 수용자를 접견하고자 하는 경우에는 변호사 접견신청서에 소송위임장 사본 등 소송사건의 대리인임을 소명할 수 있는 자료를 첨부해야 한다.

④ 수용자가 「형사소송법」에 따른 상소권회복 또는 재심 청구사건의 대리인이 되려는 변호사와 접견하는 경우에는 교정시설의 안전 또는 질서를 해칠 우려가 없는 한 접촉차단 시설이 설치되지 않은 장소에서 접견하게 한다.

10 형집행법령상 사형확정자의 작업에 대한 설명으로 가장 옳지 않은 것은?

① 소장은 사형확정자가 작업을 신청하면 교도관회의의 심의를 거쳐 교정시설 안에서 실시하는 작업을 부과할 수 있다.

② 소장은 작업이 부과된 사형확정자에 대하여 교도관회의의 심의를 거쳐 번호표 및 거실표의 색상은 붉은색으로 하지 않을 수 있다.

③ 소장은 작업이 부과된 사형확정자가 작업의 취소를 요청하면 사형확정자의 의사(意思)·건강, 담당교도관의 의견 등을 고려하여 작업을 취소할 수 있다.

④ 사형확정자에게 작업을 부과하는 경우에는 법률상 집중근로에 따른 처우도 준용된다.

11 형집행법령 및 판례상 수용자의 징벌에 대한 설명으로 가장 옳은 것은?

① 수용자가 2 이상의 징벌사유가 경합하는 때 또는 징벌이 집행 중에 있거나 징벌의 집행이 끝난 후 또는 집행이 면제된 후 1년 내에 다시 징벌사유에 해당하는 행위를 한 때에는 징벌의 장기의 2분의 1까지 가중할 수 있다.

② 수용자가 금지물품을 지니거나 반입·제작·사용·수수·교환·은닉하는 행위를 한 경우에는 21일 이상 30일 이하의 금치(禁置)에 처할 것. 다만, 위반의 정도가 경미한 경우 그 기간의 2분의 1의 범위에서 감경할 수 있다.

③ 대법원은 징벌위원회가 징벌혐의자에게 출석통지서를 전달하지 않았다고 하더라도 징벌위원회 개최 일시와 장소를 구두로 통지하였다면 출석통지서 미전달의 하자가 치유되어 위법하지 않다고 판단하였다.

④ 징벌위원회는 재적위원 과반수의 출석으로 개의하고, 출석위원 과반수의 찬성으로 의결한다. 이 경우 외부위원 2명 이상이 출석한 경우에만 개의할 수 있다.

12 형집행법령상 지방교정청장의 권한이 아닌 것은?

① 집체직업훈련 대상자 선정

② 소속 교정시설을 보호장비 사용 실태의 정기적 점검

③ 외국인의 관할 교정시설 참관 승인

④ 수용자의 징벌 실효에 대한 승인

13 형집행법령상 접견 중인 수용자 또는 그 상대방에 대해 교도관이 접견을 중지할 수 있는 사유로 가장 옳지 않은 것은?

① 범죄의 증거를 인멸하려고 하는 때
② 형사 법령에 저촉되는 행위를 하려고 하는 때
③ 미결수용자의 건전한 사회복귀를 해칠 우려가 있는 행위를 하려고 하는 때
④ 수용자의 처우에 관하여 거짓사실을 유포하는 때

14 형집행법령상 금품관리에 대한 설명으로 가장 옳지 않은 것은?

① 수형자 외의 사람이 수형자에게 금품을 건네줄 것을 신청하는 경우 소장은 그 금품이 수형자의 건강, 교화 또는 건전한 사회복귀를 해칠 우려가 있는 때에는 허가하지 않는다.
② 소장은 법무부장관이 정하는 범위를 벗어난 물품으로서 교정시설에 특히 보관할 필요가 있다고 인정하지 아니하는 물품을 수용자로 하여금 자신이 지정하는 사람에게 보내게 하거나 그 밖에 적당한 방법으로 처분하게 할 수 있다.
③ 소장은 사망자 또는 도주자가 남겨두고 간 금품 중에 썩거나 없어질 우려가 있는 것은 폐기할 수 있다.
④ 소장은 수용자가 석방될 때 보관하고 있던 수용자의 휴대금품을 본인에게 돌려주어야 한다. 다만, 보관품을 한꺼번에 가져가기 어려운 경우 등 특별한 사정이 있어 수용자가 석방 시 소장에게 일정 기간 동안(1개월 이내의 범위로 한정한다) 보관품을 보관하여 줄 것을 신청하는 경우에는 그러하지 아니하다.

15 형집행법령상 소장이 개방처우급 혹은 완화 경비처우급 수형자에게 교정시설에 설치된 개방시설에 수용하여 사회 적응에 필요한 교육, 취업지원 등 적정한 처우를 할 수 있는 사유에 해당하지 않는 것은?

① 소득점수가 우수한 사람
② 형기가 2년 이상인 사람
③ 범죄 횟수가 3회 이하인 사람
④ 중간처우를 받는 날부터 가석방 또는 형기 종료 예정일까지 기간이 3개월 이상 2년 6개월 미만인 사람

16 형집행법령상 (   )에 들어갈 숫자를 모두 합한 것으로 옳은 것은?

> ㉠ 사면, 가석방, 형의 집행면제, 감형에 따른 석방은 그 서류가 교정시설에 도달한 후 (   )시간
> 이내에 하여야 한다.
> ㉡ 권한이 있는 사람의 명령에 따른 석방은 서류가 도달한 후 (   )시간 이내에 하여야 한다.
> ㉢ 소장은 수형자의 건전한 사회복귀를 위하여 필요하다고 인정하면 석방 전 (   )일 이내의
> 범위에서 석방예정자를 별도의 거실에 수용하여 장래에 관한 상담과 지도를 할 수 있다.
> ㉣ 소장은 형기종료로 석방될 수형자에 대하여는 석방 (   )일 전까지 석방 후의 보호에 관한
> 사항을 조사하여야 한다.

① 27   ② 28   ③ 29   ④ 30

17 형집행법령상 의무관이 건강상태를 수시로 확인하여야 하는 수용자에 해당하는 것은 모두 몇 개인가?

> ㉠ 보호실 수용자
> ㉡ 실외운동정지의 징벌을 집행 중인 수용자
> ㉢ 보호장비를 착용 중인 수용자
> ㉣ 다른 수용자를 간병하는 수용자
> ㉤ 진정실 수용자
> ㉥ 금치의 징벌을 집행 중인 수용자
> ㉦ 취사장에서 작업하는 수용자

① 4개   ② 5개   ③ 6개   ④ 7개

18 형집행법령상 수용자에게 포상할 수 있는 사유에 대한 설명으로 옳은 것(○)과 옳지 않은 것(×)을
순서대로 바르게 나열한 것은?

> ㉠ 사람의 생명·신체를 구조하거나 도주를 방지한 때
> ㉡ 제102조(재난 시의 조치) 제1항에 따른 응급용무에 공로가 있는 때
> ㉢ 시설의 안전과 질서 유지에 뚜렷한 공이 인정되는 때
> ㉣ 수용생활에 모범을 보이거나 건설적이고 창의적인 제안을 하는 등 특히 포상할 필요가 있다
> 고 인정되는 때

	㉠	㉡	㉢	㉣
①	○	○	○	○
②	×	○	○	○
③	×	○	×	○
④	○	×	○	×

19 다음 중 교도작업에 대한 설명으로 가장 옳지 않은 것은?

① 수형자에게 부과하는 작업은 건전한 사회복귀를 위하여 기술을 습득하고 근로의욕을 고취하는 데에 적합한 것이어야 한다.

② 소장은 작업을 폐지하고자 할 때에는 법무부장관에게 보고를 하여야 한다. 다만, 직영작업을 폐지하고자 할 때에는 법무부장관의 승인을 받아야 한다.

③ 우리나라는 현재 교도작업의 효율적이고 합리적인 운영을 위하여 「교도작업의 운영 및 특별회계에 관한 법률」을 제정·시행하고 있다.

④ 수형자의 가족 또는 배우자의 직계존속이 사망하면 2일간, 부모 또는 배우자의 부모의 제삿날에는 1일간 해당 수형자의 작업을 면제한다. 다만, 수형자가 작업을 계속하기를 원하는 경우는 예외로 한다.

20 형집행법령상 수형자의 분류심사에 대한 설명으로 가장 옳지 않은 것은?

① 소장은 군사법원에서 징역형 또는 금고형이 확정되거나 그 형의 집행 중에 있는 사람이 이송되어 온 경우에는 개별처우계획을 새로 수립하여 시행한다.

② 징역형·금고형이 확정된 사람으로서 집행할 형기가 형집행지휘서 접수일부터 3개월 미만인 사람은 분류심사를 하지 아니한다.

③ 2개 이상의 징역형 또는 금고형을 집행하는 수형자의 재심사 시기를 산정하는 경우에는 그 형기를 합산한다. 다만, 합산한 형기가 20년을 초과하는 경우에는 그 형기를 20년으로 본다.

④ 소장은 재심사를 할 때에는 그 사유가 발생한 달까지 완료하여야 한다.

21 형집행법령상 수형자 취업 및 창업지원에 대한 설명으로 가장 옳은 것은?

① 수형자의 건전한 사회복귀를 지원하기 위하여 교정시설에 취업알선 및 창업지원에 관한 협의기구를 두어야 한다.

② 수형자 취업지원협의회는 3명 이상 5명 이하의 내부위원과 10명 이상의 외부위원으로 구성하며, 회장은 외부위원 중에서 호선한다.

③ 수형자 취업지원협의회의 외부위원 임기는 2년으로 하고 연임할 수 없다.

④ 수형자 취업지원협의회 회의는 반기마다 개최한다. 다만, 수형자의 사회복귀지원을 위하여 협의가 필요하거나 회장이 필요하다고 인정하는 때 또는 위원 3분의 1이상의 요구가 있는 때에는 임시회의를 개최할 수 있다.

22 형집행법령상 소장이 수용자의 면담신청을 받아들이지 않을 수 있는 사유를 모두 고른 것은?

> ⊙ 정당한 사유 없이 면담사유를 밝히지 아니하는 때
> ⓒ 면담목적이 법령이나 지시에 명백히 위배되는 사항을 요구하는 것인 때
> ⓒ 동일한 사유로 면담한 사실이 있음에도 불구하고 정당한 사유 없이 반복하여 면담을 신청하는 때
> ⓒ 교도관의 직무집행을 방해할 목적이라고 인정되는 상당한 이유가 있는 때

① ⊙, ⓒ   ② ⊙, ⓒ, ⓒ   ③ ⓒ, ⓒ, ⓒ   ④ ⊙, ⓒ, ⓒ, ⓒ

23 형집행법령상 수형자의 외부인 접견에 대한 설명으로 가장 옳지 않은 것은?

① 소장은 수형자가 19세 미만인 때에는 접견 횟수를 늘릴 수 있다.
② 소장은 수형자의 교화 또는 건전한 사회복귀를 위하여 특히 필요하다고 인정하면 접견 시간대 외에도 접견을 하게 할 수 있고 접견시간을 연장할 수 있다.
③ 소장은 수형자의 교화 또는 건전한 사회복귀를 위하여 필요한 때에는 교도관으로 하여금 수용자의 접견내용을 청취·기록·녹음 또는 녹화하게 할 수 있다.
④ 소장은 수용자와 외부인의 접견을 녹음하는 경우에는 교도관으로 하여금 수용자와 그 상대방이 접견실에 들어간 후에 즉시 구두 또는 서면으로 알려 주게 하여야 한다.

24 형집행법령상 보호장비 사용에 대한 설명으로 가장 옳지 않은 것은?

① 보호장비는 징벌의 수단으로 사용되어서는 아니 된다.
② 보호장비를 착용 중인 수용자는 특별한 사정이 없으면 계호상 독거수용한다.
③ 자살·자해의 우려가 큰 때에도 포승을 사용할 수 있다.
④ 보호침대를 사용하는 경우 수용자가 임의로 해체하지 못하도록 다른 보호장비를 함께 사용할 수 있다.

01 형집행법령 및 「교도관직무규칙」상 위생 등에 대한 설명으로 가장 옳은 것은?

① 교정시설에는 「의료법」 제3조에 따른 의료기관 중 의원(醫院)이 갖추어야 하는 시설 수준 이상의 의료시설을 갖추어야 한다. 의료시설의 세부종류 및 설치기준은 보건복지부장관이 정한다.

② 소장은 수용자가 건강유지에 필요한 운동 및 목욕을 정기적으로 할 수 있도록 하여야 한다. 운동시간·목욕횟수 등에 관하여 필요한 사항은 법무부령으로 정한다.

③ 소장은 거실·작업장·목욕탕, 그 밖에 수용자가 공동으로 사용하는 시설과 취사장, 주식·부식 저장고, 그 밖에 음식물 공급과 관련된 시설을 수시로 청소·소독하여야 하며, 저수조 등 급수시설은 6개월에 1회 이상 청소·소독하여야 한다.

④ 의무관은 수용자에게 지급하는 주식, 부식 등 음식물 검사에 참여하여 식중독 등을 예방하여야 한다. 의무관은 매주 1회 이상 의료수용동의 청결상태, 온도, 환기, 그 밖의 사항을 확인하여야 한다. 의무관은 교정시설의 모든 설비와 수용자가 사용하는 물품 또는 급식 등에 관하여 매월 1회 이상 전반적으로 그 위생에 관계된 사항을 확인하여야 하고, 그 결과 특히 중요한 사항은 소장에게 보고하여야 한다.

02 「형의 집행 및 수용자의 처우에 관한 법률 시행규칙」상 외국인수용자의 처우에 대한 설명으로 옳지 않은 것은 모두 몇 개인가?

> 가. 소장은 외국인수용자의 수용거실을 지정하는 경우에는 종교 또는 생활습관이 다르거나 민족감정 등으로 인하여 분쟁의 소지가 있는 외국인수용자는 거실을 분리하여 수용하여야 한다.
> 나. 소장은 외국인수용자에 대하여는 그 생활양식을 고려하여 필요한 수용설비를 제공하도록 노력하여야 한다.
> 다. 외국인수용자를 수용하는 소장은 외국어에 능통한 소속 교도관을 전담요원으로 지정하여 일상적인 개별면담, 고충해소, 통역·번역 및 외교공관 또는 영사관 등 관계기관과의 연락 등의 업무를 수행하게 하여야 한다.
> 라. 외국인수용자에 대하여는 쌀, 빵 또는 그 밖의 식품을 주식으로 지급하되, 소속국가의 음식문화를 고려하여야 한다.
> 마. 소장은 외국인수용자가 질병 등으로 위독하거나 사망한 경우에는 그의 국적이나 시민권이 속하는 나라의 외교공관 또는 영사관의 장이나 그 관원 또는 가족에게 이를 즉시 알려야 한다.

① 0개 　　　　② 1개 　　　　③ 2개 　　　　④ 3개

03 「형의 집행 및 수용자의 처우에 관한 법률」상 교도관이 수용자 외의 사람에게 강제력을 행사할 수 있는 사유로 가장 옳지 않은 것은?

① 수용자를 도주하게 하려고 하는 때
② 자해하거나 자해하려고 하는 때
③ 위력으로 교도관의 정당한 직무집행을 방해하는 때
④ 교정시설에 침입하거나 하려고 하는 때

04 「교도관직무규칙」상 당직간부에 대한 설명으로 가장 옳지 않은 것은?

① 소장은 당직간부의 지휘 아래 교정직교도관으로 하여금 전체 수용자를 대상으로 하는 인원점검을 매일 2회 이상 충분한 사이를 두고 하게 하여야 하며, 이에 따라 인원점검을 한 당직간부는 그 결과를 소장에게 보고하여야 한다.
② 당직간부는 수용자의 작업 등 일과활동이 끝나면 교정직교도관으로 하여금 수용자가 일과활동을 한 작업장 등에서 인원 및 도구를 점검하게 하고 그 결과를 보안과장에게 보고한 후 수용자를 거실로 들어가게 하여야 한다. 수용자가 거실로 들어가면 다시 인원점검을 하고 그 결과를 소장에게 보고한 후 일과종료를 명한다.
③ 당직간부는 매월 1회 이상 교도관의 비상소집망을 확인하여 정확하게 유지하도록 하여야 한다.
④ 당직간부는 수용자가 수용된 거실을 여닫거나 여러 명의 수용자를 이동시키는 등 계호를 강화할 필요가 있다고 판단되는 경우에는 휴식 중인 교정직교도관 등을 특정 근무지에 임시로 증가시켜 배치하여야 한다.

05 「형의 집행 및 수용자의 처우에 관한 법률 시행규칙」상 수용자의 범죄횟수에 대한 설명으로 가장 옳지 않은 것은?

① 수용자의 범죄횟수는 징역 또는 금고 이상의 형을 선고받아 확정된 횟수로 하는 것이 원칙이다.
② 집행유예의 선고를 받은 사람이 유예기간 중 고의로 범한 죄로 금고 이상의 실형이 확정되지 아니하고 그 기간이 지난 경우에는 집행이 유예된 형은 범죄횟수에 포함하지 아니한다.
③ 징역 4년을 선고받고 확정되어 그 집행을 종료한 날로부터 5년이 지난 경우에는 범죄횟수에 포함하지 아니한다.
④ 수용기록부 등 수용자의 범죄횟수를 기록하는 문서에는 필요한 경우 수용횟수(징역 또는 금고 이상의 형을 선고받고 그 집행을 위하여 교정시설에 수용된 횟수를 말한다)를 함께 기록하여 해당 수용자의 처우에 참고할 수 있도록 한다.

06 「형의 집행 및 수용자의 처우에 관한 법률」상 귀휴에 대한 내용이다. (   ) 안에 들어갈 숫자를 모두 합한 것으로 옳은 것은?

> 제77조(귀휴) ① 소장은 (   )개월 이상 형을 집행받은 수형자로서 그 형기의 (   )분의 1 [(   )년 이상의 유기형 또는 무기형의 경우에는 (   )년]이 지나고 교정성적이 우수한 사람이 다음 각 호의 어느 하나에 해당하면 1년 중 20일 이내의 귀휴를 허가할 수 있다.
> 1. 가족 또는 배우자의 직계존속이 위독한 때
> 2. 질병이나 사고로 외부의료시설에의 입원이 필요한 때
> 3. 천재지변이나 그 밖의 재해로 가족, 배우자의 직계존속 또는 수형자 본인에게 회복할 수 없는 중대한 재산상의 손해가 발생하였거나 발생할 우려가 있는 때
> 4. 그 밖에 교화 또는 건전한 사회복귀를 위하여 법무부령으로 정하는 사유가 있는 때

① 36 　　　　　　　　　　　② 37
③ 40 　　　　　　　　　　　④ 49

07 「형의 집행 및 수용자의 처우에 관한 법률 시행규칙」상 (   ) 안에 들어갈 숫자를 모두 합한 것으로 옳은 것은?

> 제90조(전화통화의 허용횟수) ① 수형자의 경비처우급별 전화통화의 허용횟수는 다음 각 호와 같다.
> 1. 개방처우급 : 월 (   )회 이내
> 2. 완화경비처우급 : 월 (   )회 이내
> 3. 일반경비처우급·중(重)경비처우급 : 처우상 특히 필요한 경우 월 (   )회 이내
> ② 소장은 제1항에도 불구하고 처우상 특히 필요한 경우에는 개방처우급·완화경비처우급 수형자의 전화통화 허용횟수를 늘릴 수 있다.
> ③ 제1항 각 호의 경우 전화통화는 1일 (   )회만 허용한다. 다만, 처우상 특히 필요한 경우에는 그러하지 아니하다.

① 32 　　　　　　　　　　　② 34
③ 36 　　　　　　　　　　　④ 38

08 「형의 집행 및 수용자의 처우에 관한 법률 시행령」상 소장이 금지물품의 확인을 위하여 수용자의 편지를 봉함하지 않은 상태로 제출하게 할 수 있는 사유로 가장 옳지 않은 것은?

① 마약류사범·조직폭력사범 등 법무부령으로 정하는 수용자가 변호인 외의 자에게 편지를 보내려는 경우

② 중(重)경비시설 수용대상인 수형자가 변호인 외의 자에게 편지를 보내려는 경우

③ 수용자가 같은 교정시설에 수용 중인 다른 수용자에게 편지를 보내려는 경우

④ 순회점검공무원에게 청원 중인 수용자가 다른 교정시설에 수용 중인 수용자에게 편지를 보내려는 경우

09 「형의 집행 및 수용자의 처우에 관한 법률」상 신체검사 등에 대한 설명으로 가장 옳지 않은 것은?

① 교도관은 시설의 안전과 질서유지를 위하여 필요하면 수용자의 신체·의류·휴대품·거실 및 작업장 등을 검사할 수 있다.

② 수용자의 신체를 검사하는 경우에는 불필요한 고통이나 수치심을 느끼지 아니하도록 유의하여야 하며, 특히 신체를 면밀하게 검사할 필요가 있으면 다른 수용자가 볼 수 없는 차단된 장소에서 하여야 한다.

③ 교도관은 시설의 안전과 질서유지를 위하여 필요하면 교정시설을 출입하는 수용자 외의 사람에 대하여 신체·의류 및 휴대품을 검사할 수 있다.

④ 여성의 신체·의류 및 휴대품에 대한 검사는 여성교도관이 하여야 한다.

10 「형의 집행 및 수용자의 처우에 관한 법률 시행규칙」상 가석방 적격심사에 대한 설명으로 가장 옳지 않은 것은?

① 소장은 가석방 적격심사신청에 필요하다고 인정하면 분류처우위원회에 담당교도관을 출석하게 하여 수형자의 가석방 적격심사사항에 관한 의견을 들을 수 있다.

② 소장은 수형자의 가석방 적격심사신청을 위하여 신원에 관한 사항, 범죄에 관한 사항, 보호에 관한 사항을 사전에 조사해야 한다.

③ 소장은 가석방이 허가되지 아니한 수형자에 대하여 그 후에 가석방을 허가하는 것이 적당하다고 인정하는 경우에는 다시 가석방 적격심사신청을 할 수 있다.

④ 가석방 적격심사신청을 위한 범죄에 관한 사항에 대한 조사는 수형자를 수용한 날로부터 6개월 이내에 하고, 조사에 필요하다고 인정하는 경우에는 소송기록을 열람할 수 있다.

11 형집행법령상 수형자의 처우에 대한 설명으로 가장 옳지 않은 것은?

① 소장은 미결수용자로서 자유형이 확정된 사람에 대하여는 검사의 집행 지휘서가 발송된 때부터 수형자로 처우할 수 있다.

② 수형자에 대한 처우는 교화 또는 건전한 사회복귀를 위하여 교정성적에 따라 상향 조정될 수 있으며, 특히 그 성적이 우수한 수형자는 개방시설에 수용되어 사회생활에 필요한 적정한 처우를 받을 수 있다.

③ 수형자의 처우등급은 기본수용급, 경비처우급, 개별처우급으로 구분한다.

④ 수형자 취업지원협의회는 회장 1명을 포함하여 3명 이상 5명 이하의 내부위원과 10명 이상의 외부위원으로 구성한다.

12 「형의 집행 및 수용자의 처우에 관한 법률 시행규칙」상 보안장비의 종류별 사용기준으로 가장 옳지 않은 것은?

① 전기교도봉은 얼굴이나 머리부분에 사용해서는 아니 되며, 타격 즉시 떼어야 한다.

② 가스총은 1미터 이내의 거리에서는 상대방의 얼굴을 향하여 발사해서는 안 된다.

③ 투척용 최루탄은 근거리용으로 사용하고, 발사용 최루탄은 30미터 이상의 원거리에서 사용하되, 50도 이상의 발사각을 유지하여야 한다.

④ 전극침 발사장치가 있는 전자충격기를 사용할 경우 전극침을 상대방의 얼굴을 향해 발사해서는 안 된다.

13 「형의 집행 및 수용자의 처우에 관한 법률」상 수용자의 석방에 대한 설명으로 가장 옳지 않은 것은?

① 소장은 사면·형기종료 또는 권한이 있는 사람의 명령에 따라 수용자를 석방한다.

② 사면, 가석방, 형의 집행면제, 감형에 따른 석방은 그 서류가 교정시설에 도달한 후 24시간 이내에 하여야 한다.

③ 형기종료에 따른 석방은 형기종료일에 하여야 한다.

④ 권한이 있는 사람의 명령에 따른 석방은 서류가 도달한 후 5시간 이내에 하여야 한다.

14 「형의 집행 및 수용자의 처우에 관한 법률」상 벌칙규정에 대한 설명으로 가장 옳지 않은 것은?

① 귀휴·외부통근, 그 밖의 사유로 소장의 허가를 받아 교도관의 계호 없이 교정시설 밖으로 나간 후에 정당한 사유 없이 기한까지 돌아오지 아니하는 행위를 한 수용자는 1년 이하의 징역 또는 1천만원 이하의 벌금에 처한다.

② 소장의 허가 없이 무인비행장치, 전자·통신기기를 교정시설에 반입한 사람은 3년 이하의 징역 또는 3천만원 이하의 벌금에 처한다.

③ 주류·담배·화기·현금·수표·음란물·사행행위에 사용되는 물품을 수용자에게 전달할 목적으로 교정시설에 반입한 사람은 1년 이하의 징역 또는 1천만원 이하의 벌금에 처한다.

④ 소장의 허가 없이 교정시설 내부를 녹화·촬영한 사람은 1년 이하의 징역 또는 1천만원 이하의 벌금에 처한다.

15 「형의 집행 및 수용자의 처우에 관한 법률」상 보호실 수용에 대한 설명으로 가장 옳은 것은?

① 소장은 수용자가 교정시설의 설비 등을 손괴하려고 하는 때에는 의무관의 의견을 고려하여 보호실에 수용할 수 있다.

② 수용자의 보호실 수용기간은 15일 이내로 한다. 다만, 소장은 특히 계속하여 수용할 필요가 있으면 의무관의 의견을 고려하여 1회당 7일의 범위에서 기간을 연장할 수 있으며, 보호실에 수용할 수 있는 기간은 계속하여 3개월을 초과할 수 없다.

③ 소장은 보호실 수용자의 건강상태를 수시로 확인하여야 한다.

④ 소장은 수용자의 보호실 수용기간을 연장하는 경우에는 그 사유를 수용자의 가족에게 알려 주어야 한다.

16 형집행법령상 분류심사에 대한 설명으로 가장 옳지 않은 것은?

① 소장은 수형자에 대한 개별처우계획을 합리적으로 수립하고 조정하기 위하여 수형자의 인성, 행동특성 및 자질 등을 과학적으로 조사·측정·평가하여야 한다.

② 소장은 형집행정지 중에 있는 사람이 기간만료 또는 그 밖의 정지사유가 없어져 재수용된 경우에는 석방 당시와 동일한 처우등급을 부여할 수 있다.

③ 교정본부장은 수형자를 과학적으로 분류하기 위하여 분류심사를 전담하는 교정시설을 지정·운영할 수 있다.

④ 분류처우위원회는 위원장을 포함한 5명 이상 7명 이하의 위원으로 구성한다.

17 형집행법령상 교정시설에 대한 설명으로 가장 옳지 않은 것은?

① 법무부장관은 교정시설의 설치 및 운영에 관한 업무의 일부를 법인에게 위탁할 수는 있으나 개인에게는 위탁할 수 없다.

② 법무부장관은 수용자에 대한 처우 및 교정시설의 유지·관리를 위한 적정한 인력을 확보하여야 한다.

③ 판사 또는 검사가 교정시설을 시찰할 경우에는 미리 그 신분을 나타내는 증표를 교정시설의 장에게 제시해야 한다.

④ 판사와 검사 외의 사람은 교정시설을 참관하려면 학술연구 등 정당한 이유를 명시하여 교정시설의 장의 허가를 받아야 한다.

18 「형의 집행 및 수용자의 처우에 관한 법률」상 징벌의 집행에 대한 설명으로 가장 옳지 않은 것은?

① 소장은 징벌집행 중인 사람이 뉘우치는 빛이 뚜렷한 경우에는 그 징벌을 감경하거나 남은 기간의 징벌집행을 면제할 수 있다.

② 징벌위원회는 징벌을 의결하는 때에 행위의 동기 및 정황, 교정성적, 뉘우치는 정도 등 그 사정을 고려할 만한 사유가 있는 수용자에 대하여 3개월 이상 6개월 이하의 기간 내에서 징벌의 집행을 유예할 것을 의결할 수 있다.

③ 수용자가 징벌집행을 유예받은 후 징벌을 받음이 없이 유예기간이 지나면 그 징벌의 집행은 종료된 것으로 본다.

④ 소장은 징벌의 집행이 종료되거나 집행이 면제된 수용자가 교정성적이 양호하고 법무부령으로 정하는 기간 동안 징벌을 받지 아니하면 법무부장관의 승인을 받아 징벌을 실효시킬 수 있다.

19 형집행법령상 여성수용자에 대한 설명으로 가장 옳지 않은 것은?

① 소장은 수용자가 임신 중이거나 출산(유산·사산은 제외한다)한 경우에는 모성보호 및 건강유지를 위하여 정기적인 검진 등 적절한 조치를 하여야 한다.

② 여성수용자는 자신이 출산한 유아를 교정시설에서 양육할 것을 신청할 수 있다.

③ 소장은 여성수용자에 대하여 상담·교육·작업 등을 실시하는 때에는 여성교도관이 담당하도록 하여야 한다. 다만, 여성교도관이 부족하거나 그 밖의 부득이한 사정이 있으면 그러하지 아니하다.

④ 소장은 교정시설에서 유아의 양육을 신청한 여성수용자에게 그 양육을 허가한 경우에는 교정시설에 육아거실을 지정·운영하여야 한다.

20 「형의 집행 및 수용자의 처우에 관한 법률 시행규칙」상 수용자의 종교행사 참석을 제한할 수 있는 사유로 옳은 것은 모두 몇 개인가?

> 가. 종교행사용 시설의 부족 등 여건이 충분하지 아니할 때
> 나. 수용자가 종교행사 장소를 허가 없이 벗어나거나 다른 사람과 연락을 할 때
> 다. 수용자가 계속 큰 소리를 내거나 시끄럽게 하여 종교행사를 방해할 때
> 라. 수용자가 전도를 핑계삼아 다른 수용자의 평온한 신앙생활을 방해할 때
> 마. 그 밖에 다른 법령에 따라 공동행사의 참석이 제한될 때

① 2개
② 3개
③ 4개
④ 5개

21 「형의 집행 및 수용자의 처우에 관한 법률 시행령」상 미결수용자의 처우에 대한 설명으로 가장 옳지 않은 것은?

① 미결수용자를 수용하는 시설의 설비 및 계호의 정도는 완화경비시설에 준한다.

② 미결수용자의 접견 횟수는 매일 1회로 하되, 변호인과의 접견은 그 횟수에 포함 시키지 않는다.

③ 소장은 이송이나 출정, 그 밖의 사유로 미결수용자를 교정시설 밖으로 호송하는 경우에는 해당 사건에 관련된 사람과 호송 차량의 좌석을 분리하는 등의 방법으로 서로 접촉하지 못하게 하여야 한다.

④ 소장은 미결수용자가 빈곤하거나 무지하여 수사 및 재판 과정에서 권리를 충분히 행사하지 못한다고 인정하는 경우에는 법률구조에 필요한 지원을 할 수 있다.

22 「형의 집행 및 수용자의 처우에 관한 법률 시행령」상 의료 등에 대한 설명으로 가장 옳지 않은 것은?

① 소장은 19세 미만의 수용자에 대하여는 1년에 1회 건강검진을 하여야 한다.

② 소장은 수용자가 감염병에 걸렸다고 의심되는 경우에는 1주 이상 격리수용하고 그 수용자의 휴대품을 소독하여야 한다.

③ 소장은 수용자가 위독한 경우에는 그 사실을 가족에게 지체 없이 알려야 한다.

④ 소장은 수용자가 부상을 당하거나 질병에 걸린 경우에는 그 수용자를 의료거실에 수용하거나, 다른 수용자에게 그 수용자를 간병하게 할 수 있다.

23 「형의 집행 및 수용자의 처우에 관한 법률 시행규칙」상 소년수용자에 대한 설명으로 가장 옳지 않은 것은?

① 소년수형자 전담교정시설이 아닌 교정시설에서는 소년수용자를 수용하기 위하여 별도의 거실을 지정하여 운용하여야 한다.

② 소년수형자 전담교정시설에는 별도의 공동학습공간을 마련하고 학용품 및 소년의 정서 함양에 필요한 도서, 잡지 등을 갖춰 두어야 한다.

③ 소년수형자 전담교정시설이 아닌 교정시설에서 소년수용자를 수용한 경우 소년의 나이·적성 등 특성에 알맞은 교육·교화프로그램을 개발하여 시행하여야 한다.

④ 소장은 소년수용자가 작업을 원하는 경우에는 나이·건강상태 등을 고려하여 해당 수용자가 감당할 수 있는 정도의 작업을 부과한다. 이 경우 의무관의 의견을 들어야 한다.

24 형집행법령상 징벌에 대한 설명으로 가장 옳지 않은 것은?

① 작업장려금의 삭감은 징벌위원회가 해당 징벌을 의결한 날이 속하는 달의 작업장려금부터 이미 지급된 작업장려금에 대하여 역순으로 집행한다.

② 소장은 금치를 집행하는 경우에는 징벌집행을 위하여 별도로 지정한 거실에 해당수용자를 수용하여야 한다.

③ 징벌위원회는 위원장을 포함한 5명 이상 7명 이하의 위원으로 구성하고, 위원장은 소장의 바로 다음 순위자가 되며, 위원은 소장이 소속 기관의 과장(지소의 경우에는 7급 이상의 교도관) 및 교정에 관한 학식과 경험이 풍부한 외부인사 중에서 임명 또는 위촉한다. 이 경우 외부위원은 2명 이상으로 한다.

④ 소장은 징벌집행을 받고 있거나 집행을 앞둔 수용자가 같은 행위로 형사 법률에 따른 처벌이 확정되어 징벌을 집행할 필요가 없다고 인정하면 징벌집행을 감경하거나 면제할 수 있다.

01 「형의 집행 및 수용자의 처우에 관한 법률」상 안전과 질서에 대한 설명으로 옳은 것을 모두 고른 것은?

> ㉠ 교도관은 시설의 안전과 질서유지를 위하여 필요하면 교정시설을 출입하는 수용자 외의 사람에 대하여 의류와 휴대품을 검사할 수 있다.
>
> ㉡ 교도관은 자살·자해·도주·폭행·손괴, 그 밖에 수용자의 생명·신체를 해하거나 시설의 안전 또는 질서를 해하는 행위(이하 "자살 등"이라 한다)를 방지하기 위하여 필요한 범위에서 전자장비를 이용하여 수용자 또는 시설을 계호할 수 있다. 다만, 전자영상장비로 거실에 있는 수용자를 계호하는 것은 자살 등의 우려가 큰 때에만 할 수 있다.
>
> ㉢ 수용자의 보호실 수용기간은 15일 이내로 하지만, 소장은 특히 계속하여 수용할 필요가 있으면 의무관의 의견을 고려하여 1회당 7일의 범위에서 기간을 연장할 수 있다.
>
> ㉣ 소장이 수용자의 처우를 위하여 허가하는 경우 수용자는 전자·통신기기를 지닐 수 있다.

① ㉠

② ㉠, ㉡

③ ㉠, ㉡, ㉢

④ ㉠, ㉡, ㉢, ㉣

02 「형의 집행 및 수용자의 처우에 관한 법률」상 각종 위원회에 대한 설명으로 가장 옳은 것은?

① 법무부장관은 가석방심사위원회의 가석방 허가신청이 적정하다고 인정하면 이를 허가하여야 한다.

② 교정자문위원회의 위원은 교정에 관한 학식과 경험이 풍부한 외부인사 중에서 교정본부장의 추천을 받아 법무부장관이 위촉한다.

③ 분류처우위원회는 위원장을 포함한 5명 이상 10명 이하의 위원으로 구성하고, 위원장은 소장이 된다.

④ 징벌위원회는 징벌대상자가 위원회에 출석하여 충분한 진술을 할 수 있는 기회를 부여야여야 하며, 징벌대상자는 서면 또는 말로써 자기에게 유리한 사실을 진술하거나 증거를 제출 할 수 있다.

03 「형의 집행 및 수용자의 처우에 관한 법률」상 소장의 직무에 대한 설명으로 옳은 것을 모두 고른 것은?

> (ㄱ) 소장은 수형자의 근로의욕을 고취하고 건전한 사회복귀를 지원하기 위하여 지방교정청장이 정하는 바에 따라 작업의 종류, 작업성적, 교정성적, 그 밖의 사정을 고려하여 수형자에게 작업장려금을 지급할 수 있다.
>
> (ㄴ) 소장은 다른 사람의 건강에 위해를 끼칠 우려가 있는 감염병에 걸린 사람의 수용을 거절한 경우 그 사유를 지체 없이 수용지휘기관과 관할 보건소장에게 통보하고 지방교정청장에게 보고하여야 한다.
>
> (ㄷ) 소장은 수용자의 수용·작업·교회·의료, 그 밖의 처우를 위하여 필요하거나 시설의 안전과 질서유지를 위하여 필요하다고 인정하면 법무부장관의 승인을 받아 수용자를 다른 교정시설로 이송할 수 있다.
>
> (ㄹ) 소장은 수용자의 정신질환 치료를 위하여 필요하다고 인정하면 법무부장관의 승인을 받아 치료감호시설로 이송할 수 있다.

① (ㄱ), (ㄴ) 　　② (ㄱ), (ㄹ)
③ (ㄴ), (ㄷ) 　　④ (ㄷ), (ㄹ)

04 형집행법령상 귀휴에 대한 설명으로 옳은 것은 모두 몇 개인가?

> (ㄱ) 귀휴심사위원회는 위원장을 포함한 5명 이상 7명 이하의 위원으로 구성한다.
>
> (ㄴ) 귀휴심사위원회의 회의는 재적위원 과반수의 출석으로 개의하고 출석위원 과반수의 찬성으로 의결한다.
>
> (ㄷ) 소장은 6개월 이상 형을 집행받은 수형자로서 그 형기의 3분의 1(21년 이상의 유기형 또는 무기형의 경우에는 7년)이 지나고 교정성적이 우수한 사람이 가족 또는 배우자의 직계존속이 위독한 때에는 1년 중 20일 이내의 귀휴를 허가할 수 있다.
>
> (ㄹ) 소장은 귀휴 중인 수형자가 귀휴의 허가사유가 존재하지 아니함이 밝혀진 때, 거소의 제한이나 그 밖에 귀휴허가에 붙인 조건을 위반한 때에 해당하면 귀휴를 취소하여야 한다.

① 1개 　　② 2개
③ 3개 　　④ 4개

05 형집행법령상 수용자 계호 등에 대한 설명으로 가장 옳지 않은 것은?

① 귀휴·외부통근, 그 밖의 사유로 소장의 허가를 받아 교도관의 계호 없이 교정시설 밖으로 나간 후에 정당한 사유 없이 기한까지 돌아오지 아니하는 행위를 한 수용자는 1년 이하의 징역 또는 1천만원 이하의 벌금에 처한다.

② 중경비시설의 거실에 있는 수용자를 전자장비를 이용하여 계호하는 경우에는 중앙통제실 등에 비치된 현황표에 피계호인원 등 전체 현황만을 기록할 수 있다.

③ 소장은 다수의 관심대상수용자가 수용되어 있는 수용동 및 작업장에는 사명감이 투철한 교도관을 엄선하여 배치하여야 한다.

④ 전자장비의 종류·설치장소·사용방법 및 녹화기록물의 관리 등에 관하여 필요한 사항은 법무부령으로 정한다.

06 형집행법령상 수용자의 접견에 대한 설명으로 가장 옳지 않은 것은?

① 수용자가 미성년자인 자녀와 접견하는 경우에는 접촉차단시설이 설치되지 아니한 장소에서 접견하게 할 수 있다.

② 미결수용자(형사사건으로 수사 또는 재판을 받고 있는 수형자와 사형확정자를 포함한다)가 변호인(변호인이 되려는 사람을 포함한다)과 접견하는 경우에는 접촉차단시설이 설치되지 아니한 장소에서 접견하게 한다.

③ 소장은 범죄의 증거를 인멸하거나 형사 법령에 저촉되는 행위를 할 우려가 있을 때에는 교도관으로 하여금 수용자의 접견내용을 청취·기록·녹음 또는 녹화하게 하여야 한다.

④ 수용자가「형사소송법」에 따른 상소권회복 또는 재심 청구사건의 대리인이 되려는 변호사와 접견하는 경우에는 교정시설의 안전 또는 질서를 해칠 우려가 없는 한 접촉차단시설이 설치되지 않은 장소에서 접견하게 한다.

07 「형의 집행 및 수용자의 처우에 관한 법률 시행규칙」상 가석방에 대한 설명으로 가장 옳지 않은 것은?

① 가석방자는 가석방 기간 중 「가석방자관리규정」에 따른 지켜야 할 사항 및 관할 경찰서장의 명령 또는 조치를 따라야 하며 이를 위반하는 경우에는 「형법」 제75조에 따라 가석방을 취소할 수 있다.

② 소장은 가석방을 취소하는 것이 타당하다고 인정하는 경우 긴급한 사유가 있을 때에는 위원회의 심사를 거치지 아니하고 전화, 전산망 또는 그 밖의 통신수단으로 법무부장관에게 가석방의 취소를 신청할 수 있다.

③ 소장은 가석방이 취소된 사람 또는 가석방이 실효된 사람이 교정시설에 수용 되지 아니한 사실을 알게 된 때에는 관할 지방검찰청 검사 또는 관할 경찰서장에게 구인하도록 의뢰하여야 한다.

④ 가석방취소자 및 가석방실효자의 남은 형기 기간은 가석방을 실시한 날부터 원래 형기의 종료일까지로 하고, 남은 형기 집행 기산일은 가석방의 취소 또는 실효로 인하여 교정시설에 수용된 날부터 한다.

08 「형의 집행 및 수용자의 처우에 관한 법률 시행규칙」상 보호장비에 대한 설명으로 옳은 것은 모두 몇 개인가?

> (ㄱ) 소장은 보호장비를 착용 중인 수용자에 대하여 보호장비 사용 심사부 및 보호 장비 착용자 관찰부 등의 기록과 관계직원의 의견 등을 토대로 보호장비의 계속 사용 여부를 매일 심사하여야 한다.
>
> (ㄴ) 의무관은 보호장비 착용 수용자의 건강상태를 확인한 결과 특이사항을 발견한 경우에는 보호장비 사용심사부에 기록하여야 한다.
>
> (ㄷ) 소장이 의무관 또는 의료관계 직원으로부터 보호장비의 사용 중지의견을 보고 받은 경우에는 해당 수용자에 대하여 보호장비를 계속하여 사용할 필요가 있는 경우라 할지라도 즉시 사용을 중단하여야 한다.
>
> (ㄹ) 보호의자는 수용자의 목욕, 식사, 용변, 치료 등을 위하여 필요한 경우 그 사용을 일시 중지하거나 완화하는 경우를 제외하고 8시간을 초과하여 사용할 수 없으며, 사용 중지 후 4시간이 경과하지 아니하면 다시 사용할 수 없다.
>
> (ㅁ) 하나의 보호장비로 사용목적을 달성할 수 없는 경우에는 둘 이상의 보호장비를 사용할 수 있다. 다만, 보호의자 또는 보호침대를 사용하는 경우에는 다른 보호장비와 같이 사용할 수 없다.

① 2개   ② 3개

③ 4개   ④ 5개

09 형집행법령상 편지·신문·도서·방송에 대한 설명으로 가장 옳지 않은 것은?

① 소장은 수용자의 건강과 일과시간 등을 고려하여 1일 8시간 이내에서 방송편성 시간을 정하지만, 토요일·공휴일, 작업·교육실태 및 수용자의 특성을 고려하여 방송편성시간을 조정할 수 있다.

② 수용자는 편지·도서를 법무부장관이 정하는 범위에서 지닐 수 있다.

③ 소장은 신문을 구독하는 수용자가 허가 없이 다른 거실 수용자와 신문을 주고 받을 때에는 구독의 허가를 취소할 수 있다.

④ 수용자는 방송설비 또는 채널을 임의 조작·변경하거나 임의수신 장비를 지녀서는 안 된다.

10 출정에 대한 헌법재판소 결정 내용으로 옳지 않은 것은 모두 몇 개인가?

ⓐ 검사가 검사조사실에서 피의자신문을 하는 절차에서는 피의자가 신체적으로나 심리적으로 위축되지 않은 상태에서 자기의 방어권을 충분히 행사할 수 있어야 하므로 계구를 사용하지 말아야 하는 것이 원칙이고 다만 도주, 폭행, 소요, 자해 등의 위험이 분명하고 구체적으로 드러나는 경우에만 예외적으로 계구를 사용하여야 할 것이다.

ⓑ 무죄 등 판결 선고 후 석방대상자가 교도소에서 지급한 각종 지급품의 회수, 수용 시의 휴대금품 또는 수용 중 영치된 금품의 반환 내지 환급문제 때문에 임의로 교도관과 교도소에 동행하는 것은 무방하나, 동의를 얻지 않고 의사에 반하여 교도소로 연행하는 것은「헌법」제12조의 규정에 비추어 도저히 허용 될 수 없다.

ⓒ 피의자신문 중 변호인 등의 접견신청이 있는 경우에는 검사 또는 사법경찰관이 그 허가 여부를 결정하여야 하므로, 피의자를 수사기관으로 호송한 교도관에게 이를 허가하거나 제한할 권한은 인정되지 않는다.

① 0개　　　　　　　　　② 1개
③ 2개　　　　　　　　　④ 3개

11 「형의 집행 및 수용자의 처우에 관한 법률 시행규칙」상 조직폭력수용자 지정 대상으로 가장 적절하지 않은 것은?

① 체포영장, 구속영장, 공소장 또는 재판서에 조직폭력사범으로 명시된 수용자

② 공소장 또는 재판서에 조직폭력사범으로 명시되어 있지는 아니하나「폭력행위 등 처벌에 관한 법률」제4조·제5조 또는「형법」제114조가 적용된 수용자

③ 공범·피해자 등의 체포영장·구속영장·공소장 또는 재판서에 조직폭력사범으로 명시된 수용자

④ 조직폭력사범으로 형의 집행을 종료한 후 5년 이내에 교정시설에 다시 수용된 자로서 분류처우위원회에서 조직폭력수용자로 심의·의결된 수용자

12 「형사소송법」상 구속기간에 대한 설명으로 가장 옳지 않은 것은?

① 피고인에 대한 구속기간은 2개월로 한다. 특히 구속을 계속할 필요가 있는 경우에는 심급마다 2개월 단위로 2차에 한하여 결정으로 갱신할 수 있다. 다만, 상소심은 '피고인 또는 변호인이 신청한 증거의 조사, 상소이유를 보충하는 서면의 제출'등으로 추가 심리가 필요한 부득이한 경우에는 3차에 한하여 갱신할 수 있다.

② 상소 중의 사건에 관하여 구속기간의 갱신, 구속의 취소, 보석, 구속의 집행정지와 그 정지의 취소에 대한 결정은 소송기록이 원심법원에 있는 때에는 원심법원이 하여야 한다.

③ 기피신청에 의한 소송 진행의 정지, 질병으로 인한 공판절차정지에 의하여 공판절차가 정지된 기간은 피고인 구속기간에 산입한다.

④ 지방법원판사는 검사의 신청에 의하여 수사를 계속함에 상당한 이유가 있다고 인정한 때에는 10일을 초과하지 아니하는 한도에서 「형사소송법」 제203조의 구속기간의 연장을 1차에 한하여 허가할 수 있다.

13 「형의 집행 및 수용자의 처우에 관한 법률 시행규칙」상 명시된 관심대상수용자 지정대상으로 가장 적절하지 않은 것은?

① 다른 수용자에게 폭력을 행사하는 수용자

② 수용생활의 편의 등 자신의 요구를 관철할 목적으로 상습적으로 자해를 하는 수용자

③ 징벌집행이 종료된 날부터 1년 이내에 다시 징벌을 받는 등 규율위반의 상습성이 인정되는 수용자

④ 다른 수용자를 괴롭히거나 세력을 모으는 등 수용질서를 문란하게 하는 조직 폭력 수용자(조직폭력사범으로 행세하는 경우를 포함한다).

14 「형의 집행 및 수용자의 처우에 관한 법률 시행규칙」상 처우등급별 처우에 대한 설명으로 가장 옳지 않은 것은?

① 소장은 봉사원의 활동기간을 1년 이하로 정하되, 필요한 경우에는 그 기간을 연장할 수 있다.

② 소장은 봉사원 선정, 기간연장 및 선정취소에 관한 사항을 결정할 때에는 법무부 장관이 정한다.

③ 수형자 자치생활의 범위는 인원점검, 취미활동, 일정한 구역 안에서의 생활 등으로 한다.

④ 소장은 자치생활 수형자들이 교육실, 강당 등 적당한 장소에서 월 2회 이상 토론회를 할 수 있도록 하여야 한다.

15 형집행법령상 교육과 교화프로그램에 대한 설명으로 가장 옳지 않은 것은?

① 소장은 수형자가 건전한 사회복귀에 필요한 지식과 소양을 습득하도록 교육할 수 있다.

② 소장은 수형자의 교정교화를 위하여 상담·심리치료, 그 밖의 교화프로그램을 실시하여야 한다.

③ 교육대상자에게는 작업·직업훈련 등을 면제한다.

④ 작업·직업훈련 수형자 등도 독학으로 검정고시·학사고시 등에 응시하게 할 수 있다. 독학으로 응시하는 것이므로 자체 평가시험 성적 등을 고려할 필요는 없다.

16 법무부장관은 「형의 집행 및 수용자의 처우에 관한 법률」의 목적을 효율적으로 달성하기 위하여 5년마다 기본계획을 수립하고 추진하여야 한다. 다음 중 기본 계획에 명시적으로 포함되어야 할 사항으로 올바르게 묶인 것은?

> (ㄱ) 인구·범죄의 증감 및 수사 또는 형 집행의 동향 등 교정시설의 수요 증감에 관한 사항
> (ㄴ) 수형자 사회복귀 지원을 위한 지역사회 네트워크 추진
> (ㄷ) 교도작업과 직업훈련의 현황, 수형자의 건전한 사회복귀를 위한 작업설비 및 프로그램의 확충 방안
> (ㄹ) 수용자 인권보호 실태와 인권 증진 방안
> (ㅁ) 노인·장애인수용자 등의 보호, 성차별 및 성폭력 예방정책

① (ㄱ), (ㄷ), (ㄹ) 　　　　② (ㄱ), (ㄴ), (ㅁ)

③ (ㄴ), (ㄷ), (ㄹ) 　　　　④ (ㄴ), (ㄹ), (ㅁ)

17 「형의 집행 및 수용자의 처우에 관한 법률 시행규칙」상 이송·재수용 수형자의 개별처우계획 등에 대한 설명으로 가장 옳은 것은?

① 소장은 형집행정지 중이거나 가석방기간 중에 있는 사람이 형사사건으로 재수용되어 형이 확정된 경우에는 석방 당시보다 한 단계 낮은 처우등급을 부여하여야 한다.

② 소장은 다른 교정시설부터 이송되어 온 수형자의 개별처우계획을 변경하여야 한다.

③ 소장은 형집행정지 중에 있는 사람이 기간만료 또는 그 밖의 정지사유가 없어져 재수용된 경우에는 석방 당시와 동일한 처우등급을 부여할 수 있다.

④ 소장은 가석방의 취소로 재수용되어 남은 형기가 집행되는 경우에는 석방 당시와 동일한 처우등급을 부여하여야 한다.

18 형집행법령상 징벌에 대한 설명으로 옳은 것은 모두 몇 개인가?

> (ㄱ) 징벌은 동일한 행위에 관하여 거듭하여 부과할 수 없으며, 행위의 동기 및 경중, 수 행위 후의 정황, 그 밖의 사정을 고려하여 수용목적을 달성하는 데에 필요한 최소한도에 그쳐야 한다.
>
> (ㄴ) 징벌이 집행 중에 있거나 징벌의 집행이 끝난 후 또는 집행이 면제된 후 6개월 내에 다시 징벌사유에 해당하는 행위를 한 때 징벌을 부과하게 되면 장기의 2분의 1까지 가중하여야 한다.
>
> (ㄷ) 징벌대상자의 징벌을 결정하기 위하여 교정시설에 징벌위원회를 둔다.
>
> (ㄹ) 징벌위원회는 위원장을 포함한 5명 이상 7명 이하의 위원으로 구성하고, 위원장은 소장의 바로 다음 순위자가 되며, 위원은 소장이 소속 기관의 과장(지소의 경우에는 7급 이상의 교도관)및 교정에 관한 학식과 경험이 풍부한 외부인사 중에서 임명 또는 위촉한다. 이 경우 외부위원은 2명 이상으로 한다.
>
> (ㅁ) 징벌위원회는 재적위원 과반수의 출석으로 개의하고, 출석위원 과반수의 찬성으로 의결한다. 이 경우 외부위원 1명 이상이 출석한 경우에만 개의할 수 있다.

① 2개   ② 3개   ③ 4개   ④ 5개

19 「형의 집행 및 수용자의 처우에 관한 법률 시행규칙」상 교화프로그램의 종류에 해당하지 않는 것은?

① 문화프로그램   ② 문제행동예방프로그램
③ 가족관계회복프로그램   ④ 정보화교육과정프로그램

20 「형의 집행 및 수용자의 처우에 관한 법률 시행규칙」상 중간처우(교정시설에 설치된 개방시설에 수용하여 사회 적응에 필요한 교육, 취업지원 등 적정한 처우)대상자가 될 수 있는 경우를 모두 고른 것은? (단, 모두 개방처우급 혹은 완화경 비 처우급 수형자이다)

> (ㄱ) 형기 1년, 범죄 횟수 1회, 중간처우를 받는 날부터 가석방 또는 형기 종료 예정일까지 기간이 3개월
>
> (ㄴ) 형기 5년, 범죄 횟수 4회, 중간처우를 받는 날부터 가석방 또는 형기 종료 예정일까지 기간이 3년
>
> (ㄷ) 형기 3년, 범죄 횟수 2회, 중간처우를 받는 날부터 가석방 또는 형기 종료 예정일까지 기간이 1년 6개월
>
> (ㄹ) 형기 1년 6월, 범죄 횟수 2회, 중간처우를 받는 날부터 가석방 또는 형기 종료 예정일까지 기간이 4개월

① (ㄱ), (ㄴ), (ㄷ), (ㄹ)   ② (ㄴ), (ㄷ), (ㄹ)   ③ (ㄷ), (ㄹ)   ④ (ㄷ)

01 형집행법령상 수용자의 자비구매물품에 대한 설명으로 가장 옳지 않은 것은?

① 자비구매물품의 종류에는 의약품 및 의료용품도 포함된다.

② 수용자가 자비로 구매하는 물품은 교화 또는 건전한 사회복귀에 적합하고 교정시설의 안전과 질서를 해칠 우려가 없는 것이어야 한다.

③ 소장은 수용자가 자비로 구매한 의류·침구, 그 밖의 생활용품을 보관한 후 그 수용자가 사용하게 할 수 있다.

④ 소장은 감염병(「감염병의 예방 및 관리에 관한 법률」에 따른 감염병을 말한다)의 유행 또는 수용자의 징벌집행 등으로 자비구매물품의 사용이 중지된 경우에는 구매신청을 제한하여야 한다.

02 「형의 집행 및 수용자의 처우에 관한 법률」상 보호실 및 진정실에 대한 설명으로 옳은 것은 모두 몇 개인가?

> ⊙ 수용자의 보호실 수용기간은 15일 이내로 한다. 다만, 소장은 특히 계속하여 수용할 필요가 있으면 의무관의 의견을 고려하여 1회당 5일의 범위에서 기간을 연장할 수 있다.
>
> ⓛ 수용자를 보호실에 수용할 수 있는 기간은 계속하여 2개월을 초과할 수 없다.
>
> ⓒ 수용자의 진정실 수용기간은 24시간 이내로 한다. 다만, 소장은 특히 계속하여 수용할 필요가 있으면 의무관의 의견을 고려하여 1회당 12시간의 범위에서 기간을 연장할 수 있다.
>
> ⓔ 수용자를 진정실에 수용할 수 있는 기간은 계속하여 3일을 초과할 수 없다.

① 1개

② 2개

③ 3개

④ 4개

03 「형의 집행 및 수용자의 처우에 관한 법률 시행규칙」상 관심대상 수용자 지정대상에 대한 내용으로 옳지 않은 것은 모두 몇 개인가?

> ㉠ 조직폭력수용자로서 무죄 외의 사유로 출소한 후 5년 이내에 교정시설에 다시 수용된 사람
> ㉡ 도주(음모, 예비 또는 미수에 그친 경우를 포함한다)한 전력이 있는 사람으로서 도주의 우려가 있는 수용자
> ㉢ 징벌집행이 종료된 날부터 1년 이내에 다시 징벌을 받는 등 규율 위반의 상습성이 인정되는 수용자
> ㉣ 수용생활의 편의 등 자신의 요구를 관철할 목적으로 상습적으로 자해를 하거나 각종 이물질을 삼키는 수용자
> ㉤ 중형선고 등에 따른 심적 불안으로 수용생활에 적응하기 곤란하다고 인정되는 수용자
> ㉥ 상습적으로 교정시설의 설비·기구 등을 파손하거나 소란행위를 하여 공무집행을 방해하는 수용자

① 0개　　　　② 1개　　　　③ 2개　　　　④ 3개

04 형집행법령상 아래의 협의체에 대한 설명으로 가장 옳지 않은 것은?

> 형의 집행 및 수용자 처우에 관한 법률 제5조의3(협의체의 설치 및 운영) ① 법무부장관은 형의 집행 및 수용자 처우에 관한 사항을 협의하기 위하여 법원, 검찰 및 경찰 등 관계기관과 협의체를 설치하여 운영할 수 있다.

① 협의체는 위원장을 포함하여 12명이 위원으로 구성한다.
② 협의체의 위원장은 협의체 회의를 소집하며, 회의 개최 7일 전까지 회의의 일시·장소 및 안건 등을 각 위원에게 알려야 한다.
③ 협의체의 위원장은 협의체의 회의 결과를 위원이 소속된 기관의 장에게 통보해야 한다.
④ 협의체의 위원장은 법무부장관이 된다.

05 「형의 집행 및 수용자의 처우에 관한 법률」상 보호장비 사용요건에 대한 내용으로 가장 옳지 않은 것은?
① 이송·출정, 그 밖에 교정시설 밖의 장소로 수용자를 호송하는 때
② 도주·자살·자해 또는 다른 사람에 대한 위해의 우려가 큰 때
③ 위계로 교도관의 정당한 직무집행을 방해하는 때
④ 교정시설의 설비·기구 등을 손괴하거나 그 밖에 시설의 안전 또는 질서를 해칠 우려가 큰 때

06 「형의 집행 및 수용자의 처우에 관한 법률」상 교정시설의 설치 및 운영에 대한 설명으로 가장 옳지 않은 것은?

① 판사와 검사 외의 사람은 교정시설을 참관하려면 학술연구 등 정당한 이유를 명시하여 법무부장관의 허가를 받아야 한다.

② 신설하는 교정시설은 수용인원 500명 이내의 규모가 되도록 하여야 한다. 다만, 교정시설의 기능·위치나 그 밖의 사정을 고려하여 그 규모를 늘릴수 있다.

③ 법무부장관은 교정시설의 운영, 교도관의 복무, 수용자의 처우 및 인권실태 등을 파악하기 위하여 매년 1회 이상 교정시설을 순회점검하거나 소속 공무원으로 하여금 순회점검하게 하여야 한다.

④ 법무부장관은 교정시설의 설치 및 운영에 관한 업무의 일부를 법인 또는 개인에게 위탁할 수 있다.

07 형집행법령상 수용에 대한 설명으로 가장 옳지 않은 것은?

① 독거수용은 처우상 독거수용과 계호상 독거수용으로 구분한다.

② 소장은 계호상 독거수용자를 계속하여 독거수용하는 것이 건강상 또는 교화상 해롭다고 인정하는 경우에는 이를 즉시 중단하여야 한다.

③ 노역장 유치명령을 받은 수형자와 징역형·금고형 또는 구류형을 선고받아 형이 확정된 수형자를 혼거수용하는 것은 어떠한 경우에도 허용되지 아니한다.

④ 소장은 수용자의 거실을 지정하는 경우에는 죄명·형기·죄질·성격·범죄전력·나이·경력 및 수용생활 태도, 그 밖에 수용자의 개인적 특성을 고려하여야 한다.

08 「형의 집행 및 수용자의 처우에 관한 법률 시행규칙」상 분류처우에 대한 설명으로 옳지 않은 것은 모두 몇 개인가?

> ㉠ 징역형·금고형이 확정된 사람으로서 집행할 형기가 형집행지휘서 접수일부터 6개월 미만인 사람, 구류형이 확정된 사람, 노역장 유치명령을 받은 사람은 분류심사를 하지 아니한다.
> ㉡ 조정된 처우등급에 따른 처우는 그 조정이 확정된 날부터 한다. 이 경우 조정된 처우등급은 그 달 초일부터 적용된 것으로 본다.
> ㉢ 수형자를 징벌하기로 의결한 때에는 부정기재심사를 할 수 있다.
> ㉣ 소장이 작업장 중 작업의 특성이나 난이도 등을 고려하여 필수 작업장으로 지정하는 경우 소득점수의 수는 10퍼센트 이내, 우는 20퍼센트 이내의 범위에서 각각 확대할 수 있다.

① 1개   ② 2개   ③ 3개   ④ 4개

09 형집행법령상 수용자 이송에 대한 설명으로 가장 옳지 않은 것은?

① 소장은 수용자의 수용·작업·교화·의료, 그 밖의 처우를 위하여 필요하거나 시설의 안전과 질서유지를 위하여 필요하다고 인정하면 법무부장관의 승인을 받아 수용자를 다른 교정시설로 이송할 수 있다.

② 지방교정청장은 교정시설의 안전과 질서유지를 위하여 긴급하게 이송할 필요가 있다고 인정되는 때에는 관할 외 다른 교정시설로의 수용자 이송을 승인할 수 있다.

③ 수용자를 이송이나 출정, 그 밖의 사유로 호송하는 경우에는 수형자는 미결수용자와, 여성수용자는 남성수용자와, 19세 미만의 수용자는 19세 이상의 수용자와 각각 호송 차량의 좌석을 분리하는 등의 방법으로 서로 접촉하지 못하게 하여야 한다.

④ 소장은 수용자를 다른 교정시설로 이송하는 경우에 의무관으로부터 수용자가 건강상 감당하기 어렵다고 보고를 받으면 이송을 중지하고 그 사실을 이송받을 소장에게 알려야 한다.

10 형집행법령상 가석방에 대한 설명으로 가장 옳은 것은?

① 가석방심사위원회는 위원장을 포함한 7명 이상 9명 이하의 위원으로 구성한다.

② 가석방심사위원회는 가석방 적격결정을 하였으면 5일 이내에 법무부장관에게 가석방 허가를 신청하여야 한다.

③ 가석방에 따른 석방은 그 서류가 교정시설에 도달 한 후 24시간 이내에 하여야 한다. 다만, 그 서류에서 석방일시를 지정하고 있으면 그 일시에 한다.

④ 가석방실효자의 남은 형기 집행 기산일은 가석방의 실효로 인하여 교정시설에 수용된 다음 날부터 한다.

11 「형의 집행 및 수용자의 처우에 관한 법률」상 징벌에 대한 설명으로 가장 옳지 않은 것은?

① 징벌사유가 발생한 날부터 2년이 지나면 이를 이유로 징벌을 부과하지 못한다.

② 징벌위원회는 징벌을 의결하는 때에 행위의 동기 및 정황, 교정성적, 뉘우치는 정도 등 그 사정을 고려할 만한 사유가 있는 수용자에 대하여 3개월 이상 9개월 이하의 기간 내에서 징벌의 집행을 유예할 것을 의결할 수 있다.

③ 징벌위원회의 외부위원은 3명 이상으로 한다.

④ 소장은 미결수용자에게 징벌을 부과한 경우에는 그 징벌대상행위를 양형참고자료로 작성하여 관할 검찰청 검사 또는 관할 법원에 통보할 수 있다.

12 「형의 집행 및 수용자의 처우에 관한 법률 시행규칙」상 형집행지휘서가 접수된 날부터 6개월이 지난 이후 정기재심사를 해야하는 시기로 가장 옳지 않은 것은?

① 형기의 3분의 1에 도달한 때
② 형기의 2분의 1에 도달한 때
③ 형기의 3분의 2에 도달한 때
④ 형기의 7분의 5에 도달한 때

13 「형의 집행 및 수용자의 처우에 관한 법률 시행규칙」상 수용자 의류의 품목에 대한 설명으로 가장 옳지 않은 것은?

① 평상복은 겨울옷 · 봄가을옷 · 여름옷을 수형자용, 미결수용자용 및 피보호감호자(종전의 「사회보호법」에 따라 보호감호선고를 받고 교정시설에 수용 중인 사람을 말한다)용과 남녀용으로 각각 구분하여 16종으로 한다.
② 보조복은 위생복 · 조끼 및 비옷으로 구분하여 3종으로 한다.
③ 특수복은 모범수형자복 · 외부통근자복 · 임산부복 · 환자복 · 운동복 및 반바지로 구분하고, 그 중 모범수형자복 및 외부통근자복은 겨울옷 · 봄가을옷 · 여름옷을 남녀용으로 각각 구분하여 6종으로 한다.
④ 신발은 고무신 · 운동화 및 방한화로 구분하여 3종으로 한다.

14 형집행법령상 교정자문위원회에 대한 설명으로 가장 옳지 않은 것은?

① 수용자의 관리 · 교정교화 등 사무에 관한 지방교정청장의 자문에 응하기 위하여 지방교정청에 교정자문위원회를 둔다.
② 교정자문위원회 위원 중 4명 이상은 여성으로 한다.
③ 교정자문위원회의 간사는 해당 지방교정청의 총무과장 또는 6급 이상의 교도관으로 한다.
④ 지방교정청장은 위원의 결원이 생긴 경우에는 결원이 생긴 날부터 60일 이내에 후임자를 법무부장관에게 추천해야 한다.

15 형집행법령상 수용절차에 대한 설명으로 옳지 않은 것은 모두 몇 개인가?

> ㉠ 소장은 신입자 및 다른 교정시설로부터 이송되어 온 사람에 대하여 다른 사람과의 식별을 위하여 필요한 한도에서 사진촬영, 지문채취, 수용자 번호지정, 그 밖에 대통령령으로 정하는 조치를 하여야 한다.
> ㉡ 소장은 보관품이 금·은·보석·유가증권·인장, 그 밖에 특별히 보관할 필요가 있는 귀중품인 경우에는 잠금장치가 되어 있는 견고한 용기에 넣어 보관해야 한다.
> ㉢ 소장은 신입자 또는 다른 교정시설로부터 이송되어 온 사람이 있으면 그 사실을 수용자의 가족(배우자, 직계 존속·비속 또는 형제자매를 말한다)에게 지체 없이 알려야 한다. 다만, 수용자가 알리는 것을 원하지 아니하면 그러하지 아니하다.

① 0개   ② 1개
③ 2개   ④ 3개

16 「형의 집행 및 수용자의 처우에 관한 법률」상 벌칙규정으로 가장 옳은 것은?

① 소장의 허가 없이 교정시설 내부를 녹화·촬영한 사람은 3년 이하의 징역 또는 3천만원 이하의 벌금에 처한다.
② 소장의 허가 없이 무인비행장치, 전자·통신기기를 교정시설에 반입한 사람은 1년 이하의 징역 또는 1천만원 이하의 벌금에 처한다.
③ 주류·담배·화기·현금·수표·음란물·사행행위에 사용되는 물품을 수용자에게 전달할 목적으로 교정시설에 반입한 사람은 1년 이하의 징역 또는 1천만원 이하의 벌금에 처한다.
④ 귀휴·외부통근, 그 밖의 사유로 소장의 허가를 받아 교도관의 계호 없이 교정시설 밖으로 나간 후에 정당한 사유없이 기한까지 돌아오지 않은 수용자는 2년 이하의 징역에 처한다.

17 「형의 집행 및 수용자의 처우에 관한 법률」상 전화통화 중지 사유에 해당하지 않는 것은 모두 몇 개인가?

> ㉠ 범죄의 증거를 인멸하거나 인멸하려고 하는 때
> ㉡ 형사 법령에 저촉되는 행위를 하거나 하려고 하는 때
> ㉢ 수용자의 처우 또는 교정시설의 운영에 관하여 거짓사실을 유포하는 때
> ㉣ 수형자의 교화 또는 건전한 사회복귀를 해칠 우려가 있는 행위를 하거나 하려고 하는 때
> ㉤ 시설의 안전 또는 질서를 해하는 행위를 하거나 하려고 하는 때

① 0개   ② 1개
③ 2개   ④ 3개

18 형집행법령상 금품관리에 대한 설명으로 가장 옳지 않은 것은?

① 휴대금품이란 신입자가 교정시설에 수용될 때에 지니고 있는 현금(자기앞수표를 포함한다)과 휴대품을 말한다.

② 소장은 사망자 또는 도주자가 남겨두고 간 금품이 있으면 사망자의 경우에는 그 상속인에게, 도주자의 경우에는 그 가족에게 그 내용 및 청구절차 등을 알려 주어야 한다. 다만, 썩거나 없어질 우려가 있는 것은 폐기할 수 있다.

③ 수용자 외의 사람이 수용자에게 금품을 건네줄 것을 신청하는 때에는 소장은 수형자의 교화 또는 건전한 사회복귀를 해칠 우려가 있거나 시설의 안전 또는 질서를 해칠 우려가 있는 때가 아니면 허가할 수 있다.

④ 소장은 수용자의 신청에 따라 보관품을 팔 경우에는 그 비용을 제외한 나머지 대금을 보관할 수 있다.

19 형집행법령상 귀휴에 대한 설명으로 가장 옳은 것은?

① 소장은 6개월 이상 형을 집행받은 수형자로서 그 형기의 3분의 1(21년 이상의 유기형 또는 무기형의 경우에는 7년)이 지나고 교정성적이 우수한 사람이 가족 또는 배우자의 직계존속이 위독한 때에는 1년 중 20일 이내의 귀휴를 허가할 수 있다.

② 소장은 귀휴를 허가하는 경우에 대통령령으로 정하는 바에 따라 거소의 제한이나 그 밖에 필요한 조건을 붙일 수 있다.

③ 소장은 귀휴중인 수형자가 귀휴의 허가사유가 존재하지 아니함이 밝혀진 때에는 그 귀휴를 취소하여야 한다.

④ 소장은 2일 이상의 귀휴를 허가한 경우에는 귀휴를 허가받은 사람의 귀휴지를 관할하는 경찰관서의 장에게 그 사실을 통보할 수 있다.

20 형집행법령상 징벌에 대한 설명으로 옳은 것은 모두 몇 개인가?

> ㉠ 다른 수용자를 교사하여 징벌대상행위를 하게 한 수용자에게는 그 징벌 대상행위를 한 수용자에게 부과되는 징벌과 같은 징벌을 부과한다.
>
> ㉡ 다른 수용자의 징벌대상행위를 방조한 수용자에게는 그 징벌대상행위를 한 수용자에게 부과되는 징벌과 같은 징벌을 부과하되, 그 정황을 고려하여 2분의 1까지 감경할 수 있다.
>
> ㉢ 징벌은 동일한 행위에 관하여 거듭하여 부과할 수 없으며, 행위의 동기 및 경중, 행위 후의 정황, 그 밖의 사정을 고려하여 수용목적을 달성하는 데에 필요한 최소한도에 그쳐야 한다.
>
> ㉣ 둘 이상의 징벌대상행위가 경합하는 경우에는 각각의 행위에 해당하는 징벌 중 가장 중한 징벌의 2분의 1까지 가중할 수 있다.

① 1개
② 2개
③ 3개
④ 4개

21 「형의 집행 및 수용자의 처우에 관한 법률」상 수용자의 규율과 포상에 대한 설명으로 가장 옳지 않은 것은?

① 수용자는 소장이 정하는 일과시간표를 지켜야 한다.

② 수용자는 교도관의 직무상 지시에 따라야 한다.

③ 수용자는 교정시설의 안전과 질서유지를 위하여 법무부장관이 정하는 규율을 지켜야 한다.

④ 소장은 수용자가 사람의 생명을 구조하거나 도주를 방지한 때에는 그 수용자에 대하여 법무부령이 정하는 바에 따라 포상하여야 한다.

22 형집행법령상 교정시설 안에서의 특별한 보호에 대한 설명으로 가장 옳지 않은 것은?

① 소장은 임산부인 수용자에 대하여 필요하다고 인정하는 경우에는 교정시설에 근무하는 의사(공중보건의사를 포함한다)의 의견을 들어 필요한 양의 죽 등의 주식과 별도로 마련된 부식을 지급할 수 있다.

② 여성수용자는 자신이 출산한 유아를 교정시설에서 양육할 것을 신청할 수 있고, 소장은 유아의 양육을 허가한 경우에는 필요한 설비와 물품의 제공, 그 밖에 양육을 위하여 필요한 조치를 하여야 한다.

③ 소장은 노인수용자에 대하여 1년에 1회 이상 건강검진을 하여야 한다.

④ 노인수형자 전담교정시설에는 별도의 공동휴게실을 마련하고 노인이 선호하는 오락용품 등을 갖춰두어야 한다.

23 「형의 집행 및 수용자의 처우에 관한 법률 시행규칙」상 교정시설에 설치된 개방시설에 수용하여 중간처우를 할 수 있는 대상자로 가장 옳은 것은? (단, 가석방은 고려하지 않음)

① 개방처우급 수형자의 형기가 1년 6월이며 범죄횟수는 1회, 중간처우를 받는 날부터 형기종료 예정일까지 기간이 3개월인 사람

② 개방처우급 수형자의 형기가 4년이며, 범죄횟수는 2회, 중간처우를 받는 날부터 형기종료 예정일까지 기간이 1년인 사람

③ 완화경비처우급 수형자의 형기가 4년이며, 범죄횟수는 4회, 중간처우를 받는 날부터 형기종료 예정일까지 기간이 9개월인 사람

④ 완화경비처우급 수형자의 형기가 1년이며, 범죄횟수는 1회, 중간처우를 받는 날부터 형기종료 예정일까지 기간이 1년 6개월인 사람

24 「형의 집행 및 수용자의 처우에 관한 법률 시행규칙」상 수형자 취업지원협의회에 대한 설명으로 가장 옳지 않은 것은?

① 취업지원협의회의 기능에는 직업적성 및 성격검사 등 각종 검사 및 상담도 포함된다.

② 취업지원협의회는 회장 1명을 포함하여 5명 이상 8명 이하의 내부위원과 10명 이상의 외부위원으로 구성한다.

③ 취업지원협의회의 회장은 소장이 되고, 부회장은 2명을 두되 1명은 소장이 내부위원 중에서 지명하고 1명은 외부위원 중에서 호선한다.

④ 취업지원협의회 외부위원의 임기는 3년으로 하며, 연임할 수 있다.

01	02	03	04	05	06	07	08	09	10
③	④	④	②	⑤	③	⑤	④	⑤	②
11	12	13	14						
②	③	③	②						

01 ①, ② 형집행법 시행규칙 제74조 제2항
③ 소장은 개방처우급·완화경비처우급 수형자에게 자치생활을 허가할 수 있다(동법 시행규칙 제86조 제1항).
④ 수형자의 경비처우급별 접견의 허용횟수는 개방처우급은 1일 1회, 완화경비처우급은 월 6회, 일반경비처우급은 월 5회, 중경비처우급은 월 4회이다(동법 시행규칙 제87조 제1항).
⑤ 의류를 지급하는 경우 수형자가 개방처우급인 경우에는 색상, 디자인 등을 다르게 할 수 있다(동법 시행규칙 제84조 제2항).

02 정기재심사는 형기의 3분의 1에 도달한 때, 형기의 2분의 1에 도달한 때, 형기의 3분의 2에 도달한 때, 형기의 6분의 5에 도달한 때에 한다. 다만, 형집행지휘서가 접수된 날부터 6개월이 지나지 아니한 경우에는 그러하지 아니하다(형집행법 시행규칙 제66조 제1항).

03 ① 수용자는 소장의 허가를 받아 교정시설의 외부에 있는 사람과 전화통화를 할 수 있으며, 전화통화 허가에는 통화내용의 청취 또는 녹음을 조건으로 붙일 수 있다(형집행법 제44조 제1항·제2항).
② 동법 시행규칙 제25조 제3항, 수용자의 전화통화 요금은 수용자가 부담한다(동법 시행규칙 제29조 제1항). 소장은 교정성적이 양호한 수형자 또는 보관금이 없는 수용자 등에 대하여는 예산의 범위에서 요금을 부담할 수 있다(동법 시행규칙 제29조 제2항).
③ 동법 시행규칙 제27조 제3호
④ 소장은 사형확정자의 심리적 안정과 원만한 수용생활을 위하여 필요하다고 인정하는 경우에는 월 3회 이내의 범위에서 전화통화를 허가할 수 있다(동법 시행규칙 제156조).
⑤ 동법 제44조 제3항

04 • 개방처우 : ㉠, ㉢, ㉣
• 사회 내 처우 : ㉡, ㉤, ㉥

05 ① 형집행법 시행령 제108조
② 동법 시행령 제99조
③ 동법 시행령 제121조 제1항
④ 동법 시행령 제105조
⑤ 석방 전 3일 이내의 범위에서 석방예정자를 별도의 거실에 수용하여 장래에 관한 상담과 지도를 할 수 있다(동법 시행령 제141조).

06 ① 형집행법 제79조
② 동법 제80조

③ 미결수용자는 수사·재판·국정감사 또는 법률로 정하는 조사에 참석할 때에는 사복을 착용할 수 있다. 다만, 소장은 도주우려가 크거나 특히 부적당한 사유가 있다고 인정하면 교정시설에서 지급하는 의류를 입게 할 수 있다(동법 제82조).

④ 동법 제83조

⑤ 동법 제87조

07 ① 16C 중엽 영국의 노역장(Work House)에서 처음 채용되었고 18C 중엽에는 영국과 프랑스의 교도소에 도입되었으며, 18C 말에는 미국 대부분의 주에서 인정하기에 이르렀다.

②, ③ 작업임금제의 찬성론에 해당한다.

④ 작업임금제의 반대론에 해당한다.

⑤ 작업임금제의 찬성론으로, 석방 후 경제적 자립기반을 제공하며 피해자에게는 손해배상의 기회를 제공할 수 있다.

08 ① '질병이나 사고로 외부의료시설에의 입원이 필요한 때'는 일반귀휴 사유에 해당한다(형집행법 제77조 제1항).

② 귀휴를 취소할 수 있다(동법 제78조).

③ 귀휴기간은 형 집행기간에 포함한다(동법 제77조 제4항).

④ 동법 제77조 제1항

⑤ '직계비속의 혼례가 있는 때'는 특별귀휴 사유에 해당하고(동법 제77조 제2항), 귀휴는 임의적 허가이다.

09 ① 지역사회교정이란 지역사회와 범죄자와의 상호 의미 있는 유대라는 개념을 바탕으로 지역사회에서 행해지는 범죄자에 대한 다양한 제재와 비시설 내 교정프로그램을 말한다.

② 지역사회교정은 대체로 전환(diversion)·옹호(advocacy)·재통합(reintegration)의 형태로 시행되고 있다.

③ 전환이란 낙인을 최소화하고 범죄자의 사회복귀를 용이하게 하기 위해서 범죄자를 공식적인 형사사법절차와 과정으로부터 비공식적인 절차와 과정으로 우회시키는 제도로서 대부분의 지역사회교정은 최소한 이러한 전환을 전제로 한다. 또한 지역사회교정이 있음으로써 상당수 범죄자를 교도소에 수용하지 않고도 처우할 수 있기 때문에 과밀수용을 해소할 수 있다.

④ 지역사회교정의 확대는 과거에는 범죄통제의 대상이 되지 않았던 대상자를 범죄의 통제대상이 되게 함으로써 형사사법망의 확대(net widening)를 초래한다는 비판을 받고 있다.

⑤ 재통합적 지역사회교정의 대표적인 프로그램으로 중간처우소(halfway house), 집단가정(group home) 등이 있다. 수형자자치제는 시설 내 처우에 해당한다.

✦ 형사사법망의 확대

형사사법망의 확대는 세 가지 형태로 나타나는데, 망의 확대, 망의 강화, 상이한 망의 설치이다.

망의 확대	국가에 의해서 통제되고 규제되는 시민의 비율이 증가되는 현상, 즉 더 많은 사람을 잡을 수 있도록 그물망을 키워왔다는 것이다. 쉽게 말해서 과거에는 형사사법의 그물이 듬성듬성했기 때문에 큰 고기(중요범죄자)만 걸려들었으나, 지역사회교정으로 인하여 형사사법의 그물망이 그만큼 촘촘해져서 과거에는 걸리지 않던 작은 고기(경미범죄자)까지도 형사사법망에 걸려들기 때문에 형사사법의 대상자가 확대된다는 것이다.
망의 강화	범죄자에 대한 개입의 강도를 높임으로써 범죄자에 대한 통제를 강화시켰다는 것으로, 지역사회교정이 범죄자의 생활에 대한 통제를 줄이기 위해서 시도되었으나, 실제는 범죄자에 대한 통제를 증대시켰다는 것이다. 즉 사회봉사명령이 보호관찰에 병과되고, 충격보호관찰은 일반보호관찰을 대신할 수도 있기 때문이다.
상이한 망의 설치	범죄자를 사법기관이 아닌 다른 기관으로 위탁하여 실제로는 더 많은 사람을 지역사회교정의 대상으로 만든다는 것이다.

10 ① 교화개선은 지역사회의 안전에 초점을 맞추는 제지나 무능력화와는 달리 범죄자에 초점을 맞추고 있으며, 수형기간은 사회에서 건설적인 생활을 추구하고 영위하는 데 필요한 준비와 자격을 얻을 수 있도록 하는 데 초점이 모아져야 한다고 한다.

② 선별적 무력화는 범죄자의 특성에 기초하여 행해지고, 범죄자를 개선하고자 의도하지 않는다. 비슷한 정도의 범죄를 저지른 사람들에게 비슷한 정도의 장기형이 선고되어야 한다는 것은 집합적 무력화의 입장이다.

③ 처벌이란 피해자에게 가해진 해악의 정도뿐만 아니라 그 피해가 가해진 방법과 형태에도 상응해야 한다.

④ 제지(억제)이론은 처벌을 강화하면 두려움과 공포로 인하여 사람들의 범죄동기가 억제되고 범죄는 줄어들 것이라는 가정에 기초한 이론으로 범죄억제요소로 처벌의 확실성, 엄중성, 신속성이 있다.

⑤ 정의모델은 형사사법기관의 재량권 남용은 시민에 대한 국가권력의 남용이라고 보아 공정성으로서 정의를 중시한다.

11 ① 형집행법 시행규칙 제62조 제1항

② 조정된 처우등급에 따른 처우는 그 조정이 확정된 다음 날부터 한다. 이 경우 조정된 처우등급은 그 달 초일부터 적용된 것으로 본다(동법 시행규칙 제82조 제1항).

③ 동법 시행규칙 제67조

④ 동법 시행규칙 제69조

⑤ 수형생활 태도 점수와 작업 또는 교육성적 점수는 소득점수 평가방법에 따라 채점하되, 수는 소속 작업장 또는 교육장 전체 인원의 10퍼센트를 초과할 수 없고, 우는 30퍼센트를 초과할 수 없다. 다만, 작업장 또는 교육장 전체인원이 4명 이하인 경우에는 수·우를 각각 1명으로 채점할 수 있다(동법 시행규칙 제79조 제1항).

12 ① 대법원 2000.10.27. 2000도3874

② 형집행법 제109조 제4항

③ 징벌의 종류 중 30일 이내의 공동행사 참가 정지(제108조 제4호)부터 30일 이내의 금치(제108조 제14호)까지의 징벌 집행 중인 수용자가 다른 교정시설로 이송되거나 법원 또는 검찰청 등에 출석하는 경우에는 징벌집행이 계속되는 것으로 본다(동법 시행령 제134조).

④ 소장은 징벌집행을 받고 있거나 집행을 앞둔 수용자가 같은 행위로 형사 법률에 따른 처벌이 확정되어 징벌을 집행할 필요가 없다고 인정하면 징벌집행을 감경하거나 면제할 수 있다(동법 시행규칙 제231조 제4항).

⑤ 동법 제111조의2

13 ① 형집행법 시행규칙 제124조 제1항
② 동법 시행규칙 제124조 제2항
③ 소장은 수형자가 15세 미만인 경우에는 직업훈련 대상자로 선정해서는 아니 된다(동법 시행규칙 제126조).
④ 동법 시행규칙 제127조 제1항
⑤ 동법 시행규칙 제126조

✦ **직업훈련 대상자 선정기준**(규칙 제125조) **및 선정의 제한**(규칙 제126조)

직업훈련 대상자 선정기준	직업훈련 대상자 선정의 제한
① 소장은 수형자가 다음의 요건을 갖춘 경우에는 수형자의 의사, 적성, 나이, 학력 등을 고려하여 직업훈련 대상자로 선정할 수 있다. 1. 집행할 형기 중에 해당 훈련과정을 이수할 수 있을 것(기술숙련과정 집체직업훈련 대상자는 제외한다) 2. 직업훈련에 필요한 기본소양을 갖추었다고 인정될 것 3. 해당 과정의 기술이 없거나 재훈련을 희망할 것 4. 석방 후 관련 직종에 취업할 의사가 있을 것 ② 소장은 소년수형자의 선도를 위하여 필요한 경우에는 ①의 요건을 갖추지 못한 경우에도 직업훈련 대상자로 선정하여 교육할 수 있다.	소장은 규칙 제125조에도 불구하고 수형자가 다음의 어느 하나에 해당하는 경우에는 직업훈련 대상자로 선정해서는 아니 된다. 1. 15세 미만인 경우 2. 교육과정을 수행할 문자해독능력 및 강의 이해능력이 부족한 경우 3. 징벌대상행위의 혐의가 있어 조사 중이거나 징벌집행 중인 경우 4. 작업, 교육·교화프로그램 시행으로 인하여 직업훈련의 실시가 곤란하다고 인정되는 경우 5. 질병·신체조건 등으로 인하여 직업훈련을 감당할 수 없다고 인정되는 경우

14 ① 소장은 수형자의 가족 또는 배우자의 직계존속이 사망하면 2일간, 부모 또는 배우자의 제삿날에는 1일간 해당 수형자의 작업을 면제한다. 다만, 수형자가 작업을 계속하기를 원하는 경우는 예외로 한다(형집행법 제72조 제1항).
② 동법 제68조 제2항
③ 위로금 또는 조위금을 지급받을 권리는 다른 사람 또는 법인에게 양도하거나 담보로 제공할 수 없으며, 다른 사람 또는 법인은 이를 압류할 수 없다(동법 제76조 제1항).
④ 위로금은 본인에게 지급하고, 조위금은 그 상속인에게 지급한다(동법 제74조 제2항).
  작업장려금은 석방할 때에 본인에게 지급한다. 다만, 본인의 가족생활 부조, 교화 또는 건전한 사회복귀를 위하여 특히 필요하면 석방 전이라도 그 전부 또는 일부를 지급할 수 있다(동법 제73조 제3항).
⑤ 소장은 수형자에게 작업을 부과하려면 나이·형기·건강상태·기술·성격·취미·경력·장래생계, 그 밖의 수형자의 사정을 고려하여야 한다(동법 제65조 제2항).

01	02	03	04	05	06	07	08	09	10
④	①	②	②	④	③	②	①	⑤	⑤
11	12	13	14	15	16				
①	④	②	③	②	③				

01 휠러(Wheeler)는 클레머(Clemmer)의 가설을 검증하기 위해서 수형자표본을 형기의 초기단계에 있는 수형자, 형기의 중간단계에 있는 수형자, 형기의 마지막 단계에 있는 수형자의 세 부류로 구분하였다. 초기단계의 수형자가 가장 높은 친교도관적 태도를 견지하였고, 중기단계의 수형자가 친교도관적 태도가 가장 낮았으며, 말기단계의 수형자도 친교도관적 태도를 견지하고 수형자 강령을 거부하는 것으로 나타났다. 그래서 이를 U형 곡선이라고 한다.

이러한 형태가 나타나는 이유는 초기와 말기에는 교도소화의 정도가 낮고 중기에는 높기 때문이다. 결국 이는 클레머의 주장과는 다른 것으로서 이에 대해 휠러는 비교적 최근까지도 일반사회에 있었던 초기수형자나 조만간 그 사회로 되돌아갈 말기의 수형자는 관습적 가치를 지향하는 경향이 있다고 결론짓고 있다.

02 ㉠ 순회점검(형집행법 제8조), ㉡ 시찰(동법 제9조 제1항), ㉢ 참관(동법 제9조 제2항)

✦ 시찰 vs 참관

구 분	시 찰	참 관
주 체	판사와 검사	판사와 검사 外의 사람
목 적	직무상 필요	학술연구 등 정당한 사유
성 격	감독작용 아님	
허가여부	• 허가 不필요 • 신분증표 제시	• 소장의 허가 • **외국인** : 관할지방교정청장의 승인을 받아 허가 • 주의사항 알림
범 위	제한 없음(미결, 사형확정자 거실 모두 가능)	미결수용자, 사형확정자 수용거실 불가

03 ① 형집행법 시행규칙 제188조 제1호
② 투척용 최루탄은 근거리용으로 사용하고, 발사용 최루탄은 50미터 이상의 원거리에서 사용하되, 30도 이상의 발사각을 유지하여야 함(동법 시행규칙 제188조 제3호).
③ 동법 시행규칙 제188조 제2호
④ 동법 시행규칙 제188조 제4호
⑤ 동법 제100조 제2항 제2호

04 정문정책 전략은 형사사법망의 확대와 관계가 있지만, 후문정책 전략의 경우 관계가 없다. 또한 선도조건부 기소유예는 비구금적 제재로 정문정책 전략과 관계가 있다.

후문정책 전략은 일단 수용된 범죄자를 대상으로 보호관찰부 가석방, 선시제도 등을 이용하여 새로운 입소자들을 위한 공간을 확보하기 위해 그들의 형기종료 이전에 미리 출소시키는 전략이다.

05 특별회계의 세입·세출의 원인이 되는 계약을 담당하는 공무원(계약담당자)은 다음의 어느 하나에 해당하는 계약으로서 추정가격이「국가를 당사자로 하는 계약에 관한 법률 시행령」제26조 제1항 제5호 가목에 따른 추정가격의 2배를 초과하는 계약을 하려는 경우에는 일반경쟁에 부쳐야 한다(교도작업의 운영 및 특별회계에 관한 법률 시행령 제9조).

1. 고정자산에 속하거나 속하게 될 재산의 매매
2. 유동자산에 속하는 물건의 구입
3. 잡수입 과목으로 처리되는 물건의 매도
4. 손실 과목으로 처리되는 물건의 구입

06 ✦ **분류심사 제외 및 유예**(형집행법 시행규칙 제62조)

① 다음의 사람에 대해서는 분류심사를 하지 아니한다.

　1. 징역형·금고형이 확정된 사람으로서 집행할 형기가 형집행지휘서 접수일부터 3개월 미만인 사람
　2. 구류형이 확정된 사람

② 소장은 수형자가 다음의 어느 하나에 해당하는 사유가 있으면 분류심사를 유예한다.

　1. 질병 등으로 분류심사가 곤란한 때
　2. 징벌대상행위의 혐의가 있어 조사 중이거나 징벌집행 중인 때
　3. 그 밖의 사유로 분류심사가 특히 곤란하다고 인정하는 때

07 ① 형집행법 시행규칙 제120조 제1항 제4호

② 소장은 외부통근자가 법령에 위반되는 행위를 하거나 법무부장관 또는 소장이 정하는 지켜야 할 사항을 위반한 경우에는 외부통근자 선정을 취소할 수 있다(동법 시행규칙 제121조).

③ 동법 시행규칙 제122조

④ 소장은 제1항(외부기업체에 통근하며 작업하는 수형자 선정 요건) 및 제2항(교정시설 안에 설치된 외부기업체의 작업장에 통근하며 작업하는 수형자 선정 요건)에도 불구하고 작업 부과 또는 교화를 위하여 특히 필요하다고 인정하는 경우에는 제1항 및 제2항의 수형자 외의 수형자에 대하여도 외부통근자로 선정할 수 있다(동법 시행규칙 제120조 제3항).

⑤ 동법 시행규칙 제123조

08 위원회의 위원 중 공무원이 아닌 사람은「형법」제127조(공무상 비밀의 누설) 및 제129조부터 제132조(수뢰·사전수뢰, 제3자 뇌물제공, 수뢰후 부정처사·사후수뢰, 알선수뢰)까지의 규정을 적용할 때에는 공무원으로 본다(형집행법 제120조 제4항).

09 옳은 것은 ㉠, ㉡, ㉢, ㉣이고, 옳지 않은 것은 ㉣, ㉤이다.

㉠ 형집행법 제34조 제1항
㉡ 동법 제35조
㉢ 동법 제36조 제1항
㉣ 진료를 받게 할 수 있다(동법 제37조 제1항).
㉤ 이를 허가할 수 있다(동법 제38조).
㉥ 동법 제39조 제2항

10 ① 소장은 엄중관리대상자에게 작업을 부과할 때에는 분류심사를 위한 조사나 검사 등의 결과를 고려하여야 한다(형집행법 시행규칙 제197조).

② 소장은 조직폭력수용자에게 거실 및 작업장 등의 봉사원, 반장, 조장, 분임장, 그 밖에 수용자를 대표하는 직책을 부여해서는 아니 된다(동법 시행규칙 제200조). ※ 시행규칙 제200조는 사형확정자에게 준용됨.

③ 공소장 또는 재판서에 조직폭력사범으로 명시되어 있지는 아니하나 「폭력행위 등 처벌에 관한 법률」 제4조(단체 등의 구성·활동)·제5조(단체 등의 이용·지원) 또는 「형법」 제114조(범죄단체 등의 조직)가 적용된 수용자는 조직폭력수용자 지정대상이 된다(동법 시행규칙 제198조 제2호).

④ 마약류수용자로 지정된 사람에 대하여는 공소장 변경 또는 재판 확정에 따라 지정사유가 해소되었다고 인정되는 경우, 지정 후 5년이 지난 마약류수용자(마약류에 관한 형사 법률 외의 법률이 같이 적용된 마약류수용자로 한정)로서 수용생활태도, 교정성적 등이 양호한 경우에는 교도관회의의 심의 또는 분류처우위원회의 의결을 거쳐 지정을 해제할 수 있다(동법 시행규칙 제205조 제2항).

소장은 관심대상수용자의 수용생활태도 등이 양호하고 지정사유가 해소되었다고 인정하는 경우에는 분류처우위원회의 의결을 거쳐 그 지정을 해제한다(동법 시행규칙 제211조 제2항).

⑤ 동법 시행규칙 제211조 제1항

11 ① 9일 이하의 금치, 30일 이내의 실외운동 및 공동행사참가 정지, 30일 이내의 접견·편지수수·집필 및 전화통화 제한, 30일 이내의 텔레비전시청 및 신문열람 제한, 1개월의 작업장려금 삭감의 징벌실효기간은 1년이다(형집행법 시행규칙 제234조 제1항).

② 징벌위원회는 재적위원 과반수의 출석으로 개의하고, 출석위원 과반수의 찬성으로 의결한다. 이 경우 외부위원 1명 이상이 출석한 경우에만 개의할 수 있다(동법 시행규칙 제228조 제4항).

③ 수용자가 사람의 생명을 구조하거나 도주를 방지한 때와 재난 시 응급용무 보조에 공로가 있는 때에는 소장 표창 및 가족만남의 집 이용 대상자 선정기준에 해당된다(동법 시행규칙 제214조의2 제1호).

④ 소장은 징벌집행을 받고 있거나 집행을 앞둔 수용자가 같은 행위로 형사 법률에 따른 처벌이 확정되어 징벌을 집행할 필요가 없다고 인정하면 징벌집행을 감경하거나 면제할 수 있다(동법 시행규칙 제231조 제4항).

⑤ ㉠ 2 이상의 징벌사유가 경합하는 때, ㉡ 징벌 집행 중에 있는 자가 다시 징벌사유에 해당하는 행위를 한 때 ㉢ 징벌의 집행이 끝난 후 또는 집행이 면제된 후 6개월 내에 다시 징벌사유에 해당하는 행위를 한 때에는 징벌기간에 있어서 장기의 2분의 1까지 가중할 수 있다(동법 제109조 제2항).

12 ① 형집행법 제59조 제1항

② 동법 제59조 제4항

③ 동법 제60조

④ 수형자의 개별처우계획, 가석방심사신청 대상자 선정, 그 밖에 수형자의 분류처우에 관한 중요 사항을 심의·의결하기 위하여 교정시설에 분류처우위원회를 두며, 위원장을 포함한 5명 이상 7명 이하의 위원으로 구성한다(동법 제62조 제1항·제2항).

⑤ 동법 제62조 제3항

13 ① 형집행법 시행규칙 제144조 제1호

② 협의회는 회장 1명을 포함하여 3명 이상 5명 이하의 내부위원과 10명 이상의 외부위원으로 구성한다(동법 시행규칙 제145조 제1항).

③ 동법 시행규칙 제146조 제2항

④ 동법 시행규칙 제148조 제1항

⑤ 동법 시행규칙 제148조 제3항

14 옳지 않은 것은 ⓒ, ⓔ이다.

ⓐ 교정시설의 1인당 수용면적이 수형자의 인간으로서의 기본 욕구에 따른 생활조차 어렵게 할 만큼 지나치게 협소하다면, 이는 그 자체로 국가형벌권 행사의 한계를 넘어 수형자의 인간의 존엄과 가치를 침해하는 것이다(헌재 2016.12.29. 2013헌마142).

ⓑ 교도소장이 교도소 수용자의 동절기 취침시간을 21:00로 정한 행위는 수용자의 일반적 행동자유권을 침해하지 아니한다(헌재 2016.6.30. 2015헌마36).

ⓒ 금치기간 중 수용자의 실외운동을 원칙적으로 금지하는 것은 수용자 신체의 자유를 침해하여 헌법에 위반된다(헌재 2016.5.26. 2014헌마45).

ⓓ 구치소장이 변호인접견실에 CCTV를 설치하여 미결수용자와 변호인 간의 접견을 관찰한 행위는 형집행법 제94조 제1항과 제4항에 근거를 두고 이루어진 것이므로 법률유보원칙에 위배되지 않는다(헌재 2016. 4.28. 2015헌마243).

ⓔ 징벌혐의의 조사를 받고 있는 청구인이 변호인 아닌 자와 접견할 당시 교도관이 참여하여 대화내용을 기록하게 한 행위는 수용자의 사생활의 비밀과 자유를 침해하였다고 볼 수 없다(헌재 2014.9.25. 2012헌마523).

15 옳은 것은 ⓐ, ⓒ이다.

ⓐ 형집행법 제111조 제2항

ⓑ 외부위원은 3명 이상으로 한다(동법 제111조 제2항).

ⓒ 동법 제111조 제3항

ⓓ 징벌대상자는 위원에 대하여 기피신청을 할 수 있다. 이 경우 위원회의 의결로 기피 여부를 결정하여야 한다(동법 제111조 제5항).

ⓔ 징벌위원회가 징벌의결 요구서를 접수한 경우에는 지체 없이 징벌대상자에게 출석통지서를 전달하여야 하며(동법 시행규칙 제227조 제1항), 출석통지서에는 '형사절차상 불리하게 적용될 수 있는 사실에 대하여 진술을 거부할 수 있다는 것과 진술하는 경우에는 형사절차상 불리하게 적용될 수 있다는 사실' 등의 내용이 포함되어야 한다(동법 시행규칙 제227조 제2항 제6호).

16 ① 교도관은 시설의 안전과 질서유지를 위하여 필요하면 교정시설을 출입하는 수용자 외의 사람에 대하여 의류와 휴대품을 검사할 수 있다. 이 경우 출입자가 금지물품을 소지하고 있으면 교정시설에 맡기도록 하여야 하며, 이에 응하지 아니하면 출입을 금지할 수 있다(형집행법 제93조 제3항).

② 교도소장이 수용자가 없는 상태에서 실시한 거실 및 작업장 검사행위는 교도소의 안전과 질서를 유지하고, 수형자의 교화·개선에 지장을 초래할 수 있는 물품을 차단하기 위한 것으로서 그 목적이 정당하고, 수단도 적절하며, 검사의 실효성을 확보하기 위한 최소한의 조치로 보이고, 달리 덜 제한적인 대체수단을 찾기 어려운 점 등에 비추어 보면 이 사건 검사행위가 과잉금지원칙에 위배하여 사생활의 비밀 및 자유를 침해하였다고 할 수 없다(헌재 2011.10.25. 2009헌마691).

③ 수용자들이 공직선거 및 선거부정방지법상 배포가 금지된 인쇄물을 배포한 혐의로 현행범으로 체포된 여자들로서, 체포될 당시 신체의 은밀한 부위에 흉기 등 반입 또는 소지가 금지되어 있는 물품을 은닉하고 있었을 가능성은 극히 낮았다고 할 것이고, 그 후 변호인 접견 시 변호인이나 다른 피의자들로부터 흉기 등을 건네받을 수도 있었다고 의심할 만한 상황이 발생하였기는 하나, 변호인 접견절차 및 접견실의 구조 등에 비추어, 가사 수용자들이 흉기 등을 건네받았다고 하더라도 유치장에 다시 수감되기 전에 이를 신체의 은밀한 부위에 은닉할 수 있었을 가능성은 극히 낮다고 할 것이어서, 신체검사 당시 다른 방법으로는 은닉한 물품을 찾아내기 어렵다고 볼 만한 합리적인 이유가 있었다고 할 수 없으므로, 수용자들의 옷을 전부 벗긴 상태에서 앉았다 일어서기를 반복하게 한 신체검사는 그 한계를 일탈한 위법한 것이다(대법원 2001.10.26. 2001다51466).

④ 교정시설 내 자살사고는 수용자 본인이 생명을 잃는 중대한 결과를 초래할 뿐만 아니라 다른 수용자들에게도 직접적으로 부정적인 영향을 미치고 나아가 교정시설이나 교정정책 전반에 대한 불신을 야기할 수 있다는 점에서 이를 방지할 필요성이 매우 크고, 그에 비해 청구인에게 가해지는 불이익은 채광·통풍이 다소 제한 되는 정도에 불과하다. 따라서 교도소장이 교도소 독거실 내 화장실 창문과 철격자 사이에 안전 철망을 설치 한 행위는 청구인의 환경권 등 기본권을 침해하지 아니한다(헌재 2014.6.26. 2011헌마150).

⑤ 수용자를 교정시설에 수용할 때마다 전자영상 검사기를 이용하여 수용자의 항문 부위에 대한 신체검사를 하 는 것은 교정시설의 안전과 질서를 유지하기 위한 것으로 그 목적이 정당하고, 항문 부위에 대한 금지물품의 은닉여부를 효과적으로 확인할 수 있는 적합한 검사방법으로 그 수단이 적절하다. 교정시설을 이감·수용할 때마다 전자영상 신체검사를 실시하는 것은, 수용자가 금지물품을 취득하여 소지·은닉하고 있을 가능성을 배제할 수 없고, 외부관찰 등의 방법으로는 쉽게 확인할 수 없기 때문이다. 이 사건 신체검사는 필요한 최소 한도를 벗어나 과잉금지원칙에 위배되어 청구인의 인격권 내지 신체의 자유를 침해한다고 볼 수 없다(헌재 2011.5.26. 2010헌마775).

01	02	03	04	05	06	07	08	09	10
④	②	⑤	③	①	③	①	④	③	③
11									
⑤									

01
① 형집행법 제94조 제1항
② 변호인접견실에 설치된 CCTV는 교도관이 CCTV를 통해 미결수용자와 변호인 간의 접견을 관찰하더라도 접견 내용의 비밀이 침해되거나 접견교통에 방해가 되지 않도록 조치를 취하고 있는 점, 금지물품의 수수를 적발하거나 교정사고를 효과적으로 방지하고 교정사고가 발생하였을 때 신속하게 대응하기 위하여는 CCTV를 통해 관찰하는 방법 외에 더 효과적인 다른 방법을 찾기 어려운 점 등에 비추어 보면, CCTV 관찰행위는 그 목적을 달성하기 위하여 필요한 범위 내의 제한으로 침해의 최소성을 갖추었다. 따라서 CCTV 관찰행위가 청구인의 변호인의 조력을 받을 권리를 침해한다고 할 수 없다(헌재 2016.4.28. 2015헌마243).
③ 형집행법 시행규칙 제157조
④ 교도관이 수용자의 신체·의류·휴대품을 검사하는 경우에는 특별한 사정이 없으면 고정식 물품검색기를 통과하게 한 후 휴대식 금속탐지기 또는 손으로 이를 확인하고(동법 시행규칙 제166조 제2항), 교도관이 교정시설을 출입하는 수용자 외의 사람의 의류와 휴대품을 검사하는 경우에는 고정식 물품검색기를 통과하게 하거나 휴대식 금속탐지기로 이를 확인한다(동법 시행규칙 제166조 제3항).
⑤ 동법 시행규칙 제176조 제2항

02
① 형집행법 시행령 제23조
② 지방교정청장의 이송승인은 관할 내 이송으로 한정한다(동법 시행령 제22조 제2항).
③ 동법 시행령 제136조
④ 동법 시행령 제24조
⑤ 동법 시행령 제134조

03
① 형집행법 시행규칙 제77조
② 동법 시행규칙 제79조 제3항
③ 동법 시행규칙 제81조
④ 동법 시행규칙 제79조 제1항
⑤ 조정된 처우등급에 따른 처우는 그 조정이 확정된 다음 날부터 한다. 이 경우 조정된 처우등급은 그 달 초일부터 적용된 것으로 본다(동법 시행규칙 제82조 제1항).

04
① 형집행법 시행규칙 제86조 제1항
② 동법 시행규칙 제91조 제1항
③ 소장은 자치생활 수형자들이 교육실, 강당 등 적당한 장소에서 월 1회 이상 토론회를 할 수 있도록 하여야
한다(동법 시행규칙 제86조 제3항).
④ 동법 시행규칙 제86조 제2항
⑤ 동법 시행규칙 제123조

05 옳은 것은 ㉠, ㉡, ㉢이다.
㉠ 일반경비시설에 수용되어 통상적인 수준의 처우가 필요한 일반경비처우급 수형자(형집행법 시행규칙 제74조 제1
항 제3호)에게는 정보화 교육(경비처우급 규정을 적용받지 않는 교육과정)과 외국어 교육과정(동법 시행규칙 제113조 제2
항)의 교육기회가 주어질 수 있다.
㉡ 개방처우급 수형자는 개방지역작업 및 외부통근작업이 가능하며(동법 시행규칙 제74조 제2항 제1호), 접견 허용횟
수는 1일 1회이다(동법 시행규칙 제87조 제1항 제1호).
㉢ 소장은 개방처우급 혹은 완화경비처우급 수형자가 ⓐ 형기가 3년 이상인 사람, ⓑ 범죄 횟수가 2회 이하인
사람, ⓒ 중간처우를 받는 날부터 가석방 또는 형기 종료 예정일까지 기간이 3개월 이상 1년 6개월 이하인
사람에 모두 해당하는 경우에는 교정시설에 설치된 개방시설에 수용하여 사회 적응에 필요한 교육, 취업지원
등 적정한 처우를 할 수 있다(동법 시행규칙 제93조 제1항).
㉣ 중경비시설에 수용되어 기본적인 처우가 필요한 중경비처우급 수형자(동법 시행규칙 제74조 제1항 제4호)는 문
예·학술 등의 집필활동을 할 수 있다(동법 제49조 제1항). ⇨ 수용자의 문예·학술 등의 집필은 소장의 허가사
항이 아니다.
㉤ 완화경비시설에 수용되어 통상적인 수준보다 높은 수준의 처우가 필요한 완화경비처우급 수형자(동법 시행규
칙 제74조 제1항 제2호)는 귀휴사유가 있으면 일반귀휴의 대상이 될 수 있지만, 일반경비처우급 수형자는 교화
또는 사회복귀 준비 등을 위하여 특히 필요한 경우에 한하여 일반귀휴의 대상이 될 수 있다(동법 시행규칙 제129
조 제2항).

06
① 형집행법 시행규칙 제193조 제1항
② 동법 시행규칙 제191조
③ 교도관이 총기를 사용하는 경우에는 구두경고, 공포탄 발사, 위협사격, 조준사격의 순서에 따라야 한다. 다
만, 상황이 긴급하여 시간적 여유가 없을 때에는 예외로 한다(동법 시행규칙 제192조).
④ 동법 제101조 제5항
⑤ 동법 제101조 제3항

07 옳은 것은 ㉠, ㉣이고, 옳지 않은 것은 ㉡, ㉢, ㉤이다.
㉠ 형집행법 시행령 제89조
㉡ 수형자에게 작업장려금을 지급할 수 있다(동법 제73조 제2항).
㉢ 소장은 미결수용자에 대하여 작업을 부과할 수 있으나(동법 제86조 제1항), 교정시설 밖에서 행하는 것은 포함
하지 아니한다(동법 시행령 제103조 제1항).
㉣ 동법 시행령 제92조
㉤ 공휴일·토요일과 대통령령으로 정하는 휴일에는 작업을 부과하지 아니한다. 다만, ㉠ 취사·청소·간병 등
교정시설의 운영과 관리에 필요한 작업을 하는 경우, ㉡ 작업장의 운영을 위하여 불가피한 경우, ㉢ 공공의
안전이나 공공의 이익을 위하여 긴급히 필요한 경우, ㉣ 수형자가 신청하는 경우에는 작업을 부과할 수 있다
(동법 제71조 제5항).

08 많은 사람들이 수형자를 교화개선하여 법을 준수하는 정상적인 사회인으로 사회에 복귀시킬 수 있다고 믿고는 있지만, 대부분의 교화개선적 노력이 재범률을 크게 개선하지는 못하였다. 이를 마틴슨(Martinson)은 "Nothing Works(무의미한 일)"라 표현하였다.

09 사이크스(Sykes)는 수형자 역할유형을 정보통인 생쥐, 교도관과 내통하는 중심인, 공격적 약탈자인 고릴라, 밀거래자인 상인, 성적 폭압자인 늑대, 폭력적 대치인인 어리석은 파괴자, 고전적 수형자인 진짜 남자, 폭력범죄와 관련된 악당, 마약관련 범죄자인 떠벌이로 수형자의 역할 유형을 구분하고 있다.
생쥐(rats)는 교도소사회에서도 교도관 등과 내통함으로써 동료들을 배신하는 유형이고, 떠벌이(hipsters)는 실제보다 자신을 더 강한 척하고 말로만 강한 척하며 공격의 피해자를 조심스럽게 선택하는 유형이다.

10 ① 교도작업의 운영 및 특별회계에 관한 법률 제6조 제1항
② 동법 제6조 제2항
③ 법무부장관은 교도작업으로 생산되는 제품의 종류와 수량을 회계연도 개시 1개월 전까지 공고하여야 한다(동법 제4조).
④ 동법 시행규칙 제9조
⑤ 동법 제7조

11 ① 이 사건 교정시설에서는 라디에이터 등 간접 난방시설이 설치되어 운용되고 있음이 인정되는바, 헌법의 규정상 또는 헌법의 해석상 특별히 교도소장에게 직접 난방시설 등을 설치해야 할 작위의무가 부여되어 있다고 볼 수 없고, 형집행법 및 관계 법령을 모두 살펴보아도 교도소장에게 위와 같은 작위의무가 있다는 점을 발견할 수 없다(헌재 2012.5.8. 2012헌마328).
② 형집행법 제110조 제1항
③ 동법 시행규칙 제215조 제3호
④ 동법 제112조 제5항
⑤ 교도소에 수용 중이던 수용자가 담당 교도관들을 상대로 가혹행위를 이유로 형사고소 및 민사소송을 제기하면서 그 증명자료 확보를 위해 '근무보고서'와 '징벌위원회 회의록' 등의 정보공개를 요청하였으나 교도소장이 이를 거부한 사안에서, 근무보고서는 공공기관의 정보공개에 관한 법률 제9조 제1항 제4호에 정한 비공개대상정보에 해당한다고 볼 수 없고, 징벌위원회 회의록 중 비공개 심사·의결 부분은 위 법 제9조 제1항 제5호의 비공개사유에 해당하지만 수용자의 진술, 위원장 및 위원들과 수용자 사이의 문답 등 징벌절차 진행 부분은 비공개사유에 해당하지 않는다고 보아 분리 공개가 허용된다(대법원 2009. 12.10. 2009두12785).

01	02	03	04	05	06	07	08	09	10
③	②	③	⑤	①	②	②	⑤	⑤	④

11	12	13	14	15					
②	②	⑤	④	②					

01 ✦ **관심대상수용자의 지정대상**(형집행법 시행규칙 제210조)

1. 다른 수용자에게 상습적으로 폭력을 행사하는 수용자
2. 교도관을 폭행하거나 협박하여 징벌을 받은 전력이 있는 사람으로서 같은 종류의 징벌대상행위를 할 우려가 큰 수용자
3. 수용생활의 편의 등 자신의 요구를 관철할 목적으로 상습적으로 자해를 하거나 각종 이물질을 삼키는 수용자
4. 다른 수용자를 괴롭히거나 세력을 모으는 등 수용질서를 문란하게 하는 조직폭력수용자(조직폭력사범으로 행세하는 경우를 포함한다)
5. 조직폭력수용자로서 무죄 외의 사유로 출소한 후 5년 이내에 교정시설에 다시 수용된 사람
6. 상습적으로 교정시설의 설비·기구 등을 파손하거나 소란행위를 하여 공무집행을 방해하는 수용자
7. 도주(음모, 예비 또는 미수에 그친 경우를 포함한다)한 전력이 있는 사람으로서 도주의 우려가 있는 수용자
8. 중형선고 등에 따른 심적 불안으로 수용생활에 적응하기 곤란하다고 인정되는 수용자
9. 자살을 기도한 전력이 있는 사람으로서 자살할 우려가 있는 수용자
10. 사회적 물의를 일으킨 사람으로서 죄책감 등으로 인하여 자살 등 교정사고를 일으킬 우려가 큰 수용자
11. 징벌집행이 종료된 날부터 1년 이내에 다시 징벌을 받는 등 규율 위반의 상습성이 인정되는 수용자
12. 상습적으로 법령에 위반하여 연락을 하거나 금지물품을 반입하는 등의 방법으로 부조리를 기도하는 수용자
13. 그 밖에 교정시설의 안전과 질서유지를 위하여 엄중한 관리가 필요하다고 인정되는 수용자

02 30 + 5 + 25 + 1 = 61

㉠ 30일(형집행법 시행령 제107조)
㉡ 5회(동법 시행규칙 제90조 제1항)
㉢ 25년(형사소송법 제249조 제2항)
㉣ 1년(형법 제59조의2 제2항)

03 ① 형벌불소급원칙에서 의미하는 '처벌'은 형법에 규정되어 있는 형식적 의미의 형벌 유형에 국한되지 않으며, 범죄행위에 따른 제재의 내용이나 실제적 효과가 형벌적 성격이 강하여 신체의 자유를 박탈하거나 이에 준하는 정도로 신체의 자유를 제한하는 경우에는 형벌불소급원칙이 적용되어야 한다. 노역장유치는 그 실질이 신체의 자유를 박탈하는 것으로서 징역형과 유사한 형벌적 성격을 가지고 있으므로 형벌불소급원칙의 적용대상이 된다(헌재 2017.10.26. 2015헌바239).
② 형법 제70조 제1항
③ 벌금을 납입하지 아니한 자는 1일 이상 3년 이하, 과료를 납입하지 아니한 자는 1일 이상 30일 미만의 기간 노역장에 유치하여 작업에 복무하게 한다(동법 제69조 제2항).
④ 동법 제70조 제2항
⑤ 벌금 미납자의 사회봉사 집행에 관한 특례법 제4조 제2항 제1호

04 다음의 어느 하나에 해당하는 신입자의 경우에는 법무부장관이 정하는 바에 따라 간이입소절차를 실시한다(형집행법 제16조의2).
1. 「형사소송법」 제200조의2(영장에 의한 체포), 제200조의3(긴급체포) 또는 제212조(현행범인의 체포)에 따라 체포되어 교정시설에 유치된 피의자
2. 「형사소송법」 제201조의2(구속 전 피의자심문) 제10항 및 제71조의2(구인 후의 유치)에 따른 구속영장 청구에 따라 피의자 심문을 위하여 교정시설에 유치된 피의자

05 ① 소장은 동행귀휴를 허가한 경우 '귀휴지에서 매일 1회 이상 소장에게 전화보고' 조건을 붙일 수 없다(형집행법 시행규칙 제140조 제4호).
② 소장은 개방처우급·완화경비처우급 수형자에게 일반귀휴를 허가할 수 있다. 다만, 교화 또는 사회복귀 준비 등을 위하여 특히 필요한 경우에는 일반경비처우급 수형자에게도 이를 허가할 수 있다(동법 시행규칙 제129조 제2항).
③ 동법 제77조 제2항
④ 동법 제77조 제4항
⑤ 동법 제78조

06 ① 형집행법 시행규칙 제126조 제2호
② 소장은 소년수형자의 선도를 위하여 필요한 경우에는 직업훈련 대상자 선정기준을 갖추지 못한 경우에도 직업훈련 대상자로 선정하여 교육할 수 있으나(동법 시행규칙 제125조 제2항), 15세 미만인 경우에는 직업훈련 대상자로 선정해서는 아니 된다(동법 시행규칙 제126조 제1호).
③ 동법 시행규칙 제127조 제2항
④ 동법 시행규칙 제124조 제1항
⑤ 동법 시행규칙 제124조 제2항

07 수용자가 '위력으로 교도관의 정당한 직무집행을 방해하는 때'에 사용할 수 있는 보호장비는 수갑, 포승, 발목보호장비, 보호대, 보호의자이다(형집행법 제98조 제2항).

08 법무부장관은 소장이 제출한 생산공급계획과 수요기관이 제출한 자료를 검토하고 다음의 사항을 고려하여 회계연도 개시 1개월 전까지 다음 연도에 생산할 교도작업제품의 종류와 수량을 결정하여 공고하여야 한다(교도작업의 운영 및 특별회계에 관한 법률 시행령 제5조 제1항).
1. 교정시설의 자체 수요품이 우선적으로 포함될 것
2. 국민생활에 도움이 될 것
3. 특별회계의 건전한 운영에 도움을 줄 수 있을 것

09 ① 사회요법 중 환경요법에 대한 설명이다. 환경요법은 모든 교정환경을 이용하여 수형자들 간의 상호작용의 수정과 환경통제를 통해서 개별 수형자의 행동에 영향을 미치고자 하는 것으로 교정시설의 환경을 통제하고 조절하여 수형자들의 행동의 변화를 추구한다.
② 물리요법은 각종 상담치료나 상담에 잘 반응하지 않고 별 효과가 없는 재소자에게 이용 가능한 강제적 기법으로, 진정제 투약과 같은 약물요법 등이 있다.
③ 행동수정에 대한 설명이다.
④ 사회요법 중 환경요법의 대표적 프로그램인 '요법처우공동체'에 대한 설명이다.

⑤ 현실요법은 글래저(Glaser)가 주창한 것으로, 모든 사람은 기본적 욕구를 가지고 있으며, 자신의 욕구에 따라 행동할 수 없을 때 무책임하게 행동한다는 가정에 기초하고 있다.
현실요법은 ㉠ 현실요법의 기본원리가 쉽게 학습되고 터득될 수 있고, ㉡ 재소자의 내부문제보다 외부세계에, 과거보다는 현재에, 개인적 문제보다는 인간적 잠재성에 초점을 맞추고 있으며, ㉢ 상담자에게 권한과 권위를 제공하고 보호관찰과 연계되어 지속될 수도 있다.

10 ① 교도소·구치소 및 그 지소(교정시설) 간의 호송은 교도관이 행하며, 그 밖의 호송은 경찰관 또는 사법경찰관리로서의 직무를 수행하는 검찰청 직원이 행한다(수형자 등 호송 규정 제2조).
② 호송관의 여비나 피호송자의 호송비용은 호송관서가 부담한다. 다만, 피호송자를 교정시설이나 경찰관서에 숙식하게 한 때에는 그 비용은 교정시설이나 경찰관서가 부담한다(동 규정 제13조 제1항).
③ 피호송자의 질병이나 사망에 의한 비용은 각각 그 교부를 받은 관서가 부담한다(동 규정 제13조 제2항).
④ 호송은 일출전 또는 일몰후에는 행할 수 없다. 다만, 열차·선박·항공기를 이용하는 때 또는 특별한 사유가 있는 때에는 예외로 한다(동 규정 제7조).
⑤ 피호송자가 도주한 때에는 호송관은 즉시 그 지방 및 인근 경찰관서와 호송관서에 통지하여야 하며, 호송관서는 관할 지방검찰청, 사건소관 검찰청, 호송을 명령한 관서, 발송관서 및 수송관서에 통지하여야 한다(동 규정 제10조).

11 ① 어리석은 파괴자에 대한 설명이다.
② 중심인은 교도관의 의견·태도·신념을 취하는 수형자들이다. 이들은 선처를 얻기 위하여 권력을 가진 교도관들에게 아첨하는 것으로 알려지고 있다.
③ 프랭크 쉬멜레걸의 수형자의 역할 유형 중 은둔자에 대한 설명이다.
④ 생쥐에 대한 설명이다.
⑤ 슈랙의 수형자의 역할 유형 중 가사회적 정치인에 대한 설명이다.

✦ 그 밖의 수형자 역할유형 분류

① 사이크스(Sykes)는 정보통인 생쥐, 교도관과 내통하는 중심인, 공격적 약탈자인 고릴라, 밀거래자인 상인, 성적 폭압자인 늑대, 폭력적 대치자인 어리석은 파괴자, 고전적 수형자인 진짜 남자, 폭력범죄와 관련된 악당, 마약관련 범죄자인 떠벌이로 수형자의 역할 유형을 구분하고 있다.
② 프랭크 쉬멜레걸(Frank Schmalleger)은 깔끔이 신사, 쾌락주의자, 기회주의자, 은둔자, 변호인, 과격주의자, 식민자, 종교인, 현실주의자로 수형자의 역할 유형을 구분한다.

12 ① 가석방의 기간은 무기형에 있어서는 10년으로 하고, 유기형에 있어서는 남은 형기로 하되, 그 기간은 10년을 초과할 수 없다(형법 제73조의2 제1항).
② 가석방 기간 중 고의로 지은 죄로 금고 이상의 형을 선고받아 그 판결이 확정된 경우에 가석방 처분은 효력을 잃는다(동법 제74조). 그러므로 과실로 인한 죄로 형을 선고받아 그 판결이 확정된 경우에는 가석방 처분은 효력을 잃지 않는다.
③ 가석방의 처분을 받은 후 그 처분이 실효 또는 취소되지 아니하고 가석방기간을 경과한 때에는 형의 집행을 종료한 것으로 본다(동법 제76조 제1항).
④ 징역 또는 금고를 선고받은 소년에 대하여는 무기형의 경우에는 5년, 15년 유기형의 경우에는 3년, 부정기형의 경우에는 단기의 3분의 1이 지나면 가석방을 허가할 수 있다(소년법 제65조).
⑤ 교도소의 장은 「소년법」 제65조(가석방)의 기간이 지난 소년수형자에 대하여 관할 보호관찰심사위원회에 가석방 심사를 신청할 수 있고(보호관찰 등에 관한 법률 제22조 제1항), 보호관찰심사위원회는 가석방 심사 신청을 받으면 소년수형자에 대한 가석방이 적절한지를 심사하여 결정한다(동법 제23조 제1항).

13 ① 갱생보호는 「보호관찰 등에 관한 법률」에서 규정하고 있다(보호관찰 등에 관한 법률 제5장).

②, ③ 갱생보호를 받을 사람(갱생보호 대상자)은 형사처분 또는 보호처분을 받은 사람으로서 자립갱생을 위한 숙식 제공, 주거 지원, 창업 지원, 직업훈련 및 취업 지원 등 보호의 필요성이 인정되는 사람으로 하며(동법 제3조 제3항), 갱생보호의 방법으로는 숙식 제공, 주거 지원, 창업 지원, 직업훈련 및 취업 지원, 출소예정자 사전상담, 갱생보호 대상자의 가족에 대한 지원, 심리상담 및 심리치료, 사후관리, 그 밖에 갱생보호 대상자에 대한 자립 지원이 있다(동법 제65조 제1항).

④ 갱생보호 대상자와 관계 기관은 보호관찰소의 장, 갱생보호사업 허가를 받은 자 또는 한국법무보호복지공단에 갱생보호 신청을 할 수 있다(동법 제66조 제1항).

⑤ 갱생보호는 갱생보호를 받을 사람(갱생보호 대상자)이 친족 또는 연고자 등으로부터 도움을 받을 수 없거나 이들의 도움만으로는 충분하지 아니한 경우에 한하여 행한다(동법 시행령 제40조 제1항).

14 ① 태형(笞刑)은 가장 가벼운 형벌로서 10대에서 50대까지 5등급으로 구분하였고, 죄수를 형틀에 묶은 다음 하의를 내리고 둔부를 노출시켜 작은 가시나무 회초리로 대수를 세어가며 집행하는데, 부녀자는 옷을 벗기지 않았으나 간음한 여자에 대해서는 옷을 벗기고 집행하였다.

② 장형(杖刑)은 태형보다 중한 형벌로서 60대에서 100대까지 5등급으로 구분하였고, 큰 가시나무 회초리로 때렸다.

③ 중도부처(中途付處)는 관원(일반관원)에 대하여 과하는 형으로, 일정한 지역을 지정하여 그곳에서만 거주하도록 하는 것으로 유생에 대해서도 적용되었다.

천도(遷徒. 천사. 遷徙)는 일반 상민을 대상으로 죄인을 천리 밖으로 강제 이주시키는 형벌이다. 조선 초 북변개척을 위한 이민정책의 일환으로 범죄자와 그 가족을 천리 밖으로 강제 이주시키거나 연변지역으로 이주시키는 것을 제도화한 것인데, 일반유형의 효력이 죄인 당사자에 한하는 데 비하여 전가천도(全家遷徒. 전가사변. 全家徒邊)는 전 가족에게 영향이 미치는 것으로 가혹한 것이었다.

④ 안치(安置)는 왕족이나 현직고관인 사람에 한하여 일정한 장소에 격리시켜 유거하게 하는 것으로, 유형 중에서도 행동의 제한을 가장 많이 받는 형벌이었다. 안치의 종류로는 본향안치, 절도안치, 위리안치가 있다.

⑤ 자자형(刺字刑)은 신체의 일부에 글씨 등을 새겨 넣는 부가형으로, 평생 전과로 낙인을 찍는 가혹성으로 영조 16년(1740년)에 자자도구를 소각하고 전국에 엄명을 내려 완전히 폐지하였다.

15 ✦ **부정기재심사**(형집행법 시행규칙 제67조)

1. 분류심사에 오류가 있음이 발견된 때

2. 수형자가 교정사고(교정시설에서 발생하는 화재, 수용자의 자살·도주·폭행·소란, 그 밖에 사람의 생명·신체를 해하거나 교정시설의 안전과 질서를 위태롭게 하는 사고를 말한다.)의 예방에 뚜렷한 공로가 있는 때

3. 수형자를 징벌하기로 의결한 때

4. 수형자가 집행유예의 실효 또는 추가사건(현재 수용의 근거가 된 사건 외의 형사사건을 말한다.)으로 금고 이상의 형이 확정된 때

5. 수형자가 「숙련기술장려법」 제20조 제2항에 따른 전국기능경기대회 입상, 기사 이상의 자격취득, 학사 이상의 학위를 취득한 때

6. 삭제(2014.11.17. 가석방 심사와 관련하여 필요한 때)

7. 그 밖에 수형자의 수용 또는 처우의 조정이 필요한 때

01	02	03	04	05	06	07	08	09	10
③	①	③	④	②	④	④	①	④	②
11	12	13							
⑤	③	②							

01
① 형집행법 시행규칙 제62조 제1항 제1호
② 동법 시행규칙 제62조 제1항 제2호
③ 노역장 유치명령을 받은 사람은 분류심사를 한다.
④ 형집행법 시행규칙 제62조 제2항 제2호
⑤ 동법 시행규칙 제62조 제3항

02
① 형집행법 제117조 제1항, 동법 시행령 제139조 제1항
② 법무부장관, 지방교정청장 또는 소장은 정보공개청구를 한 후 정당한 사유 없이 그 청구를 취하한 사실이 2회 이상 있는 수용자 또는 정보공개청구를 한 후 정당한 사유 없이 정보공개결정 후 정보공개 등에 소요되는 비용을 납부하지 아니한 사실이 2회 이상 있는 수용자가 정보공개의 청구를 한 경우에는 청구를 한 날부터 7일 이내에 예상되는 비용을 산정하여 해당 수용자에게 미리 납부할 것을 통지할 수 있다(동법 시행령 제139조의2 제2항).
③ 현재의 수용기간 동안 법무부장관, 지방교정청장 또는 소장에게 정보공개청구를 한 후 정당한 사유 없이 그 청구를 취하한 사실이 2회 이상 있는 수용자 또는 정보공개청구를 한 후 정당한 사유 없이 정보공개결정 후 정보공개 등에 소요되는 비용을 납부하지 아니한 사실이 2회 이상 있는 수용자가 정보공개청구를 한 경우에 법무부장관, 지방교정청장 또는 소장은 그 수용자에게 정보의 공개 및 우송 등에 들 것으로 예상되는 비용을 미리 납부하게 할 수 있다(동법 제117조의2 제2항).
④ 소장은 수용자의 면담신청이 있으면 ㉠ 정당한 사유 없이 면담사유를 밝히지 아니하는 경우, ㉡ 면담목적이 법령에 명백히 위배되는 사항을 요구하는 것인 경우, ㉢ 동일한 사유로 면담한 사실이 있음에도 불구하고 정당한 사유 없이 반복하여 면담을 신청하는 경우, ㉣ 교도관의 직무집행을 방해할 목적이라고 인정되는 상당한 이유가 있는 경우를 제외하고는 면담을 하여야 한다(동법 제116조 제2항).
⑤ 소장은 특별한 사정이 있으면 소속 교도관으로 하여금 그 면담을 대리하게 할 수 있다. 이 경우 면담을 대리한 사람은 그 결과를 소장에게 지체 없이 보고하여야 한다(동법 제116조 제3항).

03 옳은 것은 ㉠, ㉢, ㉤이다.
㉠ 소장은 수용자거실을 작업장으로 사용해서는 아니 된다. 다만, 수용자의 심리적 안정, 교정교화 또는 사회적 응능력 함양을 위하여 특히 필요하다고 인정하면 그러하지 아니하다(형집행법 시행령 제11조).
㉡ 소장은 신입자가 환자이거나 부득이한 사정이 있는 경우가 아니면 수용된 날부터 3일 동안 신입자거실에 수용하여야 하며(동법 시행령 제18조 제1항), 소장은 신입자거실에 수용된 사람에게는 작업을 부과해서는 아니 된다(동법 시행령 제18조 제2항).
㉢ 동법 시행규칙 제15조 제2항
㉣ 소장은 수형자가 개방처우급 또는 완화경비처우급으로서 작업·교육 등의 성적이 우수하고 관련 기술이 있는 경우에는 교도관의 작업지도를 보조하게 할 수 있다(동법 시행규칙 제94조).
㉤ 동법 시행규칙 제74조 제2항 제4호

04 • 사회적 처우 : ⓛ, ⓔ, ⓜ, ⓢ ※ ⓛ의 중간처우의 집(halfway house)은 중간처우에 해당한다.
• 사회 내 처우 : ⓖ, ⓒ, ⓑ, ⓞ

✦ 사회적 처우 VS 사회 내 처우

사회적 처우	① 보안 상태나 행동의 자유에 대한 제한 등이 완화된 시설에서 또는 폐쇄된 시설이라도 시설 내 처우와 연계되면서 사회생활의 준비가 필요한 수형자를 대상으로 사회적응력을 배양시키려는 개방된 처우 형태이다. ② 19C 아일랜드에서 실시된 중간교도소 등에서 기원을 찾고 있다. ③ 귀휴제도, 외부통근제도, 가족만남의 집, 주말구금제도 등이 있다.
사회 내 처우	① 범죄자를 교정시설에 수용하지 않고 사회 내에서 통상의 생활을 영위하도록 하면서 지도·개선 등에 의해 그 범죄자의 개선·사회복귀를 도모하는 제도를 말한다. ② 시설 내 처우에 대응하는 개념으로서, 시설 내 처우의 폐단을 극복하기 위한 형사정책적 관심에서 등장한 것이다. ③ 보호관찰제도, 가석방제도, 갱생보호제도, 사회봉사·수강명령, 선도조건부 기소유예, 판결 전 조사제도 등이 있다.

05 ㉠ 보안관찰처분심의위원회 : 위원장 1인과 6인의 위원으로 구성한다(보안관찰법 제12조 제2항).
㉡ 분류처우위원회 : 위원장을 포함한 5명 이상 7명 이하의 위원으로 구성한다(형집행법 제62조 제2항).
㉢ 징벌위원회 : 위원장을 포함한 5명 이상 7명 이하의 위원으로 구성한다(동법 제111조 제2항).
㉣ 보호관찰심사위원회 : 위원장을 포함하여 5명 이상 9명 이하의 위원으로 구성한다(보호관찰 등에 관한 법률 제7조 제1항).
㉤ 가석방심사위원회 : 위원장을 포함한 5명 이상 9명 이하의 위원으로 구성한다(형집행법 제120조 제1항).

06 ① 형집행법 시행규칙 제120조 제1항 제1호
② 동법 시행규칙 제121조
③ 동법 시행규칙 제123조
④ 소장은 제1항(외부기업체에 통근하며 작업하는 수형자의 선정기준) 및 제2항(교정시설 안에 설치된 외부기업체의 작업장에 통근하며 작업하는 수형자의 선정기준)에도 불구하고 작업 부과 또는 교화를 위하여 특히 필요하다고 인정하는 경우에는 제1항 및 제2항의 수형자 외의 수형자에 대하여도 외부통근자로 선정할 수 있다(동법 시행규칙 제120조 제3항). 그러므로 중경비처우급 수형자를 외부통근자로 선정할 수 있다.
⑤ 동법 시행규칙 제120조 제2항

07 ① 형집행법 시행규칙 제82조 제1항
② 동법 시행규칙 제84조 제1항
③ 동법 시행규칙 제34조 제1항
④ 소장은 노인수용자가 거동이 불편하여 혼자서 목욕하기 어려운 경우에는 교도관, 자원봉사자 또는 다른 수용자로 하여금 목욕을 보조하게 할 수 있다(동법 시행규칙 제46조 제2항).
⑤ 동법 시행규칙 제95조 제1항

08   ① 형집행법 시행령 제49조 제1호
　　② 소장은 거실·작업장·목욕탕, 그 밖에 수용자가 공동으로 사용하는 시설과 취사장, 주식·부식 저장고, 그 밖에 음식물 공급과 관련된 시설을 수시로 청소·소독하여야 하며(동법 시행령 제47조 제1항), 저수조 등 급수시설을 6개월에 1회 이상 청소·소독하여야 한다(동법 시행령 제47조 제2항).
　　③ 부득이한 사정이 없으면 매주 1회 이상이 되도록 한다(동법 시행령 제50조).
　　④ 소장은 수용자가 감염병에 걸렸다고 의심되는 경우에는 1주 이상 격리수용하고 그 수용자의 휴대품을 소독하여야 한다(동법 시행령 제53조 제1항).
　　⑤ 건강검진은 「건강검진기본법」 제14조에 따라 지정된 건강검진기관에 의뢰하여 할 수 있다(동법 시행령 제51조 제2항).

09   ① 오번제도는 공동작업을 통하여 독거수용에 따른 문제점이 해결되고, 공동작업 중 엄중침묵을 강요함으로써 재소자 간 통모나 범죄학습 등의 문제도 해결할 수 있다. 따라서 엄정독거에 비하여 사회적 처우가 어느 정도 가능하기 때문에 보다 인간적이다.
　　② 오번제도는 독거제의 단점과 혼거제의 결함을 동시에 보완할 수 있는 제도이다.
　　④ 주간 작업 시 교담을 금지하고 야간에는 독거구금하므로 악풍감염의 문제가 해소된다.
　　⑤ 펜실베니아제와 오번제의 공통적인 장점에 해당한다.

10   ① 부족국가로 알려진 부여국에 원형옥(圓形獄)이 있었던 것으로 전해지는데, 이러한 원형옥은 신라·고려로 이어져 왔고, 조선시대 한양의 전옥서(典獄署)를 포함하여 일제가 주권을 침탈한 직후인 1914년경까지 2천년 이상 원형의 형태로 전래되었다.
　　② 고려시대 형벌제도에 대한 설명이다. 고려시대의 형벌로는 태형, 장형, 도형, 유형, 사형 등 5종이 근간을 이루고, 여기에 부가형으로 삽루형, 경면형, 노비몰입, 가산몰수 등이 있었다. 또한 일정한 조건 아래 형을 대신하여 속전을 받는 제도가 있었다.
　　고구려의 형벌의 종류로는 사형, 노비몰입, 재산몰수, 배상 등이 있었으며, 법 외의 형벌이 존재하였고, 신체형으로 장형이 존재하였다.
　　④ 조선시대 도형의 기간은 최단기 1년에서 최장기 3년까지 5종으로 구분되고, 도형에는 반드시 장형이 병과되었다.
　　⑤ 유형수 중 정치범에게는 식량 등의 생활필수품을 관에서 공급하였고, 유배지에 처와 첩은 따라가며, 직계존속은 본인의 희망에 따라 동행을 허가해 주었다.

11   재통합모형의 가장 기본적인 가정은 범죄자의 문제는 범죄문제가 시작된 바로 그 사회에서 해결되어야 한다는 것이다. 범죄자의 사회재통합을 위해서는 지역사회와의 의미 있는 접촉과 유대 관계가 중요한 전제이다. 이러한 가정과 전제를 가장 효율적으로 달성할 수 있는 대안으로서 지역사회에 기초한 교정을 강조한다. 재통합적 지역사회교정의 대표적인 프로그램으로 중간처우소(Halfway house), 집단가정(group house) 등이 있다.

12   ① 형집행법 시행령 제71조
　　② 동법 시행규칙 제25조 제3항
　　③ 소장은 ㉠ 수용자 또는 수신자가 전화통화 내용의 청취·녹음에 동의하지 아니할 때, ㉡ 수신자가 수용자와의 관계 등에 대한 확인 요청에 따르지 아니하거나 거짓으로 대답할 때, ㉢ 전화통화 허가 후 전화통화 불허 사유가 발견되거나 발생하였을 때에는 전화통화의 허가를 취소할 수 있다(동법 시행규칙 제27조).
　　④ 동법 시행규칙 제26조 제1항·제2항
　　⑤ 동법 시행규칙 제29조 제1항·제2항

13 옳은 것은 ㉠, ㉡, ㉢이다.

㉠ 구금된 피의자는 형집행법 제97조 제1항 각호에 규정된 사유에 해당하지 않는 이상 보호장비 착용을 강제당하지 않을 권리를 가진다. 검사는 조사실에서 피의자를 신문할 때 해당 피의자에게 그러한 특별한 사정이 없는 이상 교도관에게 보호장비의 해제를 요청할 의무가 있고, 교도관은 이에 응하여야 한다(대법원 2020.3.17. 2015모2357).

㉡ 형집행법 제99조 제2항

㉢ 교도관은 시설의 안전과 질서유지를 위하여 필요하면 교정시설을 출입하는 수용자 외의 사람에 대하여 의류와 휴대품을 검사할 수 있다(동법 제93조 제3항).

㉣ 수용자의 보호실 수용기간은 15일 이내로 한다. 다만, 소장은 특히 계속하여 수용할 필요가 있으면 의무관의 의견을 고려하여 1회당 7일의 범위에서 기간을 연장할 수 있다(동법 제95조 제2항).

㉤ 동법 제96조 제2항·제3항

PART **03**

01	02	03	04	05	06	07	08	09	10
①	④	②	④	④	②	④	④	④	④
11	12	13	14	15	16	17	18	19	20
②	③	②	③	③	①	②	③④	③	④
21	22	23	24	25	26				
③	①	④	④	③	④				

01 ㉠ 교도관직무규칙 제51조
㉡ 동 규칙 제53조 제1항
㉢ 동 규칙 제53조 제2항
㉣ 당직간부는 매주 1회 이상 교도관의 비상소집망을 확인하여 정확하게 유지하도록 해야 한다(동 규칙 제55조).
㉤ 동 규칙 제56조
㉥ 동 규칙 제58조

02 모두 고른 것은 ㉠, ㉡, ㉢, ㉣이다.
교도관은 접견 중인 수용자 또는 그 상대방이 다음의 하나에 해당하면 접견을 중지할 수 있다(형집행법 제42조).
1. 범죄의 증거를 인멸하거나 인멸하려고 하는 때
2. 금지물품을 주고받거나 주고받으려고 하는 때
3. 형사법령에 저촉되는 행위를 하거나 하려고 하는 때
4. 수용자의 처우 또는 교정시설의 운영에 관하여 거짓사실을 유포하는 때
5. 수형자의 교화 또는 건전한 사회복귀를 해칠 우려가 있는 행위를 하거나 하려고 하는 때
6. 시설의 안전 또는 질서를 해하는 행위를 하거나 하려고 하는 때

03 ㉠ 형집행법 제53조
㉡ 동법 제109조
㉢ 동법 제133조
㉣ 동법 제132조 제2항
㉤ 동법 시행령 제141조
㉥ 동법 시행령 제142조

04 ① 2011헌마332, 2012.7.26.
② 2013헌마142, 2016.12.29.
③ 2011헌마150, 2014.6.26.
④ 수용자가 보내려는 모든 서신에 대해 무봉함 상태의 제출을 강제함으로써 수용자의 발송 서신 모두를 사실상 검열 가능한 상태에 놓이도록 하는 것은 기본권제한의 최소 침해성 요건을 위반하여 수용자인 청구인의 통신 비밀의 자유를 침해하는 것이다(2009헌마333, 2012.2.23.).

05 ✦ 형집행법 제100조 제1항 ~ 제2항
1. 수용자를 도주하게 하려고 하는 때
2. 교도관 또는 수용자에게 위해를 끼치거나 끼치려고 하는 때

3. 위력으로 교도관의 정당한 직무집행을 방해하는 때
4. 교정시설의 설비·기구 등을 손괴하거나 하려고 하는 때
5. 교정시설에 침입하거나 하려고 하는 때
6. 교정시설의 안(시설 밖의 계호장소 포함)에서 교도관의 퇴거요구를 받고도 이에 따르지 아니하는 때

06 ① 소장은 수용자가 신체적·정신적 질병으로 인하여 특별한 보호가 필요할 때 의무관의 의견을 고려하여 보호실에 수용할 수 있다(형집행법 제95조).
② 동법 제95조 제2항
③ 소장은 수용자가 교도관의 제지에도 불구하고 소란행위를 계속하여 다른 수용자의 평온한 수용생활을 방해하는 때에 강제력을 행사하거나 보호장비를 사용하여도 그 목적을 달성할 수 없는 경우에만 진정실에 수용할 수 있다(동법 제96조 제1항).
④ 수용자를 보호실에 수용할 수 있는 기간은 계속하여 3개월을 초과할 수 없다(동법 제95조 제3항).

07 ① 형집행법 시행규칙 제151조
② 동법 시행규칙 제150조 제4항
③ 동법 시행규칙 제156조
④ 소장은 사형확정자가 작업을 신청하면 교도관회의의 심의를 거쳐 교정시설 안에서 실시하는 작업을 부과할 수 있다(동법 시행규칙 제153조).

08 ① 형집행법 제77조 제4항
② 동법 시행령 제97조
③ 동법 시행규칙 제142조
④ 소장은 귀휴자가 신청할 경우 작업장려금의 전부 또는 일부를 귀휴비용으로 사용하게 할 수 있다(동법 시행규칙 제142조 제2항).

09 ① 미결수용자를 수용하는 시설의 설비 및 계호의 정도는 일반경비시설에 준한다(형집행법 시행령 제98조).
② 소장은 신청에 따라 작업이 부과된 미결수용자가 작업의 취소를 요청하는 경우에는 그 미결수용자의 의사, 건강 및 교도관의 의견 등을 고려하여 작업을 취소할 수 있다(동법 시행령 제103조 제2항).
③ 미결수용자의 머리카락과 수염은 특히 필요한 경우가 아니면 본인의 의사에 반하여 짧게 깎지 못한다(동법 제83조).
④ 동법 제85조

10 ① 형집행법 시행규칙 제161조
② 동법 제94조 제1항
③ 동법 시행규칙 제164조
④ 교도관이 외부의료시설 입원, 이송·출정, 그 밖의 사유로 교정시설 밖에서 수용자를 계호하는 경우 보호장비나 수용자의 팔목 등에 전자경보기를 부착하여 사용할 수 있다(동법 시행규칙 제165조).

11 ① 형집행법 제117조 제1항
② 소장은 수용자가 정보공개를 청구한 후 정당한 사유없이 그 청구를 취하하거나 정보공개결정 후 정보공개 등에 소요되는 비용을 납부하지 않은 사실이 2회 이상 있는 수용자가 정보공개의 청구를 한 경우에는 청구를 한 날부터 7일 이내에 비용을 산정하여 해당 수용자에게 미리 납부할 것을 통지할 수 있다(동법 시행령 제139조).

③ 동법 제116조 제2항
④ 동법 제116조 제3항

12 ① 형집행법 제103조 제1항
② 동법 제103조 제2항
③ 교도관은 도주한 수용자의 체포를 위하여 영업시간 내에 다수인이 출입하는 장소의 관리자 또는 관계인에게 그 장소의 출입에 관하여 협조를 요구할 수 있다(동법 제103조 제4항).
④ 동법 시행령 제128조 제2항

13 ① 형집행법 제14조
② 소장은 계호상 독거수용자를 계속하여 독거수용하는 것이 건강상 또는 교화상 해롭다고 인정하는 경우에는 이를 중단하여야 한다(동법 시행령 제6조).
③ 동법 시행령 제8조
④ 동법 제15조

14 ① 형집행법 제6조 제1항
② 동법 제6조 제3항
③ 법무부장관은 교정시설의 설치 및 운영에 관한 업무의 일부를 법인또는 개인에게 위탁할 수 있다(동법 제7조 제1항).
④ 동법 제9조 제1항

15 형집행법 제17조

16 ① 가석방 심사 유형 중 관리사범에 해당하는 조직폭력사범은 범죄행위 시 기준 조직폭력원으로 판결문에 명시된 경우(가석방 업무지침 제7조).
② 동 지침 제15조
③ 동 지침 제20조
④ 동 지침 제21조

17 ① 형집행법 시행규칙 제95조
② 가족관계회복프로그램 대상 수형자는 교도관회의의 심의를 거쳐 선발하고, 참여인원은 5명이내의 가족으로 한다. 다만, 특히 필요하다고 인정하는 경우에는 참여인원을 늘릴 수 있다(동 규칙 제117조 제2항).
③ 동법 시행규칙 제252조
④ 동법 시행규칙 제188조

18 ① 형집행법 시행규칙 제48조
② 동법 시행규칙 제51조
③ 소장은 외국인수용자에 대하여는 그 생활양식을 고려하여 필요한 수용설비를 제공하도록 노력하여야 한다(동법 시행규칙 제57조).
④ 소년수형자 전담교정시설에는 별도의 공동학습공간을 마련하고 학용품 및 소년의 정서 함양에 필요한 도서, 잡지 등을 갖춰 두어야 한다(동법 시행규칙 제59조의2).

19 ① 형집행법 시행규칙 제15조 제2항
② 동법 시행규칙 제11조
③ 소장은 수용자에 대한 원활한 급식을 위하여 해당 교정시설의 직전 분기 평균 급식인원을 기준으로 1개월분의 주식을 항상 확보하고 있어야 한다(동법 시행규칙 제12조).
④ 동법 시행규칙 제13조

20 ㉠ 형집행법 시행규칙 제64조

㉡ 동법 시행규칙 제66조

㉢ 동법 시행규칙 제66조

㉣ 지능 및 적성 검사는 분류심사가 유예된 때, 그 밖에 인성검사가 곤란하거나 불필요하다고 인정되는 사유가 있는 때에 해당하지 아니하는 신입심사 대상자로서 집행할 형기가 형집행지휘서 접수일부터 1년 이상이고 나이가 35세 이하인 경우에 한다. 다만, 직업훈련 또는 그 밖의 처우를 위하여 특히 필요한 경우에는 예외로 할 수 있다(동법 시행규칙 제71조 제4항).

21 ① 지방교정청장은 수용시설의 공사 등으로 수용거실이 일시적으로 부족한 때에는 관할 내 교정시설로 수용자의 이송을 승인할 수 있다(형집행법 시행령 제22조).

② 소장은 수용자의 정신질환 치료를 위하여 필요하다고 인정하면 법무부장관의 승인을 받아 치료감호시설로 이송할 수 있다(동법 제37조 제2항).

③ 동법 제20조 제1항

④ 소장은 다른 교정시설로부터 이송되어 온 사람이 있으면 그 사실을 수용자의 가족(배우자, 직계 존속·비속 또는 형제자매를 말한다.)에게 지체 없이 알려야 한다. 다만, 수용자가 알리는 것을 원하지 아니하면 그러하지 아니하다(동법 제21조).

22 ① 소장은 수용자가 교정사고 방지에 뚜렷한 공로가 있다고 인정되면 분류처우위원회의 의결을 거친 후 법무부장관의 승인을 받아 징벌을 실효시킬 수 있다(형집행법 제115조 제2항).

② 동법 제112조 제5항

③ 동법 시행규칙 제230조

④ 동법 시행령 제133조 제2항

23 ①, ②, ③ 형집행법 제43조 제1항 단서

④ 편지검열사유에 해당(동법 제43조)

24 ① 형집행법 시행규칙 제62조

② 동법 시행규칙 제60조

③ 동법 시행규칙 제60조

④ 분류처우위원회는 위원장을 포함한 5명 이상 7명 이하의 위원으로 구성하고, 위원장은 소장이 된다(동법 제62조).

25 ① 형집행법 시행규칙 제35조

② 동법 시행규칙 제39조

③ 소장은 시설의 안전 또는 질서를 해칠 명백한 위험이 있다고 인정하는 경우에 수용자의 문예 등에 관한 집필을 허용하지 않을 수 있다(동법 제49조 제1항).

④ 동법 시행령 제75조

26 ① 형집행법 시행규칙 제86조

② 동법 시행규칙 제87조

③ 동법 시행규칙 제89조

④ 소장은 개방처우급·완화경비처우급 또는 자치생활 수형자에 대하여 월 2회 이내에서 경기 또는 오락회를 개최하게 할 수 있다. 다만, 소년수형자에 대하여는 그 횟수를 늘릴 수 있다(동법 시행규칙 제91조).

01	02	03	04	05	06	07	08	09	10
②	③	③	②	④	④	③	②	③	①

11	12	13	14	15	16	17	18	19	
③	④	③	③	③	③	④	②	②	

01　① 소장은 수용자의 건강과 일과시간 등을 고려하여 1일 6시간 이내에서 방송편성시간을 정한다(형집행법 시행규칙 제39조).

　　② 동법 제49조 제4항

　　③ 소장은 시설의 안전과 질서유지를 위하여 필요한 경우에도 교정시설의 안에서 실시하는 수용자의 종교의식 또는 행사 참석을 제한할 수 있다(동법 제45조 제1항, 제2항, 제3항).

　　④ 소장은 구독을 신청한 신문 등이 출판문화산업진흥법에 따른 유해간행물인 경우를 제외하고는 구독을 허가하여야 한다(동법 제47조 제2항).

02　① 수용자의 관리·교정교화 등 사무에 관한 지방교정청장의 자문에 응하기 위하여 지방교정청에 교정자문위원회를 둔다. 위원회는 10명 이상 15명 이하의 위원으로 성별을 고려하여 구성하고, 위원장은 위원 중에서 호선하며, 위원은 교정에 관한 학식과 경험이 풍부한 외부인사 중에서 지방교정청장의 추천을 받아 법무부장관이 위촉한다(형집행법 제129조).

　　② 위원장은 위원 중에서 호선하며, 위원 중 4명 이상은 여성으로 한다(동법 시행규칙 제265조 제2항). 지방교정청장이 위원을 추천하는 경우에는 교정자문위원회 위원 추천서를 법무부장관에게 제출하여야 한다. 다만, 재위촉의 경우에는 지방교정청장의 의견서를 추천서로 갈음한다.

　　③ 동법 시행규칙 제266조 제1항

　　④ 위원장은 위원회를 소집하고 위원회의 업무를 총괄한다. 위원장이 부득이한 사유로 직무를 수행할 수 없을 때에는 부위원장이 그 직무를 대행하고, 부위원장도 부득이한 사유로 직무를 수행할 수 없을 때에는 위원장이 미리 지명한 위원이 그 직무를 대행한다(동법 시행규칙 제267조 제2항).

03　① 형집행법 시행규칙 제78조 제2항

　　② 동법 시행규칙 제78조 제2항

　　③ 소장은 재심사를 하는 경우에는 그 때마다 평가한 수형자의 소득점수를 평정하여 경비처우급을 조정할 것인지를 고려하여야 한다. 다만, 부정기재심사의 소득점수 평정대상기간은 사유가 발생한 달까지로 한다(동법 시행규칙 제80조 제1항).

　　④ 동법 시행규칙 제81조

04　형집행법 시행규칙 제110조 제2항

　　제2호 : 3, 21, 7

　　제3호 : 2

05　형집행법 시행규칙 제72조, 분류지침 제54조 제3항

06 ㉠ 형집행법 시행령 제141조   ㉡ 동법 시행령 제142조
㉢ 동법 제125조   ㉣ 동법 제126조
㉤ 동법 제144조   ㉥ 동법 시행령 제143조 제1항

07 ✦ **신체 및 물품 검사**
① 소장은 수용자가 감염병에 걸렸다고 의심되는 경우에는 1주 이상 격리수용하고 그 수용자의 휴대품을 소독하여야 한다(형집행법 시행령 제53조 제1항).
② 소장은 감염병이 유행하는 경우에는 수용자가 자비로 구매하는 음식물의 공급을 중지할 수 있다(동법 시행령 제53조 제2항).
③ 동법 시행령 제53조 제3항, 제4항
④ 소장은 수용자가 부상을 당하거나 질병에 걸린 경우에는 그 수용자를 의료거실에 수용하거나 다른 수용자에게 그 수용자를 간병하게 할 수 있다(동법 시행령 제54조).

08 ㉠ 여성교도관이 부족하거나 그 밖의 부득이한 사정으로 남성교도관이 1인 이상의 여성수용자에 대하여 실내에서 상담 등을 하려면 투명한 창문이 설치된 장소에서 다른 여성을 입회시킨 후 실시하여야 한다(형집행법 제51조).
㉡ 소장은 여성수용자에 대하여 건강검진을 실시하는 경우에는 나이·건강 등을 고려하여 부인과질환에 관한 검사를 포함시켜야 한다(동법 제50조 제2항).
㉢ 동법 제53조 제1항
㉣ 동법 제52조
㉤ 수용자가 출산(유산·사산을 포함한다)한 경우란 출산(유산·사산한 경우를 포함한다)후 60일이 지나지 아니한 경우를 말한다(동법 제52조).

09 ①, ②, ④ 형집행법 시행령 제12조
③ 소장은 수용자거실 앞에 붙인 이름표의 아랫부분에는 수용자번호 및 입소일을 적되, 윗부분의 내용이 보이지 않도록 해야 한다.

10 ① 형집행법 제92조
② 거실에 영상정보처리기기 카메라를 설치하는 경우에는 용변을 보는 하반신의 모습이 촬영되지 아니하도록 카메라의 각도를 한정하거나 화장실 차폐시설을 설치하여야 한다(동법 시행규칙 제162조 제3항).
③ 교도관이 중경비시설의 거실에 있는 수용자를 전자장비를 이용하여 계호하는 경우에는 중앙통제실 등에 비치된 현황표에 피계호인원 등 전체 현황만을 기록할 수 있다(동법 시행규칙 제163조 제1항).
④ 교도관은 교정시설 밖에서 수용자를 계호하는 경우 보호장비나 수용자의 팔목 등에 전자경보기를 부착하여 사용할 수 있다(동법 시행규칙 제165조).

11 ① 형집행법 시행규칙 제263조 제6항
② 동법 시행규칙 제263조 제3항
③ 가석방이 취소된 사람 및 가석방이 실효된 사람의 남은 형기 집행 기산일은 가석방의 취소 또는 실효로 인하여 교정시설에 수용된 날부터 한다(동법 시행규칙 제263조 제5항).
④ 동법 시행규칙 제263조 제5항

12 ① 형집행법 시행규칙 제117조 제1항
② 동법 시행규칙 제89조 제2항
③ 동법 시행규칙 제117조 제2항
④ 가족관계회복프로그램 참여인원은 5명 이내의 가족으로 한다. 다만, 특히 필요하다고 인정하는 경우에는 참여인원을 늘릴 수 있다(동법 시행규칙 제117조 제2항).

13 ㉠ 형집행법 제127조, 동법 시행령 제146조
㉡ 의무관은 수용자가 질병으로 사망한 경우에는 사망장에 그 병명·병력·사인 및 사망일시를 기록하고 서명하여야 한다(동법 시행령 제148조 제1항).
㉢ 동법 시행령 제148조 제3항
㉣ 소장은 시신을 임시 매장하거나 봉안한 경우에는 그 장소에 사망자의 성명을 적은 표지를 비치하고, 별도의 장부에 가족관계등록기준지, 성명, 사망일시를 기록하여 관리하여야 한다(동법 시행령 제150조).

14 ① 미결수용자가 수용된 거실은 참관할 수 없다(형집행법 제80조).
② 미결수용자는 수사·재판·국정감사 또는 법률로 정하는 조사에 참석할 때에는 사복을 착용할 수 있다. 다만, 소장은 도주우려가 크거나 특히 부적당한 사유가 있다고 인정하면 교정시설에서 지급하는 의류를 입게 할 수 있다(동법 제82조).
③ 동법 제86조
④ 소장은 미결수용자가 징벌대상자로서 조사받고 있거나 징벌집행 중인 경우에도 소송서류의 작성, 변호인과의 접견·편지수수, 그 밖의 수사 및 재판 과정에서의 권리행사를 보장하여야 한다(동법 제85조).

15 ① 수용자에게 지급하는 주식은 쌀로 한다(형집행법 시행령 제28조 제1항).
② 수용자에게 지급하는 주식은 1명당 1일 390그램을 기준으로 하며, 지급횟수는 1일 3회로 한다(동법 시행규칙 제11조).
③ 동법 시행규칙 제15조 제2항
④ 소장은 수용자에 대한 원활한 급식을 위하여 해당 교정시설의 직전 분기 평균 급식 인원을 기준으로 1개월분의 주식을 항상 확보하고 있어야 한다(동법 시행규칙 제12조).

16 ㉠ 15, 7 : 형집행법 제95조
㉡ 12 : 동법 제124조
㉢ 3, 3 : 동법 제133조

17 ① 형집행법 제41조 제3항
② 동법 제41조 제2항
③ 동법 시행령 제59조 제3항
④ 수용자가 19세 미만인 때, 교정성적이 우수한 때, 교화 또는 건전한 사회복귀를 위하여 특히 필요하다고 인정되는 때에는 접견횟수를 늘릴 수 있다(동법 시행령 제59조 제2항).

18 형집행법 시행규칙 제93조
제1호 : 2 / 제2호 : 3 / 제3호 : 3, 2, 6

19 ㉠ 교정시설에는 소장의 자문에 응하여 교정행정에 관한 중요한 시책의 집행방법 등을 심의하게 하기 위하여 소장 소속의 교도관회의를 둔다(교도관직무규칙 제21조).
㉡ 소장은 회의의 의장이 되며, 매주 1회 이상 회의를 소집하여야 한다(동 규칙 제22조 제2항).
㉢ 회의는 소장, 부소장 및 각 과의 과장과 소장이 지명하는 6급 이상의 교도관(지소의 경우에는 7급 이상의 교도관)으로 구성된다(동 규칙 제22조 제1항).
㉣ 교도작업 및 교도작업특별회계의 운영에 관한 주요사항은 교도관회의 심의사항이다(동 규칙 제23조 제1항).
㉤ 동 규칙 제24조 제1항

08 2021년 교감(6급) 승진시험 정답 및 해설

Corrections & Criminal Justice

PART 03

01	02	03	04	05	06	07	08	09	10
③	②	①	③	④	④	④	③	②	④
11	12	13	14	15	16	17	18	19	20
②	④	③	①	①	④	②	②	④	④
21	22	23	24						
④	②	④	④						

01
① 신설하는 교정시설은 수용인원이 500명 이내의 규모가 되도록 하여야 한다. 다만, 교정시설의 기능 위치나 그 밖의 사정을 고려하여 그 규모를 늘릴 수 있다(형집행법 제6조 제1항).
② 법무부장관은 교정시설의 설치 및 운영에 관한 업무의 일부를 법인 또는 개인에게 위탁할 수 있다(동법 제7조 제1항).
③ 동법 제8조
④ 판사와 검사 외의 사람은 교정시설을 참관하려면 학술연구 등 정당한 이유를 명시하여 교정시설의 장의 허가를 받아야 한다(동법 제8조).

02
① 형집행법 제100조 제1항, 제2항
② 시설의 안전 또는 질서를 크게 해치는 행위를 하거나 하려고 하는 때에 해당하는 대상자는 수용자에 한하고, 수용자 외의 사람인 경우에는 해당되지 않는다(동법 제100조 제3항)
③ 동법 시행규칙 제188조
④ 동법 시행규칙 제188조

03
① 소장은 수용자가 교정시설의 설비 또는 기구 등을 손괴하거나 손괴하려고 하는 때에 강제력을 행사하거나 제98조의 보호장비를 사용하여도 그 목적을 달성할 수 없는 경우에는 진정실에 수용할 수 있다(형집행법 제96조 제1항).
② 동법 제95조 제1항
③ 동법 제95조 제2항
④ 동법 제96조 제2항

04
① 형집행법 시행령 제66조 제5항
② 동법 제43조 제8항
③ 수용자 간에 오가는 편지에 대한 검열은 편지를 보내는 교정시설에서 한다. 다만, 특히 필요하다고 인정되는 경우에는 편지를 받는 교정시설에서도 할 수 있다(동법 시행령 제66조 제2항).
④ 동법 제43조 제2항

05
① 계호상 독거수용자를 교도관이 시찰한 결과 건강상 이유가 있는 경우 의무관에게 즉시 알려야하고, 교화상 문제가 있을 경우에는 소장에게 지체 없이 보고하여야 한다(형집행법 시행령 제6조 제2항).
② 소장은 특히 필요하다고 인정하는 경우가 아니면 남성교도관이 야간에 수용자 거실에 있는 여성수용자를 시찰하게 하여서는 아니 된다(동법 시행령 제7조).

③ 수용자는 독거수용한다. 다만, 독거실 부족 등 시설여건이 충분하지 아니한 때, 수용자의 생명 또는 신체의
보호, 정서적 안정을 위하여 필요한 때, 수형자의 교화 또는 건전한 사회복귀를 위하여 필요한 때에는 혼거
수용할 수 있다(동법 제14조).
④ 동법 시행령 제10조

06 ✦ **간호사의 경미한 의료행위**(형집행법 제36조 제2항)
1. 외상 등 흔히 볼 수 있는 상처의 치료
2. 응급을 요하는 수용자에 대한 응급처치
3. 부상과 질병의 악화방지를 위한 처치
4. 환자의 요양지도 및 관리
5. 1부터 4까지의 의료행위에 따르는 의약품의 투여

07 ① 형집행법 시행규칙 제60조 제2항
② 동법 시행규칙 제60조 제4항
③ 동법 시행규칙 제60조 제1항
④ 소장은 형집행정지 중이거나 가석방기간 중에 있는 사람이 형사사건으로 재수용되어 형이 확정된 경우에는
개별처우계획을 새로 수립하여야 한다.(동법 시행규칙 제60조 제5항)

08 ① 소장은 저수조 등 급수시설을 6개월에 1회 이상 청소·소독하여야 한다(형집행법 시행령 제47조).
② 소장은 수용자에 대하여 1년에 1회 이상 건강검진을 하여야 하며, 19세 미만의 수용자와 계호상 독거수용자
에 대하여는 6개월에 1회 이상 하여야 한다(동법 시행령 제51조).
③ 동법 시행령 제53조 제1항
④ 소장은 수용자가 진료 또는 음식물의 섭취를 거부하면 의무관으로 하여금 관찰·조언 또는 설득을 하도록
하여야 한다(동법 제40조).

09 ① 형집행법 시행령 제59조의2 제1항
② 수용자가 「형사소송법」에 따른 상소권회복 또는 재심 청구사건의 대리인이 되려는 변호사와 접견하는 횟수
는 사건 당 2회로 하고 접견 횟수에 포함시키지 아니한다(동법 시행령 제59조의2 제2항).
③ 영 제59조의2 제1항 각 호의 변호사가 수용자를 접견하고자 하는 경우에는 별지 제32호 서식의 신청서를
소장에게 제출해야 한다. 다만, 영 제59조의2 제1항 제1호의 변호사(소송사건의 대리인인 변호사)는 소송위임장
사본 등 소송사건의 대리인임을 소명할 수 있는 자료를 첨부해야 한다(시행규칙 제29조의3 제1항).
④ 동법 시행령 제59조의2 제5항

10 ① 형집행법 시행규칙 제153조 제1항
② 동법 시행규칙 제153조 제2항
③ 동법 시행규칙 제153조 제3항
④ 사형확정자에게 작업을 부과하는 경우에는 작업시간 등, 작업의 면제, 작업수입, 위로금·조위금, 다른 보
상·배상과의 관계, 위로금·조위금을 받을 권리의 보호, 수용자를 대표하는 직책 부여 금지 규정을 준용한
다(동법 시행규칙 제153조 제4항).

11 ① 집행이 면제된 후 6개월 내에 다시 징벌사유에 해당하는 행위를 한 때(형집행법 제109조 제2항).

② 동법 제107조

③ 금치처분에서 정한 집행이 완료되었다고 하더라도 그 처분의 취소소송을 통하여 장래의 불이익을 제거할 권리보호의 필요성이 충분히 인정되어, 처분을 함에 있어서 서면 또는 구술에 의한 출석통지를 한 사실을 인정할 만한 증거가 없으므로 위 처분은 위법하여 취소되어야 한다(대법원 2007.1.11. 선고 2006두13312 판결).

④ 위원회는 위원장을 포함한 5명 이상 7명 이하의 위원으로 구성하고, 외부위원은 3명 이상으로 한다. 징벌위원회는 재적위원 과반수의 출석으로 개의하고, 출석위원 과반수의 찬성으로 의결한다. 이 경우 외부위원 1명 이상이 출석한 경우에만 개의할 수 있다(동법 제111조 제2항).

12 ④ 소장은 징벌의 집행이 종료되거나 집행이 면제된 수용자가 교정성적이 양호하고 법무부령으로 정하는 기간동안 징벌을 받지 아니하면 법무부장관의 승인을 받아 징벌을 실효시킬 수 있다(형집행법 제115조 제1항)

✦ 지방교정청장에 관한 규정

1. 소장은 외국인에게 참관을 허가할 경우에는 미리 관할 지방교정청장의 승인을 받아야 한다(형집행법 시행령 제3조).
2. 지방교정청장의 관할 내 이송 승인권(동법 시행령 제22조).
3. 집체직업훈련 대상자는 집체직업훈련을 실시하는 교정시설의 관할 지방교정청장이 선정한다(동법 시행규칙 제124조 제2항).
4. 지방교정청장은 소속 교정시설의 보호장비 사용 실태를 정기적으로 점검하여야 한다(동법 시행령 제124조 제2항).
5. 수용자는 그 처우에 관하여 불복하는 경우 관할 지방교정청장에게 청원할 수 있다(동법 제117조 제1항).
6. 수용자는 지방교정청장에게 정보의 공개를 청구할 수 있다(동법 제117조의2 제1항).
7. 소장은 교도작업을 중지하려면 지방교정청장의 승인을 받아야 한다(교도작업법 시행규칙 제6조 제2항).
8. 교정시설의 장은 민간기업이 참여할 교도작업의 내용을 해당 기업체와의 계약으로 정하고 이에 대하여 법무부장관의 승인(재계약의 경우에는 지방교정청장의 승인)을 받아야 한다(교도작업법 제6조).
9. 법무부장관은 권한의 일부를 관할 지방교정청장에게 위임할 수 있다(민영교도소법 제39조).

13 **✦ 접견의 중지사유**(법 제42조)

1. 범죄의 증거를 인멸하거나 인멸하려고 하는 때
2. 금지물품을 주고받거나 주고받으려고 하는 때
3. 형사 법령에 저촉되는 행위를 하거나 하려고 하는 때
4. 수용자의 처우 또는 교정시설의 운영에 관하여 거짓사실을 유포하는 때
5. 수형자의 교화 또는 건전한 사회복귀를 해칠 우려가 있는 행위를 하거나 하려고 하는 때
6. 시설의 안전 또는 질서를 해하는 행위를 하거나 하려고 하는 때

14 ① 수형자 외의 사람이 수형자에게 금품을 건네줄 것을 신청하는 경우 소장은 그 금품이 수형자의 교화 또는 건전한 사회복귀를 해칠 우려가 있는 때, 시설의 안전 또는 질서를 해칠 우려가 있는 때에 해당하지 아니하면 허가하여야 한다(형집행법 제27조 제1항).

② 동법 제26조 제1항
③ 동법 제28조 제1항
④ 동법 제29조 제1항

15

교정시설의 개방시설 수용 중간처우 대상자		지역사회의 개방시설 수용 중간처우 대상자
1. 개방처우급 혹은 완화경비처우급 수형자 2. 형기가 2년 이상인 사람 3. 범죄 횟수가 3회 이하인 사람	⇨	1. 개방처우급 혹은 완화경비처우급 수형자 2. 형기가 2년 이상인 사람 3. 범죄 횟수가 1회인 사람
4. 중간처우를 받는 날부터 가석방 또는 형기 종료 예정일 까지 기간이 3개월 이상 2년 6개월 미만인 사람	⇨	4. 중간처우를 받는 날부터 가석방 또는 형기 종료 예정일까지의 기간이 1년 6개월 미만인 사람

16

④ 12 + 5 + 3 + 10 = 30

㉠ 사면, 가석방, 형의 집행면제, 감형에 따른 석방은 그 서류가 교정시설에 도달한 후 (12)시간 이내에 하여야 한다(형집행법 제124조).

㉡ 권한이 있는 사람의 명령에 따른 석방은 서류가 도달한 후 (5)시간 이내에 하여야 한다(동법 제124조).

㉢ 소장은 수형자의 건전한 사회복귀를 위하여 필요하다고 인정하면 석방 전 (3)일 이내의 범위에서 석방예정자를 별도의 거실에 수용하여 장래에 관한 상담과 지도를 할 수 있다(동법 시행령 제141조).

㉣ 소장은 형기종료로 석방될 수형자에 대하여는 석방 (10)일 전까지 석방 후의 보호에 관한 사항을 조사하여야 한다(동법 시행령 제142조).

17

시험 시행 후 확정답안으로 ①, ② 복수정답 처리를 하였으나 법령규정을 검토한바, ② 단일답안으로 함이 옳다는 판단이다.

㉠ 보호실 수용자(형집행법 제95조 제5항)
㉡ 실외운동정지의 징벌을 집행 중인 수용자(동법 제112조 제6항)
㉢ 보호장비를 착용 중인 수용자(동법 제97조 제3항)
㉣ 다른 수용자를 간병하는 수용자
㉤ 진정실 수용자(동법 제95조 제5항)
㉥ 금치의 징벌을 집행 중인 수용자(동법 제112조 제6항)
㉦ 취사장에서 작업하는 수용자

18

포상사유	포상
1. 사람의 생명을 구조하거나 도주를 방지한 때 2. 응급용무에 공로가 있는 때	소장 표창 및 가족만남의 집 이용 대상자 선정

19

① 형집행법 제65조 제1항
② 교도작업운영지침 제8조
③ 교도작업법 제1조
④ 수형자의 가족 또는 배우자의 직계존속이 사망하면 2일간, 부모 또는 배우자의 제삿날에는 1일간 해당 수형자의 작업을 면제한다. 다만, 수형자가 작업을 계속하기를 원하는 경우는 예외로 한다(형집행법 제72조).

20

① 형집행법 시행규칙 제61조 제1항
② 동법 시행규칙 제62조
③ 동법 시행규칙 제66조
④ 소장은 재심사를 할 때에는 그 사유가 발생한 다음 달까지 완료하여야 한다(동법 시행규칙 제68조 제1항).

21 ① 수형자의 건전한 사회복귀를 지원하기 위하여 교정시설에 취업알선 및 창업지원에 관한 협의기구를 둘 수 있다(형집행법 시행령 제85조).

② 협의회는 회장1명을 포함하여 3명 이상 5명 이하의 내부위원과 10명 이상의 외부위원으로 구성한다. 회장은 소장이 되고, 부회장은 2명을 두되 1명은 소장이 내부위원 중에서 지명하고 1명은 외부위원 중에서 호선한다 (동법 시행규칙 제145조).

③ 수형자 취업지원협의회의 외부위원 임기는 3년으로 하고 연임할 수 없다(동법 시행규칙 제146조).

④ 수형자 취업지원협의회 회의는 반기마다 개최한다. 다만, 수형자의 사회복귀지원을 위하여 협의가 필요하거나 회장이 필요하다고 인정하는 때 또는 위원 3분의 1이상의 요구가 있는 때에는 임시회의를 개최할 수 있다 (동법 시행규칙 제148조).

22 ✦ **소장면담 제외사유**(형집행법 제116조 제2항)

1. 정당한 사유 없이 면담사유를 밝히지 아니하는 때
2. 면담목적이 법령에 명백히 위배되는 사항을 요구하는 것인 때
3. 동일한 사유로 면담한 사실이 있음에도 불구하고 정당한 사유 없이 반복하여 면담을 신청하는 때
4. 교도관의 직무집행을 방해할 목적이라고 인정되는 상당한 이유가 있는 때

23 ① 형집행법 시행령 제59조 제2항

② 동법 시행령 제59조 제1항

③ 동법 제41조 제4항

④ 녹음·녹화하는 경우에는 사전에 수용자 및 그 상대방에게 그 사실을 알려 주어야 한다(동법 제41조 제5항).

24 ① 형집행법 제99조

② 동법 시행령 제123조

③ 동법 제98조 제2항

④ 보호침대는 다른 보호장비로는 자살·자해를 방지하기 어려운 특별한 사정이 있는 경우에만 사용하여야 한다(동법 시행규칙 제177조 제1항)

01	02	03	04	05	06	07	08	09	10
③	①	②	③	③	②	④	④	③	④
11	12	13	14	15	16	17	18	19	20
①	③	②	①	②	③	①	②	①	④
21	22	23	24						
①	①	①	③						

01 ① ~ 의료시설의 세부종류 및 설치기준은 법무부장관이 정한다(형집행법 시행규칙 제23조 제3항).
② ~ 운동시간·목욕횟수 등에 관하여 필요한 사항은 대통령령으로 정한다(동법 제33조 제2항).
③ 동법 시행령 제47조
④ ~ 의무관은 매일 1회 이상 의료수용동의 청결상태, 온도, 환기, 그 밖의 사항을 확인하여야 한다. 의무관은 교정시설의 모든 설비와 수용자가 사용하는 물품 또는 급식 등에 관하여 매주 1회 이상 전반적으로 그 위생에 관계된 사항을 확인하여야 하고, 그 결과 특히 중요한 사항은 소장에게 보고하여야 한다(교도관직무규칙 제84조 제2항).

02 가. 형집행법 시행규칙 제57조
나. 동법 시행규칙 제57조
다. 동법 시행규칙 제56조
라. 동법 시행규칙 제59조

03 형집행법 제100조 제1항, 제2항

04 ① 교도관직무규칙 제35조 제1항, 제2항
② 동 규칙 제53조 제2항
③ 당직간부는 매주 1회 이상 교도관의 비상소집망을 확인하여 정확하게 유지하도록 하여야 한다(동 규칙 제55조).
④ 동 규칙 제52조

05 ①, ② 형집행법 시행규칙 제3조 제1항
③ 형의 집행을 종료하거나 그 집행이 면제된 날부터 3년을 초과하는 징역 또는 금고는 10년, 3년 이하의 징역 또는 금고는 5년이 경과하면 범죄횟수에 포함하지 아니한다. 다만, 그 기간 중 자격정지 이상의 형을 선고받아 확정된 경우는 제외한다(동법 시행규칙 제3조 제2항).
④ 동법 시행규칙 제3조 제3항

06 소장은 (6)개월 이상 형을 집행 받은 수형자로서 그 형기의 (3)분의 1[(21)년 이상의 유기형 또는 무기형의 경우에는 (7)년]이 지나고 교정성적이 우수한 사람이 다음 각 호의 어느 하나에 해당하면 1년 중 20일 이내의 귀휴를 허가할 수 있다(형집행법 제77조 제1항).

07 시행규칙 제90조(전화통화의 허용횟수)

> ① 수형자의 경비처우급별 전화통화의 허용횟수는 다음 각 호와 같다.
> 1. 개방처우급 : 월 (20)회 이내
> 2. 완화경비처우급 : 월 (10)회 이내
> 3. 일반경비처우급 : 월 (5)회 이내
> 4. 중(重)경비처우급 : 처우상 특히 필요한 경우 월 (2)회 이내
> ② 소장은 제1항에도 불구하고 처우상 특히 필요한 경우에는 개방처우급·완화경비처우급·일반경비처우급 수형자의 전화통화 허용횟수를 늘릴 수 있다.
> ③ 제1항 각 호의 경우 전화통화는 1일 (1)회만 허용한다. 다만, 처우상 특히 필요한 경우에는 그러하지 아니하다.

08 ～ 다만, 소장은 다음의 어느 하나에 해당하는 경우로서 금지물품의 확인을 위하여 필요한 경우에는 편지를 봉함하지 않은 상태로 제출하게 할 수 있다(형집행법 시행령 제65조 제1항 단서).
1. 마약류사범·조직폭력사범 등 법무부령으로 정하는 수용자가 변호인 외의 자에게 편지를 보내려는 경우
2. 처우등급이 중(重)경비시설 수용대상인 수형자가 변호인 외의 자에게 편지를 보내려는 경우
3. 수용자가 같은 교정시설에 수용 중인 다른 수용자에게 편지를 보내려는 경우
4. 규율위반으로 조사 중이거나 징벌집행 중인 수용자가 다른 수용자에게 편지를 보내려는 경우

09 ① 형집행법 제93조 제1항
② 동법 제93조 제2항
③ 교도관은 시설의 안전과 질서유지를 위하여 필요하면 교정시설을 출입하는 수용자 외의 사람에 대하여 의류와 휴대품을 검사할 수 있다(동법 제93조 제3항).
④ 동법 제93조 제4항

10 ① 형집행법 시행규칙 제245조
② 동법 시행규칙 제246조
③ 동법 시행규칙 제251조
④ 가석방 적격심사신청을 위한 범죄에 관한 사항에 대한 조사는 수형자를 수용한 날로부터 2개월 이내에 하고, 조사에 필요하다고 인정하는 경우에는 소송기록을 열람할 수 있다(동법 시행규칙 제249조).

11 ① 소장은 미결수용자로서 자유형이 확정된 사람에 대하여는 검사의 집행 지휘서가 도달된 때부터 수형자로 처우할 수 있다(형집행법 시행령 제82조).
② 동법 제57조 제3항
③ 동법 시행령 제84조
④ 동법 시행규칙 제145조

12 ① 형집행법 시행규칙 제188조
② 동법 시행규칙 제188조
③ 투척용 최루탄은 근거리용으로 사용하고, 발사용 최루탄은 50미터 이상의 원거리에서 사용하되, 30도 이상의 발사각을 유지하여야 한다(동법 시행규칙 제188조).
④ 동법 시행규칙 제188조

13 ① 형집행법 제123조
② 사면, 가석방, 형의 집행면제, 감형에 따른 석방은 그 서류가 교정시설에 도달한 후 12시간 이내에 하여야 한다(동법 제124조).
③ 동법 제124조
④ 동법 제124조

14 ① ~ 1년 이하의 징역에 처한다(형집행법 제134조)
② 동법 제133조 제1항
③ 동법 제132조 제2항
④ 동법 제135조

15 ① 손괴사유는 진정실 수용요건이 되고, 의무관의 의견고려는 보호실 수용전제조건이다(형집행법 제95조, 제96조).
② 동법 제95조 제2항 ~ 제3항
③ 의무관은 보호실 수용자의 건강상태를 수시로 확인하여야 한다(동법 제95조 제5항).
④ 소장은 수용자의 보호실 수용기간을 연장하는 경우에는 그 사유를 본인에게 알려 주어야 한다(동법 제95조 제4항).

16 ① 형집행법 제59조 제1항
② 동법 시행규칙 제60조
③ 법무부장관은 수형자를 과학적으로 분류하기 위하여 분류심사를 전담하는 교정시설을 지정·운영할 수 있다(동법 제61조).
④ 동법 제62조

17 ① 법무부장관은 교정시설의 설치 및 운영에 관한 업무의 일부를 법인 또는 개인에게 위탁할 수 있다(형집행법 제7조 제1항).
② 동법 제6조 제3항
③ 동법 시행령 제9조 제1항
④ 동법 시행령 제9조 제2항

18 ① 형집행법 제113조 제2항
② ~ 2개월 이상 6개월 이하의 기간 내에서 징벌의 집행을 유예할 것을 의결할 수 있다(동법 제114조 제1항).
③ 동법 제114조
④ 동법 제115조 제1항

19 ① 소장은 수용자가 임신 중이거나 출산(유산·사산을 포함한다)한 경우에는 ~(형집행법 제52조 제1항).
② 동법 제53조 제1항
③ 동법 제51조 제1항
④ 동법 시행령 제79조

20 형집행법 시행규칙 제32조

21　① 미결수용자를 수용하는 시설의 설비 및 계호의 정도는 일반경비시설에 준한다(형집행법 시행령 제98조)
　　② 동법 시행령 제101조
　　③ 동법 시행령 제100조
　　④ 동법 시행령 제99조

22　① 소장은 수용자에 대하여 1년에 1회 이상 건강검진을 하여야 한다. 다만, 19세 미만의 수용자와 계호상 독거수
　　용자에 대하여는 6개월에 1회 이상 하여야 한다(형집행법 시행령 제51조).
　　② 동법 시행령 제53조 제1항
　　③ 동법 시행령 제56조
　　④ 동법 시행령 제54조

23　① 소년수형자 전담교정시설이 아닌 교정시설에서는 소년수용자를 수용하기 위하여 별도의 거실을 지정하여 운
　　용할 수 있다(형집행법 시행규칙 제59조의3).
　　② 동법 시행규칙 제59조의2
　　③ 동법 시행규칙 제59조의3
　　④ 동법 시행규칙 제59조의7

24　① 형집행법 시행규칙 제231조
　　② 동법 시행규칙 제231조
　　③ ~ 이 경우 외부위원은 3명 이상으로 한다(동법 제111조 제2항).
　　④ 동법 시행규칙 제231조 제4항

PART **03**

10 2023년 교감(6급) 승진시험 정답 및 해설

01	02	03	04	05	06	07	08	09	10
④	④	④	②	①	③	④	②	①	①
11	12	13	14	15	16	17	18	19	20
④	③	①	④	④	①	③	②	④	④

01
㉠ 형집행법 제93조 제3항
㉡ 동법 제94조 제1항
㉢ 동법 제95조
㉣ 동법 제92조 제1항

02
① 법무부장관은 가석방심사위원회의 가석방 허가신청이 적정하다고 인정하면 허가할 수 있다(형집행법 제122조 제2항).
② 교정자문위원회의 위원은 교정에 관한 학식과 경험이 풍부한 외부인사 중에서 지방교정청장의 추천을 받아 법무부장관이 위촉한다(동법 제129조 제2항).
③ 분류처우위원회는 위원장을 포함한 5명 이상 7명 이하의 위원으로 구성하고, 위원장은 소장이 된다(동법 제62조).
④ 동법 제111조 제6항

03
㉠ 소장은 수형자의 근로의욕을 고취하고 건전한 사회복귀를 지원하기 위하여 법무부장관이 정하는 바에 따라 작업의 종류, 작업성적, 교정성적, 그 밖의 사정을 고려하여 수형자에게 작업장려금을 지급할 수 있다(형집행법 제73조 제2항).
㉡ 소장은 다른 사람의 건강에 위해를 끼칠 우려가 있는 감염병에 걸린 사람의 수용을 거절한 경우 그 사유를 지체 없이 수용지휘기관과 관할 보건소장에게 통보하고 법무부장관에게 보고하여야 한다(동법 제18조).
㉢ 동법 제20조 제1항
㉣ 동법 제37조 제2항

04
㉠ 귀휴심사위원회는 위원장을 포함한 6명 이상 8명 이하의 위원으로 구성한다(형집행법 시행규칙 제131조).
㉡ 동법 시행규칙 제133조
㉢ 동법 제77조 제1항
㉣ 소장은 귀휴 중인 수형자가 귀휴의 허가사유가 존재하지 아니함이 밝혀진 때, 거소의 제한이나 그 밖에 귀휴 허가에 붙인 조건을 위반한 때에 해당하면 귀휴를 취소할 수 있다(동법 제78조).

05
① 귀휴·외부통근, 그 밖의 사유로 소장의 허가를 받아 교도관의 계호 없이 교정시설 밖으로 나간 후에 정당한 사유 없이 기한까지 돌아오지 아니하는 행위를 한 수용자는 1년 이하의 징역에 처한다(형집행법 제134조).
② 동법 시행규칙 제163조 제1항 단서
③ 동법 시행규칙 제213조
④ 동법 제94조 제4항

06
① 형집행법 제41조 제3항
② 동법 제41조 제2항 단서
③ 소장은 범죄의 증거를 인멸하거나 형사 법령에 저촉되는 행위를 할 우려가 있을 때에는 교도관으로 하여금 수용자의 접견내용을 청취·기록·녹음 또는 녹화하게 할 수 있다(동법 제41조 제4항).
④ 동법 시행령 제59조의2 제5항

07
① 형집행법 시행규칙 제260조
② 동법 시행규칙 제261조
③ 동법 시행규칙 제263조
④ 가석방취소자 및 가석방실효자의 남은 형기 기간은 가석방을 실시한 다음 날부터 원래 형기의 종료일까지로 하고, 남은 형기집행 기산일은 가석방의 취소 또는 실효로 인하여 교정시설에 수용된 날부터 한다(동법 시행규칙 제263조).

08
㈀ 형집행법 시행규칙 제183조
㈁ 동법 시행규칙 제182조
㈂ 소장이 의무관 또는 의료관계 직원으로부터 보호장비의 사용 중지의견을 보고 받았음에도 불구하고 해당 수용자에 대하여 보호장비를 계속하여 사용할 필요가 있는 경우에는 의무관 또는 의료관계 직원에게 건강유지에 필요한 조치를 취할 것을 명하고 보호장비를 사용할 수 있다. 이 경우 소장은 보호장비 사용 심사부에 보호장비를 계속 사용할 필요가 있다고 판단하는 근거를 기록하여야 한다(동법 시행규칙 제183조)
㈃ 보호의자는 수용자의 목욕, 식사, 용변, 치료 등을 위하여 필요한 경우 그 사용을 일시 중지하거나 완화하는 경우를 포함하여 8시간을 초과하여 사용할 수 없으며, 사용 중지 후 4시간이 경과하지 아니하면 다시 사용할 수 없다(동법 시행규칙 제176조 제2항, 제177조 제2항, 제178조 제2항).
㈄ 동법 시행규칙 제180조

09
① 소장은 수용자의 건강과 일과시간 등을 고려하여 1일 6시간 이내에서 방송편성 시간을 정하지만, 토요일·공휴일, 작업·교육실태 및 수용자의 특성을 고려하여 방송편성시간을 조정할 수 있다(형집행법 시행규칙 제39조).
② 동법 제26조 제1항
③ 동법 시행규칙 제36조 제1항
④ 동법 시행규칙 제41조

10
㈀ 대법원 2020.3.17. 2015모2357
㈁ 헌재 1997.12.24. 95헌마247
㈂ 헌재 2019.2.28. 2015헌마1204

11
④ 관심대상자 지정대상(동법 시행규칙 제210조)

✦ **조직폭력 지정대상**(형집행법 시행규칙 제198조)
1. 체포영장, 구속영장, 공소장 또는 재판서에 조직폭력사범으로 명시된 수용자
2. 공소장 또는 재판서에 조직폭력사범으로 명시되어 있지는 아니하나 「폭력행위 등 처벌에 관한 법률」 제4조·제5조 또는 「형법」 제114조가 적용된 수용자
3. 공범·피해자 등의 체포영장·구속영장·공소장 또는 재판서에 조직폭력사범으로 명시된 수용자

12　① 형소법 제92조 제1항, 제2항

② 동법 제105조

③ 기피신청에 의한 소송 진행의 정지, 공소장변경에 의한 공판절차정지, 심신상실에 의한 공판절차정지 및 질병으로 인한 공판절차정지에 의하여 공판절차가 정지된 기간 및 공소제기 전의 체포·구인·구금기간은 피고인 구속기간에 산입하지 아니한다(동법 제92조 제3항).

④ 동법 제205조

13　✦ **관심대상 수용자 지정대상**(형집행법 시행규칙 제210조)

1. 다른 수용자에게 상습적으로 폭력을 행사하는 수용자
2. 교도관을 폭행하거나 협박하여 징벌을 받은 전력이 있는 사람으로서 같은 종류의 징벌대상행위를 할 우려가 큰 수용자
3. 수용생활의 편의 등 자신의 요구를 관철할 목적으로 상습적으로 자해를 하거나 각종 이물질을 삼키는 수용자
4. 다른 수용자를 괴롭히거나 세력을 모으는 등 수용질서를 문란하게 하는 조직폭력수용자(조직폭력사범으로 행세하는 경우를 포함)
5. 조직폭력수용자로서 무죄 외의 사유로 출소한 후 5년 이내에 교정시설에 다시 수용된 사람
6. 상습적으로 교정시설의 설비·기구 등을 파손하거나 소란행위를 하여 공무집행을 방해하는 수용자
7. 도주(음모, 예비 또는 미수에 그친 경우를 포함)한 전력이 있는 사람으로서 도주의 우려가 있는 수용자
8. 중형선고 등에 따른 심적 불안으로 수용생활에 적응하기 곤란하다고 인정되는 수용자
9. 자살을 기도한 전력이 있는 사람으로서 자살할 우려가 있는 수용자
10. 사회적 물의를 일으킨 사람으로서 죄책감 등으로 인하여 자살 등 교정사고를 일으킬 우려가 큰 수용자
11. 징벌집행이 종료된 날부터 1년 이내에 다시 징벌을 받는 등 규율 위반의 상습성이 인정되는 수용자
12. 상습적으로 법령에 위반하여 연락을 하거나 금지물품을 반입하는 등의 방법으로 부조리를 기도하는 수용자
13. 그 밖에 교정시설의 안전과 질서유지를 위하여 엄중한 관리가 필요하다고 인정되는 수용자

14　① 형집행법 시행규칙 제85조 제2항

② 동법 시행규칙 제85조 제4항

③ 동법 시행규칙 제86조 제2항

④ 소장은 자치생활 수형자들이 교육실, 강당 등 적당한 장소에서 월 1회 이상 토론회를 할 수 있도록 하여야 한다(동법 시행규칙 제91조 제3항).

15　① 형집행법 제63조 제1항

② 동법 제64조 제1항

③ 동법 시행규칙 제107조 제1항

④ 작업·직업훈련 수형자 등도 독학으로 검정고시·학사고시 등에 응시하게 할 수 있다. 이 경우 자체 평가시험 성적 등을 고려해야 한다(동법 시행규칙 제107조 제2항).

16　✦ **기본계획에 포함되어야 할 사항**(형집행법 제5조의2 제2항)

1. 형의 집행 및 수용자 처우에 관한 기본 방향
2. 인구·범죄의 증감 및 수사 또는 형 집행의 동향 등 교정시설의 수요 증감에 관한 사항
3. 교정시설의 수용 실태 및 적정한 규모의 교정시설 유지 방안
4. 수용자에 대한 처우 및 교정시설의 유지·관리를 위한 적정한 교도관 인력 확충 방안

5. 교도작업과 직업훈련의 현황, 수형자의 건전한 사회복귀를 위한 작업설비 및 프로그램의 확충 방안
6. 수형자의 교육·교화 및 사회적응에 필요한 프로그램의 추진방향
7. 수용자 인권보호 실태와 인권 증진 방안
8. 교정사고의 발생 유형 및 방지에 필요한 사항
9. 형의 집행 및 수용자 처우와 관련하여 관계 기관과의 협력에 관한 사항
10. 그 밖에 법무부장관이 필요하다고 인정하는 사항

17 ① 소장은 형집행정지 중이거나 가석방기간 중에 있는 사람이 형사사건으로 재수용되어 형이 확정된 경우에는 개별처우계획을 새로 수립하여야 한다(형집행법 시행규칙 제60조 제5항).
② 소장은 해당 교정시설의 특성을 고려하여 필요한 경우에는 다른 교정시설로부터 이송되어 온 수형자의 개별처우계획을 변경할 수 있다(동법 시행규칙 제60조 제1항).
③ 동법 시행규칙 제60조 제2항
④ 소장은 가석방의 취소로 재수용되어 남은 형기가 집행되는 경우에는 석방 당시보다 한 단계 낮은 처우등급(경비처우급에만 해당)을 부여한다. 다만, 가석방자관리규정 제5조 단서를 위반하여 가석방이 취소되는 등 가석방 취소사유에 특히 고려할만한 사정이 있는 때에는 석방당시와 동일한 처우등급을 부여할 수 있다(동법 시행규칙 제60조 제4항).

18 ㈀ 형집행법 제109조 제3항
㈁ 징벌이 집행 중에 있거나 징벌의 집행이 끝난 후 또는 집행이 면제된 후 6개월 내에 다시 징벌사유에 해당하는 행위를 한 때 징벌을 부과하게 되면 장기의 2분의 1까지 가중할 수 있다(동법 제109조 제2항).
㈂ 동법 제111조 제1항
㈃ 징벌위원회는 위원장을 포함한 5명 이상 7명 이하의 위원으로 구성하고, 위원장은 소장의 바로 다음 순위자가 되며, 위원은 소장이 소속 기관의 과장(지소의 경우에는 7급 이상의 교도관) 및 교정에 관한 학식과 경험이 풍부한 외부인사 중에서 임명 또는 위촉한다. 이 경우 외부위원은 3명 이상으로 한다(동법 제111조 제2항).
㈄ 동법 시행규칙 제228조

19 ✦ **교화프로그램의 종류**(형집행법 시행규칙 제114조)
1. 문화프로그램
2. 문제행동예방프로그램
3. 가족관계회복프로그램
4. 교화상담
5. 그 밖에 법무부장관이 정하는 교화프로그램

20 ✦ **중간처우 대상자**(형집행법 시행규칙 제93조)

교정시설의 개방시설 수용 중간처우 대상자		지역사회의 개방시설 수용 중간처우 대상자
1. 개방처우급 혹은 완화경비처우급 수형자 2. 형기가 2년 이상인 사람 3. 범죄 횟수가 3회 이하인 사람	⇨	1. 개방처우급 혹은 완화경비처우급 수형자 2. 형기가 2년 이상인 사람 3. 범죄 횟수가 1회인 사람
4. 중간처우를 받는 날부터 가석방 또는 형기 종료 예정일까지 기간이 3개월 이상 2년 6개월 미만인 사람	⇨	4. 중간처우를 받는 날부터 가석방 또는 형기 종료 예정일까지의 기간이 1년 6개월 미만인 사람

01	02	03	04	05	06	07	08	09	10
④	②	①	④	③	①	③	③	②	②
11	12	13	14	15	16	17	18	19	20
②	④	①	④	①	③	①	③	①	④
21	22	23	24						
④	③	②	②						

01
① 형집행법 시행규칙 제16조 제1항
② 동법 시행령 제31조
③ 동법 시행령 제32조
④ 소장은 감염병(「감염병의 예방 및 관리에 관한 법률」에 따른 감염병을 말한다)의 유행 또는 수용자의 징벌집행 등으로 자비구매물품의 사용이 중지된 경우에는 구매신청을 제한할 수 있다(동법 시행규칙 제17조).

02
㉠ 수용자의 보호실 수용기간은 15일 이내로 한다. 다만, 소장은 특히 계속하여 수용할 필요가 있으면 의무관의 의견을 고려하여 1회당 7일의 범위에서 기간을 연장할 수 있다(형집행법 제95조 제2항).
㉡ 수용자를 보호실에 수용할 수 있는 기간은 계속하여 3개월을 초과할 수 없다(동법 제95조 제3항).
㉢ 동법 제96조 제2항
㉣ 동법 제96조 제3항

03
㉠ 형집행법 시행규칙 제210조 제5호
㉡ 동법 시행규칙 제210조 제7호
㉢ 동법 시행규칙 제210조 제11호
㉣ 동법 시행규칙 제210조 제3호
㉤ 동법 시행규칙 제210조 제8호
㉥ 동법 시행규칙 제210조 제6호

04
① 형집행법 시행령 제1조의2
② 동법 시행령 제1조의2 제3항
③ 동법 시행령 제1조의2 제4항
④ 협의체의 위원장은 법무부차관이 된다(동법 시행령 제1조의2).

05
① 형집행법 법 제97조 제1항
② 동법 제97조 제1항
③ 위력으로 교도관의 정당한 직무집행을 방해하는 때
④ 동법 제97조 제1항

06 ① 판사와 검사 외의 사람은 교정시설을 참관하려면 학술연구 등 정당한 이유를 명시하여 교정시설의 장(소장)의 허가를 받아야 한다(형집행법 제9조 제2항).

② 동법 제6조 제1항

③ 동법 제8조

④ 동법 제7조 제1항

07 ① 형집행법 시행령 제5조

② 동법 시행령 제6조

③ 노역장 유치명령을 받은 수형자와 징역형·금고형 또는 구류형을 선고받아 형이 확정된 수형자를 혼거수용해서는 아니 된다. 다만, 징역형·금고형 또는 구류형의 집행을 마친 다음에 계속해서 노역장 유치명령을 집행하거나 그 밖에 부득이한 사정이 있는 경우에는 그러하지 아니하다(동법 시행령 제9조).

④ 동법 제15조

08 ㉠ 징역형·금고형이 확정된 사람으로서 집행할 형기가 형집행지휘서 접수일부터 3개월 미만인 사람, 구류형이 확정된 사람은 분류심사를 하지 아니한다(형집행법 시행규칙 제62조).

㉡ 조정된 처우등급에 따른 처우는 그 조정이 확정된 다음 날부터 한다. 이 경우 조정된 처우등급은 그 달 초일부터 적용된 것으로 본다(동법 시행규칙 제82조).

㉢ 동법 시행규칙 제67조

㉣ 소장이 작업장 중 작업의 특성이나 난이도 등을 고려하여 필수 작업장으로 지정하는 경우 소득점수의 수는 5퍼센트 이내, 우는 10퍼센트 이내의 범위에서 각각 확대할 수 있다(동법 시행규칙 제79조).

09 ① 형집행법 제20조 제1항

② 지방교정청장은 교정시설의 안전과 질서유지를 위하여 긴급하게 이송할 필요가 있다고 인정되는 때에는 관할 내 다른 교정시설로의 수용자 이송을 승인할 수 있다(동법 시행령 제22조).

③ 동법 시행령 제24조

④ 동법 시행령 제23조

10 ① 가석방심사위원회는 위원장을 포함한 5명 이상 9명 이하의 위원으로 구성한다(형집행법 제120조 제1항).

② 동법 제119조

③ 가석방에 따른 석방은 그 서류가 교정시설에 도달한 후 12시간 이내에 하여야 한다. 다만, 그 서류에서 석방일시를 지정하고 있으면 그 일시에 한다(동법 제124조).

④ 가석방실효자의 남은 형기 집행 기산일은 가석방의 실효로 인하여 교정시설에 수용된 날부터 한다(동법 시행규칙 제263조).

11 ① 형집행법 제109조 제4항

② 징벌위원회는 징벌을 의결하는 때에 행위의 동기 및 정황, 교정성적, 뉘우치는 정도 등 그 사정을 고려할 만한 사유가 있는 수용자에 대하여 2개월 이상 6개월 이하의 기간 내에서 징벌의 집행을 유예할 것을 의결할 수 있다(동법 제114조).

③ 동법 제111조 제2항

④ 동법 제111조의2

12 ①, ②, ③ 형집행법 시행규칙 제66조

④ 형기의 6분의 5에 도달한 때

13 ✦ **형집행법 시행규칙 제4조**(의류의 품목)

① 수용자 의류의 품목은 평상복·특수복·보조복·의복부속물·모자 및 신발로 한다.

② 제1항에 따른 품목별 구분은 다음 각 호와 같다.

1. 평상복은 겨울옷·봄가을옷·여름옷을 수형자용(用), 미결수용자용 및 피보호감호자(종전의 「사회보호법」에 따라 보호감호선고를 받고 교정시설에 수용 중인 사람을 말한다. 이하 같다)용과 남녀용으로 각각 구분하여 18종으로 한다.

2. 특수복은 모범수형자복·외부통근자복·임산부복·환자복·운동복 및 반바지로 구분하고, 그 중 모범수형자복 및 외부통근자복은 겨울옷·봄가을옷·여름옷을 남녀용으로 각각 구분하여 6종으로 하고, 임산부복은 봄가을옷·여름옷을 수형자용과 미결수용자용으로 구분하여 4종으로 하며, 환자복은 겨울옷·여름옷을 남녀용으로 구분하여 4종으로 하고, 운동복 및 반바지는 각각 1종으로 한다.

3. 보조복은 위생복·조끼 및 비옷으로 구분하여 3종으로 한다.

4. 의복부속물은 러닝셔츠·팬티·겨울내의·장갑·양말로 구분하여 5종으로 한다.

5. 모자는 모범수형자모·외부통근자모·방한모 및 위생모로 구분하여 4종으로 한다.

6. 신발은 고무신·운동화 및 방한화로 구분하여 3종으로 한다.

14 ① 형집행법 제129조 제1항

② 동법 시행규칙 제265조 제2항

③ 동법 시행규칙 제271조

④ 위원의 임기는 2년으로 하며, 연임할 수 있다. 지방교정청장은 위원의 결원이 생긴 경우에는 결원이 생긴 날부터 30일 이내에 후임자를 법무부장관에게 추천해야 한다(동법 시행규칙 제266조).

15 ㉠ 형집행법 제19조

㉡ 동법 시행령 제36조

㉢ 동법 제21조

16 ① 소장의 허가 없이 교정시설 내부를 녹화·촬영한 사람은 1년 이하의 징역 또는 1천만원 이하의 벌금에 처한다(형집행법 제135조).

② 소장의 허가 없이 무인비행장치, 전자·통신기기를 교정시설에 반입한 사람은 3년 이하의 징역 또는 3천만원 이하의 벌금에 처한다(동법 제133조 제1항).

③ 동법 제132조 제2항

④ 귀휴·외부통근, 그 밖의 사유로 소장의 허가를 받아 교도관의 계호 없이 교정시설 밖으로 나간 후에 정당한 사유없이 기한까지 돌아오지 않은 수용자는 1년 이하의 징역에 처한다(동법 제134조).

17 ✦ **전화통화의 중지사유**(형집행법 제44조 제3항)

1. 범죄의 증거를 인멸하거나 인멸하려고 하는 때

2. 형사 법령에 저촉되는 행위를 하거나 하려고 하는 때

3. 수용자의 처우 또는 교정시설의 운영에 관하여 거짓사실을 유포하는 때

4. 수형자의 교화 또는 건전한 사회복귀를 해칠 우려가 있는 행위를 하거나 하려고 하는 때

5. 시설의 안전 또는 질서를 해하는 행위를 하거나 하려고 하는 때

18 ① 형집행법 시행령 제34조 제1항
② 동법 제28조 제1항
③ 수용자 외의 사람이 수용자에게 금품을 건네줄 것을 신청하는 때에는 소장은 수형자의 교화 또는 건전한 사회복귀를 해칠 우려가 있거나 시설의 안전 또는 질서를 해칠 우려가 있는 때가 아니면 허가하여야 한다(동법 제27조 제1항).
④ 동법 시행령 제37조

19 ① 형집행법 제77조 제1항
② 소장은 귀휴를 허가하는 경우에 법무부령으로 정하는 바에 따라 거소의 제한이나 그 밖에 필요한 조건을 붙일 수 있다(동법 제77조 제3항).
③ 소장은 귀휴중인 수형자가 귀휴의 허가사유가 존재하지 아니함이 밝혀진 때에는 그 귀휴를 취소할 수 있다(동법 제78조).
④ 소장은 2일 이상의 귀휴를 허가한 경우에는 귀휴를 허가받은 사람의 귀휴지를 관할하는 경찰관서의 장에게 그 사실을 통보하여야 한다(동법 시행령 제97조).

20 ㉠ 형집행법 시행규칙 제217조 제1항
㉡ 동법 시행규칙 제217조 제2항
㉢ 동법 제109조 제3항
㉣ 동법 시행규칙 제218조

21 ①, ②, ③ 형집행법 제105조(수용자의 일반적 규율)

> 1. 수용자는 교정시설의 안전과 질서유지를 위하여 법무부장관이 정하는 규율을 지켜야 한다.
> 2. 수용자는 소장이 정하는 일과시간표를 지켜야 한다.
> 3. 수용자는 교도관의 직무상 지시에 따라야 한다.

④ 소장은 수용자가 다음의 어느 하나에 해당하면 그 수용자에 대하여 법무부령이 정하는 바에 따라 포상할 수 있다(동법 제106조).

✦ 수용자의 포상 사유(형집행법 제106조)
1. 사람의 생명을 구조하거나 도주를 방지한 때
2. (천재지변·재해 발생 시의 피해의 복구나 응급용무 보조에 따른) 응급용무에 공로가 있는 때
3. 시설의 안전과 질서유지에 뚜렷한 공이 인정되는 때
4. 수용생활에 모범을 보이거나 건설적이고 창의적인 제안을 하는 등 특히 포상할 필요가 있다고 인정되는 때

22 ① 형집행법 시행규칙 제42조
② 동법 제53조 제1항, 제2항
③ 소장은 노인수용자에 대하여 6개월에 1회 이상 건강검진을 하여야 한다(동법 시행규칙 제47조 제2항).
④ 동법 시행규칙 제43조 제2항

23 ✦ **중간처우 대상자**(형집행법 시행규칙 제193조)

교정시설의 개방시설 수용 중간처우 대상자		지역사회의 개방시설 수용 중간처우 대상자
1. 개방처우급 혹은 완화경비처우급 수형자		1. 개방처우급 혹은 완화경비처우급 수형자
2. 형기가 2년 이상인 사람	⇨	2. 형기가 2년 이상인 사람
3. 범죄 횟수가 3회 이하인 사람		3. 범죄 횟수가 1회인 사람
4. 중간처우를 받는 날부터 가석방 또는 형기 종료 예정일까지 기간이 3개월 이상 2년 6개월 미만인 사람	⇨	4. 중간처우를 받는 날부터 가석방 또는 형기 종료 예정일까지의 기간이 1년 6개월 미만인 사람

24 ① 취업협의회의 기능(형집행법 시행규칙 제144조)

> 1. 수형자 사회복귀 지원 업무에 관한 자문에 대한 조언
> 2. 수형자 취업·창업 교육
> 3. 수형자 사회복귀 지원을 위한 지역사회 네트워크 추진
> 4. 취업 및 창업 지원을 위한 자료제공 및 기술지원
> 5. 직업적성 및 성격검사 등 각종 검사 및 상담
> 6. 불우수형자 및 그 가족에 대한 지원 활동
> 7. 그 밖에 수형자 취업알선 및 창업지원을 위하여 필요한 활동

② 취업지원협의회는 회장 1명을 포함하여 3명 이상 5명 이하의 내부위원과 10명 이상의 외부위원으로 구성한다(동법 시행규칙 제145조 제1항).
③ 동법 시행규칙 제145조 제2항
④ 동법 시행규칙 제146조

부록

한눈에 보는
교정학

✦ **독거수용의 구분(시행령 제5조)**

처우상 독거수용	주간에는 교육·작업 등의 처우를 위하여 일과에 따른 공동생활을 하게 하고 휴업일과 야간에만 독거수용하는 것을 말한다.
계호상 독거수용	사람의 생명·신체의 보호 또는 교정시설의 안전과 질서유지를 위하여 항상 독거수용하고 다른 수용자와의 접촉을 금지하는 것을 말한다. 다만, 수사·재판·실외운동·목욕·접견·진료 등을 위하여 필요한 경우에는 그러하지 아니하다.

✦ **수형자 부문화**

구 분	수형자 부문화		비범죄적 부문화
	범죄지향적 부문화	수형지향적 부문화	합법지향적 부문화
준거집단	사회 + 교정시설	교정시설	합법적
목 표	범죄생활에 전념	소내 지위확보에 전념	지위에 관심 없음
행동강령	범죄자 강령	수형자 강령	–
관 심	합리적·계산된 행위로 규정, 오락과 특전 결합	동료 수형자에 대한 영향력과 권한을 행사할 수 있는 지위 추구	합법적·공식적 절차 준수
재범률	높다.	가장 높다.	낮다.

✦ **청원 등의 정리**

구 분	청 원	순회점검	소장면담	시 찰	참 관
권리구제수단	○	○	○	×	×
주 체	수용자	장관	수용자	판사·검사	민간인
목 적	처우시정 요구	감독작용	처우상담	직무상 필요 여부	학술 기타
허가(결정)권자	장관	장관	소장	–	소장
횟 수	제한 없음	매년 1회 이상	일부 제한	수시	–

✦ 가족 알림 규정 비교 · 구분

가족 알림. 예외규정이 있는 경우(다만, 수용자가 알리는 것을 원하지 아니하면 그러하지 아니하다.)
• 수용사실의 가족 알림(법 제21조) • 수용자가 외부의료시설에서 진료받거나 치료감호시설로 이송되면 그 사실의 가족(가족이 없는 경우에는 수용자가 지정하는 사람) 알림(법 제37조 제4항) • 징벌대상자에 대한 접견 · 편지수수 또는 전화통화를 제한하는 경우 가족 알림(시행규칙 제222조) • 수용자가 징벌처분을 받아 접견, 편지수수 또는 전화통화가 제한된 경우 가족 알림(시행령 제133조 제2항)

가족 알림. 예외규정이 없는 경우(알려야 하는 경우)
• 수용자가 **위독**한 경우(시행령 제56조) • 수용자가 **사망**한 경우(법 제127조)

✦ 구분수용 등의 비교

원 칙	내 용	예외 등
구분수용	19세 미만과 19세 이상 수형자, 미결수용자, 사형확정자	교도소에 미결, 구치소에 수형자 가능
분리수용	• 남성과 여성 • 수형자와 미결수용자 같은 교정시설 수용 • 19세 이상과 미만 수형자 같은 교정시설 수용 • 미결수용자로 사건관련자	※ 격리 : 감염병 환자
독거수용	수용자는 독거수용한다.	혼거할 수 있다(혼거수용 사유).

✦ 형집행법상 보관금품 등의 처리 비교

보관 불허 휴대품	신입자	1. 자신이 지정하는 사람에게 보내게 하거나 그 밖에 적당한 방법으로 처분
• 수용자가 지닐 수 있는 범위를 벗어난 물품 • 수용자가 지닐 수 있는 범위를 벗어난 작성 · 집필한 문서나 도화	수용자	2. 상당한 기간 내에 처분하지 아니하면 폐기할 수 있다. 3. 본인에게 그 사실을 알린 후 폐기한다.
• 발신 · 수신 금지 편지 • 편지의 발신 · 수신 금지 사유에 해당하는 작성 · 집필한 문서나 도화		1. 수용자에게 사유를 알린 후 교정시설에 보관한다. 2. 수용자가 동의하면 폐기할 수 있다.
금지물품		1. 수용자에게 알린 후 폐기한다. 2. 폐기하는 것이 부적당한 물품은 교정시설에 보관하거나 수용자가 지정하는 사람에게 보내게 할 수 있다.

부록

✦ 건강검진 대상자

대상자	횟수 및 근거
수용자	1년 1회 이상(시행령 제51조 제1항)
• 19세 미만의 수용자 • 계호상 독거수용자 • 65세 이상의 노인수용자 • 소년수용자	6개월 1회 이상(시행령 제51조), (시행규칙 제47조 제2항), (시행규칙 제59조의6)
임산부인 수용자	정기적인 검진(법 제52조)

✦ 접 견(시행규칙 제87조)

개방처우급	1일 1회	—
완화경비처우급	월 6회	접견은 1일 1회만 허용한다. 다만, 처우상 특히 필요한 경우에는 그러하지 아니하다.
일반경비처우급	월 5회	
중경비처우급	월 4회	

✦ 접견 · 전화횟수 등 정리

접견	수형자		월 4회	• 19세 미만인 때 • 교정성적이 우수한 때 • 교화 또는 건전한 사회복귀를 위하여 특히 필요하다고 인정되는 때 ➡ 접견횟수를 늘릴 수 있다.
	경비처우급별 접견횟수	개방처우급	1일 1회	접견은 1일 1회만 허용한다. 다만, 처우상 특히 필요한 경우에는 그러하지 아니하다.
		완화경비처우급	월 6회	
		일반경비처우급	월 5회	
		중경비처우급	월 4회	
	미결수용자		매일 1회	
	사형확정자		매월 4회	
	소송사건의 대리인인 변호사와 접견하는 수용자		월 4회	
	상소권회복 · 재심 청구사건의 대리인이 되려는 변호사와 접견하는 수용자		사건 당 2회	
전화	경비처우급별 전화허용횟수	개방처우급	월 20회 이내	• 소장은 처우상 특히 필요한 경우에는 전화통화 허용횟수를 늘릴 수 있다. • 전화통화는 1일 1회만 허용한다. 다만, 처우상 특히 필요한 경우에는 그러하지 아니하다(제3항).
		완화경비처우급	월 10회 이내	
		일반경비처우급	월 5회 이내	
		중경비처우급	처우상 특히 필요한 경우 월 2회 이내	
	사형확정자		월 3회 이내	
	미결수용자		허가할 경우 월 2회 이내	

✦ 접촉차단시설이 설치되지 아니한 장소에서의 접견(수형자가 19세 미만인 때 ×)

변호인과의 접견	미결수용자(형사사건으로 수사 또는 재판을 받고 있는 수형자와 사형확정자를 포함한다)가 변호인(변호인이 되려는 사람을 포함한다.)과 접견하는 경우에는 접촉차단시설이 설치되지 아니한 장소에서 접견하게 한다(법 제41조 제2항 제1호).
변호사와의 접견	• 수용자가 소송사건의 대리인인 변호사와 접견하는 경우 등 수용자의 재판청구권 등을 실질적으로 보장하기 위하여 대통령령으로 정하는 경우로서 교정시설의 안전 또는 질서를 해칠 우려가 없는 경우에는 접촉차단시설이 설치되지 아니한 장소에서 접견하게 한다(법 제41조 제2항 제2호). • 수용자가 상소권회복 또는 재심 청구사건의 대리인이 되려는 변호사와 접견하는 경우에는 교정시설의 안전 또는 질서를 해칠 우려가 없는 한 접촉차단시설이 설치되지 않은 장소에서 접견하게 한다(시행령 제59조의2 제5항).
수용자와 미성년자인 자녀	수용자가 미성년자인 자녀와 접견하는 경우에는 접촉차단시설이 설치되지 아니한 장소에서 접견하게 할 수 있다(법 제41조 제3항 제1호).
대통령령으로 정하는 경우	다음의 어느 하나에 해당하는 경우에는 접촉차단시설이 설치되지 아니한 장소에서 접견하게 할 수 있다(법 제41조 제3항 제2호, 시행령 제59조 제3항). ① 수형자의 교정성적이 우수한 경우 ② 수형자의 교화 또는 건전한 사회복귀를 위하여 특히 필요하다고 인정되는 경우 ③ 미결수용자의 처우를 위하여 소장이 특별히 필요하다고 인정하는 경우 ④ 사형확정자의 교화나 심리적 안정을 위하여 소장이 특별히 필요하다고 인정하는 경우
개방처우급 수형자	소장은 개방처우급 수형자에 대하여는 법무부장관이 정하는 바에 따라 접촉차단시설이 설치된 장소 외의 적당한 곳에서 접견을 실시할 수 있다. 다만, 처우상 특히 필요하다고 인정하는 경우에는 그 밖의 수형자에 대하여도 이를 허용할 수 있다(시행규칙 제88조).

✦ 접견의 예외

수형자	소장은 근무시간 내 접견 및 30분 이내의 접견시간에도 불구하고 수형자의 교화 또는 건전한 사회복귀를 위하여 특히 필요하다고 인정하면 접견 시간대 외에도 접견을 하게 할 수 있고 접견 시간을 연장할 수 있다(시행령 제59조 제1항).
변호사와의 접견	소장은 근무시간 내 접견과 변호사와 접견하는 시간 회당 60분 및 변호사와 접견하는 횟수에도 불구하고 소송사건의 수 또는 소송내용의 복잡성 등을 고려하여 소송의 준비를 위하여 특히 필요하다고 인정하면 접견 시간대 외에도 접견을 하게 할 수 있고, 접견 시간 및 횟수를 늘릴 수 있다(시행령 제59조의2 제3항).
미결수용자	소장은 미결수용자의 처우를 위하여 특히 필요하다고 인정하면 근무시간 내 접견에도 불구하고 접견 시간대 외에도 접견하게 할 수 있고, 변호인이 아닌 사람과 접견하는 경우에도 30분 이내의 접견 시간 및 매일 1회의 접견 횟수에도 불구하고 접견시간을 연장하거나 접견 횟수를 늘릴 수 있다(시행령 제102조).
사형확정자	소장은 근무시간 내 접견·30분 이내의 접견시간 및 매월 4회의 접견 횟수에도 불구하고 사형확정자의 교화나 심리적 안정을 도모하기 위하여 특히 필요하다고 인정하면 접견 시간대 외에도 접견을 하게 할 수 있고 접견 시간을 연장하거나 접견 횟수를 늘릴 수 있다(시행령 제110조).
소년수형자 등	소장은 소년수형자 등의 나이·적성 등을 고려하여 필요하다고 인정하면 경비처우급별 접견의 허용횟수 및 경비처우급별 전화통화의 허용횟수에 따른 접견 및 전화통화 횟수를 늘릴 수 있다(시행규칙 제59조의4).

✦ 접견 · 전화통화 · 편지수수 제한사유 등 정리

접 견	원칙적 권리(법 제41조 제1항), 예외적 제한(법 제41조 제1항 단서)	
접견 제한사유 (법 제41조 제1항 단서)	청취 · 기록 · 녹음 · 녹화사유 (법 제41조 제4항)	접견 중지사유 (법 제42조)
1. 형사 법령에 저촉되는 행위를 할 우려가 있는 때 2. 「형사소송법」이나 그 밖의 법률에 따른 접견금지의 결정이 있는 때 3. 수형자의 교화 또는 건전한 사회복귀를 해칠 우려가 있는 때 4. 시설의 안전 또는 질서를 해칠 우려가 있는 때	1. 범죄의 증거를 인멸하거나 형사 법령에 저촉되는 행위를 할 우려가 있는 때 2. 수형자의 교화 또는 건전한 사회복귀를 위하여 필요한 때 3. 시설의 안전과 질서유지를 위하여 필요한 때	1. 범죄의 증거를 인멸하거나 인멸하려고 하는 때 2. 제92조의 금지물품을 주고받거나 주고받으려고 하는 때 3. 형사 법령에 저촉되는 행위를 하거나 하려고 하는 때 4. 수용자의 처우 또는 교정시설의 운영에 관하여 거짓사실을 유포하는 때 5. 수형자의 교화 또는 건전한 사회복귀를 해칠 우려가 있는 행위를 하거나 하려고 하는 때 6. 시설의 안전 또는 질서를 해하는 행위를 하거나 하려고 하는 때

※ 수형자의 교화 또는 건전한 사회복귀, 시설의 안전 또는 질서는 공통이므로 따로 암기할 필요 없음.
　(주의 : ~우려가 있는 때, ~하거나 하려고 하는 때)

전화통화	소장의 허가(법 제44조 제1항, 규칙 제25조 제1항)	
전화통화 불허사유 (규칙 제25조 제1항)	허가 취소사유 (규칙 제27조)	전화통화 중지사유 (법 제42조 준용)
1. 범죄의 증거를 인멸할 우려가 있을 때 2. 형사법령에 저촉되는 행위를 할 우려가 있을 때 3. 「형사소송법」에 따라 접견 · 편지수수 금지결정을 하였을 때 4. 교정시설의 안전 또는 질서를 해칠 우려가 있을 때 5. 수형자의 교화 또는 건전한 사회복귀를 해칠 우려가 있을 때	1. 수용자 또는 수신자가 전화통화 내용의 청취 · 녹음에 동의하지 아니할 때 2. 수신자가 수용자와의 관계 등에 대한 확인 요청에 따르지 아니하거나 거짓으로 대답할 때 3. 전화통화 허가 후 전화통화 불허사유가 발견되거나 발생하였을 때 (법정인 발견 · 발생)	1. 범죄의 증거를 인멸하거나 인멸하려고 하는 때 2. 제92조의 금지물품 종류가 여러 개라 금지물품을 주고받거나 주고받으려고 하는 때 3. 형사 법령에 저촉되는 행위를 하거나 하려고 하는 때 4. 수용자의 처우 또는 교정시설의 운영에 관하여 거짓사실을 유포하는 때 5. 수형자의 교화 또는 건전한 사회복귀를 해칠 우려가 있는 행위를 하거나 하려고 하는 때 6. 시설의 안전 또는 질서를 해하는 행위를 하거나 하려고 하는 때

※ 수형자의 교화 또는 건전한 사회복귀, 시설의 안전 또는 질서는 공통이므로 따로 암기할 필요 없음.
　(주의 : ~우려가 있는 때, ~하거나 하려고 하는 때)

편 지	원칙적 권리(법 제43조 제1항), 예외적 제한(법 제43조 제1항 단서)	
편지수수 제한사유 (법 제43조 제1항 단서)	편지 검열사유 (법 제43조 제4항)	(확인·검열결과)발신·수신 금지사유 (법 제43조 제5항)
1. 「형사소송법」이나 그 밖의 법률에 따른 편지의 수수금지 및 압수의 결정이 있는 때 2. 수형자의 교화 또는 건전한 사회복귀를 해칠 우려가 있는 때 3. 시설의 안전 또는 질서를 해칠 우려가 있는 때	1. 편지의 상대방이 누구인지 확인할 수 없는 때 2. 「형사소송법」이나 그 밖의 법률에 따른 편지검열의 결정이 있는 때 3. 수형자의 교화 또는 건전한 사회복귀를 해칠 우려가 있는 내용, 시설의 안전 또는 질서를 해칠 우려가 있는 내용이나 형사 법령에 저촉되는 내용이 기재되어 있다고 의심할 만한 상당한 이유가 있는 때 4. 대통령령으로 정하는 수용자 간의 편지인 때 【시행령 제66조】 1. 마약류사범·조직폭력사범 등 법무부령으로 정하는 수용자인 때 2. 편지를 주고받으려는 수용자와 같은 교정시설에 수용 중인 때 3. 규율위반으로 조사 중이거나 징벌 집행 중인 때 4. 범죄의 증거를 인멸할 우려가 있는 때	수용자의 편지에 금지물품이 들어있거나, 편지의 내용이 다음 각 호의 어느 하나에 해당하면 발신 또는 수신을 금지할 수 있다. 1. 암호·기호 등 이해할 수 없는 특수문자로 작성되어 있는 때 2. 범죄의 증거를 인멸할 우려가 있는 때 3. 형사 법령에 저촉되는 내용이 기재되어 있는 때 4. 수용자의 처우 또는 교정시설의 운영에 관하여 명백한 거짓사실을 포함하고 있는 때 5. 사생활의 비밀 또는 자유를 침해할 우려가 있는 때 6. 수형자의 교화 또는 건전한 사회복귀를 해칠 우려가 있는 때 7. 시설의 안전 또는 질서를 해칠 우려가 있는 때

※ 수형자의 교화 또는 건전한 사회복귀, 시설의 안전 또는 질서는 공통이므로 따로 암기할 필요 없음.
(주의 : ~우려가 있는 때)

✦ 엄중관리대상자(법 제104조, 규칙 제194조~제213조)

구 분	관심대상수용자	조직폭력수용자	마약류수용자
색 상	노란색	노란색	파란색
지정절차	• 분류처우위원회 의결로 지정 • 미결수용자 등은 교도관회의의 심의로 지정 가능	소장이 조직폭력수용자 지정	소장이 마약류수용자 지정
해제절차	• 분류처우위원회의 의결로 지정 해제 • 미결수용자 등은 교도관회의의 심의로 지정 해제	• 석방할 때까지 해제 불가 • 공소장 변경 또는 재판 확정으로 사유 해소 시 교도관회의 심의 또는 분류처우위원회 의결로 지정 해제	• 석방할 때까지 해제불가 • 공소장 변경 또는 재판 확정으로 사유해소 시 • 지정 후 5년이 경과하고, 교정성적 등이 양호한 경우 교도관회의 심의 또는 분류처우위원회 의결로 지정 해제 가능
상 담	• 지속적인 상담이 필요하다고 인정되는 사람에 대하여 상담책임자를 지정 • 상담책임자는 감독교도관 또는 상담 관련 전문교육을 이수한 교도관을 우선하여 지정 • 상담대상자는 상담책임자 1명당 10명 이내, 수시로 개별상담		
작업부과	작업을 부과할 때에는 분류심사를 위한 조사나 검사 등의 결과를 고려하여야 함.		

✦ 엄중관리대상자 처우상 제한 내용의 정리

조직폭력수용자	마약류수용자
① 수용자를 대표하는 직책 부여 금지 ② 수형자 간 연계활동 차단을 위한 이송 가능 ③ 접촉차단시설이 있는 장소에서의 접견과 귀휴 등의 결정 시 허용요건 엄격 적용 ④ 특이사항의 검찰청, 경찰서 등 관계 기관 통보 가능	① 교정시설 안에서 판매되는 물품 등을 제외한 물품 전달의 예외 ② 마약류 반입을 위한 도구로 이용될 가능성이 없다고 인정되는 물품을 제외한 물품에 대한 전달제한 ③ 마약류수용자의 보관품 및 지니는 물건의 변동상황 수시 점검 ④ 교정시설에 마약류를 반입하는 것을 방지하기 위하여 필요하면 강제에 의하지 아니하는 범위에서 수용자의 소변을 채취하여 마약반응검사를 할 수 있다. ⑤ 특이사항 - 감독관 보고

✦ 교정장비

구 분	전자장비		보호장비	보안장비		무기의 사용
대 상	수용자 or 시설	수용자	수용자	수용자 外	수용자	수용자 外
주 체	교도관					
종 류	① 영상정보처리기기 ② 전자감지기 ③ 전자경보기 ④ 물품검색기 ⑤ 증거수집장비 ⑥ 그 밖에 법무부장관이 　정하는 전자장비	① 수갑 ② 머리보호장비 ③ 발목보호장비 ④ 보호대 ⑤ 보호의자 ⑥ 보호침대 ⑦ 보호복 ⑧ 포승		① 교도봉 ② 전기교도봉 ③ 가스분사기 ④ 가스총 ⑤ 최루탄 ⑥ 전자충격기 ⑦ 그 밖에 법무부장관이 　정하는 보안장비	① 권총 ② 소총 ③ 기관총 ④ 그 밖에 법무부장관이 　정하는 무기	
한 계	영상장비 ➡ 거실 ➡ 자살 등의 우려가 큰 때	• 필요한 최소한도 • 사유소멸하면 사용중단 • 징벌수단으로 사용금지		필요한 최소한도	• 필요한 최소한도 • 최후의 수단	

✦ 보호장비의 종류

법 제98조(8종류)	시행규칙 제169조(14종류)
① 수갑	① 수갑 : 양손수갑, 일회용수갑, 한손수갑
② 머리보호장비	② 머리보호장비
③ 발목보호장비	③ 발목보호장비 : 양발목보호장비, 한발목보호장비
④ 보호대	④ 보호대 : 금속보호대, 벨트보호대
⑤ 보호의자	⑤ 보호의자
⑥ 보호침대	⑥ 보호침대
⑦ 보호복	⑦ 보호복
⑧ 포승	⑧ 포승 : 일반포승, 벨트형포승, 조끼형포승

☞ 수용자 外의 사람에게는 보호장비를 사용할 수 없다.
☞ 이송·출정, 그 밖에 교정시설 밖의 장소로 수용자를 호송하는 때(법 제97조 제1항 제1호)에는 수갑과 포승만 사용할 수 있고, 다른 보호장비는 사용할 수 없다.
☞ 일시적 사용 : 일회용수갑
☞ 보호의자 : 다른 보호장비로는 보호의자 사용요건(법 제97조 제1항 제2호부터 제4호)의 어느 하나에 해당하는 행위를 방지하기 어려운 특별한 사정이 있는 경우에만 사용하여야 한다.
☞ 보호침대 : 다른 보호장비로는 자살·자해를 방지하기 어려운 특별한 사정이 있는 경우에만 사용하여야 한다.
☞ 보호의자 또는 보호침대를 사용하는 경우 : 다른 보호장비와 같이 사용할 수 없다.
☞ 보호의자·보호침대·보호복 : 그 사용을 일시 중지하거나 완화하는 경우를 포함하여 8시간을 초과하여 사용할 수 없으며, 사용 중지 후 4시간이 경과하지 아니하면 다시 사용할 수 없다.

✦ 보호장비의 종류별 사용요건(법 제98조 제2항)

종 류	사용요건
머리보호장비	머리 부분을 자해할 우려가 큰 때
수 갑 포 승	1. 이송·출정 그 밖에 교정시설 밖의 장소로 수용자를 호송하는 때 2. 도주·자살·자해 또는 다른 사람에 대한 위해의 우려가 큰 때 3. 위력으로 교도관의 정당한 직무집행을 방해하는 때 4. 교정시설의 설비·기구 등을 손괴하거나 그 밖에 시설의 안전 또는 질서를 해칠 우려가 큰 때
발목보호장비 보 호 대 보호의자	2. 도주·자살·자해 또는 다른 사람에 대한 위해의 우려가 큰 때 3. 위력으로 교도관의 정당한 직무집행을 방해하는 때 4. 교정시설의 설비·기구 등을 손괴하거나 그 밖에 시설의 안전 또는 질서를 해칠 우려가 큰 때
보호침대 보 호 복	자살·자해의 우려가 큰 때

✦ 보호실과 진정실 수용

구 분	보호실(법 제95조)	진정실(법 제96조)
정 의	자살 및 자해 방지 등의 설비를 갖춘 거실	일반 수용거실로부터 격리되어 있고 방음설비 등을 갖춘 거실
요 건	소장은 수용자가 다음의 어느 하나에 해당하면 의무관의 의견을 고려하여 보호실에 수용할 수 있다 (제1항). ① 자살 또는 자해의 우려가 있는 때 ② 신체적·정신적 질병으로 인하여 특별한 보호가 필요한 때	소장은 수용자가 다음의 어느 하나에 해당하는 경우로서 강제력을 행사하거나 보호장비를 사용하여도 그 목적을 달성할 수 없는 경우에만 진정실에 수용할 수 있다(제1항). ① 교정시설의 설비 또는 기구 등을 손괴하거나 손괴하려고 하는 때 ② 교도관의 제지에도 불구하고 소란행위를 계속하여 다른 수용자의 평온한 수용생활을 방해하는 때
기간 및 연장	① 수용자의 보호실 수용기간은 15일 이내로 한다. 다만, 소장은 특히 계속하여 수용할 필요가 있으면 의무관의 의견을 고려하여 1회당 7일의 범위에서 기간을 연장할 수 있다(제2항). ② 수용자를 보호실에 수용할 수 있는 기간은 계속하여 3개월을 초과할 수 없다(제3항).	① 수용자의 진정실 수용기간은 24시간 이내로 한다. 다만, 소장은 특히 계속하여 수용할 필요가 있으면 의무관의 의견을 고려하여 1회당 12시간의 범위에서 기간을 연장할 수 있다(제2항). ② 수용자를 진정실에 수용할 수 있는 기간은 계속하여 3일을 초과할 수 없다(제3항).
고 지	소장은 수용자를 보호실/진정실에 수용하거나 수용기간을 연장하는 경우에는 그 사유를 본인에게 알려주어야 한다(제4항).	
확인 및 조치	① 의무관은 보호실/진정실 수용자의 건강상태를 수시로 확인하여야 한다(제5항). ② 소장은 보호실/진정실 수용사유가 소멸한 경우에는 보호실/진정실 수용을 즉시 중단하여야 한다(제6항).	
수용 중지	① 보호실 수용자의 수시 건강상태 확인 및 진정실 수용자의 건강상태 수시확인에 따라 의무관이 보호실이나 진정실 수용자의 건강을 확인한 결과 보호실 또는 진정실에 계속 수용하는 것이 부적당하다고 인정하는 경우에는 소장에게 즉시 보고하여야 한다. 이 경우 소장은 특별한 사유가 없으면 보호실 또는 진정실 수용을 즉시 중지하여야 한다(시행령 제119조 제1항). ② 소장은 의무관이 출장·휴가, 그 밖의 부득이한 사유로 보호실 수용자의 수시 건강상태 확인 및 진정실 수용자의 건강상태 수시확인 직무를 수행할 수 없을 때에는 그 교정시설에 근무하는 의료관계 직원에게 대행하게 할 수 있다(시행령 제119조 제2항).	

✦ 강제력 행사 대상(요건)

수용자에 행사	수용자 外에 행사
1. 도주하거나 도주하려고 하는 때 2. 자살하려고 하는 때 3. 자해하거나 자해하려고 하는 때 4. 다른 사람에게 위해를 끼치거나 끼치려고 하는 때 5. 위력으로 교도관의 정당한 직무집행을 방해하는 때 6. 교정시설의 설비·기구 등을 손괴하거나 손괴하려고 하는 때 7. 그 밖에 시설의 안전 또는 질서를 크게 해치는 행위를 하거나 하려고 하는 때	1. 수용자를 도주하게 하려고 하는 때 2. 교도관 또는 수용자에게 위해를 끼치거나 끼치려고 하는 때 3. 위력으로 교도관의 정당한 직무집행을 방해하는 때 4. 교정시설의 설비·기구 등을 손괴하거나 하려고 하는 때 5. 교정시설에 침입하거나 하려고 하는 때 6. 교정시설의 안(교도관이 교정시설의 밖에서 수용자를 계호하고 있는 경우 그 장소를 포함)에서 교도관의 퇴거요구를 받고도 이에 따르지 아니하는 때

✦ 무기의 사용 대상(요건)

수용자에 대한 무기사용	수용자 外의 사람에 대한 무기사용
1. 수용자가 다른 사람에게 중대한 위해를 끼치거나 끼치려고 하여 그 사태가 위급한 때 2. 수용자가 폭행 또는 협박에 사용할 위험물을 지니고 있어 교도관이 버릴 것을 명령하였음에도 이에 따르지 아니하는 때 3. 수용자가 폭동을 일으키거나 일으키려고 하여 신속하게 제지하지 아니하면 그 확산을 방지하기 어렵다고 인정되는 때 4. 도주하는 수용자에게 교도관이 정지할 것을 명령하였음에도 계속하여 도주하는 때 5. 수용자가 교도관의 무기를 탈취하거나 탈취하려고 하는 때 6. 그 밖에 사람의 생명·신체 및 설비에 대한 중대하고도 뚜렷한 위험을 방지하기 위하여 무기의 사용을 피할 수 없는 때	교도관은 교정시설의 안(교도관이 교정시설의 밖에서 수용자를 계호하고 있는 경우 그 장소를 포함)에서 1. 자기 또는 타인의 생명·신체를 보호하기 위하여 급박하다고 인정되는 상당한 이유가 있는 때 2. 수용자의 탈취를 저지하기 위하여 급박하다고 인정되는 상당한 이유가 있는 때 3. 건물 또는 그 밖의 시설과 무기에 대한 위험을 방지하기 위하여 급박하다고 인정되는 상당한 이유가 있는 때 ⇩ 수용자 외의 사람에 대하여도 무기를 사용할 수 있다.

✦ 수용자 포상기준(시행규칙 제214조의2)

포상사유	포상
1. 사람의 생명을 **구조**하거나 도주를 방지한 때 2. **응급**용무에 공로가 있는 때	소장표창 및 가족만남의 **집** 이용 대상자 선정(응급 구조 집)
3. 시설의 안전과 질서유지에 **뚜렷한 공**이 인정되는 때 4. 수용생활에 모범을 보이거나 **건설적이고 창의적인 제안**을 하는 등 특히 포상할 필요가 있다고 인정되는 때	소장표창 및 가족만남의 **날** 행사 참여 대상자 선정(안전 모범 날)

✦ 징벌의 종류(동법 제108조)

종류	병과	가중
① 경고		
② 50시간 이내의 근로봉사		
③ 3개월 이내의 작업장려금 삭감		
④ 30일 이내의 공동행사 참가 정지		
⑤ 30일 이내의 신문열람 제한(도서열람 제한 ×)		
⑥ 30일 이내의 텔레비전 시청 제한		
⑦ 30일 이내의 자비 구매 물품(의사가 치료를 위하여 처방한 의약품 제외) 사용 제한	병과가능	장기 1/2 가중 가능
⑧ 30일 이내의 작업 정지(신청에 의한 작업 한정)		
⑨ 30일 이내의 전화통화 제한		
⑩ 30일 이내의 집필 제한		
⑪ 30일 이내의 편지수수 제한		
⑫ 30일 이내의 접견 제한		
⑬ 30일 이내의 실외운동 정지		
⑭ 30일 이내의 금치		

✦ 이송·재수용 수형자의 개별처우계획 정리

구 분	처 우(시행규칙)
해당 교정시설의 특성 등을 고려하여 필요한 경우 다른 교정시설로부터 이송되어 온 수형자	개별처우계획을 변경할 수 있다(제60조 제1항).
형집행정지 중에 있는 사람이 「자유형 등에 관한 검찰집행사무규칙」 제33조 제2항(형집행정지자가 주거지를 이탈하여 소재불명인 경우 검사는 그 소재불명이 명백한 형집행정지의 취소 사유로 인정되는 때에 한하여 형집행정지를 취소하여야 한다)에 따른 형집행정지의 취소로 재수용된 경우	석방 당시보다 한 단계 낮은 처우등급을 부여할 수 있다(제60조 제3항).
가석방의 취소로 재수용되어 남은 형기가 집행되는 경우	석방 당시보다 한 단계 낮은 처우등급을 부여한다(제60조 제4항 본문).
형집행정지 중에 있는 사람이 기간만료 또는 그 밖의 정지사유가 없어져 재수용된 경우	석방 당시와 동일한 처우등급을 부여할 수 있다(제60조 제2항·제4항 단서).
「가석방자관리규정」 제5조 단서(천재지변, 질병, 부득이한 사유로 출석 의무를 위반시)를 위반하여 가석방이 취소되는 등 가석방 취소사유에 특히 고려할 만한 사정이 있는 때	
형집행정지 중이거나 가석방기간 중에 있는 사람이 형사사건으로 재수용되어 형이 확정된 경우	개별처우계획을 새로 수립하여야 한다(제60조 제5항, 제61조 제1항·제2항).
「국제수형자이송법」에 따라 외국으로부터 이송되어 온 수형자	
군사법원에서 징역형 또는 금고형이 확정되거나 그 형의 집행 중에 있는 사람이 이송되어 온 경우	

✦ 잉글랜드제 vs 아일랜드제

구 분	잉글랜드제	아일랜드제
창시자	마코노키	크로프톤
소득점수 계산	매일 계산	매월 계산
처우단계	독거(9개월) ➡ 혼거 ➡ 가석방	독거(9개월) ➡ 혼거 ➡ 중간교도소 ➡ 가석방
누진계급	5계급 처우 : 고사급 ➡ 제3급 ➡ 제2급 ➡ 제1급 ➡ 특별급(최상급)	
최상급자 처우	가석방	중간교도소 이송
가석방자 경찰감시	불필요	휴가증제도를 시행하여 경찰감시 실시

※ 마코노키는 석방 후 범죄자에 대한 경찰의 감시는 경찰에 예속을 초래한다고 보아 반대한 반면, 크로프톤은 가석
방자에 대한 감시·관찰은 완전한 개선효과를 위해 필요하다고 보았다.

✦ 경비처우급 구분 및 작업기준(시행규칙 제74조)

개방처우급	개방시설에 수용되어 가장 높은 수준의 처우가 필요한 수형자	외부통근작업 및 개방지역작업 가능
완화경비처우급	완화경비시설에 수용되어 통상적인 수준보다 높은 수준의 처우가 필요한 수형자	개방지역작업 및 필요시 외부통근작업 가능
일반경비처우급	일반경비시설에 수용되어 통상적인 수준의 처우가 필요한 수형자	구내작업 및 필요시 개방지역작업 가능
중경비처우급	중경비시설에 수용되어 기본적인 처우가 필요한 수형자	필요시 구내작업 가능

✦ 기본수용급 및 개별처우급

기본수용급 : 성별·국적·나이·형기 등에 따라 수용할 시설 및 구획 등을 구별하는 기준(시행규칙 제72조 제1호)		개별처우급 : 수형자의 개별적인 특성에 따라 중점처우의 내용을 구별하는 기준(시행규칙 제72조 제3호)	
구 분 (시행규칙 제73조)	㉠ 여성수형자 ㉡ 외국인수형자 ㉢ 금고형수형자 ㉣ 19세 미만의 소년수형자 ㉤ 23세 미만의 청년수형자 ㉥ 65세 이상의 노인수형자 ㉦ 형기가 10년 이상인 장기수형자 ㉧ 정신질환 또는 장애가 있는 수형자 ㉨ 신체질환 또는 장애가 있는 수형자	구 분 (시행규칙 제76조)	㉠ 직업훈련 ㉡ 학과교육 ㉢ 생활지도 ㉣ 작업지도 ㉤ 운영지원작업 ㉥ 의료처우 ㉦ 자치처우 ㉧ 개방처우 ㉨ 집중처우

✦ 교육의 종류

과 정	선발요건	경비처우급	비 용
검정고시반	조건 없음	수형자	규정 없음
방송통신고	중학교 졸업 또는 이와 동등한 수준의 학력이 인정되는 자		예산범위 내 지원 가능
독학에 의한 학위 취득과정(학사고시반)	① 고등학교 졸업 또는 이와 동등한 수준 이상의 학력이 인정될 것		(특별한 사정이 없으면) 자비부담
방송통신대학과정	② 교육개시일을 기준으로 형기의 3분의 1(21년 이상의 유기형 또는 무기형의 경우에는 7년)이 지났을 것 ③ 집행할 형기가 2년 이상일 것	개방·완화·일반	
전문대학 위탁교육과정			
정보화 교육과정	조건 없음	수형자	
외국어 교육과정		개방·완화·일반	

✦ 경비처우급별 처우기준

경비처우급	처우내용
개방처우급	㉠ 의류를 지급하는 경우 : 색상, 디자인 등을 다르게 할 수 있다(규칙 §84②). ㉡ 접견횟수 : 1일 1회(규칙 §87①) ㉢ 접촉차단시설이 설치된 장소 외의 적당한 곳에서 접견 가능(규칙 §88) ㉣ 전화통화 : 월 20회 이내(규칙 §90①)
개방·완화 경비처우급	㉠ 자치생활(규칙 §86①) ㉡ 경기·오락회 개최(규칙 §91①) ㉢ 작업·교육 등의 지도보조(규칙 §94) ㉣ 개인작업(규칙 §95①) ㉤ 외부 직업훈련 대상자(규칙 §96①) ㉥ 중간처우 대상자(규칙 §93①)
완화경비처우급	㉠ 접견횟수 : 월 6회(규칙 §87①)−1일 1회만 허용(처우상 특히 필요한 경우 예외 가능) ㉡ 처우상 특히 필요하다고 인정하는 경우에는 접촉차단시설이 설치된 장소 외의 적당한 곳에서 접견 가능(규칙 §88) ㉢ 전화통화 : 월 10회 이내(규칙 §90①)
개방·완화 일반	㉠ 봉사원 선정(규칙 §85①) ㉡ 방송통신대학과정·전문대학 위탁교육과정·외국어 교육과정 교육대상자(규칙 §111~113) ㉢ 개방지역 작업대상자, 그 외 수형자 가능(규칙 §120②,③) ㉣ 전화통화 허용횟수를 늘릴 수 있다(규칙 §90②)
개방·완화(원칙) 일반(필요시 가능)	㉠ 가족 만남의 날 행사 참여·가족 만남의 집 이용(규칙 §89①,③) ㉡ 사회적 처우 : 사회견학, 사회봉사, 자신이 신봉하는 종교행사 참석, 연극·영화·문화공연 관람(규칙 §92①) ㉢ 일반귀휴 허가요건(규칙 §129②)
개방·완화(원칙) 그 외(필요시 가능)	외부통근작업 대상자(규칙 §120①,③)

일반경비처우급	㉠ 접견횟수: 월 5회(규칙 §87①) − 1일 1회만 허용(처우상 특히 필요한 경우 예외 가능) ㉡ 처우상 특히 필요하다고 인정하는 경우에는 접촉차단시설이 설치된 장소 외의 적당한 곳에서 접견 가능(규칙 §88) ㉢ 전화통화: 월 5회 이내(규칙 §90①)
중경비처우급	㉠ 접견횟수: 월 4회(규칙 §87①) − 1일 1회만 허용(처우상 필요시 예외 가능) ㉡ 처우상 특히 필요하다고 인정하는 경우에는 접촉차단시설이 설치된 장소 외의 적당한 곳에서 접견 가능(규칙 §88) ㉢ 전화통화: 처우상 특히 필요한 경우 월 2회 이내 허용(규칙 §90①)

✦ 작업 비교 · 구분

신청작업의 취소	소장은 제67조(신청에 따른 작업)에 따라 작업이 부과된 수형자가 작업의 취소를 요청하는 경우에는 그 수형자의 의사, 건강 및 교도관의 의견 등을 고려하여 작업을 취소할 수 있다(시행령 제93조).
사형확정자의 작업 취소	소장은 작업이 부과된 사형확정자가 작업의 취소를 요청하면 사형확정자의 의사·건강, 담당교도관의 의견 등을 고려하여 작업을 취소할 수 있다(시행규칙 제153조 제3항).
미결수용자의 작업 취소	소장은 법 제86조 제1항(신청에 의한 작업)에 따라 작업이 부과된 미결수용자가 작업의 취소를 요청하는 경우에는 그 미결수용자의 의사, 건강 및 교도관의 의견 등을 고려하여 작업을 취소할 수 있다(시행령 제103조 제2항).
노인수용자의 작업 부과	소장은 노인수용자가 작업을 원하는 경우에는 나이·건강상태 등을 고려하여 해당 수용자가 감당할 수 있는 정도의 작업을 부과한다. 이 경우 의무관의 의견을 들어야 한다(시행규칙 제48조 제2항).

✦ 외부통근자 선정기준(시행규칙 제120조)

외부기업체에 통근하며 작업하는 수형자 (외부통근작업자)	교정시설 안에 설치된 외부기업체의 작업장에 통근하며 작업하는 수형자(개방지역작업자)
① 18세 이상 65세 미만일 것 ② 해당 작업 수행에 건강상 장애가 없을 것 ③ 개방처우급·완화경비처우급에 해당할 것 ④ 가족·친지 또는 교정위원 등과 접견·편지수수·전화통화 등으로 연락하고 있을 것 ⑤ 집행할 형기가 7년 미만이고 가석방이 제한되지 아니할 것	① 18세 이상 65세 미만일 것 ② 해당 작업 수행에 건강상 장애가 없을 것 ③ 개방처우급·완화경비처우급·일반경비처우급에 해당할 것 ④ 가족·친지 또는 교정위원 등과 접견·서신수수·전화통화 등으로 연락하고 있을 것 ⑤ 집행할 형기가 10년 미만이거나 형기기산일부터 10년 이상이 지난 수형자
소장은 작업 부과 또는 교화를 위하여 특히 필요하다고 인정하는 경우에는 위의 수형자 외의 수형자에 대하여도 외부통근자로 선정할 수 있다.	

✦ 교도작업 특별회계의 세입·세출(법 제9조)

특별회계의 세입	특별회계의 세출
1. 교도작업으로 생산된 제품 및 서비스의 판매, 그 밖에 교도작업에 부수되는 **수입금** 2. 일반회계로부터의 **전입금** 3. **차입금**	1. 교도작업의 관리, 교도작업 관련 시설의 마련 및 유지·보수, 그 밖에 교도작업의 운영을 위하여 **필요한 경비** 2. **작업장려금** 3. **위로금 및 조위금** 4. 수용자의 교도작업 관련 **직업훈련**을 위한 경비

✦ 직업훈련 비교·구분

직업훈련 대상자 선정기준	직업훈련 대상자 선정 제한사유	직업훈련 보류사유
① 집행할 형기 중에 해당 훈련과정을 이수할 수 있을 것(기술숙련과정 집체직업훈련 대상자는 제외) ② 직업훈련에 필요한 기본소양을 갖추었다고 인정될 것 ③ 해당 과정의 기술이 없거나 재훈련을 희망할 것 ④ 석방 후 관련 직종에 취업할 의사가 있을 것	① 15세 미만인 경우 ② 교육과정을 수행할 문자해독능력 및 강의 이해능력이 부족한 경우 ③ 징벌대상행위의 혐의가 있어 조사 중이거나 징벌집행 중인 경우 ④ 작업, 교육·교화프로그램 시행으로 인하여 직업훈련의 실시가 곤란하다고 인정되는 경우 ⑤ 질병·신체조건 등으로 인하여 직업훈련을 감당할 수 없다고 인정되는 경우	① 징벌대상행위의 혐의가 있어 조사를 받게 된 경우 ② 심신이 허약하거나 질병 등으로 훈련을 감당할 수 없는 경우 ③ 소질·적성·훈련성적 등을 종합적으로 고려한 결과 직업훈련을 계속할 수 없다고 인정되는 경우 ④ 그 밖에 직업훈련을 계속할 수 없다고 인정되는 경우

✦ 사회적 처우와 사회 내 처우

사회적 처우	① 보안 상태나 행동의 자유에 대한 제한 등이 완화된 시설 또는 폐쇄시설이라도 시설 내 처우와 연계되면서 사회생활의 준비가 필요한 수형자를 대상으로 사회적응력을 배양시키려는 개방된 처우 형태이다. ② 귀휴제도, 외부통근제도, 가족만남의 집, 주말구금제도 등이 있다.
사회 내 처우	① 범죄자를 교정시설에 수용하지 않고 사회 내에서 통상의 생활을 영위하도록 하면서 지도·개선 등에 의해 그 범죄자의 개선·사회복귀를 도모하는 제도를 말한다. ② 보호관찰제도, 가석방제도, 갱생보호제도, 사회봉사·수강명령, 선도조건부 기소유예, 판결 전 조사제도 등이 있다.

✦ 지역사회교정의 장·단점

장 점	단 점
• 시설 내 처우로 인한 사회단절과 악풍감염의 폐해를 줄이고 범죄배양효과 내지는 낙인효과를 피하게 해준다. • 전환제도로 이용되면 형사시설의 과밀화 방지에 기여하여 형사사법기관의 부담을 감소시킬 수 있다. • 교정시설 수용에 비해 일반적으로 비용과 재정부담이 감소되고 교도소 과밀수용 문제를 해소할 수 있다. • 대상자에게 가족, 지역사회, 집단 등과 유대관계를 유지하게 하여 범죄자의 지역사회 재통합 가능성을 높여 줄 수 있다. • 단기자유형의 폐해극복 및 범죄인 처우를 위한 국가비용을 절감할 수 있다. • 통상의 형사재판절차에 처해질 알코올중독자, 마약사용자, 경범죄자 등의 범죄인에 대한 전환 방안으로 활용할 수 있다. • 사회 내 재범가능자들을 감시하고 지도함으로써 지역사회의 안전과 보호에 기여한다.	• 지역사회의 반대 등으로 사회 내 처우시설의 유치가 곤란하고, 국민법감정과 배치되고, 사회방위를 침해할 수 있다. • 시설 내 구금의 한계를 극복하기 위한 신종의 사회통제전략으로 형사사법망의 확대에 불과하다. • 사회 내 처우는 형식적으로는 구금이 아니나, 사회 내 처우 관련기관들이 개입하므로 실질적으로 구금기능을 할 수 있다.

✦ 우리나라 중간처우 대상자

교정시설의 개방시설 수용 중간처우 대상자	지역사회의 개방시설 수용 중간처우 대상자
1. 개방처우급 혹은 완화경비처우급 수형자 2. 형기가 2년 이상인 사람 3. 범죄 횟수가 3회 이하인 사람 4. 중간처우를 받는 날부터 가석방 또는 형기 종료 예정일까지 기간이 3개월 이상 2년 6개월 미만인 사람	1. 개방처우급 혹은 완화경비처우급 수형자 2. 형기가 2년 이상인 사람 3. 범죄 횟수가 1회인 사람 4. 중간처우를 받는 날부터 가석방 또는 형기 종료 예정일까지의 기간이 1년 6개월 미만인 사람

✦ 가석방 · 퇴원 · 임시퇴원

가석방	심사	성인 : 가석방심사위원회	허가	법무부장관
		소년 : 보호관찰심사위원회		
	취소	가석방 대상자에 대한 보호관찰은 필요적(원칙 : 가석방 ➡ 보호관찰) 보호관찰을 받는 가석방 대상자(성인, 소년) : 보호관찰 등에 관한 법률의 적용을 받는다. 보호관찰법상 준수사항 위반 ➡ 보호관찰심사위원회의 심사 ➡ 취소결정 ➡ 법무부장관 허가		
		보호관찰을 받지 않는 가석방 대상자 : 가석방자관리규정의 적용을 받는다. 가석방자관리규정상 준수사항 위반 ➡ 가석방심사위원회의 심사 ➡ 취소결정 ➡ 법무부장관 허가 (소년은 100% 보호관찰을 받으므로 가석방심사위원회와는 관계가 없다.)		
퇴원	당연 퇴원	• 1개월 이내의 소년원 송치, 감호위탁 · 병원 등 위탁(6개월＋6개월), 단기 소년원 송치(6개월), 장기 소년원 송치(2년)에 따라 수용상한기간에 도달한 보호소년 • 22세가 된 보호소년	―	
	심사 · 허가 퇴원	교정성적 양호＋교정목적을 이루었다고 인정되는 보호소년	소년원장의 심사신청 ➡ 보호관찰심사위원회의 허가 신청 ➡ 법무부장관 허가	
임시퇴원	심사 · 허가 퇴원	교정성적 양호＋보호관찰의 필요성이 있다고 인정되는 보호소년		

✦ 가석방자

구 분	보호관찰 조건 가석방자	가석방자(보호관찰 제외)
적격 결정	가석방심사위원회(소년 제외) ※ 보호관찰심사위원회 : 보호관찰 필요여부 결정, 소년가석방 적격결정	가석방심사위원회(성인) ※ 보호관찰 비(非)대상
가석방 허가	법무부장관	
준수법령	보호관찰 등에 관한 법률 제32조, 동법 시행령 제16조~제19조	가석방자 관리규정
취소 결정	보호관찰소의 장의 신청 또는 보호관찰심사위원회의 직권으로 취소심사 결정 가능(동법 제48조)	소장의 취소심사 신청에 따라 가석방심사위원회 결정, 긴급한 경우 법무부장관에 직접 취소신청 가능
취소 허가	법무부장관	

✦ 교정자문위원회 vs 교정위원

구 분	교정자문위원회(법 제129조)	교정위원(법 제130조)
목 적	수용자의 관리 · 교정교화 등 사무에 관한 지방교정청장의 자문에 응하기 위함	수용자의 교육 · 교화 · 의료 그 밖에 수용자의 처우를 후원하기 위함
구 성	10명 이상 15명 이하의 외부위원(여성 4명 이상), 임기 2년, 연임가능	명예직
위촉절차	지방교정청장의 추천을 받아 법무부장관이 위촉	소장의 추천을 받아 법무부장관이 위촉
지켜야 할 사항	활동 중에 알게 된 교정시설의 안전과 질서 및 수용자의 신상에 관한 사항을 외부에 누설하거나 공개해서는 안 된다.	

[위임규정]

✦ 법률 위임규정

구분	법령	내용
법률	형집행법 제7조	① 교도소 등의 설치·운영의 민간위탁
	동법 제10조	② 교도관의 직무

✦ 대통령령 위임규정

구분	법령	내용
대통령령	형집행법 제19조	① 사진촬영, 지문채취, 수용자 번호지정
	동법 제20조	② 이송 승인에 관한 권한을 대통령령으로 정하는 바에 따라 지방교정청장에게 위임
	동법 제33조	③ 운동시간·목욕횟수 등에 관하여 필요한 사항
	동법 제34조	④ 건강검진의 횟수 등에 관하여 필요한 사항
	동법 제41조	⑤ 접견의 횟수·시간·장소·방법 및 접견내용의 청취·기록·녹음·녹화 등에 관하여 필요한 사항
	동법 제43조	⑥ 편지발송의 횟수, 편지 내용물의 확인방법 및 편지 내용의 검열절차 등에 관하여 필요한 사항
	동법 제49조	⑦ 집필용구의 관리, 집필의 시간·장소, 집필한 문서 또는 도화의 외부반출 등에 관하여 필요한 사항
	동법 제57조	⑧ 시설의 설비 및 계호의 정도에 관하여 필요한 사항
	동법 제98조	⑨ 보호장비의 사용절차 등에 관하여 필요한 사항
	동법 제117조의 2	⑩ 정보공개청구의 예상비용의 산정방법, 납부방법, 납부기간, 그 밖에 비용납부에 관하여 필요한 사항
	동법 제5조의3	⑪ 협의체의 설치 및 운영등에 필요한 사항
	동법 제71조	⑫ 공휴일, 토요일과 휴일에는 작업을 부과하지 아니하는 필요사항
	동법 제126조의2	⑬ 수용이력 또는 사회복귀에 관한 의견의 구체적인 사항
	동법 시행령 제54조의 2	⑭ 간호사의 경미한 의료행위

✦ 법무부령 위임규정

구분	법령	내 용
법무부령	형집행법 제22조	① 의류·침구, 그 밖의 생활용품의 지급기준 등에 관하여 필요한 사항
	동법 제23조	② 음식물의 지급기준 등에 관하여 필요한 사항
	동법 제24조	③ 물품의 자비 구매 허가범위 등에 관하여 필요한 사항
	동법 시행령 제42조	④ 수용자에 대한 건네주려는 금품의 허가범위 등에 관하여 필요한 사항
	동법 제59조	⑤ 교정시설에 갖추어야 할 의료설비의 기준에 관하여 필요한 사항
	동법 제44조	⑥ 전화통화의 허가범위, 통화내용의 청취·녹음 등에 관하여 필요한 사항
	동법 제45조	⑦ 종교행사의 종류·참석대상·방법, 종교상담의 대상·방법 및 종교도서·물품의 소지범위 등에 관하여 필요한 사항
	동법 제47조	⑧ 구독을 신청할 수 있는 신문 등의 범위 및 수량
	동법 제48조	⑨ 방송설비·방송프로그램·방송시간 등에 관하여 필요한 사항
	동법 제54조	⑩ 노인수용자·장애인수용자 및 외국인수용자에 대한 적정한 배려 또는 처우에 관하여 필요한 사항
	동법 시행령 제84조	⑪ 수형자에게 부여하는 처우등급에 관하여 필요한 사항
	동법 시행령 제84조	⑫ 취업알선 및 창업지원에 관한 협의기구의 조직·운영 그 밖에 활동에 관하여 필요한 사항
	동법 제59조	⑬ 분류심사에 관하여 필요한 사항
	동법 제62조	⑭ 분류처우위원회에 관하여 필요한 사항
	동법 제63조	⑮ 교육과정·외부통학·위탁교육 등에 관하여 필요한 사항
	동법 제64조	⑯ 교화프로그램의 종류·내용 등에 관하여 필요한 사항
	동법 제68조	⑰ 외부통근작업 대상자의 선정기준 등에 관하여 필요한 사항
	동법 제69조	⑱ 직업훈련 대상자의 선정기준 등에 관하여 필요한 사항
	동법 제77조	⑲ 귀휴제도와 관련된 사항
	동법 제90조	⑳ 사형확정자에 대한 교육·교화프로그램, 작업, 그 밖의 처우에 필요한 사항
	동법 제94조	㉑ 전자장비의 종류·설치장소·사용방법 및 녹화기록물의 관리 등에 관하여 필요한 사항
	동법 시행령 제120조	㉒ 법규정 이외의 보호장비의 규격과 사용방법 등에 관하여 필요한 사항
	동법 제100조	㉓ 보안장비의 종류, 종류별 사용요건 및 사용절차 등에 관하여 필요한 사항
	동법 제101조	㉔ 사용할 수 있는 무기의 종류, 무기의 종류별 사용요건 및 사용절차 등에 관하여 필요한 사항
	동법 제115조	㉕ 법규정 이외의 징벌에 관하여 필요한 사항
	동법 제120조	㉖ 법규정 이외의 가석방심사위원회에 대하여 필요한 사항
	동법 제121조	㉗ 소장의 가석방 적격심사신청에 관한 사항
	동법 제104조	㉘ 엄중관리 대상자의 처우에 관한 사항
	동법 제11조	㉙ 사형확정자 교도소 또는 구치소 수용의 경우 구체적인 구분 기준 사항
	동법 제89조	㉚ 자살방지, 교육·교화프로그램, 작업, 그 밖의 적절한 처우를 위하여 필요한 사항

법무부령	동법 제106조	㉛ 포상에 관한 필요한 사항
	동법 제107조	㉜ 그 밖에 시설의 안전과 질서유지를 위하여 법무부령으로 정하는 규율을 위반하는 행위
	동법 제112조	㉝ 그 밖에 시설의 안전 또는 질서를 크게 해칠 우려가 있는 경우로서 법무부령으로 정하는 경우
	동법 제129조	㉞ 법에 규정된 사항 외에 위원회에 관하여 필요한 사항
	동법시행령 제59조의2	㉟ 규정(변호사와의 접견시간, 접견횟수, 차단시설 없는 장소접견)한 사항 외에 수용자와 제1항 각 호의 변호사의 접견에 관하여 필요한 사항
	동법시행령 제66조	㊱ 마약류사범·조직폭력사범 등정하는 수용자인 때

✦ **법무부 장관 규정**

구분	법령	내 용
법무부 장관	형집행법 제53조의 2	미성년자녀 보호조치 의뢰 지원의 방법·절차, 그 밖에 필요한 사항
	동법시행령 제58조	수형자, 사형확정자 및 미결수용자를 제외한 수용자의 접견 횟수·시간·장소 등에 관하여 필요한 사항
	동법시행령 제72조	규정된 사항 외에 수용자의 집필에 필요한 사항
	동법시행령 제83조	수용설비 및 계호의 정도는 다음 각 호의 규정에 어긋나지 않는 범위
	동법시행령 제128조2	포상금의 지급기준·지급방법, 그 밖에 필요한 사항
	동법시행령 제139조	수용자의 청원처리의 기준·절차 등에 관하여 필요한 사항은
	동법시행령 제139조의 2	비용의 세부적인 납부방법 및 반환방법 등에 관하여 필요한 사항
	동법시행령 제151조	교정위원의 임기, 위촉 및 해촉, 지켜야 할 사항 등에 관하여 필요한 사항
	동법시행령 제153조	교정시설의 기부금품 접수·사용 등에 관하여 필요한 사항
	동법시행규칙 제9조	수용자 의류·침구의 품목별 색채 및 규격
	동법시행규칙 제21조	자비구매물품 공급업무의 담당자 지정 등에 관한 세부사항
	동법시행규칙 제23조	의료시설의 세부종류 및 설치기준
	동법시행규칙 제29조의2	전화통화의 허가범위, 통화내용의 청취·녹음 등에 필요한 세부사항
	동법시행규칙 제58조	외국인수용자에게 지급하는 부식의 지급기준
	동법시행규칙 제85조	봉사원 선정, 기간연장 및 선정취소 등에 필요한 사항
	동법시행규칙 제93조	중간처우 대상자의 선발절차, 교정시설 또는 지역사회에 설치하는 개방시설의 종류및 기준, 그 밖에 필요한 사항
	동법시행규칙 제119조의 2	전문인력 선발 및 양성의 요건, 방법, 그 밖에 필요한 사항
	동법시행규칙 제159조	교정장비의 교정시설별 보유기준 및 관리방법 등에 관하여 필요한 사항
	동법시행규칙 제161조	전자장비의 통합관리시스템, 중앙통제실의 운영·관리 등에 관하여 필요한 사항
	동법시행규칙 제248조	분류처우심사표
	동법시행규칙 제255조의2	심층면접의 방법, 절차, 그 밖에 필요한 사항

이준

박문각 종로고시학원, 박문각 공무원학원, 백석문화대학교
공무원학부를 비롯한 다양한 분야에서 교정학 전문강사로
활동해왔다. 교정학 강의를 매개로 한 교정공무원들과의
소중한 만남을 통해 교정사랑의 깊이를 더하면서 대학원에서
'교정시설에서 수용자 한글 표준어 사용'에 관한 연구과제로
교정이해의 폭을 넓혀가고 있다.
현재 박문각 공무원학원 교정직 · 보호직 대표강사로 활동
하고 있다.

저서   마법교정학 · 형사정책 연도별 기출문제집(박문각)
        마법교정학 · 형사정책 압축 암기장(박문각)
        마법교정학 · 형사정책 교정관계법령집(박문각)
        마법교정학 · 형사정책 기출지문 익힘장(박문각)
        마법교정학 요약 필독서(박문각)
        마법형사정책 요약 필독서(박문각)
        마법교정학 승진 필독서(박문각)

이준 마법교정학 승진 필독서

초판 인쇄 | 2025. 3. 5.   초판 발행 | 2025. 3. 10.   편저자 | 이준
발행인 | 박 용   발행처 | (주)박문각출판   등록 | 2015년 4월 29일 제2019-000137호
주소 | 06654 서울시 서초구 효령로 283 서경 B/D 4층   팩스 | (02)584-2927
전화 | 교재 문의 (02)6466-7202

저자와의
협의하에
인지생략

정가 30,000원
ISBN 979-11-7262-637-2